中华文化立场·全球传播视野

九州出版社
JIUZHOUPRESS
全国百佳图书出版单位

图书在版编目（CIP）数据

华夏传播研究. 第八辑 / 谢清果，韩立新主编. --
北京 ：九州出版社，2022.4
ISBN 978-7-5225-0892-4

Ⅰ. ①华… Ⅱ. ①谢… ②韩… Ⅲ. ①新闻学—传播学—中国—文集 Ⅳ. ①G219.2-53

中国版本图书馆CIP数据核字(2022)第059596号

华夏传播研究（第八辑）

作　　者　谢清果　韩立新　主编
出版发行　九州出版社
责任编辑　肖润楷
地　　址　北京市西城区阜外大街甲35号（100037）
发行电话　(010)68992190/3/5/6
网　　址　www.jiuzhoupress.com
印　　刷　北京九州迅驰传媒文化有限公司
开　　本　720毫米×1020毫米　16开
印　　张　29.25
字　　数　520千字
版　　次　2022年5月第1版
印　　次　2022年5月第1次印刷
书　　号　ISBN 978-7-5225-0892-4
定　　价　82.00元

学术委员会

（以姓氏笔画为序）

编辑委员会

项目资助及成果

河北大学燕赵文化高等研究院重大委托项目“燕赵传播思想史研究”

国家社科基金资助项目：“华夏文明传播的观念基础、理论体系与当代实践研究”（项目编号：19BXW056）

福建省高校人文社会科学研究基地“中华文化传播研究中心”建设成果

福建省学位办研究生导师团队“华夏文明传播研究团队”建设成果

福建省本科高校教育教学改革研究项目“华夏文明传播新理论体系、教学模式与实践探索综合改革研究”成果

厦门大学研究生课程思政“中国传播理论研究”课题立项建设成果

厦门大学一流本科课程“华夏传播概论”建设成果

福建省首届网络教学名师支持计划建设成果

of political communication in ancient China behind penitence rescript and its promulgation. The penitence rescript connect the individual, the court, the society, the heaven and the universe, which embodies broad Chinese culture and distinct Chinese wisdom.

关键词：罪己诏；帝王；政治传播；传播观

Keywords: penitence rescript; emperor; Political Communication; Communication Concept

作为一种包含内省、悔过、怜悯的思想意识，在世界范围内，罪己思想及其书写是十分普遍的。从中国上古时期大禹的“万方有罪，在予一人”到西方古罗马时期奥古斯丁（Aurelius Augustinus）的《忏悔录》都包含着深刻的罪己精神。但是，中西的罪己意识及其社会文化底色迥然相异。

最早将东西方对犯错之事的认知、态度和行为进行系统性对比的是美国文化与人类学家本尼迪克特（Ruth Benedict）。她认为东西方拥有截然不同的文化质性，东方文化指向耻感，而西方文化指向罪感。“真正的耻感文化依靠外在的约束力促成人们的善行，真正的罪感文化则依靠对罪的内心忏悔。羞耻感是对别人批评的一种反应。”[①] 虽然本尼迪克特以美国和日本为代表进行研究，但是将崇尚西方基督教文化的美国和浸淫于儒家文化的日本相对比而得出的结论亦可运用到西方基督教文化和东方儒家文化的比较视野之内。

在基督教世界，各派的教义或有区别，但“原罪论”是所有教派都笃信的公理性原则。“基督教认为，亚当和夏娃偷吃了禁果，这罪会遗传给后世子孙，成为人类一切罪恶、灾难、痛苦、死亡的根源。”[②] 所以《圣经》中写道：“我是在罪孽里生的。在我母胎的时候，就有了罪。”[③] 也就是说，西方人认为“罪性”是人的天然属性。人既生而有罪，就必须时时向上帝表示自己的忏悔之情，无论自己的罪行和错误是否被揭露出来。所以，在基督教所列的七宗罪——饕餮 / 贪婪 / 懒惰 / 骄傲 / 淫欲 / 嫉妒 / 愤怒中，更多指向的是一种只有自我可觉察到的心理和道德上的堕落倾向。

相较之下，东方的儒家文化更注重个人的道德修养及其在宇宙、国家、宗族、亲友中的位置关系。因此，东方人的耻感意识是在与他人的互动和对照中所形成的，最终的指向也并非自身的心理，而是其行为对他人和国家所产生的价值和影

① [美]鲁思·本尼迪克特：《菊与刀》，来鲁宁、赵伯英译，西安：陕西人民出版社，2009年，第125页。

② 高丽娟主编：《中西文化比较》，上海：上海交通大学出版社，2018年，第25页。

③ 《诗篇》，《圣经》，上海：中国基督教协会，1996年，第5页。

华夏政治传播研究

华夏舆论思想研究

华夏传播与美育研究

华夏传播学位论文选登

华夏传播学人志

海外华夏传播研究

华夏传播研究书评

华夏传播会议综述

目　录

解决的重要时代课题。

华夏传播研究作为传播学本土化领域的一股强劲内生力量，研究热潮方兴未艾。这一发展态势值得充分肯定，同时也应当注意到当前所存在的研究零散性问题，研究内容的系统化、研究方向的体系化仍是华夏传播研究的一项亟待攻克的学术高地。华夏传播研究既要有“中华立场”的想象力，又要有“遍地开花”的生命力，更要有“星火燎原”的凝聚力。

中国的经典文化传统有别于西方分门别类的学科划分，无论是在静态的内容层面，还是在动态的历时层面，都是一种浑然一体、难以割裂的存在。这种文化的内在差异决定了华夏传播研究很难以西方传播学科的常规研究方法加以分析。当然这并不意味着对西方研究方法的排斥与对立，而是针对研究方法的本土适用性而言。比如中华典籍的传播综合了媒介史、编辑史、印刷史、出版史等传播学学科研究分支，是一个通体畅达的传播形态，其背后是历代官方编撰制度、机构的支持与保障，以及古代士人知识精英分子的学术共同体使命与担当。即便采取某一研究视角与方法进行削足适履式地解读，也很难揭示出彼时的传播本意。因此，对适用于华夏传播学的本土化研究方法的探索同样也是当前一个迫待深入的方面。

具体而言，笔者认为需要处理好三组关系：一是继承与创新的关系，赋予中华传统文化以时代生机；二是中国与世界的关系，让“中华传播立场、全球传播视野”的研究取向更显中国气派；三是“传播的思想”与“思想的传播”的关系——长期以来学者们在思想研究领域似乎只关心“传播的思想”，即人物传记式的静态描述与内容结构性的历史串联，而“思想的传播”则是包含，前者且涉及范围更广的研究视野与维度，还包括“思想何以传承与传播”“典籍何以成为经典”的动态化演进过程。因此，就发展愿景而言，中华典籍的跨媒介传播研究、华夏传播的文明观阐释、中外传播思想的比较，以及传播理论与方法的本土创新等课题，仍是华夏传播研究应继续深耕且大有可为的领域。

性化的现代社会，应当摒弃极端功利主义，保持对历史和未来的敬重，慎重对待传统，将那些有活力的值得保存的实质性传统视为有价值生活的必要构成。同时，面对全球化程度日益复杂多变的世界形势，构建具有本民族特色的文化价值体系，不仅是一个国家在国际意识形态领域较量的立足之本，更是一个民族平衡历史、现实与未来，以及思考“中国何以为中国”永恒之问的空间想象力。

现代媒体技术的发展，为传统典籍内容的跨媒介呈现以及面向普通受众的大众化普及提供了平台支撑。充分挖掘中国典籍的价值理念，使之服务于文化自信的树立、中国故事的讲述，是提升中国文化软实力、实现中华民族伟大复兴的应有之义。立足于新时代发展背景，国家“十四五”重点项目规划提出了“国家古籍保护及数字化工程、中华经典诵读工程”的重要部署；在“中华文化广播电视传播工程”的推动下，与中华典籍相关的一大批优传统文化跨媒介作品如《中国诗词大会》《典籍里的中国》《跟着书本去旅行》等节目相继涌现出来，成为引领文化类电视节目的一股清新典雅之风。当代大众传播媒体通过对传播形式的转化和创新，使那些鲜为人知的传统文化积存能够作为现代文化的补充，展现于媒介环境之中，得到更多的普及与认同。在一定程度上能够纠正当下浅层质、泛娱乐化、消费主义至上、以注意力为导向的现代文化倾向，探索出一条解决现代人精神家园迷失这一文化症结的大众传播之路。

“礼仪之邦”“知书达理”“文质彬彬”曾经是我们这个民族美好的标志，怎样在一个“西化”的泛媒介化世界，坚守中国价值主体性，从中国传统媒介载体中找寻文化记忆，在传统文化的传播中展现中国气派、建构中国传播话语体系，“把跨越时空、超越国度、富有永恒魅力、具有当代价值的文化精神弘扬起来”，讲好典籍里的“中国故事”，实现中国优秀传统文化的创造性转化和创新性发展，是新时代增进文化自觉与文化自信的重要路径。

“人能弘道，非道弘人”（《论语·卫灵公》），中华文明的复兴离不开以典籍为代表的中华文化的复兴。中华典籍这一跨时空传播媒介将民族的文化血脉延传至今，在新的历史时期，如何延续我们中华文明源远流长的民族智慧以及与时偕行的共同价值，如讲仁爱、重民本、守诚信、崇正义、尚和合、求大同的时代价值，天人合一的生态思想，知行合一的实践精神，以天下为己任的爱国情怀等，增强中国人的底气和骨气，使中华文明焕发生机？如何在一个浮躁喧哗“娱乐至死”的社会，重塑我们文质彬彬、温文尔雅的文明形象，继续延续中华文化的精神命脉？如何探讨中华典籍媒介的历史变迁、传播路径、功能作用、价值内涵和转化创新等，让书写在典籍里的文字活起来，使之以多元媒介形式、以大众更容易理解和接受的方式呈现于受众视野之中？这是有待华夏传播研究同仁所应共同努力

《公羊春秋》中“大一统”“华夷一家”的传播思想，《诗经》中“文以载道”“美善合一”的传播思想等。此外，先秦诸子如孔子的“为政以德”“和而不同”，老子的“道法自然”“上善若水”，孟子的“民贵君轻”“四端之心”的传播思想，对中国文化及文明亦起着重要的奠基作用。

中国古代道统思想通过典籍媒介的向外辐射传播，形成了以儒学为核心的东亚文化圈。朱熹的《朱子家礼》传入朝鲜后，发展成为一种体系化的道德理念准则，在学术文化、社会政治、伦理道德等方面成为指导思想和实践纲领，根据自身的特定因素和时代性要求，创造性地继承《家礼》，从而形成韩国民族化的新礼。《易经》传到日本后深刻影响到当地的文化，从日本的意志结构和伦理本位的形成，到社会道德规范和思想架构，都渗透着深刻的易理内涵。

中华典籍同时又是全球化初期中西文化相互交流的认知传播媒介，典籍外译史即是一部中国文化走向世界的对外传播史。“东学西渐”之风下，许多明清之际传教士翻译了大量中国典籍文献，特别是早期传教士利玛窦将中国典籍视为了解中国文化的窗口，同时又根据他们的理解将中国典籍外译到欧洲。中国典籍西传深刻影响了十七至十八世纪欧洲人的中国观。大量中国典籍的外译促成了“东学西渐”和“中国热”的兴起，典籍传到国外，对世界文明贡献了卓越的东方智慧。伏尔泰借由中国古代典籍思想抨击欧洲封建专制，莱布尼茨受《易经》思想启发发明出二进制等。医学典籍《本草纲目》作为中国有史以来被译成外文版次最多的医学著作，成为世界上研究药物学以及动物、植物、矿物学的重要参考资料，它的广泛传播为中国赢得了诸多国际学术声誉。

在当代，中国日渐走近世界舞台中央，典籍仍旧是中国塑造自身国际形象的媒介符号，以及“中国智慧”“中国方案”的重要思想来源。官方对外话语也越来越注重历史内涵的挖掘，中国国家领导人在国内外场合多次引用传统典籍内容阐释中国政府的态度、立场和主张。根植于中国深厚历史文化的“人类命运共同体”构想、文明互鉴、“一带一路”倡议等主张已经成为中国话语的重要名片。

蕴藏在中华典籍中的一些具有永恒普世意义的成分，如“仁义礼智信”“天下大同”“和合共生”等价值追求，对实现中国特色社会主义现代化仍具有启发性，“和谐”“大同”“小康”等观念已经成为当代中国社会的奋斗目标。这些文化传统可以通过内在价值行为范型指导人们的社会生产实践，使传统与现实建构起一种不可割裂的依存关系。彻底地脱离既有的本土文化传统，从零开始一套完全不含任何历史传统的模式，对任何时代的个人、集体与社会来说都是不现实的。希尔斯据此提出了实质性传统的概念，将其界定为一种崇尚过去的成就、智慧和蕴含传统的制度，并希望将其延传下来作为有效指南的思想范型。据此，在高度理但经过创造性转换，仍将继续发挥典籍的人格塑造、精神支柱、文化记忆和情感认同的功能。

“惟殷先人，有册有典”（《尚书·周书·多士》），华夏民族向来具有崇古的文化传统。典籍产生于华夏先民记叙历史的内在需求，继承和发扬前人的业绩，需要典籍卷册的记录与传播。从历时维度看，典籍媒介内容与功能的形成与发展，同中国自古以来重视历史事实和社会经验记录、总结和汇编的传统紧密相关。追溯典籍编撰制度的起源及演变，中国有着独特的“修书以治世”传统。国家专门设立了官方编撰制度和机构，从汉代秘书监、南北朝秘书省、唐朝的集贤院、宋代的崇文院、辽金元的国史院到明清的翰林院，正是官方制度与机构的运行和维护保证了二十四史和其他典籍的有效编撰，同时它对典籍文化的传播也起到了重要推动作用。

作为典籍媒介表现形式的象征符号群组在不断的延传过程中，形成了一条以经典为核心、不断拓展的传统延传变体链，儒家思想正是这样一种滚雪球式的文化传统。华夏传播学者吴予敏在《无形的网络》一书中提出，中国传统文化传播的信息量来自旧的遗产和现实生活两方面，其核心是古代经典历史文化遗产，在全盘继承内部圈层后衍生出新的经验和观念形成外围圈层，越往后越远离却又宿命性地不能彻底脱离这一核心；这种对遗产的偏离性的创新导致遗产因袭性的加强。从典籍传播史的演变过程来看，凝聚儒家思想的核心经典著作群组经历了从汉朝的“五经”到唐朝的“九经”的调整，直到南宋才正式形成“十三经”的规模。

正是由于存在着一定的历史时间跨度与社会形态变迁，人们才给予过去某些方面的辉煌成就以认同情感，并将其积极引入到建构现在的过程中来。华夏民族早在两千多年前的诸子百家时代就有这种传统，孔子创立的儒家学派赋予周公时代乃至原始之初的社会关系以肯定，以期建构出与礼崩乐坏现实相对的一种秩序井然的理想社会。后世文人志士延续了孔子的追求理想社会秩序建构与高尚人格塑造的传统，在文化经典的传承、解释与再创的传播过程中，一大批以注疏阐发儒学经典为毕生使命的学者涌现出来。儒学大家如孔颖达、程颐、程颢和朱熹等人，他们凭借着对既有传统典籍的重新阐发与延伸，在儒学道统的绵延发展史上占有一席之地。

中国典籍是中华文化的重要组成部分，也是其智慧思想精华之所在。尤其是以“中华元典”为代表的具有原创性、权威性的典籍，跨越了时代和社会的变迁，彰显了中华民族的民族精神、审美情趣、道德风貌、大同理想、秩序追求等。具体体现如《礼记》中“天下为公”“大同小康”的传播思想，《尚书》中“协和万邦”“以民为本”的传播思想，《周易》中“革故鼎新”“自强不息”的传播思想，

卷首语

回归经典：中华典籍的文化传承及当代价值

张兵娟　李阳 *
（郑州大学新闻与传播学院）

人类社会的文化传播与传承有赖于特定的传播媒介，媒介文化传播史在某种程度上就是一部社会发展史。回顾中国社会历史，灿烂而独特的中华文明走过数千年的漫长发展历程，在世界文明传播演进进程中书写了浓墨重彩的篇章。蕴藏深厚文化基因的中华典籍作为一种具有深刻思想性、跨时空超越性和独特民族性的传播媒介，是中华文化的重要载体和历史从未间断的见证。古代将中华典籍的文化形态划分为经、史、子、集四大类别，现代研究则按照学科大类划分为文、史、哲三个大类。其中哲学典籍主要包括“十三经”及其他有关诸子论述的典籍等，史学典籍包括“二十四史”及《资治通鉴》《史通》《文史通义》等，文学典籍包括楚辞、文选、唐诗、宋词、元曲、四大名著等，此外还有其他关于医学、农学、科学、军事等内容的典籍。因此，中华典籍可谓是一座浩瀚如烟、博大精深的文化宝库。

依托于金石、竹帛、纸张等物质媒介载体，社会历史、道德伦理、科学技术、天文历法、医药农事等知识的跨时空传播与传承才得成为可能。经过历代延传并不断扩充完善，典籍成为搭建起中国传统文化架构的核心支撑，在中华文明的形成和发展进程中发挥着凝聚中华文明核心价值的作用。从儒家核心典籍“四书五经”到广罗社会万象的经史子集，其中所蕴含的中华文化独一无二的理念、智慧、气度、神韵，不断成为引领社会面貌的核心精神力量。典籍虽然距离我们遥远，

* 作者简介：张兵娟，女，河南郑州人，郑州大学新闻与传播学院教授，博士生导师，研究方向：电视文化传播、华夏传播；李阳，男，河南安阳人，郑州大学新闻与传播学院博士生，研究方向：华夏传播。

响。学者丁一平指出，与西方的个人主义不同，中国在文明发展初期就形成了以农耕社会为代表、以家庭式生产生活方式为典型的文明，这“就导致每个人都是所属群体的派生物”，人的价值是放在群体社会的伦理规范中来考虑的。[①] 即“以天下为一家，以中国为一人”。[②]

封建时代君主的罪己诏也是因循这种集体主义和家国天下的逻辑来书写的。其内容往往并非帝王对个体内心堕落思想的忏悔，而是因实际发生的自然灾害、战乱人祸、政治不明等缘由向上天和臣民颁布的具有现实社会政治意义的文书。本文通过对自汉至清的帝王罪己诏书进行梳理和分析，对作为一种媒介符号和政府沟通宣传文本的罪己诏的政治传播功能进行研究，并试图对帝王下罪己诏这一行为背后所蕴含的中国古代政治传播观念进行考察。

一、中国古代的政治传播和封建帝王的罪己诏书

（一）中国古代的政治传播

英国学者麦克奈尔（Brian McNair）认为政治传播即“关于政治的有目的的传播”。[③] 中国学者荆为民认为，政治和传播的关系并非只是“政治需要传播”的工具性关系，而是相互依存的互动内生性关系。没有政治，传播只是空壳子；没有传播，政治系统无法运转。[④] 加拿大学者伊尼斯（Harold Innis）认为，对于古希腊和古罗马来说，“书写的传播促进了共和体制的垮台和帝制的兴起”，[⑤] 媒介及其偏向对国家政体的兴衰至关重要。同样的，日本学者富谷至在《文书行政的汉帝国》中将“文书行政”视为“维持强大中央集权国家的利器”。[⑥]

作为帝国运转和协调各方的重要支撑，“文书行政”的政治传播机制需要与之相匹配的一套“政治文书系统”。在中国，自秦始皇统一六国后，广袤的疆域和繁多的政务需要建立新的更高效的信息传播和政务处理系统，于是百官之职得以建

① 丁一平：《中华传统耻感文化形成的根源探析》，《河南师范大学学报》（哲学社会科学版）2015 年第 2 期，第 94—97 页。

② 《礼记》（精华），傅春晓译注，沈阳：辽宁人民出版社，2018 年，第 126 页。

③ [英] 布莱恩·麦克奈尔：《政治传播学引论》，殷祺译，北京：新华出版社，2005 年，第 5 页。

④ 荆学民，施惠玲：《政治与传播的视界融合：政治传播研究五个基本理论问题辨析》，《现代传播》（中国传媒大学学报）2009 年第 4 期，第 18—22 页。

⑤ [加] 哈罗德·伊尼斯：《帝国与传播》，何道宽译，北京：中国人民大学出版社，2003 年，第 128 页。

⑥ [日] 富谷至：《文书行政的汉帝国》，刘恒武、孔李波译，南京：江苏人民出版社，2013 年，第 100—101 页。

立，伴随中国两千年的官僚科层制得以开启。“政治文书系统”与官僚科层制互相嵌套，构成了文书行政的传播机制。学者潘祥辉认为“官僚科层制保证了政治传播的通畅，政治传播的设置也反过来巩固了科层官僚制的权力建构”。① 而在层层嵌套、等级分明的“超稳定科层制系统”② 中，政治传播系统要想在庞大冗长的委托—代理链中有序运行，就需要文书传递的基础设施和制度体系作为底层支持。

在交通方面，秦汉建成了以都城为中心并辐辏全国的邮驿系统（包括驿道、驿站等的建立和舟车牛马的配给），后经历朝历代的修整而不断完善。在文字方面，秦取天下，统一文字为小篆，通行全国。后来中国的官方书写文字经历了小篆到隶书，隶书再到楷书的演变，其中内蕴的是删繁就简、效率至上的思想。而东汉蔡伦发明造纸术，为汉字找到了一个兼顾成本、便利和美观的书写载体，这意味着政治传播效率的进一步提升。在文书管理制度方面，各类行政文书的传递流转均被记录在案，加之邮传专员和专门部门的启用，以及“封泥”③ 等保密性技术的发展，中国古代的文书管理制度日趋细化和完善。

由此，自始皇以来，“车同轨”“书同文”、档案在册等文书传递的基础设施和制度为中国古代政治传播系统的运转提供了支持，从而维护了古代帝国政权的稳定。

（二）封建帝王的罪己诏书

正所谓“天下之事无小大皆决于上”④，在中国古代，帝王颁诏是帝国文书行政体系下必要且常见的行为。许慎《说文解字》记载“诏者，告也。从言从召，召亦声”。⑤ 春秋时代，诏是表告知的动词。《管子》记载：“管仲有病，桓公往问之曰：‘仲父之病病矣，若不可讳而不起此病也，仲父亦将何以诏寡人？’”⑥ 可见在当时，诏字作为动词出现，且并没有使用者的限制。始皇统一天下后，号皇帝，自称朕，命曰制，令曰诏。自此，诏成了一种文书形式，非帝王不可颁发，从而赋予“诏”特有的身份等级色彩。载处元年，武则天以“曌”命名，遂改诏书为制书，因此后世也称诏为制。

罪己诏是一种特殊的诏书，帝王往往在自然灾害、战乱人祸、政治不明等时刻下罪己诏以抚恤民心、巩固统治。据现存资料记载，帝王的罪己思想最早可追

① 潘祥辉：《华夏传播新探》，上海：复旦大学出版社，2018 年，第 245 页。
② ［德］马克斯·韦伯：《经济与社会》，林荣远译，北京：商务印书馆，1997 年，第 20 页。
③ 郑也夫：《文明是副产品》，北京：中信出版社，2015 年，第 204 页。
④ 《史记》卷 6，北京：线装书局，2006 年，第 34 页。
⑤ 《说文解字》，上海：上海古籍出版社，2007 年，第 109 页。
⑥ （唐）房玄龄著，（明）刘绩注：《管子》卷 11，上海：上海古籍出版社，2015 年，第 224 页。

溯至上古三皇时期，而商朝的《汤诰》和秦国的《秦誓》是史载最早的帝王罪己文本，其中“百姓有过，在予一人”[①]等句子及其变种也成为后世历代帝王罪己诏书中的常见语辞。但是，汤、嬴政的罪己文本并非真正的罪己诏。史载第一份罪己诏要追溯到汉文帝时期。从那时起，罪己诏成为历代帝王政治传播的固定文本之一，在彰显政治合法性、政治权力制衡、政策调节、社会宣传动员等方面扮演着重要角色。

就中国古代帝王的罪己诏研究而言，虽已有相应的成果，但尚有一定的薄弱之处和探索盲区有待进一步探析。

目前对于罪己诏的研究大多集中在历史学领域，在汉语言文学、中国古代政治学等领域也有涉及。

有学者分别对汉代、宋代、明代的罪己诏进行研究。如魏昕从政治学角度对西汉罪己诏进行了梳理分析，认为君王罪己传统的绵延是国家权力中政统与道统博弈的结果。[②]郗文倩从语言学角度考察了汉代罪己诏的文体及其背后蕴含的文化传统。[③]李媛将明代皇帝的罪己精神放在儒家思想的视域下加以分析，认为帝王的修省和罪己有利于君德和君责的履行，但这种制约是有限的。[④]也有学者针对古代某一帝王或某一篇目的罪己诏加以分析。如陈金霞通过对汉武帝的《轮台诏》进行文本分析，认为该诏书只是对西域尤其是轮台屯垦一事做出的应答，悔过色彩并不浓厚，不能将其认定为罪己诏。[⑤]侯吉永以唐德宗内乱时在奉天行宫颁发的罪己诏为例，对罪己诏的语言及颁布活动进行了考察。[⑥]

回溯关于罪己诏的现有研究，主要体现在三个方面，包括对罪己诏颁布原因的探讨、颁布意义的分析、文辞风格的审视等。虽然罪己诏研究在上述领域已有一定成果，但遗憾的是，传播学以及传播史这一交叉领域尚未对罪己诏这一中国古代特殊的传播文本有所研究。同时，现有研究成果都是从纵向的历史视角中看待罪己诏，缺乏中西方比较的视野。

---

① 《尚书》，北京：线装书局，2007 年，第 124 页。

② 魏昕：《由“罪己诏”论西汉道统与政统之关系》，《中南大学学报》（社会科学版）2013 年第 2 期，第 197—201 页。

③ 郗文倩：《汉代的罪己诏：文体与文化》，《福建师范大学学报》（哲学社会科学版）2012 年第 5 期，第 56—62 页。

④ 李媛：《明代皇帝的修省与罪己》，《西南大学学报》（社会科学版）2010 年第 1 期，第 55—61 页。

⑤ 陈金霞：《汉武帝〈轮台诏〉并非罪己诏》，《河南师范大学学报》（哲学社会科学版）2018 年第 6 期，第 110—113 页。

⑥ 侯吉永：《帝王罪己诏文体的颁布活动分析——以唐德宗奉天罪己诏为个案》，《兰台世界》2008 年第 24 期，第 64—65 页。

本文试图从传播学出发对自汉至清的帝王罪己诏书进行内容和特征上的梳理，从而对作为一种政治象征物和政府传播文本的罪己诏及其政治传播功能加以分析，并对帝王下诏罪己这一行为背后所蕴含的中国古代政治传播观念进行考察，以期填补传播学领域在罪己诏研究上的空白。

二、罪己诏的内容分类和特征

（一）罪己诏的内容及分类

通过前述对罪己诏源流的探索和对其内涵的界定，笔者查阅了“二十五史”（包括“二十四史”和《清史稿》）并对其中所记载的汉代到清代的帝王罪己行为及其罪己诏书做了统计。其结果如表 1 所示。

表 1 中国古代罪己诏颁布次数及颁诏帝王数量统计表

朝代	汉	三国	晋	南朝	北朝	隋	唐	五代	宋	辽	金	元	明	清	总计
帝王数量	15	4	6	14	8	1	14	9	11	1	4	4	10	7	108
诏书数量	85	4	13	21	24	1	37	14	39	1	6	4	24	24	297

在从汉文帝到清朝宣统皇帝共两百余位帝王（仅包括二十五史中本纪部分所载帝王）中，共有 108 位帝王颁布过 297 次罪己诏。下罪己诏次数最多的朝代是汉朝，接下来是宋、唐、明、清等，值得注意的是诸如北魏、辽、金等少数民族政权的君王也有下颁罪己诏的事例。这一方面表明了汉族文化的巨大包容性和吸引力，另一方面也潜在体现出罪己诏作为一种政治沟通文本有着独特而现实的社会政治功能。

通过对历代帝王罪己诏文本的阅读和归纳，笔者认为从下诏原因来看，帝王罪己诏可划分为自然因素和社会因素两大类。其中自然因素包括自然灾害和天象异常，而社会因素涵盖战乱人祸和政事反省。具体的统计数据如表 2 所示。

表 2 中国古代帝王罪己诏分类数量统计表

	汉	三国	晋	南朝	北朝	隋	唐	五代	宋	辽	金	元	明	清	总计
自然灾害	34	0	0	6	13	0	11	4	17	0	4	1	9	11	110
天象异常	25	1	2	1	2	0	11	4	19	0	0	3	14	4	86

续表

	汉	三国	晋	南朝	北朝	隋	唐	五代	宋	辽	金	元	明	清	总计
战乱人祸	8	1	2	0	0	0	6	5	4	0	0	0	4	3	33
反省政事	26	2	9	14	10	1	11	4	3	1	2	0	1	6	90
两项并发	8	0	0	0	1	0	2	3	4	0	0	0	4	0	22

因自然灾害颁布的罪己诏是最多的，为 110 份，占罪己诏总数的 37.0%。让帝王下诏罪己的自然灾害主要包括干旱、洪涝、地震、蝗灾、瘟疫等。因为古代帝王会将自然灾害和国家祸福、政治臧否联系起来，认为那是上天发出的警告，所以每逢重大天灾，帝王往往下诏罪己进行深刻反省。

占比次之的是因反省政事颁布的罪己诏，为 90 份，占比 30.3%。这类罪己诏一般在朝廷有重大人事和政策变动时颁布，包括议定和亲之策、改元、对犯错官员处置不当等。但有时这类罪己诏的下颁并没有十分急迫或明确的缘由，而是帝王的一种比较常规的反省方式。例如明朝时皇帝率领群臣日常修省后往往便会颁罪己诏。

天象有异也是帝王下诏罪己的原因之一，在罪己诏总数中占比 29.0%。这类罪己诏通常在出现日食、月食、彗星、雷电、久阴、大风等异常天气时颁布。不过，在汉宣帝时期，下达这类罪己诏书的缘由还包括凤凰停留人间、甘露降临皇宫、神仙下凡等神迹祥瑞显现之时。

战乱人祸包括平民起义、将士叛乱、外族入侵、弑君谋反、宫帷内乱等。在罪己诏分类中，这一类别的罪己诏书占比最少，只有 11.1%，但是其下达往往意义重大。因为它总是颁布在国家危亡、政权飘摇之际，因而具有强烈而深刻的政治意涵，并且能对当时的政治局势产生重大影响。

（二）罪己诏的传播学和语言学特征

从传播学和语言学来看，罪己诏具有传播主体的明确性、传播对象的多样性、语言风格的谦逊性和文体结构的相对固定性等特点。

罪己诏的传播主体者具有明确性，帝王是唯一的颁发者，且罪己诏书的格式、用语都有固定的规范。一方面，罪己诏的颁布是帝王对天谴的回应和对百姓的抚恤，是在君权神授的政治语境下对自己以德配天的政治姿态的强调。另一方面罪己诏的颁布也意味着归罪资格的限定和灾异解释权的垄断。[①]

罪己诏中帝王展现的不同角色隐含着罪己诏传播对象的多样性。帝王上达天听，下告百姓。首先，帝王作为天子代天牧民，因此在灾异和战乱发生时会下诏罪己表示对上天的惧怕和尊敬，如“夙夜兢兢”“战栗恐惧”等。其次，帝王作为人间的君主，需要安抚因天灾人祸而受到损伤的百姓，因此会在罪己诏中表达自己的怜悯哀痛之情，如“朕甚闵焉”“朕甚痛之”等。

罪己诏的语言风格是典雅而谦逊的，内含自责、自省、自愧、悯侧等情感。在罪己诏中，帝王往往对自己的缺点过失不讳言。如唐德宗在奉天罪己诏中痛陈自己“不知稼穑之艰难，不恤征戍之劳苦。致泽靡下究，情不上通，事既壅隔，人怀疑阻”。[②]其言辞庄重谦卑、诚恳真挚，令人动容。

罪己诏的文体结构比较固定，一般可分为三部分，首先是坦承错误表达自责；其次是声明补救措施，包括斋戒、祭祀、大赦、减税、赠送财物等等；最后是总结性的话语，如“以称朕意”“宜悉朕怀”等。

三、罪己诏的政治传播功能考察

1948 年，数学家维纳（Norbert Wiener）发表著作《控制论》，认为信息的获取和利用程度是控制的核心问题，而信息传递和系统控制之间存在着内在的关联性。社会是由信息及其传播活动构成的，在中国的封建专制时代，帝王便是官僚科层制的政治系统亦即信息控制系统的中心。在这样的庞大系统中，各类诏书政令包括罪己诏的颁发之最终目的在于对社会进行有效控制以巩固政权。但是不同于其他行政文书，罪己诏是帝王承担罪责、内省修己的官方声明。因此作为一种媒介符号和政治传播文本，罪己诏具有独特的政治传播功能。

（一）政治合法性的宣示与巩固

在世界历史上，任何一个政权的建立和承继首先面临的是政治权力合法性的问题。民众服从的义务只面向合法权力，权力的合法是保证统治长期稳固的关键。因此正如卢梭（Jean-Jacques Rousseau）所言：“如果不把他的实力变为权力，把他人的服从变为义务，最强者决不会强大到可以永远为王的地步。”[③]在中国古代也有对政治合法性的论述，其中尤以孔子的“正名”思想影响深远。《论语·子路》有言：“名不正则言不顺，言不顺则事不成。事不成则礼乐不兴，礼乐不兴则刑罚

① 郗文倩：《汉代的罪己诏：文体与文化》，第 59 页。

② 《旧唐书》（二），北京：学苑音像出版社，2004 年，第 17 页。

③ [法] 让·雅克·卢梭：《社会契约论》，杨国政译，西安：陕西人民出版社，2004 年，第 4 页。

不中，刑罚不中则民无所措手足。”[①]这种从“名不正”“言不顺”到“事不成”“礼乐不兴”再到“刑罚不中”“无所措手足”的致思逻辑是中国古代帝王政治权力得以施行的思想基础。[②]董仲舒融法、道、阴阳于儒家进而形构了大儒学的思想体系并奠定了儒学的独尊地位，而他的名教论也成为儒家政治思想的核心。帝王颁布的罪己诏作为其悔过自新之“言”的官方叙述与悯恤黎庶之“行”的政治承诺，是明确的政治传播文本和强有力的合法性象征符号，具有宣示、巩固政治合法性的功能。

首先，罪己诏作为一种广而告之的政治文本，往往是封建时代即前科学时代各类自然与社会现象的官方解释。帝王，则是最终解释权的唯一所有者。而这种解释权的归属，又隐含着帝王及其王朝的统治权力具有受命于天的正当性。古人认为，天象是政治臧否的隐射和上天的谴告。因此天象有异通常会引起社会慌乱和朝野震动。例如，古人认为孛星（彗星的一种）是恶气所生，“光芒所及则为灾”，[③]一旦出现便是凶兆。因此，当它出现时，帝王往往要下罪己诏。景定五年，彗孛见，宋理宗因此下诏罪己、避殿减膳，令朝臣内外直言阙失。

其次，罪己诏作为一种政治权力的媒介符号，往往象征着盛大的祭祀和祷祝仪式，通过罪己诏的颁布和仪式的举行，帝王可以与祖先和神灵进行沟通，从而显扬其“天子”之地位。

例如，正光三年北朝孝明帝因旱灾下罪己诏说：“百稼焦萎，晚种未下，将成灾年，秋稔莫觊。在予之责，忧惧震怀。今可依旧分遣有司，驰祈岳渎及诸山川百神能兴云雨者，尽其虔肃，必令感降，玉帛牲牢，随应荐享。”[④]庆元二年宋宁宗因为干旱成灾向天地、宗庙、祖稷祷告，并“诏大理、三衙、临安府、两浙州县决系囚”。[⑤]

这些事例表明，古代帝王颁布罪己诏（尤其是因灾异下罪己诏）之时往往伴随一系列仪式，包括祭祖、祈雨、祝神等。美国学者詹姆斯·凯瑞（James W. Carey）认为，仪式是一种隐喻。除了信息的传递之外，传播更涵盖了社会互动交往中的所有仪式性活动。通过仪式的共享，社会成员的共同记忆和集体认同得以建构，一个有秩序、有意义的文化世界得以产生。[⑥]帝王通过颁布罪己诏以及举行各种仪式，一次次宣示和强化其政治权力的正当性和自己作为祭祀仪式中天人沟

---

① 《论语》，杨伯峻、杨逢彬译注，长沙：岳麓书社，2018 年，第 160 页。
② 荀东锋：《孔子正名思想研究》，博士学位论文，复旦大学，2012 年，第 80 页。
③ 《宋史》（五），北京：学苑音像出版社，2004 年，第 40 页。
④ 《魏书》（一），北京：学苑音像出版社，2004 年，第 162 页。
⑤ 《宋史》（三），北京：学苑音像出版社，2004 年，第 154 页。
⑥ ［美］詹姆斯·凯瑞：《作为文化的传播》，丁未译，北京：华夏出版社，2005 年，第 64 页。

通者的唯一性，并将这种对正当性和唯一性的认同潜移默化地根植于普泛的社会文化语境中。

另外，罪己诏及其仪式在政权更替和政治合法性的承继中也很典型。如建元元年，南齐推翻宋的政权，高帝在登基大典后，在太极殿下罪己诏曰："宋氏以陵夷有徵，历数攸及，思弘乐推，永鉴崇替，爰集天禄于朕躬……猥以寡德，光宅四海，纂革代之踪，托王公之上，若涉渊水，罔知所济。"[①] 在诏书中，高帝言辞委婉，称自己"猥以寡德"，能够建立新朝主要是刘宋"陵夷有徵，历数攸及"（即宋代国运衰败）的原因，而自己"爰集天禄于朕躬"，不过是有幸被上天选中罢了。在王朝更替时帝王常常通过下罪己诏来声明自己代天牧民的神圣性，从而获得政治合法性以巩固新生的王朝。这类罪己文本并非出于矜悯和悔过，而是一种欲扬先抑的自谦。

（二）政治权力的运用与制衡

话语，广泛来说即"谈论和写作及其意义的固定化的实际过程所有要素的参与、互动情况的描述，它们反映了社会建构过程"。[②] 英国文化研究学者约翰·菲斯克（John Fiske）认为，话语是一种行动，是形构与再造意义的社会化过程。[③] 法国哲学家米歇尔·福柯（Michel Foucault）将话语视为能够支配和奴役人类主体的强大的社会力量，并提出了"话语即权力"的断言。这种权力是弥散性和隐蔽式的"支配人体的政治技术学"。[④]

在古代中国，尽管并无话语权力的系统理论，但是话语作为社会建构的方式却分散于浩如烟海的经文典籍中，进而构成整个知识体系，遍布所有社会肌理，由此文以载道、道权相合，所谓"国无经，何以出令？令之不从，上之患也，故圣人树德于民以除之"[⑤] 正是如此。在中国古代的权力体系中，王权、官权、经权构成了三足鼎立的权力格局，三者互相依存又互相制衡。而帝王罪己诏作为一种承载权力话语的文本常常与这三种权力的扩张和收缩密切相关。

1. 王权的实践：资源的支配与规范的制裁

在罪己诏的文本中，帝王除了表达"罪在朕躬"的惭愧、自省之意，也会做

---

① 《南齐书》（上），北京：学苑音像出版社，2004 年，第 21—22 页。

② 胡春阳：《传播的话语分析理论》，博士学位论文，复旦大学，2005 年，第 23 页。

③ ［英］约翰·菲斯克等编：《关键概念：传播与文化研究词典》，李彬译，北京：新华出版社，2004 年，第 86 页。

④ ［法］米歇尔·福柯：《规训与惩罚》，刘北成、杨远婴译，北京：生活·读书·新知三联书店，1999 年，第 27 页。

⑤ 《国语》卷 3，北京：学苑音像出版社，2004 年，第 74 页。

出具体行政措施和修己行为来应对灾异、祸乱等。这种具体行为措施主要包括资源的支配和规范的制裁。因此，罪己诏的颁布往往也是政策调节和人员调动的契机。例如，大和七年正月，唐文宗因“水旱流行，疫疾作沴”下罪己诏，并为各地分配赈灾米粮：“京兆府赈粟十万石，河南府、河中府、绛州各赐七万石，同、华、陕、虢、晋等州各赐十万石。”[①] 淳祐七年六月，宋理宗因旱灾下诏罪己，并嘱咐有关部门为死难者“收瘗遗骼”[②]。随后理宗因此进行了一系列官员调动，包括罢免吴潜，任用郑寀同作为签书枢密院事。然而短短一月，吴潜重新被委任端明殿学士的官职并兼任福州、福建安抚使。这其中体现的仍然是皇权至上的逻辑，即“普天之下，莫非王土”因此“万方有罪”都“罪在朕躬”，而“朕”也有权分配天下一切资源和人事、运用一切规范和制裁模式来弥补过失。

2. 王权与官权：官僚科层制中的权力争夺

皇帝放大了自己的控制权力，那么大一统帝国中繁杂的事务便要求帝王更强的选择调控能力，因此帝王需要借官僚臣工之力来掌握辽阔的疆域、处理烦琐的政事、延伸自我的调节力。这种内生的需求恰恰给了官僚制衡和利用帝王权力的机会。如大观四年，彗星出现，宋徽宗避殿减膳，令朝臣直言阙失。在群臣的进谏压力下，徽宗将已去世的奸臣王祖道追贬为昭信军节度副使。但朝臣的怒火并未平息，宋徽宗迫于无奈贬宠臣蔡京为太子少保，并下诏罪己。

然而在等级分明的官僚科层制系统中，大臣往往天然处于不利地位，因此总会沦为帝王罪己时的替罪羊。如顺治十二年，清太宗因“疆圉未靖，水旱频仍，吏治堕汙，民生憔悴”下罪己诏，但是对自己的过失仅一句“几务之繁，责在一人”，之后通篇表示帝王失德是由于“失所辅导”，即大臣们没有履行劝诫和辅佐的职责。[③]

另外，官员之间的权力斗争也常常以罪己诏的颁布为契机。万历二十四年，当明神宗下诏罪己之后，好几个大臣以行政不力为由接连对时任内阁首辅的赵志皋进行弹劾，致使赵志皋无奈之下两次向皇帝乞休。由于帝国官僚系统之庞大，每到王朝中后期，党争便十分激烈。官员之间会利用灾异的契机党同伐异，而帝王罪己诏中罪责的归属便是其斗争之所在。

3. 王权与经权：典籍与士大夫的监督制约

西汉武帝时期，各学派的争鸣形成了意识形态上的混乱和统治的危机。于是董仲舒以儒家经学为全国统一思想的建议被采纳，道统和政统由此开始了长达千

① 《旧唐书》（二），北京：学苑音像出版社，2004 年，第 180 页。
② 《宋史》（四），北京：学苑音像出版社，2004 年，第 42 页。
③ 《清史稿》（一），北京：学苑音像出版社，2004 年，第 115—116 页。

年的互动依存关系。董仲舒“推阴阳灾异”，提出天人感应之说，由此帝王的统治与天道关联，而儒家思想的核心观念“仁者爱人”与“克己复礼”又构成了君主治国之伦理基础。讲求德政和内圣外王的儒家思想强调帝王风范和道德的优越，推崇帝王内省修己的精神，而罪己诏被看作是这种精神品质的外化。

在历代罪己诏的文本中，“不德”“不明”“菲德”“德薄”“凉德”“不逮”等词语频频出现，同时引用经文典籍的名句，如“天视自我民视，天听自我民听”“仓廪实，知礼节；衣食足，知荣辱”“股肱惟人，良臣惟圣”等。这表明儒家道统对帝王权力的影响和制衡。

除经史子集外，士大夫作为儒家思想的代言人也会时刻对皇帝及其行为进行监督和辅助。随着尊孔崇儒的观念日益成为社会共识，“以天下为己任”的伦理精神也成了“士”这一群体阶层的集体意识。[①] 宰辅到史官、御史到谏臣，形成了一个对帝王及其行为的监督和引导体系，而罪己诏的颁布往往是士大夫共同努力的结果。

从整个历史来看，帝王下罪己诏的行为从汉代绵延至清朝，其内容也经历着不断世俗化的流变。在汉代，帝王罪己诏书中往往会提及“鬼神”“牺牲”“珪币”“凤凰”等神迹出现和祭祀占卜的细节。及至明清，这种卜祝细节在帝王的罪己诏书中逐渐消失，取而代之的是对先祖光辉事迹的赞扬和对政务臣工的申饬。以汉文帝和清世祖的罪己遗诏为例，汉文帝开篇便言及天道：“朕闻之，盖天下万物之萌生，靡不有死。死者天地之理，物之自然，奚可甚哀！”[②] 随后，文帝表示死无所惧，并告诫臣民无需悲伤。清世祖开篇言及祖先：“朕以凉德，承嗣丕基，十八年于兹矣。自亲政以来，纪纲法度，用人行政，不能仰法太祖、太宗谟烈，因循悠忽，苟且目前。”[③] 之后，世祖细数自己当政期间的十四宗罪，包括国治未臻、不孝双亲、不友爱亲族、不虚心纳谏等等。所列十四条罪，皆为政事和人伦上的过失，并无对上天的愧悔。相比于汉代帝王罪己诏中无论天灾人祸都会提及天道阴阳的作风，明清帝王的罪己诏显然更加弱化了“天”的权威而更强调君主的世俗责任。对帝王自身的认知来说，帝王从将自己视为拥有调节阴阳、维持宇宙平衡职责的天与人之灵媒，逐渐把自己看作百姓的君父和人间的主宰，从而更加注重世俗的责任和权力。

---

① 臧婧婧：《“万方有罪，罪在朕躬”：宋代皇帝罪己现象之考察》，第 59—68 页。

② 《汉书》，西安：太白文艺出版社，2006 年，第 24 页。

③ 《清史稿》（一），北京：学苑音像出版社，2004 年，第 134 页。

（三）政治认同与社会动员的实现

法国哲学家阿尔都塞（Louis Pierre Althusser）在葛兰西（Gramsci Antonio）“市民社会”的基础上提出了“意识形态国家机器”的理论。与强制性国家机器（政府、监狱、军队）相比，包括宗教、教育、家庭、传媒、文艺等在内的意识形态国家机器是非强制性的，它以潜移默化的方式作用于社会大众。阿尔都塞指出：“任何一个阶级如果不在掌握政权的同时对意识形态国家机器并在这套机器中行使其领导权的话，那么它的政权就不会持久。”[①]因此对于巩固统治来说，意识形态国家机器具有重要作用。但意识形态国家机器是如何运行并对社会关系进行再生产的呢？这种运行机制便是召唤。意识形态将个人召唤为主体，正是这种唤询赋予了个体某个身份和某种立场，让个体“成为谁”。通过各种文化、习俗、宗教的教育与传播，个人得以识别自身，形成理解和解释事物的潜在结构和言行生活的基本框架，并创造新的意义实践。在中国古代社会，这种意识形态召唤可大致与儒家的“风草观”相类。《论语·颜渊》有言：“君子之德风，小人之德草。草上之风，必偃。”[②]中国传播学者谢清果认为，“风草论潜移默化地编织了一张教化之网”，“上层统治的化民育德的教化思想通过文学、艺术、学校教育等方式影响万千家庭，深植于民众的社会生活中，从而在社会这一层面上形成一种极具整合性的无形影响力”。[③]

帝王通过颁布罪己诏这种制度性的文书传递行为，在经书崇拜与皇权神授的社会传统背景下，很好地将自身的权力转换为一种传统且日常的伦理道德观念，从而实现了统治阶级意识形态的社会化，进而有利于政治认同和社会动员的完成。例如元和三年，唐宪宗因久旱不雨下诏罪己，七日后雨降。白居易作《贺雨》称颂道“乃知王者心，忧乐与众同”，认为唐宪宗体恤百姓，顺应天意。[④]通过帝王罪己诏书的颁布和诗人诗作的二次传播，对帝王上承天道，下安黎民的政治认同得以普及成为社会大众的传统共识。

在社会动员方面，最典型的要数因军事战争颁布的罪己诏，这类罪己诏有时可充当檄文，起到鼓舞士气、使军民团结一致共同御敌的作用。

建中四年，朱泚之乱起，长安失守，唐德宗仓皇逃亡，次年（兴元元年）正月，德宗于奉天行宫受朝贺时下诏罪己，认为自己“上累于祖宗，下负于蒸庶”，

① ［法］阿尔都塞：《哲学与政治——阿尔都塞读本》，陈越编译，长春：吉林人民出版社，2003年，第338页。

② 《论语》，第152页。

③ 谢清果，陈昱成：《“风草论”：建构中国本土化传播理论的尝试》，《现代传播》（中国传媒大学学报）2015年第9期，第59—64页。

④ 郗文倩：《汉代的罪己诏：文体与文化》，第56—62页。

并颁布改元、减税、大赦、复爵等政令，盼望军民同心，“永言思咎，期有复于将来”，并将该诏书分发诸道广而告之。[①] 德宗的罪己诏言辞谦卑、真挚诚恳，因此颁布后“四方人心大悦”“士卒皆感泣”，令军民的爱国之情油然而生。[②] 所谓“国之大事,在祀与戎”[③]。祭祀上天和先祖与拱卫疆域是王朝巩固统治的关键所在。德宗在朝贺仪式上因战乱兵祸下诏罪己凸显了其对政治时机的把握。在政权危亡之际，帝王罪己诏的颁布往往会修复政治合法性，强化人民忠君爱国的思想认同，从而使得军民形成“捐躯赴国难，誓死忽如归”的共识心理。

与此同时，帝王自身也受到这种意识形态召唤的影响，并在一次次颁布罪己诏的身份实践中确认和加深了自我的身份和责任。例如崇祯十七年，明思宗亡国自尽前下罪己遗诏，表示一切罪过都因自己“凉德藐躬，上干天咎”，而万千平民百姓并无过错，所以愿“自去冠冕，以发覆面。任贼分裂，无伤百姓一人”。[④] 这正是一种“天子守国门，君王死社稷”的身份认同与帝王责任。

四、罪己诏中的中国古代政治传播观念探析

有汉以来，融合百家的大儒学体系便是中国社会乃至整个东亚地区的传统文化语境。在这种语境中，传播作为一种伴随性的社会过程受到社会自身文化价值观的影响并逐渐形成以社会文化为底色的独特的社会传播观念。

华夏传播学者吴予敏指出，西汉大儒董仲舒对儒学的改造和建议包括三点：一是“大一统”即罢黜百家，独尊儒术；二是“更化”即以仁德代替严刑，推行仁政；三是“推阴阳灾异”即认为天地和众生都有“阴阳之气”，可互相感应，若天子违背天意不行仁德，上天就会降下灾异进行谴责。[⑤] 自此以后，政统和道统相辅相成，而任何关于政治的表述往往依托“经注”。帝王罪己诏的颁布便是统治者在这种中国本土性的大儒学知识语境中进行政治传播以巩固政权的典例。帝王的罪己诏及其下诏行为背后隐含着“天人合一”“群己合一”“身心合一”的古代政治传播观念，它们分别指向人与宇宙、社会、自身的沟通关系，三者层层嵌套并由此构成一个完整的中国古代政治传播观念体系。

① 《旧唐书》（二），第 17—18 页。

② 倪道善：《略议古代帝王的〈罪己诏〉》，《档案学通讯》2004 年第 2 期，第 95—96 页。

③ 《左传》，蒋冀骋点校，长沙：岳麓书社，2006 年，第 141 页。

④ 《明史》（二），北京：学苑音像出版社，2004 年，第 18 页。

⑤ 吴予敏：《无形的网络——从传播学的角度看中国的传统文化》，北京：国际文化出版公司，1998 年，第 136—137 页。

（一）天人合一的整体传播观

西方神创论认为，上帝是唯一的真神，是世间一切的创造者。而在中国，尽管也有盘古开天、女娲造人等神话，但神灵是多样的，并且在神之上还有更高的天。据《独异志》记载，女娲伏羲二人本是兄妹，宇宙初开之时因天下还没有人类，便商议是否结为夫妻，于是两人在昆仑山发誓说："天若谴我兄妹二人为夫妻，而烟悉合；若不，使烟散。"[①]这说明在中国古代的神话系统中天才是一切的主宰。

中国古代认为天是一切的缘起。所谓"道之大原出于天，天不变，道亦不变"[②]，天通过阴阳二气创造宇宙万物，因此万物"无情而有性"，矛盾而统一，是一个阴阳和合的整体。人也是由天命所创制的，《春秋繁露》称"人副天数"，"人受命乎天也，故超然而有倚"。[③]人是上天按照自己的形态创造的副本，所以可以感应上天。但是人人都感应上天便会造成世间大乱，所以颛顼"绝天地通"，将感应上天的能力和祭祀的权力进行制度性限制。自此唯"巫"才能进行祭祀占卜。而事实上，沟通天地的巫本身可能就是现实世界的最高统治者。考古学家陈梦家认为"卜辞中常有王卜王贞之辞，乃是王亲自卜问，或卜风雨或卜祭祀征伐田游……王兼为巫之所事，是王亦巫也"[④]。

因此，董仲舒"推阴阳灾异"，建立"天人感应"之说，一方面使得君王代天牧民的"天子"角色合理化，将沟通天神的单独性权力给予帝王，从而为政权提供了合法性，另一方面也将自然灾异和统治者的行为相关联，认为"凡灾异之本，尽生于国家之失"[⑤]，以此来限制皇权。

在"二十五史"所记载的297篇罪己诏中，因灾异而颁布的便有196篇，约占总数的66%。这说明天道之谴告是帝王罪己思想的重要来源。在天人合一的思想下，皇帝构成天道与人道的中间媒介，成了一切问题的中心。对帝王来说，政治传播的对象不仅是天下的官员和百姓，还有天地和神灵，甚至是宇宙万物。

太和二十年七月，北魏孝文帝因久旱下罪己诏："在予之责，实深悚栗，故辍令膳三晨，以命上诉。灵鉴诚款，曲流云液。虽休勿休，宁敢愆息……又法为治要，民命尤重，在京之囚，悉命条奏，朕将亲案，以时议决。又疾苦六极，人神所矜，宜时访恤，以拯穷废。鳏寡困乏、不能自存者，明加矜恤，令得存济……"[⑥]在罪己诏中，孝文帝表示久旱之责在自己，希望上天"灵鉴诚款，曲流云液"，随

① 李冗：《独异志》，北京：中华书局，1985年，第51页。
② 《汉书》，西安：太白文艺出版社，2006年，第452页。
③ （西汉）董仲舒：《春秋繁露》，上海：上海古籍出版社，1989年，第74页。
④ 陈梦家：《商代的神话与巫术》，《燕京学报》1936年第20期，第535页。
⑤ （西汉）董仲舒：《春秋繁露》，第53页。
⑥ 《魏书》（一），第125页。

后又向官员下达了“朕将亲案”“明加矜恤”等决策，从而向天下百姓显扬自己为君者的姿态。

帝王作为天子具有天人感应的能力，这种能力不是机械性的，“刺激—反应”式的，而是要诉诸道德伦理和正心诚意，甚至表露自我牺牲自我惩罚的决心。在祭祀礼仪中“诚与敬”是巫与神灵沟通的基本准则。① 中国哲学家李泽厚认为：“原始巫君所拥有与神明交通的内在神秘力量的‘德’，变而为要求后世天子所具有的内在道德、品质、操守。”②

端拱二年，宋太宗诏曰：“朕以身为牺牲，焚于烈火，亦未足以答谢天谴。当与卿等审刑政之阙失、稼穑之艰难，恤物安人，以祈玄祐。”③ 淳化二年，岁蝗旱祷雨弗应，宋太宗因此手诏宰相吕蒙正等表示：“朕将自焚，以答天谴。”④ 在罪己诏中，宋太宗希望“以身为牺牲，焚于烈火”的想法有着上古巫君祭祀原则遗存的色彩，也表露帝王作为天下之主而心怀社稷黎民的为政之道。

（二）群己合一的差序传播观

中国社会学家费孝通认为“差序格局”是一种像石子投水泛开的涟漪一样由中心延伸开去，按距离划定亲疏远近的人际格局，这便是中国社会的“人伦”。《释名》中说：“水小波曰沦。沦，伦也，水文相次有伦理也。”⑤ 因此，伦理的原意即水波涟漪，后引申为规定分别和等级的道理。《礼记》记载，鬼神、君臣、父子、贵贱、亲疏、爵赏、夫妇、政事、长幼、上下为“十伦”，由此古代中国人划定了自我在群体和社会中的位置并施以不同的言行，形成了井然有序、亲疏有别的人际格局。差序格局是既包括宗法制度和明确的身份等级，也隐含着以自我为中心向外弹性扩散的亲疏关系。当一个人在自我延展出的差序格局中可以施以恰当的言行时，就可被称为君子。因此孟子说：“古之人所以大过人者无他焉，善推其所为而已矣。”⑥

费孝通认为中西方的人际格局迥然有别。他将西方人际格局比作“捆柴”，认为西方是团体界限清晰，内部关系相同的“团体格局”。以中西方“家”的概念为例，西方的家庭是明晰的团体，“如果一位朋友写信给你说他将要‘带了他的家庭’

---

① 潘祥辉：《华夏传播新探》，第 42 页。

② 李泽厚：《说巫史传统》，上海：上海译文出版社，2012 年，第 29 页。

③ 《宋史》（一），北京：学苑音像出版社，2004 年，第 57 页。

④ 《宋史》（一），第 59 页。

⑤ 刘熙：《释名》，《四部丛刊·经部》，第 14—15 页，转引自王国珍：《〈释名〉语源疏证》，上海：上海辞书出版社，2009 年，第 39 页。

⑥ 《孟子》，上海：上海古籍出版社，2016 年，第 14 页。

一起来看你，他很知道和他一同来的是哪几个人”。[①] 在中国，“家”的概念是模糊而弹性的，既可以是夫妻加孩子的核心家庭，也可包括同村的“家乡人”，甚至可以是整个社会和国家。由此“家国同构”和“人伦有别”便构成了自我与群体关系的核心观念。

在董仲舒的“更化”思想下，传统儒家思想与皇权专制主义杂糅，“家天下”的观念得以形成。对中国古代帝王来说，家便是天下，而自己则是天下百姓的家长。帝王将天下视为一家，则自己与天下人便群己合一。因此，帝王在进行罪己诏的表达和传播时有着浓厚的家长作风和公私一体的思维逻辑。

总章元年有彗星见于毕、昴之间，唐高宗避正殿、减膳，下诏让朝野内外直言政治过失。有臣子上书说，“星虽孛而光芒小……此高丽将灭之征”，但是高宗认为高丽的百姓也是自己的臣民，“既为万国之主，岂可推过于小蕃”。[②] 这表明，唐高宗不仅将中原各地视为自己的天下，也把高丽等附属国看作“皇土”，因而当彗星表征高丽有难时，他也会下诏罪己。

帝王“家天下”的统治理念使其在进行政治传播时延展出了一些更具体的传播思想。

首先是将自我看作天下之中心。孔子有言：“为政以德，譬如北辰，居其所而众星共之。”[③] 这句话体现了道德教化对政治生活的重大作用，也将君主及其言行置于天下的中心。因此历任帝王的罪己诏书都十分强调自我中心性的权力地位和心怀天下的德政思想。例如天监五年，南朝梁武帝以不能有效招揽人才而下罪己诏，诏书中表示“朕以菲德，君此兆民，而兼明广照，屈于堂户，飞耳长目，不及四方，永言愧怀，无忘旦夕”。这表明帝王不仅认为自己在空间上居于疆域中央，更认为自己是国家之中心、权柄之元首，因此国内人才若没有尽归所用，便是“士操沦胥”（即士人的操守沦丧），而自己也会“永言愧怀，无忘旦夕”。[④]

其次是诉诸“仁”“礼”的道德伦理和家长责任。梁漱溟指出：“道德统括文化，或至少是在全部文化中道德气氛特重，确为中国的事实。”[⑤] 儒家文化是一种“泛道德主义”的文化，公私一体的社会观和泛道德的文化观共同形塑了中国古代的政治传播活动。在罪己诏文本中，帝王常常诉诸“仁”“礼”的道德伦理和家长责任，一方面彰显“恭宽信敏惠”的为政原则，另一方面将自己施政的选择和措

---

① 费孝通：《乡土中国》，上海：上海人民出版社，2016 年，第 21 页。

② 《旧唐书》（一），北京：学苑音像出版社，2004 年，第 61—62 页。

③ 《论语》，第 17 页。

④ 《梁书》，长春：吉林人民出版社，1995 年，第 27 页。

⑤ 梁漱溟：《中国文化要义》，上海：上海人民出版社，2011 年，第 22 页。

施与天下百姓相联系从而寻求政治正当性。后元二年，汉文帝下诏定和亲之策以安匈奴，并为此下诏罪己："今朕夙兴夜寐，勤劳天下，忧苦万民，为之恻怛不安，未尝一日忘于心，故遣使者冠盖相望，结彻于道，以谕朕志于单于。今单于反古之道，计社稷之安，便万民之利……以全天下元元之民。和亲以定，始于今年。"[①]在罪己诏中，汉文帝以君父的口吻将和亲之策定位为"安社稷、利万民"的措施，自己定下该政策为的是"全天下元元之民"。这种表述显扬了其"忧苦万民"国主之义和"恻怛不安"的君父情怀。

（三）身心合一的内向传播观

在西方，市民社会和政治国家相分离，[②]社会生活和政治生活是各自独立的板块，并以不同逻辑运行。在古代中国，其实并无"社会"一词，它是近代由西方传译而来的舶来词汇。钱穆认为"中国人之社会观，乃使天下与地上共融为一，既信有神，亦重有物，而人为之主"。[③]在古代中国人的社会观（或可称之为天下观）中，政治生活、社会生活、文化生活等各项人类活动均可囊括在内。与西方不同，古代中国推崇的理想人格不是"认识你自己"的自我关怀，而是伦理道德理想和政治理想杂糅的人格统一体。儒家将之称为"内圣外王"。

在孔子的思想中，"内圣"与"外王"相互依存，"内圣"是"外王"之基石，"外王"是"内圣"之归宿。孔子认为，一个人要想成为"仁人""君子"就要不断修身自省，达到"内圣"，而只有达到"内圣"，他才有能力实现"兼济天下"的"外王"之理想。所谓"修己以敬""修己以安人""修己以安百姓"[④]便是如此。而古代帝王是天下之主，因此理当拥有理想人格。那么帝王应当如何实现内圣外王呢？

《大学》有言："古之欲明明德于天下者，先治其国。欲治其国者，先齐其家。欲齐其家者，先修其身。欲修其身者，先正其心。欲正其心者，先诚其意。欲诚其意者，先致其知。"[⑤]这便是内圣外王的思想和行动逻辑。只有先经历格物、致知、诚意、正心、修身的修己自省之道，才能更好地与社会互动，从而实现齐家、治国、平天下。而内省修己以治国平天下的逻辑其实是古代帝王下诏罪己行为的核心动因之一。

---

① 《汉书》，第24页。

② 何增科：《市民社会概念的历史演变》，《中国社会科学》1994年第5期，第67—81页。

③ 钱穆：《现代中国学术论衡》，北京：生活·读书·新知三联书店，2001年，第220页。

④ 《论语》，第189页。

⑤ （宋）朱熹集注：《大学》，《四书》，上海：上海古籍出版社，1996年，第8页。

一方面，当灾异降临，帝王在颁布罪己诏之余往往通过避殿、减膳、罢乐、沐浴、祷祀、求过、祭祀等方式进行“应对式修省”，也可称之为“消极式修省”。[①]例如，大历七年唐代宗因农事不顺下诏说：“惕然忧嗟，深自咎责。所以减膳彻乐，别居斋宫，祷于神明，冀获嘉应。”[②]

另一方面，帝王常常主动求过进行积极式修省。这是一种针对朝廷行政举措的日常化的修己自省机制，尤其常见于明代。明嘉靖和万历年间，每到年终礼部都会进行政事的汇报总结，并由帝王亲率大小臣工进行修省。[③]当这种日常修省不足以弥合政事上的疏漏时，帝王便会下罪己诏以示哀矜自责之心，安抚臣民。如崇祯十四年，明思宗“诏以时事多艰，灾异叠见，痛自刻责”。[④]

中国古代崇尚的内省修己意识也意味着对书籍经典等教化文本的重视。所谓“夫仁者，己欲立而立人，己欲达而达人”。[⑤]也就是说，自己要先有能力和道德才能惠及他人。这里隐含着传承的意味。书籍典章是道德教化之载体，自然也成为“社会道德的标杆”[⑥]，具有神圣尊崇的地位。

与西方重视雄辩的传统相异，中国古代哲人多重文章而轻辩论，“圣人存而不论”，“子以四教，文行忠信”。[⑦]一个人只有通过经书典籍才能达到主体性上的接受和顿悟，[⑧]实现“致知”和“修身”并成为“仁者”。因此，古代帝王的罪己诏书常常引用经书典籍来托古寓今，以体现其崇古尊圣、重视文德教化的态度。元光元年，汉武帝下罪己诏称：“朕闻昔在唐、虞，画像而民不犯，日月所烛，莫不率俾。周之成、康，刑错不用，德及鸟兽，教通四海……朕之不敏，不能远德，此子大夫之所睹闻也，贤良明于古今王事之体，受策察问，咸以书对，著之于篇，朕亲览焉。”[⑨]在这份诏书中，武帝以上古唐虞和周朝为治国典范，认为贤良的人才是“古今王事之体”。

董仲舒曾说道：“一者万物之所从始也，元者辞之所谓大也。谓一为元者，视大始而欲正本也。”[⑩]他认为，“大一统”是天地的常理，适合古今任何时代的道理。

---

① 李媛：《明代皇帝的修省与罪己》，第 56 页。

② 《旧唐书》（一），第 207 页。

③ 李媛：《明代皇帝的修省与罪己》，第 56—57 页。

④ 《明史》（二），第 13 页。

⑤ 《论语》，第 83 页。

⑥ 黄旦：《媒介变革视野中的近代中国知识转型》，《中国社会科学》2019 年第 1 期，第 140 页。

⑦ 郑也夫：《文字的起源》，《北京社会科学》2014 年第 10 期，第 33 页。

⑧ 邵培仁，姚锦云：《传播理论的胚胎：华夏传播十大观念》，《浙江学刊》2016 第 1 期，第 214—215 页。

⑨ 《汉书》，第 29 页。

⑩ 《汉书》，第 447 页。

因此，帝王的修省、罪己和崇古是“内圣”之方法，所希冀的是形成身心上的“大一统”，之后与家庭、社会群己合一并通过为政以德、教化天下实现社会“大一统”，最终使天地万物阴阳和合，完成宇宙整体的“大一统”，达到“内圣外王”的至善境界。

结语

罪己诏是中国古代政治传播的一种别具特色的庙堂文本。作为儒家政治文化和封建专制主义融合的产物，罪己诏和传统皇权专制统治相绑定，并随着清朝的灭亡而成为尘封的历史。但是在前大众传播时代，罪己诏的下颁确是行之有效的政治沟通和社会宣传机制，帝王通过下诏罪己来强调自身合法性、进行政治权力实践、加强政治认同并在战时实现社会动员，在短短百余字间，将个体、朝廷、社会、天地、宇宙相勾连，其传播主体的特定性、传播对象的多元性，加之其语言风格和文体结构有别于普通行政诏书，因此在中国古代政治传播中扮演了重要的角色。在罪己诏及帝王下诏罪己行为的背后，蕴含着独具特色的中国古代政治传播观念及鲜明的中国文化和中国智慧。作为传播研究者，从历史文本中探索和体会古代中国本土传播实践的经验与智慧及其背后潜藏的文化价值观，以史为鉴，推陈出新，对于建设有中国特色的传播学具有重要的价值和意义。

《礼记》的国家话语编码策略、内化路径及传播效果探析

Analysis of the national discourse encoding strategy, internalization path, and communication effect of *Liji*

吴泳萱*

Wu Yongxuan

摘　要:《礼记》作为体现了中国传统思想文化的儒家经典书籍，在中华优秀传统文化的传承、民族凝聚力与认同感的提升，以及文化自信的强化等方面可以发挥重要作用；并且，《礼记》中阐明的诸多问题也能够与当下中国及世界的现实问题展开潜在的对话，因而《礼记》对于现代国家话语传播的相关研究而言不可缺场。本文是针对儒家经典《礼记》的国家话语传播现象的研究。《礼记》的思想传播体现了人文主义关怀，并以“礼”“乐”等外在形式上的规范化制度以及结合具体的义理教化进行国家话语层面的传播。而传播和履践《礼记》思想的关键在于社会个体，因而此经典著作突出了以人为本的思想，关注了人类情感（特别是道德情感），通过激发个体基于传统美德的社会主动性，在以礼乐协同等外在规范的引导下，实现国家话语的传播及内化，达成对社会个体的教化，进而完成对国家话语的建构并整合社会，展现出强大的建构社会功能。回溯《礼记》的国家话语传播，有助于通过对其传播途径、模式、要素等的思考，为中国社会主义核心价值观的当代传播提供启迪。

Abstract: *Liji*, as a Classic Confucian masterpiece reflecting traditional Chinese thought and culture, plays a significant role in inheriting excellent Chinese national culture, enhancing national cohesion and identity, strengthening cultural confidence, etc. Moreover, many issues expounded in *Liji* can also have a potential dialogue with the

---

* 作者简介：吴泳萱，女，1997年出生，浙江金华人，获英国伦敦国王学院（King's College London）的文学硕士学位。

current practical issues in China and other parts of the world, so *Liji* is indispensable for the relevant research of modern national discourse transmission. This essay is a study of the phenomenon of national discourse communication in the Confucian classic masterpiece *Liji*. The ideological communication of Liji embodies the humanistic concern and carries out the communication of national discourse with the standardization system of external forms, such as "Li" and "Yue", combined with the concrete moral education. And the key to spreading and practicing the thought of *Liji* lies in the social individual. Therefore, this classic highlights the idea of being people-oriented, which pays great attention to human emotion (especially moral emotion). The individual's social initiative based on traditional virtues is emphasized in this classic, that is, individuals realize the internalization of national discourse under the guidance of external norms such as "Li" and "Yue" collaboration, which means that the state has completed the education of social individuals. Furthermore, the ancients hoped to realize the integration of the whole society through the aggregation of the impact of the national discourse on social individuals, presenting a strong social function of construction. Contemporary rethinking and deepening research on the national discourse communication channels, modes, and elements of *Liji* can provide enlightenment for the contemporary communication of China's core socialist values.

关键词： 国家话语；传播；《礼记》；社会主义核心价值；价值共识；国家观念

Keywords: national discourse; communication; Liji; core socialist core socialist values; value consensus; state concept

中国传统文化的民族性何在？它"有什么样的形式表现"、"根基是什么"以及它是怎样影响、参与到当代中国国家话语的建构之中，进而助推国民身份认同感的强化？这不仅是关于中国优秀传统文化传承的一个重要问题，也是关系到当代中国的民族凝聚力、国家认同、文化认同、社会和谐等的重要问题。中国传统文化中所涵盖的特有的文化元素、文化根基及其一系列派生文化，以及文化信仰与理想追求，它们共同展现了中国传统文化的鲜明民族性特征。而对中国优秀传统典籍的再思考及深化研究，在当前文化多元化、全球化语境中能够帮助弘扬我国优秀传统文化，并对中华民族的文化自信有着重要的提振作用。

习近平总书记指出："增强做中国人的骨气和底气，让世界更好认识中国、了解中国，需要深入理解中华文明，从历史和现实、理论和实践相结合的角度深入阐释如何更好坚持中国道路、弘扬中国精神、凝聚中国力量。”[①] 习总书记的这一理念应当被中国哲学社会科学工作者重视并运用到科研实践中去。而诸如《礼记》在内的中国优秀典籍作为中国历史文化底蕴的表现，长期以来潜移默化地影响着中华人民的行为习惯及思维方式，是民族自信的重要文化来源，应当受到中国哲学社会科学领域的相关研究的重视。中国优秀典籍与中国的民族精神、传统文化、社会状态、观念形态、社会风尚、审美意识、认知表征等息息相关。它是展示民族文化的重要载体，是影响社会思想观念的重要路径，是传播国家话语的重要媒介，是中国在国际舞台上获得文化竞争力的重要内容。

中国优秀典籍中包含大量古人的传播智慧，并且很多传播实践是通过中国传统的礼俗仪文进行的，表现了本土化、民族性的传播思想；且，中国传统文化中体现的传播实践，既有其具象的、可视的物质表征，更有该表征下的思想内蕴；既有礼乐形态的文化美，也有该礼乐形态下的情感蕴蓄。而对于中国问题的解决、中国文化的传播、中国经验的阐明、文化软实力的提高等重要议题是与对中国优秀典籍的再思考与深化研究密不可分的。

当全球化时代已经到来，世界范围内的文化呈现出多元化样态的时候；当科学技术不断发展，人们获取信息的渠道渐趋丰富的时候；当一些新概念、新媒体出现，来自不同文化背景的人们之间的交流越来越频繁的时候；我们怎样挖掘中国传统典籍中的文化资源，思考传统文化的当代价值，以便为中国当代传播实践提供有意义的、适用性强的传播智慧；以及如何在国际文化大繁荣的时代语境下凸显中国文化，并助推中国优秀传统文化走向世界，是我们需要直面的重大现实问题与理论问题。笔者认为，中国优秀典籍《礼记》作为民族思想体系之根基和中国古代社会教化之基础，它阐述的礼俗仪文对中国社会及社会个体的思想产生过极大的影响。根据对《礼记》中礼乐文化的考察与以跨学科视角的考索，笔者认为，《礼记》运用一系列礼俗仪文为媒介来传播国家话语，尝试在观念上定位社会个体与国家的关系，表现出古人对国家观念的理解以及对思想传播的认识，这便是优秀传统文化中的中国传播智慧。这一传播智慧不仅对中国历史上的传播实践发挥了重大的作用，还将在未来为中国的国家话语建构所面临的新格局与新挑战提供具有民族文化特性、适用性强的理论参考及实践策略。在探讨中国古代礼教的传播思想的各种研究中，有关儒家思想传播的媒介形式、内容及价值追求等

① 光明日报：《立足伟大实践推动创新创造谱写哲学社会科学繁荣新篇章》，2021 年 8 月 4 日，http://www.xinhuanet.com/politics/2021-08/04/c_1127728082.htm，2021 年 11 月 4 日。

各方面，已有不少讨论。[①]然而，对于《礼记》这一长远影响着华夏文化、中华民族及中国社会的儒家经典书籍的国家话语传播的相关研究却略显不足。本文尝试以《礼记》记述的礼俗仪文为主要素材，结合其带来的社会文化影响，对其国家话语传播问题进行探讨。

一、《礼记》国家话语传播研究的意义及文献回顾

国家不仅是由有形的地理单元组成的（如山河湖海等），还是由无形的、思想层面的单元组成，这表现为一系列与国家有关的“话语”。[②]这些“话语”构成对“国家”内外各关系的说明与解释、尝试定义国家的性质与解决国内外问题，并塑造国家形象，是一种信息形态及传播现象；“国家话语的符号形态，既包括自然语言和文字”，也包括礼仪和民俗活动及“其他一切具有符号性质的媒介”。[③]笔者以为，国家话语能够影响、引导个体意识，而且在它的动态陶染下，传播范围由个体扩展至社会群体，形成社会性的价值共识。国家话语的社会意义表现在维护由个体结合而成的群体之间和谐共处上的重要性。个体的认同展现出自我与个体所处社会的关系，且认同的建构受到社会群体性思想观念的影响。[④]可以说，个体的身份认同要有国家话语引导，而社会群体性价值共识的生成要个体与社会整体结合，即人们做出具有普遍性意义的行为选择。国家话语与社会和谐之间体现能动关系，而社会和谐的实现与否需要考量个体与主流社会文化的一致性程度。主流思想观念或大众意识与社会性的价值共识之间具有相互关系。笔者认为，“意识”具有多样性、个别性的特征，而凝聚价值共识与传续主流文化，必须解除“多”（大众思想观念的个别性、多样性）与“一”（社会主流价值观）的矛盾。也就是说，实施国家话语对大众思想观念的干预，并且能动地推进大众思想观念与社会主流思想文化结合，生成大众思想观念的合理价值共识。此外，国家话语传播的目的在于达成社会大众思想观念上的高度共识，而这种共识的生成需要依靠伦理意识的启蒙与大众的伦理觉悟、以具备社会合理性的信仰为前提的精神洗礼，以

① 通论者如黄宛峰《礼乐渊薮——〈礼记〉与中国文化》（河南大学出版社，1997年）。较专门的讨论则如贾南《礼之用和为贵——从〈礼记〉看先秦儒家人际传播思想》（安徽大学硕士学位论文，2017年）；张兵娟和刘佳静《中国礼的教化传播思想及当代价值》[郑州大学学报（哲学社会科学版），2019年]。

② 曹树基：《国家形象的塑造——以1950年代的国家话语为中心》，《上海交通大学学报》（哲学社会科学版）2008年第3期。

③ 曹树基：《国家形象的塑造——以1950年代的国家话语为中心》；陈汝东：《论国家话语能力》，《北京大学学报》（哲学社会科学版）2011年第5期。

④ [西班牙]曼纽尔·卡斯特：《认同的力量》，夏铸、黄丽玲等译，北京：社会科学文献出版社，2003年，第2—4页。

及价值共识的文化载体（特别是“伦理道德的元共识”“传统的元文化”）。①

中国优秀传统文化的成功传承、延续给人文社会科学学者留下了极其宝贵的文化资源、古代智慧，而《礼记》这一元典在很大程度上奠定了中国传统文化的总基调，它能够为当代中国国家话语的建构与传播提供极其丰富的史料参考，具有时代价值，更具文化意义。本文认为《礼记》中展现的礼俗仪文作为特定文化载体能够传递信息，引导社会个体的身份认同，并建构与传播国家话语。《礼记》中强调的礼俗仪文具有意义建构的功能，礼俗仪文的意义来源于社会主流文化环境，来源于礼俗仪文在古代社会等级结构的维护中所发挥的作用，并体现在外在礼仪规范与践履者的关系上。而中国古代国家话语的传播是在礼俗仪文的思想内蕴层面发生的，也就是说，《礼记》国家话语传播的主要途径是礼俗仪文的思想内蕴。并且，《礼记》的国家话语传播体现在书中指出的各个文化过程，即每一种合乎礼义的实践活动都能够被视为一种国家话语传播方式。国家话语由日常礼仪规范表现出来，而礼俗仪文的意义是与践履者发生互动而产生的。

近年来，伴随着社会主义核心价值体系建设的持续推进，以及对思想道德文化建设方面的重视与已经取得的显著进步，《礼记》的国家话语传播研究对于我国目前社会主义核心价值体系在全社会的宣传推广有着重要助益。文化教化能够在特定文化结构中发挥价值，实现人作为主体对主流社会所推崇的价值观的认同，它在不同民族、地域、时代的文化结构中却都有着极为相似的文化功能。笔者在本文中探讨的是《礼记》的国家话语传播与教化作用。从人类文明发展的角度来看，文化教化是一个由外至内的过程，它借由文化的外在形式来满足人类自身的基本需要并实现人类的全面发展，这在《礼记》中则表现为对恰当的“礼”“乐”等在形式上和社会意义上的阐释。本文认为《礼记》能够通过“礼”“乐”等特定外在形式来规范社会民众的行为及引导社会思想文化，从而展现了华夏文明国家话语传播的独特样式。《礼记》对中国古代几千年来不同朝代的教育、政治等有着重要的指引作用，并对当代中国社会及人民精神文化生活有重要影响。从根本上讲，《礼记》的思想要义在于试图通过规范不同社会阶级、社会角色的礼、乐等的使用来实现和谐社会的建构，而实现这一目标的途径正是通过外在的礼乐等规范对社会各阶层展开的国家话语传播。中国古代国家话语本就体现在《礼记》所提及的礼乐等规范中，并且这些规范所蕴含的情感特质及人文关怀易于让社会个体将这些外在规范内化。而且，由于众多古人自小便沉浸在礼乐熏陶之中，他们逐渐将所遵守的礼乐等规范的（被主流社会阐释的）实践目的环绕着他们对国家话

① 樊浩：《中国社会价值共识的意识形态期待》，《中国社会科学》2014 年第 7 期。

语的内化过程建构为众多社会个体思想观念的重要组成部分。在传播学中国化运动的背景下，一些学者从传播学视角对中国古代礼教的传播思想展开了初步探索，获取了一些成果。比如论文《礼之用　和为贵——从〈礼记〉看先秦儒家人际传播思想》指出，“礼作为中国传统文化的核心，几千年来，它借助人们日常生活的言行实践和重要的人生礼仪的媒介形式，把儒家价值结构和权力系统嵌入社会，从而规范着中国人的言行生活和人际传播，维系国家政治制度、社会秩序的协调运行”。①论文《中国礼的教化传播思想及当代价值》也提到“先秦儒家重视在仪式中培育礼的精神、践行礼的规范。这给我们在当代实践传承提供了借鉴和启发，有助于建立新的德育实践体系”。②这种认识试图将中国传统礼教的传播思想与我国当下实际社会情况相结合，是有思想价值的。不过，需要注意的是，鲜有学者针对《礼记》的国家话语传播展开探析，而《礼记》中推崇的外在形式上的礼教规范，其根本目的在于引导社会各阶层群体形成有利于和谐社会构建的国家观念。因此，本文拟根据《礼记》自身关于礼乐协同运用等特定社会文化规范的重要思想来呈现其国家话语传播的智慧。

二、《礼记》的国家话语编码策略

查尔斯·佩措尔德（Charles Petzold）在他的书《编码：隐匿在计算机软硬件背后的语言》中提到，“编码这个词的意思是指一种用来在机器和人之间传递信息的方式。换句话说，编码就是交流”，并且“大部分编码必须易于理解，因为它们是人类交流的基础”。③由此可见，编码即是一种信息内容传播的媒介。它本是一个出自计算机领域的概念，能帮助实现不同类别或形式的信息之间的转换，进而表述与传递人类思想观念。而礼乐等规范即可被视作在效能上类似于编码的传播媒介，它们向民众传递了抽象的思想文化层面的信息。儒家经典《仪礼》《周礼》《礼记》被称为“三礼”，它们以理论的形式展现中国古代礼乐文化，对历代的礼仪制度产生了深远的影响。④这“三礼”的侧重点、内容偏向、社会效应的区别在于：《仪礼》记录了大量的礼节条目，远离日常生活，因而它在社会发展的历史长河中逐渐被人们漠视，失去吸引力；《周礼》偏重政治制度，它通过记述不同官职

---

① 贾南：《礼之用　和为贵——从〈礼记〉看先秦儒家人际传播思想》，硕士学位论文，安徽大学，2017年，第73页。

② 张兵娟，刘佳静：《中国礼的教化传播思想及当代价值》，《郑州大学学报》（哲学社会科学版）2019年第3期。

③ [美]佩措尔德：《编码：隐匿在计算机软硬件背后的语言》，左飞、薛佟佟译，北京：电子工业出版社，2010年，第3页。

④ 黄宛峰：《礼乐渊薮——〈礼记〉与中国文化》，郑州：河南大学出版社，1997年，第1页。

的职务，“从而展开对社会政治制度的设想”；而《礼记》则侧重从社会生活的多个方面做出符合统治阶级需要的理论说明，阐明礼的意义及作用，因而相较于《仪礼》《周礼》，它对人们的思想及社会的影响更大。[①] 而且，《礼记》“不仅记述礼仪制度，更着重阐发礼仪的实质、礼仪制度之中蕴涵的儒家政治思想”；尽管“具体的礼仪制度是随时代的变化而变化的”，但是“政治理想却可以永存”。[②] 值得注意的是，无论是其外在符号表征形式还是其出乎人类本性的情感内蕴，《礼记》所强调的礼乐规范的重要实施目的在于传播主流文化，统筹社会各阶级的关系，并维护社会和谐；此规范作用范围上至王侯将相，下达普通黎民百姓，社会各群（个）体根据属于自己的礼俗仪文来辨别、明晰自己的身份地位，终而上行下效，并形成天下太平、无利相争的和谐局面。《礼记》借规范化的礼仪形式全面阐发的儒家思想对中国社会、中国文化产生过深远的影响，受到人们的重视。在本文中，《礼记》提及的规范化的礼乐使用被视为可识别的、社会性的、内含情感特质的编码。

（一）象征性社会符码的文化信息传播

古人使用各种不同的礼乐符号来为国家话语的传播服务。《礼记》中提及的礼乐具有重要的象征作用，它将天理人情通过规范化的礼仪彰显，对社会各阶层进行由表及里的教化，试图让外在的礼仪成为民族国家正常运行的重要保障。《礼记·礼器》中指出“君子之行礼也，不可不慎也，众之纪也，纪散而众乱”。[③] 古人认为只有通过制度化、象征性的礼乐规范的传播，才有可能引导人们的行为，弘扬仁义的思想，进而达成社会的稳定与繁荣。规范化的礼乐作为特定文化形式，不是抽象的概念，而是可感知的，其广泛存在于古代的社会文化之中，规范着个体的行为，但值得注意的是，这样的特定文化形式只有通过集体创造、运用的特定规则才能够发挥效用。[④] 并且，个体对其周围事物的理解与认知，是建立在她/他所处的整个社会价值体系之上的，因而积极、健康的主流文化能够对个体行为选择做出有助于社会和谐的指引。礼乐是《礼记》指出的有关规范伦理关系、法则制度、具有时代特征的古代主流社会文化传播的符号形式，其涉及社会各个阶层，贯彻于丧礼、聘礼、祭礼、冠礼等礼仪之中，几乎覆盖了社会生活中的各个方面。这些礼乐形式最终能够构建整个社会的文化场域，控制着不同身份个体的思想、情感。当然，应当注意的是，“治国不以礼，犹无耜而耕也；为礼不本于义，

① 王文锦：《礼记译解》，北京：中华书局，2001 年，“前言”，第 1—3 页。
② 黄宛峰：《礼乐渊薮——〈礼记〉与中国文化》，第 6 页。
③ 王文锦：《礼记译解》，第 318 页。
④ 冯月季：《传播符号学教程》，重庆：重庆大学出版社，2017 年，第 39 页。

犹耕而弗种也；为义而不讲之以学，犹种而弗耨也；讲之于学而不合之以仁，犹耨而弗获也；合之以仁而不安之以乐，犹获而弗食也；安之以乐而不达于顺，犹食而弗肥也”。①（《礼记·礼运》）这就是说，礼乐作为编码形式的属性需要它们具备大部分编码必须具备的特征——“易于理解”，②而具有情感特质、符合人类天性的编码方式显然更加有助于社会传播实践的进行。因此，礼乐这两种文化形式应当出自道义仁爱，两者之间的社会传播应当协同运作，并配合恰当的民众思想体系建构（如，陈说义理、讲解教育），这样才能更加有效地展开国家话语的传播。

（二）社会意识形式的被“编码”

实际上，“在所有社会中，象征形式——语言陈述、姿势、行动、艺术作品等——的产生与交流是且始终是社会生活的普遍的特点”，③这些象征形式，不论是有形的、语言的，还是无形的、非语言的，它们的协调、融汇、结合使用帮助了国家话语在社会群体中的传播。《礼记》将礼和乐的形式及作用进行了规范化的归纳、梳理，这实际上是给社会思想体系进行“编码”的过程，社会中的不同群体在礼乐教化作用的加持下由内而外地接受自己被划分的等级并各司其职；而在具体的古代社会传播实践中，由于存有先前圣贤已经“编码”的社会思想体系基础，即处于社会等级、文化场域已经形成的状态下，社会各阶级成员由上至下的国家话语传播就会更加容易进行。对于礼仪，《礼记·礼运》上指出“是故夫礼，必本于天，殽于地，列于鬼神，达于丧、祭、射、御、冠、昏、朝、聘。故圣人以礼示之，故天下国家可得而正也”。④先贤根据不同的情境推崇不同的礼仪，来规范处于不同社会阶层、身份的人们之间的关系，进而才有可能引领国家、天下走向正道。而对于乐而言，它是能够影响人心的外界事物，因而古代圣王可用乐来调和民众的性情。《礼记·乐记》中就明确指出“礼以道其志，乐以和其声，政以一其行，刑以防其奸”。⑤可见，礼乐的协同运用是一种国家话语传播的有用的编码，是中国古代从思想上对民众进行教化的有力途径。

三、《礼记》的国家话语传播与内化路径

《礼记》能够在中国古代历史演进中发挥思想传播的效能，且《礼记》所蕴含

---

① 王文锦：《礼记译解》，第 305 页。

② ［美］佩措尔德（Petzold, C)：《编码：隐匿在计算机软硬件背后的语言》，第 3 页。

③ ［英］约翰·B. 汤普森：《意识形态与现代文化》，高铦、文涓、高戈、汐汐译，南京：译林出版社，2019 年，第 1 页。

④ 王文锦：《礼记译解》，第 289 页。

⑤ 王文锦：《礼记译解》，第 525 页。

的国家话语在中国古代能够占据优势地位并成为当时社会共识的基础，其中很重要的因素是社会个体对《礼记》所蕴含的以“礼”为外在表征的国家话语的认同与内化。一般而言，“礼”是以“文化礼仪体系为根据的”，而对于古人来说，“礼”与“乐”的相互关系分为两种情况——“分而言之，有‘礼’有‘乐’，合而言之，则‘礼’中有乐”，并且是“以礼为主，以乐为辅”的。[①] 由此可见，“礼”是社会文化礼仪体系的外在表征，这种体系便包含着对礼乐等符号形式的恰当使用的指引。因此，论及《礼记》的国家话语传播，本文的这部分拟对社会思想文化体系的象征性表征之一“礼”展开论述。钱穆先生指出，“礼”是“整个中国人世界里一切习俗行为的准则”并“标志着中国的特殊性”，它是“一个家庭的准则”，也是“一个政府的准则”，是中国文化的核心思想。[②] 中国文化中的“礼”从古代发展至今，已经“形成一个博大的体系”，其中涵盖政治制度、行为准则和道德标准，“成为全社会成员取齐的标准”。[③] 笔者通过对《礼记》中有关“礼”的内容的研读分析，总结出“礼”主要从以下三个角度帮助国家话语传播：

（一）多方位、多层面的社会思想体系构建

古代社会国家观念是礼乐规范的前提和基础，是制定和传承礼乐规范的必要条件；并且，古代社会国家观念是礼乐规范的内核及抽象的思维表征，体现古代社会主流的价值本质，决定具体礼乐规范的基本形式及特征，引领古代社会思想体系的构建。古代国家话语渗透于礼乐规范之中，通过礼乐协同运用得以表现出来。以古代社会思想体系为根基建设和谐社会，是《礼记》国家话语传播的重要现实表现。此处的社会思想体系，主要指古代主流社会对个体价值、人际关系、行为规范、教化普及的基本诉求与总体要求。

《礼记》通过“礼”展现出的社会思想体系是一个包含丰富内容的多层次体系，既有其核心思想，又有其具体要求。“礼”的纲要、细节之多几乎能够覆盖古代社会生活的各个方面，诚如《礼记·礼器》所言：“礼也者，犹体也。体不备，君子谓之不成人。设之不当，犹不备也。礼有大有小，有显有微，大者不可损，小者不可益，显者不可掩，微者不可大也。故经礼三百，曲礼三千，其致一也。”[④] 这说明，在古人看来，礼同人身体的各组成部分一样重要。并且，礼的形式是多样的。

---

① 陈来：《古代宗教与伦理：儒家思想的根源》，北京：生活·读书·新知三联书店，1996 年，第 275 页。

② [美] 邓尔麟：《钱穆与七房桥世界》，蓝桦译，北京：社会科学文献出版社，1995 年，第 7—8 页。

③ 彭林：《中国古代礼仪文明》，北京：中华书局，2004 年，第 11—12 页。

④ 王文锦：《礼记译解》，第 320 页。

人们不能随意更改礼的规模，而应当追求礼的恰当使用。同时，根据《礼记·礼运》记载：“故礼也者，义之实也。协诸义而协，则礼虽先王未之有，可以义起也。”[①]这说明，礼俗仪文是义理的外在符号形态，而且凡制定与使用礼仪，须比照义理且与之协合，即礼仪可根据具体时代语境有所改变，但以仁爱为重要原则的义理应当作为中国古代任何时代背景下礼仪的根基。《礼记》以“礼”为外在表征的社会思想体系，因其自身对中国古代社会的经世致用的独特价值魅力而感召、引导着古人对其的不懈追求、维护与遵循。

这种社会思想体系既表现出理想化的价值观念，又包含了具备可实践性的礼俗仪文规范。古人重视对体现着伦理等级关系的价值理念及符合人类情感的、具备普适性与可实践性的思想价值体系的传承，从而试图调节人们的性情并兴起人们的道德观念，诚如《礼记·王制》所言：“司徒修六礼以节民性，明七敬以兴民德，齐八政以防淫，一道德以同俗，养耆老以致孝，恤孤独以逮不足，上贤以崇德，简不肖以绌恶。”[②]实际上，这一表述准确揭示了以“礼”为符号表征的社会思想体系的基本运作形式和精神内涵，也即外在的礼俗制度规范了各种社会关系的相处模式并传播了具有社会普适性的道德准则，在具象化的礼俗规范中传达出对社会和谐、天下太平的一种理想化的精神内涵，由此以外在礼俗规范的推广、践履来巩固与传播古代统治阶级推崇的国家话语，进而完成社会思想体系的建构过程。

然而，值得注意的是，这种社会思想体系是在特定历史条件下被建构出来的。由于当时还处在古代封建阶级社会，《礼记》描绘的礼义纲纪主要被用来维护统治阶级的利益。而“礼”的特性虽促使了中国古代社会的稳定、和谐、民族凝聚力的强化，但这种基于人情道义关系的社会文化的消极作用也十分突出，如“夫礼者，所以定亲疏，决嫌疑，别同异，明是非也”[③]（《礼记·曲礼》），即人作为个体的社会定位在礼的作用下被严格划分，因而个体价值遭到轻视，久而久之在一定程度上扼杀了社会创造力与社会活力。古人在推行礼教的过程中，民众不断地理解、接受礼及其思想内涵。正如《礼记·曲礼》中所记载：“道德仁义，非礼不成；教训民俗，非礼不备；分争辨讼，非礼不决；君臣、上下、父子、兄弟，非礼不定；宦学事师，非礼不亲；班朝治军，莅官行法；非礼威严不行；祷祠祭祀，供给鬼神，非礼不诚不庄。是以君子恭敬、撙节、退让以明礼。”[④]这表明，一方面，

① 王文锦：《礼记译解》，第305页。

② 王文锦：《礼记译解》，第177—178页。

③ 王文锦：《礼记译解》，第2页。

④ 王文锦：《礼记译解》，第3页。

借礼所弘扬的思想观念有其积极作用，如道德仁义观念的社会传播、民风的建设、社会关系和谐程度的提升、民族凝聚力的强化；另一方面，礼所承载与传播的古代思想观念也有着对社会进步的消极制约作用，如尊卑贵贱等级观念的强化，且礼本质在于维护统治阶级的利益，并在人们安分守己、各司其职的基础上达成社会和谐。《礼记·郊特牲》中明确指出："礼之所尊，尊其义也。失其义，陈其数，祝史之事也。故其数可陈也，其义难知也。知其义而敬守之，天子之所以治天下也。"① 这表明礼的重要功能在于经由礼的形式，对各种礼俗仪式的思想精神内蕴展开社会传播，实现社会民众对礼的内在义理的了解与恭敬遵循，从而加深人们对等级名分制度的认同并服从统治阶级的领导。而礼更是统治阶级展开思想观念控制的工具，而且这种控制是无声的、潜移默化的，它植根于社会思想体系。《传播学概论》一书中指出，人们把技艺、规范及知识传授给社会新成员们，以期新成员们能够适应社会需要，承担社会责任，并使得他们"成为社会群体的有益的成员"。② 在中国古代社会文化语境中，个体在一生中始终能涉及礼所承载的思想观念传播，或个体被动地根据社会期望做出合乎礼义的反应，而这种思想观念的传播是以礼乐符号为媒介的。在礼义的规范下，从个体、家庭、宗族乃至整个国家，这些复杂的、规模大小不同的社会单元构成了整个中国古代社会，而礼俗仪文则成为有组织的社会单位之间相互联系的纽带。因此，可以说，中国古代社会是由以社会思想体系为内蕴的各种礼俗仪文构成的极其复杂的网状系统。《礼记》中关于"礼"的形式、主旨和社会作用，就蕴涵着中国古代的社会思想体系，它通过礼乐形式及人们做出的符合身份的行为反应表现出来，而这些具备思想传播功能的行为，以及思想体系中的传播者及信息接收者，都共同维护着中国古代社会思想体系的稳定与繁荣。

（二）传播要素：以"人"为讯息的国家话语传播

《礼记》讲求运用礼仪来规范社会中的伦理关系，其缘由在于先贤对人类本性的把握以及视个体为社会最小单位的观念，即通过制度化的"礼"深化个体对传统伦理关系的理解与认可，并在此基础上鼓励人们发挥社会主动性，这样就能消除一切社会矛盾。《礼记》中伦理观念传播的最终目的是保障国家走向正道，实现太平盛世的社会理想，而从天理人情的角度出发并以"礼"为参照标准能更加有效地达成个体对自我社会身份的认同并消除邪恶的欲望。

---

① 王文锦：《礼记译解》，第 353 页。

② [美] 威尔伯·施拉姆，[美] 威廉·波特：《传播学概论》，陈亮、周立方、李启译，北京：新华出版社，1984 年，第 39 页。

“人的言、行、情、思对传播效果的产生都发挥着中心作用”，[①]《礼记》中伦理观念的传播很大程度上借助于“人”这一要素的传播效能。《礼记》的各篇对于“人”作为讯息的传播作用的阐述上，不存在紧密的逻辑联系，但整本书有一个以“人”为讯息的思想传播内蕴，那就是从细微处入手，以个体规范化礼仪的社会性整合来营造社会文化场域，进而在社会范围内实现国家话语的传播。古代推行的很多礼仪，便是试图借由榜样的力量助推思想观念的传播。换句话说，特定礼仪借助具体的、榜样型的人物形象，传播主流社会推崇的道德思想。比如，养老礼的举行极大地展现了化抽象思想为具象表征的传播过程，即，国家话语通过具体的、可见的、以“人”为载体的社会道德榜样的言传身教展开社会传播。《礼记·王制》指出：“凡养老，有虞氏以燕礼，夏后氏以飨礼，殷人以食礼，周人脩而兼用之。五十养于乡，六十养于国，七十养于学，达于诸侯。”[②]这表明不同朝代以不同的方式礼待与敬养一些有资格的老人，而养老礼是为礼待、敬养超过五十岁的某些有资格的老人而形成的礼仪，并且此处“有资格的老人”即指那些年高德勋的老者。[③]选择德高望重的老者作为此项礼仪中的敬养对象是因为“贵有德，贵贵，贵老，敬长”（《礼记·祭义》），也就是说对有德、地位高贵、年长的人的敬重是古代主流社会推崇的伦理。[④]并且，天子通过养老礼的展演以教导人们敬长并传播道德规范，进而发挥行政教的功能。《礼记·祭义》中提到，“食三老、五更于大学，所以教诸侯之弟也”[⑤]，也就是说天子特用养老礼招待退休官员中两个年高德勋的人并在养老礼中恭请老人赐教，这不仅能够让老者的道德思想得以传播，还能够以“人”（天子）为媒介传递敬老道理。《礼记·郊特牲》展现了养老礼对老人们嘉言懿行的社会传播效能：“凡养老，五帝宪，三王有乞言。五帝宪，养气体而不乞言，有善，则记之为惇史。三王亦宪，既养老而后乞言，亦微其礼，皆有惇史”；这意味着养老礼是一个思想观念得以传播的文化场域，而老者在其中本身便作为重要的传播要素，即，通过养老礼，老人的精神身体受到敬养，他们的德行促成社会中的其他群体效法，并且最终他们的良好言行经由这项礼仪实现社会传播。[⑥]与此同时，养老礼作为国家话语传播的重要文化场域，它不仅在天子、诸侯间产生思想观念层面的影响，还延伸、扩展到普通民众的以礼俗为表现形式的思想观念中。《礼记·祭义》中提道：“食三老、五更于大学，天子袒而割牲，执酱而

① 陈嬿如：《心传——传播学理论的新探索》，厦门：厦门大学出版社，2010 年，第 79 页。
② 王文锦：《礼记译解》，第 186 页。
③ 王文锦：《礼记译解》，第 186 页。
④ 王文锦：《礼记译解》，第 684—685 页。
⑤ 王文锦：《礼记译解》，第 700 页。
⑥ 王文锦：《礼记译解》，第 385 页。

馈，执爵而酳，冕而总干，所以教诸侯之弟也。是故乡里有齿，而老穷不遗，强不犯弱，众不暴富，此由大学来者也。”[①] 古人认为正是通过天子对待年高德勋的老者的恭敬表现，来实现敬老思想在整个社会的不同阶层中传播。由此看来，在养老礼上，天子、年高德劭的老者分别以自我为媒介，他们的言行举止对于很多其他社会个体具有表率效应。总的来说，这种以“人”为传播要素的形式，生动而形象地展现了礼、思想观念、个体、社会整体之间的动态关系，强调了伦理观念对维护社会稳定的重要性。

（三）信仰传播：建立人们对社会主流思想的认同感

“礼”是中国古代信仰传播的重要媒介。从情感控制与生活规范的视角，能够阐明礼教所展示的在中国古代社会化信仰传播实践中，信仰与礼教的高度结合、身心合一的表征。礼教以外在规范与内在情感控制相结合的形式表现了中国古代国家话语的传播实践。《礼记》中的“礼”表现出的意涵分为两个方面：一是形而上的信仰（传统伦理观念、社会等级观念、仁义道德等），另一种是形而下的文化（“礼”的外在表现形式如房屋的样式、衣服的图案、礼器的使用等）。孔子指出，“礼义以为纪；以正君臣，以笃父子，以睦兄弟，以和夫妇，以设制度，以立田里，以贤勇知”；并且，孔子强调谨慎地据礼行事的重要性，他随后进一步指出礼的思想观念传播及社会约束作用：“以著其义，以考其信，著有过，刑仁讲让，示民有常。如有不由此者，在势者去，众以为殃。是谓小康”（《礼记·礼运》）。[②] 孔子的这番言论阐述了“礼”与信仰的关系，即，“礼”可用来规范家庭、社会关系，这种形式上的规范是出自天理人情的，并包含着个体本身所拥有的家庭与社会角色属性，因而在有了形式上“礼”的约束、指引后，人们就能够以内在道义与外在礼仪相结合的方式认知自己所处的身份地位应该做出的行为选择。在“礼”的指引下，社会个体对社会、等级、家庭关系有了内外结合的理解，于是社会各阶级人们能够做到上行下效，行为合乎规范。

古人从小便被传输有关社会主流文化所期望的理想化社会角色的信息，并在长期的礼规践履中完成且进一步以礼仪等形式传播古代的国家话语。这种有关理想化社会角色的观念传输，与古人终其一生的个体乃至群体间的以“礼”为符号表征的信仰传播，在《礼记》中被强调。《礼记·曲礼》说：“人生十年曰幼，学；二十曰弱，冠；三十曰壮，有室；四十曰强，而仕；五十曰艾，服官政；六十曰

① 王文锦：《礼记译解》，第 700 页。
② 王文锦：《礼记译解》，第 287 页。

耆，指使；七十曰老，而传；八十九十曰耄；七年曰悼。悼与耄虽有罪，不加刑焉。百年曰期，颐。”①这就是说，处于不同年龄阶段、拥有不同社会角色的古代男性，他们面对的社会期望是不尽相同的，即民众从小便建立一种认知——处于不同年龄阶段、身份地位的个体应当遵循的“礼义”，从而人们各司其职、尊老爱幼，且个人利益与国家利益高度融合。而古人至小便践履的礼俗规范最终能够让主流思想文化以潜移默化的形式内化为社会个体的存在状态并引导具体的行为实践。由统治阶级制定的礼教体现在古人的生活实践上，是礼仪及信仰相互协合来帮助人们适应古代社会生活的方式，而整个古代社会则是由不同个体、群体间的、以“礼”为特质的互动交流组成。

在笔者看来，礼仪可被视作中国古代社会信仰传播的枢纽，并在极大程度上表现出中国古代社会的主流思想观念。涂尔干在《宗教生活的基本形式》中指出，宗教现象可以分为两个基本范畴：一个是仪式，它指的是一些具体的行为方式；另一个是信仰，它是“由各种表现构成的”，是“舆论的状态”。②仪式和信仰之间的区别，即是行为和思想之间的区别。③《礼记》表现出中国古代主流社会所理想化的社会个体形象，并提及如何通过“礼”形塑这种理想化的社会个体，定义了古人的信仰倾向。《孔子哲学思微》一书便明晰地表现了“礼”对社会个体而言的神圣意味，指出：特定人类个体能够通过人际交流和相互作用的过程于自然和社会环境中进行对自我的完善，而“礼”作为一种符号媒介赋予人们完善自己的可能，它是文化信仰的形式化表现或载体。④而中国古代社会个体追寻的“礼”背后的思想内蕴从古人幼年时的家庭日常生活中便得到体现，并经由古代社会中普遍存在的仪式规范逐渐被强化，最终内化于民众的思想观念中，且使得人们拥有符合礼教的身体存在。“礼”的意涵烙印在社会个体的思想观念中，并在具体的社会文化场域中被不断地传播，其影响具有社会扩散性。这极大地体现在中国古代社会为促使男女之别而展开的实践。《礼记》将对待男、女两性的不同社会期望具体地落实到男女之间相异的教育模式、礼仪规范、行为准则等方面，从而有力地促成了社会个体及至群体对男女之别的信奉敬仰。《礼记·内则》说：“七年，男女不同席，不共食。八年，出入门户即席饮食，必后长者，始教之让。……十年，出就外傅，居宿于外，学书记，衣不帛襦裤，礼帅初，朝夕学幼仪，请肄简谅。十

① 王文锦：《礼记译解》，第5页。

② [法]爱弥尔·涂尔干：《宗教生活的基本形式》，渠东、汲喆译，北京：商务印书馆，2011年，第45页。

③ [法]爱弥尔·涂尔干：《宗教生活的基本形式》，第45页。

④ [美]郝大维，[美]安乐哲：《孔子哲学思微》，蒋戈为、李志林译，南京：江苏人民出版社，2011年，第58—61页。

有三年，学乐，诵诗，舞勺。成童，舞象，学射御。二十而冠，始学礼，可以衣裘帛，舞大夏，惇行孝弟，博学不教，内而不出。三十而有室，始理男事，博学无方，孙友视志。四十始仕，方物出谋发虑，道合则服从，不可则去。五十命为大夫，服官政。七十致事。凡男拜，尚左手。”[①] 自七岁后，男女之间没有一起进食、同席共坐之类的亲密接触，这是对于帮助男孩、女孩明确与认同自己的性别身份所进行的童年早期家庭教育，并且这种教育体现在了饮食、座位这类家庭生活中的细微小事上。而一些不论属于哪种性别的孩子都应遵循的“礼”，其中包括尊长、谦恭礼让也是通过一些生活细节（即古人教导年至八岁的孩子们入席饮食及出入门户须在长者之后）来传递的，本质上看这些都是信仰传播的形态。古人针对男女两性的教育，在他们十岁前，还只是体现在生活细节处的细微差别并存有些许共性，且这些学习内容都是由家中女师传授；然而，古人对待男、女两性的教育内容及方向自孩子长至十岁始，便体现显著差异。古代男女的行为表现、生活志趣、活动场域等方面差异巨大，这是不同的社会期望、教育目的、教育内容等因素协同作用下的结果，而古代大多男女两性也在早年教育经历、后期礼仪熏陶、社会文化氛围影响等因素的综合作用下，逐渐以他们的早年教育为根基固化了对自我身份的认同感，终而自发地形成了对主流社会所倡导的男女之别的信仰。

美国学者斯达克（Rodney Stark）和芬克（Roger Finke）曾清晰地指出了宗教与社会信仰的内在联系，提出宗教实际上是“社会成员对自身思考的崇拜”，并且宗教即为群众信仰的社会集体表征。[②] 男女之别是中国古代群众信仰的重要内容，对维护中国古代封建统治秩序具有重要作用。对待男女两性明显不同的社会期待是中国古代社会的普遍现象，并且两性社会功能上的差异在中国古代社会中以不同的表征形态呈现出来，是社会信仰所赖以长期维系的独特情感内蕴背后的广泛而持续的客观因素。也就是说，社会群体性信仰实为众多社会成员对自身所内化的主流思想文化的崇拜。美国学者凯瑞在《作为文化的传播》一书中指出，“传播的起源及最高境界”是“建构并维系一个有秩序、有意义、能够用来支配和容纳人类行为的文化世界”。[③] 就传播本身而言，它是一种符号过程，使得“现实得以生产（produced）、维系（maintained）、修正（repaired）和转变（transformed）”。[④] 而礼仪（ritual）是“组织化的象征活动与典礼活动，用以界定和表现特殊的时刻、

---

① 王文锦：《礼记译解》，第 397—398 页。

② ［美］罗德尼·斯达克，［美］罗杰尔·芬克：《信仰的法则：解释宗教之人的方面》，杨凤岗译，北京：中国人民大学出版社，2003 年，第 9—12 页。

③ ［美］詹姆斯·W. 凯瑞：《作为文化的传播》，丁未译，北京：华夏出版社，2005 年，第 7 页。

④ ［美］詹姆斯·W. 凯瑞：《作为文化的传播》，第 12 页。

事件或变化所包含的社会与文化意味”。[①] 在中国古代，礼仪能够作为信仰传播的工具，其重要的社会传播表现在于通过礼仪来维护并传播尊卑上下的义理，即借礼仪这样的表征形式来弘扬社会道义与稳固当时主流社会所认同的正确人际关系。《礼记·昏义》中便展现了礼之根本（即婚礼）的社会信仰传播意义：“敬慎重而后亲之，礼之大体，而所以成男女之别而力夫妇之义也。男女有别而后夫妇有义，夫妇有义而后父子有亲，父子有亲而后君臣有正。故曰：昏礼者，礼之本也。”[②] 这也就是说，男女之别经由婚礼得到进一步的彰显，此后夫妇之间才有可能建立道义；而这种夫妻间的道义是父子之亲情、君臣之正确关系的前提、基础与根本所在。特定礼仪能够表现具有复杂维度的社会信仰，因而礼教所强化与传播的信仰观念深度内嵌于形式繁多的“礼”之中。总的来说，礼教及其承载的思想可以通过“礼”进行传播，并转化为一种信仰的力量，指引人们各司其职、遵循法则、孝道等社会信仰。这样，抽象的社会主流思想文化便能通过具象的“礼”显现。

四、《礼记》的国家话语传播效果

上文，我们剖析了《礼记》的国家话语传播中的编码策略，还阐述了《礼记》彰显的国家话语是以蕴含社会思想文化体系及情感特质的“礼”为媒介来实现社会教化。换句话说，《礼记》体现了一种崇高的道德诉求，指引众多古人对其强调的礼俗仪文进行践履，从而形成并传播社会共识。更进一步说，《礼记》的国家话语传播过程体现了大众传播的社会作用。大众传播具有“监控社会环境”“达成社会各方面的共识”“传承文化”三个方面的社会功能。[③] 可以说，《礼记》描绘了涵盖范围非常广泛的“礼”，且“礼”的思想内蕴已渗透到古代众多普通个体的日常生活及古代社会秩序的统筹中，而“礼”所承载的社会主流文化也已内化为古代众多人们的思想观念、道德判断的重要组成部分。

（一）真实自我与社会中的“我”

对于社会个体而言，其社会角色要基于其所发挥的社会功能来确立，并且在个体的社会角色内部存在着不同的角色特征，而时代特征鲜明的、标准化的角色

① ［美］约翰·费斯克等：《关键概念：传播与文化研究辞典（第二版）》，李彬译，北京：新华出版社，2003 年，第 243 页。

② 王文锦：《礼记译解》，第 914 页。

③ ［美］马克斯韦尔·麦库姆斯：《议程设置：大众媒介与舆论》，郭镇之、徐培喜译，北京：北京大学出版社，2008 年，第 170 页；Harold D. Lasswell, “The structure and function of communication in society”, in *The Communication of Ideas*, ed. Lyman Bryson (New York: Institute for Religious and Social Studies, 1948), pp. 37—51.

划分使得单一社会个体内部拥有多重角色，具有文化特质与价值取向的多重角色划分益于促使特定时代语境下个体去履行自己的角色义务与遵循符合社会主流文化的角色规范，并利于特定时代的主流社会培育出满足社会期望的社会个体。《礼记·曲礼》说："鹦鹉能言，不离飞鸟；猩猩能言，不离禽兽。今人而无礼，虽能言，不亦禽兽之心乎！……是以圣人作，为礼以教人，使人以有礼，知自别于禽兽。"[①] 在古人看来，礼于社会范围内的传播，能够帮助社会个体明确应当遵循的社会行为规范；而这种以礼为外在形式的国家话语传播，能够让个体由对外在的礼的掌握终至对礼的重要思想内蕴（即礼义）的认同、服从、践履。此处提及的礼可被视作思想传播的媒介。社会个体经由对礼的学习，接受有关社会主流文化传播的讯息而明确主流社会中理想化的社会个体形象；进而社会个体以主流社会的礼义观念为根基来形塑属于其自身的理想社会自我的形象。对于社会自我，詹姆斯认为，其指的是一个人从他同伴那里取得的认同；人类作为群居动物，有想让自己受到同类赞许的、注意的先天倾向；同时，有多少个被特定社会个体在意其看法的人构成的群体类别，此个体就拥有多少个不同的社会自我，而且社会个体"通常对这每一个不同群体表现出他自己的一个不同方面"。[②] 由此看来，社会自我的形塑与他者对个体的看法紧密联系，而理想的社会自我即指特定社会个体能够广泛得到其所认同的社会群体的赞许，并且这种理想的社会自我可能因不同社会群体的属性而异。在中国古代社会，礼是统治阶层传递社会规范的一种影响深远的符号表征，它不仅引导人们遵循礼背后的等级名分制度，更深入并潜移默化地"督促"很多社会个体追寻符合当时主流文化的理想社会自我。根据《礼记·冠义》记载："凡人之所以为人者，礼义也。礼义之始，在于正容体、齐颜色、顺辞令。容体正，颜色齐，辞令顺，而后礼义备。以正君臣，亲父子，和长幼。君臣正，父子亲，长幼和，而后礼义立。"[③] 古人相信人正是因为习得了礼义才成为人，而人对礼义的学习是以一些生活细微的礼规为基本条件的，其中涵盖诸如容貌体态的端正整齐、合乎礼的面部表情的管控、言谈辞令的恭顺等。用这些始于生活细微处的礼规来约束人们的言行、维系人与人之间的关系，这具体表现为"正君臣"（端正君臣的地位）、"亲父子"（密切父子的亲情）、"和长幼"（协和长幼的关系），[④] 然后个体才得以与这些不同社会群体和谐共处，这样才算是古人眼中的个

① 王文锦：《礼记译解》，第 3 页。

② [美] 威廉·詹姆斯：《心理学原理》，田平译，北京：中国城市出版社，2010 年，第 190—191 页。

③ 王文锦：《礼记译解》，第 909 页。

④ 王文锦：《礼记译解》，第 909 页。

体礼义的成立。此外，很多时候，同一个体在不同情境下面对不同的群体需遵循不同的礼，并且这些礼有着不同的表现形式、规范及情感特质。礼作为行为规则，有两种属性，“一是高度确定和程式化”，“二是充分开放和不确定”。[①]古人追求通过对礼的践履，体现出内心的诚敬，可以说，礼能够规范人们的行为，传达社会主流文化，达成对人们情感管控的目的；与此同时，在内心诚敬的基础上，人们可依具体的场域对礼作不同的阐释与实践。[②]譬如，不同语境中的礼表现为，为人臣下对君主的礼、子女对父母的礼、男女之间的礼、个体对待长者的礼、个体在主客相处方面的礼等。[③]

《礼记》通过这些特定社会礼教规范展现出的思想传播功能可用社会心理学中有关自我的概念来分析。自我概念对个体行为有着调节和影响作用，它是一个中介因素，连接着个人行为与外部社会影响这两个角色。[④]说到底，自我概念是个体以自己为对象，以自己的身心情况、生活状况以及自己与其他社会群（个）体的相处状况等为考察内容，而形成的对自我的认知。而《礼记》的思想传播的要旨在于为社会各阶层群体在充分认知家庭伦理关系、社会等级关系以及传统美德的基础上，以礼乐等社会文化规范为媒介，并将天理人情以制度化、规范化的形态传播，进而试图实现太平盛世的终极社会理想。《礼记》重在通过各种不同的礼乐规范来引导人们对家庭关系、社会关系的正确认知，加深人们内心对传统美德的认同感。礼乐规范对很多个体是这样的影响过程：个体在以礼乐为外在形态的传统思想文化的教化下，有了对正确行为选择、思想的衡量标准后才能自觉地规范自我，并且因自我规范的扩散效应而对社会中的其他个体产生影响，进而优化社会的整体风尚。

（二）自律与他律：道德建设的实践路径

关于道德建设，《礼记》中的阐释大致说来，涵盖两个层面：第一层是表现在社会中的礼义规范（如“仪节之礼”“礼貌之礼”“伦常制度之礼”等，[⑤]）中所涵盖的中国古代社会主流文化，强调着礼义规范的道德合理性；第二层即指规范化、制度化的道德合理性，强调的是凭借规范与制度的力量来约束、管控人们的行为，并“督促”人们拥有合乎礼的道德行为。道德建设的第一个层面构成了礼义规范

---

① 陈国明：《中华传播理论与原则》，台北：五南图书出版股份有限公司，2004年，第383页。
② 陈国明：《中华传播理论与原则》，第383—387页。
③ 黄宛峰：《礼乐渊薮——〈礼记〉与中国文化》，第19—21页。
④ 金盛华：《社会心理学》，北京：高等教育出版社，2005年，第149页。
⑤ 黄宛峰：《礼乐渊薮——〈礼记〉与中国文化》，第8页。

的道德基础，第二个层面则直接构成了礼义规范的重要组成部分。道德建设的这两个层面，使礼与道德紧密结合，对规范古代人们的言行情思有着重要意义。道德建设如何能够在社会范围内发挥重要作用，便要从思想观念、自律、他律三者间的关联谈起。

一个有理性的社会个体所拥有的他律体现在，认识到自己是“感觉世界的成员，服从自然规律”。[①] 对于“感觉世界”，康德指出，“就自身仅是知觉，就感觉的感受性而言，人属于感觉世界”。[②] 而个体的自律体现在其意志自由上。“意志自由”是“自律性”的，即个体的行动依从道德原则，从而个体具备“服从道德规律的意志”。[③] 自律行为的存在建立于行为人对道德规律认同的基础上，[④] 是以个体的善良意志、被规定的准则以及对规律的尊重与服从为前提的[⑤]。因而，作为一个理智的社会个体，其只能从不为感觉世界所影响的观念来判断其应当遵循的社会道德准则，然后个体以某具体的道德准则为基础去展开一切行动。[⑥] 社会道德准则属于他律范畴，而个体坚守自己所认同的具体道德准则去展开行动并规范其自身则属于自律范畴。而个体的自律不仅需要道德准则（他律）的制约，还需要个体从内心深处认同该道德准则，并根据个体出于理性的选择而使得个体拥有合乎道义的行为。正如康德所认为的：“任何外部立法，无法使得任何人去接受一种特定的意图，或者，能够决定他去追求某种宗旨，因为这种决定或追求取决于一种内在的条件或者他心灵自身的活动。”[⑦] 外在的礼乐规范在中国古代社会文化中有着重要的含义及社会影响，而这种礼乐规范必须由社会个体内化，并通过个体自身的信念、理性规范及意志自律的升华才起作用。“人们必定愿意我们的行为准则能够变成普遍规律，一般说来，这是对行为的道德评价的标准。”[⑧] 正如上文所述，《礼记》展现出的思想传播很多是通过外在礼规为媒介的，即社会个体将礼规的思想内蕴转化为自我思想观念的重要组成部分，然后人们去认同中国古代主流社会所提倡的道德准则、道德判断及价值判断标准。

可以说，《礼记》的国家话语传播的起点是社会各阶层对礼乐规范的坚守，以及帮助他们接受以“礼”为核心的思想道德教化，而目标是形成良好的社会风俗、

---

① ［德］康德：《道德形而上学原理》，苗力田译，上海：上海人民出版社，2002 年，第 76 页。

② ［德］康德：《道德形而上学原理》，第 75 页。

③ ［德］康德：《道德形而上学原理》，第 70 页。

④ ［德］康德：《道德形而上学原理》，第 76 页。

⑤ ［德］康德：《道德形而上学原理》，第 12—16 页。

⑥ ［德］康德：《道德形而上学原理》，第 76 页。

⑦ ［德］康德：《法的形而上学原理——权利的科学》，沈叔平译，北京：商务印书馆，1991 年，第 34 页。

⑧ ［德］康德：《道德形而上学原理》，第 41 页。

统一民心并最终实现太平盛世的社会理想。《礼记》认为，“从人性、人情入手，因势利导，用儒家的仁义礼智信、温良恭俭让等道德观念去教化民众，使礼的规范转化为民众的内在要求，天下就可以治理好了，统治者也就可以稳坐泰山了”。[①]《礼记·礼运》中提及“陈其牺牲，备其鼎俎，列其琴瑟管磬钟鼓，修其祝嘏，以降上神与其先祖。以正君臣，以笃父子，以睦兄弟，以齐上下，夫妇有所”。[②]在以礼乐等为表现形式的社会伦理及道德框架的规范下，《礼记》的思想传播在一定程度上能够帮助个体朝符合社会期望的方向自我发展。换句话说，当社会期望的自我与真实的自我产生矛盾、冲突、对立时，由礼乐规范和系统教化等形式潜移默化的、根深蒂固的思想观念在很多时候可以及时纠正人们的言行举止，引导人们做出符合社会集体利益的行为选择。此外，如米德指出，个体的“自我具有普遍性”，这使得“自身与某种普遍的‘客我’相认同”；然而，个体自身存有的个别性特征，会与群体共有的普遍性、社会性的特征形成对照，这可能造成“主我”与“客我”之间的冲突、对立。[③]在这种矛盾的状况下，虽然“自我是一个主体”，但是“它是能够变为客体的”；这是因为在接受了礼（尤其是道德标准和行为准则）的引导并具备了辨别是非对错的能力后，很多人能够“一如对待其他客体那样对待自己，能够观察自己，批评自己”。[④]因而，《礼记》提出的具有客观性的道德规范、行为准则、价值标准等能够引导人们进行自我践履、自我观察、自我批评、自我提高。

总体来看，《礼记》的国家话语传播具有以社会思想体系的构建为根基、以外在符号表征为载体、以榜样的力量助推预期传播效果的实现、以形塑社会性信仰为渠道来保障传播效果的持续性等特征，那么我们应该怎样在全球化时代语境下，在世界文化多元化视域下，运用《礼记》的国家话语传播的这些特征来达成现代国家话语的建构以及国家话语的国内外传播呢？

首先，应当将社会思想体系的构建与传播充分体现在一切文化场域中，进而发挥社会思想体系的教化功能、价值规范功能以及社会主义和谐社会的构建功能。例如，运用手机软件（application）帮助传播优秀传统思想；拍摄电视剧、电影、纪录片等推动优秀传统思想文化传播，并帮助这些优秀传统思想文化“走出去”，从我国的传统智慧变为世界的智慧；发展文化旅游产业，并通过旅游活动促进参

---

① 黄宛峰：《礼乐渊薮——〈礼记〉与中国文化》，第 28 页。

② 王文锦：《礼记译解》，第 292 页。

③ ［美］乔治·郝伯特·米德：《心灵、自我和社会》，霍桂桓译，南京：译林出版社，2014 年，第 367—372 页。

④ ［奥地利］西格蒙德·弗洛伊德：《精神分析新论》，郭本禹译，南京：译林出版社，2014 年，第 50 页。

与者将优秀传统思想内化。而实际上，进步的社会思想体系的发展与传播有助于我国文化软实力的提升，这能够在极大程度上促进我国的国际竞争力与综合国力的增强。

其次，应该充分发挥互联网的优势，使得受众足不出户就能够习得我国的优秀传统文化。并且，互联网让受众体验到与传统学习模式截然不同的感受，而互联网所提供的“轻而易举”和“无边界性”的精神享受与受众的学习性行为本身相融合。且，传统国家话语传播模式所不能提供的信息接收、信息体验模式使得当下国家话语传播已经进入了享受型和创新型传播的新阶段。因而，我们必须深刻地认识到“互联网+”语境下的时代特性，让信息通信技术及互联网平台成为我国国家话语脱离西方强势文化（powerful culture）的束缚，促进中华优秀传统文化的国内外传播，并促成世界文化多元化的发展、繁荣。当下我国的文娱领域展现出与互联网的融合发展业态，出现了很多新型的、数字化的文娱服务，如电子书、网页、数字终端导览器、视频类及直播类的网络平台等。这些新媒体形态对我国优秀文化的传播，使得身处不同地域的人们都能够通过移动终端接触到我国的优秀文化，这有助于我国国家话语传播的顺利进行。

再次，应当强化国家话语的建构，进一步显现国家话语相关概念的有形与无形的、物质与非物质的表征，传承中国传统文化中积极的、精华的、与时俱进的部分，并运用符合当下时代语境与符合大部分受众情感认知的形式促进人们对国家话语传播内容的理解、认同乃至内化。例如，将“人”视作讯息的国家话语传播，就应当结合当下信息技术领域在发生的革命性变化以及随之而来的人们生活方式与思想意识等方面的深刻改变，用一些易于被受众接触到的、易于理解与产生认同感的、网络互动式的，并以具体的、生动的话语形式展开传播活动——如“让模范人物运用自媒体，谈身边的事，从点滴之间反映人性的力量”。[①] 而国家话语的国际传播则应该少用宏观概念，多展现一些基于人类情感本性的微观叙事，即从人类的情感共性入手，向世界其他地方呈现具有我国文化特性，却又能够引起来自不同文化背景的受众情感共鸣的话语，进而实现国家话语的跨文化传播。

结语

本研究以“国家话语”为着眼点，以《礼记》所阐述的礼俗仪文为素材，试图引发探讨的，是一系列由中国古代主流社会和大部分古代社会个体所推崇并践履的、有形与无形的文化语言，如何被儒家经典书籍加以阐明和诠释，对于当时

---

① 韩震：《社会主义核心价值观与中国文化国际传播》，北京：中国人民大学出版社，2017 年，第 32—34 页。

的社会文化、社会个体的思想观念，又产生过哪些影响。对于中国古代的统治阶级而言，维护社会的稳定、和谐，在理论上应当重视的一个问题是社会各阶级的关系；然而，中国古代普通民众与统治阶级的社会关系较远，文化观念的社会传播就成为普通民众理解和信奉统治阶级专制统治的重要渠道。怎样把“个人”“他人”及“群体”的观念，同“宗族”“国家”等观念联系起来，是众多古代圣贤试图解决的问题。在以个人为本体并以道义、人性、人情等为纽带的逻辑背后，表现出个体与族群的精神情感联系。正如陈来先生曾指出的：“在礼乐关系上，重要的不是礼所体现的器物、装饰和仪节，不是诗歌、乐器和乐舞，乐所代表的是‘和谐原则’，礼所代表的是‘秩序原则’，礼乐互补所体现的价值取向，即注重秩序与和谐的统一，才是礼乐文化的精华。”[①]《礼记》中提及的礼俗仪文可被视作国家话语的传播媒介，能够实现对社会个体的引导作用，并且在扩散效应的影响下，这种国家话语传播的效能的作用范围得以从个体延伸至社会群体。与此同时，以礼俗仪文为外在表征的国家话语传播展现了儒家文化对于个体及其社会主动性的关注，并以天理人情为传播的起点，能够加深人们对人伦道德、等级关系的认知与理解，并引导人们的行为。这种体现了人文关怀、重视人类本性的国家话语传播，能够更好地促使社会群体对国家话语的认同，并在此基础上激发个体的社会主动性。此外，值得注意的是，《礼记》所阐明的礼俗仪文作为古人社会化“教材”的作用。《礼记》当时的传播对象是社会各阶层群体，并且中国古代主流文化长期且持续地推崇、重视《礼记》这一儒家经典，因而《礼记》能够从众多生活细微处开始发挥对古代社会个体的国家观念的影响与塑造。可以说，《礼记》是我们了解中国古代传播思想的重要文献。从《礼记》可以看出，古代儒家重视两个层面的传播活动：一个是外在的、符号表征形式的礼乐等社会文化规范的传播，一个是内在的、蕴含情感特质的国家话语传播。这两方面相结合、融汇才能更好地发挥延续社会文化系统的功能，构建社会群体的思想价值体系并整合社会。

而放眼人类社会发展现状，世界范围内各个国家之间的联系不断增强，全球可被视为一个整体。我国在世界舞台上也正发挥着重要的作用。我国作为一个负责任的大国，应当树立“人类命运共同体”意识，顺应时代发展潮流，向世界展现中国的智慧、中国的瑰宝，为推动“人类命运共同体”的形成与发展建言献策。[②]同时，愈加多的中国理论、中国策略与中国话语也将成为新时代全球意识的重要组成部分和影响因素。可以预期的是，中国优秀传统文化中的传播智慧将促进世

① 陈来：《古代宗教与伦理：儒家思想的根源》，第 278 页。

② 新华网：《中共首提“人类命运共同体”倡导和平发展共同发展》，2012 年 11 月 11 日，http://cpc.people.com.cn/18/n/2012/1111/c350825-19539441.html，2021 年 11 月 7 日。

界各地域的人们对这种“以应对人类共同挑战为目的的全球价值观”[①]的共识；我们还可以相信的是，在这一全球化时代语境下，我国优秀传统文化的内涵可以极大地推进全球文化的繁荣发展。

与此同时，我们应当注意的是，一些西方国家在文化领域企图控制或操纵其他国家的思想文化，并以文化输出为政治经济的武器；并且这样的霸权是通过控制或影响其他国家的文化，渗透他国民众的思想观念、价值取向、思维方式等形式来实现的，而霸权带来的影响是广泛且长期的。面对当下的国际局势，我们应当弘扬我国的优秀传统文化，并从优秀传统文化中汲取国家话语传播的智慧来对抗霸权主义的全球统治。并且，我们还应通过优秀传统文化的创造性传承，如以我国优秀传统文化为主，并将我国优秀传统文化与其他国家或民族的优秀文化相融合，进而激发和增强我国国民与其他地域的人们对我国文化的认同感。此外，在世界范围内，实现不同文化之间相互借鉴优势，共同维护世界文化繁荣与发展的和谐人类文化景观。

---

① 曲星：《人类命运共同体的价值观基础》，2013 年 2 月 16 日，http://theory.people.com.cn/n/2013/0216/c40531-20496626.html，2021 年 11 月 7 日。

华夏传播思想研究

孔子人生观的古代传播及其现代启示*

The Ancient Dissemination of Confucius' Outlook on Life and its Enlightenments to the Spread of Modern Ideas

刘燕飞 宋海鑫**

Liu Yanfei Song Haixin

摘　要：社会主义核心价值观建设在当下深受重视，回望我国传统文化，孔子的人生观与之有相似之处，并且孔子人生观价值观在传统社会传播效果良好，值得借鉴。首先，介绍孔子人生观的内涵，其核心是"仁"，其人格形象是"君子"，其终极解释是"天命"，自己做到仁，引导他人做到仁，帮助帝王行仁政，关爱百姓，最终使他们安居乐业就是上天赋予君子的使命。孔子人生观特别突出的特点是学以致用，知行合一。其次，古代社会中孔子人生观传播效果好的原因主要有：作为官方文化，内置于教育系统，并且受教者以社会精英为主；人生信念问题是儒家文化的核心；中国文化注重内化；与现实生活紧密相关。最后，孔子人生观及其传播给予现代观念传播的启示：学校人生观"教育"向"教化"偏重；人生境界的提升往往与年龄阅历的增长正相关；区分人生观和鸡汤；国力的增强、民生的保障有利于积极人生观的建立。

Abstract：The construction of socialist core values is highly valued nowadays, and Confucius' outlook on life in our traditional culture is very similar to it. Confucius' outlook on life and values has been spread well in traditional society, which is worth learning. First of all, the core of Confucius' outlook on life is "humanity", its personality image is "gentleman", and its ultimate interpretation

* 本文系河北省社会科学基金项目"'正能量''佛系'系列人生态度的传统文化溯源及现代传播"（HB19XW015）的阶段性研究成果。

** 作者简介：刘燕飞，河北大学新闻传播学院副教授，研究方向为传统文化传播、编辑出版；宋海鑫，河北大学教育学院本科生。

is "fate" . To be kind to yourself and guide others to be kind, to help the emperor perform benevolent governance, and to care for the people, in the end, enabling them to live and work in peace and contentment is the mission Heaven has given to gentlemen. The most prominent feature of Confucius' outlook on life is learning for practice and unifying knowledge and behavior. Secondly, the main reasons for the good spread of Confucius' outlook on life in ancient society are as follows: as an official culture, it was built into the education system, and the educated were mainly social elites; the issue of belief in life is the core of Confucian culture; Chinese culture emphasizes internalization; closely connected with real life. Finally, Confucius' Outlook on life and its dissemination give some enligh tenments to the spread of modern ideas: school' s cultivation of students' outlook on life shifts from indoctrination to subtle education; the improvement of lifestate is positively correlated with the accumulation of life experience; the distinction between outlook on life and chicken soup; the increase of China' s national strength and construction of people' s livelihood is conducive to the establishment of a positive outlook on life.

关键词：孔子；人生观；古代传播

Keywords: Confucius; outlook on life; ancient dissemination

中国传统文化以人生观和政治为思考对象，虽然极度缺乏对自然科学和技术的关注，但是有丰富的人文思想。孔子是儒学的开创者，奠定了中华民族文化的基础，其人生价值论，认为人应该树立坚定的信念，敢于担当社会责任，严于律己宽以待人，被一代又一代的儒生尊崇，是思想观念传播的典范。恰逢今日，各种社会矛盾愈演愈烈，社会成员焦虑和无目标感普遍存在，他们需要精神慰藉和引导；另一方面市场经济利益至上的观念盛行，伦理道德建设亟待完善。借鉴孔子人生观的传播，探寻当代人生观价值观的建构与传播，具有时代意义。

一、孔子人生观的形成与传播

相比于西方哲学探求宇宙客观性的思维视角（求真），中国人研究宇宙为的是解决人道问题，不在意其客观性，而是关注其对人道的指引和揭示（求善），如此，就能理解为什么中国传统文化的主流是儒家道德哲学，也能理解为什么人生问题和政治管理问题是中国传统文化的主要问题。

（一）孔子人生观

中国文化有自给自足的自然经济背景，社会生产主业是农业，工商业需求不高，且人口和资产流动不利于管理，因此也不被提倡，士农工商的地位排序，使人们将社会地位的跃升途径放在了“士”上，通过学习提升自己的道德修养，出身普通的人也会得到社会认可和尊重；再进一步，学而优则仕，进入到统治阶层，成就自己的社会担当责任，同时获得物质和精神回报。“士”和“仕”，成为社会积极进取人士的出路，所以樊迟向孔子请教如何种庄稼，孔子很不高兴。天下祥和百姓安居乐业是孔子的终极理想，孔子认为有价值的人生，就是提升自己的道德境界做高尚的人，即士中的优秀者——君子（内圣）；孔子认为最值得从事的事业，就是引导和辅佐帝王成为仁者，行仁政，最终实现天下祥和百姓安居乐业（外王）。

1. 内涵

仁是孔子最高标准，“仁以为己任”（《论语·泰伯》），[①] 将仁作为人生追求的目标，是个体人生乃至社会的最高价值，是终生追求的人生真谛。樊迟问仁，子曰：“爱人。”（《论语·颜渊》）[②] 仁者可以解释为爱人，由近及远关爱父母、兄弟姐妹、朋友、君主、百姓。用两个语词来解释：“夫子之道，忠恕而已矣。”（《论语·里仁》）[③] 忠，是对己，可以解释为忠于自己的内心信念，并能贯彻执行，尽心为人；恕，是对他人，站在他人的角度想问题，推己及人，宽恕他人。仁的最高层次是仁爱所有的人：仁政当道，社会有秩序，国泰民安。

孔子将价值观落实到君子的人格形象中，以身作则，同时引导学生学做君子。君子是仁人，是榜样，通过努力，提升自己的境界，拥有坚定的信念并且知行合一，一般人也可以做到君子，“我欲仁，仁斯至矣”（《论语·述而》）。[④] 饱食终日，无所用心的人生不是好人生。

孔子将“为什么要仁”“不同的人如何做到仁”的问题溯源到天命。“不知命，无以为君子也”（《论语·尧曰》）[⑤]，知天命意思是认识到了上天赋予人的使命，人生天地间，要有所作为，为天下安定百姓和谐幸福有所作为。自己做到仁，引导他人做到仁，帮助帝王行仁政，关爱百姓，最终使他们安居乐业就是上天赋予君子的使命。

---

① 杨伯峻：《论语译注》，北京：中华书局，2006年，第92页。
② 杨伯峻：《论语译注》，第146页。
③ 杨伯峻：《论语译注》，第42页。
④ 杨伯峻：《论语译注》，第85页。
⑤ 杨伯峻：《论语译注》，第238页。

2. 强调学以致用，有坚定的信念践行仁者爱人

不同于我们所理解的科学实验、社会实践，儒家的实践就是践行道德，叫作知行合一，道德知识在践行中内化，道德境界在践行中提升。

儒家学问，内容是学做人，学和行当然不能分开，学以致用。不同于西方哲学的形而上主题，在中国哲学中人生引导最为重要，包括如何行为做派，如何处理家庭关系，如何确定自己的社会责任，如何调节情绪等，甚至被认为中国没有哲学。如果用中国的语言来界定，中国哲学的学习目标不是知识，而是修养，是学做君子继而学做圣人，是提升境界，是拥有生活智慧。不单儒家，道家，墨家，法家都是这个考量。

学以致用被普遍接受，人生就是不断践行信念的过程。即使是不可能实现的，但是是应该的，依然能坚定而为，“知其不可而为之”（《论语·宪问》），[①] 因为这是在承担起上天所赋予自己的使命。孔子 56 岁周游列国，奔波 13 年，各处碰壁，最后回到鲁国，他从来都没有改变自己的志向，认为自己做了该做的事。

（二）孔子人生观随儒学广为传播

孔子所建立的道德哲学，从社会的角度来看，有利于社会群体秩序的建立，以仁爱之心和亲情为基础，建立起了完整自洽的人伦价值体系，辅之以现实层面的管理制度系统，足以维护社会秩序。从个人的角度来看，人生观诠释了人生的目的和追求，坚定的信念指导日常的生活，也有利于形成独立的人格，从而获得意义感和尊严感。文化观念内化为个体人的自觉，外在社会要求和内在理想人格水乳交融。如此特点被统治者欣赏并采纳，汉“罢黜百家独尊儒术”，改造后的儒学更有利于统治者管理社会，成为主流文化，展现出巨大生命力和影响力。

如此，注重理想性的，强调精神内涵的，有着浓郁人文色彩的儒家人生观，由孔门扩大到儒学，最终成为中国文化的重要内容。后儒，虽然在伦理道德的具体内涵上稍有差异，但大致与孔子相同。例如孟子的坚定性，突出了气概和人格的分量，“富贵不能淫，贫贱不能移，威武不能屈，此之谓大丈夫”（《孟子·滕文公下》）。[②] 悟到了天道，洞察了上天赋予人的责任，担当起自己的使命，也就有了无上的尊严和高尚的人品，用中国的语言就是自性完满，不假外求。

孔子的人生观，建立于具体而微处，却成了中国文化的高标。“若诸位要做君子，《论语》便会教你一番上达之道，但并非在教诸位去知道上古时之政治、社会、

① 杨伯峻：《论语译注》，第 178 页。

② 杨伯峻：《孟子译注》，北京：中华书局，2018 年，第 152 页。

经济等情形。倘使诸位欲知古代之礼，可读《左传》；欲知古代文学，可读《诗经》。孔子只讲如何做人，但亦未讲到人性善恶等，亦未讲天是一个什么等种种大理论。此后如孟荀乃至如宋明理学家，皆爱讲此等大理论，但皆敬佩孔子，认为不可及。其实孔子只是'吃紧为人'。诸位若能从此道路去读《论语》，所得必会不同。下学人人可能，只要下学，便已在上达路上了。'学而时习之'并不是定要学到最高境界，而是要不停地学，自然日有进步，此即人生大道。"①孔子之后儒家人才辈出，却都认可孔子，继承并发扬孔子的思想。

二、古代社会中孔子人生观传播效果好的原因

教化，是古今中外任何社会传播价值观的重要途径。古代教育，目的是为了培养政治人才，选拔优秀的人进入统治阶层；其实际效果，还培养了大量有文化有担当的"士"，拥有着兼济天下、大道为公情操与独立人格的文人雅士。除了教育，教化又是一个无处不在的、潜移默化的、终身社会化过程。人生观价值观的传播不同于信息的传播，内化缓慢而至关重要，孔子人生观的内化式传播效果良好，有如下原因：

（一）作为官方文化，内置于教育系统；受教者以社会精英为主

传统社会中受教育的目的，以进入国家管理阶层为重，所谓学而优则仕。春秋战国时期，私学兴起，打破了官学的垄断地位，孔子是私人教育中最杰出的代表，人数众多，弟子有三千之众，优秀者七十二人。儒学是教育的内容，考试的内容，有利于孔子人生观价值观的传播。

农业社会中，能负担学习投入的家庭占比较小，其中努力和有天赋者，经过层层考试，已是大浪淘沙，总之，有能力有知识储备，思考个体如何在有限的生命中拓展生命的广度和深度，超越脆弱的个体，心怀天下，济苍生，从而获得意义感和幸福感等问题的，是少数受过教育的精英。这部分人虽少，却是社会的脊梁，例如晚清乃至民国时期，中国面临着现代化的压力，中国的有识之士依然以责任担当的精神上下求索救国之道。丰富的人文精神，虽然在等级制度的社会中依然有耀眼的魅力。

孔子强调精神生活，关注点在较高层次的需要，侧重社会上受过教育的少数人。人的生活包括物质生活和精神生活两部分，一般物质生活更基础，但是对于境界高的人，精神生活更重要。用马斯洛的需要结构来解释，需要通常由生理、

① 钱穆：《读〈论语〉的四个方法》，《联合日报》2020年6月5日，第4版。

安全的需要向上增长，到归属与爱的需要，尊重的需要，这些缺失性需要满足后，产生更高级的成长性需要：认知的需要，审美的需要，自我实现的需要，但是有些境界高的人，也可以越过较低层次的需要而产生较高层次的需要。与物质生活相比较，孔子更看重精神生活。

孔子对有志之人，尤其是即将进入和已经进入统治阶层的人，提出为公不为私的道德目标，很合理。另一方面，放在法律规范不健全的社会背景下，引导居高位者用道德来约束自己，也是解决社会问题的办法之一。因为难能而可贵，如此人生价值观念令人敬佩。注重理想性，侧重精神生活是孔子乃至儒家价值观的特点，如果考虑到其思考对象是少数文化精英，这个特点也在情理之中。

（二）人生信念问题是儒家文化的核心

信念问题，在信教的地方是通过宗教解决，在中国是通过儒学最高价值的诠释解决，信念就是上天赋予我们的职责，坚守自己的职责，就是自己的人生价值，就是对。人生价值探寻，不能带来生存技能和物质回报，因此看似毫无用处，虚无缥缈，但是它能给人指明行动的方向，带来前行的动力，辅之活力和幸福感。当目标不能实现，面对困难和挫折，它还能给予人心灵安宁和平和，使人不气馁不自卑，不忧不惧，生命充满韧性。中国文化之所以属于乐感文化，儒家人生信念是一大支柱，无论顺境逆境，人生都有目标，人格都能完满。

人生信念问题是儒家文化的核心，“孔子的哪些思想观点为中国文化的发展提供了思想基础呢？这主要有三点。第一，积极乐观的有为精神；第二，对于道德价值的高度重视；第三，开创了重视历史经验的优良传统”。[①] 张岱年总结的孔子文化的三点作用，都与其人生观密切相关。中国上下五千年的文明史，是孔子思想的传播史，孔子人生观，不断被解读，被历代士人推崇。

这种信念，给予太多文人以支撑。传统社会中，文人的社会责任是修身齐家治国平天下，但是，只有少数人才有机会实现自己的抱负——治国平天下，社会提供的其他发展机会少之又少，政治事业上无出路经济上无来源等等困难与挫折，理想与现实的差距，使他们所面临的问题几乎无解，正是凭借中国文化中丰富的人文精神来疏导，尽人事，听天命，做自己应该做的事，无论是否有结果，都是自己和世界的和解。这就是中国文化的精华，它成就了士人生命的韧性，总能保持乐观的心态。

当代，不但哲学需要，而且医学需要，心理学需要，社会学也需要，从传统

---

① 张岱年：《孔子与中国文化》，《清华大学学报》1986 年第 1 期，第 3 页。

儒家人生观中汲取可利用的营养。科技飞速改变世界，自然科学和社会科学迅猛发展，然而在人文科学领域，传统文化中的文史哲艺术依然有分量，具体到人生态度的解读，例如孔子的人生观，其内涵在市场经济中显得太过理想性，但是，有信念并坚守信念，永不过时，还恰好是解决现代人迷茫，焦虑，无价值感的良药。

（三）中国文化注重内化

孔子思想的核心，是界定理想人生，并阐述达到理想人生的办法。修身是办法之一，内省是一种态度、能力、历练，经常反省自身言行，检查是否践行人生信念，才能保障不偏离路线。人生观价值观是中国哲学的强项，知道如何生活是所有知识的出发点，努力掌握关于天道的知识，为的是用天道指导人道，洞察人道，落实到日用人伦，因此，中国文化特别重视内化，就是修养工夫，此领域所用到的概念有修德、克己、修己、正身、修身、养性、心性、诚意、正心、格物、致知、工夫等等。

中国文人非常重视修养，在这个领域还有很多争论，例如孟子与荀子的性善性恶争论，其主要差异，在于修养的解释，孟子的性善论，认为修养就是要发扬本心；荀子的性恶论，认为修养就是要化性起伪，遏制恶之本能，其实，孟荀都主张经过修养历练成就道德完善和人格完美。朱熹和王阳明对修养的争论与孟荀类似，至宋明儒学，常用“工夫”一词来指称修养。朱熹认为天人合一境界的追求方法是向外格物致知，天下万物（包括人）之理是一个，今日格一物之理，明日格一物之理，量足够多就会带来质变——悟，得到不同现象背后共同的本质，即“分殊”背后的“理一”，最终与天为一，这是工夫。王阳明天人合一境界的追求方法是向内致良知，吾心即宇宙，心外无物，心外无理，所以工夫应该用在向内挖掘本心，体悟到本心，也就认识了天理，最终达到了天人合一。

儒家非常重视向内用功，对其思考足够深入。首先，学和思要合一，因为学而不思则罔，思而不学则殆。其次，要不断自省，反求诸己。时时检查自己的言行是否符合初衷。再次，强调主观能动性，除了主动思考，还要求有严谨的态度，强大的自律，一以贯之的坚持。还有，向内用功的目的是提升自己的精神境界，学习知识，就是在体悟天道与人道，人生不过就是践行人道，精神的最高境界是天人合一。无意识中，完成了内化的过程，随着修养工夫的提升，儒家的人生观内化为文人士大夫的信念。

（四）与现实生活紧密相关

社会活动中，人生观通过诗礼乐传播。“兴于《诗》，立于礼，成于乐。”（《论语·泰伯》）[①]孔子崇尚周代的礼乐制度,社会交往（上层社会）应符合礼乐的规范。孔子将六艺:《诗》《书》《礼》《乐》《易》《春秋》列入教育内容，认为它们是必备技能。学习应从学《诗》开始，进而学习礼仪，最终将此二者融合，既有礼乐的仪式又饱含仪式活动所寄托的情感和深意，从而达到仪式所要有的效果。例如文学，孔子整理《诗经》，就是因为诗可以兴可以观可以群可以怨，同时承载“道”传播“道”，即“文以载道”。“诗言志”首见于《尚书·尧典》，文史哲不分家，文中自有哲，是哲的诗意化、审美化表达，以寓教于乐的方式传递和内化了思想和观念。再如音乐，《史记·孔子世家》记载《诗》三百零五篇都能与歌唱音乐相和，音乐在孔子眼里还有教化功能，孔子在齐国听到了《韶》乐（歌颂舜帝的古乐），过于沉浸其中，导致三月不知肉味，除了旋律，更深层次的美在于仰慕先王的德行政绩。

人际交往中，人生观通过诗词歌赋，琴棋书画传播。人生观的传播不同于政治治理规则的传播，它主要在文人雅士层面，除了正式场合，它还存在于文人交往娱乐活动。诗词歌赋，琴棋书画是传统社会文人的技能，也是他们交往的形式，人生志向寄托在诗词歌赋琴棋书画中得以传播和传承，互相影响。闻一多指出：“诗似乎也没有在第二个国度里，像它在这里发挥过的那样大的社会功能。在我们这里，一出世，它就是宗教，是政治，是教育，是社交，它是全面的生活。”[②]

三、孔子人生观及其传播给予现代观念传播的启示

社会主义核心价值观的传播是时代主要问题。如今人生观价值观的传播，与历史上相比，首先在传播对象范围上不同，传统社会中只有少数精英为中心注意对象；现代社会则是面向大众的，受过大学教育群体数量庞大，精英的精神境界与大众的精神境界不能同等要求。其次所从事的行业不同，“士”的对口职业就是从政；现代受教育者从事百业，其职业伦理规范也有了差异。再次，社会背景不同，农业经济一元文化与商品经济多元文化，思想观念差异明显。即便如此，以史观今，仍有助于今日人生观价值观塑造与传播的思考。

（一）学校人生观“教育”向“教化”偏重

“教化”概念更重视受教者思想观念的感化、转化、内化。

① 杨伯峻:《论语译注》，第 93 页。

② 闻一多:《神话与诗》，北京：古籍出版社，1956 年，第 202 页。

首先，学校人生观的教育应重视效果。系统化教育是观念传播的重要途径。经济利益最大化的追求带来了伦理失范，现代教育越来越体现出其工具理性的特征，小学中学的教育以高考为指挥棒，大学教育以就业为指挥棒，实用性，甚至是毕业就用成为培养目标。社会发展对高科技的依赖成就了理工科，即使是文科也以就业有用为尺度，人格培养成为次等需要并常常被忽略。教育中人文精神这一重要组成部分流于形式。目前，思想政治相关课程的受重视程度越来越强，除了其专业课，教育部正在推进所有课程和社会主义核心价值观的融合，这也是有意识加强人文教育，但是只问耕耘的情况比较普遍，只管上课考试，不管实际效果。

其次，强制灌输的教育方法不适用于人生观传播。教育的各个阶段，人生观价值观教育比重很大，但是脱离实际的灌输式的道德说教往往适得其反，令受教育者反感，或者说一套做一套。思政教学正当其时，需要的是教育者的人格魅力，教育过程的潜移默化，恰当的教育方法。孔子的人格魅力以及教育过程的潜移默化值得发扬。

再次，人生观教育内容应学有所用。当今学有所用最显著表现是考试。从高考改革增加语文分数的手段可以看到国家已经加强了青少年掌握中国文化的力度；各种相关课程都要考试成绩排名。除此之外，要考虑社会主义核心价值观如何和现实生活相联系，解决生活中所遇到的各种相关问题，才能真正进入受教育者内心。

儒家文化有注重理想性的特点，而且儒家人生观的受众是社会精英；如今，教育面对的是大众，社会主义核心价值观的教育更应该注意落地。例如，讲人不应该拖累他人和社会；讲积极乐观的人生价值的确立和幸福正相关；讲人应该确立目标，不断调整自己的近期目标和长远目标；讲自我调整的能力，调整理想与现实的差距，调整自己和社会的和解；讲生与死的意义，不能糊里糊涂过一生；讲平凡与平庸的关系；讲学生生活中的小烦恼。讲人的高贵性在哪里；讲物质消费的时代，更需要丰富的内心世界，人文领域的兴趣爱好，对人生理性的关照，这些帮助我们辨别资本和市场对人的洗脑和控制。理论结合实际情况，才能内化到人心。

（二）人生境界的提升往往与年龄阅历的增长正相关

从年龄的视角来分析，现在社会尤其关注年轻人。消费市场关注年轻人因为消费能力强，科技领域关注年轻人因为学习和接受新事物能力强，媒介关注年轻人因为信息接收快还善于表达，等等，综合来看时代关注年轻人因为时代掌握在年轻人手中，年轻人是时代的现在和未来。基于此，在人生观价值观引导方面，思维对象也以年轻人为主。然而，观念有一个形成和演变的过程，人的成熟也是一个过程，立竿见影的愿望不切实际。“后生可畏，焉知来者不如今也？”（《论语·子罕》）[①]感悟大于知识的积累，随着年龄和阅历的增长，对个人价值和社会价值的体悟走向深刻，才提升了境界。

即使是孔子，思想境界也有一个成长过程。子曰：“吾十有五而志于学，三十而立，四十而不惑，五十而知天命，六十而耳顺，七十而从心所欲，不逾矩。”（《论语·为政》）[②]十五岁立志学习六艺做学问。三十左右，领悟到自己的人生信念，行为准则；事功方面，教学已经有一定的成就，在礼仪主持方面也得到了认可。践行之前的信念准则，经历过迷惑和摇摆，孔子四十岁左右才真正体悟了“道”，明察自己的能力、使命、目标，坚定了信念，进入了成熟期。五十岁，孔子愈加成熟，达到了天人合一的程度，站在天的高度审视人事，正确对待逆顺得失。六十七十岁，是境界进一步提升的过程，对待所有事情游刃有余。

冯友兰所说四种境界：自然境界、功利境界、道德境界、天地境界，是一个逐渐提升的过程。自然境界的人处于未觉解的状态，依自己的自然本性生存，服从各种社会规则，但是没有思维层面的反思，不考虑活着的意义和价值。功利境界，是觉解的开始阶段，或者叫低级阶段，开始反思自我，能分清欲望，但是围绕着小我，是自私的阶段。道德境界，高于功利境界，这个阶段的觉解，离开了小我，上升到大我，从利己升华为利他，从求自己的利升华为求社会的利。天地境界，是人能达到的最高境界，除了人的社会，还能觉解到天地宇宙，既是天人合一的高度，“极高明而道中庸”，超越了有限的时空和自我生命，达到了天道的智慧（极高明），又能回到有限的时空和自我具体生活并且恰当解决了所有问题（道中庸）。冯友兰说这四种境界是从自发到自觉的过程，是觉解不断提升的过程。很显然，这个过程也包含着时间的先后，体现着个体成长的周期。

人生态度的形成和演变，必定和人生经历相结合，要求年轻时候达到较高境界，不太现实。

（三）区分人生观和鸡汤

现代社会很多心灵需要安慰和引导。因为：

其一，经济的发展，物质的丰富本是要解放人，但事实上却极容易诱导人忽略人文精神，反而成为人的解放的阻力。人的异化——物化和动物化一直在场，

① 杨伯峻：《论语译注》，第 107 页。

② 杨伯峻：《论语译注》，第 13 页。

以冲动和本能的满足为目标，甘愿接受物质的奴役。资本和市场为了获得最大利润，重新建构着大众的需求，宣扬及时或超前享乐、满足自己的物质欲望的理念。拥有消费能力和行为的人，成为体面的上等人，万众敬仰和模仿，人的消费的前提不再是自己的真实的需要，而是由商业文化所诱导出来的虚假的需要。马尔库塞也提示我们，人文精神的空虚是消费主义时代必然产物，理性告诉我们要节制欲望，感性心灵要求我们慰藉。

其二，相比于过去四十年，我国目前经济增长放缓，收入普遍减少，竞争和压力普遍增加。人没有方向感，此刻最愿意接受指导，却又最容易反感单纯的人生态度指导，因为落不到实处，现实没有改变，得不到激励。从逻辑上来看，对人生意义和价值的追问是永恒的问题，而现实的困境，使这个问题更为凸显。

人生观和鸡汤都能安慰和引导心灵，但是人生观是从根本上指引方向，对人生有整体把握，有坚定信念；而鸡汤是碎片化的，就事论事的，一时的。很多人慨叹学了很多成功学，鸡汤学之后，却发现依然过不好这一生，是因为碎片化的道理不能代替完整价值观人生观，它们只能起到辅助的作用。

儒家人生观同社会主义核心价值观表述不同，其含义并不相悖。文化自信的今天，儒家人生观的弘扬有市场。例如坚定信念能消除生活中的迷茫。孔子解释乐天知命，以乐观的态度对待上天所赋予自己的使命，不局限在物质得失层面，把做该做的事本身当作目的，如此信念使我们不受失败的打击，获得安身立命的依据。

相比于鸡汤，恰当的人生观是生活的向导。当生活可以更好时，就去努力追求；当生活没有办法更好时，学会和生活和解，这也是儒家关于天命的思想，睿智者就是能把握进退的时机与程度，始终拥有独立的人格、明确的信念、践行信念的自制力，心也有安顿处。

（四）国力的增强、民生的保障有利于积极人生观的建立

综合国力的提升，应对新冠肺炎疫情的高效率管理，使国人民族自信心持续增长，国家成为很多人内心中最神圣的存在。爱国心、国家归属感、民族自豪感这些学校教育期望达到的精神高度，因为社会现实的原因达到了，可见现实的作用。时代问题的解决，有利于乐观人生观的建立和传播。

国家政策赋予人民希望，不断改进生活状况，是积极人生态度被广泛接受的背景。近期发展目标就是强调公平，提高人民的生活品质，“坚持把实现好、维护好、发展好最广大人民根本利益作为发展的出发点和落脚点，尽力而为、量力而行，健全基本公共服务体系，完善共建共治共享的社会治理制度，扎实推动共同

富裕，不断增强人民群众获得感、幸福感、安全感，促进人的全面发展和社会全面进步。……提高人民收入水平。坚持按劳分配为主体、多种分配方式并存，提高劳动报酬在初次分配中的比重，完善工资制度，健全工资合理增长机制，着力提高低收入群体收入，扩大中等收入群体。完善按要素分配政策制度，健全各类生产要素由市场决定报酬的机制，探索通过土地、资本等要素使用权、收益权增加中低收入群体要素收入。多渠道增加城乡居民财产性收入。完善再分配机制，加大税收、社保、转移支付等调节力度和精准性，合理调节过高收入，取缔非法收入。发挥第三次分配作用，发展慈善事业，改善收入和财富分配格局”[①]。通过优化收入分配，提高低收入以及中等收入群体收入；通过第三次分配，缩小贫富人群的财富差距。让中低收入者手中有钱，敢于消费，扩大内需就有的放矢。

政策的执行力度有目共睹，在民生的就业、医疗、教育等各方面积极推进。首先看居住，房价上涨得到了根本性的控制，去除房地产的过度金融化回归居住属性，“十四五”时期的一项重要任务，就是通过房产税、保障性租赁等形式满足合理居住需求。其次看教育，2021 年 7 月开始实施的《减轻义务教育阶段学生过重作业负担和校外培训负担（简称“双减”）》立竿见影，有效减轻了学生的课业负担，导致课外主课教辅行业的消失，双减减轻孩子的负担，也减轻了家庭的负担和家长的焦虑。再次看就业，资本为了寻求利益最大化走向垄断后，造成进一步的财富集中，贫富差距拉大，政府出手有力地整顿了市场。例如，2021 年 11 月 18 日，国家反垄断局正式挂牌，标志着对治理反垄断的重视；近两年腾讯阿里接连因为垄断被罚；2021 年 8 月 31 日，腾讯发布《关于放弃音乐版权独家授权权利的声明》。“996”加班文化也在悄然改变，例如格力率先取消双休日加班，规定每天工作 7 小时 15 分钟。再有看医疗，“十四五”医改大幅度惠民，改变药品价格虚高、以药补医等乱象的新闻不断上热搜，《深化医药卫生体制改革 2021 年重点工作任务》突出推广福建三明医改经验，深化医改，尝试医改落地办法，以期解决看病难、看病贵问题。现实情况的改变带来希望，有利于积极向上的人生态度的确立和传播。

从内容上来看，儒家人生观价值观与社会主义核心价值观实质相同，是中华文化不过时的传统；从传播形式上来看，虽然现代社会和传统社会大相径庭，但是思想观念的传播不同于信息的传播，儒家人生观价值观广泛传播和内化的历史，至今仍有借鉴意义。将有生命力的文化内容和形式古为今用，使其焕发强大的实

---

① 《中共中央关于制定国民经济和社会发展第十四个五年规划和二〇三五年远景目标的建议》，《人民日报》2020 年 11 月 4 日，第 1 版。

力，就是弘扬传统文化，文化自信，也体现在用中国的语言和中国的思维，使传统文化中不过时的思想观念得到弘扬。

何以“儒行天下”

——论儒学国际传播的主体、立场及原则

How to Make Confucianism Popular in the World

Discussion on the Subject, Position and Principle of the International Dissemination of Confucianism

常　樯*

Cang Qiang

摘　要：站在中国立场上讲，“儒行天下”是我们的美好梦想。“儒行天下”要靠儒学国际传播。今天我们很有必要对儒学国际传播做一整体性谋划。儒学国际传播至少应涉及主体、立场、原则等几个方面的问题。本文认为，儒学国际传播的主体主要可分为儒学从业者、涉外事务从业者、海外汉学家。推动儒学国际传播，应持奉两大立场：一是坚持求同容异，既承认全人类拥有共同的价值判断，又接受世界文化多元多样的现实；二是坚定文化自信，把“中国性”当作儒学国际传播的根本立足点。在具体实践层面上看，还应坚持六种原则：跨界原则、分层原则、物化原则、双向原则、线上原则、共荣原则。

Abstract: From The standpoint of China, it is our beautiful dream to “ Make Confucianism Popular in the World ”. “ Make Confucianism Popular in the World ” depends on the international dissemination of Confucianism. Today, it is necessary for us to make a holistic plan for the international dissemination of Confucianism. The international dissemination of Confucianism should at least involve several aspects, such as subject,

* 作者简介：常樯，本名常强，1983 年生，汉族，山东临清人。山东大学儒学高等研究院在读博士，就职于尼山世界儒学中心（中国孔子基金会秘书处）学术研究部。在专业期刊发表文章近百篇，出版专著五部。主要研究方向为儒家哲学、儒学普及应用。

stand and principle. The main body of the international dissemination of Confucianism can be divided into Confucianism practitioners, foreign affairs practitioners and overseas Sinologists. To promote the international dissemination of Confucianism, we should hold two major positions: one is to seek common ground and accommodate differences, recognizing the common value judgment of all mankind and accepting the reality of diverse cultures in the world; The second is to strengthen cultural confidence and take “Chinese character” as the fundamental foothold for the international dissemination of Confucianism. On the practical level, six principles should be adhered to: transboundary principle, stratification principle, materialization principle, two-way principle, online principle and co-prosperity principle.

关键词：儒行天下；儒学国际传播；主体；立场；原则

Keywords: Confucianism Popular；International Dissemination of Confucianism；Subject; Position; Principle

2021 年 5 月 31 日下午，中共中央政治局就加强我国国际传播能力建设进行第三十次集体学习。习近平总书记在主持学习时强调，讲好中国故事，传播好中国声音，展示真实、立体、全面的中国，是加强我国国际传播能力建设的重要任务；要更好推动中华文化走出去，以文载道、以文传声、以文化人，向世界阐释推介更多具有中国特色、体现中国精神、蕴藏中国智慧的优秀文化。目前来看，加强中国国际传播能力建设是一个大的系统性工程，涉及方方面面，其中，儒学国际传播绝对不容忽视。

颜炳罡先生曾言：“我们应走出‘儒化天下’的迷思，以成就‘儒行天下’的梦想。”[①] 这就是说，我们不可抱有用儒学来取代世界其他文化或用儒学来统领世界文化的幻想，这不务实，也不可能实现，但我们要积极争取让世界理解儒学、包容儒学、善待儒学、接纳儒学。就操作层面来看，“儒行天下”的问题，其实就是儒学国际传播的问题。严格来讲，从古代中外经济文化交流的出现开始，便已出现儒学国际传播的问题，其在当时可能尚属于无意识、随意性的商贸附属现象，但随着中外交往的不断深化、全球经济一体化步伐的持续加快，“儒行天下”必然会变成一个受人关注、发人深思、催人热议的时代话题。这是中国走向世界的必然趋势，也是外国认识中国的必要路径。

就源起而言，“儒行天下”并不是一个新鲜话题，但这项工作却需要我们一直

① 颜炳罡：《人伦日用即道：颜炳罡说儒》，贵阳：孔学堂书局，2016 年，第 6 页。

认真面对日新月异的国际格局，不断以活在当下、与时俱进的精神和态度走好脚下的路，解决所面临的时代课题。今天，我们所追求的文化理想当然应是“儒行天下”，让以儒学为代表的中华优秀传统文化得到世界的理解、包容甚至赞许、认同、信仰。“儒行天下”，是一种理想，更是一条实践路径。那么，何以“儒行天下”？就当下来看，我们有必要对儒学国际传播所关涉的一些基本问题做一重新梳理与阐发，从而确保中国更好地融入世界，确保国际社会更好地认识“苟日新，日日新，又日新”的中国。本文拟围绕这一话题，从主体、立场及原则几个方面发表一点浅见。

一、主体：儒学从业者、涉外事务从业者、海外汉学家

在全球经济一体化的大背景之下，国家形象塑造可谓是世界各国所共同面临的一项重大课题。那么，何谓“国家形象”？对此，程曼丽女士曾说：“它首先是一种主体意识，是国家或民族精神气质中的闪光点。它是在历史文化传统的基础上，融入现代化的要素，经萃取、提炼而成。作为民族精神、意志的集中体现，它不但有助于形成公民对国家、民族的向心力与凝聚力，更有助于向外界展示一个鲜明的、一贯的国家形象。”[①]儒学国际传播，与我国的国家形象塑造有着紧密关系。推动儒学国际传播，必将大大有利于我国良好国家形象的塑造。

钱穆先生有言曰：“儒学为中国文化主要骨干，谁也会承认。”[②]很大程度上讲，传播儒学，便是传播中国文化，便是传播中国精神、中国价值。但这里也要明确，儒学有狭义与广义之分。狭义的儒学，主要涉及民族精神的表达、人生价值的规定，是人生的哲学、道德的宣教、精神的武学。自古以来，儒学便是中华优秀传统文化的核心和主干，其以德为本、以人为本、以民为本、以和为本的道德偏好，内圣外王、修齐治平、知行合一的实践风范，仁义至上、开放包容、刚健中正的理论品格，活在当下、用行舍藏、忧乐圆融的生命境界，等等，共同构成了中华民族精神面貌、价值取向、思想观念、思维方式、行动指南，儒学书就了中华文化的底色。而广义的儒学，则有层次之别，是一个大的文化系统，既包括作为内核的狭义的儒学，也包括以前者为灵魂的国家制度、社会规范、民风民俗等“中层”文化，还包括儒学价值体系支配下的以器物、言行等为载体的“表层”文化。本文所言及的儒学，当然是就广义而言。

“近年来，在多种因素的推动下，我国的国际传播正在向广义的国际传播即多

---

① 程曼丽：《大众传播与国家形象塑造》，《国际新闻界》2007年第3期，第5页。

② 钱穆，叶龙：《中国学术文化九讲》，成都：天地出版社，2019年，第2页。

主体、多通道、多样式的传播过渡，呈现出新的繁盛景象。"[1]国家形象塑造不再仅仅是政府部门的专属事务，我们已进入国家形象塑造主体多元化的新时代。"凡是存在国际交往活动的单位和个人，都应该承担起国际传播主体的职责。每一位中国公民，无论是身处国内还是走出国门，只要与外国人打交道，就会成为外国人了解和认识中国的一部分，成为中国文化和中国国家形象的具体符号。可以说，建立多元化传播主体，就是在新时代走国际传播的群众路线。"[2]国际形势的新变化，也迫切需要我们不断反思、重新布局儒学国际传播的问题，首当其冲者当然就是其主体问题。简而论之，儒学国际传播的主体，主要有三类人群：儒学从业者、涉外事务从业者和海外汉学家。[3]

（一）儒学从业者

儒学从业者主要包括身居各科研院所的儒学学术研究者和身居各社会组织的儒学普及应用者，后者主要包括儒学活动组织者、儒学思想宣教者、儒学理念践行者。以上两大类儒学从业者，本身都应为儒学价值服膺者和实践者，其本身也都具有"传教"的职责和使命。将儒学传播开来、传承下去，实现创造性转化、创新性发展是其本职工作，是其内在的职业道德和身份属性。以往儒学从业者多把业务重心放在了儒学国内区域性传播上，除学术交流以外，国际传播工作总体涉猎偏少，且缺乏必要的高度自觉性和统一规划性，很难产生较好效果，很难发挥案例作用。

（二）涉外事务从业者

"所有的传播，最终都要回归到价值层面上，无论是物质利益的传播还是文化精神的传播，在本质上，都是追求'价值'。"[4]面向海外，讲好"中国故事的儒学篇章"，其本身也就是宣传中国传统核心价值观、宣传中国之所以为中国的根本职责所在。涉外事务从业者身处国家形象塑造的第一线，其一言一行、一举一动，都关乎国家形象、民族声誉，外交无小事。所以我们说，在我国从事涉外工作的

---

① 刘明洋，王景强：《多元与整合：中国国际传播的新趋势》，《青年记者》2017 年第 34 期，第 46 页。

② 陈作平：《新时代加强我国国际传播能力的系统化建设》，《对外传播》2021 年第 7 期，第 18 页。此外，也有学者从汉语国际传播的角度提出"传播主体多元观"的观点。见李宝贵：《汉语国际传播的"五观"问题》，《沈阳师范大学学报》（社会科学版）2018 第 2 期，第 28—32 页。

③ 明确指明海外汉学家在儒学国际传播中具有不可忽略的地位，是受到谢清果先生的指教。专申谢忱。

④ 吴祚来：《对外传播与文化焦虑》，《对外传播》2009 年第 9 期，第 15 页。

一切人员，都有责任、有义务承担起向海外人士传播儒学理念、传递儒学价值的工作和使命。但要特别注意，这绝不是所谓的意识形态渗透，而是意在传递一种中国式的美学和善意。“通过文化传播要使受众获得对我们历史或现实的真实感受、善意与包容性、美与快乐的属性，它最忌讳的，则是意识形态的宣传属性。”①现在来看，如果我们不格外强调涉外事务从业者兼具传播儒学之责，不特别明确儒学国际传播主体的工作动机与目的所在，恐怕就会在儒学“走出去”的成效和力度上大打折扣。一切涉外事务从业者都应以高度的自主性、自觉性和认同感、使命感，投入到这项神圣的工作中去。

（三）海外汉学家

除以上两类人群外，海外汉学家在儒学国际传播中的作用，也不容小视。于中国而言，海外汉学家虽为外国人，但往往却对儒家文化、中华文明保持着高度的情感认同，加之深厚的学术根底、系统的理论创建，他们是典型的所谓“鸡蛋人”，且不失为儒学国际传播的一支重要力量。彭龙先生指出，要“充分尊重汉学家对中国文化国际传播的重大贡献”。他说：“汉学家是世界各国传播中国文化的重要使者。习近平主席曾专门与俄罗斯、德国汉学家代表座谈，充分肯定汉学家在传播中国文化中的重要作用。我们要通过共同召开国际学术会议、开展学术合作以及举办来华短期访问、国情体验、翻译培训、写作休假等方式，团结世界汉学家，汇聚世界汉学家智慧，使遍布世界各地的汉学家资源成为中外文化交流的重要桥梁。”②也有学者曾撰文强调：“古有‘遣唐使’和‘丝绸之路’，而今，海外汉学家仍在，‘一带一路’倡议仍在。海外汉学家作为海外了解中华优秀传统文化的‘引路人’之一，其‘逆向’推进中华优秀传统文化‘走出去’的重要作用，越来越值得当今的我们重视、期待。”③随着中国国际化程度的加深和中国文化深度“走出去”，我们相信将来必然会出现越来越多的海外汉学家。那么，我们中国又该如何造就、引导、服务这一群体呢？这的确是下一步值得我们开展深度探讨的一大问题。

---

① 吴祚来：《对外传播与文化焦虑》，《对外传播》2009 年第 9 期，第 15 页。

② 彭龙：《推动以儒学为核心的中华优秀传统文化国际传播》，《对外传播》2016 年第 2 期，第 55 页。

③ 周湖越：《中华优秀文化对外传播中海外汉学家的作用》，《传播力研究》2019 年第 3 期，第 40 页。

二、立场：坚持求同容异，坚定文化自信

谢清果先生在谈及“华夏传播研究的初心”时指出，华夏传播研究始终坚持着“中华文化立场、全球传播视野”的初心，一方面求索中华文化如何延续五千年的传播学原理，一方面展望人类和平共处的传播学机制。[①] 他还提出了“文明共生论”“共生交往（传播）观”“人类沟通共同体”[②] 的概念，对我们开展文明交流互鉴、推动中外文化交流提供了诸多有益启示。在儒学国际传播过程中，其主体也应秉持这么一种“中华文化立场、全球传播视野”的立场和态度，这不仅于儒学传承发展本身至关重要，更对中国良好国际形象的树立大有裨益。具体而言，我们主要应秉持以下两大立场：

（一）坚持求同容异，既承认全人类拥有共同的价值判断，又接受世界文化多元多样的现实

传播儒学，需要具备一种全球视野，懂得“要从世界看国家，不要从国家看世界”[③]，“儒家学说要实现国际传播必须具有全球视野。只有在世界范围内开展对儒家学说的研究，才能真正揭示儒家学说的历史本质和世界性意义；只有从世界多元文化的大局观看儒家学说对世界各国的意义与价值，才能推动儒家学说真正走出去”[④]。在此前提之下，我们应坚守钱锺书先生所说的“东海西海，心理攸同”的判断，承认不同国家与种族之间可以拥有相同的是非观、善恶观、美丑观，就是说，在人类基本价值判断和价值追求上，东西方只有表述方式和呈现载体的表面上的不同，却没有实质性的差别。“道不同，不相为谋。”（《论语·卫灵公》）没有相同的价值观，便难以擦出友谊的火花，更难以结下合作的硕果。但要说明，这种“相同”，是成分性、元素性的，或曰基本性、本质性的，而不是整全性、系统性的。许嘉璐先生就指出：“在过去和当下的世界中，各个文化里只有普世性的成分或元素，而不存在一种普世性的文化。在这个方面，对自己或他人的文化既不可以认为一无是处，也不可认为浑身皆宝。”[⑤] 总之，我们应辩证入微地看待不同

① 谢清果：《华夏传播研究的初心、求索及其方向》，《广西职业技术学院学报》2019年第6期，第50页。

② 见谢清果：《文明共生论：世界文明交往范式的“中国方案”——习近平关于人类文明交流互鉴重要论述的思想体系》，《新疆师范大学学报》（哲学社会科学版）2019年第3期，第72—83页；谢清果：《共生交往观的阐扬——作为传播观念的“中国”》，《西北师大学报》（社会科学版）2019年第1期，第5—13页；谢清果，徐莹：《建构人类沟通共同体的理论依据、可能路径及其价值取向》，《传媒观察》2019年第6期，第46—54+2页。

③ 周有光语。见常强编著：《孔子学堂微访谈》，济南：山东大学出版社，2016年，第125页。

④ 佘远富，莫凡：《儒家学说的国际传播：回顾及启示》，《学海》2020年第6期，第66页。

⑤ 许嘉璐：《未央三集》，北京：中国社会科学出版社，2012年，第184页。

文化、文明之间的异同之处。

与此同时，还应认识到，将来世界不论如何变化发展，全人类也不可能只有一种声音、一种思想，这绝对不是世界最好的愿景。“世界各国的普遍共识是每一个国家的文化都是其特有的宝贵财富，没有一种文化是在世界范围内占有绝对优势的。这就决定世界共同问题的解决必须尊重世界文化的多样性，追求世界各国文化的多元共存，在平等相待的基础上实现各国之间的合作与协调。”① 世界是一座文明的百花园，世界因文明多样多元而绚丽多彩。我们当然期待以儒学为灵魂的中华文化在21世纪的世界大放异彩，但也对季羡林先生在晚年所倡导的“三十年河东，三十年河西”之说持商榷态度。中华文化将随中国和平发展、民族振兴而受到越来越多海外人士的关注和欢迎，其影响力和感召力也将越来越大，但并不能因此而预判中华文化将在世界文化殿堂上独领风骚或冠绝群芳。我们绝不能天真地以为未来某天，地球上将形成一种新的、真正一统天下的文明，这根本不可能！以中国为例。中国幅员辽阔，自古及今都是多种文化形态并存并荣、和乐共生的，中国历史上，维护国家大一统的政治力量一贯强大有力，但中国自始至终都是如费孝通先生所说的“多元一体”的格局，而非“一元一体”的格局。在那样强大的政治力量之整合下，中国尚未形成一种统一的文化，没有出现“一元一体”，何况今日的全球！

正如2014年9月24日，习近平主席在纪念孔子诞辰2565周年国际学术研讨会开幕式上所言：“本国本民族要珍惜和维护自己的思想文化，也要承认和尊重别国别民族的思想文化。不同国家、民族的思想文化各有千秋，只有姹紫嫣红之别，而无高低优劣之分。”

坚持求同容异，一方面承认全人类拥有共同的基本价值标准、道德追求，另一方面真切尊重、热情拥护世界文化多元、文明多样的客观事实和未来走向，乐于包容、接纳异己文化，惟其如此，我们才能开启中外之间交流对话、寻求共识的文化乐旅，人类才能更加和平、更加幸福地生活在一起。这是我们从事儒学国际传播应秉持的一种必要立场。

（二）坚定文化自信，把“中国性”当作儒学国际传播的根本立足点

中国人对外传播儒学，旨在让世界更好地了解儒学与中国，拥抱儒学与中国，实现“儒行天下”，为全面深入的中外友好往来奠定必要的思想文化基础。因此在儒学国际传播中，我们要牢牢把握“中国性”这个根本立足点，始终如一地坚定

① 佘远富，莫凡：《儒家学说的国际传播：回顾及启示》，《学海》2020年第6期，第66页。

民族文化自信，增强弘扬儒学的主动性、自觉性、责任感、使命感。

其一，要坚信儒学基因根植于中国人精神血脉之中，体现在言谈举止之间。儒学是人生哲学，是既易世又融世还出世的哲学，其当代价值主要体现在君子人格的涵育、信用经济的打造、贤能政治的培塑、和谐社会的建构、天下主义的倡行上。儒学于中国人来说是日用而不知的，是生活化、社会化、时代化的，我们要坚信儒学是活的，是传承至今仍然具有重大理论价值和现实意义的思想文化体系。当下中国所走的中国特色社会主义道路，其“特色”所在，便是深深扎根中华文化沃土，包括儒学在内的一切有益文化资源都为中国经济社会发展建设提供着重要的人文滋养。今天有种声音，叫“越出国越爱国”。中国人只有跨出国门，身处海外，才能更加浓烈地对祖国产生依恋之情，才能对民族文化产生自豪之感。缘何如此呢？因为我们根在中国、生在中国、长在中国，骨子里本身就是中国人。许嘉璐先生曾言：“孩子只要坚持跟父母吃中国饭，大概吃到10岁，中国心就留下来了，将来在外面也不会改变。这就是文化的力量。”[①] 所以我们说，坚守“中国性”，热爱中国，与其说是一种美德，倒不如说是一种实惠。

其二，要坚信儒学智慧不是今日中国改革开放的包袱和负担，而是更好融入世界的智力支撑和精神动力。儒学从不教唆人们因循守旧、闭关自守、盲目排外，儒学恰恰鼓励人们自强不息、开放包容、承前启后，在学习中革新图强、守正创新，在对外交往中撒播仁爱种子、传递和合正声。中国改革开放四十多年的光辉历程，同时也是儒学精神重现荣光、儒学智慧发扬光大的一个关键时段。在很大程度上讲，儒学助推了当代中国人走出国门、“开眼看世界”。因此，我们积极融入全球化浪潮，绝对不能抛弃传统、丢掉根本，恰恰要更好地坚定“中国性”立场，建立高度的民族文化自信。

三、原则：跨界、分层、物化、双向、线上、共荣

在儒学国际传播中，坚持求同容异、坚定文化自信的立场不可动摇，应始终不渝地遵循，这是大方向的问题。而在具体实践上，还应全力做好“方法论”这篇大文章，重点把握好以下几点原则：

（一）跨界原则

推动儒学国际传播，以实现“儒行天下”，切忌就儒学谈儒学，切忌儒学研究专家在小圈子内坐而论道、自说自话。有学者曾撰文提醒我们，要全面把握儒学

① 许嘉璐：《未央三集》，第21页。

国际传播的跨界特征，并指出，跨界具体体现在传播者跨界、传播内容跨界、传播渠道跨界、传播对象跨界、传播效果跨界。[①] 其中，人的因素（传播者、传播对象）最为关键。儒学要想真正走进生活，走出国门，不仅要面向中国民众，赢得中国民众的支持和认同，更要面向中国各界精英，赢得中国各界精英的支持和认同，特别是要赢得企业家等中国商界精英和科学家、工程师等中国知识精英的支持和认同，真正实现儒学传播的跨学科、跨行业。儒学若不能做到跨界，儒学传播若不能参考商界精英和知识精英的宝贵意见，不能获得商界精英和知识精英的高度认同，讨论走出国门、参与中外交往的话题便必然是纸上谈兵！离开跨界思维、跨界原则谈儒学的当代价值和世界意义、谈“儒行天下”，必然言之无物、秀而不实！中国改革开放四十多年来，我们充分利用西方先进科学技术，从而实现经济高速发展，由此而后，在通向建成社会主义现代化国家的征途上，中国只有通过科技自主创新，参与全球科技、商贸竞争，才能确保经济稳步增长、社会健康有序发展。把中国科技、中国制造业提升到全球产业链的顶端，是中华民族实现伟大复兴的重要物质基础。基于这样的认识，我们才说，现在很有必要搭建起儒学界与科技界沟通对话的桥梁和平台，推动儒学主动与自然科学、应用科学的相互理解、相互关照、相互助益、相互融合。在很大程度上讲，“儒行天下”的实现，有赖中国广大企业家、科学家、工程师的直接参与和倾力推进。

（二）分层原则

推动儒学国际传播，以实现“儒行天下”，切忌将传播对象笼统化、一体化，切忌用统一的标准来“一视同仁”。人以群分。我们必须将儒学国际传播的对象进行分层，区别对待，“量身定制”传播内容和方式。目前来看，传播对象至少应分成两个层次：第一层次是海外华人华侨，第二层次是非黄种人（即我们通常所说的外国人）。华人华侨属于中国海外移民，他们长着黄皮肤黑眼睛，是龙的传人，对中国和中国文化有天然的亲切感和归属感，故而，针对这一庞大群体进行儒学传播，我们要制定专门的传播策略。从传播学的角度看，每年新出国的中国移民，究竟是儒学、中国文化海外传播的“种子”呢，还是坚决与儒学、中国文化一刀两断“叛徒”呢？对此，我们应做细致的田野调查，力争把更多中国移民培养成中外文化交流的友好使者和儒学价值理念、中国文化精神的承载者、宣扬者。面对海外华人华侨这一“中华民族的向外延伸部分”，“我们在进行国家形象塑造和传播时，就不能采取对其他国家的做法，而应以更亲和力和亲近感的形象出现，

① 张璠：《全面把握儒学国际传播跨界特征》，《中国社会科学报》2019 年 5 月 22 日，第 006 版。

尽可能将一些问题和矛盾‘内化’，突出‘自己人’效应，在与华人社会的互动中营造和谐氛围，争取更多的支持者”。[①] 这项工作，明显要通过跨学科、跨行业的协作团队来承担，绝非儒学学者或传播学学者一己之力便可做到。对于非黄种人，我们则要采取另外一套传播方案。就方向而言，这必然还要涉及“走出去”和“请进来”两个方面，对此同样需要我们具体问题具体分析，确立有极强针对性的传播思路，制定务实可行的传播策略。有人曾提醒道：“对于绝大多数外国人民来说，中国太过遥远，他们仍然主要关心自己的国家和自己的生活处境，中国仅仅是一个参照系。中国人民的核心关切，很可能外国人民并不关心。国际传播应该以受众需求为导向，结合当地实际将传播内容形象化、通俗化。”[②] 具体到儒学国际传播，则更是有待我们在充分调查研究的基础上，拿出切实可行的行动举措。

（三）物化原则

推动儒学国际传播，以实现“儒行天下”，切忌私塾先生式说教和填鸭式灌输，切忌进行带有极强目的性的价值输出。就经贸发展、科技进步的角度而言，世界是全球化的；但就文化传承传播的角度而言，世界是逆全球化的。故而我们才会从文化史的意义上说，越是民族的，越是世界的。经贸、科技全球化与文化逆全球化的融合，必然会带来世界不同文化之间的交流互鉴。文化传播理应是润物无声的，要让人们在不知不觉中，以寓教于乐的方式，逐渐受到感化与启发。大约在 2018 年下半年，笔者曾与一位借助央视平台向海外推广中国文化的媒体人交流，当就“当下什么样的中国符号最受外国人欢迎”的话题向他发问时，得到的答案是“李子柒”。这是笔者第一次听到李子柒的名字。李子柒是以中式田园风格为主的短视频创作者，据统计，截至 2020 年 4 月，她在 YouTube 平台上传了 100 余条原创短视频，拥有世界各国的订阅用户 1000 多万，视频累计点击量超过 10 亿次，高居 YouTube 中国区排行首位。“从文化的多层次内涵看，李子柒的视频里不仅呈现了大量令人惊艳的典型中华文化符号和文化意向，……更重要的是，所有这些文化符号、文化意象和生活场景的集合，完整而有机地呈现出一种中国式生活哲学和美学意境。”[③] 这里所提到的“中国式生活哲学和美学意境”，其本质便是一种中国文化物化呈现，或曰可视化呈现。与单一枯燥的说教相比，通过可视化的元

---

① 程曼丽：《大众传播与国家形象塑造》，《国际新闻界》2007 年第 3 期，第 8 页。

② 彭涛，何雯雯，张琳曦：《后疫情时代中国国际传播的机遇、挑战和实践路径》，《对外传播》2021 年第 2 期，第 33 页。

③ 潘皓，王悦来：《短视频叙事与中华文化国际传播——以 YouTube 平台李子柒短视频为例》，《中国电视》2020 年第 10 期，第 92 页。

素把中国人的生活理想和价值追求呈现出来，将取得事半功倍的传播效果。所以说，欲取儒学国际传播的预期效果，有必要将其生活化、趣味化，而具体表现便是物化。比如讲中庸、讲谦德，我们完全可以引入先秦时代的“宥坐”之器——攲器，结合对攲器的操作，将使中庸、谦德等重要的儒家理念变得更加形象具体，这样便更容易为人所理解和接受。此外，还应高度重视文物在中外人文交流中所扮演的重要角色。在此笔者提出一个观点：文物是有形的价值观。这就是说，任何流传至今的器物，其身上必然都承载着一种精神价值，经由此物，我们可以读出一种历史观、民族观、价值观、人生观。文物无声，却胜似有声，不失为中国文化国际传播的得力使者。

（四）双向原则

推动儒学国际传播，以实现“儒行天下”，切忌单向思维，切忌片面引入“礼闻来学，不闻往教”的教学原则。《礼记·曲礼上》：“礼闻来学，不闻往教。”按照儒家的观点，学习需要屈尊，学生要主动到老师那里去求教，而不能让老师到学生的住处去。这是一种道德、一种礼教。儒学国际传播虽同样属于文化传播，却并非是教学，其行为双方不存在尊卑高下关系，彼此应平等相待。今日中国也已不是以“天朝上国”自居的自大狂，我们越来越趋向真诚、理性、包容。基于这样的认识和现实，在进行儒学国际传播时，我们就应同时做好“请进来”与“走出去”的双向规划。“请进来”与“走出去”分属两个不同的系统，阵地一个在中国，一个在海外，因此必须要因人施策，因地制宜。以往我们通常只把儒学国际传播理解为单向性的“走出去”，这是很不全面的。关于“走出去”话题，学人已多有高见，无需多言。关于“请进来”，倒有必要进行深入探讨，限于题目，此处也只能抛砖引玉。我们不妨从区域的概念说起来。今日，海外人士来到中国，感受儒家思想的最佳地点，可能便是“孔孟之乡”济宁。新时代的圣人故里，应跳出旅游城市的单一定位，更多思考如何让海外人士全方位体验儒学——不仅仅是走马观花地看，也不仅仅是大快朵颐地吃，更重要的是在一种“人人彬彬有礼”的空间环境中，让人感受到、体悟到“活”的儒学。此外，可以说，今天几乎所有的中国城市，都具有开放包容、热情好客的风范和品格。基于这样的风范和品格，每个城市也都有必要去主动思考如何有效进行儒学国际传播。特别是那些作为我国改革开放试验田的自由贸易试验区[①]，更应注重在频繁的中外经贸交流合作过程中，书写好儒学国际传播的时代华章。经贸的自由，应建立在心灵的自由之

① 截止到本文止笔之时（2021年8月底），中国共设有21个自由贸易试验区。

上，心灵的自由有赖于心灵的相通相契，而儒学恰在促进心灵的相通相契上独具优势。反过来说，经贸的自由也必将大大推动儒学的国际传播。

（五）线上原则

推动儒学国际传播，以实现“儒行天下”，切忌在方式方法上泥古不化、固守经验主义，切忌一味把“线下”当作开展工作的唯一空间。今天我们身处的是一个互联互通的网络时代，新兴媒体的社会影响力越来越大，互联网早已成为各种思想文化的集散地和各种社会舆论的放大器。网络媒体的发展进步，对中华优秀传统文化的传承发展而言，既是重大机遇，也是新的挑战。通过互联网新兴媒体更好地传播中华优秀传统文化，理应成为我们的一大努力方向。李子柒的成功，便是充分利用了互联网的红利。因此，在推动儒学国际传播中，除做好“线下”工作以外，还要高度重视“线上”工作的谋划开展。特别是在全球深受新冠肺炎疫情影响的国际大背景之下，中国国际传播更是进入一个新的历史阶段，在此过程中，线上传播必将发挥更加重要的作用。我们认为，儒学国际传播应纳入中国国际传播这个大的系统工程之中，而在具体策划、执行中，特别应充分考虑到线上传播的实现路径。

（六）共荣原则

推动儒学国际传播，以实现“儒行天下”，切忌以自我为中心、唯我独尊的心理倾向，切忌“你死我活”“有你没我”的极端心态。自鸦片战争以来，西方之于中国，扮演着两个极其重要且相互矛盾的角色：一是老师，二是敌人。由于我们的器物、科技、制度等处处不如人，所以欲实现国富民强，就必然要向西方学习，拜西方为老师，这是一方面。另一方面，一百多年以来，西方从来没有停止过对中国的敌视、打压，甚至侵略、盘剥，所以我们欲追求独立自由，就必然要向西方开战，视西方为仇敌。冷战结束以后，国际关系掀开崭新一页，中国真正走向了一条开展全面国际合作、与各国人民和平共处的国际化之路。在这样时代大背景下，包括西方国家在内的一切国家，都应成为中国的好朋友、好伙伴。“对外传播的最终目的，不是炫耀自己国家的文化与经济国力，而是通过文化这种方式，使别人认识你，了解你，并形成文化与价值上的共识。”[①] 推动儒学国际传播，必须要持奉一种互补与共荣的原则，特别是在思想文化领域，我们仍然要积极建构费孝通先生所说的“各美其美，美人之美，美美与共，天下大同”之全球文化格局。

① 吴祚来：《对外传播与文化焦虑》，《对外传播》2009年第9期，第14页。

全球化带来物质同质化，但却没有改变文化多样化，其所改变的只是不同文化、不同文明之间的相处方式。古今中外文化交流史不断告诉我们，这种相处方式要么是对抗的，要么是共处的，但最终结果一定是在相辅相成中互补互鉴、共存共荣。在共荣原则指导下，有一点需特别留意，那就是我们还应主动避免将儒学国际传播的对象做笼统化、一体化对待，不能用统一的标准、模式、内容、情感对一切国家和地区、一切海外人士一视同仁。但话又说回来，异中还要有同，这个“同”便是同一个目标，即通过儒学国际传播，展示一个和平友好的中国、开放包容的中国、典雅精致的中国、独具魅力的中国，与世界各国人民共建美好地球。只有如此，我们所倡导的“儒行天下”才不会是一句空话，这样的梦想才值得我们不断去建构、去追求！

结语

回首过往，我们已在“儒行天下”的道路上走了很久，其中不乏经验教训。当下，很有必要以新视角、新方法、新路径对既往历史做一系统总结，在此基础上，开展加强新时代儒学国际传播的相关研讨，将更具实践根基。展望未来，我们可说，在建构人类命运共同体的时代大背景下，促进儒学国际传播不失为加强中国国际传播能力的一个关键性领域，应当引起越来越多有识之士的关注和讨论。本文针对儒学国际传播的主体、立场、原则等问题所做的论说，就是在总结历史和现实两方面相关实践和理论探索的基础上，发出的一点粗浅言论，敬请同道方家不吝赐正。

华夏传播史研究

诗可以观

——《诗经》的先秦传播与演变 *

The Book of Songs Inspires Contemplation

——*The Book of Songs* of the Pre-qin Spread and Evolution

熊建军　单晓云 **
Xiong Jianjun　Shan Xiaoyun

摘　要：先秦时期，诗是调整人与神、君与臣、诸侯国之间关系的重要载体，是一种维系关系的媒介。孔子将《诗经》的作用概括为“兴观群怨”，其中“诗可以观”既是作用的阐述，也是传播活动的界定。结合先秦诗歌发展可以发现，“观诗”作为春秋及以远的重要传播活动，从个体层面来看，通过诗可以考察个体德行的状况与养成，这是对《诗经》意义约束和传播效果的关照；从邦国层面来看，统治者可以通过传播解读政治生态，进行舆论监督，协调上下关系；春秋中后期，《诗经》传播发生变形，“赋诗”这样一种新的传播活动成为诸侯国之间表达远近亲疏的符号体系，这是《诗经》传播中对“诗言志”功能的进一步拓展。从表象上来看，用诗是受众对诗歌文本的解读与再认识，从本质上看，则是“把关人”对内容的控制，是统治者对媒介的控制，是一种注重媒介控制的传播。而后期的变化，则表明新的传播模式的生成，体现了传播者通过议程设置从而渴望收到正反馈的传播思路，是解码系

* 本文系河池学院高层次人才科研启动项目“正史视角下中华文化跨文化传播与共同体生成研究”（项目编号：2021GCC006）成果。

** 作者简介：熊建军，河池学院教授，广西师范大学硕士研究生导师。先后主持国家社科基金一般项目“传播学语境下向世界展示新疆良好形象”、国家社科基金重点项目“新疆民族间跨文化传播的经验与问题”等课题研究工作，主要研究方向为文化传播和文学传播；单晓云，河池学院副教授，主要研究方向为文化传播、世界文学与比较文学。

统再建构后的传播变异。

Abstract: Poetry was an important vehicle for regulating the relationship between Man and God, Sovereign and Vassel, and in all the states besides, was a medium for maintaining relationships at the same time, during the Pre-Qin period. Confucius summarized the role of the Book of Songs as "Stimulation, Contempiation, Communication, and Criticism", in which "poetry inspires contemplation" is both an elaboration of the role and a definition of the dissemination activity. From the perspective of the development of poetry in the pre-Qin dynasty, what can be found is that "viewing poetry" was an important communication activity in the Spring and Autumn period and beyond. From the individual level, the poems could be used to examine the condition and cultivation of individual virtue, which was a concern for the meaningful constraints and effects of the dissemination of the Book of Songs; from the state level, the ruler could interpret the political ecology, monitor public opinion, and coordinate the relationship between the top and the bottom through the dissemination; in the middle and late Spring and Autumn period, the dissemination of the Book of Songs underwent a transformation, and a new communication activity such as "giving poems" became a symbolic system to express the affinity between the vassal states, which was a further expansion of the function of "poetry speaks the will" in the dissemination of the Book of Songs. On the surface, the use of poetry is the audience's interpretation and re-recognition of the poetry text, but in essence, it is the control of the content by the "gatekeeper", the control of the ruler over the media, a kind of communication focusing on media control, while the later changes indicate the generation of a new mode of communication, reflecting the communicative thinking of the communicator through agenda setting and thus eager to receive positive feedback, a variation of communication after the reconstruction of the decoding system.

关键词： 诗可以观;《诗经》传播；关系媒介；传播演进

Keywords:*The book of songs* inspires contemplation; Dissemination of the book of songs; Relationship between the media；communication the variation.

研究《诗经》的先秦传播对于了解中国早期文化传播与发展有着重要的意义。从传播学的角度而言，试图回到传播现场，实际上就是对中国早期文化和神秘事物更进一步深入探索。当然，无论研究者的视角如何，结果如何，大家目的大概是共同的。那就是唤醒停留在文字上的意义，考察时代语境中的文化传播形式，寻找人们赋予《诗经》的实用功能和审美价值。学术界当然地发现了这一视角，有论者从不同层面对先秦《诗经》传播进行研究。杨建伟认为《诗经》早期的基本传播形式是以口头传播为主，辅以文字传播；[①] 唐帅以为，先秦时期《诗经》传播存在地方向中央和王官向朝廷传播、中央向地方传播、某一地区的内部传播等情形；[②] 何如月则对春秋时期《诗经》传播的方式进行了探讨，提出宴会演奏、学校讲学、赋诗言志、言语引诗和著述引诗是当时最为明显的传播方式。[③] 整体来看，《诗经》的先秦传播已经引起了学术界的关注，但是关于孔子的“兴观群怨”说的传播元素讨论并未引起足够重视。前人研究，立足文献与文学，注重训诂、文学社会作用、文学批评价值及艺术审美的探讨，从媒介控制、传播主体、接受主体、传播环境、接受噪音等方面进一步考察《诗经》在先秦时期的传播风貌稍显不足。所以说从传播角度重新审视孔子的“诗可以观”，借此考察先秦时期《诗经》作为传播媒介和传播内容在不同的时间和传受双方那里产生的差异和变化，从而分析《诗经》在先秦文化传播过程中所起的不同作用，然后进一步分析因传播噪音而导致的“赋诗观志”风尚消亡应该是思路之一。

“诗可以观”出自《论语·阳货》：“子曰：小子，何莫学夫诗？诗可以兴，可以观，可以群，可以怨。迩之事父，远之事君。多识于鸟兽草木之名。”[④] 这是孔子在春秋“礼崩乐坏”的社会背景下提出来的诗教主张之一。在文学研究领域，被大家概括为“兴观群怨”，从而成为中国文学批评的重要范畴，也是研究文学早期社会作用的重要依据，成为一个常说常新的话题。

汉代以来，经学家们从训诂的角度对“诗可以观”进行阐释。郑玄以为“观”是“观风俗之盛衰也”，朱熹以为“观”乃是“考见得失”。二者在表达上虽有不同，实际上是一个问题的两个方面，所谓通过观风俗盛衰而知得失。观盛衰是通过《诗经》这个载体实现的。观是“读者”，观的内容是“诗”，观的目的是“知得失”。郑朱之说广为后人称引，成为后人研究“诗可以观”的基本线索，并形成了蔚为大观的研究队伍。当代学人立足于春秋用诗风尚，并以此为背景进行“诗可以观”这一命题的研究，形成了系列成果。陈宪猷认为：“‘观诗’是通过读者与作者之共鸣去认识诗中固有的存在，从而产生对仁礼、对道德修养的追求。”[⑤] 陈先生关于观诗目的的论述虽然中肯，但是窃以为失之狭窄，而“读者”之说又缺乏细分。傅道彬则以为“观诗风尚反映了礼乐文化中的春秋士人的精神需求，是以

① 杨建伟：《先秦时期〈诗经〉的传播形态》，《新闻爱好者》2018年第12期。

② 唐帅：《〈诗经〉编集过程中的传播问题初探》，《中华文化论坛》2016年第2期。

③ 何如月：《从传播学视角看〈诗经〉在春秋时期的流传及其影响》，《陕西师范大学继续教育学报》2006年第1期。

④ （南宋）朱熹：《四书章句集注》，北京：中华书局，1983年，第178页。

⑤ 陈宪猷：《〈论语〉“兴观群怨”之我见》，《湖湘论坛》1992年第5期。

礼乐为核心的社会生活的必然产物”。[①] 此说以为“观诗”之风唯在春秋，缺乏从诗歌文化发展的角度分析《诗经》之传播，或者说，仅仅从春秋时期出现的“断章赋诗”现象上分析孔子的“诗可以观”有失偏颇。刘丽文从《左传》“赋诗”个案出发，以为《诗经》可以观人之道德、志向、情感，可以观外交意向、目的、心理、决策，可以观一国执政者才干素质、精神面貌乃至国家前途，可以观礼等四个主要内容。[②] 观的内容有了更多拓展，但是窃以为“诗可以观”不仅仅是《左传》“赋诗”可以涵盖的。

从已有研究来看，大家在研究过程中把“诗可以观”的背景置于春秋时期，多以《左传》的“赋诗言志”作为对象研究，具有一定的局限。而在对意义的追求中忽略了“诗可以观”的发展逻辑，忽略了不同的社会群体内部相互作用的差异性，忽略了从文化传播的视角进行“诗可以观”的研究。事实上，“兴观群怨”研究尤其是关于“诗可以观”的研究中，有三则文献证据常常被我们拿来证明郑、朱之说，成为研究者的关键论据，那就是与先秦去年不远的《汉书》记载：“古有采诗之官，王者所以观风俗，知得失，自考正也。”[③]“孟春之月，群居者将散，行人振木铎徇于路以采诗，献之大师，比其音律，以闻于天子。故曰王者不窥牖户而知天下。”[④] 以及稍后何休进行的更为具体的补充：“男女有所怨恨，相从而歌。饥者歌其食，劳者歌其事。男年六十、女年五十无子者，官衣食之，使之民间求诗。乡移于邑，邑移于国，国以闻于天子。故王者 不出牖户，尽知天下所苦，不下堂，而知四方。”[⑤] 三则文献，主要告诉我们当时《诗经》的采集以及作用，同时告诉我们当时《诗经》的传播路径与目的。就路径而言，是通过逐级传播抵达信宿，这也是民间话语抵达庙堂的重要方式；就目的而言，《诗经》诗歌的采集是为统治者服务的，《诗经》是上层了解政治治理、民风民情的重要媒介。不难看出，最早的时候，诗有表达民情民意民风的内容，而天子则通过《诗经》的逐级传播达到了解民情风俗以观察得失的目的。诗大序总结的“风，风也，教也。上以风化下，下以风刺上”。“雅者，正也，言王政之所由废兴也。政有大小，故有小雅焉，有大雅焉。”“颂者，美盛德之形容，以其成功告于神明者也。”[⑥] 在阐释“颂”“雅”“风”的时候，不仅仅分析了各类诗歌的作用，还分析了传播的施受对象：神明、王、民。在这样一个传播链条上，前贤并没有对当时的观诗风尚进

① 傅道彬：《诗可以观——春秋时代的观诗风尚及诗学意义》，《文学评论》2004年第5期。
② 刘丽文：《从〈左传〉看孔子的“诗可以观”》，《河北学刊》1999年第5期。
③ （东汉）班固：《汉书·艺文志》，北京：中华书局，1960年，第1708页。
④ （东汉）班固：《汉书·艺文志》，第1123页。
⑤ 何休：《春秋公羊传解诂》，转引自洪湛侯《诗经学史》，北京：中华书局，2002年，第2页。
⑥ 郭绍虞：《中国历代文论选》，上海：上海古籍出版社，1979年，第63页。

行更为细致的区分。或者说，对于这样一个传播活动，我们缺乏对于不同的群体有着不同的传播目的的分析，也缺乏不同的传播目的是否带来不同的社会影响的分析，更缺乏随着社会发展、用诗对象及场合不同而存在的诗歌功用的变化分析。如果我们联系先秦社会现实，结合《诗经》诗歌内容，同时考察先秦《诗经》传播过程中的些微区别，可以发现孔子的“诗可以观”从时间上而言，它不仅是春秋时期的“赋诗观志”，更是商周时期用诗观念的演变；从传播层面而言，“诗可以观”是一种基于维系政治关系、社会关系、人际关系的“实用主义”传播，具有化成天下、联系公众、促进了解的作用；从媒介管理的角度来说，“诗可以观”是建立在当时政治体系下的一种媒介控制，通过对“诗”这种媒介的控制，可以体察社会治理之兴废，亦可了解人君人臣之德行，还可以“把关”舆论。随着社会进一步发展，语言技术和《诗经》传播的日渐娴熟，个体理解与传统经验同传播结合，一种新的传播形态——赋诗观志顺应而生。

一、诗以察德——《诗经》传播发轫期的个体关照

《诗经》传播之初，其传播目的是什么？我们认为基于政治含义上的个体（上层集团中的个体）关照是其中之一，也就是对贵族德行的考察、培养乃至于规范是传播过程中的最早的功能体现。

（一）诗以览德：原始功能的体现

上古之世，歌舞乐中明显夹杂了人们对社会的要求、对人格的要求，因此通过“诗”“乐”以览德成为天子制乐、赐乐的重要凭据：“故天子之为乐也，以赏诸侯之有德者也。德盛而教尊，五谷时熟，然后赏之以乐。故其治民劳者，其舞行缀远；其治民逸者，其舞行缀短。故观其舞，知其德；闻其谥，知其行也。《大章》，章之也。《咸池》，备矣。《韶》，继也。《夏》，大也。殷周之乐，尽矣。”[①] 天子制乐，目的是赏诸侯之有德者，也就是说天子会根据诸侯德行、教化治下的情形进行赏赐。天子赏赐乐舞人员数量及其乐舞内容各不相同，是因为赏赐对象的功德各有不同。诸侯治民不勤而使民劳苦，则天子赏赐的歌舞人员就少，行列就稀疏；诸侯治民辛苦而使民安逸，天子赏赐的歌舞人员则多，行列稠密。在这样一种传播活动中，受众可以通过人员数量判断个人德行，直观的在场传播使得抽象的概念具体化、形象化，所以说“观其舞，知其德”。礼仪作为人格、德行、功劳的一种形式表现是通过诗乐的规定性来考察的，不同身份的个体或者群体，具

① 陈澔：《礼记集说》，上海：上海古籍出版社，1987 年，第 210 页。

有不同的诗乐对应："天子以《驺虞》为节；诸侯以《狸首》为节；卿大夫以《采苹》为节；士以《采繁》为节。《驺虞》者，乐官备也，《狸首》者，乐会时也；《采苹》者，乐循法也；《采繁》者，乐不失职也。是故天子以备官为节；诸侯以时会天子为节；卿大夫以循法为节；士以不失职为节。故明乎其节之志，以不失其事，则功成而德行立，德行立则无暴乱之祸矣。功成则国安。故曰：射者，所以观盛德也。"①德的表现形式是礼，礼是德的外化，《礼记·射义》虽然讲的是射礼，但是却将诗乐、射礼、盛德通过一种传播活动有机地联系在一起了。《诗经》中不同的诗歌的节奏代表了不同政治身份和政治礼仪，只有"明乎其节之志"，清楚了诗中之"节"所代表的志向，才可能不失其事。所谓不失其事，实际上更多的是指政治身份不发生混乱，然后各司其职，功成德立。所以有曰："射者，所以观盛德也。"此之所观盛德并不是从射箭是否中的而论，究其实质，看的是射者之内志外体、唱歌击鼓从始至终是否符合自身身份的要求而言。是否符合要求是通过符号表现出来的，而这种符号得到受众的认同，"每一种叙事都有自己的形式和情感特征，都有表达自己形式和特征的符号，这些符号需要尊重、忠诚和奉献"。②而诗歌符号具有的规定性在传播过程中明确指向了个体或者群体德行应该具有的内涵和意义，并因此得到了受众的尊重与认同。春秋时期，"礼崩乐坏"是一种现实状况，但是孔子依然怀抱"克己复礼"之理想。他以为个体的道德与行为与《诗经》之间存在必然的联系。通过一个人所用之诗可以观察出一个人的道德品质，甚至出现了因用诗得当而促成婚姻的情况："南容三复白圭，孔子以其兄之子妻之。"③白圭是《大雅·抑》中的诗句，所谓"白圭之玷，尚可磨也，斯言之玷，不可为也"。④孔子大概正是看到了南容能经常以诗明德，常常以诗自警，所以才将自己哥哥的女儿许配与他。这种诵《诗》得偶的日常传播虽然特殊，但不难看出，在春秋时期的语言传播活动中，《诗经》既作为内容存在，也作为媒介存在，成为当时官僚贵族和知识分子日常交际不可或缺的介质。当然，这与周文化的传统有关。周初体国经野，设官分职，就有专门官职大师以六律为调，以六诗为内容，教国子六德。这种初始的规定性实际上是"诗可以观德"的政治和社会基础，自然也会成为"观诗"的重要命题。孔子作为渴望恢复周礼的知识分子，应该必然的认识到了这个问题。

---

① 陈澔：《礼记集说》，第 310 页。

② [美]尼尔·波斯曼：《技术垄断：文化向技术投降》，北京：中信出版集团，2019 年，第 193 页。

③ （南宋）朱熹：《四书章句集注》，北京：中华书局，1983 年，第 124 页。

④ （南宋）朱熹：《诗集传》，南京：凤凰出版社，2007 年，第 240 页。

随着诗舞乐的实际运用逐渐发生变化，通过观诗乐舞而“观德”这一传播活动向更为宽泛的层次发展，从原来的“观乐”“观舞”而衍生到了对《诗》的“言语引用”。所谓的“言语引用”指的是在对话过程中根据上下文需要对《诗》的一种直接引用方式，这种引用大多与歌舞乐整体无甚关联，以断章引用为主。引诗目的不外是对个体形象尤其是德行的肯定与否定，以《左传》记录为最。《左传》所叙从隐公元年到哀公二十七年前后凡254年，举凡行师、备火、胜捷、奔败、盟誓、谲诈、恩惠、严切、兴邦、亡国莫不包备。其中言语引用自隐公元年“《诗》曰：‘孝子不匮，永锡尔类’”[①]始至哀公二十六年的“《诗》曰：‘无竞惟人，四方其顺之’”[②]止，横跨了整个春秋时代，次数远胜于聘、盟、会等外交赋诗。少许借所引之《诗》来观察诸侯国之间的关系、考察国家治理之好坏或指导用兵止战，绝大多数则是以引诗表现、赞美或者讽谏个体的道德品质和能力，这是典型的通过《诗经》考察德行塑造形象的传播方式。《左传》“言语引诗”共154例，所引诗歌雅、颂为主，共计126例，除去逸诗9例，所引风诗仅仅19例。这与季札观周乐时的察德、颂德是一致的。也就是说，雅颂之章在传播中是歌功颂德的主要部分，季札观乐和《左传》引诗都能从侧面证明这一观点。或者这样说，占据《诗经》绝大部分的风诗在春秋贵族和知识分子那里或许并不具有“观德”的传播内涵，所以在这里并不被大家倚重。《左传》引诗，无论是当事人对话中的称引，还是相关人引用，还是假托“君子”抑或作者的直接评论，其目的大概有三个，一是通过引诗来赞美或者批评人的德行；二是通过引诗来劝谕或批评人的行为；三是通过引诗来说理或者反思。在这三个目的中，绝大多数都事关“德行”，包括仁、义、礼、智、忠、信、孝等内容。涵盖了先圣、王侯、卿大夫和君子等人物。引诗的目的则是通过《诗经》来考察、赞美、评价、讽劝德行。它也是当时人与人在交际过程中对个体形象的一种传播方式——通过交流、对话过程中对《诗经》的引用来贤贤贱不肖。因此我们可以这样认为，“言语引用”《诗经》是早期诗乐舞观德的一种延伸，也是《诗经》传播的一种延伸。

（二）诗以养德：原始功能的时代呈现

“德”观念从殷商而至西周，有一个逐渐演变的过程，晁福林先生以为：“起初之德，是指得于天和先祖，意即由天和先祖所赐而‘得’；后来则指得于制度，意即由分封和宗法制度之规范而‘得’；最后出现的才是自得于心，意即心得体

① 杨伯峻：《春秋左传注》，北京：中华书局，1990年，第16页。

② 杨伯峻：《春秋左传注》，第1732页。

会。”[①] 西周初年以远，所谓“德”更多的是“得”，是“天赐”，这时候的“德”具有一种天然性。从西周初期开始，“德”逐渐成为可以培养的而非天赐的个人修养的一部分，是个体形象塑造的一种追求，“立德”为个体不朽中追求之至者。所谓“大上有立德，其次有立功，其次有立言”。[②] 既然“立德”为人生之终极追求，那么在当时，无论哪个阶层，对道德的要求当是必然，事实上，贵族阶级最为明显。正因为如此，“歌功颂德”成为诗歌符号体系中重要的话语内涵表达也就成为必然，而借诗教养德也成为可能。

《尚书》记载乐官夔的职责便是掌乐而教胄子养德：“帝曰：‘夔！命汝典乐，教胄子，直而温，宽而栗，刚而无虐，简而无傲。诗言志，歌永言，声依永，律和声。八音克谐，无相夺伦，神人以和。’”[③] 帝舜所言的“直而温、宽而栗、刚而无虐、简而无傲”是对当时“胄子”德行的基本要求，德行则需要以诗、歌、声、律涵养之。这表明，早期诗歌教育和传播目的之一是为了让贵族子弟获得德行上的修养。有舜一代，对元子以下至卿大夫子弟教育甚严，在品德上要求他们正直温和、宽宏庄重、刚毅而不粗暴、简单而不傲慢。而这些品德是通过诗乐舞这一具体的形式潜移默化的培养得来的。从舜而至禹时代，德行的要求更加细化。个体完整的德行有九：“皋陶曰：‘都！亦行有九德。亦言，其人有德，乃言曰，载采采。’禹曰：‘何？’皋陶曰：‘宽而栗，柔而立，愿而恭，乱而敬，扰而毅，直而温，简而廉，刚而塞，强而义。彰厥有常，吉哉！日宣三德，夙夜浚明，有家；日严祗敬六德，亮采，有邦。翕受敷施，九德咸事，俊乂在官。’”[④] 按照皋陶所言，能日记九德其三者，可以为卿大夫，日敬行六德可以为诸侯，能合受三六之德则为天子。对于不同社会阶层和具有不同政治地位的人，德行的要求是不同的。越是上层，规定越是严格。而这些德行，如何养成，在这里并未提及。但是结合乐官职责，不难看出，当时贵族子弟德行养成与诗、乐息息相关。因为早期的善政，即所谓“六府”“三事”是可以用歌来表现的：“于！帝念哉！德惟善政，政在养民。水、火、金、木、土、谷，惟修；正德、利用、厚生，惟和。九功惟叙，九叙惟歌。戒之用休，董之用威，劝之以九歌，俾勿坏。”[⑤] 大禹认为修德在于善政，作为帝，要安排好金、木、水、火、土、谷“六府”和正德、利用、厚生“三事”。禹还认为，这九个方面是有一定顺序的，按照顺序是可以歌咏的。所以“正

① 晁福林：《先秦时期“德”观念的起源及其发展》，《中国社会科学》2005年第4期。
② 杨伯峻：《春秋左传注》，第1088页。
③ （唐）孔颖达：《尚书·尚书正义》，北京：中华书局，1998年，第167页。
④ （唐）孔颖达：《尚书·尚书正义》，第183—184页。
⑤ （唐）孔颖达：《尚书·尚书正义》，第176页

德”是“九歌”之一，既然为歌以颂德，那么借《诗》以观德、养德也就是当然的事情了。大家所熟悉的今本《诗经》首篇《关雎》，在《毛诗序》那里就清楚的交代：“《关雎》，后妃之德也。”雅颂之音，发先王之德者繁多，所以有“或欢欣和说以尽群下之情，或恭敬齐（斋）庄而发先王之德”。[①]“颂者，宗庙之乐歌。大序所谓美盛德之形容也，以其成功告于神明者也。”[②]之说。无论风雅颂，其诗歌中均有“德”的内容，从而将诗与“德”紧密地联系在了一起。所以季札观周乐，对先圣遗德的感叹以乐舞时代具体事件作为基础，评价却最终则落在“德”上。大家论述“吴公子札观周乐”大多将其混为一体，笔者以为，这里面或许应该分为两个部分。之一便是通过雅颂来憧憬君王的美好德行借观德以内省，从而助人养德。其中对先圣先王美好德行的憧憬与褒扬部分是这样记述的：

为之歌《小雅》，曰：“美哉！思而不贰，怨而不言，其周德之衰乎？犹有先王之遗民焉！”为之歌《大雅》，曰：“广哉！熙熙乎！曲而有直体，其文王之德乎？”为之歌《颂》，曰：“至矣哉！直而不倨，曲而不屈；迩而不逼，远而不携；迁而不淫，复而不厌；哀而不愁，乐而不荒；用而不匮，广而不宣；施而不费，取而不贪；处而不底，行而不流。五声和，八风平；节有度，守有序。盛德之所同也！”见舞《象箾》《南籥》者，曰：“美哉，犹有憾！”见舞《大武》者，曰：“美哉，周之盛也，其若此乎？”见舞《韶濩》者，曰：“圣人之弘也，而犹有惭德，圣人之难也！”见舞《大夏》者，曰：“美哉！勤而不德。非禹，其谁能修之！”见舞《韶箾》者曰：“德至矣哉！大矣，如天之无不帱也，如地之无不载也！虽甚盛德，其蔑以加于此矣。观止矣！若有他乐，吾不敢请已！”[③]

这是“观周乐”的后半部分，与最初所观之乐内容不同。前面观的是“风”，而这部分所观为雅、颂及舜、禹时代乐舞。观的重点也发生了明显变化，观风以体察民情为主，雅颂则以体味君德为先。季札所观乐舞自小雅、大雅而颂，然后到了更早时间的禹、舜时代的音乐，有一个大概的时间回溯过程。在这个回溯过程中，季札看到了盛世之德、圣人之德，而“德”随着时间与其时代的趋近由盛而衰，体现了从“德至矣哉”到“勤而不德”再到“犹有惭德”“犹有憾”“周德之衰乎”的变化过程。这一个变化过程从表面上看是“观乐”“观舞”后的乐舞的评价，实际上是通过符号传递的意义考察先圣美德及德行的衰变。这季札利用现

① （南宋）朱熹：《诗集传》，南京：凤凰出版社，2007年，第115页。
② （南宋）朱熹：《诗集传》，第260页。
③ 杨伯峻：《春秋左传注》，第1164—1165页。

场传播进行的“原始意义—当代功能”互动，通过符号召唤从而唤醒原始意义，在此基础上，与当时代联系，赋予新的意义，感慨语义场的转化。也就是说，季札观乐最后的落脚点是“德”，借此勉励个体德行养成，这与春秋及其以远，社会对个体的德行要求是一致的。

通个对《诗经》可以察德、养德的分析，我们可以看到“诗可以观德”是《诗经》最早的传播方式，是基于诗歌符号原始规定性的体现和最初的意义表达，是先民为了迎合天德（赐），进而建立政德，塑造人德的传播演变，也是周朝甚至以远政治管理中的一种规定性。这种规定性是从早期的德行天赐到德行养成再到德行影响的渐变与发展。在“诗可以观德”的传播活动中，传播和接受者以上层统治者为主，也存在着随着社会变革逐渐下移的变化。传播方式上存在从“观”到“引”、从整篇向断章的渐变。从更深的层面来看，从“观”到“引”、从整篇而至断章、从最上而渐于下的传播变化是社会变革后官僚贵族和知识分子利用规定性采取的一种话语转换——利用过去的规则和追忆唤醒受众的同时直接参与到意义掌握中，这也是历史演进中传播变化的必然。

二、诗以听政——《诗经》参与社会管理的传播

如果说“诗可以观德”是统治阶级对诗原始意义的开发和传播的话，那听诗观政则是在此基础上对民间舆论的一种回应与关切。

（一）天子听政：底层情志的向上传播

在诗乐舞三位一体的时代，诗乐舞的发现与制定带着明显的实用主义倾向：“以致鬼、神、示，以和邦国，以谐万民，以安宾客，以说远人，以作动物。”[①] 也就是说，诗乐舞最初有祭祀鬼神、和睦邦国、和谐万民、安定宾客、悦服远人、繁衍万物的作用。诗乐舞的传播目的是协调人神关系、邦国关系、人人关系、人物关系。所以，音声之初，诗乐符号具有社会系统的区分性，也就当然的具有了考察社会系统的意义。如果符号整体协调，那么整个社会系统也就自然和谐安定，如果五音不谐，则可见社会之动荡。所谓：“治世之音安以乐，其政和。乱世之音怨以怒，其政乖。亡国之音哀以思，其民困。声音之道，与政通矣。宫为君，商为臣，角为民，徵为事，羽为物。五者不乱，则无怗懘之音矣。宫乱则荒，其君骄。商乱则陂，其官坏。角乱则忧，其民怨。徵乱则哀，其事勤。羽乱则危，其财匮。五者皆乱，迭相陵，谓之慢。如此则国之灭亡无日矣。”[②] 宫、商、角、徵、

---

① 杨天宇：《周礼译注》，上海：上海古籍出版社，2004 年，第 327 页。

② 陈澔：《礼记集说》，第 204—205 页。

羽各有所指，各有其义，君、臣、民、事、物各司其职，各在其位，无相夺伦。如有变化，即如果符号系统紊乱，整体系统中不协调情形出现，则预示着社会系统的某个环节或者某个部分出现了问题。如果五音皆乱，结果是“国之灭亡无日矣”。统治者从符号系统的变化中可以窥见社会政治是否存在诸如君骄、官坏、民怨、事勤、财匮等影响社会发展的问题。所以说早期的诗乐舞还有另外一个重要的作用，就是通过符号系统变化考察政治治理的好坏，通过诗乐舞的内容传播来观察君恩民意。正因为如此，下层通过诗歌来劝谕君王，借诗歌论政、议政，上层通过诗歌了解民意、了解政治治理好坏成为当时传播的应有之义。古文尚书所记太康时代的《五子之歌》就中国诗歌传播史上而言，是较早地反映时代、批评天子的诗歌：“太康尸位，以逸豫灭厥德，黎民咸贰，乃盘游无度，畋于有洛之表，十旬弗反。有穷后羿因民弗忍，距于河，厥弟五人御其母以从，徯于洛之汭。五子咸怨，述大禹之戒以作歌。”[①] 夏启之子太康耽于淫乐田猎，不恤下民，为羿所逐，其昆弟五人于洛汭作歌。《五子之歌》主要以先皇之祖训、德行来批评太康处于君位而失君德，处于君位而不考虑民怨。五子之歌看上去是五首诗，但是从意思上理解又似一个整体：其一批评太康忘记祖训，无知民怨；其二批评太康行为荒诞，迷恋酒色，沉溺田猎靡靡之音，追求峻宇雕墙；其三批评太康不依祖行，失道乱纲；其四批评太康废弃传统，断绝祭祀；其五则是感叹“予将畴依”“虽悔可追”。太康失邦，其昆弟作歌，实为检讨批评太康的治国行为。虽然，有论者认为《五子之歌》为伪，但也有人追本溯源，认为其与夏书存在千丝万缕的联系，证明其拾缀之事实为有夏一代文献应有之事。[②] 所以我们依然可以认为《五子之歌》从一个侧面描述了夏启时代的社会政治面貌，是对当时政治治理者的一种批评。诗人论政，观者自可知政：“故天子听政，使公卿至于列士献诗，瞽献曲，史献书，师箴，瞍赋，矇诵，百工谏，庶人传语，近臣尽规，亲戚补察，瞽、史教诲，耆、艾修之，而后王斟酌焉，是以事行而不悖。”[③] 有周一代，天子处理政务，有一个重要的环节，那就是以规定性的科目、面对面的交流这样一种传播模式来了解民意。这也是当时最高统治者了解舆情的方式之一。在这种传播模式中，最初受众只天子一人。符号的生产则有着身份的区别，尤以诗歌符号的生产者身份最为复杂：公卿至于列士。从这样一个宽泛的传播主体中我们可以看到，就“诗”的符号生

① （唐）孔颖达：《尚书·尚书正义》，北京：中华书局，1998年，第224页。

② 详见贾海生：《〈武观〉〈五子之歌〉与〈离骚〉》，《中国典籍与文化》2001年第3期。该文认为《五子之歌》本非篇名，原篇名为《武观》，记录启第五子武观（五观）放纵失度的所作所为，是源自夏朝文献。郭沫若认为《武观》即《书》逸篇《五子之歌》，赵逵夫先生主编的《先秦文学编年史》也将其编年在太康时代。

③ 《国语》，上海：上海古籍出版社，1998年，第9—10页。

产而言，其权力是相当宽泛的，正是这种宽泛使得诗歌有了描述社会方方面面的能力。所献之诗也就各有所出：一是各类官员可能自己作诗，二是各级官员逐级上献，还有一种可能就是专人采诗以献。关于采诗之说，文献晚出，因此疑者甚多。但是春秋乃至以远的媒介环境下，如何将流散在各地诗歌聚集起来从而上达天听？要想诗歌能够从作者到读者，从地方到中央，传播是必然的。而要想让特殊的受众——天子了解草野的声音，采集是必然的传播举措。所以，无论采者身份如何，采诗这一行为应该是存在的。《尚书》有载："每岁孟春，遒人以木铎徇于路，官师相规，工执艺事以谏，其或不恭，邦有常刑。"[①] 在夏朝，"遒人"职责类似于现在的"宣讲巡视"者，一方面宣布教令，互相规劝，另一方面则监督下官百姓守法。随着社会发展，类似于"遒人"之职者采集民间诗歌从而上献于天子也就成为可能。孔子对于风诗专有论述："邦风其纳物，溥观人俗。"[②] 孔子认为，邦（国）风包容事物之广，因此，可以从中观民俗。由于《孔子诗论》阙文较多，观民俗的目的我们不得而知，但是当时的"观"明显带有以上视下的意思。即天子借歌谣传播以观民风，目的是通过传播考量自己的政治治理的好坏。从整体来看，信源到信宿是一个自下而上的过程，这种传播的目的非常清楚，那就是天子观政。

（二）舆论监督：诗歌功能的拓展

前文提及"吴公子札观周乐"的前半部分带有明显的舆论监督的含义，实际上就是周天子通过《诗经》了解化成天下和诸侯政治治理情况的典型："吴公子札来聘。……请观于周乐。使工为之歌《周南》《召南》，曰：'美哉！始基之矣，犹未也，然勤而不怨矣。'为之歌《邶》《鄘》《卫》，曰：'美哉，渊乎！忧而不困者也。吾闻卫康叔、武公之德如是，是其《卫风》乎？'为之歌《王》曰：'美哉！思而不惧，其周之东乎！'为之歌《郑》，曰：'美哉！其细已甚，民弗堪也。是其先亡乎！'为之歌《齐》，曰：'美哉，泱泱乎！大风也哉！表东海者，其大公乎？国未可量也。'为之歌《豳》，曰：'美哉，荡乎！乐而不淫，其周公之东乎？'为之歌《秦》，曰：'此之谓夏声。夫能夏则大，大之至也，其周之旧乎！'为之歌《魏》，曰：'美哉，渢渢乎！大而婉，险而易行，以德辅此，则明主也！'为之歌《唐》，曰：'思深哉！其有陶唐氏之遗民乎？不然，何忧之远也？非令德之后，谁能若是？'为之歌《陈》，曰：'国无主，其能久乎！'"[③]

---

① （唐）孔颖达：《尚书·尚书正义》，第 226 页。

② 马承源：《上海博物馆藏战国楚竹书（一）》，上海：上海古籍出版社，2001 年，第 129 页。

③ 杨伯峻：《春秋左传注》，第 1161—1163 页。

季札观周乐这一年，先后到了鲁、齐、郑、卫、晋诸国。依《左传》记载，公子札首先到了鲁国。在鲁国时，他认为叔孙穆子为鲁宗卿且主持国政，但不能选贤任能，所以不得善终。正是在这个基础上，季札请求观周乐。最开始观的，主要是《诗经》中的“风诗”。杨伯峻以为：“季札论诗论舞，既论其音乐，亦论其歌词与舞象。此‘美哉’，善其音乐也。‘始基之’以下，则论其歌词。”[①]此说不谬。但通过文本我们也不难发现，季札所论音乐，只是用极简的语言诸如“美哉”“深哉”“广哉”“至矣哉”进行审美评价，重点则是对“风诗”中所描绘的社会状况和百姓政治态度的一种评价。季札从诗歌中既看到了整个社会发展过程中所体现出来的政治、社会事件，也看到了百姓对政治统治的反馈态度。在王业奠定基础之时，追随者表现出来的是“勤而不怨”的态度；在面对政治动荡时，政治家表现出来的是“忧而不困”“思而不惧”的操行；在面对风化日下的社会状况时，观者看到的是“民弗堪也”的政治现实。而他所谓的“是其先亡乎”“国未可量也”“其能久乎”则是通过“民”之舆论观察国运。当然，此时的“观乐”已经和原来的天子听政不同，观者是贵族子弟，观乐的顺序也按照风雅颂的顺序进行了排列。这从一定程度上表明，季札“观乐”时代，《诗经》传播发生了一定的变化，观政之风出现了下移，从原来的天子观到诸侯观，这种下移与周朝政治生态和社会变迁不无关系。符合孔子时代“礼崩乐坏”“八佾舞于庭”的社会现实状况。

可以这样说，《诗经》自具的政治性、社会性使得其有了“观政”的符号基础。观者通过诗歌传播了解下层百姓对社会和政治的基本态度，从而发现问题纠正政治治理过程中的失误。从君王的视角来说，则表明了其由诗观下、由诗观己的一种反省精神。此时，《诗经》在一定意义上具有了舆论监督的作用。作者作诗以讽、以谏、以美、以刺，实际上都是对周天子、诸侯国君的社会政治治理好坏的一种评价和回应。当然，这种评价或者回应是不是保留了最原始的意义，是存疑的。因为在传播中，作者是无法控制再传播过程中的改变力量，再传播者基于某种规定性或者出于对形式、意义的认同、接受、信任程度而进行有选择改动是可能出现的。也就是传者如果不是原始作者，就可能根据自己对诗歌的内容的理解，有目的的改编后上献。在这种传播活动中，由于“把关人”的层层把关，最终“以闻于天子”的诗歌在把关过程中很可能经过了较大幅度的修改和润色。也就是所献之诗、所陈之诗是有选择性的，是经过加工修改的。

我们根据毛诗小序可以知道，不同国家的风具有一些共同特点，比如周南以赞美后、妃为主，召南以评价大夫、夫人为主，豳风则以美周公为多；比如 7 首

① 杨伯峻：《春秋左传注》，第 1161 页。

魏风有 6 首都是“刺”，唐风 11 首其中 9 首是刺国君；再比如孔子以为“郑声淫”，与郑风多表现男女之情息息相关。我们认为，风诗出现这样的特点应该和当时的“把关人”的价值观念有关系，也就是诗歌在采集上献过程中带有了明显的个人偏好。这样，舆论的本来面目或许已不复存在，所以统治者也未必真的能够了解实情。但“把关人”这种对媒介本身的要求和对讯息的态度，可以比附为麦克卢汉“媒介即讯息”理论的早期实践。“社会靠集体行动开发出一种新媒介时，它就赢得了表达新讯息的权利。”[①] 在《诗经》前时代，统治者对传播的控制是不同于《诗经》传播时代的，到了《诗经》时代，作为新媒介有了表达新讯息的权利。或者说，统治者的目的从表面上看是借诗观政，潜意识中或许是将《诗经》作为当时的一种媒介来把控，从而达到控制媒介属性、媒介内容之目的。如果说“诗可以观德”实现的是《诗经》化成天下的教育意义，是从符号意义角度而言的话，那“诗可以观政”则实现了舆论监督的目的，是从媒介控制的角度而言。正因为如此，十五国风在主题上大致可分为两类，一类是以前示后，以上示下。从先君、先王、圣王之德、道、志、行、心等方面来提醒、警示后人与诸侯。一类是通过伤、怨、刺、闵、思等方式来看诸侯、卿大夫的行为表现，从而以观其政。

概括而言，“观诗听政”在当时是一种顶层设计，是“王者”获取信息、了解社会、体察民情的重要传播活动。其传播路径是自下而上的，传播者身份多样，受众则自下而上至于天子（最初真正的目标受众仅天子一人）。统治者通过这一传播活动，最终实现了对媒介——《诗经》的控制，并实现了对传播内容的掌控，从而实现关系调和，在此基础上成风化俗、查漏补缺，以达政治统治之目的。

三、诗以观志——《诗经》传播的变形

随着社会发展，《诗经》的意义也随着传播得到延伸，《诗经》的用途发生了转变，从“察德”“听政”而至“观志”。“赋诗言志”“赋诗观志”——一种新的传播方式诞生了。

（一）赋诗言志：一种新的传受视角

这种新的传播活动，进一步提升了《诗经》的社会地位，增加了《诗经》的功用。先秦时期，“志”或为一国之史；或为人之情志；或为一国之政治取向。《春秋》所谓“郑志”“宋志”是为一国之史；“诗言志”乃是言作诗者之情志；《左传》中的“观志”则指诸侯国之间的政治取向或者代表诸侯国的卿大夫在交接邻国时

---

① ［加］马歇尔·麦克卢汉：《麦克卢汉如是说：理解我》，斯蒂芬斯·麦克卢汉、戴维·斯坦斯编，何道宽译，北京：中国人民大学出版社，2006 年，第 3 页。

所表现出的政治态度。"赋诗言志"则主要指诸侯国在外交活动中通过赋诗所表达出来的政治立场和态度，是个人情志的表现但又不单纯代表个人情感。因身份所系，"赋诗言志"更多地表达了了诸侯之间的政治关系，类似于今天的外交辞令。

《孔子诗论》第一简有："诗亡离志。"[①]之说，第20简则提出"其离志必有以逾"。[②]孔子谈到了"诗"和"志"的关系：诗不离志，一旦离志，则价值取向则必然发生逾越。诗因为言志，通过诗意当然也可以考查赋诗者的价值取向与态度。所以在春秋中期，一种新的传播方式在诸侯国之间的外交场合颇为流行，那就是"赋诗言志""赋诗观志"："古者诸侯卿大夫交接邻国，以微言相感，当揖让之时，必称诗以喻其志。"[③]事实上，出现在春秋中期的"观志"是《诗经》指向另一种意义的传播实践，是传播者一种新的传播约定和表述。在这里，虽然没有一套新的符号系统诞生，但是传者与受众在已有的符号系统基础上形成了一套双方认同的互动编码系统。赋者通过《诗》来表达自己的价值取向，观者通过赋者传递出来的信息观察赋者的政治态度——也就是说"观志"是诸侯卿大夫间的一种政治博弈。

《左传》中，有"赋诗"之谓者35处，郑玄认为《左传》之"赋"有二义："赋者或造篇，或诵古，是也。此'赋'字（隐公三年'卫人所为赋硕人也'之'赋'）及隐公元年传之'公入而赋''姜出而赋'，闵公二年传之许穆夫人赋《载驰》，郑人为之赋《清人》，文六年传之'国人哀之，为之赋《黄鸟》'皆创作之义，其余'赋'字，则多是诵古诗之义。"[④]郑玄认为"公入而赋""赋硕人""赋载驰""赋清人""赋黄鸟"为造篇，其余则为诵古。依《左传》载，这一传播方式始于僖公二十三年，止于昭公二十五年。虽然无法断定它的起止时间就是如《左传》记载的那样，但是整体上可以看出，这一传播时间上是早于或与孔子同时代的。也就是说"称诗（赋诗）喻志"这样一种传播方式并不是一开始就存在，而是随着社会发展被发掘出来的一种新的传播活动。这一传播活动的出现是有一定的文化基础与社会背景的。文化基础是，一开始，周朝就有学诗、学语的传统。依《周礼》记载，国子有两项基本技能需要掌握，一是"兴、道、讽、诵、言、语"等语言技能；一是"风、赋、比、兴、雅、颂"等诗歌技能。正是具有了这一文化基础，加上春秋中期开始各国纷争加剧，角力频繁的社会背景，外交活动成为当时常态，在这种情况下，一种新的传播方式出现了，那就是具有明显"炫

① 马承源：《上海博物馆藏战国楚竹书（一）》，上海：上海古籍出版社，2001年，第123页。

② 马承源：《上海博物馆藏战国楚竹书（一）》，第149页。

③ （东汉）班固：《汉书》，第1755—1756页。

④ 杨伯峻：《春秋左传注》，第31页。

技”意味的“赋诗观志”，它在一定程度上拓展了《诗经》符号体系的意义。统而观之，《左传》记载“赋诗”三十有五，剔除“造篇”的5例，“诵古”30例，仅两例不在外交场合。传播主体和接受主体主要是诸侯卿大夫，而传播亦有规定情境：就是常常出现在在聘、享、盟之时，双方（或多方）通过赋诗来考察对方的政治诉求。也就是说，“赋诗观志”这种传播活动是社会到了一定阶段，传播环境发生了变化之后才产生的新的传播方法。

第一次出现外交赋诗是僖公二十三年，晋公子重耳及于难，重耳之秦，秦穆公给予重耳较高礼遇：“他日，公享之。子犯曰：‘吾不如衰之文也。请使衰从。’公子赋《河水》，公赋《六月》。赵衰曰：‘重耳拜赐。’公子降，拜，稽首，公降一级而辞焉。衰曰：‘君称所以佐天子者命重耳，重耳敢不拜。’”①

关于晋公子重耳如秦，《国语》亦有载：“明日宴，秦伯赋《采菽》，子余使公子降拜。秦伯降辞。子余曰：‘君以天子之命服命重耳，重耳敢有安志，敢不降拜？’成拜卒登，子余使公子赋《黍苗》。子余曰：‘重耳之仰君也，若黍苗之仰阴雨也。若君实庇覆泽之，使能成嘉谷，荐在宗庙，君之力也。君若昭先君之荣，东行济河，整师以复强周室，重耳之望也。重耳若获集德而归载，使主晋民，成封国，其何实不从。君若恣志以用重耳，四方诸侯，其谁不惕惕以从命！’秦伯叹曰：‘是子将有焉，岂专在寡人乎！’秦伯赋《鸠飞》，公子赋《河水》。秦伯赋《六月》，子余使公子降拜。秦伯降辞。子余曰：‘君称所以佐天子匡王国者以命重耳，重耳敢有惰心，敢不从德？’”②

两相对比，《左传》较《国语》简单，《左传》记录秦穆公和重耳仅赋诗两首，重耳赋《河水》（有论者以为此乃《沔水》之误，可供一说），以为万水朝宗于海，以海喻秦。秦伯赋《六月》以为重耳有佐天子之命。虽然赋诗两首，但两人表达了互为友邦的政治态度，为后来秦国出兵帮助重耳复国奠定了基础。《国语》中秦穆公赋《采菽》，将逃亡在外的晋公子重耳当作诸侯国君来对待，实际上是认同重耳诸侯王的身份。赵衰认为穆公用天子接待诸侯的方式接待重耳，使之不敢有“安志”，即苟且偷安的志向。于是让重耳降拜，还让其赋《黍苗》以表达谢意。在此基础上，赵衰直接鲜明地表达了希望秦穆公帮助重耳复国的愿望，同时表达了如果复国，则愿意唯秦伯马首是瞻的想法。双方赋诗都表现了相互尊重和交好的意愿，赵衰才直接代表重耳宣誓了其政治志向。

因为交流双方清楚符号系统的意义，发出的信息与收到的信息在编码与解码

① 杨伯峻：《春秋左传注》，第410页。

② 《国语》，上海：上海古籍出版社，1998年，第360页。

时意义一致，缺乏噪音干扰，使得交流得以顺利进行，从而达到传播目的。如果解码者存在误读，那么这套互动编码系统传播意义就将失去。也就是说，赋诗言志作为一种新生的传播行为，在传播中被赋予了新的规则与意义，如果缺乏对传播规则和新的意义的理解，那这种传播就很难完成，甚至出现意外。

（二）歌诗必类：噪音影响传播效果

在传播中，有人理解并遵守新的规则，有人也可能会误读或者拒绝这一规则。遵守规则的人是认同行为与意义的传播者，拒绝规则的是对行为与意义存在误读的人。

从春秋赋诗的实际情况来看，大部分传受双方是愿意根据规则进行协调和关系处理的，当然也有意外："晋侯与诸侯宴于温，使诸大夫舞，曰：'歌诗必类！'齐高厚之诗不类。荀偃怒，且曰：'诸侯有异志矣！'使诸大夫盟高厚，高厚逃归。于是，叔孙豹、晋荀偃、宋向戌、卫宁殖、郑公孙虿、小邾之大夫盟曰：'同讨不庭。'"[①]齐高厚因为歌诗不类而被认为对盟主不忠，从而招致其他六国讨伐。实际上，春秋中期以后的很长一段时间，赋诗观志成为诸侯国外交传播中的一种隐喻。在这样一种隐喻中，双方能够从所赋诗歌中体会到对方的意味，有时候虽然这种意味更像一种外交辞令，但是却能够让需求的一方得到满足与安慰，从而确定关系走向。《左传·昭公十六年》，晋韩起聘于郑，也记载了一场为了"知志"的赋诗："夏四月，郑六卿饯宣子于郊。宣子曰：'二三君子请皆赋，起亦以知郑志'。子赋《野有蔓草》。宣子曰：'孺子善哉！吾有望矣。'子产赋《郑之羔裘》。宣子曰：'起不堪也。'子大叔赋《褰裳》。宣子曰：'起在此，敢勤子至于他人乎'？子大叔拜。宣子曰：'善哉，子之言是！不有是事，其能终乎？'子游赋《风雨》，子旗赋《有女同车》，子柳赋《萚兮》。宣子喜曰：'郑其庶乎！二三君子以君命贶起，赋不出郑志，皆昵燕好也。二三君子数世之主也，可以无惧矣。'宣子皆献马焉，而赋《我将》。"[②]郑国六卿皆赋诗，每一人赋完，韩起总会有一个评价以表达对赋诗的肯定和回应，而最后六子赋诗结束，韩起以为郑国将要强大，因为几位大臣以国君之名赏赐来聘者，而所赋不出郑诗，又都是示好之意。显然韩起对六子所赋的诗歌是非常熟悉的，所以才能做到孔子所谓"专对"。最后韩宣子答赋《我将》，借此安慰六子将日夜不懈怠的保卫郑国。

从《左传》赋诗来看，对诗的选择最大的要求是"合意"，其目的当然都是为

① 杨伯峻：《春秋左传注》，第1026—1027页。
② 杨伯峻：《春秋左传注》，第1380—1381页。

了“观志”，但这种传播没有固定模式。今天看来，大概分为三种情况：一是只赋不答的，一方为了了解对方之“志”或者表达己方之“志”，只要赋与听赋双方认为诗意表达清楚了，则不答赋。这种情况多在战争冲突或者外交关系一般的场景中使用。襄公十四年戎子赋《青蝇》、穆子赋《匏有苦叶》、襄公十九年穆叔赋《载驰》之四章、襄公二十七年蘧罢赋《既醉》、定公四年秦哀公赋《无衣》等皆属此类；二是有赋有答的，作为赋答双方相互“观志”的。这种情况在《左传》中比较常见，这在双方有交好意愿，或者关系融洽，或者协调关系的场景中出现。前所述秦穆公与重耳赋诗与答赋，襄公二十六年齐侯、郑伯为卫侯故如晋三方赋诗为此类；三是因为诗不合意或者不了解诗意而不答赋的。如果对方所赋之诗与自己的身份不对等，有违礼仪或者对诗意无知，则可能出现不答赋的情况。卫国宁武子不答赋就是一例：“卫宁武子来聘，公与之宴，为赋《湛露》及《彤弓》。不辞，又不答赋。使行人私焉。对曰：‘臣以为肄业及之也。昔诸侯朝正于王，王宴乐之，于是乎赋《湛露》，则天子当阳，诸侯用命也。’”[①] 宁武子到鲁国聘问，鲁文公亲赋《湛露》，但宁武子不答谢也不答赋。后文公派使者私下询问，宁武子以为《湛露》一诗乃是天子宴乐诸侯所用，自己是为陪臣，当不得如此大礼。其实宁武子等于委婉地告诉使者，鲁文公赋此诗有违礼数。襄公二十七年叔孙为庆封赋《相鼠》，庆封不答赋，乃不知诗意。昭公十二年宋华定聘问鲁国出现的不答赋的情况亦如此。

从宁武子不答赋、庆封不答赋、华定不答赋现象结合“晋侯与诸侯宴于温”的“诸侯有异志”来看，“赋诗观志”这样一种传播形式最容易产生传播噪音。如果传受双方出现了下面几种情况，那可能就会出现噪音，大大降低传播效果。一是对符号系统的理解有误，齐高厚的“歌诗不类”应该就属于对于这套符号系统缺乏规则上的了解，编码与解码出现了误读，最终导致传播中噪音出现；二是不清楚这套符号系统的存在，从庆封的不答赋来看，这是一个缺乏对赋诗言志符号系统基本了解的人，因此出现了在传播过程中的零反馈；三是将这套符号系统与政治规定性结合起来产生的噪音。宁武子不答谢也不答赋便是如此，因为自认为当不得天子之礼乐，虽然清楚赋诗言志，但不能违了规矩。于是只有传播者的符号系统，没有收到回声，这是传播过程中出现的另一种噪音形式。总体来看，“赋诗观志”作为一种新的传播，传统内容被赋予了新的意义与规则，受众出现误读的可能性大大增加，实际上受到了更多的限制，传播效果当然也会产生问题，或许这正是新的传播方式后来被弃用的原因。定公四年，秦哀公赋《无衣》是春秋

---

① 杨伯峻：《春秋左传注》，第 1380—1381 页。

赋诗的终结。

关于《诗经》这样一种传播方式的分析，可以发现无论从时间、传播形式、传播者的身份、传播的内容看，都发生了较大变化。从时间上看，这样一种形式只在春秋中期出现，是《诗经》传播中较为特殊的现象。从传播形式来看，在诸侯国之间的外交场合断章取义从而表达政治立场。从传受身份来看，以诸侯国君、卿大夫为主体。这一传播活动的出现使得《诗经》的意义进一步得到了延伸，或者说传播者通过“赋诗”使得自己的思想得以延伸。所以，孔子说：“诵诗三百，授之以政，不达；使于四方，不能专对。虽多，亦奚以为？”①“不学诗，无以言。”②大概更多的是针对这样一种传播形式而言。

我们似乎可以认定，《诗经》传播在春秋中期出现了变形，这种变形源自“听政”“察德”，又有明显不同。从传播学角度来说，这种传播变异可以看成一种议程设置，其目的是得到受众的正反馈，从而掌握传播过程中的话语权，但是由于个体修养与话语技术存在差异，对《诗经》符号系统的掌握也存在问题，因此这样一种传播最终昙花一现，没有延续。

结语

《诗经》意义的实现，产生于传播与接受的交流中，是不同时间不同施受对象根据不同传播语境而形成的一个共同的意义世界。在早期的传播中，这个共同的意义世界指向是明确的，随着传播不断变化，社会群体内部的相互作用，新的被大家认同的意义世界被传播者发掘出来。结合先秦政治社会生活考察，《诗经》的意义世界大致有三：察德、听政、观志。察德是个体交往与交流中通过《诗经》诗歌肯定或否定个体德行的一种传播，在表达对有德者或者无德者的评价基础上，传播者渴望从诗歌内容规定性上发掘出改变个体德行的传播效果；议政听政是《诗经》被统治者使用到社会管理中的一种传播。民以诗议政，君以诗听政。天子通过诗歌自下而上的传播判定政治治理是否失当，在这个传播活动中，天子关注的是诗歌的主要内容是如何表达的，目的是控制媒介及其内容，或者说通过控制媒介达到规定内容之目的。观志是《诗经》传播发生到一定时期被诸侯国君及卿大夫们开发出来的又一种《诗经》传播活动，传受双方通过传播过程中表现出来的“歌诗”情况考察符号系统的“类”与“不类”，或者根据传受双方“赋诗”内容契合度来考量政治关系的远近亲疏。通过先秦《诗经》传播的基本情况联系孔子论《诗》，我们似乎可以这样认为，孔子所谓的“诗可以观”是对当时《诗经》传

---

① （南宋）朱熹：《四书章句集注》，北京：中华书局，1983 年，第 143 页。

② （南宋）朱熹：《四书章句集注》，第 173 页。

播情形的一种总结概括。《诗经》在先秦尤其是春秋时代既是传播活动中的信息，又是关系传播中的媒介。从信息上来看，《诗经》给不同的受众传递的信息是不同的：从圣贤君子（个体）层面来看，基于《诗经》本来的教化意义，观诗和引诗可以看到一个人的道德追求，察德的目的一方面是为了向有德者学习，另一方面是为了促使个体塑造更好的德行即养德；从天子（国家）层面来看，基于《诗经》的内容，底层可以通过诗歌符号的生产表达自己的意见和情绪，形成民意。而这种民意通过传播，统治者可以了解政治生态，从而达到协调上下关系的目的；随着周朝社会变化，诗乐舞等信息符号的严肃性、规定性也在逐渐变化。先秦用诗用乐用舞逐渐下移，传播发生了变形，于是在诸侯国与国之间的外交场合出现了“赋诗言志”的新变种——侯国层面的“观志”传播。我们亦不难看出，“诗可以观”作为一种早期的文学理论观点，或许更明确的是对《诗经》早期传播活动的某一方面的概括和总结。作为传播活动，它至少告诉我们几点：一是早期传播要素有严格的内容规定性，针对不同的群体，传受双方的目的并不相同；二是相对宽泛的传播群体给予统治者以更好了解民意的通道，但是早期自下而上的诗歌传播方式很可能带有媒介控制和传播审查的目的；三是符号系统没有改变的情况下，因为时代的变化，意义要素会在传播中形成变异。所以无论怎样，我们似乎都无法忽视孔子提出来的“诗可以观”实际上是《诗经》先秦传播之重要一种，是大一统文化萌芽期的主要传播形式。

明代《楚辞》文本的商业传播探析

On the commercial communication of the text of *Chu Ci* in the Ming Dynasty

韩　敏*

Han Min

摘　要： 明代是楚辞学的繁荣期，这不仅反映在《楚辞》类著作之多和内容之广，从其传播的地域之广、刊刻之精亦可窥全貌。然而，学术界对《楚辞》的传播形态即鲜有涉足。通过对明代官刻、坊刻及私人刻书的形式的梳理，笔者列出了《楚辞》在明代的刊本目录。分析认为：印刷术的发展和进步，为古代文本的传播注入了新的活力。正是因为铜活字及多色印刷等技术的运用，使得《楚辞》文本得以借助刻书传播，同时借助于刻书家的商业敏感力，使《楚辞》得以借助书肆等实现商业传播的目标，使读者阶层逐渐扩展到普通大众。

Abstract: The Ming Dynasty was a prosperous period of *Chu Ci* studies. This is not only reflected in the large number and wide content of *Chu Ci*, but also the full picture from the wide spread of its dissemination and the essence of publication. However, the academic circles rarely get involved in the dissemination form of *Chu Ci*. After sorting out the forms of official engravings, workshop engravings and private engravings in the Ming Dynasty, the author listed the catalogue of *Chu Ci* in Ming Dynasty. The analysis believes that: the development and progress of printing has injected new vitality into the dissemination of ancient texts. It is precisely because of the use of copper movable type and multi-color printing that the text of *Chu Ci* can be spread with the help of engraving books. At the same time, with the help of the commercial sensitivity of calligraphers, *Chu Ci* can achieve the

---

* 作者简介：韩敏，西北农林科技大学马克思主义学院讲师，博士，在《地理学报》《中国史研究动态》等期刊发表文章十篇，主要研究方向为：阅读文化、马克思主义中国化等。

goal of commercial dissemination with the help of bookstores, etc. , So that the reader class gradually expanded to the general public.

关键词： 明代；《楚辞》；商业传播

Key words: Ming Dynasty; *Chu Ci*; Business communication

明代是楚辞学的繁荣期，据香港中文大学陈炜舜博士考证，有明一代，共有七十余部楚辞学著作问世[①]，而现代学者对明代楚辞学的研究亦不遑多让，从多个角度对明代楚辞学进行了深入的探讨。如丁冰《明代楚辞学概观》[②]一文，对明代楚辞学史进行了概要式的梳理。在断代史方面，则有徐在日《明代楚辞学史论》[③]等。此外，还有对楚辞评点这一特殊形式的研究，主要有罗剑波《明代〈楚辞〉评点所取底本考》[④]等文章。然而，却鲜有学者对《楚辞》在明代的商业传播形式进行探讨，这与现存明代付梓刊行四十余部楚辞学著述的地位不符。基于这一现状，笔者即对明代《楚辞》的商业传播形式进行简要剖析，以求证于方家。

法国文学社会学家罗·埃斯卡皮认为："书籍，无论是手抄、印刷还是影印，其目的都是为了让说的话重复无数次，也为了让说的话保存下去。"[⑤]而古代书籍的商业传播，正是借助了雕版印刷的手段，在市场上广泛而迅速地大量传播书籍的方法。可以说，正是借助了刊刻的方法，书籍得以在人类社会广泛的流通，使得人类的文明成果得以维系和传承，是一种有极大传播效用的传播手段。而与书籍通过手抄等人际传播形式相比，书籍的商业传播毫无疑问是一种较为正式的传播渠道，其有着很强的社会影响力和市场覆盖面，无论是从传播的广度和深度来看，影响力都很大。古代图书经刊印面市后，读者通过书坊等售卖渠道来购买，书籍正是通过这一特殊的流通渠道来到达读者手中，从而实现了文本传播的目的。在明代，承担书籍售卖的主要场所是以书肆等为主的各类经营图书买卖的店铺。

由于刻书业的繁盛，自宋代起《楚辞》作品的传播即一改前代依靠写本来传播的传统方式，转变为以刻本为载体的传播形式。这一技术性的革新，无疑有助于《楚辞》传播速度及阅读者数量的增长，从而加速了人们了解和阅读《楚辞》

---

① 陈炜舜：《明代楚辞学研究》，博士学位论文，香港中文大学研究院中文学部，2003 年，第 419 页。

② 丁冰：《明代楚辞学概观》，《蒲峪学刊》1988 年第 3 期。

③ 徐在日：《明代楚辞学史论》，博士学位论文，北京大学，1999 年。

④ 罗剑波：《明代〈楚辞〉评点所取底本考》，《复旦学报》（社会科学版）2011 年第 6 期，第 73—81 页。

⑤ [法] 埃斯卡皮著，于沛选编：《文学社会学：罗·埃斯卡皮论文选》，杭州：浙江人民出版社，1987 年，第 255 页。

的进程。此外，因为刻本的文本固定性的优势，也避免了写本时代错漏频出，异文迭见的弊端。而明代，相较宋代，刻书的技术更加成熟，刻书的数量也更为增多，为民众阅读《楚辞》文本提供了先决条件。正如钱存训先生在《书于竹帛：中国古代的文字记录》一书中所述："人类的历史，大部分多赖文字记录的流传，得以保存至今。中国人对于思想与活动的记载方式和技术，在世界文化发展史上，自有其特殊的地位。譬如现代世界上通行的书籍和读物，其基本特质是将文字用黑墨印在白纸上。在制作材料和生产的演进中，中国的贡献可以说是最基本也最重要的。纸于公元前后在中国发明是人所共知的事实……在纸、墨和印刷术被结合采用以后，书籍才能大量生产，流通广远。"①

可见，雕版印刷技术的运用，使得"书籍大量生产，流通广远"，为书籍的传播作了重要的贡献。在明代，特别是明代中后期，印刷技术得到了显著的提高，主要表现为"……雕版、活字版和彩色印刷都有了普遍的应用。在活字版方面，不仅有木活字，而且出现了铜、锡等金属活字。彩色印刷则是在雕版印刷的基础上，采用各色分版套印而呈现出五彩缤纷的彩色印刷品。这一技术是在宋、元朱墨印刷和印后上色的基础上发展起来的。而拱花印刷，则是明代的创举"。②因此可以说，建立在印刷技术改进基础上的明代刻书业也进入了一个新的发展阶段。

一、明代的官刻

明代是我国图书业的繁荣时期，反观明代的刻书业，无论在刻书地域、刻书形式还是刻书数量来看，其规模都远远超过前代。从刻书的形式来看，大体上可以分为官刻、坊刻、私刻三种类型。而明代的官刻本又可细分为内府刻书（即经厂本）、国子监（即监本）、都察院、太医院、中央各部、分封于各地的诸王所刻之藩府刻书以及各布政司、府、州、县所刻之书。总而言之，有明一代，"官书之风，至明极盛。内而南北两京，外而道学两署，无不盛行雕造。官司至任，数卷新书与土仪并充馈品，称为书帕本"。③这即是对明代官方刻书情况的真实记录。

明代立国之初，明太祖朱元璋鉴于前代宦官干政的历史教训，禁止宦官识字，甚至在宫廷内亦悬挂有"内臣不得干预政事，违者斩"的铁牌。然而，明成祖即位以后，一改太祖时的严令，逐渐放松了对宦官的限制，甚至一反常规，对宦官授予要职。此后，明代宦官遂职权日盛，机构也日益庞杂，号称"二十四衙"（包

---

① 钱存训：《书于竹帛：中国古代的文字记录》，上海：上海书店出版社，2004年，第1页。

② 罗树宝编著：《中国古代印刷史》，北京：印刷工业出版社，1993年，第299—300页。

③ 参见（清）袁栋：《书隐丛说》，转引自肖东发主编：《中国编辑出版史》，沈阳：辽海出版社，2002年，第328页。

括十二监、四司、八局等），其中司礼监职司书籍名画等项，因此，大致在明成祖永乐年间，明代的内府刻书即开展起来，而经厂即是专事内府刻书的机构。因刻书需要较高的文化素养，故而在内府刻书的早期，刻印量较少，后期随着明代太监文化素养的提高，刻书内容、规模和数量都有增长，逐渐形成了以经史、小学著作及明代政令典籍之类图书为主的刻印风格，如刻于明英宗正统十二年（1447年）的经厂本《礼记集说》的序文中即载：

> 司礼监钦奉圣旨：五经四书经注，书坊刊本，字有差讹，恁司礼监将《易》程朱传义、《书》蔡沈集传、《诗》朱熹集传、《春秋》胡安国传、《四书》朱熹集注，都誊写的本，重新刊印，便于观览。①

可见，经厂所刻印之书，多以皇帝诏令为准，以便于观览为目标，其所刻之书数量以经书为最，更好地为封建统治服务。

到了明代中叶时，经厂刻书的规模已经十分惊人，据《明会典》载“嘉靖十年（1531年），经厂配有笺纸匠六十二名、裱褙匠二百九十三名、折配匠一百八十九名、裁历匠八十一名、刷印匠一百三十四名、黑墨匠七十七名、笔匠四十八名、画匠七十六名、刊字匠三百一十五名”②，总数达1275名，颇具规模。而经厂所刊刻的图书数量，虽未有准确的统计数字，但时人对经厂刻印的图书数量仍有过一定的研究，如据明代末期刘若愚的《酌中志》统计，“（刻书）有161种，版片105833面，此外，还有佛经一藏、道经一藏、番经一藏、大五大部经、小五大部经、五般经等”。③而根据周弘祖《古今书刻》所载，经厂本计刻印图书83种，其中所收录的《难经》《素问》《洪武仪式》《大明令》《宋元纲目》等十六种图书未见于《酌中志》中，故可据两目来推断，经厂所刻之书应不少于177种，然而这一数字也仅是明代经厂本的一部分，非全貌，有赖学者进一步地考索。

经厂本因为内府所刻之书，依赖于内府雄厚的经济实力，刻书“版式字画，颇为工楷”④，字体以赵体为主，册首多钤印有“广运之宝”的印记，纸张以绵纸为主，耗费颇多，如《明会典》中即记载有洪武二十六年（1393年）定“凡每岁印

---

① 转引自曹之编著：《中国古籍版本学》（第2版），武汉：武汉大学出版社，2007年，第243页。

② 参见（明）申时行等撰：《明会典》卷189《工部九》“工匠二”条，明万历内府刻本，第1759页。

③ 转引自曹之编著：《中国古籍版本学》（第2版），第243页。

④ 参见（清）永瑢撰：《四库家藏·经部典籍概览》（一），济南：山东画报出版社，2004年，第159页。

造茶盐引由、契本、盐粮、勘合等项合用纸劄，著令有司抄解其合用之数，如库缺少，定夺奏闻，行移各司、府、州照依上年纸数抄造解纳……产纸地方分派造解额数，陕西十五万张、湖广十七万张、山西十万张、山东五万五千张、福建四万张、北平十万张、浙江二十五万张、江西二十万张、河南五万五千张、直隶三十八万张”①，从每年纸张的消耗量即可得知经厂本耗费纸张等原料惊人，加之刻工也多选择民间有经验的良工，故而所刻之书也多为精品。然而，因主持经厂刻书的多为宦官，虽然其已粗通文墨，但因其学识不足，导致所刻印之书讹误颇多，校勘不精，也间接地影响了书籍的质量。

明代国子监刻书也是当时一种重要的官方刻书形式。明代立国后，应天（即今南京）即成为当时全国的政治、经济和文化中心。而早在明代立国之前，明太祖朱元璋就设置了国子学机构，立国之后即下令将收集到的宋元以来的诸多书板运到南京国子监进行刊印，国子监刻书由此开始。明成祖迁都北京后，虽仍保留了设在南京的国子监，但永乐元年（1403 年）又在北京设置了国子监机构，这样在明代就形成了南北两国子监并存的局面，所刻印的书籍即因地域的不同，又分为“南监本”和“北监本”两种。

明代国子监刻书的大致情形，弘治五年（1492 年）时任礼部尚书兼文渊阁大学士的丘浚，在《重编琼台集》中所述甚详，其文曰：

敕两京内外守备大臣，合同南京司礼监、礼部、翰林院官查盘，永乐中原留南京内府书籍有无多寡全欠，具数奏知，量为起取存留，分派誊补。其止有一本无副余者，将本书发下国子监，敕祭酒、司业行取监生抄录，字不必工，惟取端楷，录毕散各堂教官校对，不许差错，每卷末识以誊写监生、校对教官衔名。其师生只照常例俸廪，别无支给，挨次差拨如常。合用刊字、折背、刷印匠作及纸笔之费，行合于衙门，量为拨办，不限年月，书成装订，陆续付两监典籍掌管，如此则一书而有数本藏贮，而又有异所，永无疏失之虞矣。②

由引文来看，丘浚的奏疏从刻书目的、刻书方法、刻书经费等方面对明代的国子监刻书的情形作了简要的说明。大致来看，国子监刻书的目的是“永无疏失之虞”，也即避免图书的亡佚。刻书的方法可分为六个步骤：第一，对南京内府书

① 参见（明）申时行等撰：《明会典》卷 195《工部十五》“纸劄”条，明万历内府刻本，第 1808—1809 页。

② 参见（明）丘浚：《丘浚集》（第八册）卷 7《琼台诗文会稿》，海口：海南出版社，2006 年，第 3985—3986 页。

籍从永乐中期开始的库存情况进行调查；第二是将没有副本的书送至国子监，由监生抄录，不许差错，并于卷末誊写姓名；第三，由各堂教官校对，不许差错，仍于卷末誊写校对者姓名；第四，按照刻字、折背、刷印等工序进行书籍的刻印；第五，对刻印好的图书进行装订；第六，装订之成书送交两监典籍官员收藏。关于刻书的经费，主要包括两部分，参与抄写、校对的国子监师生“只照常例领俸，别无只给”，而刻印工匠的用工费用及纸笔等费用则“于衙门量为拨办，不限年月”。

关于两监刻书的数量，据周弘祖《古今书刻》所录，南监刻印图书计 270 种，而北监刻书的数量，据清《钦定国子监志》所录，北监刻印图书计有 137 种，两监合计 407 种。虽然这一数量并非两监刻书的全部，然而已经可以大体看出两监刻书的规模。尽管两监刻书数量较多，但其质量却不高。时人即多有非议，如顾炎武在所著《日知录》中即对监本的质量进行了批判，他说：“校勘不精，讹舛弥甚，且有不知而妄改者……此则秦火之所未亡，而亡于监刻矣！”① 顾氏将监本所刻之书的校勘质量称为甚于亡于“秦火”，虽然不免有所夸张，但南、北两监在拥有人力、物力、藏书、雄厚经济实力等丰富资源的情况下，所刻之书仍出现字体不一、脱漏严重、校勘不精等问题，顾氏之言可谓一针见血。

明代分封于各地的藩王，在明代森严的宗藩禁令的限制下，一些不甘堕落、追求个人价值实现的宗室群体，虽然无法在政治、军事等层面建功立业，但是因其雄厚的经济实力、丰富的藏书资源以及卓越的文化素养等因素的影响下，积极投身于府藏典籍的刊刻事业，刻印了一批版刻精良、装帧精美、质量上乘的图书精品，成为明代官刻中一股不可忽视的力量。时人对明代藩府刻书给予了很高的评价，如清人叶德辉在《书林清话》中即肯定了明代藩府刻书的价值，其文曰：“惟诸藩时有佳刻，以其时被赐之书，多有宋元善本，可以翻雕，藩邸王孙又颇好学故也。”② 叶氏对于明代内府刻书之评价有可商榷之处，但他对于明代藩府刻书的评价则较为准确，基本符合当时的实际情况。

今之学术界也对明代藩府刻书有了一定的研究，如台湾学者昌彼得先生在所著《明藩刻书考》一文中，对明代藩府刻书的情况进行了梳理，概要性地对明代藩府刻书的基本情况和特点进行了叙述，他说：“明藩刻书，今可知者，无虑卅家，明初则有周、庆、宁、楚诸府。周府自洪武间刻《千金方》，以迄万历，履经传刻，《金丹正理》，其著者也。其支裔博平，亦有刻本传世。蜀府恒多贤王，自明初迄

① （清）顾炎武：《日知录》卷 18《监本二十一史》，清乾隆刊本，第 354—355 页。

② （清）叶德辉著，李庆西标校：《书林清话》卷 5，上海：复旦大学出版社，2008 年，第 103 页。

万历，传本不绝，四部之籍，皆曾刊雕，尤为著称。庆藩纂刻，皆在明初，多属总集。宁藩多献王权所自纂刻，自洪武以迄正统，据其目所载，凡百余种，今传世亦最夥。楚府刻书，自明初以迄万历，《说苑》《新序》，至今传诵。支裔武冈，亦有诗集传世焉。成、弘以降，刊雕尤广。淮、唐诸府，多刻总集。吉府多刻子书，以迄万历。益府多刻小学谱录，迄于崇祯，活字印书，媲美蜀藩。秦府《史记》、鲁府《抱朴子》，咸称善本。辽藩《昭明文选》，人争宝之。嘉靖间当推晋、赵二府最著，晋府多刻重集，卷帙为诸藩之冠。赵康王于四部之籍，无不翻雕，尤为淹雅。他如德藩之《汉书》，沈藩之《易林》，徽藩之《万花谷》，崇府志《包公奏议》，靖江之李、杜集，并为士林所重。而万历间郑藩之通音律，所刻《乐律全书》，尤为审音家所推重，不独以雕版著声艺苑也。其他诸藩如汉、衡、伊、荣、襄、潞、代、岷、汝等府，或翻雕旧籍，或自刻诗文，稽古右文，于焉为盛。此诸藩刻书之梗概也。”①

显然，明代多数藩府均有刻书的记录。从内容上来看，基本涵盖了经、史、子、集等各个方面，且各藩府所刻之书皆有其自身特点，如晋藩重集，卷帙数居各藩府刻书之首；从质量上来看，因各藩府刻书所选底本多为宋、元善本，校对也极为精审，故而所刻之书质量较高，为时人所重；然而，关于明代藩府刻书的数量，学术界对此多有研究，国家图书馆陈清慧即结合《明代版刻综录》《全明分省分县考》及《中国印刷史》等书资料，考证认为：“明代诸家藩府及其后裔支属刻印、抄录之书凡 581 种，而若合各子目计之，则当有六、七百种之多。”②这一数字，虽非明代藩府刻书的准确数字，但也可以大体看出明代藩府刻书的规模。从藩府刻书时间来看，呈现出时间不均的情况，其活跃时间约从成化至万历年间。总而言之，明代藩府刻书具有规模大，连续性强的特性，于成化至万历年间达到明代藩府刻书的顶峰。

其他中央机构，如太医院、钦天监、都察院等机构，多刻印与其职司相关联之书，如钦天监多刻印历书等。这些机构中除都察院刻书较多，有《都察院书目》存世外，其他机构总体规模不大。总体而言，明代“藩府本为明代官刻本中的上品，经厂本次之，书帕本则为下品”。③

明代的地方官刻，则远比中央机构和藩府刻书更为盛行。上至两京十三布政使司，下至地方府、州、县等各级机构，皆有刻书的记录。此外，各地之儒学、书院、盐运司等机构也间或刻印书籍。

---

① 参见昌彼得：《版本目录学论丛》（一），台北：台湾学海出版社，1977 年，第 39—40 页。

② 陈清慧：《明代藩府刻书研究》，博士学位论文，南京大学，2011 年，第 79 页。

③ 肖东发：《中国图书》，北京：新华出版社，1993 年，第 119 页。

据《明史·地理志》统计，明代在两京十三布政司下，总计设有159府，234州，1172个县。这些行政机构除编刻地方志、绘制当地土地鱼鳞图册等事项外，亦刻印了不少经、史、子、集之书。如“在今北京图书馆即藏有正德十六年（1521年）袁州府仰寒堂即刻印有《周易本义》五卷，《图说》一卷，《五赞》一卷等”。[①]李致忠先生曾对明代地方机构刻书的数量进行了深入研究，经过对明代各行政单元刻书的数据统计，他认为“明代两京十三布政司一共刻印图书1724种”，[②]这一数字虽不一定精确，但至少说明了明代地方机构刻书的兴盛。

总而言之，明代官方刻书机构的兴盛，使得有明一代出现了极为浓厚的刻书之风。数量众多的官刻机构，在不计成本的官方资助下，刻印出诸多版本精良、刻印俱佳的珍品。特别是到了明代中后期，伴随着资本主义萌芽在江南地区出现，特别是明代中央政府放松了对商业活动的限制之后，以坊刻和私刻为代表的明代的商业出版也开始兴盛起来，他们借助于官方刻本中丰富的底本，从事图书的刻印和销售，这即促进了明代文化的下移。[③]商业出版的兴盛，使得书籍传播向纵深扩展，逐渐进入到公共流通领域，文化的大众传播趋势逐渐显现，单线条的文化传播格局被打破，图书的多元传播格局开始形成。

二、明代的坊刻及私人刻书

（一）明代的坊刻

明代立国之初，即“除书籍田器税，民间逋负免征”，[④]“……其名物件析榜于官署，按而征之，惟农具、书籍，及他不鬻于市者勿算”。[⑤]可见，明代初年将书籍与农具列入免征税额的范畴，使得民间经营书业有利可图，因而客观上促进了民间刻书业的发展，而书坊刻书即是其中重要的组成部分。

从时间上来看，明代书坊刻书的发展经历了一个漫长的过程。明代初年，书坊刻书并不发达，明末清初的著名学者顾炎武即对明代的书坊刻书情况有过记述，他说：“当正德之末，其时天下惟王府官司及建宁书坊乃有刻板，其流布于人间者，不过《四书》《五经》《通鉴》《性理》诸书。他书即有刻者，非好古之家不蓄。”[⑥]

① 转引自李致忠：《古代版印通论》，北京：紫禁城出版社，2000年，第235页。

② 李致忠：《古代版印通论》，第236—237页。

③ 张献忠：《明中后期商业出版的大众传播属性与文化的下移》，《求是学刊》2013年第2期。

④ （清）张廷玉等：《明史》卷2《太祖本纪二》，北京：中华书局，2013年，第22页。

⑤ （清）张廷玉等：《明史》卷81《食货五》，北京：中华书局，2013年，第1974页。

⑥ 参见（清）顾炎武：《〈钞书〉自序》，转引自唐敬杲选注，司马朝军校订：《顾炎武文》，武汉：崇文书局，2014年，第21页。

顾氏之言即说明了至迟到正德末年，民间用于刻书的书板依然比较缺乏，书板大多集中在各级官衙等机构中，没有足够的书板，民间书坊刻书显然是无法进行下去的。

到了明代中后期之时，伴随着商品经济的发展、工商业市镇的兴起，读者的阅读需求旺盛，这也即刺激了以盈利为目的的书坊刻书业的发展，并逐渐在整个出版体系中占有支配地位。此外，除建阳、杭州等传统的刻书中心外，又涌现出一批如南京、苏州等新兴的刻书中心。明人胡应麟在《少室山房笔丛》中，即对明代书坊刻书的情况有过论述，他说："凡刻之地有三，吴也，越也、闽也。蜀本宋最称善，近世甚希。燕、粤、秦、楚今皆有刻，类自可观，而不若三方之盛。其精，吴为最；其多，闽为最，越皆次之。其直重，吴为最；其直轻，闽为最，越皆次之……余所见当今刻本，苏、常为上，金陵次之，杭又次之。近湖刻、歙刻骤精，遂与苏、常争价。蜀本行世甚寡，闽本最下，诸方与宋世同。"①

此外，与胡氏约略生活于同一时期的谢肇淛也说："今杭刻不足称矣。金陵、吴兴、新安三地，剞劂之精者，不下宋版。楚、蜀之刻，皆寻常耳。闽建阳有书坊，出书最多，而纸板俱最滥恶，盖图为射利计，非以传世也。大凡书刻，急于射利者心不能精，盖不能捐重价故耳……近时书刻，如冯氏《诗纪》、焦氏《类林》及新安所刻《庄》《骚》等本，皆极精工，不下宋人，然亦多废校雠，故舛讹绝少……"② 从这两位学者的叙述中，我们可以看出至迟在嘉靖时起，明代的书坊刻书即迎来了发展的高峰，形成了无锡、南京等多个刻书业中心。

从地域上来看，明代书坊刻书分布较为广泛，主要集中在福建建阳、苏州、金陵、杭州、新安和北京等地，下文试简要说明：

福建建阳自宋代以来，即是我国的刻书中心。到了明代，福建建阳的书坊刻书迎来了一个飞速发展的时期，正如弘治《八闽通志》所说："建阳县麻沙、崇化二坊，旧俱产书，号为图书之府。麻沙书坊元季毁，今书籍之行四方者，皆崇化书坊所刻者也。"③ 足见建阳书坊的繁盛。明人朗瑛对当时建阳书坊的刻书盛况记述较为详细，他说："在明代著名的建阳书坊主要有勤有堂、萃庆堂、双峰堂、自新斋、日新堂、慎独斋、进德书堂、敬善书堂、种德堂等。"④

① （明）胡应麟：《少室山房笔丛》卷4《经籍会通四》，上海：上海书店出版社，2009年，第43—44页。

② （明）谢肇淛：《五杂俎》卷13《事部一》，上海：上海书店出版社，2001年，第206页。

③ 参见（明）黄仲昭：《八闽通志》卷25《食货·土产·建宁府》，转引自谢水顺，李珽：《福建古代刻书》，福州：福建人民出版社，1997年，第233页。

④ （明）朗瑛：《七修类稿》卷45《事物类·书册》，上海：上海书店出版社，2001年，第478页。

苏州亦是明代较为知名的人才聚集之地，时人叶盛在《水东日记》即说：“苏州自国朝洪武中来，凡斯文盛举，未尝乏人。吾所知洪武壬子简会试士，十八人授编修等职。”①在浓厚的文化氛围的带动下，苏州雕版印刷的发展也比较迅速，时人胡应麟即赞誉道：“……余所见当今刻本，苏、常为上，金陵次之，杭又次之。”②即可见苏州书坊的发达程度。总的来看，苏州书坊主要集中在繁华的商业区——金门、阊门一带，充足的人流量也有助于图书的销售。较为出名的苏州书坊主要有天许斋、五雅堂、玉夏斋、世裕堂、白玉堂、同人堂、酉酉堂、衍庆堂、清绘堂、贯华堂、童涌泉、敦古斋、开美堂、拥万堂、宝鸿堂、宝翰楼等。其中，陈长卿、陈仁锡、拥万堂刻书较多。③

金陵（即南京）是我国著名的历史文化名城，明初即建都于此，成为当时全国的政治和文化中心，故而刻书业起步较早。加之明代后期，一批来自徽州、徽州技术成熟的刻工的流入，更促进了金陵刻书业的兴盛，民间坊刻也盛极一时。正如时人胡应麟在《少室山方笔丛》中所述：“吴会、金陵，擅名文献，刻本至多，巨帙类书，成荟萃焉。海内商贾所资，二方十七，闽中十三，燕、赵弗与也。然自本方所梓外，他省至者绝寡。”④即言金陵刻书业的兴盛的盛况。

从位置来看，金陵书坊大多位于三山街及太学前，其中出名的书坊主要有三山书林、大业堂、文枢堂、文秀堂、友花居、友石居、宗文书舍、来宾楼、长春堂、聚锦堂、三多斋、积德堂、环翠堂、翼圣堂、继志斋、唐氏等。⑤其中尤以万卷楼主人周曰校刻书较多，刻有《新刊举业利用》《新镌全像包孝肃公百家公案演义》等书。

杭州，旧称临安，是南宋的都城。其特殊的经济地理形势和交通区位优势，使得杭州经济、文化事业颇为发达，书业也闻名全国，成为明代四大图书集散地之一。作为重要的图书交易中心，各地刊印之书籍大量进入杭州的书肆等售卖场所，这也正如时人胡应麟所说：“越中刻本亦希，而其地适东南之会、文献之衷，三吴、七闽，典籍萃焉。诸贾多武林龙丘，巧于垄断，每瞰故家有储蓄，而子姓不才者，以术钩致，或就其家猎取之。此盖海内皆然。楚、蜀、交、广，便道所携，间得新异，关、洛、燕、秦，仕宦橐装所挟，往往寄鬻市中，省试之虽，甚

① （明）叶盛：《水东日记》卷10“苏人文学之选”，北京：中华书局，1980年，第106页。

② （明）胡应麟：《少室山房笔丛》卷4《经籍会通四》，上海：上海书店出版社，2009年，第44页。

③ 曹之：《中国古籍版本学》（第2版），第287页。

④ （明）胡应麟：《少室山房笔丛》卷4《经籍会通四》，第42页。

⑤ 曹之：《中国古籍版本学》（第2版），第287页。

可观也。”[①]可见明代杭州书坊业的繁盛局面。此外，杭州较著名的书坊主要有勤德书堂、观妙斋、容与堂等，其中观妙斋所刻之《楚辞集注》本，刻印俱佳，流传极广。

新安，也即徽州。徽州刻书的时间较早，据文献记载，徽州刻书始自南宋时期。可以确定为徽州刻本的主要有两种，一为《忘筌书》，全书两卷；一为《中兴登科小录》三卷，《姓类》一卷。两书均收录于宋时陈振孙所著之《直斋书录解题》中。[②]到了明代，伴随着徽商的崛起，加之徽州盛产佳墨良纸，徽州刻书业逐渐兴盛起来，大致在万历时期达到鼎盛，迅速成为一个令时人刮目相看的刻书中心。正如明人谢肇淛所说：“今杭刻不足称矣。金陵、吴兴、新安三地，剞劂之精者，不下宋版。”[③]

此外，徽州刻书业逐渐形成了黄、仇等专事刻书的刻工家族，除刻工技艺外，徽州刻工刻印版画的技艺在全国也颇为有名，郑振铎先生即对徽州刻工记述给予了很高的评价，他说：“他们雅正端庄，他们温柔敦厚，他们富丽精工。他们雅正，恰到不呆板的程度；他们温柔，恰到不没骨气的程度；他们富丽，恰到不金碧辉煌，令人目眩的程度；他们精工，恰到不过于琐碎……他们是恰到好处的‘健美’作品。”[④]

总的来说，徽州刻书中较为著名的书坊有师古斋、耕读书堂、熙春堂等，其中吴勉学师古斋所刻之“《庄》《骚》等本，皆极精工，不下宋人，然亦多废校雠，故舛讹绝少……”[⑤]为时人所喜，成为当时人们竞相采购的佳品。

北京，自永乐后期时成为明代都城以后，作为明代的政治、经济和文化中心，以刻书业为代表的文化事业逐渐开始兴盛起来。从明人彩绘的《皇都积胜图》来看，“当时的大明门一带摊贩林立，百货云集，有卖扇子、毛巾、书籍等”，[⑥]即可大略知道北京书肆的情况。张秀民先生通过研究认为：“明代北京可考的书坊有13家，即：北京永顺书堂（又作永顺堂）、金台鲁氏、国子监前赵铺、刑部街住陈氏、正阳门内大街东下小石桥第一巷内金台岳家、正阳门内西第一巡警更铺对门汪谅金台书铺、北京宣武门里铁匠胡同叶铺、崇文门里观音寺胡同党家、太平仓后崇

① （明）胡应麟：《少室山房笔丛》卷4《经籍会通四》，上海：上海书店出版社，2009年，第42页。

② 参见严佐之：《论明代徽州刻书》，转引自安徽省出版总社出版志编辑室编：《安徽出版资料选辑》（第一辑），合肥：黄山书社，1987年，第115页。

③ （明）谢肇淛：《五杂俎》卷13《事部一》，上海：上海书店出版社，2001年，第206页。

④ 参见郑振铎：《明代徽派的版画》，转引自张海鹏、王廷元主编：《徽商研究》，合肥：安徽人民出版社，1995年，第534页。

⑤ （明）谢肇淛：《五杂俎》卷13《事部一》，第206页。

⑥ 转引自张秀民：《明代北京的刻书》，《文献》1979年第1期，第308页。

国寺单牌楼张铺、京都高家经铺、隆福寺、二酉堂、洪氏剞劂斋。”[①] 然而，尽管北京书坊数量可观，但其书坊刻书，确数量不多，时人认为原因在于“……第其直至重，诸方所集者，每一当吴中二，道远故也。辇下所雕者，每一当越中三，纸贵故也”。[②] 显然北京刻书因主要原料纸张需要从南方输送，路途较远，造成了印刷成本偏高，这即成为影响北京书坊发展的关键因素。

（二）明代的私人刻书

私人刻书也是明代一种重要的刻书形式，在明代较为盛行。明初，私人刻书刚刚起步，无论是刻书种类还是印刷数量都较少，流传至今的则更为稀少。纵观整个明代初期，私人刻书主要有：“洪武十年（1377 年）浦江郑济、郑洧等人刻印的宋濂《宋学士文粹》十卷。十七年（1384 年）新喻付若川辑刻的《付与砺文集》。三十一年（1398 年）蔡伯庸刻的《高季迪赋姑苏杂咏》一卷。宣德七年（1432 年）周恩德刻《道德经讲义》。”[③]

明代中期以后，私人刻书开始逐渐兴盛起来，特别是从明代正德、嘉靖年间时起，私人刻书发展很快，涌现出许多的私人刻书者，而这些私人刻书者大多是以自身丰富的藏书为依托，加之自身深厚的学识和文化底蕴进行刻书的。可以说，明代中期开始的翻刻、仿刻宋版书即是由私人刻书者首先发起的，以苏州地区为中心，最终发展至全国。到了明代后期，私人刻书之风更加浓烈，而且开始以不同的形式刊印图书。如刻印私家收藏之善本书，选辑诗、文并附加评点、刊印经书章句等，同时也可见到多色套印本图书。故而，可以说私人刻书在明万历时期无论是刻书规模还是刻书数量都已达到顶峰。

纵观整个明代，近三百年的时间里，私人刻书的具体数额已经很难查考，但以刻书闻名的私人刻书家则数不胜数，略举例如下：

涂桢，字宾贤，新淦（今江西新干）人。弘治十二年（1499 年）进士，弘治十四年（1501 年）涂氏在江阴知县任上时翻刻了宋本东汉桓宽所撰之《盐铁论》十卷，该本定错讹、补句读，实为不可多得之善本，为后世翻刻之主要底本。

吴勉学，字肖愚，安徽歙县丰南人，所刻之书号为“师古斋”。吴氏虽科举及第，但并未久居宦途，反而弃官专事编校刻书事业，成为当时著名的私人刻书家。吴氏所刻之书，内容齐全，经、史、子、集皆有涉猎，且校勘精审，刻印精美，为时人所重。其所刻之书主要有《河间六书》八种，《楚辞》六卷，《少室山房笔

① 张秀民：《中国印刷史》，杭州：浙江古籍出版社，2006 年，第 254 页。
② （明）胡应麟：《少室山房笔丛》卷 4《经籍会通四》，第 41—42 页。
③ 张树栋，庞多益，郑如斯等：《中华印刷通史》，北京：印刷工业出版社，1999 年，第 214 页。

丛》三十二卷、续十六卷等。

闵齐汲，字及武，号寓五，浙江乌程人（今浙江吴兴县）人，虽未中进士，但闵氏精通文字学，在文字学领域有颇多建树。特别是闵氏家族是当时著名的刻书家族，家中资产颇丰，因此闵氏对刻书校勘颇勤，所刻之书“多为套印本，字体方正，纸色洁白，行疏幅广，刻印美观，校勘质量上乘”，[①]而万历四十八年（1620年）闵齐汲“即刻有双色套印本《楚辞》两卷、三色套印本《楚辞》两卷、四色套印本《楚辞》两卷、五色套印本《楚辞》两卷”，[②]开《楚辞》彩色套印本的先河。大体来看，闵氏刻书多以经史、文集为主。

活跃于晚明的私人藏书家毛晋亦是当时一个比较著名的刻书家。毛晋，字子晋，号潜在，虞山（今江苏常熟人）室名有汲古阁、缘君亭、世美堂等，其中以汲古阁和缘君亭最为出名。据荥阳悔道人所著之《汲古阁主人小传》载：

（毛晋）性嗜卷轴，榜于门曰：“有以宋椠本至者，门内主人计叶酬钱，每叶出二佰。有以旧钞本至者，每叶出四十。有以时下善本至者，别家出一千，主人出一千二百。”于是湖州书舶云集于七星桥毛氏之门矣。邑中为之谚曰：“三百六十行生意，不如鬻书于毛氏。”前后积至八万四千册，构汲古阁、目耕楼以度之。[③]

由引文来看，毛晋刻书特别注重底本的选择，并且为了购买宋版，不惜重金，结果也不负所望，前后积累图书达八万四千册。也可见他对于刻书倾注了大量的心血。正如清人钱谦益所说：

经术之学原本汉唐，儒者远祖新安，近考余姚，不复知古人先河后海之意。代各有史，史各有事有文。虽东莱武进以巨儒事钩纂，要以岐枝割剥，使人不得见宇宙之大全。（毛氏）故于经史全书刊雠流布，务使学者穷其源流，审其津涉。其他访佚典、搜秘文，皆用以裨补其正学，于是缥囊缃帙，毛氏之书走天下。[④]

可见，毛氏以一己之力刻印书籍，其刻书之多，流传之广，在当时已经可以说空前绝后了，最终形成了“毛氏之书走天下”的局面。

---

① 颜品忠等主编：《中华文化制度辞典》，北京：中国国际广播出版社，1998年，第585页。

② 崔富章：《楚辞书录解题》（上册），北京：高等教育出版社，2010年，第7—8页。

③ 参见荥阳悔道人：《汲古阁主人小传》，转引自（清）叶德辉著，李庆西标校：《书林清话》卷7，上海：复旦大学出版社，2008年，第167—168页。

④ 参见（清）钱谦益：《隐湖毛君墓志铭》，转引自曹之：《中国古籍编撰史》（第二版），武汉：武汉大学出版社，2015年，第320页。

据不完全统计，毛氏自明末到清初的四十余年时间里，共刻书六百余种，大多集中于崇祯时期，如："崇祯元年（1628 年）刻《唐人选诗八种》《杨大洪先生忠烈实录》；崇祯二年（1629 年）刻《群芳赏玩》；崇祯三年（1630 年）刻《津逮秘书》、五年（1632 年）刻《室普斋四刻》……以及自崇祯元年到十七年刻成了《十三经注疏》和《十七史》。"[①] 其中善本更是不计其数，流传也较为深远。

毛晋除自己藏书、刻书外，还代人抄书、刻书。如他曾代文学家钱谦益刻印过《列朝诗集》等书。他还发明了影宋精抄的方法，"将他人世藏宋本，不能购得者，则选善手，以佳纸墨影抄之，与宋本无异"，[②] 使得许多古籍珍本、善本得以借此技术，以原貌流传，为后世效仿。

总的来看，明代官刻、坊刻、私刻三大刻书系统的逐步完备，对《楚辞》在明代的刊刻和流传起了很大的促进作用，另据香港中文大学陈炜舜博士考证，"有明一代，共有七十余部楚辞学著作问世"，[③] 而我们今天所能见到的《楚辞》的明刻本，据不完全统计，大致有五十种左右，笔者下文即以表格列出明代《楚辞》的刊本情况：

表　明代《楚辞》刊本目录举要[④]

序号	年代	出版者（或堂号）	内容
1	宣德九年（1434 年）	吴讷	《楚辞集注》
2	成化十一年（1475 年）	吴伯通	《楚辞集注》八卷，《辩证》二卷，《后语》六卷
3	弘治十七年（1504 年）	魏氏仁实堂	《楚辞集注》
4	正德十三年（1518 年）	黄省曾校、高第刻本	《楚辞章句》
5	正德十四年（1519 年）	休宁知县沈圻	《楚辞集注》
6	正德十五年（1520 年）	福建沙县熊宇	《篆文楚骚》五卷，《附录》一卷
7	正德十六年（1521 年）	托名冯惟讷刊本	《楚辞集注》
8	嘉靖十一年（1532 年）	河南太康县张鲲刊本	《古赋辩体》十卷

① 张树栋，庞多益，郑如斯等：《中华印刷通史》，北京：印刷工业出版社，1999 年，第 218 页。

② 范凤书：《中国私家藏书史》（修订版），武汉：武汉大学出版社，2013 年，第 250 页。

③ 陈炜舜：《明代楚辞学研究》，博士学位论文，香港中文大学研究院中文学部，2003 年，第 419 页。

④ 本目录的绘制主要参考杜信孚，杜同书编：《全明分省分县刻书考》，北京：线装书局，2001 年；瞿冕良：《中国古籍版刻辞典》（增订本），苏州：苏州大学出版社，2009 年；姜亮夫：《楚辞书目五种》，上海：上海古籍出版社，1993 年；崔富章：《楚辞书目五种续编》，上海：上海古籍出版社，1993 年。

续表

序号	年代	出版者（或堂号）	内容
9	嘉靖十四年（1535 年）	吴县袁褧	仿宋本《楚辞集注》
10	嘉靖十七年（1538 年）	山阳知县杨上林	翻刻元本《楚辞集注》八卷
11	嘉靖二十年（1541 年）	河南濮州苏佑刊本	《古赋辩体》十卷
12	嘉靖三十八年（1559 年）	叶邦荣刊本	《楚辞集注》八卷
13	嘉靖年间	不详，刻工吴采	不详
14	隆庆五年（1571 年）	朱氏夫容馆刻本	《楚辞章句》，前附《楚辞疑音补》
15	隆庆六年（1572 年）	不详	《楚辞协韵》十卷，附《读骚大旨》一卷
16	万历五年（1577 年）	张之象刊本	《楚辞绮语》六卷
17	万历十三年（1585 年）	汪道昆刻本	《楚辞》
18	万历十四年（1586 年）	俞初刻本	《楚辞章句》
19	万历十四年（1586 年）	冯绍祖观妙斋刻本	《楚辞章句》
20	万历十九年（1591 年）	丁元荐刻本	《楚辞》
21	万历十九年（1591 年）	茅坤活字印本	文徵明《辨楚辞》二卷
22	万历二十一年（1593 年）	屠本畯	《离骚草木疏补》四卷
23	万历二十五年（1597 年）	吉藩崇德书院刻本	《楚辞集注》八卷、《辩证》二卷、《后语》六卷
24	万历二十六年（1598 年）	郭惟贤刊本	《楚辞》七卷
25	万历二十八年（1600 年）	凌毓枏硃、墨印本	《楚辞评注》十七卷、《附录》一卷
26	万历二十九年（1601 年）	休宁金氏浑朴居刻本	《辞赋标义》十八卷（《楚辞》六卷）
27	万历二十九年（1601 年）	朱燮元、朱一龙刻本	《楚辞章句》
28	万历三十二年（1604 年）	朱崇沐刻本	《楚辞集注》八卷，《后语》六卷，《辩证》二卷
29	万历三十五年	积善堂刻本	《楚辞集注》
30	万历三十七年（1609 年）	俞氏寥寥阁刻本	《庄骚合刻》本
31	万历四十年（1612 年）—万历四十八年（1620 年）	兴让堂刻本	《离骚经纂注》一卷
32	万历四十二年（1614 年）	焦竑校勘	《屈宋古音义》三卷
33	万历四十三年（1615 年）	新安汪文英	《天问注补》
34	万历四十三年（1615 年）	兴贤堂（唐少村）刻本	汪瑗《楚辞集解》补刻本
35	万历四十六年（1618 年）	新安汪仲弘	万历四十三年（1606 年）汪文英《天问注补》补刻本

续表

序号	年代	出版者（或堂号）	内容
36	万历四十六年（1618年）	毛晋绿军亭刻本	《屈子》7卷，《评》1卷，《楚译》2卷，《参疑》1卷，《附录》5卷等
37	万历四十六年（1618年）	赵南星刊本	《离骚经订注》一卷
38	万历四十七年（1619年）	刘广刻本	《楚辞章句》
39	万历四十八年（1620年）	闵齐汲套印本	双色套印本《楚辞》两卷、三色套印本《楚辞》两卷、四色套印本《楚辞》两卷、五色套印本《楚辞》两卷
40	万历年间	张凤翼刻本	《楚辞合纂》十卷
41	万历年间	紫芝室刻本	《楚辞》
42	万历年间	尚友轩刊本	刘向辑录本《楚辞》八卷
43	万历年间	周拱辰刊本	《楚辞疏注》十卷
44	万历年间	江西杨鹤刊本	《楚辞集注》八卷，《后语》六卷，《辩证》二卷
45	万历年间	兴贤堂（唐少村）刻本	汪文英《天问补注》重刻本
46	万历年间	吴绾西爽堂刊本	《楚辞章句》
47	天启六年（1626年）	蒋之翘忠雅堂刻本	《楚辞集注》八卷、《辩证》二卷、《后语》八卷、《附览》二卷、《总评》一卷
48	天启年间	夏时亨刊本	《楚辞韵宝》不分卷
49	崇祯八年（1635年）	沈云翔吴郡八咏楼刻本	《楚辞评林》八卷，《总评》一卷
50	崇祯十年（1637年）—崇祯十一年（1638年）	来钦之刊本	《楚辞述注》五卷
51	崇祯十六年（1643年）	明末刻本	《楚辞榷》八卷
52	崇祯年间	秋生阁刻本	《庄骚合刻》本
53	崇祯年间	周之裔刊本	《楚辞注略》
54	崇祯年间	白玉堂刊本	《楚辞章句》十七卷
55	崇祯年间	一变斋刊本	《天问天对解》
56	明末	缉柳斋刻本	《楚辞疏》十九卷、《读楚辞语》一卷、《楚辞杂论》一卷

此外，明代图书贸易发达，部分地区甚至形成了专门的图书贸易市场，也为《楚辞》的售卖提供了条件。如嘉靖《建阳县志》记载：“（福建建阳崇化里）比屋皆鬻书籍，天下客商贩者如织，每月以一、六日集。”崇祯时人曹溶也说：“近来雕

版盛行，烟煤塞眼，挟资入贾肆，可立致数万卷。”① 清代著名学者顾炎武也时常在书肆里访书，他说：“或与平日所闻不合，则即坊肆中发书而对勘之……偶有道亡，则即坊肆中发书而熟复之。”② 这些均表明了明代书肆规模大，图书品种多样而丰富。此外，明代的书坊主还极为重视售后服务，如金陵书林唐少村刊行的《楚辞集解》一书的扉页的牌记即载有：“本坊精选新旧足本、好板书籍，倘有残篇短缺，认明兴贤堂书铺唐少村，无误。”③ 以上种种皆可以说在明代以书肆为载体的图书市场已形成了一定的规模，以优良的售后服务为保证的书籍售卖也极大地刺激了大众的读书欲望，而大众的读书欲望，也反过来促进了《楚辞》的大规模生产，二者相辅相成。

结语

伴随着印刷术的发展和进步，文化专制政策的松动、市镇的兴起、消费社会的形成等因素为古代文本的传播注入了新的活力。正是因为铜活字及多色印刷等技术的运用，使得《楚辞》文本得以借助刻书广泛传播，而这一形式也成为《楚辞》在明代的主要的传播方式。彼时，一些著名的刻书家，如毛晋、闵氏等人，他们或出于商业的敏感，或出于对刻书事业的热爱，运用评点、多色套印等形式，为明代社会推出了多种形式的《楚辞》文本，引起了读者的兴趣和购买欲。因此，我们也可以说，正是借助于这些兢兢业业的出版家的贡献，《楚辞》才得以以刻本的形式借助书肆等场所，以市场买卖的形式传播到读者手中。这一借助市场渠道的传播形态，扩大了《楚辞》传播的范围和接受面，从而使得《楚辞》的传播从精英阶层向更广泛的大众文化阶层，从小范围、直接性的传播向更为广阔、更大面向的大众传播扩展。也是当时书商市场意识觉醒的直接反映。

① 参见（清）曹溶：《流通古书约》，转引自郭美琴：《中国古代历史文献传播途径述论》，《兰台世界》2012 年第 4 期，第 77 页。

② 转引自（清）全祖望撰，朱铸禹汇校集注：《全祖望集汇校集注》，上海：上海古籍出版社，2000 年，第 230 页。

③ 参见（清）孔尚任：《桃花扇传奇》（下本）第二十九出《逮社》，清康熙刻本。

从媒介与感官之互动关系反思语言对人的意义

“What is the meaning of language towards human beings?”：A reflection on the interaction between media and senses

伊　强*

Yi Qiang

摘　要：媒介与人的互动关系，是麦克卢汉传播理论关切的核心问题之一，在诸多媒介中，语言的重要性是其他媒介形式无可比拟的，人的主体性建构，社会、历史、文化样貌的形塑，很大程度上都与语言相关。西方字母文字的感官统摄方式，导向了视觉与其他感官的分离与割裂，进而带来以线性抽象逻辑为主的把握世界的思维方式，这与视觉中心主义以及西方理性传统有着内在的关联。二十世纪的现象学对欧洲科学理性危机带来的主体性困境进行反思，开拓出超越论、存有论等等多种探索的途径，借助麦克卢汉理论对语言媒介的现象学思考，或许可为理解这一困境开启一些新的可能的空间。

Abstract: Human-Media Interaction is one of the core issues concerned by McLuhan’s communication theory. Language is of insurmountable importance among various kinds of media. The construction of human subjectivity and the shaping of social, historical and cultural appearance are largely related to language. The sensory integration mode of western alphabetic characters leads to the the separation and isolation of vison form other senses,and then leads to the mode of understanding the world mainly based on linear abstract logic, which is intrinsically related to ocular-centrism and western rational tradition.Phenomenology in the 20th century reflects on the subjectivity dilemma brought by the crisis of European scientific rationality，explore a variety of ways，

* 作者简介：伊强（1978 年—），男，汉族，山东淄博人，北京师范大学硕士研究生，台湾政治大学传播学院博士生，泉州师范学院讲师，主要从事传播学、影视美学、纪录片研究。

transcendentalism, existentialism and attention to the perceptual world, and so on, Phenomenological thoughts further developed by McLuhan on languages as media may also lead to a new path to overcome the dilemma.

关键词：感官平衡比率；视觉中心主义；生活世界；感官统摄方式

Key words: Sensory balance ratio；ocular-centrism；life world；Sensory integration

前言

20世纪五六十年代，麦克卢汉（Marshall Mcluhan）以前所未有的方式阐述了媒介与人和社会的关系，在其《理解媒介——论人的延伸》及《谷登堡星汉璀璨——印刷文明的诞生》等著述中，揭示的媒介对社会变迁以及人的主体性建构的深刻影响，至今仍启发着人们对科技时代的社会现实与人之自我的理解。虽然麦克卢汉本人从未在自己的著作中提及与现象学的任何关联，后世的学者却往往将他的思想与现象学各家的论述放在一起进行研究。美国传播学者唐·伊德在《技术与生活世界——从伊甸园到尘世》一书中，将对科技与现代社会关系的讨论回溯至胡塞尔（Husserl）的超越论现象学、梅洛庞蒂（Merleau-Ponty）的知觉现象学和海德格尔（Heidegger）的存有论现象学，开拓出一派技术现象学的探索路径；中国学者范龙直接将其著作命名为《媒介现象学：麦克卢汉传播思想研究》，将麦克卢汉传播思想纳入现象学视野中考察，认为“麦克卢汉在有关媒介的认识领域内实现了对于现象学的独特思维方式的成功运用，而其媒介理论也可被我们理解为一个媒介现象学的思想场域”。[①]本研究无意于对麦克卢汉的理论与现象学进行宏观对照分析，而仅就其思想中有关语言、文字与身体感官之间的平衡问题进行探讨，探查人的主体性困境与语言、符号之间的关联。

一、感官平衡比率

感官平衡比率是麦克卢汉探讨媒介史所依托的一个重要概念，其著名论断“媒介是人的延伸”“媒介即讯息”揭示了媒介以及一切技术对于人的身体感官而言，并不仅仅意味着简单的信息承载的工具，而是像空气一样弥散到人的生存环境中，内化为人自我建构的一种无形的力量，支配着人们看世界的方式。一种新的媒介形式“让我们的一种或多种感官得以延伸，并在社交世界拥有得以外化的具体表

① 范龙：《媒介现象学：麦克卢汉传播思想研究》. 北京：中国大百科全书出版社，2012年，第27页。

现时，那么我们所有的感官将在特定的文化中形成新的平衡比率”。①

从媒介与感官平衡关系的角度来看，媒介史的演变经历了从非语言媒介、口语媒介、文字媒介、印刷媒介、电子媒介到目前以网络、手机为代表的互动媒介的变化。每一次媒介形态的转换，都意味着一种新的感官平衡，新的感知世界的方式，以及新的人类社会样貌。口语媒介突出了听觉的重要性，面对面传递信息的人际沟通方式，使得社会形态维持在部落状态；书面文字和印刷时代则使视觉取代听觉占据主导地位，借助视觉符号思维和沟通的方式使人类进入到“文明”社会；来到电子时代视听觉重新达成新的感官平衡，人类社会面临着再部落化的趋势，“地球村”的概念便预示了这种前景。

在麦克卢汉的思想体系中，感官平衡概念是面向所有媒介形式的，有形的衣服、汽车等实体物，抽象的语言、符号，大众传播的电视、广播、电影等等，一切人与环境产生作用的工具、符号和互动形式都纳入媒介的范畴，这种无所不包的媒介定义，是学界对他的思想质疑的焦点之一。本研究限缩论述范围，仅在语言、文字等具符号意义的媒介形式上展开讨论，因符号媒介是最重要的文化承载工具，也是影响人类思维与感知世界方式的核心因素。此外，对感官的概念，麦克卢汉并未做出特别的定义和说明，只在通常意义上的五种感官分类之下进行论述，尤其对视觉和听觉在感知体系中的重要性特别强调，显示出其思想脉络中，对感官等级制的默认和沿用，然而，不管是感官分类还是感官等级问题，都仍有许多思考的空间和令人疑惑的地方。

二、感官分类与感官等级

（一）生理学的感官

在通常的认识中，视觉在感知体系中居于主导地位，人类接收外界信息的主要管道来自视觉，科学数据显示有多于80%的外界信息来自视觉的接收，其次是听觉10%左右，触觉、嗅觉、味觉等而次之，这五种感官的分类方法和对感官等级的认识，其实有久远的背景和知识脉络。

感官一词的英文字sense来自拉丁文中的sensus，原意是指感觉官能，也可称之为“感官感受”（sensory reception）或“感官知觉”（sense perception），原指一种机制或官能，借着此种官能，机体可以对于外在及内在环境的改变做出反应。古希腊哲学家亚里士多德（Arsitotle）将感官分为五种，即视觉、听觉、触觉、嗅

① ［加］麦克卢汉：《谷登堡星汉璀璨——印刷文明的诞生》，杨晨光译，北京：北京理工大学出版社，2014年，第110页。

觉及味觉。罗马诗人及哲学家鲁克雷修斯（Lucretius）在其《物性论》中将感官分为听觉、味觉、嗅觉，并将视觉当成一种特殊的触觉。由此可见，对感官的定义和分类并无统一的普遍标准，不同时代的学者，乃至于在不同的文化中，对感官类别和各感官重要性次序的理解各不相同，麦克卢汉默用亚里士多德五种感官分类法，并突出视听觉重要性的思维，与西方思想传统中的视觉中心主义不无关联，这种关联在下文中将有进一步讨论。

（二）知识论的感官

上述对感官定义及分类的论述，更多是在生理学意义上的，除此之外，感官仍有知识论层面上的含义。虽然感官以物质的感觉器官为前提，但感官本身不完全是物质的。英国学者洛克（J. Locke）将人的感官分为内感官与外感官，他认为“观念是由经验或感觉（sensation）与反省（reflection）而产生的。感觉观念指的是外在事物与认知主体的外感官接触时所产生的，如看到‘白马’而形成白马的观念；反省观念则是心灵作用后所形成的，如看到两颗苹果而反省出‘二’的观念”。[①] 感觉对应于外感官，反省则对应于内感官，在外感官的经验中，身体接受外在刺激，形成各种感官心象及知觉，内感官活动则无须外在刺激，它与人的情感、意志、智性联系在一起，只在心理中即可发生。内外感官的概念表明，人对外部世界的感知，依托于生理感官，却兼具心理与文化意涵，对外部世界的感受并不是纯然生理性的。

三、视觉中心主义

上述对内、外感官即感官的生理与心理属性做出区分之后，接下来的问题便是，在人对外在世界的认知过程中，内、外感官何者更重要？德国学者弗瑞斯（J. de Vries）认为，外感官所把握的对象仍仅是表象（representations），无法掌握到事物的本质，唯有精神的知识（spiritual knowledge）是以存有感官的感觉本身为对象，因而比较客观。英国政治哲学家霍布斯（T. Hobbes）也认为感觉不完全正确。其实，追溯西方思想史便可发现，从柏拉图将理念视为世界本源开始，便确立了重视内感官的哲学传统。古希腊时代，视觉被认为是五官中最适宜认知的器官，柏拉图把人的眼睛分为肉体之眼与心灵之眼，心灵之眼在人把握外部世界时的重要性，被提升到超越肉体之眼的地位，“现实世界中的肉体之眼负责观看外在事物的形式，它易受欲望控制，往往偏离理性陷入错误的认知。理念世界中的心

① 朱启华：《洛克的知识论》，2000 年 12 月，https://terms.naer.edu.tw/detail/1307572/，2021 年 5 月 14 日。

灵之眼主导洞察内在精神的真理，它能斩断欲望的情愫，是直接观照真理的必然途径”。[①] 通过对两种眼睛的区分与侧重强调，柏拉图确立了西方思想中的视觉中心主义传统，而视觉中心主义的背后是西方形上学中，强调理性、逻辑、真理、语言（或能言能思能辨的能力）的逻各斯中心主义（logocentrism，亦称逻辑中心主义）传统，这一传统视逻各斯（Logos）为太阳，为世界赋予秩序，真理源于逻各斯，在不同历史时期，该传统有不同的表现，近代以来，由笛卡尔的理性主义思想开启的启蒙时代，使这一传统以新的面貌得以延续。

视觉中心主义对心灵之眼的重视，与字母文字之间的关联，或可从麦克卢汉的思想中找出一些论据。在《谷登堡星汉璀璨》一书中，麦克卢汉提到，“字母的发明，就像车轮的发明，是将多个空间的复杂有机互动转化或归纳为单一的空间。表音字母，将同时调动所有感官的口头语音归纳为一种单纯的视觉代码”。[②] 赋予口头语言以书面形式，促进思想传播与保存，这是所有语言的共性，字母系统特别的地方在于，其纯抽象的线性排列的书面视觉形式，形塑出的新的感官统摄方式，“不仅分离或抽象了视觉和听觉，而且分离了所有的语意和字母的声音”。[③]

字母文字的感官分离性是其重要特点，在某种程度上也是一种重要的优势，它确保了抽象逻辑思维在西方文化语境中的突出地位，尤其在现代社会，以其简易、适用性，帮助西方社会实现“去部落化”的过程，从而走进“文明”世界，麦克卢汉强调，“只有通过感官的分离，人们才能完成脱离部落的过程”，然而，他也指出“这种个人的抽象化或社会的去部落化是一件‘好事’还是‘坏事’，并不是任何个人能够决定的”。[④]

四、感官分离与主体困境

在麦克卢汉的著述中，并未对感官做出明确界定，感官的含义在多数语境中是外感官与内感官的综合，他的推论逻辑似乎是，由生理的视觉割裂和失衡，导致心理的、智性的和内在自我的抽象化，进而引起了全方位的文化与社会差异，这对人和社会来说，是一件“好事”还是“坏事”，不能确定，因为近现代由西方字母文明引领世界进程以来，人类就在朝向这样的前景迈进，以象形文字为基础的其他重要文明也正在加入这一趋势中来。

① 高燕：《论海德格尔对视觉中心主义的消解》，《上海大学学报》（社会科学版）2010 年第 17 卷第 4 期，114 页。

② [加] 麦克卢汉：《谷登堡星汉璀璨——印刷文明的诞生》，第 115 页。

③ [加] 麦克卢汉：《谷登堡星汉璀璨——印刷文明的诞生》，第 116 页。

④ [加] 麦克卢汉：《谷登堡星汉璀璨——印刷文明的诞生》，第 118 页。

叶启正在《传播媒体荫蔽下人的天命》一文中，阐述了现代科技以“体系化的理性方式营造着象征符号……图像与声音并用的意念呈现方式，带来非线性的统觉想象和感觉，这使得人们产生轻飘的惰性感，在这样的情况下，历史‘死亡’，永恒也被悬搁，人类因而面临了一种过去所未明显见过的‘天命’困境。说来，这正是持具个人主义所支撑之厚重的启蒙理性迸生出来的一种轻飘的历史命运”。[①]在麦克卢汉的思想脉络中，从媒介形式到人的感官统摄方式、人的主体性建构，再到文化形态，有着决定论式的因果逻辑关系，似乎从中也可读出一种技术宿命论的悲观味道，有学者称他是技术悲观主义者，因为在他的著名论断“媒介是人的延伸”之后，潜藏的话语是，媒介的延伸也意味着截除，“即媒介强化了我们某个感官的能力，成为代替性的工具，那我们身体原来那部分的功能就会退化而感到麻痹。我们有了拼音文字，就忽视了口语；我们有了轮子和汽车，就不再喜欢行走和奔跑”[②]这种截除机制肇始了现代社会的种种弊端。

上述的“天命论”和技术悲观论，使人有理由相信，字母语言和各种科技媒介对人类造成的感官割裂和抽象化是一件“坏事”，而且是无可奈何的坏事，因为它无法逃离和回避，由此造成了人的深刻的主体性困境，这种困境既是语言的主体性困境，又是启蒙理性的主体性困境，也是现代媒介科技带来的主体性困境，多重困境之下，人就像被禁闭在语言、理性和科技幻象牢笼里的囚徒，失去了对世界本真状态的洞察，也失去了人之自我的本真面目。对此种困境的揭示，以及探索逃脱的可能，是西方20世纪以来诸多哲学流派孜孜以求的目标，现象学即是其中之一。

五、逃脱困境的现象学取径

（一）遗失的生活世界

对比研究胡塞尔和麦克卢汉的学者认为，胡塞尔的现象学是从另一种路径去探讨抽象化带来的主体性困境问题，在《“媒介是人的延伸”再思考：技术现象学的视角》一文中，作者指出，“通过对伽利略的研究，胡塞尔区分了前科学的直觉的自然和理念化的自然（物理学自然），他认为以数学方式构成的理念事物的世界，暗中替代了唯一现实的世界，而通过数学化手段获得的东西由于忽视了基础性的

① 叶启政：《现代人的天命——科技、消费与文化的搓揉摩荡》，台北：群学出版社，2005年，第56页。

② 胡泳：《理解麦克卢汉》，《国际新闻界》2019年第1期，第81—98页。

生活世界（lifeworld），而失去了一种具体性的基本感觉”。[①] 对“理论遗忘了现实”的警惕以及对“回归事物自身”的呼吁成为现象学的重要标志，在科学的数理世界中，人被困于空想理论的囚笼，造成主体自我与生活世界的断裂与隔绝。在麦克卢汉（McLuhan）看来，是“媒介塑造了与自然环境相区别的媒介环境，人对世界的认识透过延伸着人的媒介进行，所以人们所经验到的自然是媒介塑造的自然”，[②] 而在所有中介于人与世界之间的媒介中，语言是最基础最核心的，构造数理化的世界所运用的数学语言和人们进行理性思考所使用的自然语言，在西方的文化中，都是以字母文字为基础的同一套视觉代码体系，在诉诸抽象思维和将视觉感官从身体的综合知觉体系中割裂开来的运作机制方面，并无差别。

胡塞尔在晚期著作《欧洲科学的危机与超越论的现象学》中提出的“生活世界”概念，暗示了在人们熟悉的以科学理性思维所观察到的世界之外，有一个可能被忽略、遗忘和遮蔽起来，虽然就在每个人的身边，却不能被人注意和洞察到的世界，反过来说，人们可能只是生活在人为建构的理论世界中，所见、所知的一切都只是虚幻的假象。他开创出一套现象学方法，“悬搁（epoche）”西方传统形而上学的假定，用足够纯粹的方式描述人的经验，以图去“还原出未被理论干扰过的原初的精神世界”。然而，批评者认为，胡塞尔在意识结构中对必然性的寻找，依然“只能寻找到很少的必然真理，寻找到的真理也像一种空言，倒不如直接承认寻找必然性的‘先验哲学’注定是条歪途，而去接受这个充满偶然的世界”。[③] 从视觉中心主义的脉络来观察胡塞尔的现象学，有学者认为“胡塞尔现象学中的核心观念‘呈现’以及与‘呈现’相关的‘本质直观’、‘面向事物本身’实质上是试图在一种直接的视觉中为理性论断寻求最大限度的依据”，[④] 因而他的理论实际上仍是建立在视觉中心主义的假定之上。

（二）解构视觉中心主义

胡塞尔之后的现象学者大都转而寻找别的路径，如吕格尔（Paul Ricoeur）所说，“现象学史就是胡塞尔背叛者的历史”，其中海德格尔与胡塞尔超越论传统的

---

① 于成：《“媒介是人的延伸”再思考：技术现象学的视角》，中华传播学年会，台湾嘉义中正大学，2016 年 6 月 19 日。

② 于成：《“媒介是人的延伸”再思考：技术现象学的视角》，中华传播学年会，台湾嘉义中正大学，2016 年 6 月 19 日。

③ 秦晞辉：《现象学的中路：何谓理性？》，2017 年 2 月 14 日，https://www.hk01.com/ 哲学/51863/ 胡塞尔 - 欧洲思想的危机 -ep63，2021 年 5 月 14 日。

④ 高燕：《论海德格尔对视觉中心主义的消解》，《上海大学学报》（社会科学版）2010 年第 4 期，第 116 页。

分野尤为显著，他对柏拉图以来的视觉中心主义进行了彻底的批判，或许他并未在麦克卢汉的媒介意义上反思语言，但他对语言问题的论述，与麦克卢汉对字母文字的感官统摄方式的分析，多有呼应之处。海德格尔认为，"语言的演化会遗忘事物本来的面貌……要真正克服现代性的危机，便需要重新发现精神世界的初生面貌，便需要深入研究历史和语言"，[①]对语言演化的探究，是解开人认识世界问题的一把重要钥匙，在《论海德格尔对视觉中心主义的解构》一文中，作者将海德格尔对语言的理解作如此诠释："语言给事物命名，被命名的物将天、地、人、神四重整体栖留于自身，构成世界……只有居于语言中，存在者的存在才能显现出来成为在场。"[②]

在语言与事物本来面貌的关系上，存在着一种内在的矛盾，语言符号为事物命名，使得事物得以成为被人把握的对象，反过来说，只有透过语言，事物才能对人显现为在场，然而，语言符号与被指涉物之间的任意性和武断性表明，二者并不同一，如"结构主义所言，符号与其意义是约定俗成的，没有内在必然性"，[③]这就意味着，语言在揭示的同时，又在遮蔽着什么，这与麦克卢汉（McLuhan）关于媒介既是人的延伸又是截除的论述，逻辑上是相近的，麦克卢汉"将技术的解蔽 / 遮蔽这两方面称为技术的生存之图形 – 背景（figure-ground），影响着我们的感官知觉（sensory awareness），改变着社会文化生态环境，并通过对身体和意识的延伸转变着对自我的认知，从而改变着整个经验世界"。[④]在字母文字这一媒介形式上，它既延伸了人的视觉感官，把视觉从人的知觉体系中突出、割裂出来，打破了人本来的感官平衡，又同时打破了人与世界丰富而统一的联系，将世界对象化为某种对立的存在，换言之，字母体系本身也内在地蕴含着解蔽与遮蔽的结构矛盾。

（三）寻找知觉世界

对语言的探讨是梅洛庞蒂后期更为关注的问题，其语言观有一个转变的过程，但他研究取径的首要概念是知觉。在《知觉现象学》一书中，梅洛庞蒂从当下活

---

① 秦晞辉：《现象学的中路：何谓理性？》，2017 年 2 月 14 日，https://www.hk01.com/ 哲学 /51863/ 胡塞尔 - 欧洲思想的危机 -ep63，2021 年 5 月 14 日。

② 高燕：《论海德格尔对视觉中心主义的消解》，《上海大学学报》（社会科学版）2010 年第 4 期，第 116 页。

③ 高燕：《论海德格尔对视觉中心主义的消解》，《上海大学学报》（社会科学版）2010 年第 4 期，第 119 页。

④ 于成：《"媒介是人的延伸"再思考：技术现象学的视角》，中华传播学年会，台湾嘉义中正大学，2016 年 6 月 19 日。

生生的现实中的知觉为出发点，确立了其“知觉为先”的现象学取径，将身体提升到哲学关注的核心位置，摒弃了笛卡尔“我思故我在”的传统中认为心灵或精神优越于物质性身体的趋向。在知觉的层面上，麦克卢汉关于“媒介是人的延伸”的论断，与梅洛庞蒂对媒介的认识有许多可对话的地方，“在梅洛庞蒂（Merleau-Ponty）的论述中，不乏‘媒介延伸了人的知觉 / 身体’这样的思想，比如，‘盲人的手杖对盲人来说不再是一件物体，手杖不再为手杖本身而被感知，手杖的尖端已转变成有感觉能力的区域，增加了触觉活动的广度和范围，它成了视觉的同功器官’”。①

关于语言，梅洛庞蒂对索绪尔结构主义语言学能指（signifier）与所指（signified）之间的随意性（arbitrary）关系，是不接受的，他认为一个字词的独异性与意义，是在跟所有其他字词的不同之中确定出来，比如红灯之所以有意义，在于红灯和绿灯的对立关系；语言尤其是字词是人对存在之世界的表达，但是在语言表达的世界之外，还有一个非语言性的静默（silence）的世界存在着，这就是知觉的世界。知觉世界不可言说，但却存在着，语言世界是语言以某种状态给予我们可以说的东西，“知觉世界与语言世界之间并不是对立的关系，两者以某种方式相互交流着，不同人的知觉世界相互交错（chiasm）构成了自然”。②

在梅洛庞蒂的思考逻辑中，知觉世界与语言世界两者是相对独立的存在，而在麦克卢汉却是认为，知觉世界的状况与语言密切相关不可分离，特定语言决定了特定的感官平衡比率，也就形塑了特定的知觉世界，并没有静默的独立于语言影响之外的世界。麦克卢汉关于媒介与感官的关系，与梅洛庞蒂对知觉世界与语言世界之关系的论述并不完全一致。

六、反思语言：字母书写与象形汉字

（一）字母书写与逻各斯思维

沿着麦克卢汉感官平衡的概念来继续思考，特定语言媒介形塑特定的感官平衡状态，也带来整个知觉世界的改变，麦克卢汉曾举出一个事例，“维也纳的音乐家卡尔奥尔夫（Carl Orff）禁止已经尝过读写的孩子在他的学校学习音乐。他感到，已经获得的侧重视觉的感知，使孩子毫无希望在音乐领域开发听觉和触觉能

① 于成：《“媒介是人的延伸”再思考：技术现象学的视角》，中华传播学年会，台湾嘉义中正大学，2016 年 6 月 19 日。

② 望万里：《科学与语言》，2017 年 2 月 14 日，https://www.hk01.com/ 哲学 /52660/ 梅洛庞蒂 - 科学与语言 -ep6，2021 年 5 月 14 日。

力”。[①] 这意味着，一旦视觉被读写训练从身体的综合知觉中突显出来，其他感官就会被抑制。如此来看，特定语言符号与人体感官互动的特定方式，对人的内在自我的塑造，是如此具有独占性甚至是排他性，“在任何文化中，当感官间的平衡比率出现变更，原来朦胧晦涩的事物却会变得清晰透彻，原本清晰易懂的事物就会变得朦胧晦涩”。[②] 特定语言形式的特有的感官互动方式成为一个极关键的问题。

在20世纪60年代西方思想界发生语言学转向后，语言分析便成为审视其他各个学科领域的新典范，然而，语言分析的方法来自以字母文字为语境的西方语言世界，索绪尔的结构主义语言学，也是建基于以字母文字为基础的语言系统之上，在多数汉语世界的研究文献中，沿用索绪尔的理论概念，但却并未区分字母文字与象形文字或会意文字，而是将不同的语言系统做统一对待。麦克卢汉在其著述中明确地指出，东西方象形文字与字母文字的区别，对其各自文明的演变发展至关重要，原因就在于不同语言文字形式与人的感官互动方式的根本差异。西方社会在近代以来所取得的进步优势地位，与带来的各种问题，都寓于字母文字的内在特质之中。麦克卢汉强调指出“拼音文字的发展打开闸门，千百年来，这一强大媒介对西方文明的影响如洪水泛滥”，“字母表的视觉世界和听觉世界是决然分割、平行发展的”，“拼音文字的发展损害了非拼音文字比如象形文字和会意文字的意义世界和感知世界”。[③]

语言学转向后，许多语言学家认识到字母书写系统对西方文化而言，其重要意义是根本性的，其他文化系统中不会出现的特征，却在以字母书写为基础造就的西方文化中出现，比如，一些研究者认为，逻各斯中心主义（logocentrism）这种强调以逻辑、理性、真理为基础或中心的思想，“并不存在于所有文化中，而是西方文化特有的偏见”。美国人类学家邓尼斯·泰德洛克（Dennis Tedlock）在研究玛雅象形文时代到罗马字母时代的转变时得出这样的结论，“可能是字母书写系统的发展导致了逻各斯中心主义的视角，但并非所有的书写系统都如此，在书写尚未确立的文化中尤为少见”，[④] 法国当代解构主义哲学家德希达（J. Derrida）也曾说“可以毫不讽刺的断定，中文书写是一场外在于所有逻各斯中心主义文明的运动”。[⑤] 按照麦克卢汉媒介决定的思路，语言作为一种人类最重要的媒介形式，成为造成

① ［加］麦克卢汉：《谷登堡星汉璀璨——印刷文明的诞生》，第109页。

② ［加］麦克卢汉：《谷登堡星汉璀璨——印刷文明的诞生》，第112页。

③ ［加］麦克卢汉：《谷登堡星汉璀璨——印刷文明的诞生》，第118页。

④ 维基百科：《逻各斯中心主义》，2021年9月25日，https://zh.wikipedia.org/zh-tw/逻各斯中心主义，2021年10月15日。

⑤ 维基百科：《逻各斯中心主义》，2021年9月25日，https://zh.wikipedia.org/zh-tw/逻各斯中心主义，2021年10月15日。

文化差异的核心因素。那么接着的问题便是，汉语或其他象形、表意文字体系，其与人的知觉系统的关系是什么，它们在多大程度上保留了感知世界的完整性？

（二）汉语的听觉感知与联觉互动

德国语言学家洪堡特（Humboldt）认为，“汉语缺乏索绪尔所认为的语言功能中最为‘能产’的语音类比（Analogie des Lautes）原则，但却发展了极为独特的‘文字类比’（Analogie der Schrift）作为一种‘补偿’”，[①]“文字类比”使汉语开拓出“引申”和“会意”等辞藻组合方式和表意策略。洪堡特把汉字称为“思想的文字”，他认为“汉字根本上是在汉语语音贫乏的限制下，让中国人的想象力、认知能力乃至最广义的‘思想’得以展开的道场”。[②]

中国哲学家张东荪在《不同的逻辑与文化并论中国理学》一文中，对汉语的独特思维进行反思，他把人类心智可能发展出的基本逻辑典范分为四类，传统形式逻辑，数理逻辑，形而上学逻辑，社会政治思想的逻辑，他认为“中国古代乃没有需要发展出严格主谓格式的形式逻辑或抽象数理关系的数理逻辑，但却的确有形而上学逻辑”。[③]“中国古代各家主要是在运用形而上学逻辑，但由于基本关怀都贯穿天人之际，所以处处也有社会政治思想的逻辑求通达于社会人生的影子。”[④]某种意义上说，上述学者均是从西方的某个具体的理论概念出发来诠释汉字特性和汉语思维，未曾在普遍的媒介意义上理解汉字，也未置于与西方字母文明的整体对比的背景下来进行阐述。现象学的不同学者，以及作为媒介现象学家的麦克卢汉，其实是在对西方文明进行某种探源式的思考，麦克卢汉深入比较东西方象形与字母两种文字体系，认为汉字的感官统摄方式，与字母文字非常不同，象形和表意的特征使得汉字无法“实现感官的分裂和专业化，也不能承受视觉、听觉和语意的分裂——而这正是表音文字的关键所在”。[⑤]那么象形汉字和汉语的感官统摄特点，对于人把握外在事物、抵达理性忽略的知觉世界，避免掉入线性抽象的逻辑思维世界里去，究竟能在多大程度上有所助益？

麦克卢汉看重汉语的听觉统摄方式，在《古腾堡星汉璀璨》一书中，他对拼

① 关子尹：《西方哲学东渐下有关语言的一些重要议题》，《中山大学学报》（社会科学版）2009年第3期，第118—127页。

② 关子尹：《西方哲学东渐下有关语言的一些重要议题》，《中山大学学报》（社会科学版）2009年第3期，第118—127页。

③ 关子尹：《西方哲学东渐下有关语言的一些重要议题》，《中山大学学报》（社会科学版）2009年第3期，第118—127页。

④ 关子尹：《西方哲学东渐下有关语言的一些重要议题》，《中山大学学报》（社会科学版）2009年第3期，第118—127页。

⑤ [加]麦克卢汉：《谷登堡星汉璀璨——印刷文明的诞生》，第102页。

音文字和象形文字进行了大量比较，认为“拼音文字是将没有意义的字母和没有意义的语音对应，而与延伸视觉统一性和连续性模式的拼音文字不同，汉字作为表意文字是一种内涵丰富的完形”。[①] 有学者认为麦克卢汉对汉字和中国文化的了解未必深入全面，其决定论式的思考逻辑也容易掉入文化本质主义的窠臼中去，然而，他从媒介的角度审视汉语独特的感官统摄方式，为人们打开一扇审视汉语和东方文明的窗户，开拓出一条与一般汉学家不同的研究路径。

在《为什么麦克卢汉说中国人是“听觉人”》中，作者从麦克卢汉的媒介理论出发，梳理了中国文化中的听觉传统，他认为汉语世界有着对听觉感知的高度重视，“这种重视并不像西方视觉传统中强调‘以视为知’那样，将视与知相等同起来，汉语的听觉传统指涉更为精微的感知，并经常用听觉来统摄其他感觉方式”。[②] 他举“聽”这个汉字的构成为例，这个单字内包含了“耳”“目”“心”三种人体重要感官，以此来说明造字者把“聽”作为一种全方位的感知方式，而不只是听觉这一种感官。这类似于麦克卢汉所讨论的联觉（synesthesia）效果，联觉牵涉的是感官间的互动，是“最丰富的艺术效果的核心”。在引述盖欧尔格·冯·贝凯希（Georg von Bekesy）用“镶嵌画式”的研究手段阐明听觉空间的性质时，麦克卢汉提到“通过‘二维的’镶嵌画或绘画本身就是抑制视觉的感知模式，从而保证了所有感官之间最大限度的互动。这正是‘塞尚之后’的开放式画风，画出你所感觉的，而不是你所看到”。[③] 追求感官间的互动，而不是诉诸单一感官，是避免感官分离以及接下去的一系列其他更复杂的社会文化分离运动的关键所在。

回到上文所探讨的现象学揭示被语言遮蔽的知觉世界、回到生活世界以及事物自身的旨趣，汉语重感官互动的联觉特征，对这种追求来说是一种优势吗？对于“重建感觉物与意义之间原始连接的存有论探索”是有帮助的吗？作为媒介现象学家的麦克卢汉，倾向于更加肯定汉语的感官统摄非凡的意义，那么象形汉字和汉语的感官统摄特点，对于人把握外在事物、抵达理性忽略的知觉世界，避免掉入线性抽象的逻辑思维世界里去，其意义是决定性的，抑或只是程度问题？

---

① ［加］麦克卢汉：《谷登堡星汉璀璨——印刷文明的诞生》，第 102 页。

② 傅修延：《为什么麦克卢汉说中国人是“听觉人”——中国文化的听觉传统及其对叙事的影响》，《文学评论》2016 年第 1 期，第 135—144 页。

③ ［加］麦克卢汉：《谷登堡星汉璀璨——印刷文明的诞生》，第 31 页。

七、命名、语言与存有

（一）语言是存有之家

法国哲学家布朗肖（Maurice Blanchot）曾说“言说的语言总会否定自身而陷入沉默”，这种对语言的独特理解，来自黑格尔关于语言否定性的观点，在《耶拿讲稿》中黑格尔有一个关于命名的故事，或可以帮助我们把握，在西方的文化语境中语言与事物自身之间的关系问题：

> 这是什么？我们答道，它是一头狮子，一只猴子，等等。这即是说，它是[成为什么]。……确切说，它是一个名字，由我的声音而造成的一种音响，某种与其看上去完全不同的东西——而这[作为被命名者]是其真正的存在……不过，由于这名字，对象已经成为自我而出生[并已经呈现为]存在（seyend）。这是由精神（Spirit）所实现的首要创造性。亚当给予所有事物一个名字。这是[精神]的主权，其对于全部自然的首次把握——或者说出自精神[自身]的自然创造……人向作为他的所有物的事物讲话。[①]

在这里，所谓黑格尔对语言的否定性理解，简单地说就是，语言为事物命名，用这一命名来代替事物真实的存在，在这种情况下，符号性的语词杀死了事物自身，剥夺了事物活的生命；反过来说，正是因为将事物变成一种不在场，语言才获得了它全部的价值和意义。所以布朗肖说，“‘上帝创造了有生命物，但人必须要毁灭它们’，若不如此，就不会有语言，也就无法获得意义”。[②]这就是语言与事物自身充满悖论的矛盾关系。当然问题还不止于此，语言作为一种替代物，毁灭有生命物之后，也毁灭了言说它的人本身，在布朗肖看来，“当我言说之时，我否定的不仅是我所说之物的存在，同时也是言说者的存在：如果我的讲话显露了在其不存在中的存在者，它同时也确证了这一揭示是基于那给予这一揭示的人之不存在之上，来自其使他自己脱离开他自己，成为一种在其存在之外的‘存在’（to be other than his being）”。[③]

布朗肖对语言与事物关系的描述，在某种意义上与海德格尔“语言是存有之

---

① 耿幼壮：《文学的沉默——论布朗肖的文学思想》，《外国文学研究》2014年第5期，第73—80页。

② 耿幼壮：《文学的沉默——论布朗肖的文学思想》，《外国文学研究》2014年第5期，第73—80页。

③ 耿幼壮：《文学的沉默——论布朗肖的文学思想》，《外国文学研究》2014年第5期，第73—80页。

家”的论断相呼应，而在语言与人自身主体性的关系上，又与上文所述麦克卢汉关于媒介与人关系的思想有另一种呼应：“人从自己的身上开发出了语言，凭借同样的过程，他又使自己落入陷阱。每一种语言都在它所属的人周围画上了一个定身的魔圈，这个魔圈使人无路可逃，除非是跳出去进入另一个魔圈”。[①]深受布朗肖影响的德希达，把西方字母文字相对于事物自身所取得的独立地位以及人与语言的关系，进行过生动地描述，他从索绪尔的能指与所指概念出发，认为能指的意义不是由所指赋予或提供，而是来自能指与其他同类能指的差异指涉运动，在这种运动中，能指指涉另一个能指，被指涉的能指又指向别的能指，如此循环下去，形成一条无止境的能指链，意义就在这种疯狂的能指运动中产生。人作为一种语言的存在物，只能寄希望于在这个疯狂运动中能稍做停留，以把握瞬间短暂的意义。德希达、布朗肖、海德格尔对字母语言系统与人、存有之间的关系有诸多相互呼应的认知。然而，离开西方的文化语境，在汉语世界里语言与人和存有的关系又如何呢。

（二）为善无近“名”

古汉语学者认为，汉字的源起遵从“观物取象”原则，创造文字并不是人任意的行为，追溯中国古代“名学”的源头，可以发现，为万物命名，是古圣之人观察天象与地理的特征与变化，用符画文字记录下来，从而形成“名”和“字”，人是不能随意想当然地规定万物之名的。《易经·系辞下》里有一段描述，概括了圣人观察天地万物，并记录天象与地理特征，以为万物命名时的情状：“古者包牺氏之王天下也，仰则观象于天，俯则观法于地，观鸟兽之文与地之宜，近取诸身，远取诸物，于是始作八卦，以通神明之德，以类万物之情。”

中国古代“名学”在命名体系的基础之上，进而对万物进行分类，然后形成概念、范畴，接下去建构起更复杂的知识体系，成为人们认知世界的理论依据。然而，在汉语的文化语境中，名学，即西方意义上的逻辑学，并没有长足地发展下去，成为主导性的认知世界的主流范式，公孙龙的学说没有获得战国时代其他各家的广泛理解，而在西方，逻辑、理性却最终形成主流典范，经过中世纪的黑暗时代，由笛卡尔开启的理性启蒙精神，接续上古希腊柏拉图式的世界观，将视觉中心主义、逻各斯中心主义的思维方式推向高峰，成为占绝对优势地位的西方人的思维范式。站在现代“文明”世界中，以现象学的视角回溯汉语文明初起时

① 范龙：《“媒介即讯息”：麦克卢汉对媒介本质的现象学直观》，《浙江大学学报》（人文社会科学版）2008 第 2 期，第 189—195 页。

“名学”的时代情境，可以发现，为万物命名，是不同文明发展历程中的重要转折点。黑格尔说，命名杀死了万物，剥夺了事物活的生命，而东方“名学”的出现，也是类似的逻辑，命名是事物自身与人断裂的开始，人作为语言的存在物，当他获得了言说的能力，他就使得不可见的事物变成可见之物，也就使真正的事物自身远离人而消失死亡，布朗肖说：“当我言说之时，是死亡在我中言说。”于是，死亡的不只是事物自身，也是人自身。

东方的“名学”没有发展成占支配地位的逻辑学，在汉语的文化语境中，与汉字的感官统摄方式或许有密切的联系，然而，除却纯粹的媒介因素作用之外，汉语命名之初时背后的宇宙观，是更深层的联结，庄子在《养生主》中的“为善无近名”的思想告诉人们，对以“命名”为基础建构起来的分类、概念以及理性知识体系要持谨慎态度，不能陷入被命名分割零碎化的纷纭的万物之名中，过度依赖人为拟定的知识。纷纭的万物本来混沌、模糊、流变无穷的存在状态，经过人为命名将其碎裂成无数的理性对象物，这就已经疏离了与事物自然原貌的联结，而要从这万物之“名”的世界里，依靠自下而上的归纳来追寻真理，只能是人为地建构语言世界里拟合出来的真理，而并不是自然本身。若要回到自然存有本身，揭开被人为建构的理性大厦遮蔽的世界，需要在“命名”万物以及运用这些命名的初始，持谨慎克制态度。理论上说，语言的命名杀死了万物，若要复活万物，得要杀死语言才可以，这或许是文明的悖论，人类不可能放弃语言，而只能在运用语言的程度上有所节制，以避免在远离万物自身与自然母体的道路上越走越远。

华夏图像传播研究

石铭史诗 ①*

——星河舞千帆的汉画像石

Epic Engraved on Stone

——Han Dynasty Stone Relief is like thousands boasts floating in milky way

韩从耀 **

Han Congyao

摘 要：汉画像石是汉代画像石刻的简称。汉代，作为一个时间指向，是公元前 206 年至公元 220 年的时间段；画像，作为一种呈现面貌，是对对象物的画影图形；石刻，作为一种表现手段，是承载并制约表现对象物的基础。汉画像石是汉代人以石头为承载基质用以表达他们思想文化的图像产品。汉画像石坚实沉着地紧贴或埋藏于大地之中，却又是升腾漫卷在华夏大地上的飘摇云气；它分明锚定了时间区域，却又跨越时空，连接过去未来、沟通死生。

Abstract: Han Dynasty Stone Relief is the abbreviated form of name for the stone graving of portraits in Han dynasty. Han dynasty, as a time referent, is the period from B.C. 206 to 220 A.D.; Portrait, as a presentation, is the drawing of the object; Stone graving, as a way of expression, is the foundation for carrying and restricting the representation of objects. Han Dynasty Stone Relief is the image product used by Han people to express

---

① 本文画像石拓片的出处已经在文中说明，加之考虑历史文献图引用的学术要求，故不再一一标出。

* 本文系国家社科基金一般项目“中国图像传播史研究”（20BXW053）阶段性研究成果。

** 作者简介：韩从耀（1957 年—），男，江苏新沂人，南京大学新闻传播学院、历史学院教授，博士生导师，主要研究方向：视觉传播、图像文化、新闻传播技术史、图像史。

their thoughts and cultures, using stone as the carrier substrate. Han dynasty stone relief is clinging to or solidly buried beneath the earth, but it is also the swinging cloud that rises up and floats above the earth of Huaxia (China); It pins down the time zone but transcends time and space, linking past and future, communicating life and death.

关键词：汉代；画像石；图像系统；故事

Keywords: Han dynasty; Stone Relief; image system; story

“汉”是一个中国朝代的名称，一个有不可磨灭的绝对坐标的时间段，也是一个不断绵延的民族集合和一个不可估量的文化蹈厉。

汉画像石坚实沉着地紧贴或埋藏于大地之中，却又是升腾漫卷在华夏大地上的飘摇云气；它分明锚定了时间区域，却又跨越时空，连接过去未来、沟通死生。它从那个时代的社会生活、政治文化中产生、蓬勃、式微，它是那个时代的呼吸、脉搏和声气。

汉画像石是汉代画像石刻的简称。汉代，作为一个时间指向，是公元前206年至公元220年的时间段；画像，作为一种呈现面貌，是对对象物的画影图形；石刻，作为一种表现手段，是承载并制约表现对象物的基础。汉画像石是汉代人以石头为承载基质用以表达他们思想文化的图像产品。汉画像石是汉代特有的文化现象，主要出现在祠堂、石阙、墓室上，是一种祭祀性礼仪艺术，虽用雕刻方法制成，实为以石为地、以刀代笔的绘画。汉画像石的产生、制作、展示、传播，其图像本身及其背后隐藏的意义对我们回望和研究汉代历史文化及整个中国文化的承转有着极其重要的意义。

汉画像石中有大量生产图像，如牛耕、纺织、造车、冶铁、酿酒等农业、手工业生产场景，反映出汉代领先于当时世界其他文明的高超生产技术水平。汉代尊崇儒家，讲究礼仪法度，在日常生活中，无论衣食住行有整套的礼节仪制，汉画像石中的衣冠服饰、庖厨宴饮、车马出行等图像都表现了这些仪轨。而斗鸡、蹴鞠、六博、投壶、游猎、殡葬、祭祖、祀神、逐疫驱鬼等民俗活动也在画像石中多有表现。特别令人赞叹的是乐舞图像，仅从“长袖善舞”这个对汉代舞蹈的描述后来成了一个普遍意义的不无嫉羡之意的赞许之辞，就可以想见其当时的绰约风采。

除了现实的生产生活，汉画像石中更有经典的历史故事、神秘的瑞应现象、瑰丽的神话传说，那创世的伏羲女娲、长相奇特的祥瑞动物、不死的西王母和昆仑众仙……这些天上人间大开大阖的激荡畅游，让我们迷惑、好奇又惊喜。静静地用目光用心去摩挲那些沉默不语的石刻画像，它会以非音频的神秘方式娓娓诉说那四百年漫长而又曾不可一瞬的光阴，它的叙述是这样开头的：那是一个气象万千的倏忽……

一、斯文在兹

万物都有过曾经、现在、未来，从无到有，从有归无，每个人如此、每个朝代也是如此。但是，许是喝了忘川水的缘故，我们并不记得从前，就像在未来也不会记得现在。我们忘记了所有，而画像石帮我们记住了许多，画像中那些帝王圣贤、忠臣义士、孝子列女的故事，有的千古之下依旧令我们心折首肯，击节赞赏；有的则愚顽绝杵，令我们瞠目结舌，脊冷齿寒。被记下来的成为历史，而历史是个尽可能还原从前的推测，尽管初衷是客观全面，但从来都不可能是客观全面。因为所有的倒推都以因果关系为依据，而因果关系太过单纯和脆弱，并不适用于丰富而错综的事件，特别是对利害纠缠的社会和爱憎交织的情感，它单纯到片面，脆弱到不堪一击。好在大家都明白这个道理。而且，比明白这个道理更重要的是，大家都心甘情愿和充满好奇地接受被流传下来的这个历史版本并继续推测。现在我们就来验证一下人们的甘愿和好奇，沿着这些图像的指引，复习一回曾经的人间世。

（一）帝王圣贤

2500多年前的一天，一位身材高大、头顶中间内凹的年轻人在鲁国（前535年）向一位仙风道骨的中年人请教着什么；十多年后（前518年），同样的场景发生在周都洛邑；又过了快20年（前498年），这个当年的年轻人已经过了知天命的年纪，53岁的他在一个叫沛的地方又向这位长者请教；后来在鹿邑，同样的求问场景第四次上演。

当然，这两个人的晤面也许远不止这四次，但仅这数次交集已经相当令人遐想，据说第一次问的是“礼”，第三次问的是“道”，其他两次则没有确切记录，但可以推测，大概也总是与“礼”“道”相当的高大上的文化哲学问题吧。因为对话中的这两个人就是中国思想文化发展史上代表性和开创性的赫赫有名的大人物——孔子和老子。其中第二次晤面的对话尤有深意，被后人反复引用揣摩，记载如下：

孔子适周，将问礼于老子。老子曰：“子所言者，其人与骨皆已朽矣，独其言在耳。且君子得其时则驾，不得其时则蓬累而行。吾闻之，良贾深藏若虚，君子盛德，容貌若愚。去子之骄气与多欲，态色与淫志，是皆无益于子之身。吾所以告子，若是而已。”孔子去，谓弟子曰：“鸟，吾知其能飞；鱼，吾知其能游；兽，吾知其能走。走者可以为罔，游者可以为纶，飞者可以为矢 。至于龙，吾不能知，其乘风云而上天。吾今日见老子，其犹龙邪！ ”（《史记·老子韩非列传》）

“子所言者，其人与骨皆已朽矣，独其言在耳”，所指正可与画像石的意义相类比：其人与骨皆已朽矣，独其画存焉。这就是《孔子见老子》① 的故事，也是汉画像石中最多见的内容之一。它作为谦虚好学、尊老敬贤美德的典范事迹被褒扬，而实际上作为儒道文化同源异流、儒道思想交流沟通的史料证明，这才是今天的历史文化研究更为看重的。

在画像石中，一般都是孔子在右，老子在左，孔子形象都是伟岸高大。老子比孔子年长，手拄曲杖，曲杖是“老”或“师”的标志，汉代七十岁以上的老人朝廷赐给鸠杖。孔子见老子，要行贽礼，大夫相见时候的贽礼要“执雁”，雁泛指鸟禽，所以孔子手里抱着禽鸟。因此，在孔子见老子的图像中，可以通过“曲杖”“抱禽”“长人”的身份符号来认出其中的是老子和孔子。图 1 为山东沂南北寨汉墓“孔子见老子”图。

刻画最为生动的“孔子见老子”肖像画，是沂南北寨汉墓中室西壁南段的一幅“孔子见老子”画像。在这幅画像中，孔子头戴进贤冠，冠后有两条飘带，身穿宽袖深衣，腰佩环首刀，双手合抱作拜谒状；老子头戴高冠，眉毛为寿眉，腰佩长剑，左手抚腰间玉佩，右手举起似正回答提问，身后立有象征长者的鸠杖。这幅画像中，孔子的身高、老子的寿眉、鸠杖，都是人物身份的典型象征。“孔子行年五十一而不闻道，乃南之沛见老聃。”（《庄子·天运》）老子的图像象征物是鸠杖，图像表现的大约是孔子 50 余岁时见已经 70 多岁的老子的情景。

图 1 山东沂南北寨汉墓“孔子见老子”

① 据《礼记·曾子问》记载，孔子曾四次问礼于老子：第一次是鲁昭公七年（前 535 年），孔子 17 岁时问礼于老子，地点在鲁国的巷党。孔子说“昔者吾从老聃助葬于巷党，及土恒，日有食之”。第二次是在昭公二十四年（前 518 年）在周都洛邑（今河南洛阳）见老子；第三次是孔子 53 岁时，即周敬王二十二年（前 498 年）“南之沛见老聃”；第四次在鹿邑，具体时间不详。

除了“孔子见老子”，还有“孔子问项橐”“孔门弟子”等。汉画像石中出现最多的历史故事就是孔子的故事，而帝王故事中出镜率最高的则是“周公辅成王”。

图2为画像石“周公辅成王”。通常都是少年模样的成王居中，一边有人为他执华盖，成王左右各一人，分别是周公和召公。“华盖”是一个特殊的符号，画像石中能享受“华盖之尊”的除了西王母就是成王了。成王年幼，头上没有戴冕旒而是山字形王冠，这王冠也是“成王”特殊身份的标志。“周公辅成王”是兼具叙事性和象征性的图像，它所表现的既非成王亦非周公，而是这个场面所体现出的政治与人伦秩序，宣讲了礼法秩序及伦理道德。

图2 山东嘉祥五老洼画像石“周公辅成王”

图3为徐州汉画像石艺术馆藏的“大禹治水图”。该图以叙事的方式，描写了大禹治水“三过家门而不入”的动人场面。画面为深浮雕，全长3米，刻画历史人物10位。左面刻画帝尧坐在大树下，帝舜躬身拜见帝尧，接着是故事的主人翁“大禹”，他头戴斗笠，卷袖而立，手持耒耜，画面的右方是大禹的家人送别大禹的场面，一妇人手拿包袱掩面而泣，可能是禹的母亲，有二人在劝慰；画面的右方一怀抱婴儿依依不舍的女子，是禹妻涂山氏女；最后面的一位老者手持耒耜，应是大禹的父亲，曾经参加治水但没有成功的鲧。徐州汉画像石艺术馆这幅“大禹治水图”在突出了大禹虎鼻的特征，大禹双目炯炯有神，双袖捋卷，持锸站立，一派顶天立地、虎虎生威的英雄形象。完美地阐释了“撸起袖子加油干”的“大禹治水”精神。

图3 大禹治水图（徐州汉画像石艺术馆藏）

图 4 大禹治水图（局部）

除了“孔子见老子”“周公辅成王”“大禹治水”这类帝王圣贤故事，忠臣义士、侠义烈士、孝子列女也是画像石的主题内容。

（二）忠臣义士

画像石中最大宗的是忠臣义士的故事，如：程婴计存赵氏孤儿、管仲、范雎受袍、鸿门宴、蔺相如完璧归赵，等等，每一个历史故事都惊心动魄，每一个人物形象都无比励志。其中蔺相如完璧归赵[①]的故事是特别有传奇性和代表性的一个，它既是楚人卞和以血泪求真的和氏璧传奇的续写，更是如蔺相如一般战国时代智勇双全的忠臣良将的典范呈现。

完璧归赵的故事梗概如下：

战国时，赵惠文王得到了楚国的国宝和氏璧，秦昭襄王听说后想据为己有，就派人到赵国说秦国愿意以十五个城与赵国交换这块玉。赵王进退维谷，左右为难，给了和氏璧就怕秦国食言不给城池，如果不给和氏璧又担心秦国攻打赵国。蔺相如就在此时临危受命，带着和氏璧出使秦国，他凭着自己的机智勇敢，终于不辱使命，

① 故事出自司马迁《史记·廉颇蔺相如列传》。

将和氏璧带回了赵国。司马迁赞:“知死必勇,非死者难也,处死者难。方蔺相如引璧睨柱,及叱秦王左右,势不过诛,然士或怯懦而不敢发。相如一奋其气,威信敌国,退而让颇,名重太山,其处智勇,可谓兼之矣。”

蔺相如在汉代被奉为臣子效忠的榜样,汉画像石中“完璧归赵”画像,如图5、图6、图7所示。这样的图像约有15幅左右,这在已经发现的汉画像石历史故事中是数量最多的。

图5 山东嘉祥武梁祠后壁“完璧归赵图”

图6 山东沂南北寨汉墓石壁“令相如”

图7 陕西绥德四十里铺汉墓石壁“完璧归赵图”

画像石中的侠客义士故事有“二桃杀三士”“聂政自屠”“荆轲刺秦王”“专诸刺吴王”“曹子劫桓”“要离刺庆异”“豫让杀身报知己”“季札挂剑”“魏汤报父仇”“七女为父报仇”等,其中最让人血脉偾张、意气风发的当然非“荆轲刺秦”

莫属，这确实也是汉画像石里最多出现的刺客故事，有 18 幅。请调整好收视阈值，接下来我们将先看三个紧张刺激的大片：“荆轲刺秦王”“曹子劫桓”“要离刺庆异”；然后，为了平复受到惊吓的心灵，看一个最温文的伦理片，信义故事：“季札挂剑”；之后，为了让心情再跌宕一下，看一个同样是信义故事却尤为惨烈的两个桃子引发的血案：“二桃杀三士”。

“荆轲刺秦王”的故事大家都太熟悉了，此处不再赘述，直接跳到画像石“荆轲刺秦王”。由于各地画像石图像的风格不同，“荆轲刺秦王”故事的构图模式也就各有特点，但无论是在哪一种风格中，“掷匕”的情节都是表现的主题，匕首和铜柱成为鲜明的图像符号，符号的象征性是从文本“掷匕”中生发的。陕西榆林神木大保当 16 号画像石墓中的“荆轲刺秦王”图，画面中刻有荆轲、秦王、力士、秦舞阳、二侍从和樊於期的头，匕首穿入柱上，为了表现当时的紧张情景，荆轲被秦王的一位侍卫紧紧抱住，另一位侍卫伏倒在地，死死地拽住荆轲的一只脚。图中立柱柱形画作树干状，弯曲无枝叶，二重斗拱。该画像石雕刻后敷以颜色，出土时色彩鲜艳，是目前发现的“荆轲刺秦王”图中最为精彩的一例，图 8 所示。

图 8 山东嘉祥武氏祠前石室“荆轲刺秦王”

（上图为乾隆拓本，下图为程志农描本）

图 9 陕西榆林神木大保当 16 号画像石墓“荆轲刺秦王”（描本）

要说这“曹子劫桓”，图 10 所示，也就是春秋五霸中最厉害的齐桓公生前最糗的一件事。武梁祠画像中的榜题，完整的故事题名是“曹沫劫持齐桓公”。故事说的是齐桓公五年（前 681 年），齐国攻打鲁国，鲁国战败，向齐国求和，鲁庄公来与齐桓公订立割地的和约，此时曹沫以匕首劫持了齐桓公，索要鲁被齐侵占的土地，盟誓后曹沫才放了桓公。羞恼的桓公想毁约，被管仲谏止，最终齐国归还了鲁国的被侵之地。曹沫为国家利益不顾个人安危的忠臣，置之死地而后生的侠肝义胆，成为人们追慕的榜样。虽然回看那段历史，促成盟誓如约的决定性人物显然是齐相管仲，但当时曹沫置生死于度外疾言厉色的勇气与侠气，千古之下回想依然令人为之凛然。

图 10 洪适《隶续》木板摹刻本“曹子劫桓”（上格）

“要离刺庆忌”是春秋时的著名历史事件。庆忌是吴王僚的儿子，以勇士之名闻于诸侯。吴王阖庐想要杀掉庆忌，但是没有谁能杀死他。要离自荐刺杀庆忌，他以苦肉计获得了庆忌的信任，在陪同庆忌渡江攻吴的船上，要离实施了刺杀。被重伤的庆忌却认为要离是一个真正的勇士而放了他。这个故事记载在《吕氏春秋》中，王子庆忌与要离“俱涉于江，中江，拔剑以刺王子庆忌，王子庆忌捽之，投之于江，浮则又取而投之，如此者三，乃加于膝上。‘嘻嘻哉！天下之勇士也！乃敢加兵刃于我。’左右欲杀之，庆忌止之，曰：‘此是天下勇士。岂可一日而杀天下勇士二人哉？’乃诫左右曰：‘可令还吴，以旌其忠。’”

武梁祠画像石中“要离刺庆忌”故事中刻画四人，三人坐在船上，船中间一人为庆忌，身材高大魁梧，其上榜题为“王庆忌”，庆忌左右刻二持戟卫士，船下一人浮于水中，右上榜题为“要离”，庆忌抓住要离的头发往水中按压，表现的是“王子庆忌捽之，投之于江，浮则又取而投之，如此者三”的故事情节，图11所示。然而，今天我们读这个故事却不免对庆忌充满敬重，大有混合着对霸王项羽的无限惜叹、对南非总统曼德拉无限感佩的类似情感的翻腾，汉人念叨着：勇哉忠哉，要离！我们却要念叨：惜哉义哉，庆忌。图像天然就有着多种意义指向，在此一时彼一时的具体意义的确定性是由它的“被置于何地”的上下文位置锁定的。武梁祠画像石中“要离刺庆忌”被刻在刺客部分，安排在祠堂东壁的第一幅，显然是为了表彰要离的勇敢和效忠。

图11 要离刺庆忌（《金石索》木刻本）

图 12 为伦理大片“季札挂剑”，[①] 它讲述的是中国历史上著名的“言而有信”故事。春秋时期，吴国王子季札出使晋国，路过徐国，徐国国君喜欢季札佩戴的宝剑，季札看出了徐君的心思，心想出使晋国回来时赠给徐君，可是等他回到徐国时，徐君已死，“虽然，吾心许之矣，今死而不进，是欺心也”，于是季札为兑现心中的承诺，将宝剑挂在徐君的墓前。“君子修身，莫善于诚信”，季札的承诺虽然只是“心许之”也不肯有欺骗。“季札挂剑”的故事将诚信提升到了一个全新境界，成为中国人讲求信义的典范。

图 12 山东嘉祥宋山祠堂“季札挂剑”

“二桃杀三士”[②] 的故事也发生在春秋时期，当时齐国有三位著名的勇士：公孙

① 刘向《新序·节士》在《史记》的基础上丰富了“季札挂剑”故事的内容：延陵季子将西聘晋，带宝剑以过徐君，徐君观剑，不言而色欲之。延陵季子为有上国之使，未献也，然其心许之矣。致使于晋，故反，则徐君死于楚，于是脱剑致之嗣君。从者止之曰：“此吴国之宝，非所以赠也。”延陵季子曰：“吾非赠之也，先日吾来，徐君观吾剑，不言而其色欲之，吾为有上国之使，未献也。虽然，吾心许之矣。今死而不进，是欺心也。爱剑伪心，廉者不为也。”遂脱剑致之嗣君。嗣君曰：“先君无命，孤不敢受剑。”于是季子以剑带徐君墓树而去。徐人嘉而歌之曰：“延陵季子兮不忘故，脱千金之剑兮带丘墓。

② 《晏子春秋·内篇谏下二》：“公孙接、田开疆、古治子事景公，以勇力博虎闻。晏子进而趋，三子者不起。晏子入见公曰：‘……此（指三士）危国之器也，不若去之。’公曰：‘三子者，搏之恐不得，刺之恐不中也。’晏子曰：‘此皆力攻勍敌之人也，无长幼之礼。’因请公使人少馈之二桃：‘三子何不计功而食桃？’”于是三士皆论功争桃，最后“皆反（返）其桃，挈领而死。”

接、田开疆、古冶子，他们自恃武艺高，功劳大，非常骄横，不把别的官员放在眼里，对国相晏子也不够尊敬。晏子认为三勇士狂妄无礼，是“危国之器也，不若去之”，他取得了齐景公的默许，设计了“二桃赏三士”的计策，结果“三士皆论功争桃”，先后自感义愤仗剑自杀。

“二桃杀三士”是一则广为流传的历史故事，不过它究竟是要赞许齐相晏婴用计除了傲慢不羁的三勇士，还是要颂扬三位勇士的信不畏死的刚勇之气很难说清，这也体现了图像的多义性特点。这个故事现代人读来多半会要佩服小个子的齐相晏婴巧妙的借刀杀人智谋，而对高大威猛的三勇士的莽撞到呆萌则充满不忍的怜惜。而在画像石里，这个故事被刻画在忠臣义士故事序列，显然三勇士是被当作忠义的典型被赞扬称颂的。这种在故事解读上体现出的古人对“义”“气节”的极致推崇与今人的一切皆权衡利害而择之，实在是人生境界上的大不同。

在嘉祥武氏祠画像中，画面的左方是两位首先争功的公孙接、田开疆，其后是没有争到桃子的古冶子，古冶子身后是身材矮小的齐相晏婴，晏婴身后应为齐景公，最右边一人为齐景公的侍者，图 13 所示。图 14 为南阳英庄汉画像石墓内西门楣上的“二桃杀三士”，画面构图简洁明快，人物造型劲健流畅，只有持剑三武士、盛桃高脚豆几个最基本要素，三武士张扬的动作、飞动的衣衫把剑拔弩张的紧张气氛淋漓尽致地展现了出来，特别是没有争到桃子的古冶子的形象最为突出。“二桃杀三士”叙事中的图像符号是“高脚豆”，这是战国至汉代流行的一种器皿，主要用于盛放水果，在所有的“二桃杀三士”画像中，除了洛阳烧沟 61 号壁画墓中的画像桃子是放在案上、徐州石椁墓画像中的桃子是放在盘子上的以外，画像石中的这类题材“桃子”都是放在“高脚豆”中，而画面中的人物有多有少，但核心图像都是“高脚豆”中的桃子和身手取桃的勇士，这个图像构图方式已经成为一种格套，说明当时图像传播有较为统一的粉本流传。

图 13 山东嘉祥武氏祠左石室第七石“二桃杀三士”

图 14 河南南阳英庄汉画像石“二桃杀三士”

（三）孝子列女

孝子列女故事是汉画像石的主要内容之一。其中嘉祥武梁祠中的孝子图是画像石中孝子系列图像最多的，刻画了 17 位孝子故事，图像中还有榜题题赞，图史互证让人更明了画像的意义，因此被视为研究图像与文本关系的重要实物。其他地区的孝子列女也多是同样内容，画像表现大体相似，细节表达则各有特色。那么，都是怎样感天动地的举动让他们名列孝子列女的光荣榜，被尊为世世代代的行为表率呢？我们来择看其中的几个精彩故事吧。

最早的后妈故事：“闵子骞失棰”。闵子名损，字子骞，孔子弟子，闵子以孝名天下，孔子赞曰：“孝哉！闵子骞，人不间于其父母昆弟之间。”闵子骞母亡，父续娶，继母生二子。继母偏爱己子，虐待子骞。子骞缺衣少食，却并没有告诉父亲。一日全家外出，父亲让子骞驾车，行至中途，子骞因又冷又饿，无力驭车，致使车轮滑入路旁沟内。父亲终于发现了子骞受到继母虐待的情况，便要休掉后妻。子骞反为继母求情，说：“母在一子寒，母去三子单。”其父这才饶恕了后妻。从此以后，继母对待子骞如同己子，全家和睦。

图 15 河南偃师画像石“闵子骞失棰”

图 15 为偃师画像石“闵子骞失棰”故事，它是汉画像石中描写闵子骞故事最

为完整、生动的。画面中闵子骞的异母弟弟坐在马车上，马车后面一青年跪地向长者恳求，刻画的正是闵子骞跪地恳求父亲不要因为自己赶走后母的情景，父亲抱住子骞，左手抚子骞脖颈，表现了其父醒悟后愧爱交加的怜子之情。

最委婉的孝子故事：伯瑜伤亲。伯瑜是西汉梁县人，性至孝，“伯俞有过，其母笞之，泣，其母曰：‘他日笞子未尝见泣，今日泣何也？’对曰：‘他日俞得罪笞尝痛，今母之力不能使痛，是以泣。’”画面中伯瑜双袖掩面跪在手拄拐杖的母亲面前，伯瑜母亲的左上方有榜题“瑜母”，伯瑜的右上方为题赞：“伯瑜，伤亲年老，力气稍衰，笞之不痛，心怀楚悲。”在“伯瑜伤亲”的图像叙事过程中，没有出现瑜母笞子的情景，表现的是伯瑜跪在母亲的面前，瑜母手中的曲杖成为主要的图像符号，表现伯瑜伤心的情景用“掩面”的动作特征来加以表现。如图16、图17所示。

图16 山东嘉祥武梁祠“伯榆悲亲”图

图17 河南偃师画像石“伯榆悲亲”图

与孝子故事的温情脉脉相比，列女故事实在是相当虐心。《列女图》是刘向《列女传》人物故事所作的图画，汉画像中的《列女图》直接取材于《列女传》或者就是汉代《列女传颂图》的摹本，东汉后《列女图》亡佚，画像石成了重要的图像史料。《列女传》有七卷105个故事，目前见到画像石中有明确榜题的列女图有：禹妻、汤妃、梁寡高行、鲁秋节妇、鲁义姑姊、楚昭贞姜、梁节姑姊、齐义继母、京师节女、齐钟离春、齐桓衡姬、楚庄樊姬、莒子妻、管仲妻、王陵母等18则故事。

先看一个自戕的列女故事：梁高行割鼻拒婚聘。“梁寡高行：高行者，梁之寡妇也。其为人荣于色而美于行。夫死早，寡不嫁。梁贵人多争欲取之者，不能得。梁王闻之，使相聘焉。”为摆脱梁王的纠缠“乃援镜持刀以割其鼻”。颂曰：“高行处梁，贞专精纯，不贪行贵，务在一信，不受梁聘，劓鼻刑身，君子高之，显示后人。”[①] 画像中帷幔低垂，一女子左向坐，发挽三环高髻右手持镜，左手持刀，榜题“梁高行”三字。其后，一女子执便面侍立。“梁高行”前，一人捧物右向跪，榜题“奉金者”。左边，一人冠服持节右向躬立，榜题“使者”；再左边，停着两马驾的辎軿车，车左前有榜无题。画像中当为“梁高行”割鼻拒聘的情形，如图18所示。为了不嫁人于是自戕割鼻明志，也真是下得了狠手。

图18 山东嘉祥武梁祠“梁高行”

如果说梁高行故事虐心得惊心，还有另一种虐心叫作揪心，“楚昭贞姜”[②] 就是这样的故事。

楚昭王听说大水将至，派人去接夫人姜氏，使者去得匆忙没有带昭王的信物。夫人遵守与夫君的约定，不见信物决不离开，等使者取信物再返，大水已至，夫人已经被淹死。这位姜氏夫人与诗经中与女子相约遇水涨而不走，终于被淹死的尾生何其相似！尾生与姜氏恐怕是男女为守约、践约至死不渝的千古典范了。

在图19画像中，为了表现“江水大至”的情节，贞姜衣裙的下摆呈弧线的波动，表示水流的涌动。画面的右边，表现的是使者持节疾走，使者手持的旄节是一个象征符号，旄节是使臣身份的象征物，武梁祠“楚昭贞洁”画像中的使者手中也是持旄节。“符”是古代朝廷传达命令的凭证，新津汉画像石“楚昭贞姜”图中的使者一手持旄节，一手执符信，表现的是快步疾走的情景，这与文本故事中

① （汉）刘向：《列女传》，《四部丛刊》（六十），上海：商务印书馆缩印本，1937年，第58页。

② （汉）刘向：《列女传》，《四部丛刊》（六十），第55页。贞姜者，齐侯之女，楚昭王之夫人也。王出游，留夫人渐台之上而去。王闻江水大至，使使者迎夫人，忘持符，使者至，请夫人出，夫人曰：“王与宫人约令，召宫人必以符。今使者不持符，妾不敢从使者行。”使者曰：“今水方大至，还而取符，则恐后矣。”夫人曰：“妾闻之：贞女之义不犯约，勇者不畏死，守一节而已。妾知从使者必生，留必死。然弃约越义而求生，不若留而死耳。”于是使者反取符，还则水大至，台崩，夫人流而死。王曰：“嗟夫！守义死节，不为苟生，处约持信，以成其贞。”乃号之曰贞姜。

“使者反取符，还则水大至”的描述完全一致。

图 19 山东嘉祥武梁祠“楚昭贞姜”拓本（武梁祠一、武梁祠二合图）

图 20 山东嘉祥武梁祠祠堂东壁石“梁节姑姊”

与前两个列女故事相比较，“梁节姑姊”故事所表现的舍己为人的爱心，无论放在古代还是现代都是值得尊敬的，这个故事表达了汉朝人崇尚的价值观。

故事的主角是“梁国一妇人”，家有兄子与己子同在屋内，在突发大火的时候，梁之妇人欲先救兄长的儿子的时候，无意间将自己的儿子先救出，为了免遭不义之名，赴火而死，以昭天下。这幅画像刻在武梁祠祠堂东壁石上，画面中一屋有柱，屋檐下有火焰升腾，屋内一小儿卧地，其上榜题“长妇儿”。其前一妇人披发，伛身入屋，伸手援儿，柱上榜题“梁节姑姊”；左边一妇人右向，双手紧拉姑姊之手，榜题“捄（救）者”。左上面两小儿携手奔跑，上榜题“姑姊儿”。救者后面榜题二行二十一字为赞文：“姑姊其室失火，取兄子往，辄得其子，赴火如亡，示其诚也。”图20的画像表现的是梁节姑姊将再次冲进房中救姑姊儿子的瞬间。

二、乐活于此

人之在世，俯仰一生，衣食住行既是粗线条的生活必须，也是在不断比附、丰富和提升之后的人际情感、生活趣味之所在。为衣食住行的劳作、劳作之余的娱乐以及为更好的衣食住行的劳作与娱乐，最终又以劳作和娱乐的形式体现出来。这便是乐活，是人间世中被动与主动的同一目标和意义。那些乐舞百戏的精彩、庖厨宴饮的讲究、六博蹴鞠的狂热、车马出行的威仪、耕种纺织的智慧，其形式外观与今日已迥乎不同，而其花样百出、热闹繁华的声色与情趣却一如今日的生活百态。既有“一如”，便有“曾经”；能有“一如”，即有“曾经”，乐活于此，现在是，曾经也是。

（一）乐舞百戏

汉画像石是以社会生活为背景的艺术创作，生活百态是画像石图像的主要内容之一。汉代又是一个讲究礼仪的朝代，礼仪是制度的一部分，也是一个时代精神生活的物质体现，而在表现这些礼仪和制度时，我们既看到了上层贵族的奢侈，也看到了当时社会的生活百态。画像中的乐舞百戏、宴乐会饮、六博蹴鞠、车马出行等等，都是为礼仪服务的。

在汉画像石中，时常可以看见汉代的乐队，汉代音乐与先秦时期的“金石之声”不同，打击乐器已经不是主要地位，出现了不同形制规格的钟鼓、管弦齐鸣的乐队奏乐场面。汉代常见的吹奏乐器竽、笙、笛、箫等，竽即可独奏，又可合奏，为“五声之长”，在乐队的组合中，竽是领奏乐器。还记得那个“滥竽充数”的南郭先生吗？正是因为齐宣王“使人吹竽，必三百人”，才使他的“滥竽”有了“充数”的可能。画像石中的吹竽者非常多，也说明当时竽在音乐中的重要地位。图21为徐州铜山苗山汉画像石墓中的乐舞图，该画像中有一位吹竽者，他在整个乐队中的位置十分突出，双手捧着竽斗，聚精会神的吹奏着乐曲，从画面中可以看出他是整个乐队的领奏者。汉代的弹奏乐器有琴、瑟、筝、筑等，同时还有西域传来的箜篌、琵琶、觱篥、笳、角、镲等。琴、瑟、筝的外形相近，在画像石的图像中很难区分。琴、瑟、筝的主要区别是弦数不同，尺寸不等。琴、瑟、筝的演奏方式不同，古人以抚琴、鼓瑟、弹筝来形容它们演奏的不同，如图22所示。

图 21 江苏铜山苗山汉墓“乐舞图”

图 22 江苏徐州汉画像石中的“鼓瑟、弹筝、抚琴图”

汉代是中国古代舞蹈的繁荣时期，郊庙、朝飨、宴会，无不有舞蹈相助。汉代音乐家李延年的《北方有佳人》：“北方有佳人，绝世而独立。一顾倾人城，再顾倾人国。宁不知倾城与倾国，佳人难再得！”就是当时乐舞中伴唱的诗歌。汉代舞蹈分为雅舞、杂舞两大类，雅舞是宫廷舞蹈，用于朝会、祭祀大典等；杂舞流行于民间，是宴会助乐的主要形式。汉画像石中不乏汉代舞蹈的精美画面，主要刻画了长袖舞、建鼓舞、傩舞、鞞舞、铎舞、武舞等。

长袖舞是汉代最常见的一种舞蹈，也是汉画像石乐舞图表现最多的题材。这是一种源于楚国的舞蹈，据说晚年的刘邦谋废太子，另立戚夫人之子，事未成，乃令夫人作楚舞而自歌《鸿鹄歌》以抒发心绪，戚夫人所舞就是长袖舞。“罗衣从风，长袖交横，绰约闲靡，机迅体轻”；[①]“振朱屣于盘樽，奋长袖之飒丽，要绍修态，丽服扬靓，明藐流眄，一顾倾城”[②]这些都是汉代诗赋中对长袖舞的描写，长

① ［汉］傅毅《舞赋》，《昭明文选译注》（第二卷），陈宏天等主编，长春：吉林文史出版社，1988 年，第 161 页。

② ［汉］张衡《西京赋》，《昭明文选译注》（第一卷），陈宏天等主编，长春：吉林文史出版社，1988 年，第 106 页。

袖舞的舞者腰如束丝，长袖交横，飞动摇曳的舞姿、婀娜多姿的神态，使人浮想联翩。长袖舞是一个动态的表演，画像只是一连串舞姿的瞬间定格，复原汉代长袖舞，必须将上百幅长袖舞的画面联系起来，才能呈现出舞蹈的不同动作及其绚丽的舞姿，如图 23 所示。

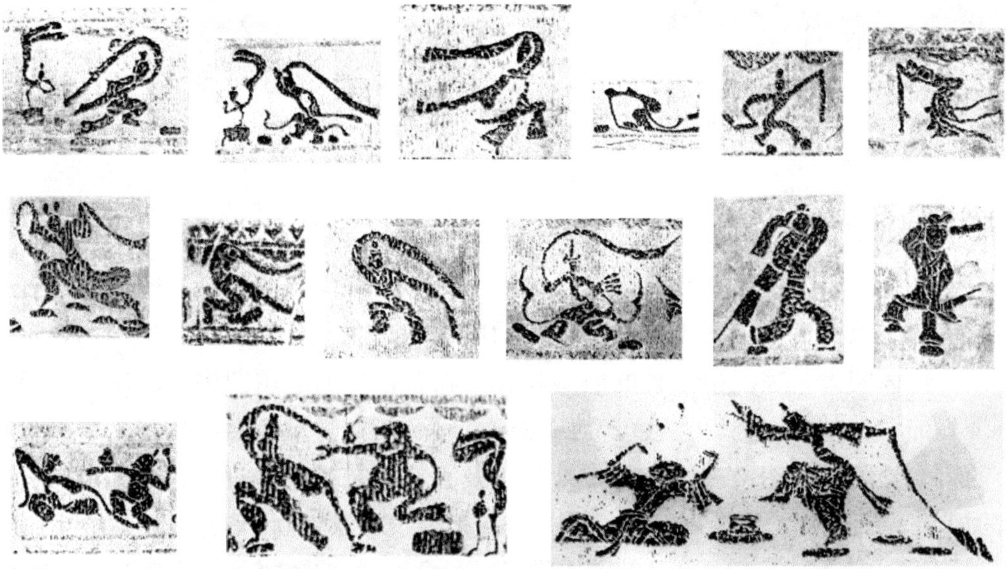

图 23 河南南阳画像石中的“长袖舞”

“总会仙倡”其实就是汉代百戏，又名角抵戏，包括有倒立、扛鼎、钻圈、跳丸剑、缘竿、走索、戏车、吞刀吐火等众多的表演节目，是汉代宫廷最壮观的大型综合性歌舞百戏演出。武帝时期的角抵戏在《汉武故事》中生动地描述：“未央庭中设角抵戏，享外国，三百里皆观。角抵者，六国所造也；秦并天下，兼而增广之，汉兴虽罢，然犹不都绝。至上复采用之，并四夷之乐，杂以奇幻，有若鬼神。角抵者，使角力相抵触也。其云雨雷电，无异于真，画地为川，聚石成山，倏忽变化，无所不为。”[①] 图 24 为总会仙倡中的“鱼龙蔓延”，是由人装扮成巨鱼和巨龙进行表演的，是我们今天舞龙、舞狮子的前身。这类由演员伴作兽形、神仙之类的动物戏、人物戏当时又称为“象戏”。对于汉人来说，乐舞百戏不仅是民俗和娱乐，更是祭祖、娱神、求仙活动中的必要礼仪。

① 《汉魏六朝笔记小说大观》，上海：上海古籍出版社，1999 年，第 175 页。

图 24 山东沂南北寨汉墓“鱼龙蔓延”

（二）庖厨宴饮

民以食为天，饮食庖厨场景自然是画像石中不可或缺的。庖厨图像有两种类型，一种是象征性，构图比较简单，表示庖厨的概念；另一种是写实性的，构图复杂，场面宏大，表现出完整的庖厨过程。在象征性的庖厨图中，庖厨内容只是整个画面中一部分，在写实性的庖厨图中，整个画面都是庖厨的场景。汉画像石中的写实性的庖厨图表现出当时粮食加工及烹饪工艺的具体过程，其中酿酒、豆腐加工、馒头制作、烤肉串等图像，是今天研究汉代饮食制作工艺的珍贵的图谱。

图 25 山东临沂吴庄画像石墓“庖厨图”（局部）

馒头是中国最有特色的面食，汉代有没有馒头一直是饮食文化史中争论的事情，而汉画像石的图像证明汉代已经发明了馒头。馒头制作首先需要“和面”，汉画像石庖厨图常见有“和面”的情景，山东临沂吴庄画像石墓中有一幅庖厨图，画右方为牵牛、抬猪奉献牺牲，画面左方为炊爨场面，画面中间是两人抬着一屜馒头，馒头的形状与今日馒头的形状无异，如图 25 所示。[①]

现在很多人都喜欢吃烧烤，但是肯定没想到这烧烤还是“汉民族传统烹饪方式”。脍炙即烤肉，是古人最喜欢的烹饪方式，两汉时期，炙肉一直是贵族人家嗜食的肴品。炙炉和烤肉串的画面经常出现在汉画像石的庖厨场景中。其中，烤肉串一般认为是汉人的烹调方法，称为“炙肉”，胡人则是将牲口整只烧烤，称为“貊炙”。

画像石中庖厨图上的牛、羊、猪、兔、鸡、鱼、狗等动物都是常见的。祭祀时按照等级的不同使用不同的动物：牛的等级最高，羊次之，猪最低。牛、羊、豕三牲全备为“太牢”，“少牢”只有羊、豕，没有牛。天子祭祀社稷用太牢，诸侯祭祀用少牢。“君无故不杀牛，士无故不杀犬豕。”日常生活和普通宴会不会有三牲，只是以鸡、鱼、黍待客。图 26 为山东诸城前凉台庖厨图，画面中有宰杀牛、羊、猪三牲，可见其表现的不是简单的宴饮准备，而是为祭祀所做的准备。

图 26 山东诸城前凉台汉墓“庖厨图”

① 临沂市博物馆编：《临沂汉画像石》图 11，济南：山东美术出版社，2002 年。

庖厨是宴饮的准备，宴饮是一种仪礼活动，古人宴饮的程序和规范，从迎送宾客、入席仪态、陈设餐具到啖肉饮羹都有详尽的规定。陈放食物也要遵循一定的规则："凡进食之礼，左殽右胾。食居人之左，羹居人之右。脍炙处外，醯酱处内，葱渫处末，酒浆处右。以脯脩置者，左朐右末。客若降等，执食兴言；主人兴辞于客，然后客坐。主人延客祭，祭食，祭所先进。"① 陈设酒壶时，要使壶嘴朝外向着人，鱼的摆放方法是："羞濡鱼者，进尾。冬右腴，夏右鳍。"② 如果饮食中有葱、薤时，就需要帮主宾将不能吃的根须和枯叶掐掉。汉代宴席没有西周时期那样烦琐，但是也有着规范的礼节。图 27 为铜山洪楼祠堂迎宾宴饮图，在该图中，第一层为迎客，客人刚从马车上下来，侍者迎候，主宾寒暄；第二层宴饮开始，西屋为男席，主人凭几而坐，余者席地而坐，中间放有案、案上有勺等食器，屋外尚有侍者；东屋为女席，宾主对坐，中间放有案、案上有勺等食器。饮宴间以歌传情，以舞相娱，宾主在美食充盈味觉和嗅觉的同时，享受视觉和听觉的盛宴，五官均沉浸在快慰中，达到身心的愉悦。庖厨宴饮图是墓主人生前日常生活的写照或现实生活中上层人物豪华宴飨的真实再现，也有可能是对逝者冥界安乐生活的祝愿。在古人心目中，宴饮的意义是远在吃喝以外的。

图 27 江苏铜山洪楼祠堂"迎宾宴饮图"

（三）六博蹴鞠

画像石中的民俗游艺娱乐项目有六博、投壶、斗鸡、蹴鞠等。六博的历史久远，春秋战国时代已经非常流行，到了汉代六博游戏成为最受欢迎的休闲娱乐。

① （清）孙希旦：《礼记集解》（上），北京：中华书局，1989 年，第 51 页。

② （清）孙希旦：《礼记集解》（中），第 944 页。

四川、陕北画像中的六博图大多表现神仙境界，榜题“仙人博”三字，连仙人也是爱玩六博游戏的。新津县宝子山崖墓的仙人六博图最为生动，画面中为男仙与女仙的对博，女仙裸体，双乳外露，投箸后兴奋地几乎跃起，身后有灵芝仙草，博局上有酒樽，博局下有两盂。如图 28 所示。

图 28 四川新津宝子山崖墓“仙人六博”

博戏的盛行与汉代饮酒之风昌炽有密切关联，六博当是宴席上常见的酒令游戏，而且六博还与占卜结合，是占卜的一种工具。西汉中期的草叶纹铜镜中有“置酒高堂，投博至明”的铭文①，韦曜《博弈论》批评时弊时说:“今世之人多不务经术，好玩博弈，废事弃业，忘寝与食，穷日尽明，继以脂烛”，可见当时博戏时是夜以继日，燃膏继晷，深受社会各阶层人士的喜爱。

与六博一样，投壶也是汉代颇为流行的宴饮助兴游戏之一。当时的宴乐活动，“对酒设乐，必雅歌投壶”，②按照规则，箭矢的一端投入壶中才算投进，一轮过后，胜者要斟一杯酒罚输者，输者还要为胜者放上一个得胜的筹码。这种游戏源于西周时期的“投壶礼”，图 29 为南阳沙岗店出土的“投壶”画像石，画面上刻有一壶，壶边放一酒樽，樽上置一勺，壶左右各一人，怀中各抱三矢，一手执矢，正全神贯注地向壶内投掷，壶内已投进了两矢。其右有一人正在观看，应为司射；左边刻画一被搀扶之人，其身体前倾，头低垂，似乎是因为投壶失败而罚酒致醉。③

① 王纲怀:《止水集——王纲怀铜镜研究论集》，上海：上海古籍出版社，2010 年，第 120 页 。
② （南朝宋）范晔:《后汉书·铫期王霸祭遵列传》，北京：中华书局，1965 年，第 742 页。
③ 王建中，闪修山:《南阳两汉画像石》图版 34，北京：文物出版社，1990 年。

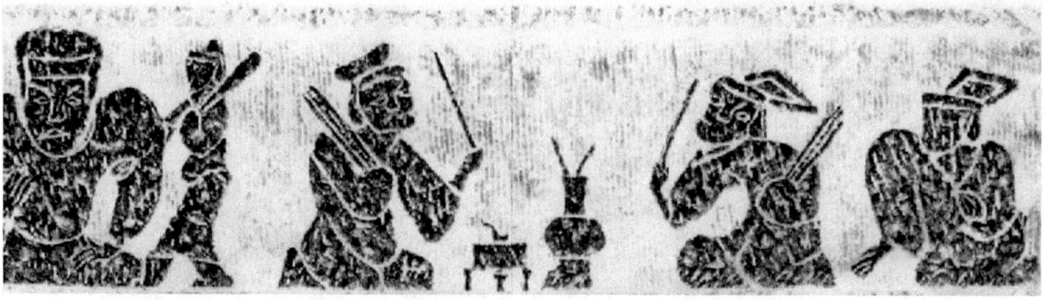

图 29 河南南阳沙岗店“投壶”画像石

蹴鞠是汉代民俗中的一种娱乐竞技活动。汉高祖刘邦的父亲喜欢蹴鞠，刘邦的宫苑内有“鞠城”，汉武帝、汉成帝都十分爱好蹴鞠。帝王喜爱，王公大臣竞相效仿，武帝的宠臣董贤家中还专门蓄养了会踢球的“鞠客”。蹴鞠在民间也是一种普遍的娱乐游戏，在小街小巷举行的蹴鞠不像宫廷有专门的场地，而是因陋就简，少了些对抗性，多了些游戏性。

有一种作为娱乐表演的蹴鞠，画像石中的蹴鞠图大多是这种。竞赛性的蹴鞠是多人一球的游戏，表演性的蹴鞠是一人一球的游戏。汉画像石上最为典型的蹴鞠图是嵩山三阙中的启母阙蹴鞠图，如图 30 所示。图中刻四人，一女子高髻长袖，束腰，双臂前后平伸，躬身起足劲踢，鞠已离开地面，其余三人跪坐观看。

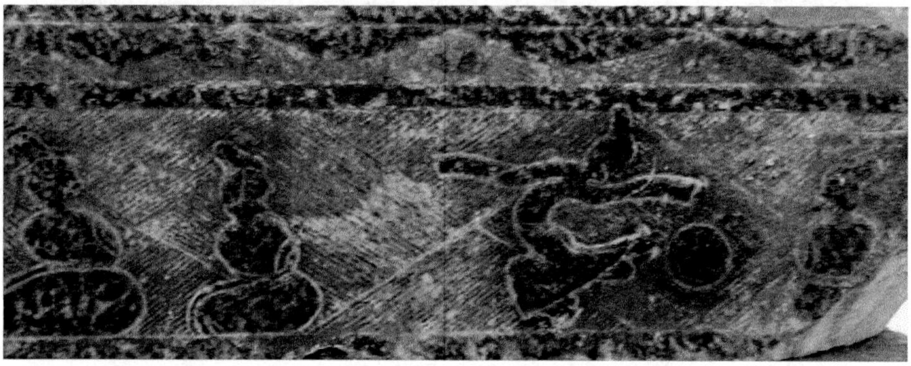

图 30“启母阙蹴鞠图”

（四）车马出行

车马出行是汉画像石中最常见的画像题材，刻画生动，气魄恢宏，是汉代画像中最典型、最精彩的部分。画像包含着车辆样式、舆服制度、墓主人身份等重要信息，同时还包含着深层的图像学意义。

画像石中的车辆样式主要有轺车、軿车、辇车、斧车、轏车、輀车、象车等。轺车是汉画像石中最常见的车辆，是一种小而轻便的车，驾一马或二马。轺车四面没有遮掩，一车二人，乘者居左，御者居右，如图 31 所示。如果轺车的车盖至舆间饰有四条飘带，称为四帷轺车，二百石以上官吏才能乘坐。軿车是一种等级较高的车，设有帷幔，专供妇女乘坐，如图 32 所示。辇车是用于装载货物的辎重之车。斧车象征着有生杀之权，千石以上的官员才能“导以斧车”，如图 33 所示。轈车又称“巢车”“楼车”，是一种攻城战车，车上有辘轳可以升降登高观察城内敌情。輀车是载运棺柩的车，形似鳖甲。象车是用大象拉的车，是天子出行时的仪仗车。皇帝、皇后的出行是千乘万骑。不过，汉画像石中的车马出行图既有墓主人身份的真实写照，也有与墓主人身份不对等的夸张。山东孝堂山祠堂有两幅独立意义的车马出行图，一幅是“大王出行图”，全部出行队伍由各种不同身份的人物 117 人，马 74 匹，各类马车 8 辆，骆驼和大象各一匹。这幅车马出行图是诸侯王法定的车队仪仗，也是汉画像石中场面最大的出行场面。

在车骑礼制中，驾马的数量也是等级制度的标志之一。《逸礼·王度记》曰：“天子驾六，诸侯驾五，卿驾四，大夫三，士二，庶人一。”[①] 汉画像石中，从一马驾车到六马驾车几种形制都有。六马驾车是最高的等级，徐州汉画像石中有六马驾车的图像，画像为墓室横梁，六马并辔飞驰过桥。除了形制，人们也很关心画像石中的车马“从哪里来，到哪里去”的问题。车马出行图通常表现出三个方面的意义，这就是：显示墓主人身份等级、表现送葬和吊丧队列；祈求死后升仙。

图 31 山东沂南北寨画像石“轺车”

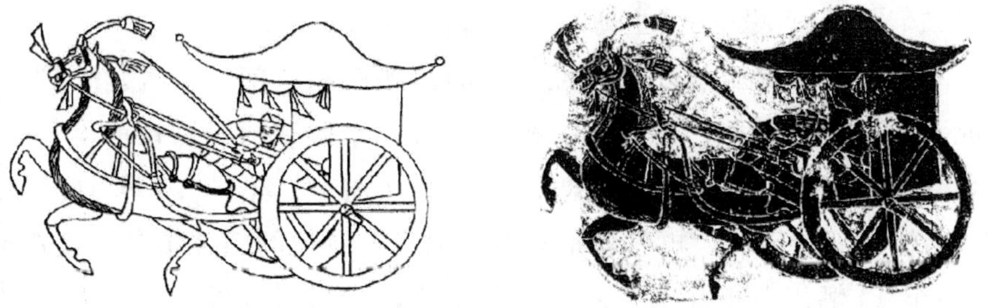

图 32 山东沂南北寨画像石“軿车”

① 《逸礼·王度记》，转引自《事物纪原》卷二。

图 33 山东沂南北寨画像石“斧车”

嘉祥武氏祠前石室中的车马出行图对印证祠主人的身份有重要意义。东壁的出行图自左向右展开，左端 1 名执板官吏正屈身迎接自右而来的车马行列。出行行列由 2 名伍佰、4 名骑吏和 3 辆轺车组成，最前方为 2 名导骑，接着 1 辆刻有“门下功曹”题记的轺车，其后为 2 名伍佰，紧接其后的四维轺车刻有“此丞卿车”题记，再后为 2 名骑吏和 1 辆轺车，最后为 1 名执板屈身送行的小吏。因画面的前后两端分别有欢迎者和送行者，这幅出行图应为一幅独立完整的画像。

后壁第二层的车马出行图也是一幅独立完整的画像。画面的前后两端分别为欢迎者和送行者，出行行列由 8 名骑吏、2 名伍佰和 5 辆轺车组成。自前而后各辆轺车的题记分别为“门下贼曹”“门下游徼”“门下功曹”“令车”和“主簿车”，其中“令车”为四维轺车，如图 34（1）所示。

西壁第三层的车马出行图同样也是一幅独立的图像。整个图像由刻有“调间二人”的 2 名伍佰，有“此骑吏”题记的 2 名骑吏，有“此君车马”题记的“四维轺车”，1 名骑吏，有“主簿车”和“主记车”题记的两辆轺车和最后刻有“此亭长”题记的送行小吏组成，如图 34（2）所示。

三角形隔梁石东侧第三层和祠堂西室檐枋内面的车马出行图中刻有题记。其中主车的题记分别为“君为市掾时”“为督邮时”“君为郎中时”，其余的题记有“行亭”“二卒”“五官掾史”“主簿”等，如图 34（3）所示。

前石室的祠堂后壁西段开始，经龛室的西侧壁和后壁，一直延续到完室东侧壁，构成一幅完整的画面。在车马行列的前方，是捧盾躬身迎接的亭长，车马行列以 2 名骑吏为先导，其后为“贼曹”车、“门下游徼”车、“门下功曹”车、2 名骑吏和 2 名持便面的伍佰，再后就是刻有“君车”题记的四维轺车，接着是骑吏 3 名、“行亭车”1 辆、大车和“主簿车”各 1 辆，最后为执板躬身的送行者。这幅出行图的上一层，也配置着一幅内容连贯的车马出行图。出行图从完室西侧壁下数第二层画面的左端开始，最前方为 2 名导骑，其后是“导吏车”，再后为妇女专用的軿车，最后为 1 名骑吏和 1 辆大车。

武氏祠前石室的主人考证为武荣，根据武荣碑的记载，武荣生前曾先后担任过州书佐、郡曹史、主簿、武官掾、功曹、守从事、督邮、郎中、执金吾承等官职，其中的主簿、督邮、武官掾和郎中等官职均见于上述车马出行图中主车的题记，因此将武氏祠前石室定为武荣祠堂是恰当的。黄易在《前石室石室跋》中说："榜题君车，此君车马，为督邮时，君为都□时，为市掾时，皆指葬者而言。令丞、簿、尉、功曹、贼曹、主记、游徼、亭长、掾吏，皆葬者历官所部之职。"

图 34（1）前石室后壁横额

图 34（2）前石室前壁承檐枋西段

图 34（3）前石室前壁承檐枋东段

出行图中车马旁常镌刻墓主人升迁经历的题榜，如"郎中时车""供北陵令时车""长水校尉时车""巴郡太守时车""济阴太守时车""齐相时车"等。不过，汉画像石中车马出行图中的规制也有与墓主身份不对等的，并非是墓主身份地位的真实反映，这种僭越行为可能表达了对逝者的蓄意拔高以表尊从或祈愿其在仙界荣升。

图 35 四川成都扬子山一号墓中室车马出行图

图 36（1）山东沂南北寨汉墓中室西壁车马出行图

图 36（2）沂南北寨汉墓中室北壁车马出行图

有的车马出行图刻画的是送丧、会丧、吊丧等墓主人葬礼的场景。汉代诸侯王、高级官吏家有丧事，邻近州郡的官员都会前来吊唁、会丧，“车驾素服临之，望哭哀恸”。汉代民间也有吊丧习俗，一般百姓、宗族好友等要来吊丧。山东沂南北寨汉画像石墓中刻画的吊唁图上，前室南壁横额车马图上刻有轺车、辇车及送来的祭品；东壁、西壁横额刻画吊唁时的情景，前室西壁横额的右端一位司仪手捧竹简正在宣读送来的册书。在中室横梁的三壁刻规模庞大的车马出行图。图 36 的车马出行可以分为两个队列，北壁东端的车骑出行由两名前导步卒、6 名骑吏、

1 辆轺车、1 辆軿车和 1 辆輂车组成，行至一对双阙前停止，阙前有两位门吏迎接。第二组车马从北壁的西半部分开始，经过西壁横梁，直到南壁横梁西段，出行的队列由两名持幢吹管的先导、1 辆斧车、9 辆轺车、6 名骑吏和 4 名伍伯组成。车马出行的目的地是一座庭院式建筑。阙前是一组伏拜叩首、站立稽首的人物，这组画像表现的是吊丧祭奠的场面。

图 37 中，车马前列一人俯身执盾迎接。车马队伍依次为骑吏、无帷轺车、骑吏、轩车、骑吏，最后还显露一马头，意为队列不止画面所现。车骑队伍上方刻七夔龙，间以云纹。夔龙或交颈嬉戏，或欢腾跳跃，活泼生动。

图 37 江苏睢宁县博物馆藏车马出行

（五）耕种纺织

汉画像石中表现的生产劳动的画面为我们了解当时的社会生产力、生产方式提供了真实可信的图像资料。“牛耕图”和“纺织图”颇具代表性。图 38 为睢宁双沟的“牛耕图”，该图刻画了在田间劳作的四人，一人扶犁耕田，一人在后面随墒播种，一人除草，一人在田间送饭。画面中的耕种方法为二牛抬扛式的“耦犁”，同时这幅“牛耕图”还表明，汉代的犁由犁辕、犁箭、犁床、犁梢和犁铧五个部分构成的。

图 38 江苏睢宁双沟镇出土的“牛耕图”

画像石的“纺织图”，一般表现三种主题：一是描写现实生活中的纺织场景，汉代几乎家家户户妇女都从事纺织，纺织和耕种一样，是社会的主要生产活动。二是历史故事，如孟母断杼和曾母投杼的故事，如山东武氏祠的“纺织图”下方有题记：“谗言三至，慈母投杼”。三是牛郎织女的神话故事，山东长清县（今济南大清区）孝堂山祠堂的纺织画像，织女坐在织机上，上有三星相连，为织女星座。“纺织图”补充了史书对纺织具体操作的记载不足，展示出两千年前世界最先进织布机的样式。以徐州洪楼祠堂画像石纺织图为例，可看到汉代的纺织的工序。如图 39 所示。

图 39 安徽萧县民间藏“纺织图”（局部）

东汉思想家王充说："如无所见，则无所状"，画像石中的乐舞百戏、车马出行、庖厨宴饮、六博蹴鞠、男耕女织等等，真实地再现了当时的生活情景。汉画像石中对于生活场景的刻画，弥补了史书中记载不周的缺陷，成为典籍文献的重要补充。

三、天上人间

在汉代的图像系统中，昆仑众仙，天帝诸神，伏羲、女娲共同编织出一个异彩纷呈、气象万千、神秘莫测的神话世界。在先秦及两汉时期的神仙观中，严格说来神与仙是不同的，神是上天赋予的神职，仙是通过后天修炼而成的。但一般生活中，人们多是神仙并称、泛称，并不特意区别。最高的神仙，昆仑有西王母，天界有天帝太一，先祖神有女娲、伏羲。

（一）昆仑众仙

昆仑神话是中国古代最完备的神话体系，"帝之下都"的昆仑山有天门九重，是诸仙聚集之山。昆仑又是"天地之脐"，它能把天地连接起来，天上、人间、地下三个世界经由这里互相交通，只有攀登到此处或穿过天门，才能获得不死和不朽。屈原描绘了梦幻登昆仑的情景："驾青虬兮骖白螭，吾与重华游兮瑶之圃。登昆仑兮食玉英，与天地兮同寿，与日月兮同光。"昆仑是一座神秘之山，是人们希冀中的仙界。

昆仑山万物尽有，充满神奇，其中不死树、不死之药、饮之不死的丹水，山中生长着贯通天地的世界树，如建木、扶桑、大木、寻木、珠树、扶木、青木、若木等等，"建木之下，日中无影，呼而无响，盖天地之中也"。神秘的西王母就居住在山中，是昆仑山的主神。图 40 中的"昆仑与西王母"很有代表性，画面中的昆仑山，层峦叠嶂，西王母头戴"胜"，坐于山顶，左右有青鸟和玉兔捣药，山下有九尾狐。

"海内昆仑之墟，在西北……面有九门，门有开明兽守之"，古书中记载昆仑山状如偃盆、形如芝菇，与天界相接，有天门九重。《楚辞·离骚》有："吾令帝阍开关兮，倚阊阖而望予"王逸注："帝、谓天帝。阍，主门者也。阊阖，天门也。"既有门，就有门的开启与进入的相关意义。画像石中有很多"启门图"，图像的构成大多为在半掩的门扉中，有侍者似在开门迎客。如图 41 所示，门扉半掩，双门间有一仙女倚门而立，仙女头梳双髻，肩有双翼，腿胫着甲（或鳞片），作迎候状。一般认为启门画像中开启的是通往仙界的门扉，启门者是生者与死者之间的传话人，并将为墓主人步入仙界引路。

图 40 河南郑州画像砖“昆仑与西王母”

图 41 四川芦山县王晖石棺“启门图”

图 42 画面为一组带斗拱的建筑，中央一人正半开门迎宾，门的左右两端刻一对朱雀作为守护，右面室内刻“西王母”戴胜凭几端坐，左面室内男女二人正在叙谈话别。画面主题非常明确，即经双阙进入天国，进入“天门”升天成仙，天国内为“西王母”的神仙世界。① 画面左端的二人叙别，过去都解释为“接吻图”，从人物动作的形态并结合图像的意义来看，解释为夫妇二人的生死离别前的告别更为妥当。

“天门”是人们幻想中的一种存在，汉画像石用形象具体的图像表达了一个虚幻而执着的神话信仰，半开的门扉是一个符号，象征着生与死两个不同的时空，

① 中国画像石全集编辑委员会：《中国画像石全集》（七），郑州：河南美术出版社，2000 年，图 111—114。

汉代人正是运用了这种时空想象来解读生命的延续。

图 42 四川荥经县画像石棺“启门图”

昆仑山上的众仙原本都是有具体名字的，由于《山海经图》的丢失，这些神的身份成为千古谜案。而主神和一些重要的神则因为反复被人们提及和长久膜拜而被记忆和刻画。

昆仑山门神——开明兽。开明兽身类虎，有九首，九首皆人面，东向立昆仑之上，瞪视昆仑，威慑百灵。开明兽所以有九头是因为昆仑共有九门。同时“九头”还有长生不死的寓意，汉代人认为，头象征着生命，头数量的多少代表了生命力的旺盛程度。将九头兽刻在墓室、祠堂、石阙上，就是祈求墓主或祠主升仙到昆仑山的意思。

昆仑主神是西王母。西王母的故事不断演绎，在汉代西王母已经成为掌管生死并无所不能的大神，西王母也是佛教传入之前中国的主神。关于西王母的模样，《山海经》中说“其状如人，豹尾、虎齿，而善啸”；《史记》中说其“皓然白首”“戴胜穴居”。传说中西王母居于昆仑之巅的天国，头戴“胜”饰，凭几而坐，周围常伴着玉兔和九尾狐，有三青鸟为西王母取食。西王母被视为长寿的象征并拥有长生不死药，“羿请不死药于西王母，姮娥窃以奔月”，嫦娥奔月故事的深入人心更让西王母的不死药成为许多人的执着念想，一些有权势财力的人就不断寻访不死药，秦始皇、汉武帝就是其中的两位。

汉画像石中的西王母，头戴胜饰，凭几而坐，并拥有华盖。华盖是王者身份的象征，也是古人升天所用的仙物。西王母头戴的“胜”是特殊的王冠，在汉画像石中，仅有西王母戴胜，或者说，图像中的戴胜者可以确定一定是西王母。如图 43 所示。

图 43 山东滕州桑村镇大郭村一号祠堂“西王母”

那么“胜”是什么呢？有人认为“胜”是纺织机上的构件“织縢”，是织机的卷经轴；也有人认为是起源于“织衽之鸟”戴胜，戴胜鸟每年从天上降临人间，宣布养蚕季节到来。不过，无论“胜”源于织机还是戴胜鸟，相同的都是与纺织有关。纺织是与女性有关的劳作，这也是西王母从山海经中虎齿豹尾无性别的神逐渐演变成后来的女性神的源流或伏笔，在《汉武内传》中西王母的形象是“文采鲜明，光仪淑穆……头上太华髻，戴太真晨婴之冠……视之可年三十许，修短得中，天姿掩蔼，容颜绝世”，尽管《汉武内传》是托名班固所著，但描写应该是符合当时人们心目中西王母形象的。东汉时期，在阴阳五行思想的影响下人们又给西王母配上了对偶“东王公”。

《史记》还记载了周穆王会见西王母。画像石周穆王见西王母如图 44 所示，图像中西王母位于画面的左侧，头戴胜饰端坐在悬圃之上，在缭绕的祥云中有玉兔捣药、青鸟等侍者；画面的右方刻一辆轺车，一龙四凤牵引，驰向西王母。车舆中的男子身着红衣，头戴通天冠，驭者戴长冠，双手勒缰绳驱车。车后还有一位羽人乘鹿随后。上栏画面的左右两端，对称的刻着日轮、月轮，“日东月西”象征着行进的方向，这个方向与《穆天子传》中的“西征昆仑丘，见西王母”是一致的。周穆王见西王母只是一个虚构的传说，但是在画像石的图像世界里，图像的作者凭借着丰富的想象力，把这个美好的故事具象到了可视的画面中，如此认真细致地无中生有倒也传递出一番动人的诚意。

西王母身边的近侍有玉兔、蟾蜍、青鸟、九尾狐、羽人等，这些神异动物，都是为了配合西王母的神性设置的，是图像中西王母世界的必要符号。捣药兔是西王母图像的重要标志，传说中，西王母有不死药，不死药是由玉兔来加工完成的。蟾蜍冬来则眠，春至则醒，为人们展现了一个不死的典范。昆仑山与世隔绝，只有青鸟来往其间为西王母取食，青鸟因此成为勤劳的象征，如李商隐的名句“蓬山此去多无路，青鸟殷勤为探看”就典出于此。而九尾狐因“狐死首丘”，被认为是表达了死者不忘其本，并庇荫九族、后世子孙昌盛的愿望。

图 44 陕西榆林神木大保当 M16 门楣画像“周穆王见西王母”

昆仑山的守护神是容成，据说容成发明了历法、善房中术，周穆王西征拜见西王母时曾经见过他。昆仑众神中有人首鸟身、人首蛇身、犬首人身、牛首人身、马首人身、双头兽身等模样的，这里简要介绍几位在汉画像石里出现过的上神。

画像石中的人首鸟身者为“句芒”，又有叫“王子乔”“千秋鸟”“灵鸽”等多种说法，经常出现在西王母身边。句芒是春神，主生，与西王母的“不死”神性一致。牛首人身者叫羅緬，有说炎帝、神农和蚩尤也都是牛首人身。人首蛇身者一是创世界神话中的伏羲、女娲，二是昆仑神话中的窫窳、延维或委蛇。汉代画像石中的伏羲、女娲一般都是做合体交尾状，而在昆仑神话中的人首蛇身，都是独立出现的。窫窳曾经被杀，是吃了不死药后复活过来，龙首人身的神人据说也是窫窳。犬首人身的叫犬封，据说盘古也是犬头人身。西王母身边的马首人身的神人据说是“蚕马神”。

（二）天帝诸神

汉画像石中在表现天的位置上，都有天帝太一、雷公、雨师、风伯、河伯等内容的出现，太一神源于东皇太一，是春秋时楚国信奉的主神，汉承楚风，尊太一。武帝时期，天帝太一成为当时的最高天神并得到隆重的祭祀。

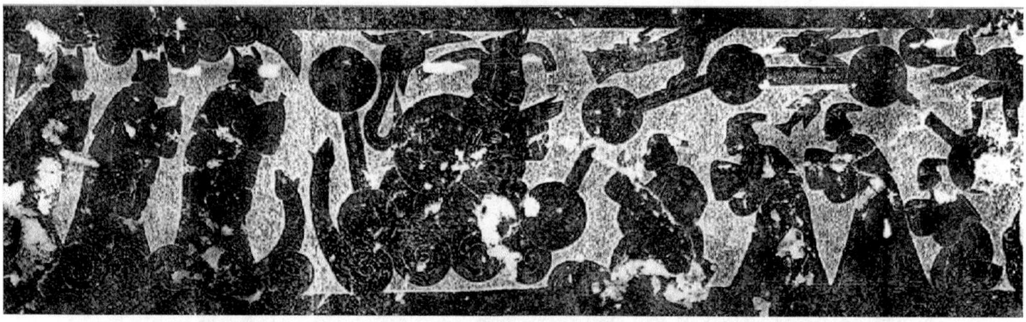

图 45 山东嘉祥武氏祠后石室第 4 石“斗为帝车图”

图 46 山东嘉祥武氏祠画像“太一神”（陈志农描图）

在汉代视觉图像中，北斗车是识别天帝太一身份的标示物。“斗为帝车图”，刻画的是北斗七星，前 4 星组成车舆，后 3 星组成车辕，没有车轮，斗车下有龙头祥云，意谓腾云驾雾而行，天帝太一神坐于斗车内接受叩拜。

汉代天神数量众多，除天神太一外，还有十六神，包括有雷公、雨师、电母、风伯、火神、水神、旱神、兵神等，这些天界诸神是汉画像石中的经常表现的题材内容。汉画像石中有一幅“天神出行图”长卷，画面中有鹤车、兔车、虎车、鱼车、鹿车、龙车、马车等9辆神仙坐的车辆，还有25位驾鹤、乘龙、骑虎的神仙护驾，表现出众天神出行时的盛大场面，图47所示。

图47 陕西榆林画像石“天神出行图”

接下来，我们来看看画像石里的诸位天神吧。雷公又称丰隆，形象有人形、虎面、龙首等几种。一般雷公出行都有风伯、雨师随行，并多有龙车的形象。古人认为雷为天鼓，雷鼓则成为雷神的特定符号。在民间传说中，天鼓由神龟驮负，乌龟也是雷神的部从之一，中原地区至今仍有民谣，“风来了，雨来了，乌龟背着鼓来了”，[①] 画像石中的龟驼鼓的形象与民谣完全一致。南阳汉画馆陈列的一幅雷公出行图，画面中刻三只翼虎牵引的雷车，车上树立建鼓，羽葆飘扬，车上有二羽人，车轮表现为云气纹，表现雷公在云中出游的情景。如图48所示。

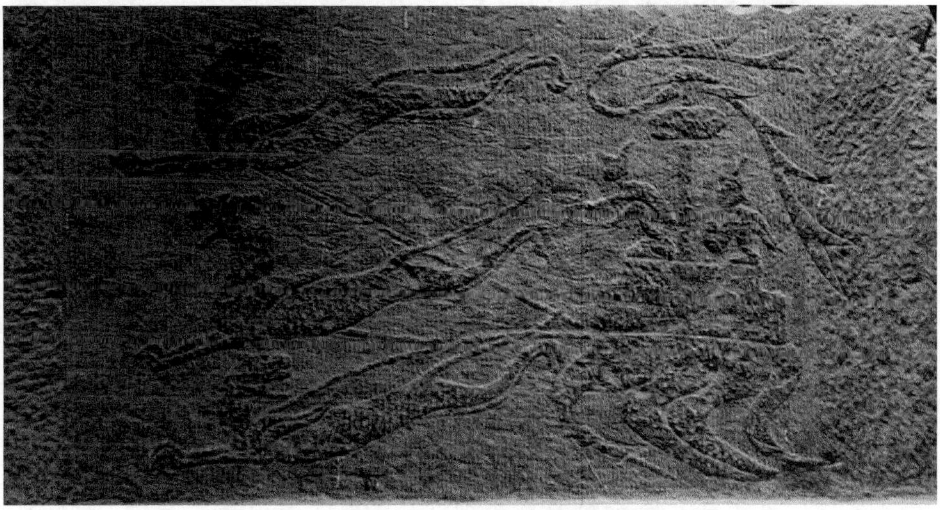

图48 河南南阳汉画馆藏“雷公出行图”

雨师的称谓有许多，如蓱、萍翳、屏翳、玄冥、赤松子、商羊、毕星等。其中关于神鸟商羊为雨神的描述尤有意趣“商羊者，知雨之物也；天且雨，屈其一足起舞矣”，“雨师者，商羊是也。商羊，神鸟，一足，能大能小，吸则溟渤可枯，雨师之神也”。可见雨师有时是鸟形神。

① 牛天伟，金爱秀：《汉画神灵图像考述》，开封：河南大学出版社，2009年，第95页。

风神又称风伯、飞廉，有说鸟形，有说“鹿身，头如雀，有角而蛇尾豹文”，有说“长毛有翼”。汉画像石中融合了先秦时期风神的种种特性，创造出“箕星鼓舌”与“风伯发屋”两种艺术形象。图 49 中雷公乘车击鼓，车由三翼虎牵引，翼虎前有一跪坐吹气者为风伯。

图 49 江苏铜山洪楼祠堂“风伯开道图”（局部）

河伯是水神，人面或人面鱼身。汉代河伯图都是以鱼车作为图像符号的。图 50 为徐州汉画像石艺术馆收藏的一幅“河伯出行图”。三条大鱼挽引一车，车舆上坐着两人，前为驭者，后为河伯，车舆上的华盖为两条鱼组成，鱼车下一条巨龙，将鱼车引入天空遨游。画像中的龙和鱼都是象征性符号，表示河伯“乘水车兮荷盖，驾两龙兮骖螭”的神性。图 51 为武氏祠的“河伯出行图”或称“海神出战图”中，河伯乘坐三鱼云车，其随从有骑鱼神人、蟾蜍、鼋龟等，反映了河伯出行时有使者护卫的壮观情景。汉画像石中刻雷公、雨师、河伯的图像是为了祭祀以求雨。

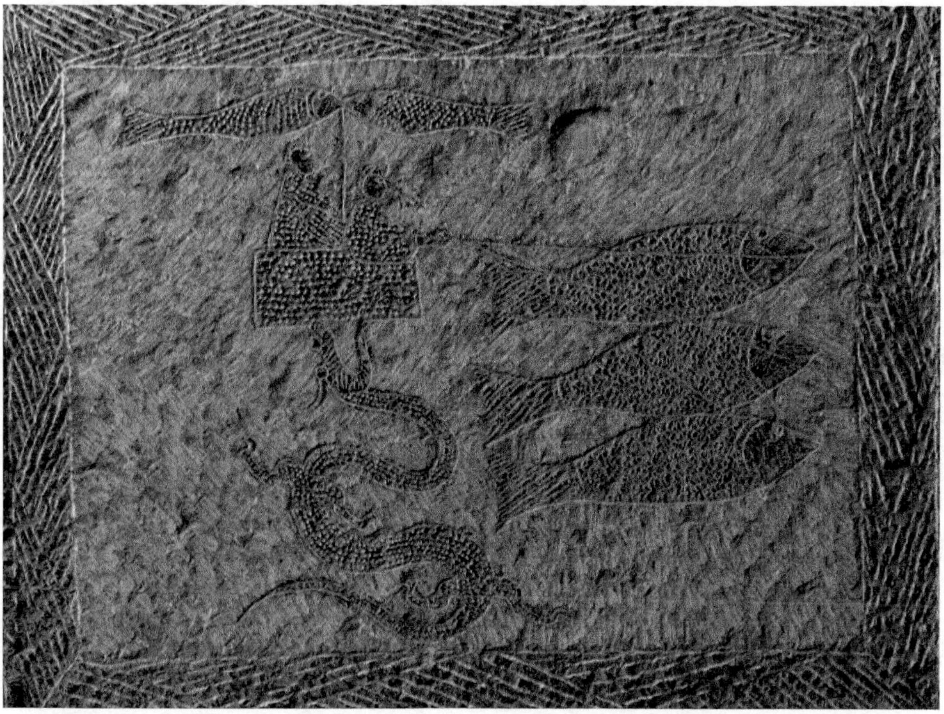

图 50 江苏徐州汉画像石艺术馆藏石椁墓画像“河伯出行图”（局部）

图 51 山东嘉祥武氏祠左石室屋顶后坡“河伯出行图”

（三）伏羲女娲

天界的主神是天帝太一，仙界的主神是西王母，人界的主神是伏羲、女娲。

伏羲、女娲本是远古的帝王，“三皇者何谓也，伏羲、女娲、神农是也”。[①]伏羲的出现比女娲晚，他们结为一对，同被尊称为中华民族的始祖、祖先神。女娲曾抟土造人，后来在“四极废，九州裂，天不兼覆，地不周载，火炎而不灭，水浩洋而不息。猛兽食颛民，鸷鸟攫老弱”的远古之时“炼五色石以补苍天”。汉代人祭祀伏羲、女娲，认为他们是具有超能力的人类始祖。女娲曾抟土造人，汉代人将女娲看作繁衍后代的生育之神。

在汉画像石中伏羲、女娲的图像特征是人首蛇身，手捧日月或手持规矩。在图像的传播中，人首蛇身是伏羲、女娲的象征符号。画像中的伏羲、女娲造型变化多端，以突出他们不同的神性方面。如伏羲、女娲手持规矩出现，规和矩是两种创造性的工具，象征着他们“象天法地”、制备万物的开创性神职；如伏羲、女娲各日、月出现，表示他们为日神和月神，象征和突出他们“阴阳共理”的神职；如图像突出伏羲女娲交尾、接吻的动作，则表示其生殖繁衍的指向，显示其“造人”的神职；伏羲女娲手持鼗鼓、排箫，则显示其“乐神”的职能，据说女娲发明了箫和笙簧，伏羲发明了鼓和琴瑟。

在伏羲、女娲的各种画像中，以人首蛇身交尾、手执规矩或捧日月的形象最为多见。蛇身而纠缠有两方面的象征意义，一是性的崇拜，作为性激情和繁衍的象征，表明了其作为创始神的形象，“尾有雌雄，常不离散”（《公羊传》），“子孙繁衍，于尾，明当后盛也”（《白虎通义》）。徐州汉画像石中伏羲、女娲交尾图刻画出清晰的男性生殖器，如图 52（2）所示，四川郫县（今成都郫都区）石棺伏羲女娲刻成上面搂抱接吻，下面两尾紧紧相缠，图 53（1）所示；四川璧山一号石棺上的伏羲女娲交尾图表现的是两只蛇插入男女的生殖器中，如图 53（2）所示。二是神性的象征，远古传说中的“神”“神人”或“英雄”，大都是“人面蛇身”，如黄帝、烛龙、共工等。《山海经》中多处把蛇的形象与神人联系在一起。为了表现伏羲、女娲的神性特征，其身体均为人首蛇身。伏羲女娲交尾的画像，不仅表明了二者对偶神的关系，同时也表达了人们对生殖的祈愿。图 52（1）为徐州睢宁双沟镇发现的伏羲、女娲交尾图，在两人的身旁还刻了两个人首蛇身的小人，表示是其繁衍的后代。

① 陈立：《白虎通疏证》，北京：中华书局，2007 年，第 49 页。

图 52（1）

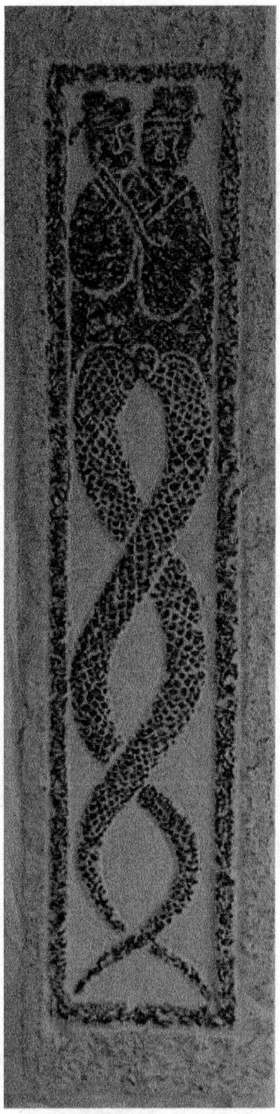

图 52（2）

图 52 江苏徐州汉画像石中的蛇身交尾的伏羲、女娲

图 53（1）

图 53（2）

图 53 四川郫县（今成都郫都区）石棺、璧山石棺执掌日月的“伏羲女娲”

图 54 山东嘉祥武梁祠执掌规矩的“伏羲、女娲”

汉画像石中还有巨人怀抱伏羲、女娲的奇怪图像，有时在画像左右上方还各刻画一只凤鸟，如图 55 所示。据说这位“巨人”就是“高禖神”，高禖，又称郊禖，因供于郊外而得名，“高禖神”是成年女性，具有孕育状，是管理婚姻和生育之神。早在先秦时期，中原各国就有祭祀高禖神的习俗。古代行高禖之祭的时间是“仲春之月”，也就是玄鸟（燕子）到来之时，所以“高禖”图像上常会刻有凤鸟。汉画像石中高禖形象总是与伏羲、女娲以三位一体的图式出现，并不单独出现。高禖神形象的如此构造及呈现也反映了当时人们的宇宙观。

图 55 高禖图 江苏徐州汉画像石

四、星河千帆

在世俗百态的人间与奇幻瑰丽的神界之间，只有时间和瑞应。时间穿越它们，令沧海桑田翻覆；瑞应连接它们，托天象祥瑞变幻。瑞应，又称符瑞、祥瑞。中国早有瑞应思想，“天命玄鸟，降而生商”，当时的人们认为上天派玄鸟创造了商朝，玄鸟就是连接上天和人间的祥瑞媒介。“天生神物，圣人则之；天地变化，圣人效之；天垂象，见吉凶，圣人象之；河出图，洛出书，圣人则之。”这是《易传·系辞上》的话。到了汉代，人们笃信“天人感应”，汉后期“谶纬之学”“五德终始说”流行，更将瑞应视为皇权更替、国家兴亡的征兆。人们崇拜和敬畏神秘的自然万物，希望以崇敬之心得到神的庇护；人们同时也相信，一切都在时间河流之中，一切往来交集、生死爱恨，在冥冥中早已经注定，天象和神物只不过是将拟定的行程从暗昧中昭示出来。

（一）祥兽瑞草

汉代有官方颁布的《祥瑞图》，符瑞现象必须“合于图书”，后来《祥瑞图》的内容保留了下来但图像部分却遗失了，而汉画像石部分地保存了这些失去的珍贵图像，如麟、凤、龙、玄武、白虎、连理木、嘉禾、比肩兽、比翼鸟等等。除官方认可的祥瑞图，还有民间流传的谐音祥瑞图，如以羊为祥、以鹿为禄、以雀为爵、以猴为侯、以桂为贵等，吉祥、福禄、侯爵等愿望都以谐音的图像表现出来。

在经过复原的武氏祠，可见的祥瑞图像有23种，分别是蓂荚、黄龙、麒麟、神鼎、狼井、玉英、六足兽、白虎、银瓮、比目鱼、白鱼、比肩兽、比翼鸟、玄圭、璧琉璃、木连理、赤熊、玉马、金胜、泽马、白马、渠搜、白鹿[1]。武氏祠祥瑞图是由图像和榜题两部分组成的，榜题与流传下来的失去图像的《宋书·符瑞志》基本一致。

神鼎，为三足贯耳鼎，能“知吉知凶，能重能轻。不炊而沸，五味自生。王者盛德则出”。

麒麟，“仁兽也。牡曰麒，牝曰麟。不刳胎剖卵则至。麕身而牛尾，狼项而一角，黄色而马足。含仁而戴义，音中钟吕，步中规矩，不践生虫，不折生草，不食不义，不饮洿池，不入坑穽，不行罗网。明王动静有仪则见”。

萓荚，“夹阶而生，日生一叶，从朔而生，望而止，十六日，日落一叶，若月小，则一叶萎而不落，尧时生阶”。

① 蒋英炬，吴文祺：《武氏墓群石刻研究》，济南：山东美术出版社，1995年。

比目鱼，为一条宽腹双头的怪鱼，“王者德及幽隐则见”。即最高统治者英明睿智，洞察一切，比目鱼就会出现。连理木是为上部结为一体的树木。“王者德纯洽，八方为一家则连理生”，即只有最高统治者道德高尚精纯、天下和睦如一家时连理木才会出现。

莲莆，“一名倚扇，状如蓬，大枝叶小，根根如丝，转而成风，杀蝇”，象征吉祥又有云：“孝道至，则莲莆生庖厨”。

獬豸是神羊，羊历来被认为是吉祥的象征具有辟邪升仙的作用，羊还代表着公平正义，能别曲直。

武氏祠的这种以图摹物作为象征、以文释图作为意义的图文并行，将符瑞物事与帝王德行明晰对应的祥瑞图模式，对后世的影响很大，敦煌《瑞应图》残卷也是这种模式。

图 56 山东嘉祥武梁祠祥瑞第一石“神鼎”“麒麟”“黄龙”（《金石索》木板摹刻）

图 57 山东嘉祥武梁祠祥瑞第二石“比目鱼”“比肩兽”“比翼鸟”

图 58 浙江海宁汉画像石墓“凤凰”“蓂莆”“麒麟”“龙”

图 59 江苏睢宁九女墩画像石上的“麒麟”“灵芝”“羽人”“九华灯”“蓂莆”

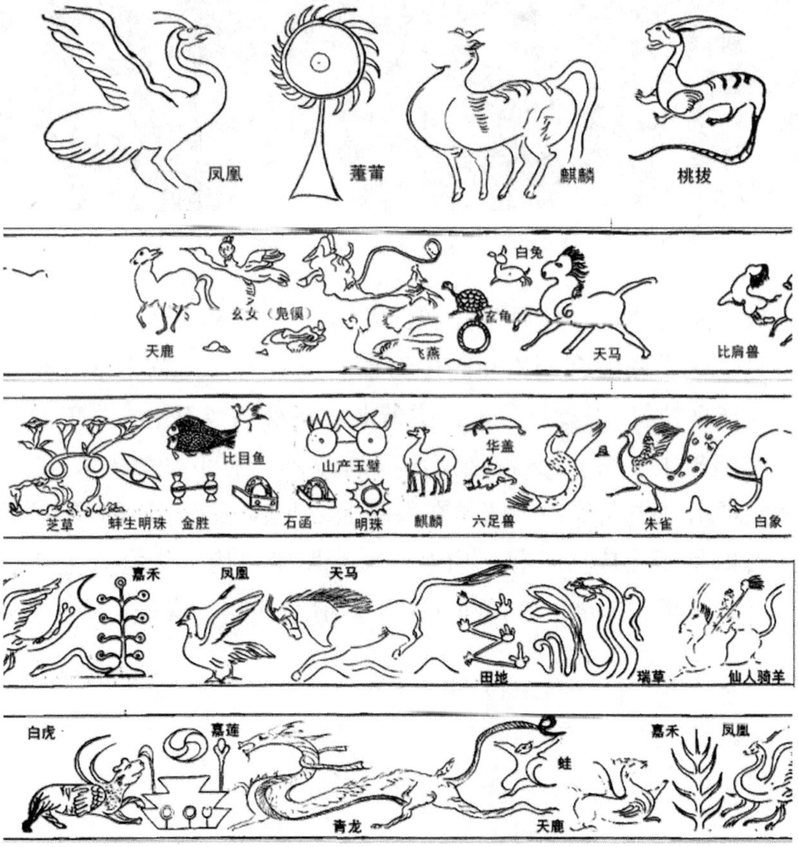

图 60 浙江海宁汉画像石墓中的“祥瑞图”

甘肃成县的“五瑞图”是摩崖石刻《西狭颂》的图像部分。《西峡颂》正文385字，文中赞颂武郡太守李翕修通西峡阁道的事迹，五瑞图与西峡颂有互文关系。颂文前的配图中有甘露、嘉禾、木连理、白鹿、黄龙五种祥瑞，故这幅摩崖画像称为“五瑞图”，如图61所示。

图61 甘肃成县的“五瑞图”（《金石索》木板摹印）

鸾凤交喙、凤鸟交颈、龙凤呈祥和比翼鸟、连理木等表达爱情和姻缘的祥瑞图像也较多见。这类图像多刻绘在画像石墓的寝室内，寓意多是“在天愿为比翼鸟，在地愿为连理枝”，夫妻恩爱，白头偕老。在汉画像石中，牛郎织女已经塑造出可视的艺术形象了。图62为河南南阳汉画像石“牛郎织女图”。画像右端有一牧童回首持鞭牵引一牛，当为牛郎，在牛郎上方刻有三星相连的“牵牛星座”，在画像左下角有四星相连成房子状，内有一女子踞坐，应为织女。另外，画像中还刻有毕宿和白虎星座。画是星象，却在拟人，情在其中，情景相生，巧妙自然。

图 62 河南南阳汉画像石“迢迢牵牛星”

汉代五行学说盛行，人们照着阴阳五行给东南西北中配上五种颜色，而每种颜色又配上一个神兽与一个神灵，这就是：东青龙、西白虎、南朱雀、北玄武、中央黄色配麒麟。青龙、白虎、朱雀、玄武称为四神，麟、凤、龟、龙、虎被称为五瑞。其中的“玄武”是一种龟蛇合体或龟与蛇交的形象，在表示方位神时称玄武，在表示瑞应时还是称龟。麟、凤、龟、龙并称四灵，汉画像石中的玄武往往刻成龟蛇缠绕的样子，夸张了龟的四肢，形成了神龟的样子。

（二）龙凤呈祥

龙凤是中华民族和中华文化的象征，是先人崇拜的神兽、瑞鸟，龙与凤配合、对应的情形，广泛地流行于民众之间，寓意多是阴阳和谐，婚恋美满，求吉祈福。汉画像石“龙凤呈祥”，如图 63 所示。画面庄重大方，粗犷豪放，流畅自如，中间刻擎天石柱，左面刻一对凤鸟交颈，右面刻一对青龙嬉戏。龙被称为“鳞族之长”“众兽之君”，凤是“羽族之长”，有“百鸟之王”之称，龙有喜水、好飞、通天、善变、灵异、征瑞、兆祸、示威等神性；凤有喜火、向阳、秉德、兆瑞、崇高、尚洁、示美、寓情等神性。龙和凤两者的互补和对应关系结合起来，便“龙凤呈祥”了。

在汉代，龙既是一种瑞物，又可乘之升仙。古代神人多乘龙而行，如祝融乘两龙，颛顼乘龙而至四海，黄帝乘龙而升天。龙在汉代五行观念中又被视作代表东方的神兽。汉画像石中的龙，可以分成两类，一类继承秦代的造型，躯干像大蛇，另一类则像猛兽。西汉的蛇体龙头部被着意刻画，龙头部的造型就是在西汉基本定型的，后世的龙头再也没有突破这个格式。在西汉晚期，出现了一种像猛兽的龙，这些龙身上都有翼。虽然东汉二百年间，兽体龙蔚为壮观，但如蛟龙穿壁之类升腾变化的题材中都是蛇体的龙。

图 63 龙凤呈祥 徐州汉画像石馆藏

图 64 龙凤呈祥图为浅浮雕，上部刻三条身体弯曲的龙，中部刻二凤鸟引颈交喙，下部为一长尾大冠的凤鸟。图 65 龙凤嬉戏图为弧面浅浮雕画像石，画面分三格，上格刻三虬龙奔腾嬉戏；中格刻二凤鸟交颈嬉戏，两侧上方各有一只雏鸟；下格刻一凤鸟昂首展翅欲飞。图 66 龙凤图为半圆形，分为上下两格，上格中间刻长青树，两边刻凤鸟、飞鸟；下格刻二龙穿璧。

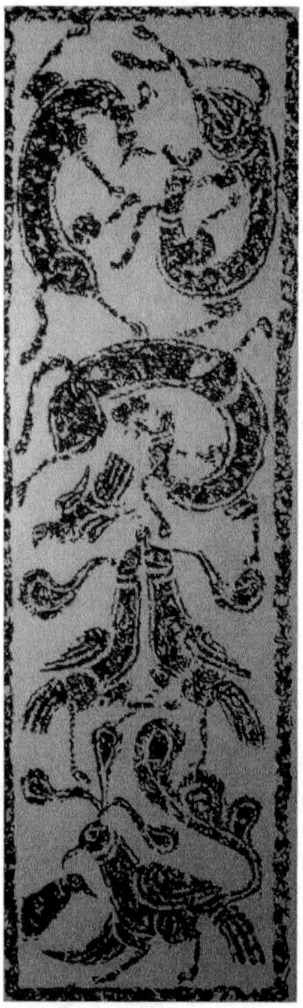

图 64 江苏徐州利国汉墓龙凤呈祥图

图 65 锅山石墓龙凤嬉戏图

图66 江苏徐州汉画像石馆藏“龙凤图”

（三）天象玄机

汉画像石中的天象图并不是科学的星象图，而是反映汉代人们观念形态，与汉代政治的“天人感应”“阴阳五行”有直接的关系。天象图多刻绘在墓室顶部，太阳、白虎、长虹等为白昼天象，表示阳，一般为男主人葬室；刻绘月亮、星辰，为夜晚天象，表示阴，一般为女主人葬室。画像石中的天象图是一种符号，是根据占星术“以纪吉凶之象”的征兆图，选择的都是其中的吉祥天象，如“日月同辉”“日月合璧”“七星政明”“苍龙戴月”“除秽布新”等。

日月同辉是一种祥瑞象征，汉画像石中表现这一天象的最多。图像大致相同，日在东、月在西，日的表现是金乌载日或日中金乌，月的表现是月中有玉兔或蟾蜍。山东滕州出土的“日月同辉”画像石中，画面左端刻青龙缠月，月中有玉兔、蟾蜍，右端刻一金乌载日，日中有天狗、三足乌，日月两侧有人首蛇身的常羲和羲和。这个天象的出现时机是：“天子者，与天地参，故德配天地，兼利万物，与日月并明，明照四海而不遗微小。”中国的唯一一位女皇武则天生造了日月当空的“曌”字，其中多少也包含着自己能有“兼利万物，明照四海而不遗微小”的期许吧。当然，人们更普遍也更直接地将这个天象视为吉祥，象征着天地间最重要的“阴阳调和”。

图 67 为“日月合璧图”。这类图像多为金乌背负日轮，日轮中刻一蟾蜍，或图像中两圆重合如璧，象征太阳的“三足乌”与象征月亮的“玉兔”都刻在内圆中，这两个阴阳符号同时出现并叠合，代表日月两个天体的重合。还有的画像中画两鸟同身，鸟身有玉璧形圆日，日中有圆，圆内有玉兔。也有画面中间为一双重圆，内圆刻一蟾蜍，外圆有放射线条，表示日晕，画面四周有青龙、白虎、朱雀、仙人、祥云等内容。[①] 所谓“日月合璧”，是古人观测到的日月交食的现象，指月球运行到黄道、赤道交叉点附近与太阳重叠，造成的日环食。日月交食在汉代被视为祥瑞之兆，《后汉书·天文志》说：“三皇迈化，协神醇朴，谓五星如连珠，日月若合璧。”《淮南子·天文训》也说：“日者阳之主也，月者阴之宗也，阴阳合和而万物生。”这两本都是反映汉代人们思想观念的重要古籍。

图 67 山东泰安县大汶口画像石“日月合璧图”

“七星政明”中的“七星”是指北斗星中的天枢、天璇、天玑、天权、玉衡、开阳、摇光七星，按“天人感应”说，天上七星即人间七政，七星明亮被称为“七星政明”。在民间的传说中还有“七星高照”的说法。北斗是星占中最为重要的天象，在实用天象中，它可以辨方向、知季节；在人文天象中，北斗星又有着许多象征意义，主寿、司杀、辟兵、分野等等，是一个神性杂多的万能之神，人们赋予北斗星许多哲学意义和宗教内容。东汉时人们认为北辰司掌世人的福禄寿数，

① 中国画像石全集编辑委员会：《中国画像石全集》（2），济南：山东美术出版社，2000 年，图 80。

因此祈求北辰可以免疾延寿。

图 68 为南阳麒麟岗画像石墓“天象图”，画面以头戴“山形冠”的“天帝太一”为中心，右刻青龙、左刻白虎、上刻朱雀、下刻玄武；右端为东，刻人首蛇身的日神“羲和”及北斗七星；左端为西，刻人首蛇身的月神“常羲”及南斗六星，画间饰以密集的云气纹。青龙、白虎、朱雀、玄武四象为二十八宿的象征。这幅图像实际上是“二十八宿环北辰”的艺术表现。天象图的左右两端，刻画的是北斗七星和南斗六星，如图 69 所示，南斗与北斗在民间信仰中占重要地位，北斗主死，南斗主生，在这幅图像中同时刻画了南斗与北斗，这与实际的天象是不符的，只是表示一种众星环拱的象征意义。

68（1）

68（2）

68（3）

图 68 河南南阳麒麟岗画像石墓“天象图”（1. 描图；2. 拓本；3. 照片）

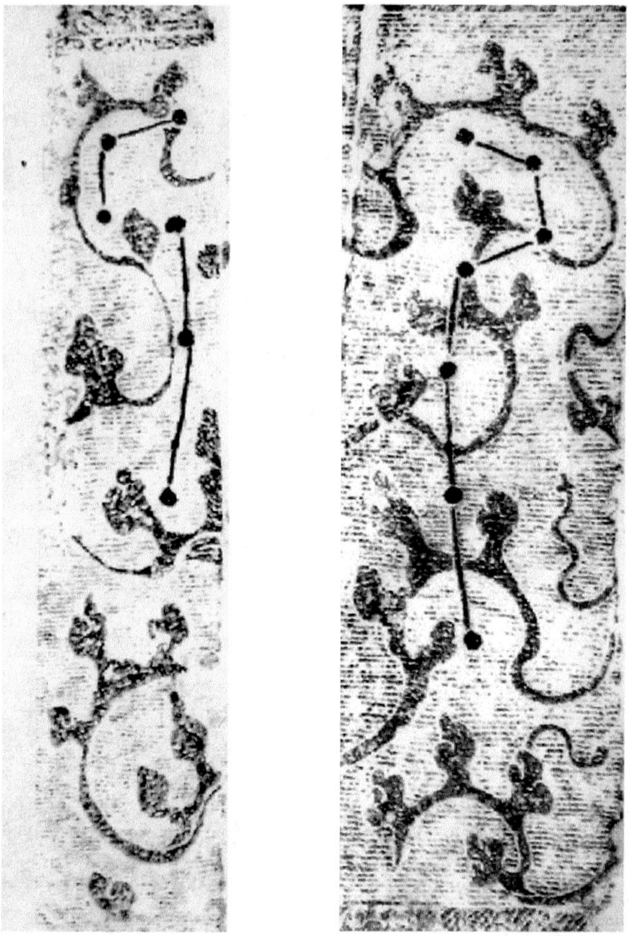

图 69 河南南阳麒麟岗画像石墓“北斗七星”和“南斗六星”

“苍龙戴月图”是表现的是昧旦时东方天空的星象。昧旦是指鸡鸣后天将亮的一段时间，这时候月亮运行到东方苍龙七宿，就出现了“苍龙戴月”的吉祥天象，或称“苍龙行月”，如图 70 所示。苍龙图的尾部上方有六颗星，为苍龙星宿中的尾宿，尾宿象征着子孙繁衍，汉代妇女有祭拜尾宿的习俗。

图 70 河南南阳画像石“苍龙行月图”

“除秽布新”中的主角“彗星”的出现是一种特殊天象，在地球上能够观察到它出现的次数并不多。中国是世界上对彗星观测记录最早、最多、最系统的国家，《春秋》记载在公元前 613 年“秋七月，有星孛入北斗”，是公认的“哈雷彗星”最早的确切记录。据《后汉书》记载，从公元 6 年到公元 220 年的 215 年中，彗星（孛、蚩尤旗）共出现过 23 次。彗星又称为孛星，“孛星者，恶气所生，为乱兵，其所以孛德”，“蚩尤之旗，类彗而后曲，像旗。见则王者征四方”（《后汉书·天文志》）。南阳王寨汉墓的“彗星图”，如图 71 所示[①]，画像西面刻有金乌载日，东面刻月中蟾蜍，日月之间有六星相连，月亮右边又有六星相连，此星宿旁边刻画两颗彗星尾特长而弯曲，形似蚩尤旗的彗星。古人认为，彗星的出现为不祥之兆。但在对战争的解释中，兵伐无道，除旧革新，彗星的出现又可以看作是祥瑞之兆了。《淮南子·兵略训》载：“武王伐纣，东面而迎岁，至汜而水，至共头而坠，彗星出，而授殷人其柄。”《后汉书·天文志》载：“故《秦史》书始皇之时，

① 《中国古代天文文物图集》，北京：文物出版社，1980 年，第 23 页。

彗孛大角，大角以亡，有大星与小星斗于宫中，是其废亡之征。”因此，汉代彗星的出现有“除秽布新”的意思，在汉画像石天象图中刻有彗星天象也是对逝者重获新生的祈愿。

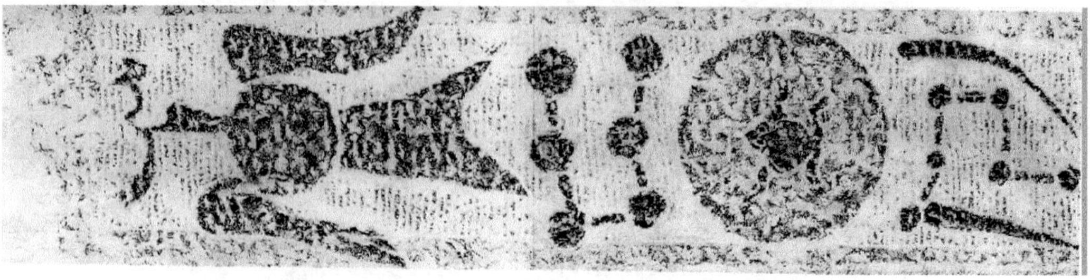

图 71 河南省南阳王寨汉墓的“彗星图”

在天象图之外，重要的瑞应图像还有“泗水取鼎”，这是一幅有多重意义的图像，看似描绘了一个现实故事，却又是一个象征意义极为浓厚的瑞应图像。

（四）泗水取鼎

“泗水取鼎”是汉代广为流传的历史故事，因为司马迁在《史记·封禅书》和《秦始皇本纪》中对这段故事的记载，人们对故事的本身并没有产生过怀疑，而后来附会在捞鼎过程中产生的奇异现象，使这段与皇权政治有关的神奇故事始终被笼罩在一层神秘的气氛当中。人们依据传说文本创作的“泗水取鼎”图，是汉代图像中最具典型意义的象征画面。

大禹治水成功后，收“九牧之金”铸“九鼎”，禹的本意是“铸鼎象物”，使百姓识得和避开魑魅魍魉。但后来“九鼎”成为天下共主的象征，每个朝代的嬗迭更迭无不以拥有“九鼎”为其政权的合法性的证明。从夏代开始，“九鼎”被帝王珍藏在庙堂里，成为传国重器，以至鼎的轻重不可随意打听。问鼎之心被视为窥觎王权的不恭行为。

“楚王问鼎”的故事中周朝使臣王孙满的一段话凸显了“九鼎”的神性：“桀有昏德，鼎迁于商，祭祀六百，商纣暴虐，鼎迁于周……”（《左传·宣公三年》），随着“九鼎”的失去，西周也宣告灭亡。可见，九鼎是极有神性的宝物，自己会决定去留。

秦昭王从周王室取出九鼎，迁鼎途中“其一飞入泗水”，而秦取九鼎由黄河入渭水，根本不需要经过泗水，一鼎平白无故飞入泗水怎么看都是不祥之兆。公元前 221 年，秦统一中国，然而“九鼎”得而不全，成为秦始皇的一大心病。秦始皇第一次出巡时，在泰山完成祭天大典后就专程来到彭城的泗水之滨，组织人力打捞周鼎，但“使千人没水求之，弗得”。这个故事在民间传说中更为神奇，说秦始皇时在泗水之滨看见鼎现于水面大喜过望，立即叫人打捞，就在人们将要捞鼎出水面之时，鼎中突然出现一龙“啮断其系”，鼎落水中，不复见。而鼎所落的泗水正是后来汉高祖刘邦的出生地。

“泗水取鼎”的传说并不是一般的奇异故事，它包含着深层次的政治意义。作为神权象征的九鼎，“王者兴则出，衰则去”，鼎出泗水而又失落，是一种征兆，泗水取鼎故事中包含着“天授神权”“五德终始”“谶纬神学”“瑞应征兆”等多重意义。画像石中将神鼎的出现作为瑞应的表现，无疑是站在那条“啮鼎系”的龙的一边的，这条龙在取鼎故事中是最为关键的象征符号，龙有天子的含义，“泗水取鼎图”中的龙无疑是指汉高祖刘邦。以此观之，则取鼎图或曰“升鼎图”暗含有“见龙在田”的利好及“飞龙在天”的指向，意味着升仙有望的祈求。

图 72 为山东邹城卧虎山出土的画像石“泗水取鼎图”，最上层一人应是秦始皇；第二层刻画六人应是官员，都在观看取鼎；第三层为取鼎现场，河面上有两人乘舟以手托鼎，河岸两边各有两个人以绳拉鼎，鼎中有一龙头探出。图像刻画的正是龙探头咬断绳索的紧张场面，左边的拉鼎者因绳断失重向后摔倒。图 73 为徐州贾汪汴塘出土的“泗水取鼎”画像石，刻画的也是鼎已升出水面，鼎内突然探出一龙头咬断鼎绳的紧张瞬间。

图 72 山东邹城卧虎山画像石椁“泗水取鼎图”

图 73 江苏徐州贾汪汴塘“泗水取鼎图”

五、时间 / 空间

汉画像石图像不但在内容题材上丰富多彩令人赞叹，在构建手法上也精彩纷呈。穿越的时间、贯通的空间，在构图布局中绽放，在线条造型中实现。生死被超越，时间空间化，空间具象化，这些具象的图画不但使两千多年前的那个朝代历历在目、活色生香，而且甚至将我们领入了一个通往无碍的时间与无障的空间的通途。

在整体感受上，汉画像石图像的繁密充盈、热烈奔放给人留下了深刻印象。图像中台阁车马充天塞地，空白处还要填以飞鸟走兽，然而又主次分明，繁而不乱，密而不窒。如九女墩画像石的“桥梁图”，桥上车骑奔驰，桥下渔舟穿梭，画面已安排得满满当当，又在车骑上空填以云鸟，而正是在云鸟的衬托下，桥的稳重、车马的急驰显得特别突出，如图 74 所示。这种空间处理的上的繁密是汉代人“以大为美”审美思想的体现，“非壮丽无以重威”“充实之谓美”，一种恢宏博大、蓬勃争竞的时代气派在这“满”中体现出来。

图 74 江苏睢宁九女墩画像石“桥梁图”

汉画像石中的线条运用也已经达到了非常高超的水平，特别是在人物画上，有了准确的结构比例，可以看出画工的写实基础。如安徽亳州董园村曹氏家族墓中的亭长、武士像，画面纵 175 厘米，人像的高度与真人相仿。画像人物衣带临风飞扬，飘逸洒脱；流畅的线条表现出衣服褶纹的飘举，盈盈若舞，可以看出后来魏晋绘画中的“铁线描”的风姿。

汉画像石图像中甚至还有分明可归类为“现代派”绘画的图像。如九女墩画像石“侍者献食图”，在表现侍者毕恭毕敬捧食进奉的面部表情时，刻绘者在其侧面的脸部刻画了一双正面的眼睛，或者说是给正面的脸部画了一只侧面的鼻子，侍者左顾右盼的情态被充分地表现了出来。“侍者献食图”将对人物多个角度的不同视像画在同一形象之中，把正面不可能看到的侧面用重叠的方式表现出来，采用的正是当今绘画语言中的立体主义表现方法。汉画像石的这种“立体主义”表达并不是一个孤例，在表现人物的动态时，往往采用这种表现手法，如徐州汉画像石中的“男女接吻图”、安徽褚兰画像石中的“织女接吻图”，在表现人物接吻的时候，正面的脸部与侧面的口舌同时呈现，画面表达的是作者的意象感受，而不是客观事物的真实再现，图 75 所示。

图 75（1）

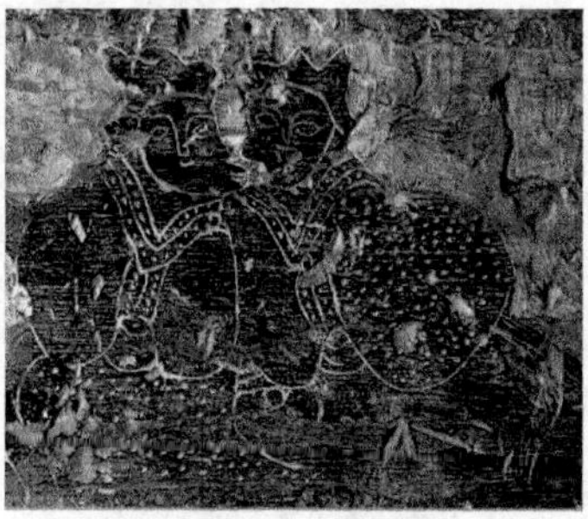

图 75（2）

图 75（3）

图 75（1）江苏省睢宁九女墩侍者献食图（局部）；图 75（2）江苏省徐州汉画像石馆藏男女接吻图；图 75（3）安徽省褚兰画像石“织女接吻图”

汉画像石作为一种精神寄寓处所，作为一种艺术表现形式，既体现了诗经以来的现实主义传统，更体现了汉代在文化上尽承楚制的丰神俊貌，飞扬高蹈的时代气象、繁细有序的仪礼风范、瑰丽奇幻的神仙传说，灵动恣肆的描摹手段，至今令人叹为观止。“大象其生，以送其死”，这是汉画像石的建构主旨；“生当何如、死当何归”，这是汉画像石的核心内容。圣贤、义士、孝子、列女；乐舞、饮宴、战争、祭祀；仙山、神人、瑞兽、不死药；情爱、游戏、瑞应、升仙……汉代人的习俗礼仪、社会生活、思想意识等方方面面都在画像石中交织起来，对照汉代留下的和关于汉代的文字文献，一种图文互构、互通、互补、互释的关联被开启了，一个更有画面感、具象性、生动性的汉代出现在我们眼前。

在中国文化中，往古来今谓之“宙”，四方上下谓之“宇”，这种有元心而无羁绊、思接千载、开阔纵横的精神气度在汉画像石的艺术表达中得到了取精华、超浓缩的体现。在这里，空间和时间因生死之界的连通而成为可以往来遨游的一体，时间被空间化了。

事实上，对所有有生灭的事物来说，时间总是被空间化的，我们总是也只能是通过空间才能感知时间的存在以及它的流动。汉画像石的特别在于，它的空间里空气的养分如此充沛，时间的密度如此精致而稠密。“天接云涛连晓雾，星河欲转千帆舞。”汉画像石正是人生星河中生死转换时空的千帆之舞，纷纭纵横，奇诡瑰丽。

“唯诸观者，深加爱怜，寿如金石，子孙万年，牧马牛羊诸僮，皆良家子，但观耳，无得刻画，令人寿。”嘉祥许安国祠堂题记中的一段话明确告诉我们，汉画像石的观者除了是死者，还有众多生者。汉画像石里留存着汉代人对另一个世界的构建，留存着汉代人对于生命永恒的渴望，他们虔诚地将对个体生命的理解与对宇宙的思考融合在一起，现实理想化，时间空间化，这是一个严肃的浪漫过程。

图 76“石铭史诗”

画里画外：版画的社会性形态 *

Interpretation Of The Image: The Social Form Of Traditional Chinese Woodcut Prints

韩　雪 **

Han Xue

摘　要：在没有现代印刷复制技术的中国古代社会，版画是最重要的视觉景观复制技术，它的图像写实能力为中国社会的历史发展留下了许多珍贵的视觉文献资料，为今天的人们研究古代的社会空间和生活形态提供了确凿的证据。版画是中国古代最常用的历史记录与文化表征的手段，也是目前留下数量最多的写实图像品种，这些留存下来的写实版画作品中含有大量的历史信息，需要我们科学地解读和精心地保存。本文仅从古代留存的几幅反映地标景观的版画中考察自然地理的变迁情况、城市地标性建筑物最初的模样和几毁几建的过程，以及近距离地考察古代城市的市井商贾、风土民情。历代版画中留下的历史印记，是研究历史的宝贵财富。对版画的历史研究，不应局限于版画本身的艺术意义阐释，而是要更多地把目光投射到版画中所散发出来的历史信息上，通过对版画的社会性形态的分析研究，对“历史原境”进行重构，释解历史版画中所蕴含的自然地理、文化经济与社会历史的时代意义。

Abstract: In ancient China without modern printing and reproduction technology. Traditional chinese woodcut prints is the most important visual landscape reproduction technology. The ability of prints realism has left a lot of precious visual documents for the historical development of Chinese society,those documents provide conclusive evidence to study the ancient social space and life form.Traditional chinese woodcut prints is the most commonly used means of historical record and cultural representation in ancient China.

---

* 本文写作得到王福康先生和徐小蛮女士的热情帮助，特布谢忱。本文系国家社科基金一般项目“中国图像传播史研究”（20BXW053）阶段性研究成果。

** 作者简介：韩雪，女，南京大学历史学院博士研究生。

It is also the most realistic image variety left at present. There is a great deal of historical information in these prints. We need to scientifically interpretation and carefully preserved. This article only from ancient retained a few reflect the landmark of prints in the changes of natural geographical conditions, The initial appearance of the city’s landmark buildings and the process of several reconstruction. A close look at the ancient city merchants and local conditions. The historical imprint left in the prints is the precious treasure of studying history. The history research of prints and should not be limited to the engraving art meaning interpretation itself. Instead, they should focus more on the historical information emanating from the prints. Through the analysis of the prints the social form of research. Explain the historical prints contained in the natural geography, cultural economy and social historical significance of the times.

关键词： 版画；社会性形态；自然变迁；地标形象；市井商贾

Keywords: Woodcut prints;Social form;Natural change;Landmark image;Market merchant

版画是图像印刷出版的源头，是一种社会景观的写实技术，这种古老的自然与社会的记忆方式与出版技术在中国有着悠久的历史，尤其是它写实性的一面，记刻性地保留了人类的许多视觉档案，凝封了珍贵的社会历史风貌。从自然环境、历史人物、历史事件、历史现象到建筑、艺术、日常用品，衣冠制度等等，这些有形象的东西都需写实性的图像这一可视历史的记忆库，去重现过去的社会状况和历史场景。20 世纪 80 年代，欧美出现一股“图像转向”说，认为：与文字一样承载着历史的“图像的本身”就是历史，对于被“观看”的它们（图像），我们更应该展开一种顾及其历史的上下文，以及那些缺席情节的“阅读”。因为在图史或者博物馆的陈列，是经后人编辑的重新设置而并非“历史的本身”。今天，图像渗透于我们生活的各个角落，它们深刻地塑造着我们对过去、现在和未来的理解方式。那么，对于中国的古代印刷的版画，身处图像海洋中的我们，亦不妨回到这些版画的本身，以考察其曾经的“历史原境”。从“画里”着眼，感知“画外”的东西，考察版画的社会生态史。

一、刻记自然地理的变迁

古代没有像今天这样直接方便的记录自然景观变化的工具，因此，我们今天要获知古代的自然变迁，就只有通过考古学、地质学，对地底下埋藏的古生物遗骸、地层的变化进行科学研究，探询究竟。除此之外，我们还能够从古代出版的地理版画（木刻地图）中窥探到古代自然社会的历史性变迁。

宋刻本《历代地理指掌图》[①]是流传至今最早的一部历史地图集。书中第一幅为横跨两个页面的《古今华夷区域总要图》，该图用各种符号对不同地点、区域、时间做出标记，以区别其重要性，地名上画小圈者，以标示古今地名的异同，从中可以了解行政区划的变迁，如徐州在图上就有三处：古徐州、汉徐州、晋徐州，所处的位置都不同；在山名上绘以小点，以辨认其山，如四明山、石桥山等；水名外则加长方框，如大渡河、蔡水等，与行政区地名相区别；有的图上在新升的府、州、军名上加小黑点，与旧称相区别（如图 1 所示）。图上的标记不仅给读者带来方便，而且也可从地图上了解自然历史的变革。最有意思的是图上对五大湖的标示，用椭圆框标出的五大湖是宋时的五大湖：有洞庭湖、彭蠡湖（今鄱阳湖）、巢湖、太湖、鉴湖。在宋时的五个大湖中，还没有江苏的洪泽湖。说明当时的洪泽湖还很小，没有扩展成大湖，所以就没有进入五大湖之列。相反，今天已淤废的鉴湖，在当时是一个大湖。这对我们今天了解湖泊的变迁，以及周围环境的变化都有很好的参考作用。

图 1 南宋初刻本《宋本历代地理指掌图》中的“历代华夷山水名图”[②]

① 宋刻本《历代地理指掌图》共有图四十四幅，每幅图都有图名，图后均附说明。上自帝喾，下至宋朝，各代地图至少一幅，多则五幅。该书刻本的传说很多，一说为北宋税安礼所撰，南宋赵亮夫增补。宋代曾多次刊印，其中注明“西川成都府市西俞家印”的刻本在日本东洋文库尚有收藏，一般所见多为明代刻本。

② 韩丛耀主编：《中华图像文化史》，徐小蛮、王福康：《插图卷》（下），北京：中国摄影出版社，2016 年 6 月，第 607 页。

宋刻本《历代地理指掌图》有地图44幅，除了第一幅“古今华夷区域总要图”横跨两面外，其他43幅地图均是放置在两面中间，两边配有文字说明。

虽然西晋裴秀著有《禹贡地域图》18篇，是中国最早的历史地图集，但早已亡佚。在中国近代藏书家傅增湘的《藏园群书经眼录》卷五中，有关于《历代地理指掌图》的著录。傅氏还对《历代地理指掌图》的著录作了这样的按语：“余曾在厂市文友堂见之。明代有翻刊本（东洋文库石田干助藏，己巳十一月十九日阅）。”① 这表明，傅增湘曾经见过宋刻本《历代地理指掌图》，但后来再也没有见过这本书。几十年后的1986年，历史学家谭其骧在日本东洋文库看到了这部久违了的古书，并得到了它的影印件。谭氏在评述宋刻本《历代地理指掌图》中说道：“此书的学术价值主要在于它画成地图，古今对照地反映了历代政区变革。当时还没有发明朱墨套印法，所以古今地名只能用墨色，用不同注记符号予以区别。测绘技术还远远不及近现代水平，其点线地理位置的准确性当然是不大高明的，但已足以粗略显示大致方位。”②

根据宋刻本《历代地理指掌图·总论》末尾刊有“西川成都府市西俞家印”十个字（如图2所示），可以断定它是一本珍贵的宋代蜀地刻本。

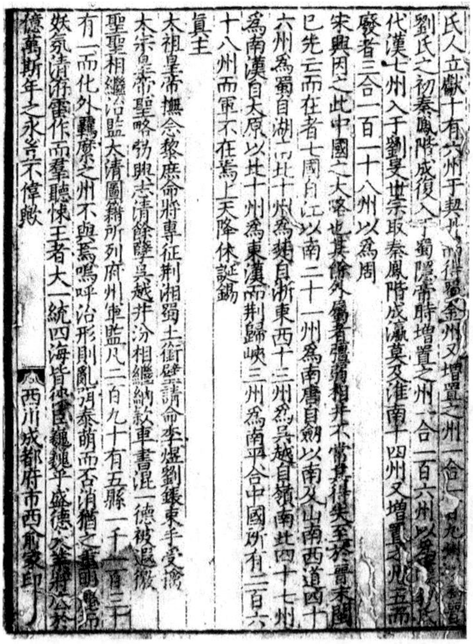
氏人立獻十有六州于契丹而得蜀金州又增置之州一合一百九州以為晉
劉氏之初秦鳳階成復入于蜀隱帝時增置之州一合一百六州以為漢
代漢七州入于劉旻世宗取秦鳳階成瀛莫及淮南十四州又增置
廢者三合一百一十八州以為周
宋興因之此中國之大略也其餘外屬者彊弱相并不常其得失至於晉末國
已先亡而在者七國自江以南二十一州為南唐自劍以南及山南西道四十
六州為蜀自湖以北十州為楚自浙東西十三州為吳越自嶺南北四十七州
為南漢自太原以北十州為東漢而荊歸峽三州為南平合中國所有二百六
十八州而軍不在焉上天降休誕錫
眞主
太祖皇帝撫念黎庶命將專征荊湘蜀土銜璧請命李煜劉鋹束手受擒
太宗皇帝聖略勃興志清餘孽吳越并汾相繼納款車書混一德被遐徼
聖聖相繼治監大清圖籍所列府州軍監凡三百九十有五縣一千一百三十
有一而化外羈縻之州不與焉嗚呼治形則亂消泰萌而否消猶之晝明
妖氛清霽雷作而羣聽悚王者大一統四海皆臣巍巍乎盛德之美將於
億萬斯年之永豈不偉歟
西川成都府市西俞家印

图2 南宋初年刻本《宋本历代地理指掌图·总论》左下角刻有“西川成都府市西俞家印”字样③

① 傅增湘：《藏园群书经眼录·卷五》（2），北京：中华书局，1983年，第384页。

② 谭其骧：《宋本历代地理指掌图·序言》，上海：上海古籍出版社，1989年影印本，第4页。

③ 谭韩丛耀主编：《中华图像文化史》，徐小蛮、王福康：《插图卷》（下），北京：中国摄影出版社，2016年6月，第607页。

二、镜像地标景观的今昔

古代本刻版画所提供的视觉证据对于城市历史学家是非常重要的，因此，他们一直在研究“人造物的城市”，就是从历史图像（绘画作品）中获取有价值的研究线索来了解古代城市形态面貌。例如对城市的地标物形象——桥的了解，苏州的万年桥就是很好的例证。位于苏州胥门外的胥河上的万年桥是一座有几百年历史的古桥，有着众多的历史传说和故事的桥。胥河是世界上最早的人工运河，胥门位于苏州城西，为春秋吴国建造都城时所辟的古城门之一，以遥对姑胥山（即姑苏山）而得名。

明清两代的苏州胥门是仅次于阊门的第二大商业中心，世称“金阊门，银胥门”，虽曾遭太平军战火的摧毁，但战后大部分的建筑很快重建起来。这里集中了许多大的商行、公所会馆，还有像鸿生火柴厂这样的近代工业工厂，以及开往太湖东西山、光福镇、木渎镇的轮船这样的发达的交通业。它这里曾因流传有“城西多山，山多煞气，若造桥沟通必引煞气入城，全城将因此而引来祸害”的风水邪说，一直未能建桥。直至清乾隆五年（1740），苏州知府汪德馨力排众议，驳斥关于此地风水的歪理邪说，拨款修建万年桥。传说，当时正逢乾隆下江南来到苏州，桥建好还没起名，当地官员请乾隆皇帝赐名，一天清晨，乾隆微服来到桥头，看见一个身穿红缎子、脚穿绣花鞋的新娘子正要上桥，那时苏州有个习俗，新娘子过桥要念上几句吉利话，祈求将来发财得福。新娘子边走边念：“新娘子，过新桥，千年富贵万年桥。”乾隆一听就拍掌叫好，当即取名为“万年桥”。

万年桥几经损毁，几度重建。现在苏州胥门外的万年桥仍在，不过，它是2004年重建的一座三孔拱桥（如图3所示）。那么，最早建的万年桥是不是这般模样呢？

图3　万年桥几经损毁，几度重建，这是2004年重建的模样[①]

① 作者自摄。

万年桥最初的模样，我们能从清代流传下来的版画资料中观看到。清乾隆九年（1744），也就是万年桥建成后的一年，苏州永聚堂刊印过一幅木刻版画《姑苏万年桥图》，该图所展现的正是苏州胥门万年桥周边的繁华景象。图上中央是一座三孔石砌墩台木桥，桥的两端的牌楼上写着“万年桥”三大字。桥上人来人往，热闹非凡。桥下有船只穿梭不断，异常繁忙。胥门城内楼房参差错落，商铺鳞次栉比（如图4所示）。

图4 清乾隆六年（1741）刊刻的《姑苏万年桥图》①

这是一幅大胆借鉴西方造型艺术原理的木刻版画作品，从图上可以看到它对西洋铜版画雕刻风格的模仿，在构图中采用了近大远小的焦点透视。但在人物面部、衣纹、树石、房屋等方面仍然采用了传统绘画技法。图上的万年桥不是如今我们看到的三孔拱桥模样，而是一座三孔石砌墩台木桥。那么，多年的万年桥是这般模样吗？

让我们展开清乾隆十六年（1751）宫廷画家徐扬所作的《姑苏繁华图》（如图5所示），《姑苏繁华图》中的万年桥也是一座三孔石砌墩台木桥，与版画《姑苏万年桥图》中的万年桥几乎一模一样。由此可以得到证实，苏州胥门外的万年桥最

① 郑振铎：《中国古代木刻年画史略》，上海：上海书店出版社，2011年12月，第202页。

初的模样应是一座三孔石砌墩台木桥。

图 5 清乾隆十六年（1751）宫廷画家徐扬的《姑苏繁华图》（局部）①

这些古代印刷的版画和绘画作品中的视觉图像资料，对于我们还原当年的万年桥的基本模样和苏州胥门内外的繁华和风情提供了有益的线索，为历史中的地标形象提供了有力的视觉证据。古代印刷的版画如同镜子一样映现着地标景观，为今天的人们提供某种视觉参照。

三、记录市井商贾的社会

明清时期，随着商品经济的发展，此时的印刷出版的版画往往会出现各种各样的商业店铺，从米店，到绸缎店、药店、古玩玉器店等等不一。

1. 各式各样的店铺

明万历十七年（1589）刊刻的《劝戒图说》，其中有一幅名为“贵粜贱粜之报”的版画。版画描绘的内容是，宋朝有一个开米店的老板，叫陈天福，每年粮食丰收的时候，他就平粜；到了荒年的时候，他就贵粜贱粜。有一天，一个道人拿了一百二十钱要粜米一斗，他就说：“道人要斋粮，是喜事，何必要钱呢！”他不收道人的钱。道人拿了米，就在壁上题写道：“远近皆称陈长者，典钱粜米来施舍。他时桂子与兰孙，平步玉堂与金马。”后来，他的三个儿子果然都高中及第，孙子也登第，官至太常丞（如图 6 所示）。图中的背景就是一家“米店”，店主人像边

① 杨东胜：《姑苏繁华图：珍藏版》，天津：天津人民美术出版社，2009 年 1 月，第 82 页。

署名“陈天福”三字。以前的米店，米是储存在一个用木板围起来的柜子里，木板编上号。米多时，可以堆到七块木板的高度，米少时，可以将木板一块一块地取掉，一直取到底。从图上可以看出木板已经取掉了两块，露出储存在柜子里的大米。米店门前，有两个伙计，一个正在用斗，给一个买米的客人量米。两个买了米的顾客，背着米袋子正要离开米店。米店老板陈天福，坐在米店里的椅子上，招呼前来买米的人。古代米店买米的情景满满地铺陈在我们的视野中。

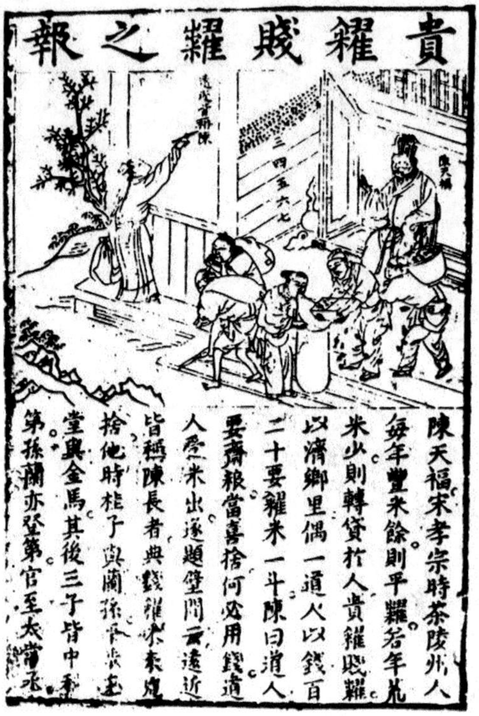

图 6 明万历十七年（1589）邹迪光自刻本《劝戒图说》中的“贵籴贱粜之报”图[①]

明崇祯年间（1635）刻本《金瓶梅》一书中，有绸缎店、药店的图像。在《金瓶梅》第六十回“西门庆立缎铺开张”。这幅木刻版画上，绸缎店的门前挂着一副店招，上面写着“本衙绸缎”四个大字（如图 7 所示）。店中有两个伙计在照顾顾客挑选绸缎。另外一个账房模样的人与两人在交谈，伙计面前放着一架用来称银子的天平。古时，到商店购物不像现在用的是纸币、刷卡等支付手段。那时用的是铜钱和银子，铜钱虽有面值，但很重，携带不方便，买贵重一点的东西都用银子，银子有整锭的，如一两、五两、十两的，也有碎银的，交易时需要当场称重，所以一般商店里多备有天平，柜面上放着一把算盘，货架上放置着各种绸缎料子

① 韩丛耀主编：《中华图像文化史》，徐小蛮、王福康：《插图卷》（上），北京：中国摄影出版社，2016 年 6 月，第 44 页。

供顾客挑选。通过这幅版画，一个很具体的明代绸缎店的买卖情景活生生地呈现在我们的面前。

图 7 明崇祯年间（1635）刻本《金瓶梅》中的“绸缎店”①

清顺治年间（1644—1661）刊刻的《意中缘》中有一幅古玩店图（如图 8 所示）。这家古玩店是一个叫是空的和尚开设的。一天，来了两位明代著名的大书画家董其昌与陈继儒，他们发现，他俩的书画被两名女子仿冒了。这两名女子，一个叫杨云友，擅长模仿董其昌的画；另一个叫林天素，模仿陈继儒的笔法尤为绝妙。她俩模仿的画作都在是空和尚开的古董店里寄卖。其时，以书画闻名的董其昌与陈继儒，每月求字求画者盈门，令两人颇感劳神费力，不堪其苦。这次，董、陈二人在游玩中无意发现假冒他俩笔墨的杨云友、林天素的两人书画，却令他俩十分喜欢，于是陈继儒娶了林天素，而董其昌娶了杨云友，一是解决作品假冒的问题，二是解决了应酬之苦，真是一举两得。故事很圆满。图 8 版画《意中缘》

① 郑振铎：《中国版画史图录·二》，北京：中国书店，2012 年 4 月，第 451 页。

就是表现这个故事的视觉图像，图中所刻就是这家卖笔墨字画的古玩店，货柜上放置了各种笔墨和字画。

图 8 清顺治年间（1644—1661）刊刻《意中缘》中的古玩店[①]

2. 古代的跳蚤市场

跳蚤市场是欧美等西方国家对旧货地摊市场的别称，英文名为“flea market”。它由一个个直接摆在地上的摊位组成，市场规模大小不等，出售的商品多是旧货，或者卖者暂时用不着的多余物品，包括未曾用过但已过时的物品等，小到衣服上的装饰物，大到完整的旧汽车、录像机、电视机、洗衣机，一应俱全，应有尽有。它吸引人的是价格低廉，仅为新货价格的百分之十到百分之三十。现在，世界各国都有各种各样的跳蚤市场。

中国古代也有类似的跳蚤市场。早在 2000 多年前的汉代，首都长安城东南的太学附近，每半月一次，众多太学生聚集在这里，形成一个包括买卖书籍在内的综合性贸易集市，因这里多槐树，所以取名“槐市”。

《后汉书》记载，东汉末年，汉灵帝（168—188）“列肆于后宫，使诸采女贩卖，更相盗窃争斗。帝著商贾服，饮宴为乐”。[②] 意思是说，汉灵帝在后宫设立市

① ［英］科律格：《明代的图像与视觉性》（第二版），黄晓鹏译，北京：北京大学出版社，2016 年 11 月，第 131 页。

② 《后汉书》，《二十五史》（2），上海：上海古籍出版社，1986 年，第 789 页第 4 栏。

集店铺，让采女们装扮后表演贩卖，甚至还会模仿市集上的盗窃行为而互相打闹争斗。而灵帝本人则换上商人的服饰，在店铺里饮宴为乐。采女在东汉后宫嫔妃中地位最低，年十三以上，二十以下，姿色端丽，全部来自民间。之所以对采女有“来自民间”的要求，是考虑她们对市井商贾风俗的熟悉，由于他们对于商贩经营、盗窃财物等市井生活非常熟悉，因此装扮商贩更得心应手些。

汉灵帝是个极度荒淫的皇帝。在其统治期间，党锢之祸兴起，宦官把持大权，公开标价卖官，肆意大兴土木，百姓难以为生。汉中平元年（184），爆发了声势浩大的黄巾起义。明代内阁首辅、大学士张居正为教育当时年仅10岁的小皇帝——明神宗万历，亲自编撰《帝鉴图说》，并将汉灵帝的“列肆后宫”编入“狂愚覆辙”中，剖析汉灵帝的倒行逆施之祸，教育小皇帝要励精图治，并配以一幅木刻版画（如图9所示），该画所表现的就是灵帝在后宫中设列市肆，让宫中的采女嫔妃打扮成买东西的客人，而他自己装成是卖货物的商人，玩得不亦乐乎。肆中的货物都是搜刮来的珍奇异宝，被贪心的宫女嫔妃们陆续偷窃而去，甚至她们为了你偷的多，我偷的少而暗地里争斗不休，灵帝却一点也不知道。他白昼与宫女们贸易，夜里就与她们寻欢作乐。

图9 明万历（约1580）刻本《帝鉴图说》中的“列肆后宫”图[①]

尽管，这只是一场反面教材的宫廷闹剧，但也从中反映出，在汉朝类似于现代的“跳蚤市场”在民间已经是十分普遍，并且影响到宫廷了。另外，从这场闹

① 郑振铎：《中国古代木刻画史略》，上海：上海书店出版社，2010年7月，第53页。

剧的细节上来看，经商的都是女性，也没有女扮男装，这反映当时的社会，女性在商业经营活动中，不仅有走街串巷的，也有开店经营的。

夜市作为一个现代化大都市的标志，被不少旅游者流离忘返，夜市成为平民生活文化的重要代表之一。但是，人们不知其夜市古已有之。

唐朝诗人张籍在《送南客》中提道："夜市连铜柱，巢居属象州。"①另一位唐朝诗人王建在《夜看扬州市》中也写道："夜市千灯照碧云，高楼红袖客纷纷，如今不似时平日，犹自笙歌彻晓闻！"②夜市灯火以千数计，可以想象当时扬州夜市的盛况。唐朝的夜市受宵禁制度和市坊制度的限制，夜市的规模和数量都十分有限。宵禁的存在，使夜市的发展受到法律上的限制，市坊制度就是在一个城市中，将居住区与商业交易区严格地区分开来，"市"是指商品交易的场所；"坊"是指市民居住的地方，将它们分隔开后，对交易的地点和时间进行严格的管控。后来，有商家把商店开到居民区里，特别像茶肆、小吃、酒楼设在民房中，就不受到宵禁的限制，这些店家，就成了夜市的前身。到了宋朝，夜市更趋繁华。北宋都城东京（今开封），大街小巷店铺林立，昼夜买卖不绝，其中最多的商家便是卖小吃美食的。在《东京梦华录》中，记载了不少关于夜市的场景，如有名的州桥夜市："出朱雀门，直至龙津桥。自州桥南去，当街水饭、爊肉、干脯。王楼前獾儿、野狐、肉脯、鸡。梅家、鹿家，鹅、鸭、鸡、免、肚、肺、鳝鱼、包子、鸡皮、腰肾、鸡碎，每个不过十五文。曹家从食。至朱雀门，旋煎羊、白肠、鲊脯、㸇冻鱼头、姜豉𠛬子、抹脏、红丝、批切羊头、辣脚子、姜辣萝卜。夏月麻腐鸡皮、麻饮细粉、素签沙糖、冰雪冷元子、水晶角儿、生淹水木瓜、药木瓜、鸡头穰沙糖、绿豆，甘草冰雪凉水、荔枝膏、广芥瓜儿、咸菜、杏片、梅子姜、莴苣笋、芥辣瓜儿、细斜馉饳儿、香糖果子、间道糖荔枝、越梅、锯刀紫苏膏、金丝党梅、香枨元，皆用梅红匣儿盛贮。冬月盘兔、旋炙猪皮肉、野鸭肉、滴酥水晶鲙、煎角子、猪脏之类，直至龙津桥须脑子肉止，谓之杂嚼，直至三更。"③

明朝万历年间（1573—1619），有一位专门编写通俗书籍的作家叫杨尔曾，字圣鲁，号雉衡山人，又号夷白主人，钱塘（今杭州）人。他编有《东西晋演义》《韩湘子全传》《图绘宗彝》《海内奇观》等书。在《海内奇观》中，载有一幅"北关夜市"图，非常形象地展示明朝夜市的热闹情景。《海内奇观》于明万历三十七年（1609）由杭州著名书肆夷白堂刻刊。《海内奇观》十卷，有一百三十余幅单面

① 张籍：《送南客》，《全唐诗》（上），上海：上海古籍出版社，1986年，第955页第2栏。

② 王建：《夜看扬州市》，《全唐诗》（上），上海：上海古籍出版社，1986年，第759页第1栏。

③ 孟元老：《东京梦华录》（卷二），《四库全书》（589），上海：上海古籍出版社，1986年，第133页第1—2栏。

或双面合页连式版画，由钱塘陈一贯刻绘，收录各地的名山大川，古刹名胜。“北关夜市”图是《海内奇观》卷四“吴山图说”中的一幅，“北关夜市”应该是吴山的一景。吴山位于杭州西湖的东南面，高九十四米，景秀、石奇、泉清、洞美。它的东、北、西北多俯临街市巷陌，南面可远眺钱塘江及两岸平畴，可尽揽杭州江、山、湖、城之胜。

从“吴山夜市”向远看去，是杭州的城墙，城墙外的田野上空，高悬着星斗和月亮，表明了图中发生的事情是在晚上。城墙内各家商铺开门营业，生意十分兴隆。夜市上有茶楼、酒肆、小吃摊等。其中一家酒肆的门前，挂满了各种鸡鸭鱼肉，在柜台上还放有一块肉和两把砍肉刀，门口站着两个人，好似两人相约在酒肆门口，准备进店小酌。茶肆里的三个人相谈甚欢。肩挑的小商贩也来夜市凑热闹。他肩上挑着担子，手中敲着一只鼓，口中在吆喝。街上的行人接踵擦肩、熙熙攘攘，十分热闹（如图 10 所示）。一幅几百年前的生动、写实的夜市图景活灵活现的在读者面前展现。

图 10 明万历三十七年（1609）夷白堂刊本《海内奇观》中的“北关夜市”图[1]

① 郑振铎：《中国版画史图录·二》，北京：中国书店，2012 年 4 月，第 40 页。

结语

作为我国古代最重要的印刷出版技术产品的版画，至少已有一千一百多年的历史了，比世界上任何一个国家的印刷出版历史都要悠远。它不仅作为一种图像艺术的品种成为我国宝贵的文化遗产，其中留下的写实性历史印记，也是研究社会历史的宝贵财富。中国古代版画由于是可以大量复制印刷的，其数量远远超过绘画艺术中的其他画种，因此从中获取历史信息的数量也更为丰富，人们对版画的研究，不应限于一种图像艺术或复制印刷技术及其意义的挖掘，而是要更多地把目光投射到版画中所散发出来的历史信息。

我们知道，任何视觉图像都不是孤立存在的，作为技术性印刷复制的版画也不例外，它总是处在一种自然和社会环境之中，反映自然景观与社会历史状态，人们看到古代印刷出版的版画会从那个时代的文化丛中感知、理解和链接，进行“历史原境”的重构，从而得以瞭望过去，甚至重现某些历史的场景。

华夏传播与当代实践

中华传统文化的创造性转化与创新性发展刍议 *

On the Creative Transformation and Innovative Development of Chinese Traditional Culture in the New Era

彭 翠 **

Peng Cui

摘 要： 中华传统文化在新时代的传播与传承，离不开当代人在新时代的创造性转化与创新性发展。以《典籍里的中国》《中国诗词大会》《经典咏流传》《上新了·故宫》等为代表的一大批优秀文化类节目的热播，显然都是中华优秀传统文化在新时代的创造性转化与创新性发展的优秀典型。基于文化类节目产生的传播效应，笔者围绕究竟何为中华传统文化，以及它在全新的语境下又该如何通过传播内容、传播理念、传播渠道等方面的创新适应新时代的受众需求，继而在文化自信的道路上在当代继续发挥主流价值观和文化引领的社会作用等问题，做了相应的探讨。

Abstract: The spread and inheritance of Chinese traditional culture in the new era cannot be separated from the creative transformation and innovative development of contemporary people in the new era.The popularity of a large number of excellent cultural programs represented by "China in classics"、"Chinese poetry conference"、"Everlasting

---

* 基金项目：1. 国家广播电视总局部级社科研究项目"我国文化益智类节目的品牌构建与受众心理研究"（项目编号：GD1955）；2. 河北省高等学校人文社会科学研究 2021 年度重点项目（项目编号：SD2021051）；3. 河北大学红色文化专项"太行精神在新时代的传播与传承"（编号：2021HHW025）；4. 河北省哲学社会科学项目"河北省文化益智类节目的品牌构建与受众心理研究"（项目编号：HB19XW018）阶段成果。

** 作者简介：彭翠（1984 年—），女，山东曲阜人，现为河北大学新闻传播学院副教授、河北大学燕赵文化高等研究院研究员、媒介文化专业委员会理事，曾在《电视研究》《当代文坛》《中国藏学》《出版发行研究》《西南民族大学学报》《河北大学学报》《未来传播》《新闻爱好者》《传媒》等核心期刊发表论文 60 余篇，主要研究方向为文化传播、新闻史和艺术评论等。

Classics", is obviously the effective transformation and innovative development of Chinese excellent traditional culture in the new era.Based on the communication effect of cultural programs, the author discusses the following questions : what is Chinese traditional culture and how it can adapt to the needs of the audience in the new era through the innovation of communication content, communication concept and communication channels in the new context, and then continue to play the social role of mainstream values and cultural guidance on the road of cultural self-confidence.

关键词： 中华传统文化；创造性转化；创新性发展；当代价值

Keywords: chinesetraditional; culture; creative; transformation; innovative development; contemporary value

中华传统文化是中华民族数千年的智慧积淀和融入中华儿女集体记忆的文化基因。无论历史如何前行，无论文化怎样发展，中华传统文化都将作为我们的根与魂与时代同行。这是我国传统文化的魅力使然，也是中华儿女不忘本来的文化溯源与时代召唤。尤其是在讲好中国故事的大背景下，中国的文化自信和国家形象建构显然都离不开对中华优秀传统文化的弘扬与传播。那么，何为中华优秀传统文化，中华传统文化在不同文化语境下又该如何实现在新时代的创造性转化与创新性发展，其当代价值又如何？这些都是笔者试图回答的问题。

一、中华传统文化的概说

所谓中华传统文化，在外延上一定承载着中华民族的历史记忆，表征着中华文明的具体形态，承载着炎黄子孙的集体信仰，延续着中华儿女的精神血脉；在内涵上一定离不开我们民族的道德传承、思想精华、精神观念等，是一系列抽象思维的总称和观念形态的总和。宏观上看，中华传统文化的根基，在时间维度上历经了有巢氏、燧人氏、伏羲氏、农氏、轩辕氏、尧、舜、禹等时代，直至夏朝建立，尔后绵延至今。在具体形态上，中华传统文化集中体现为儒、释、道以及三家在不同历史时期的融合与创新。虽思想深邃，内容丰富，但整体观之，无不高扬道德的旗帜，为世人既提供了立身处世的基本行为规范和社会运行的基本秩序与法则，也为人们提供了最终的精神归宿和身份归属。尤其是儒家的仁义道德、尊师重教、天下大同、修齐治平、温良恭俭让等核心思想，为历代儒者所尊崇；佛家的“诸恶莫作，众善奉行”所表现出的慈悲、大爱、超脱等思想内核，以及道家重视天人合一，崇尚自然的无已、无功、无名等超脱世俗的高尚心境，都是中华传统文化的精神内核和重要构成元素。

只不过，中华传统文化在时间和空间的无限绵延中历经岁月淘洗，其内涵得以不断丰富，外延日益多元。在儒、释、道、易等多家学派的基础上发展而来的书法、音乐、绘画、雕塑、戏剧、饮食，乃至各个民族的语言文字、节日民俗、传统历法，以及猜灯谜、行酒令、对春联、歇后语等都是中华传统文化的具体表现形式。当然，大众熟知的琴棋书画、诗词歌赋、“六艺”[①]兼擅等作为才子佳人自古以来便使用的衡量标准，也是中华传统文化的具体形态和衍生内容之一。而老子、庄子、孔子、孟子、荀子、司马迁、王充、李贽、宋应星、李时珍、朱熹、程颐、程颢、顾炎武、魏源、龚自珍、康有为、梁启超、王国维、玄奘、鉴真、印光、慧能等虽难以尽数却始终青史留名的先秦诸子，以及此后无数中国哲学家兼思想家，都是中国传统文化当之无愧的生产者、传播者和传承者，是中华文明史上毋庸置疑地巨匠、先贤。但“文化”作为一个意义丰富且边界模糊的动态性概念，“成为众多学科探究、阐发、争鸣的对象，却是近世以来由欧洲人开其端绪”。[②]这当然与西方的文艺复兴和地理大发现不无关系。事实上，中国的文化同样也离不开地理环境与人文思想的作用与影响。而且，正是基于不同的地自然环境和人文语境，中国的文化才有了植于农耕与游牧这两大经济基础的多民族融合，才有了宗法制度产生与确立的社会政治结构。尤其是中国的古代文化，更是地理与历史共同作用的产物。

从历时性来看，中国的传统文化发端于上古时期，表现为原始的物质、观念和组织形式，至殷商西周，我们的文化开始从神本位走向人本位；及至春秋战国百家争鸣的出现，进入中国文化的轴心时代；秦汉的大一统，直接将帝国的行为文化、制度文化等作了规制，魏晋南北朝时期：乱世中的文化开始走向儒、玄、道、佛互相激荡的繁荣局面；至隋唐，随着国力的增强，文化更为繁盛，有容乃大的文化气派和风采辉煌的艺术成就独树一帜；两宋时期，崇尚内省、精致趋向与市井文化的博兴；辽夏金元：游牧文化与农耕文化在冲突与融合中发展更快；到了明清时期：沉暮与开新并存。古典文化的大总结和早期启蒙思潮的萌芽并存。从共时性的角度来看，游牧文化、农耕文化、政治制度、社会结构、经史子集等各类文化典籍，以及以四大发明著称的中国古代科学技术和中国古代的宗教、文学、艺术、哲学、史学、教育学，中国传统的伦理道德及社会运行秩序等，都是中国传统文化的具体形态，且不一而足。但一般而言，中国传统文化有其自身的

① 此处的“六艺”为礼、乐、射、御、书、数六种技能，是中国古代儒家要求学生掌握的基本才能。出自《周礼·保氏》：“养国子以道，乃教之六艺：一曰五礼，二曰六乐，三曰五射，四曰五驭，五曰六书，六曰九数。”作为古代的一种教育内容，是周朝贵族教育体系的核心构成，儒学推崇备至。

② 张岱年：《中国文化概论》，北京：北京师范大学出版社，1994年，第3页。

基本结构，通行的是“物质文化和精神文化两分说，物质、制度、精神三层次说”，[①] 以及物质文化、制度文化、行为文化、心态文化等常规分类。

质言之，随着社会实践的不断丰富和人类社会的不断进步，中国传统文化的思想精髓也会因为分类标准不同，社会分期不同，生活方式不同，文化对应的形态也会千差万别。随着时间的流逝，每一种当前的文化形态在历史的长河中都将成为中国传统文化的一个分支。这是由于“文化是人类实践活动的产物，又反过来制约着人类的行为。人类生存发展的过程，同时就是创造文化、选择文化的过程。人类从来没有像今天这样强烈地关心自己的生存与发展”。[②] 当然也就从来没有像今天这样，从国家的顶层设计上来关心中华传统文化的创造性转化与创新性发展。综合来看，以后现代多元开放的视角来界定“中华传统文化”这一极具普适性的概念，具有一定的科学性和多元性。毕竟，中华传统文化的传播内容、传播媒介、传播对象、表现形态和传播效果等也在随着社会的发展而不断改变。但无论时代怎样变化，中华传统文化作为中华文明的脊梁，始终具有最根本的创造力和生命力。故而，每一个中华儿女都应该承担起中华传统文化创造性转化与创新性发展的时代使命，都应该以守正创新的姿态做好中华传统文化在新时代的传播与传承。

二、中华传统文化的“双创”

中华文化作为世界文明史上一颗璀璨的明珠，历经五千年的山河岁月而光华依旧，充分说明了“文化是一个国家、一个民族的灵魂”，[③] 同时也“是一个国家综合国力和国际竞争力的深层支撑”。[④] 故而“文化自信，是更基础、更广泛、更深厚的自信；是更基本、更深沉、更持久的力量”。[⑤] 故而，也是中华民族在伟大复兴征程中不能忽视的精神信仰和民族力量。基于此，习近平总书记在党的十九大报告中重申了中华传统文化的创造性转化与创新性发展问题，简称“双创”。其基本意涵是“坚持创造性转化和创新性发展。坚持辩证唯物主义和历史唯物主义，秉持客观、科学、礼敬的态度，取其精华、去其糟粕，扬弃继承、转化创新，不

---

① 张岱年：《中国文化概论》，第 5 页。

② 张岱年，程宜山：《中国文化与文化论争》，北京：中国人民大学出版社，1990 年，第 1 页。

③ 习近平：《在中国文联十大、中国作协九大开幕式上的讲话》，《人民日报》2016 年 11 月 30 日，第 2 版。

④ 郭伟伟：《推动中华优秀传统文化创造性转化创新性发展》，《学习时报》2018 年 8 月 20 日，理论版。

⑤ 习近平：《在中国文联十大、中国作协九大开幕式上的讲话》，《人民日报》2016 年 11 月 30 日，第 2 版。

复古泥古，不简单否定，不断赋予新的时代内涵和现代表达形式，不断补充、拓展、完善，使中华民族最基本的文化基因与当代文化相适应、与现代社会相协调”。[①]

纵观人类文化发展的历史可知，“任何一个民族现有的文化都是优秀传统文化的传承延续和丰厚积淀”。[②]面对前人留下的丰厚浩瀚的中华优秀传统文化，我们更要“不忘本来、吸收外来、面向未来，在继承中转化，在学习中超越”，[③]进而通过符合我国审美观念和具有传播价值的优秀作品，践行中国特色，代表中国风格，彰显中国气派。最重要的是“构筑中国精神、中国价值、中国力量，为人民提供精神指引”，[④]为民族提供文化自信。需要说明的是，中华传统文化是中华民族在历史上创造和传承的一切文化的总和，这就意味着传统文化有精华也有糟粕。而我们要传播与传承的肯定是有利于我们民族强大和社会进步的优秀文化。而所谓“中华优秀传统文化，则是指整个中华传统文化中有利于推动社会发展和进步的文化”，[⑤]是中华民族对于人类的伟大贡献。直至今天，始终影响深远。

故而，中华优秀传统文化作为中华民族的历史结晶和古老智慧，并“不只是博物馆里的陈列品，而是有着活的生命”[⑥]和新的转变。诸如以古典文化为传播内容的《上新了·故宫》《国家宝藏》《经典咏流传》《中国诗词大会》《成语大会》《中华好诗词》《典籍里的中国》等制作精良、口碑甚好、收视率甚高的大型文化类节目，凭借着“文化 + 戏剧 + 影视 + 古今对话”的艺术创新模式成功地唤起了年轻受众对优秀传统文化的传播兴趣和自觉传承意识，为中华优秀传统文化的可持续发展培养了忠实的守护者和传承人。充分说明了中华优秀传统文化的“传统并不仅仅是一个管家婆，毫不改变地保持着并传给后代。它也不像自然的过程那样，永远保持其原始的规律，没有进步”。[⑦]相反，优秀的中华传统文化，在大力弘扬讲好中国故事的新时代，应该结合受众的审美理念和社会心理需求，以全新的表现方式和精品内容呈现，继续发挥文化建设的领头羊作用。当然，要想进一

① 新华社：中共中央办公厅、国务院印发《关于实施中华优秀传统文化传承发展工程的意见》，《中华人民共和国国务院公报》2017 年 1 月 25 日电。

② 郭伟伟：《推动中华优秀传统文化创造性转化创新性发展》，《学习时报》2018 年 8 月 20 日，理论版。

③ 习近平：《在中国文联十大、中国作协九大开幕式上的讲话》，《人民日报》2016 年 11 月 30 日，第 2 版。

④ 郭伟伟：《推动中华优秀传统文化创造性转化创新性发展》，《学习时报》2018 年 8 月 20，理论版。

⑤ 朝戈金：《创造性转化 创新性发展》，《光明日报》2018 年 3 月 29 日，理论版。

⑥ 张岱年：《中国文化概论》，第 9 页。

⑦ [德] 黑格尔：《哲学史讲演录》第 1 卷，北京：商务印刷馆，1959 年，第 8 页。

步激发中华优秀传统文化的强大生命力，还需要广大文艺工作者和知识分子携手并进，合力推动中华优秀传统文化创造性转化与创新性发展。

首先，要对传播内容有一个正确的选择，对此，要在历史唯物主义的科学方法和理论指导下，全面、科学的认识中华优秀传统文化，杜绝照单全收或甄别不严的把关失误。面对中华民族伟大复兴的历史征程这一全新的时代境遇，有一些文化“从创造之初起，就是以压制人性、反人道为导向的”，① 这类文化当然不属于我们所说的优秀传统文化范畴。毕竟，文化作为一个生生不息的运动过程，“任何一种民族文化，都有它发生、发展的历史”。② 在历史前进的轨迹中，必须要用与时俱进的姿态来审视和判断何为中国优秀的传统文化。千百年来，先辈们的研究已经取得了流芳百世的思想结晶。“我们没有理由拒绝这一份珍贵的遗产。但是，我们又不能被前辈的认识成就所束缚。”③ 这种辩证的思维和视野，对中国优秀传统文化的创造性转化与创新性研究提出了新要求。

其次，要从传播理念上明确中华优秀传统文化创造性转化与创新性发展的必然要求与时代价值。时间已经证明，我们中华民族优秀传统文化的创造性转化，并不是对所有的传统文化都给予全盘接受，而是采取“去粗取精、去伪存真”的原则，打造以中华优秀传统文化为基础元素的新文化，在彰显文化自信的同时，进一步推动中国特色社会主义文化的繁荣发展。从古至今，中华优秀传统文化都是推动社会发展的重要力量。不论是发展经济、稳固政治，还是文化建设，中华优秀传统文化都蕴含着具有现实关切的丰富理论与指导思想。进入新时代，中华优秀传统文化依然是激励人心、凝聚力量的精神灯塔。换言之，以优秀传统文化教育人、涵养人，以文化人、以文育人，既能够推动中华民族伟大复兴的历史进程，也有助于我们的文化自信、理论自信和制度自信。在帮我们更加准确而深刻地认识民族自身的同时，也有助于每一位中华儿女以更加理性的态度和更为务实的精神去传播传统，继承传统。当然，推动中华优秀传统文化在新时代的创造性转化与创新性发展，还有助于中国特色社会主义文化的创新和发展，有利于人民精神世界的富足和民族信仰的巩固，这正是国家高度重视中华优秀传统文化创造性转化与创新性发展的理想与初衷。

再次，从传播渠道上，中华优秀传统文化的创造性转化与创新性发展要充分利用技术的优势，尤其是大力借助融媒体的传播渠道和跨越时空的可视化模式，让优秀的传统文化得以最有效的传播与传承。简单来说，就是要让传统的文化适

① 朝戈金：《创造性转化 创新性发展》，《光明日报》2018 年 3 月 29 日，理论版。

② 张岱年：《中国文化概论》，第 9 页。

③ 张岱年：《中国文化概论》，第 13 页。

应现在的时代风格与特色，给一些优良的传统文化赋予现代的解释与含义。以一种让人们更容易接受和更容易理解的方式来传承我们的传统文化。纵观上下五千年的文化精髓，我们的传统文化其实更多的是儒家文化。所以我们大多数时候都秉持着一个中庸的原则，而且在做事的时候可以非常积极的解决问题。虽然在古代儒家文化主要是服务于统治阶级的，但是儒家文化经过千百年的历史，已经深深地根植在我们心中了。如今想要让传统文化获得更好的发展，就要用全新的形式，可以利用互联网平台，推出短平快的短视频传播。对此，大型文化类节目《典籍里的中国》凭借“多元拆解与融合建构的叙事模式、现实观照与情感共振的价值取向、高雅壮美与质朴平实的审美特质”[①]做出了很好地探索。

近年来，文化类节目在中华优秀传统文化的创造性转化与创新性发展方面，“作为一种主流的节目题材类型在电视荧屏和网络视听平台上已经形成了一股创新创优的潮流，内容品质和传播度都有不俗表现”。[②]以央视为首的各大卫视共同打造了诸如《中国诗词大会》《经典咏流传》《上新了·故宫》《中华好诗词》《成语大会》《中国汉字听写大会》《国家宝藏》等一系列“现象级”的且以中国优秀传统文化为传播内容的原创类节目的热播，使得 2021 年又掀起了新一轮的“典籍热”和文化热。尤其是《典籍里的中国》这一以古典文化和中国典籍作为传播对象的大型文化类节目，更是承担了讲好中国古代故事的重要职能。戏剧化的表演、人物的经典对白让历代先贤的精神遗产在技术和场景的助力下，在舞台上穿越千年，令观众沉浸其中，思接千载。显然，这是建党百年之际，主流媒体向世界讲好中国故事的一大举措，高潮迭起的故事情节，让全世界都看到了“中华文化独一无二的理念、智慧、气度、神韵”。[③]既增进了今人与历代先贤古今对话的跨时空情感，也传承了一脉相承的中国精神、中国气派。这些成就的取得，要求每一位文化传播者在传播理念上既要与时代相呼应，又要与中华优秀传统文化的内容相结合，同时还要观照传播对象的受众心理和审美需求。总之，我们要从继承和发扬的主观意识上，正确认识中华优秀传统文化在新时代的创造性转化与创新性发展。

三、中华传统文化在当代

巍巍华夏，煌煌九州，自古就是德行天下的文明古国，执着于天下大同的美

---

① 罗姣姣：《融合、打破、再造——文化类节目的创新模式探析》，《中国编辑》2021 年第 7 期，第 81—85 页。

② 罗姣姣：《融合、打破、再造——文化类节目的创新模式探析》，《中国编辑》2021 年第 7 期，第 81—85 页。

③ 习近平：《在中国文联十大、中国作协九大开幕式上的讲话》，《人民日报》2016 年 11 月 30 日，第 2 版。

好梦想。五千年来，炎黄子孙栉风沐雨，弦歌不辍，创造了灿烂辉煌的中华优秀传统文化。尤其是以“修身、齐家、治国、平天下”为主流的儒学思想，更是历代知识分子心中积极入仕、保家卫国的精神血脉。斗转星移，物是人非，历代先贤虽已不在，但中华民族数千年来生生不息的精神血脉却始终绵延向前，心怀天下的仁义礼智信和忠孝传家的优良美德依然是文化强国的君子品格。尽管“儒家思想、儒家文化，并不等于中国传统文化的全部，但确实是能代表中国传统文化的东西”,①确实能够承载“文化自信的本质与当代意义”。②故而，当我们今天说起“中华优秀传统文化”时，便是指中国各个民族所创造和传承的优秀文化。从范围上“包括精神文化、物质文化和制度文化等；从传播形态上说，有书面文化和口传文化等”。③由此可见，中华优秀传统文化的博大精深。也正是在以儒学为代表的中华优秀传统文化的涵养下，中华儿女致力于人类命运共同体的脚步从未停歇，“一带一路”建设更是将天下大同的理想带到了世界各地，并促使中华民族伟大复兴的中国梦正在滚滚向前的历史车轮中变成现实。

当然，面对全新的时代使命，中华民族优秀传统文化的传播与传承也需要“努力实现传统文化的创造性转化、创新性发展，使之与现实文化相融相通，共同服务以文化人的时代任务”。④尤其是“传承红色基因，打造时代精品，铸牢精神家园与弘扬社会主义核心价值观，丰富精神文明内核的时代价值”⑤更是摆在所有文化工作者眼前的一项重任。对此，国家也从顶层设计的层面对中华民族优秀传统文化在新时代的“双创”予以高度重视。

自 2014 年以来，习近平总书记相继“在国际儒学联合会第五届会员大会开幕会上的讲话”“在文艺工作座谈会上的讲话”“在中共中央政治局第十三次集体学习时的讲话”“在哲学社会科学工作座谈会上的讲话”在“文联十大、中国作协九大开幕式上的讲话”，以及在“《决胜全面建成小康社会，夺取新时代中国特色社会主义伟大胜利》”和“给《文史哲》编辑部全体编辑人员的回信”中，都反复强调了中华传统文化的创造性转化与创新性发展问题。既让我们充分看到了“每一个有志于为民族的未来贡献心智和汗水的中国人，都应当努力熟悉传统，分析传

① 张岱年，程宜山：《中国文化与文化论争》，第 128 页。

② 陈先达：《文化自信的本质与当代意义》，《人民日报》2018 年 1 月 8 日，第 15 版。

③ 朝戈金：《创造性转化 创新性发展》，《光明日报》2018 年 3 月 29 日，理论版。

④ 习近平：《在纪念孔子诞辰 2565 周年国际学术研讨会暨国际儒学联合会第五届会员大会开幕会上的讲话》，《人民日报》2014 年 9 月 25 日，第 2 版。

⑤ 彭翠，李艳萍，李敏：《百年大党行稳致远——红色文献纪录片〈山河岁月〉的传播特色与时代价值》，《电视研究》2021 年第 8 期，第 86—88 页。

统，而学习、研究中国文化，正是培育这种理性态度和务实精神的最好课堂；”[①]也让我们看到了“历史梳理与逻辑分析相结合，典籍研习与社会考察相结合，批判继承与开拓创新相结合”[②]的原则在中华优秀传统文化的创造性转化与创新性发展的应有之义和现实之需。

作为世界上最伟大的民族之一，中华民族“有着5000多年源远流长的文明历史。”[③]在人类社会的发展进程中能够生生不息且永葆活力，能够在分崩离析饱受挫折中不断浴火重生，这显然离不开中华优秀传统文化在历代士人心中的深层濡养与精神支撑。“在5000多年文明发展中孕育的中华优秀传统文化，代表着中华民族独特的精神标识。”[④]且这种标识集中体现为“江山就是人民、人民就是江山，打江山、守江山，守的是人民的心”[⑤]这一经典阐述。此外，在数千年的社会实践中，人、文化与社会始终是一个互相依存的整体系统，而且“我们每一个人都处在这个系统之中，文化无所不在，谁也离不开文化”。[⑥]在这种大前提下，努力追寻中国传统文化与现代文化的结合点，并用适当的方式对其加以创造性转化和创新性发展，本身就是对中华优秀传统文化的科学传播与有效传承。

然而，惟殷先人，有册有典，中华优秀传统文化源远流长，博大精深，今人的阐释能力相对古人的无穷智慧依然太有限。几千年来，我们的祖先一直在记录文明前进的历史，讲述着生产、生活和生命变成文字和思想留给后人的故事。中华传统文化中的每一部典籍，都凝聚着前人的心血和智慧。人们世代守护，薪火相传，让精神的血脉绵延至今。于是才有了中华优秀典籍的浩如烟海。在无法穷尽的经典面前，我们只能通过《中华好诗词》《上新了·故宫》《朗读者》《经典咏流传》《典籍里的中国》等深受观众喜欢的文化类节目所倡导的深度阅读和沉浸式体验模式，打开典籍，对话先贤。同时辅以跨越时空的方式，知道我们的生命缘起何处，决定我们的脚步迈向何何方。其目的便是以新的方式，读懂典籍，让书写在古籍里的文字活起来。当然，“实现文化、审美、消费联动，为不同文化类电视节目的精神价值与商业价值的深度融合提供宝贵经验”[⑦]也是我们弘扬中华优秀传统文化的初心所在。

---

① 张岱年：《中国文化概论》，第11—12页。

② 张岱年：《中国文化概论》，第12页。

③ 习近平：《在庆祝中国共产党成立100周年大会上的讲话》，《求是》2021年第14期。

④ 习近平：《在中国文联十大、中国作协九大开幕式上的讲话》，《人民日报》2016年11月30日，第2版。

⑤ 习近平：《在庆祝中国共产党成立100周年大会上的讲话》，《求是》2021年第14期。

⑥ 张岱年，程宜山：《中国文化与文化论争》，北京：中国人民大学出版社，1990年，第2页。

⑦ 彭翠，董敏：《文化·审美·消费——文化类电视节目受众本位与价值建构》，《电视研究》2021年第2期。

实际上，这不仅是《典籍里的中国》最大地特色，也是《绝笔》《山河岁月》《山海情》《觉醒年代》等大型红色文献纪录片和主旋律电视剧的创作初衷。正所谓“落其实者思其树，饮其流者怀其源”。诸多的传播个案正在如雨后春笋般涌现，它们对中华古典文化的“创造性转化创新性发展作为中华传统文化传承发展的基本原则，彰显了鲜明的价值指向，顺应着社会与文化发展规律，是增强中华传统文化的生命力和影响力、实现中华民族伟大复兴的必然抉择”。① 诸子的智慧、先贤的风骨、诗词的魅力、哲学的深邃、思想的光芒、科学的力量……让中华优秀传统文化的创造性转化创新性发展呈现出了科学性、时代性与民族性的文化属性。为我们“大力弘扬中华优秀传统文化，不断增强全党全国各族人民的精神力量”② 提供了坚不可摧的信仰之基和初心不改的集体记忆。

结语

中华优秀传统文化在新时代的创造性转化与创新性发展本身就是薪火相传的文化基因得以延续的伟大工程。作为一个全新的时代命题，需要几代人的持续努力和前仆后继。国家多次从顶层设计的站位和高度，将中华优秀传统文化的“双创”工作作为中国形象的对外传播和讲好中国故事的素材库，显然是明智之举。文化类节目的热播作为传播主流价值观的主要媒介形态，已经为中华传统文化的创造性转化与创新性发展做出了成功探索。毕竟“创造性转化是一个以传统为基点，以现代为立足点的过程，是把中华优秀传统文化中的有益成分赋予新的意涵、新的样式呈现在当代社会，以此重拾其当代价值，激活其生命力，让中华文化之树长青不老”。③ 站在中国共产党建党百年之际的历史节点上，文化工作者们应该继续深挖传统文化的宝库，继续探寻符合受众审美需求的表现形式，继续加强内容与技术的联合，继续注重读书的方式和传播的技能。力争在传播内容、传播理念、传播渠道等方面，继续探寻出更加有助于中华优秀传统文化创造性转化与创新发展的新形态、新内容和新高度。唯有如此，中华优秀传统文化才能始终与时俱进，才能在中华民族伟大复兴的历史征程中守护好每一个奋斗者的精神家园。

---

① 万光侠：《中华传统文化创造性转化创新性发展的哲学审视》，《东岳论丛》2017 年第 9 期，第 27—34 页。

② 习近平：《在中国文联十大、中国作协九大开幕式上的讲话》，《人民日报》2016 年 11 月 30 日，第 2 版。

③ 李艳飞：《习近平中华优秀传统文化“双创”重要论述研究》，硕士学位论文，长沙理工大学马克思主义学院，2019 年，第 25 页。

公益广告与传统文化：传承、创新与共生

Public Service Advertisement and Traditional Culture: Inheritance, Innovation and Symbiosis

罗　萍　陈贝迪*

Luo Ping Chen Beidi

摘　要： 中华优秀传统文化是中华民族的精神命脉，是涵养社会精神文明的源泉，也是我们立足世界文化之林的坚实根基。公益广告作为一种文化现象和传播方式，它与传统文化的关系历时久远，其既是传播传统文化的载体，又本身就是从传统文化中脱胎而来的文化艺术形式。在新的时代环境下，公益广告和中华优秀传统文化的共生关系进一步凸显。本文试图从公益广告视角回顾与梳理我国公益广告与传统文化的相关研究，发现和把握当前我国这方面学术研究现状，又从中华传统文化视角对公益广告做了溯源，在此基础上发现公益广告与传统文化一脉相承的关系。旨在推动公益广告研究中的中华传统文化研究，促进公益广告和中华传统文化的共生发展。

Abstract: The excellent traditional Chinese culture is the spiritual lifeblood of the Chinese nation, the source of cultivating social spiritual civilization, and the solid foundation for China to stand in the forest of world cultures. As a kind of cultural phenomenon and communication mode, public service advertisement has a long relationship with traditional culture. It is not only the carrier of traditional culture, but also a cultural and artistic form derived from traditional culture. In the new era, the symbiotic relationship between public service advertisement and excellent traditional Chinese culture is further highlighted. This paper attempts to review and sort out the relevant research on

* 作者简介：罗萍，厦门大学新闻传播学院教授。研究方向：广告艺术、公益广告；陈贝迪，厦门大学新闻传播学院硕士研究生。研究方向：公益广告。

public service advertisement and traditional culture in China from the perspective of public service advertisement, find and grasp the current academic research status of this aspect in China. On the other hand, trace the source of public service advertisement from the perspective of traditional Chinese culture, and on this basis trace the relationship between public service advertisement and traditional culture. It aims to promote the research of traditional Chinese culture in the research of public service advertisement, andpromote the symbiotic development of public service advertisement and traditional Chinese culture.

关键词：公益广告；传统文化

Keywords: Public service advertisement; traditional Chinese culture

引言

我国的公益广告从国家层面有着足够的重视，对外，公益广告似国家的名片，传播着国家话语和国家形象；对内，公益广告传播精神文明和先进文化，发挥着精神软实力的作用；公益广告还以艺术的表现方式传播美，对于社会环境美化也起着重要作用，同时，企业和社会团体发布的公益广告为其树立良好的公众形象。但公益广告作品还是碰到瓶颈的，面对着作品如何提升、如何突破现状进一步创新、如何更好地传播中国声音和中国故事等方面的问题。2014 年，习近平总书记在文艺工作座谈会中指出：中华优秀传统文化是中华民族的精神命脉，是涵养社会主义核心价值观的重要源泉，也是我们在世界文化激荡中站稳脚跟的坚实根基[①]。这也使我们进一步明确了我国公益广告的发展理应把握中华优秀传统文化这一根基，结合新的时代条件传承和弘扬中华优秀传统文化，并从中华优秀传统文化中汲取营养，寻求公益广告的不断提升的出路。

一、公益广告视角的中华传统文化研究考察

我国公益广告与传统文化的结合有着历史、民族与时代上的必然性，且在当代的业界实践中得到深入发展。那么二者在学界与理论上的结合情况如何？为了了解国内公益广告和传统文化相关研究的开展情况，我们对 CNKI 中的相关文献进行了考察。

截至 2021 年 10 月 30 日在 CNKI 以“传统文化”和“公益广告”作为关键词考察，检索到与该研究方向有关的中文文献 208 条，外文文献 1 条，剔除只包含公益广告或传统文化的无关文献，共获得有效文献篇共 97 篇。以此作为研究对象

---

① 杨丽娜：《习近平：坚持以人民为中心的创作导向 创作更多无愧于时代的优秀作品》，《人民日报》2014 年 10 月 16 日，第 1 版。

进行文献回顾。

表 1　研究主题分析

研究主题	频率（百分比）
公益广告中传统文化显性元素应用	43（44.3%）
公益广告中传统文化隐性元素应用	33（32%）
从公益广告角度探析中外文化差异	5（5.2%）
公益广告中的传统文化心理	4（4.1%）
公益广告中的传统文化符号与隐喻	11（11.3）
其他	3（3.1）

从研究主题来看，主要集中于对公益广告中传统文化显性元素（如剪纸、泥塑等传统民俗；琴棋书画等传统艺术等）、隐性元素（如家文化、孝文化、和文化、传统思想与价值观等）的应用、创新与传播研究，占比 76.3%。李稳认为公益广告通过提取与应用优秀传统文化元素，如爱国主义文化、孝道文化、诚信文化等，更容易引起受众的情感共鸣，从而获得理想的宣传效果；[①] 史晓燕认为不仅要提取传统文化元素，还要将“传统文化元素与时代主题完美融合，散发出浓厚的人文意蕴”，[②] 才是成功的公益广告；张幼斌则更进一步，认为继承民族价值观的精华，同时包容外来文明的价值观，表现出中国特色的公益广告才是其发展并具影响力的根本途径。[③]

除以上两个主题外，国内研究也涉及了其他话题，但数量不多。如在对传统文化作为公益广告的文化心理传播机制的讨论上，官科认为公益广告中的多模态隐喻基于人体与周围世界互动产生的体验认知以及人们对中华传统文化特性的认知，二者共同作用，促成了公益广告的普适性和民族性，推动了相关理念的有效传播。[④] 鲁晓霞则对传统文化的负面性进行反思，提出公益广告应突破传统文化如“官本位”“浮夸风”“惰性化”等心理误区，力求做到求实尚礼、情理交融、新颖生动，才能增加和扩大公益广告的吸引力和影响力。[⑤]

---

① 李稳：《央视公益广告片中传统文化元素的应用》，《中国电视》2016 年第 5 期。

② 史晓燕：《公益广告中传统文化元素的运用》，《大舞台》2014 年第 6 期。

③ 张幼斌：《公益广告对民族价值观的传承与重释》，《当代传播》2012 年第 3 期。

④ 官科：《“中国梦”系列公益广告中的多模态隐喻》，《湖南科技大学学报》（社会科学版）2015 年第四期。

⑤ 鲁晓霞：《对公益广告中文化心理的反思》，《新闻爱好者》2010 年第 14 期。

表 2　研究领域分析

研究领域	频率（百分比）
内容研究	78（80.4%）
效果研究	15（15.5%）
传播主体研究	3（3.1%）
媒体研究	1（1%）

从研究领域来看，主要集中于内容研究，占比 80.4%，如探究公益广告中传统元素的运用、创新表达、创意诉求、符号隐喻意义等。效果研究次之，占比 15.5%，如探究公益广告中传统文化元素的功能、传播效果、影响与效益等。但对传播主体、媒体渠道、受众等方面的研究则较为缺乏。

表 3　研究取向分析

研究取向	频率（百分比）
应用研究	83（85.6%）
理论研究	14（14.4%）

从研究取向上看，应用研究较多，占比 85.6%，大多数集中于对案例、现象的经验性总结与分析，对“梦娃”系列公益广告的案例分析具有代表性。

表 4　研究方法分析

研究方法	频率（百分比）
定性研究	83（85.6%）
定量研究	1（1%）
定性与定量相结合	13（13.4%）

从研究方法上看，定性研究较多，占比 85.6%，如案例分析、文本分析、文献研究等，但定量研究较为缺乏，且定量研究以单一的内容分析法为主，实验法、调查法极少。

通过以上对文献的分析发现，我国公益广告与传统文化的相关研究还是比较丰富的，但也存在如下明显问题：

第一，学术研究滞后于应用实践。从历史上看，我国公益广告创作很早就将传统文化元素融入其中，从宋代至明清的民间年画到新中国宣传画；从新时代“讲文明树新风公益广告”和“中国梦公益广告”到抗疫广告。从主题上看，宣扬中华传统美德、爱国主义精神、仁义诚敬孝道德模范等类别的公益广告受到重视，说明中国传统文化是公益广告实践中的重要主题。而对公益广告和传统文化的相关学术研究却较少，我国公益广告与传统文化的学术研究明显滞后于应用实践。学界的学术研究应与业界的应用实践接轨。

第二，理论研究缺乏深度。从文献梳理中可以看出，大多研究还是集中于“公益广告中传统文化元素的应用研究”，比较突出的是探究公益广告中传统文化元素的应用与传播，如研究剪纸、书法、茶叶等传统文化元素在公益广告中的应用，诚信、礼仪、孝道等传统文化精神在公益广告中的表达等，这当然是好的，但大多数文章是对表象做了一些经验总结，流于表面的应用，较少做到深层次的解读和研究。

第三，理论性研究不能指导实践。一些理论研究只是在运用传播理论、符号学多模态理论等对现象进行统计分析，不能解决实际问题。

第四，未见有新的理论方法出现。研究方法上，缺乏定量研究和实证研究，缺乏创新理论。

据此，国内公益广告与传统文化的交叉研究还有不少需要努力的空间，建议：

第一，扩大研究队伍。中国传统文化作为我国公益广告实践中的重要元素与精神支撑，学术研究队伍要进一步扩大，多邀请一些业界人士一起探讨，合作研究；增加文学、艺术学、心理学、历史学等等相关人士加入公益广告与中国传统文化的研究中。

第二，多元化研究主题。公益广告与传统文化的融合不仅有内容研究、创意诉求研究、传播研究，还可以拓展到效果研究、受众研究、功能研究、伦理研究、主体研究、比较研究等多个方面等。

第三，深化研究内容。公益广告是一种应用实践，我们需要在应用研究上总结经验，但也不能忽视在理论层面上对其进行指导。广告是一种传播现象，当前的相关研究也有从传播理论方面对其进行分析，但理论视角还是过于窄化。我们不仅要充分利用传播学的理论分析其传播机制，也可以融入社会学、心理学、政治学、教育学等理论，从多元角度把握这一现象，剖析这一问题，也可以为我国公益广告和传统文化的融合实践提供理论上的指导。

第四，加强中华文艺理论的研究。公益广告研究中对文艺理论的研究还是欠缺的，未来的研究中，可以多一些从文艺理论的视角进行剖析的文章，在对于中华文化的深度解读中，总结经验，反过来指导实践。同时注意研究方法的多样性和科学性。

二、中华传统文化视角的公益广告溯源

我国的公益广告本身就是中华优秀文化的一部分，主要历史情况如下：

（一）历史悠久、一脉相承

公益广告与中国传统文化的关系历史久远。追溯历史，可以发现与公益广告表现形式极为相近的典型的作品形式有：

其一，宋代流行的民间年画，已经是图文并茂，发展至明清更为成熟，它的内容主要是宣传中国民风民俗，传播喜庆、欢乐和吉祥，形式图文并茂，与现在的中国梦公益广告一脉相承。

其二，五四运动时期鲁迅先生倡导的木刻版画，这种木刻版画风格独特，以平面的图文并茂表现形式传播爱国、进步、呐喊等内容。在我国有深远影响力。

其三，新中国建立前后出现的大量“宣传画”，是我国近代更为成熟的具有中国特色的平面招贴公益广告。新中国宣传画自我国20世纪40年代一直盛行到70年代，它们大多是由专业组织和专门的美术人员创作的，成规模、数量大、专业化、主题丰富、风格多样、品质高、弘扬民族文化、传播先进思想、传达国家话语、鼓舞民族士气，在中国社会发展中产生了巨大的影响。

其四，现时代我国的“讲文明树新风公益广告”“中国梦公益广告”“抗疫广告”等，都和年画、新中国“宣传画”风格一脉相承的，是一种具有我国特色的公益广告。这一时期影视公益广告得到发展，以及网络、手机等新媒体公益广告都相继发展起来，公益广告与传统文化的结合形式发生新的延展。

（二）民族之魂、文化本源

中共中央办公厅、国务院办公厅于2017年印发的《关于实施中华优秀传统文化传承发展工程的意见》中指出，在5000多年文明发展中孕育的中华优秀传统文化，积淀着中华民族最深沉的精神追求，代表着中华民族独特的精神标识，是中华民族生生不息、发展壮大的丰厚滋养。[①]“求木之长者，必固其根本；欲流之远者，必浚其泉源。”

公益广告作为一种文化现象，诞生于传统文化的滋养之上，其发展烙印着民族文化与精神的基因，传统文化是公益广告的文化根基与精神支撑。同时，中国传统文化也为公益广告创作提供了丰富的精神底蕴与灵感素材。我国传统文化的内涵与外延十分丰富，其中，“讲仁爱、重民本、守诚信、崇正义、尚和合、求大同”等核心思想理念、“自强不息、敬业乐群、扶危济困、见义勇为、孝老爱亲”等中华传统美德，以及“求同存异、和而不同、文以载道、俭约自守”等中华人

---

① 中国政府网：《中共中央办公厅 国务院办公厅印发〈关于实施中华优秀传统文化传承发展工程的意见〉》，2017年1月25日，http://www.gov.cn/zhengce/2017-01/25/content_5163472.htm，2021年10月30日。

文精神，都是公益广告可以汲取的文化财富，也是公益广告所依托的精神支撑。《关于实施中华优秀传统文化传承发展工程的意见》也为我国公益广告的创作方向提供了指导：善于从中华文化资源宝库中提炼题材、获取灵感、汲取养分，把中华优秀传统文化的有益思想、艺术价值与时代特点和要求相结合，运用丰富多样的艺术形式进行当代表达。[①]

（三）时代载体、创新表达

中国传统文化既具有较为稳定的历史性、民族性，也具有与时俱进的时代性。2021 年习近平总书记考察朱熹园时表示，我们要特别重视挖掘中华五千年文明中的精华，弘扬优秀传统文化，把其中的精华同马克思主义立场观点方法结合起来，坚定不移走中国特色社会主义道路。[②] 这告诉我们应该继承传统文化的精神内核，同时也要握紧时代脉搏、不断丰富传统文化的当代价值。

新时代下，《关于实施中华优秀传统文化传承发展工程的意见》呼吁要综合运用报纸、书刊、电台、电视台、互联网站等各类载体，融通多媒体资源，统筹宣传、文化、文物等各方力量，创新表达方式，大力彰显中华文化魅力。[③] 我国的公益广告作为一种大众传播手段，也要担负起守护、传播和弘扬中华优秀传统文化的职责与使命，深入挖掘中华优秀传统文化价值内涵，进一步激发中华优秀传统文化的生机与活力。

公益广告从中国传统文化宝库中提炼出与当代思想道德与精神文明建设相契合的优秀内容，使其在新时代焕发价值。一方面，公益广告可以充分挖掘传统文化中的现代价值；另一方面，形式美与内容美相结合进一步推动文化传播。传统文化作为根基，是公益广告之“魂”，其包含的自强不息、以人为本、孝亲敬长、厚德载物等思想，都为公益广告提供了深厚的精神支撑。而公益广告作为时代载体，是传统文化之“形”，文字、平面、影视、广播、动画、互动、户外……在日益发展的现代传播技术与逐渐提高的艺术审美包装下，传统文化以大众喜闻乐见、易于接受理解的形式呈现出来，并潜移默化地影响着人们。因此，在新的形势下，

① 中国政府网：《中共中央办公厅 国务院办公厅印发〈关于实施中华优秀传统文化传承发展工程的意见〉》，2017 年 1 月 25 日，http://www.gov.cn/zhengce/2017-01/25/content_5163472.htm，2021 年 10 月 30 日。

② 新华社：《习近平考察朱熹园谈文化自信：没有中华五千年文明，哪有我们今天的成功道路》，2021 年 3 月 23 日，https://baijiahao.baidu.com/s?id=1694992058102825906&wfr=spider&for=pc，2021 年 10 月 30 日。

③ 中国政府网：《中共中央办公厅 国务院办公厅印发〈关于实施中华优秀传统文化传承发展工程的意见〉》，2017 年 1 月 25 日，http://www.gov.cn/zhengce/2017-01/25/content_5163472.htm，2021 年 10 月 30 日。

需要激活中国传统文化的现代价值，同时也能充分发挥公益广告的社会效益，弘扬中华美学精神。

三、公益广告与中华传统文化：传承、创新与共生

综上，我们对公益广告视角中的传统文化研究做了考察，又对中华传统文化视角的公益广告做了溯源。发现作为一种文化现象和传播方式，公益广告与传统文化的关系历时久远，公益广告既是传播传统文化的载体，其本身又是从传统文化中脱胎而来的文化艺术形式；传统文化是公益广告的文化根基，公益广告是传统文化的时代载体与创新表达。公益广告与传统文化在历史性、民族性、时代性上均关系密切，公益广告与传统文化原本一脉相承。

公益广告是先进文化的代表，在传承和传播中华传统文化时要遵循取其精华、去其糟粕，的原则，保证公益广告作品的先进品质。公益广告发展要触摸时代的脉搏，跟上时代的步伐，不断开拓、创新、创意。公益广告的创作不仅要在思想观念上新，还要在技术手段等方面跟上时代的发展，无论是在思想观念还是新媒体技术上，都要不断地迎接日新月异的变化。公益广告要增强作品的艺术性、审美性、文化内涵、趣味性，更好地为受众服务。我们有责任让公益广告更美、更动人、更有内涵，使公益广告为推动人类文明的进步、为国家建设和为维护人类社会生存发展的命运共同体做出有益的贡献。公益广告与中华传统文化共生与融合乃是公益广告文化发展之必然。

广告创意学课程思政的新探索

——将民族文化教育融入广告教学

A New Exploration of Ideological and Political Education in the Course of Advertising Creativity

Integrate National Culture Education into Advertising Teaching

苏　文*

Su Wen

摘　要：本文以厦门大学新闻传播学院“广告创意”课程思政的新探索为例，论述了在中国广告创意的课程思政中融入民族文化教育的设计思路。首先论文论述了广告创意融入民族文化的重要性与必要性；其次，论文借助斯图亚特·霍尔的解码译码理论论述了广告创意中民族文化的作用机制，同时也分析了广告创意借鉴民族文化的路径；接着论文论述了跨文化广告创意中民族文化与世界文化的关系，指出了跨文化广告创意应注意“入乡随俗、入境问禁、吐故纳新”，最后展望了未来的广告创意课程的思政方向，强调课程中引入民族文化与价值观教育，培养社会主义广告事业的接班人。

Abstract: Taking the new exploration of the ideological and political course of advertising creativity in the school of Journalism and communication of Xiamen University as an example, this paper discusses the design idea of integrating national culture education into the ideological and political course of advertising creativity in China. Firstly, this paper introduces the importance and necessity of integrating advertising creativity into

* 作者简介：苏文，厦门大学新闻与传播学院助理教授，日本北海道大学国际传媒学博士，硕士生导师，担任广告学概论、广告创意、新媒体营销等课程的教学工作，主要研究方向为广告传播，新媒体广告等。

national culture; Secondly, with the Stuart Hall’s decoding theory, this paper introduces the function mechanism of national culture in advertising creativity, and also discusses the path of advertising creativity learning from national culture; Then, this paper introduces the relationship between national culture and world culture in cross-cultural advertising creativity, puts forward that cross-cultural advertising creativity should pay attention to “do as the Romans do, ask about the prohibition when entering the country, spit out the old and accept the new”, finally,this paper looks forward to the ideological and political direction of the future advertising creativity curriculum, emphasizes that national culture and values education should be introduced into the curriculum to cultivate socialist advertising successors.

关键词： 广告创意；民族文化；课程思政；跨文化

Keywords: Advertising Creativity; National Culture; Ideological, Political Courses; Cross Culture

一、中国的广告创意教学需要融入中国民族文化教育

早在 1926 年，我国著名报学史专家戈公振先生在研究报学史的过程中，提出了“广告为商业发展之史乘，亦即文化进步之记录”的主张，[①]一语道出了广告的商业本质和文化负载功能。广告作为一种大众传播活动，在向大众媒介传递经济信息时，不仅仅是传递着商品、品牌、服务的信息，也传递着文化信息，广告传播的一系列环节在无形之中都烙上了本民族文化的印迹。中国的广告生长在中国的土壤里，它必然深受中国民族文化的影响，中国的民族文化是中国广告发展的精神根基。

随着我国经济与社会的飞速发展，人们对物质生活追求的同时开始重视精神生活，文化对经济的推动作用逐渐得到重视。在 2002 年 11 月，党的十六大报告“文化建设和文化体制改革”中，就明确提出要积极发展我国的文化产业，之后在国家部委出台的有关文化产业政策的相关文件中，广告产业也被纳入文化创意产业的发展快车道。2009 年 9 月，国务院常务会议讨论通过《文化产业振兴规划》，该规划明确提出进一步优化文化产业结构，以资本为纽带推进文化企业兼并重组等重要举措。在规划的重点任务部分，明确把广告作为文化产业的发展重点。在国家方针政策的引领下，中国的广告教育必然要重视和加强民族文化的引领作用，在广告课程中纳入民族文化教育，培养有家国情怀的社会主义广告事业的接班人才。

① 戈公振：《中国报学史》，北京：生活·读书·新知三联出版社，1955 年，第 220 页。

反观目前的高校广告教育，我们发现教学的内容仍然侧重于培养学生理论知识与实践技能，教材中的理论与案例又主要来自西方国家。这样的现状与广告学的学科发展背景是息息相关的。广告学在英国和美国最早发展起来，西方国家是近现代广告发展的发源地，很多知名的广告公司、广告学者和实践者都来自西方，早期中国的广告学教材也以西方论著的译本为主，缺乏了中国本土自己的理论体系，更缺少了中国传统文化、民族文化、社会主义核心价值观对广告教育的引领作用，培养的学生又主要前往 4A（American Association of Advertising Agencies，美国广告协会）下属的大型国际广告公司实习实训与就业，那么我国高校就相当于是采用西方的广告教育模式来培养中国的广告人才，同时又把这些广告人才送到西方广告公司为主导的广告业界中竞争，这样的教育机制与我们要培养具有家国情怀的社会主义广告事业的接班人是有所出入的，中国的广告教育必须面对这样的现实问题。

二、广告创意教学中融入中国民族文化教育

将中国民族文化教育融入广告创意课程中需要有合理的教学设计，厦门大学新闻传播学院广告学专业的“广告创意”课程在思政方面进行了前期的探索，形成了较为具体且系统的思政教学思路与内容，具体的教学过程与教学重点如下。

（一）启发学生意识到中国民族文化对广告创意潜移默化的影响

所谓民族文化，是具有共同语言、共同经济生活和共同心理素质的一个稳定的人类共同体，在一定的历史发展过程中创造和发展起来的带有本民族特点的文化，是一个民族区别于其他民族的根本性特征。中华民族是一个由 56 个民族组成的多民族大家庭。中国的民族文化，当然不是仅仅指汉族或某一少数民族的“小”文化，而是指多民族文化共同繁荣、平等交流、汇合而成的一种多样化统一的“大”文化，是在各民族自立基础上联合起来、和谐一致的整个中华民族的文化。[①] 民族文化的发展是一脉相承的，在历史的长河中未曾间断过，民族文化和民族精神存在于本民族民众的心中，人们会在无意识中受到它的影响，行为方式会受到它的制约，对事物的感知、认识和评价也会受到它的影响，民族文化就是本民族民众心中的价值审美秤杆。

由于文化影响的潜在性，在广告创意教学中，我们需要通过案例启发学生关注到广告中的中国民族文化的存在。在我国优秀的广告作品中有着许多具有鲜明

① 李德顺：《民族、科学、大众的文化》，《理论探讨》2001 年第 3 期。

民族文化的广告案例。例如平安保险的“中国平安，平安中国”抓住了中华文化中人们对平安的渴求；“孔府家酒，叫人想家”顺应了中华民族文化中家庭团圆美满的重要期盼；人头马白兰地的“人头马一开，好事自然来”，则体现了中国人历来都看重吉祥如意好兆头的文化心理；百年润发洗发水的“青丝秀发，缘系百年”中以京韵唱出男女主角的悲欢离合、缘散缘聚，演绎出中华民族传统美德下忠贞不渝的浪漫爱情故事，通过这些具有浓厚中国文化元素的优秀案例能够让学生意识到广告实际上是一种文化精神的载体，我们熟悉的民族文化为中国广告创意提供了丰富的精神内涵。将广告与这些符合中国人心理的传统价值观念和文化理念相结合，不仅能缩小产品与消费者之间的距离，淡化商品的功利气息，也使受众更容易对广告以及广告中的产品和品牌产生情感上的共鸣，增加企业和品牌的文化内涵。

通过案例教学，老师和学生一起探讨这些具有民族文化元素的广告，能够让学生体会到具有民族文化元素广告的魅力，学生就能理解“文化之于人，如影随形”的深意，意识到中国民族文化对中国受众的价值观念、思维方式等方面的影响是潜移默化的。

（二）从传播学角度分析民族文化对广告创意的影响

我国的广告学学科是在新闻传播学一级学科下面的二级学科，广告学的教材如广告学概论的理论框架也是从传播学视角进行构建的，同时我国的广告学专业一般开设在新闻传播（传媒）学院内部，这就使得广告学的发展离不开传播学的理论借鉴，学生在本科低年级也都要通修、选修传播学专业的基础课程，通过传播学理论来分析广告现象对新闻传播专业的学生而言具有一定的熟悉性。

斯图亚特·霍尔（Stuart Hall）是“英国文化研究学派”的卓越代表人物，他继承和发展了马克思主义媒介理论，是大众传播研究领域里程碑式的人物。霍尔指出人们用各类符号进行思维和交流信息的过程，也是编码和译码的过程。信息的编码就是在传播的过程中，将信息转换成符号的过程，而信息的解码指的是把信道中传递的信号重新还原成信息。霍尔也指出，理想的传播方式是“完全清晰的传播”，即受众在主导符码的范围内进行解码，其对信息解读的方式和过程完全符合于编码时刻所设定的预期，而编码与解码之间符码的不对称，根源于信息发送者和接收者的文化关系、社会背景等结构性差异。

将霍尔的解码和译码的传播学理论运用到广告分析中，可以认为广告信息的传播对广告创意者和广告受众而言就是一个编码和解码的过程，广告创意者要挑选合适的产品、品牌、服务的相关元素进行广告诉求的表现，对这些元素进行编码形成广告作品，而受众则需要通过自己的知识与经验来对广告作品进行理解、分析，从而获取广告创意者所要传递的信息，而之所以受众可以理解广告创意者的广告作品，在于其文化关系、社会背景的相似性，当两者处于共同的文化和社会背景中时，他们就越容易相互理解，而如果他们差距很大，如西方的广告创意者要将其作品让东方的广告受众理解时，就容易因为文化、社会背景不同而导致无法正确理解的情况。借助霍尔的解码译码理论来分析民族文化对广告创意的影响，能够让学生更系统地明确其作用的机制。

1. 广告创意者的信息编码——民族文化的融入过程

广告创意从信息传播者的角度看，是广告创意者的编码过程，它来自于创意者的精神思维，这一过程决定了广告创意表现必然带有创意者文化价值观的影子，广告创意人所处的特定社会环境将影响其创意的产生与结果，其中影响因素就包括特定民族的思维方式、价值观念、传统习惯、文化意识、生活方式等诸多因素。换句话说，不同民族背景的广告创意人所进行的创意编码是不同的，因而创意生成的广告诉求与表现也就不同，具有创意者所属民族的特色。例如我们经常看到中国的广告中带有很多禅意、诗意的表达，泰国的广告有很多佛教的元素，日本的广告有武士道的影子，美国的广告有许多超级英雄的角色，这与每个国家的民族文化和精神是密不可分的，广告创意者往往会不自觉地选择他们所熟悉的表现元素进行创意，而这些表现元素与民族文化是无法分割的。

2. 广告受众的信息解码——民族文化的理解过程

广告制作出来之后，又总是要针对特定的地域、特定的经济生活、特定的语言文化和特定的文化心理的受众群体进行传播，由这些受众对广告创意作品进行解码。这些受众同样生活在被特定民族文化打上烙印的社会环境中，受到本民族的价值观念的制约。因此他们对广告创意内容必然存在着鲜明的判断和分析，他们在理解广告创意作品时会因为民族文化的不同而呈现出差异性[①]。例如同样是具有禅意的创意表现，对中国受众而言就能感受到广告的美妙意境，对广告的对象产生好感，而对欧美的受众而言就可能难以理解，甚至觉得不知所云，这与受众所处的文化背景是息息相关的。从本质上看，受众对广告的认可，在某种程度上是对广告传达的文化价值的认同，如果受众不认同广告的文化价值则很难能够真正喜欢这则广告。

3. 广告创意的效果取决于民族文化的互动流畅程度

广告信息被编码到信息的成功解码取决于广告信息编码者即广告创意者与广

① 周李欢欢：《秉承与扬弃——中国传统文化之于广告创意》，《当代经理人》2005 年第 3 期。

告信息解码者即广告受众之间共通的“密钥”，这个“密钥”从文化传播的角度理解就是相似的文化关系和社会背景。当一则广告在小范围的地域如一个城市、一个省份、一个国家内部进行传播时，不容易产生解码不顺畅的问题，这是因为小范围内人们生活在同样的文化和社会背景下。而需要注意的是，我国是一个多民族的国家，如果广告要在全国范围内传播，在进行广告创意的时候也不能忽略各民族的习俗、宗教、观念差异，如果广告创意者不了解不同民族的差异性，其创意的作品就难以获得不同民族民众的理解。同时，随着世界进入全球一体化的时代，中国的广告创意也必然要走向世界，这就要求广告的创意者要思考如何让本民族的文化让世界民众理解以及如何与外来文化共存的问题。

（三）广告创意借鉴民族文化的路径分析

在学生认识到民族文化对广告创意的影响与作用机制之后，分析如何在广告创意中运用民族文化就成为下一个议题。学生需要知道三方面的知识点：我们的民族文化是什么样的，民族文化中有哪些方面可以融入广告创意中，在运用民族文化元素时要注意什么问题。

1. 认识本民族的文化

中国有着五千年悠久的华夏文明史和博大精深的传统文化底蕴。中国的民族文化是以农业经济为物质基础，以宗法制家庭为文化背景，以儒家伦理道德为思想核心的社会文化体系。文化是具有继承性的，中国的民族文化倡导重感情、讲礼节、较含蓄、求意境的东方思维和行为方式，形成了中华民族独特的文化心态，崇尚和谐祥和、仁爱孝悌、家庭美满，讲究以和为贵、天人合一。这些悠久的民族文化，塑造了中国人的气质与精神，使中国人潜意识形成了很多共通的审美意趣，为现代广告提供了丰富的创作灵感和设计思路。

2. 民族文化中的有形元素与精神元素

民族文化中可以融入广告创意的元素主要包括有形元素和无形的精神元素。有形的民族文化元素为广告创意表现提供了丰富素材。如中国元素中的书法、太极拳、剪纸、水墨画、京剧、二胡、饺子、故宫、熊猫、如意、葫芦、满月等，这些文化元素是中华民族传统文化的结晶，也是中国传统思想和价值观的符码，与中国人的情感一脉相承。[①] 中国受众一看到这些元素就能自然地产生亲切感与熟悉感，这些中国元素是广告创意的重要组成部分，也是创意的精华；其次，民族文化中的意识、精神部分则使广告作品有了灵魂，使没有生命的广告对象升华

① 孟令光，杨海军：《中国元素广告创意营销的文化学解读》，《传媒》2017 年第 9 期。

为一种有灵性的文化载体。例如古文化中的意境在广告创作的作用是不可估量的，随着禅宗的发展使得国人以禅意为一种意境，好的意境的出现可以将人们提升到更高层面的精神世界，让创作出来的广告清新优美、意蕴深远、自然灵动。例如国外的一些品牌就善于将中国的山水泼墨与二十四节气结合推出富有诗意的二十四节气广告，在广告表现上容易得到中国受众的喜爱，在广告精神上也容易产生受众的共鸣。

3. 民族文化元素运用的注意事项

民族文化是广告创意的重要源泉，但并不意味着只要与民族文化相结合的广告创意都是成功可行的。首先，民族文化本身是各异其趣的，不存在统一的、固定的模式。广告创意如果只是单纯地、流于表面地“使用”民族文化元素，简单拼贴、随意组合民族文化元素，一味地堆砌传统物态符号，则只能形成华而不实、空洞无物的广告创意，这样的创意不仅没有生命力，无法很好传达商品理念，而且会阻碍广告的创新，影响文化品位，导致文化曲解和滥用。例如恒源祥的广告在 1 分钟内，广告背景音把中国的十二生肖叫了个遍，却引起观众的普遍反感。广告创意运用民族文化要避免形式化和表面化，应将传统文化的内涵、气质、精神以及民族文化的精髓融入广告创意中去。[①] 其次，传统民族文化有好的方面也有不好的方面，如果运用了某些腐朽的传统思想和观念，如鼓吹腐朽的封建帝王思想，封建专制思想等，不仅会影响广告的效果，更会污染社会文化。广告创意人应在理解民族文化和精神的基础上，对传统民族文化取其精华、去其糟粕，再融入现代的设计观念和思想文化意识进行广告创意[②]，需要有一个“理解—取舍—结合—产出”的创意过程。

（四）广告创意借鉴民族文化是一个与时俱进的过程

广告创意中民族文化元素的运用是一个与时俱进的过程，随着世界进入全球化、一体化时代，广告创意就必须面对民族文化的传统性与社会发展的时代性相冲突的问题。这既是广告创意的本质问题，也是广告创意的时代前沿问题，在教学过程中，应该运用历史思维、辩证思维的方式引导学生一起思考、探索。

首先我们必须意识到，民族文化不是一层不变的，就像中华民族不断发展一样，民族文化是与时俱进的。广告创意既要保持民族文化的根，又要感知民族文化随着时代的发展而不断结出的果实。随着网络时代的到来，人类共享信息的愿

---

① 邓杰，蔡之国：《民族文化在广告创意中的运用》，《当代传播》2008 年第 6 期。

② 王政萌：《传统文化在广告创意中的发展与创新》，《传媒论坛》2019 年第 2 期。

望成为现实，世界成为“地球村”，不同文化背景的人们可以随时随地看到世界各地的风土人情，不同文化背景的人们的心理距离日渐缩小。在这样的背景下，广告创意就容易有这样的疑问，即在世界趋同的背景下，广告创意还需要运用民族文化来进行差异化创作吗？实际上世界全球化的趋势实际上并不意味着民族文化对广告的影响减弱了，相反在世界趋于全球化、一体化的当下，正在倒逼广告创意的灵感和智慧需要在共性中求新求异，认识和把握文化的共通性和差异性，进行有针对性、有预见性的广告创意。

随着时代的发展，当代大众的消费心态也发生着改变，大众已经从单纯的物质消费心态发展为多元化的文化消费心态，同时大众也在这个逐渐趋同的世界中寻找自己的归属感。同样是第一次接触的广告，如果广告中带有本民族的传统文化元素，那么从民族文化的共同归属感来说，民族文化元素代表的含义就会直接折射于受众头脑中对该元素已存在的文化含义，而这种含义是他们或在从小到大的成长过程中耳濡目染，或在日常生活中经常见到、用到、感受到的本民族的优秀的、值得他们骄傲的实在的东西，他们也就更容易对广告产生共鸣，甚至对广告有一种特殊的亲切感与自豪感。因此即使在全球化的背景下，广告创意也应挖掘本民族丰富的文化精神，积极地采取各种方式来提升广告创意的文化内涵，了解民族的消费心理、消费结构，继承和发展民族文化的基本精神，以适应如今大众的消费观念，在众多的竞争品牌中脱颖而出。

三、跨文化广告创意中的民族文化与世界文化

在广告创意教学中强调民族文化教育的重要性，并不是只要学生一心从民族文化出发去进行广告创意，随着全球化的发展深入和广告市场的竞争加剧，我国的品牌不断进军世界市场，为了接触和打动他国的消费者，中国的广告创意作品就必须面对民族文化与世界文化的交流问题。那么，在向外传播的广告创意中，究竟是运用本民族文化来吸引外国的民众，还是运用他国的文化元素来进行创意，是跨文化广告创意首要的实践问题。在广告创意教学中，我们需要由以下三方面的教学重点来指导学生思考该问题。

（一）民族的也是世界的

在分析跨文化广告创意策略之前，我们需要认识民族文化与世界文化之间的关系。我们必须认识到，民族文化与世界文化不是相抵触的两个概念，而是属于个性与共性的关系，二者是相容的、共通的。鲁迅先生曾经说过：“越是民族的，越是世界的。”其意思就是说，文化首先是民族的，才最终是世界的。善于发扬民

族文化传统，善于吸取民族文化中的精华，把栩栩如生的中华民族文化告诉世界，就能走向世界，就能被世界所认可。世界上众多成功广告都是通过传播民族文化从而得以走向世界，一则成功的广告必须首先立足于本土文化，之后才能放眼世界。中国的民族文化元素被运用到广告创意中既能够树立起广告创意的独特风格，弘扬中国的品牌与产品的气质与精神，最终成为世界潮流的重要组成。

（二）在存异中求同

民族文化具有个性，这意味着民族之间存在着文化的差异。在进行跨文化广告创意时，我们首先要具有文化观念，以本民族的文化内涵为切入点，从传统文化深厚的积淀中挖掘灵感，大胆展现民族的、民间的、乡土的、传统的各种象征与表述，呈现富有文化韵味和浓厚民族色彩的广告创意来吸引异国的受众。同时，本土的广告创意应该放眼未来立足国际，采取兼容并举的方法，吸收世界其他民族文化的优点，融入世界多元化的设计风格，将本民族文化与它民族文化、传统文化与新时代文化重新组合，力求适应多元的文化环境。因此，中国的广告创作者应找到国内外民众对某一事物认识的契合点，尽力消除文化差异对广告宣传的负面影响，使跨文化创意既具有本土化风情又不失国际化风韵，既具有传统性、民族性，又有时代性、世界性。

（三）做到“入乡随俗、入境问禁、吐故纳新”

随着中国走向世界，中国的广告有了新的机会将国际先进的理念和中国的传统文化重新组合成一体，[①] 但中国的广告要想在世界舞台上快速成长，必须源源不断的汲取中国民族文化的营养，同时汲取国外优秀文化的精华，将二者重新吸收合并，进而形成“有中国特色”的广告创意。其前提就是要做好三点，即“入乡随俗、入境问禁、吐故纳新”。

1. 跨文化广告创意要“入乡随俗”

在中国广告创意走向世界时，必须“入乡随俗”。东西方在审美观念上存在着一定差别，如果过于强调本土化的创意也不利于产品打开世界市场，走向国际。民族文化往往伴随着强烈的民族自尊心与自信心，但文化自尊与自信不代表文化自负，特别是要进入他国领域进行传播时，应尽量减少或消除民族优越感和一些刻板印象，尊重外来文化，求同存异，体现理解与宽容，做到“入乡随俗”。要做到“入乡随俗”，广告创意者首先必须承认民族文化的差异性，要充分考虑民族习

① 薛慧：《浅论中国传统文化在广告创意中的运用》，《商业文化》（学术版）2009 年第 8 期。

俗、地区差异、宗教信仰、审美感受、价值观念、生活习惯、语言风格、色彩偏爱等等文化因素可能造成的影响，顺应当地的风土人情，契合当地的民族文化和民族心理，不可以冒犯任何民族的文化，不可以损害任何民族的尊严。其次，成功的跨文化广告必须坚持文化的特殊性与普遍性相结合，即在传播自身民族文化的同时，也寻找共同的符号，传播共有的价值观念。这要求广告创意者应以全球化视野挖掘人类共同的民族文化元素，洞察共通的民族文化心理进行广告创意，保留各个文化背景的受众都能够理解和接受的广告信息和信息传达的方式，借助融入民族传统文化的广告创意与世界沟通、对话，寻求传统民族文化与外来文化的碰撞、理解、交流与融合。

2. 跨文化广告创意要“入境问禁”

在跨文化传播上，广告创意往往容易栽跟头的不是没有“入乡随俗”，而是没有做到“入境问禁”，无形中犯了民族文化的忌讳。每个民族的文化都会在历史发展的过程中形成一些禁忌，这些禁忌对广告创意提出了文化接受的底线。[①] 如果在广告创意中忽视这些禁忌，甚至是使用禁忌中的内容进行广告创意，轻则可能不被人们所接受，不能促进商品的销售，削弱广告创意的效果，重则可能伤害受众的民族情感，引起受众群起而攻之，毁坏好不容易建立起来的品牌形象。[②] 例如对中华民族而言，龙是神话中能利万物的祥瑞，而在西方基督教国家，龙则是撒旦、魔鬼的代名词；对中华民族而言，蝙蝠由于同“福”音是吉祥的象征，但在西方文化中蝙蝠却是吸血鬼的化身，代表着恶魔的使者。因此，在进行跨文化广告创意时就需要特别注意文化禁忌的问题，要做到“入境问禁”，否则就可能打破民族文化的规约，难以达到有效的文化沟通，无法保证广告信息的有效传播。

3. 跨文化广告创意要“吐故纳新”

民族文化是历史与文明的继承与发展，而广告创意则重在颠覆传统寻求创新，因此广告创意在吸收民族文化的时候应注意“吐故纳新”。广告创意中融入民族文化时不能只是一味体现和宣传传统文化，要懂得用运动发展的角度来发现与吸收其他民族优秀的文化元素和新兴的亚文化元素，这样才能使广告既有文化的蕴含也有新鲜感，能够引起受众的兴趣。此外，在全球性经济竞争与文化竞争的背景下，我们在吸收他国民族文化元素和新兴的亚文化元素的时候，也要注意分辨，警惕外来文化和新兴文化对民族文化的侵蚀。我们既要保持民族文化的根基，依托优秀的传统文化资源，又要感知文化随着时代前进而发生的变化，与时俱进，

---

① 孙蓉：《中国传统文化与广告创意》，《经济与管理》2010 年第 4 期。

② 赵茹：《中华民族传统文化在现代广告创意中的应用》，《新西部》2008 年第 10 期。

创作出更多的满足时代需要的广告创意作品，克服外来文化对民族文化的冲击，为本民族的品牌和消费者服务。

四、广告创意教学思政的展望

广告的实践起源于欧美，以英国为中心的近代广告的发展与以美国为中心的现代广告的发展带动了世界广告业的成型，中国的广告教育有很多理论与知识框架来自西方，中国的广告教育不得不吸收西方很多先进的思想、理论与知识。但中国文化与价值观隶属于东方体系与西方的文化和价值观有着明显的差异，在广告创意的教学中融入民族性教育和本土化案例，培养具有家国情怀的社会主义广告事业的接班人是新时代交给中国广告教育者的使命。

广告创意课程的思政建设的一个重要方向就是引入民族文化与价值观的教育。在广告创意的思政教学中，应引导学生在广告创意中贯彻文化的观念，树立用民族文化丰富广告底蕴的意识，指导他们运用民族文化的思维方式来构建广告创作的框架，用民族文化的人格追求来提炼广告表达的主旨，用民族的眼光和民族的心理寻找可用于广告创作的文化元素，用民族文化的价值尺度把握广告创作的道德底线，用具有民族特色的视听艺术来增强广告创作的表现力，在广告中将民族文化与产品、品牌的特质完美地结合。

中国的广告教育应培养社会主义广告事业的接班人，这决定了我们培养的学生应能够创作出符合本国国情、蕴含民族文化的广告创意作品，同时能够自觉肩负起通过广告创意发扬和传承我国民族文化的使命，只有培养具备如此素质与能力的广告人才，才能让中国广告获得更长远的发展，推动我国社会主义广告事业走向健康与繁荣，使其在日趋激烈的国际竞争中立于不败之地。

论网络空间对节日文化的再生产 *

Reproduction of Festival Culture in Cyberspace

张　帅 **

Zhang Shuai

摘　要：文章以文化再生产理论为视角，剖析网络空间如何在节日行动、节日权威和节日工作三个维度上形塑乃至重构了节日文化。在被网络空间再生产的过程中，节日文化产生了难以避免的文化泡沫现象，其生存心态受到流量经济的操持而缺失了深层次内涵，又因网络空间的象征性而导致了其与实在生活的割裂，且节日场域中圈的分化与层的强化被同步加剧。有鉴于此，网络空间下的节日文化在进行再生产时，应坚定文化自觉、活态保护、多方参与、文明对话的原则，克服节日文化中的盲目成分，开展创造性转化；运用科技力量，打造创新性发展；共创共享，打造系统性工程；沟通节日内外，构筑国际性传播。

Abstract: From the perspective of cultural reproduction theory, the article analyzes how cyberspace shapes and even reconstructs festival culture in the three dimensions of festival action, festival authority, and festival work. In the process of being reproduced in cyberspace, festival culture has produced an inevitable cultural bubble phenomenon. Its survival mentality is controlled by the flow economy and lacks deep connotations. In addition, the symbolic nature of cyberspace leads to a relationship between it and real life. Fragmentation, and the division of circles and the strengthening of layers in the festival field are simultaneously intensified. In view of this, when the festival culture in cyberspace is reproduced, the principles of cultural awareness, live protection, multi-party

*　本文系国家社会科学基金项目“互联网群体传播对节日文化传承与创新的影响研究”（18BXW094）的阶段性成果。

**　作者简介：张帅，北京外国语大学国际新闻与传播学院博士研究生，主要研究方向为跨文化传播。

participation, and civilized dialogue should be firmly established, to overcome the blind elements in the festival culture, and carry out creative transformation; use the power of science and technology to create innovation Sexual development; co-creation and sharing, creating systematic projects; communicating inside and outside the festival, and building international communication.

关键词：节日文化；网络空间；文化再生产；虚拟空间

Keywords: festival culture; cyberspace; cultural reproduction; virtual space

一、问题的提出：从节日网络化谈起

当前社会形成普遍共识的是，人们在现实生活中欢度节日的趣味日趋寡淡，即便是中华民族最为显赫与隆重的春节也时常让亲历者觉得索然无味。与此同时，节日的网络化形态却显示出了不同以往的生命迹象。节日网络化可大致理解为网络过节与过网络节两类，前者指代在线上以虚拟方式完成了原应面对面进行的线下仪式，譬如用手机发送春节红包，在云端传递重阳节祝福；后者则意味着数以万计的数字化生存民众为适应情感与现实需要，在移动互联平台上自发组织多场展演与狂欢，譬如520情人节、双11购物节。上述二者虽不完全由官方发起，但的确形成了时令性、规模化、富于认同感与纪念意义的特定节点活动，这些特点与传统佳节别无二致，且其对于当下人们生产与生活的影响力实在是不容回避。故而本文试图以“大节日”视域出发，兼传统节日与网络节日而论之，希冀能在二者相同之中点出殊异所在，亦在不同之中发现共通之处。

时至今日，人们愈加感受到，无所不在却又无迹可寻的网络空间对于节日文化绝不仅是中介般的展现，而是在对其进行再生产的过程中产生了结构性影响。多年以前，节日文化的生发与散播皆是交由人际传播与大众传播完成，如今的传播方式在网络空间中则显得错综复杂起来。例如，网络直播的节庆信息虽会被千门万户同步观看，但事实上，即便相隔咫尺的两个人或许只是通过各自设备进行浏览，彼此并不共享同一屏幕，这与之前因电视媒介而形成的“客厅文化”大不相同了。可以简要断言，节日文化同样因网络空间的介入与扩张而遭遇了现代性转型。那么，当网络空间已然作为万事万物不可脱离的语境，以往人类围绕节日所形成的精神价值、生活方式与集体记忆产生了哪些难以觉察的流变？凡此种种的变化又正在或即将对社会现实生活产生哪些撼其本质的影响？这正是本文试图回应的时代之问。

在关于文化再生产的理论领域中，阐释最为精妙的思想家当属法国社会学家布迪厄。他的一系列社会学说推动了人们对于自我生活状况的反省，后文在实际运用中会加以阐述。值得言说的是，当前不少以文化再生产理论为某个文化领域产业化助力的论述，实则并未得其要领。布迪厄的文化再生产学说的重点并不在于日后应当如何传承与创新，而是意在透视当前文化活动所隐含的社会发展逻辑及权力再分配等问题。因此，其更多是在批判意义上对于现有情形进行剖释进而使人觉醒，而非为了直接提供未来切实可行的对策方略，这是布迪厄未曾论述也无意达成的层面，亦是后文在建言部分之所以采用文化学与民俗学相关概念作出诠释的理据所在。

二、网络空间如何再生产节日文化

网络空间作为一种无形无相的隐喻，以合法的名义赋予节日文化以新的意义。学人若要于这一影响过程中明晰文化再生产的奥秘，可从布氏三位一体的符号暴力理论中得到启迪。在布迪厄笔下，现代社会因文化再生产而成为新型生命共同体，具言之，他采用教育行动（pedagogic action）、教育权威（ped-agogic authority）、教育工作（pedagogic work）对教育领域内的文化再生产进行了深入剖析[①]。将这样一组概念置换在网络空间与节日文化的互相作用中，同样颇具启发意义。

（一）节日行动

从客观上讲，节日行动是一种符号暴力，365 天中的某一个日子被挑选出来，得到专属意涵。当旧有的节日文化进入到网络空间的范畴之内，后者与生俱来的权力和文化以自身的方式对其发起了挑战、修改、重新定义乃至“无中生有”。

以挑战而言，网络空间提供了意见集散的场域，不少网民纷纷于此间发问传统节俗的存续意义。2007 年，百度官方空间发起了“logo 纪念日征集活动”，在评选出的“最重要纪念日”中，孔子诞辰赫然在列。有网友随即质疑老子诞辰是否同样值得入选，这一言论引发热议。设立某个节日妥当与否可以另行商榷，这里值得注意的是网络空间所催发的争鸣与讨论实际上正是网络空间之节日行动的具体体现。类似于年味越来越淡、过年有何意义的说辞在各类社交平台中更是屡见不鲜，由此加深了人们的相关印象，哪怕事实并非一定如此。换作之前，人们的节日行动更多是照章办事地过节，而非颇具后现代意味地过节。以修改而言，网络空间内的各方势力相互角逐，粉丝文化、青年亚文化等虚拟文化类型中的行动主体对节日文化进行了积极加工。例如，9 月 10 日教师节一到，在网络社群中

---

① ［法］皮埃尔·布尔迪约，［法］帕斯尤：《再生产：一种教育系统理论的要点》，邢克超译，北京：商务印书馆，2004 年，第 9—64 页。

迎来送往的消息或许不只是鲜花和掌声，还可见到以某个任课教师为素材生成的系列表情包。这看起来仿若只是玩笑之举，实则反映出学生群体借助网络空间拥有节日行动新权力的愿望与能力。以重新定义而言，原本被官方盖棺定论的某一节日民俗在网络空间中形成了不同解读。2016 年的中秋节被一众网友新增别名“抬头节”。此处的抬头不只是为了望月，更多被赋予了现代低头族应注重保护颈椎的意趣。这并非什么恶意行径，倒显示出文化多样性的存在。再如，2018 年万圣节来临之际，一则计算机程序员、美术设计师摇身变为“无脸男”行走江湖的视频流传网络。表面看来，其意在以节日活动为契机，调节乏味的加班生活，实则反映出社会雇佣关系中由来已久的上下级权力不平的现象。最为突出的则是“无中生有”者。11 月 11 日本是平淡无奇的日子，因数字的相似性被网友塑造为“光棍节”，后又在电子商务平台的运作下，成为中国为世界贡献的一道购物奇观，这消费现象越发如火如荼，如今则叠加形成了消费者“光棍节购物”的生活方式。由是观之，网络空间中的节日行动不只是人们在网络空间中因循守旧般地遵照传统展开节日庆典等习俗活动，而是赋予了原本节日以新的形式与内容，甚或以新的名称为符码，营造了一系列前所未有的节日景观。这样由内而外对节日文化的重塑，表达了网络空间对传统节日本质主义的叩问及其行动逻辑的再度发言。

（二）节日权威

教育权威以其无可辩驳的严肃价值，掩盖着教育行动的专断性，维持着教育工作的正常运转。细细想来，节日文化同是如此。一旦有哪日被称为节，其形象与地位便会瞬间在人心目中光辉与高大起来，仿若天意不容置疑，而不论其内涵厚重与否，出现时机恰当与否。那么，固有的节日权威在网络空间中遭遇了何种变故呢？正如近些时日传播学人在论述互联网关系生态时，提出网络传播在所谓的去中心化后又再度中心化，[①] 节日权威亦面临屡屡消解与不时重塑的局面。

一方面，网络空间以削弱传统节日典礼的神圣化和仪式感这一行为达到了这一目的本身。像是网络祭扫，这一活动虽是清明节当天身不能至者的一种灵活性替代方案，却也必然使该节日失却了实地祭祖的庄重；再如收发红包，以往它多伴随着长辈对于晚辈的谆谆教导，如今则成为网络应用中的运气游戏。而且相对晚辈而言，长辈由于媒介素养不足的关系，普遍成为红包游戏中的弱势群体，二者地位与话语权发生了明显倒转。这无一不显示着，以往带有鲜明的层级制色彩

① 韩云杰：《去中心化与再中心化：网络传播基本特征与秩序构建》，《中国出版》2010 年第 21 期，第 31—35 页。

的节日文化在网络空间的作用下逐渐变得扁平，一种去中心化格局得以构建。与此同时，在去中心化的遮蔽下，网络空间又以看不见的力量塑造了网络节日作为新式权威。当网民身处云端购物节，会自然而然地认为当天参与活动的每一家店铺都贡献出了最大可能的折扣，趋之若鹜以望分一杯羹，却很少质疑商家是否在以先大幅涨价后故作打折的方式来施展营销。网民这样的默认相信正是网络节日的权威性使然。传统节日的权威表现在，人们潜意识中以为节日是一个天人合一的凝聚点，带有神的旨意，不曾想过其文化中的种种礼节在当今有何失礼之处，只需照办就好；网络空间的冲击则在于，它以一种反讽的方式，用自身的虚幻使得原本的节日幻象变得不那么令人信服了。究其原因，莫不过缘于网络空间始终是拟真状态。以往的节日虽然是被先人建构出来的，但人们过节的实践却是实实在在发生着的。如今，完成节庆的流程与方式可以以假乱真了，节日的权威就显得不那么真切了。

（三）节日工作

与即时性、个性化的教育行动有所不同的是，教育工作主要指代着长期性、可持续的教学过程。许是如此，过节可被视为节日行动，日常对于节日的制度化设计则指涉着节日工作。现实中各个部门依据职能对于节日的立与废是现实空间中的审查机制，而网络空间自有其对于节日文化的调节与把控。有些节日在线下并未引起重视的文化特质在互联网上被选择性放大，譬如元宵节中沉寂已久的猜灯谜活动经由网络再次复兴；有些节日的过节对象在线上线下表现出不相称来，譬如儿童节当天，年轻人频频以孩童身份自居晒出过节活动；有些节日则受到部分网民的明显戏谑，譬如单身人士在情人节当天“度节”被读解为“渡劫”等。正如教育工作获得成功的前提条件是获得教育权威，[①] 当网络空间使得节日权威显出混沌状态时，一种隐秘的教化开始浮出水面。之于节日文化，网络空间强有力的力量在于它替代了以前的强制或规训，让人们心甘情愿地成为其中一分子。如春节的一系列线下活动可能被年轻人视为繁文缛节、心生排斥，然而旦逢网上抢红包，却自发参与，且乐此不疲。

三、批判与反思：节日文化再生产中的文化泡沫

如前所述，网络空间影响乃至造就着新的节日文化。不必说，节日文化借此机缘得到了积极意义上的进步，如愈加广泛的传播范围，层出不穷的良性互动，

---

① 朱国华：《文化再生产与社会再生产：图绘布迪厄教育社会学》，《华东师范大学学报》（哲学社会科学版）2015 年第 5 期，第 173—189+224 页。

被更多人快捷了解的可能，凡此种种，不尽相同。但需要人们清醒面对的是，互联网大潮可谓泥沙俱下，节日文化于此间沉浮时的几种倾向值得警惕。

（一）生存心态：流量经济思路操持下的内涵缺失

在布迪厄的社会学理论中，生存心态（habitus）一方面指代着始终与文化行动相互依存的精神状态，另一方面又代表着外在化世界的生成原则。[①]之于网络空间下的节日文化，亦可从内在的思想深邃程度与外在的客观行动原则两个方面找寻对应。从思想深度上判定，互联网在某种程度上以其浅薄的特性异化了人类的大脑，[②]也使得节日文化变得扁平与浮躁，甚至后者在某些方面被间接架空。表面来看，光怪陆离的网络空间是由技术所搭建，进而视之，则是由隐身其后的各互联网平台运筹帷幄。每逢佳节，相应网络活动应运而生。5 月 20 日当天，微信红包限额由 200 元提升至 520 元。有数据显示，2019 年此日开始至 18 时，表白红包（5.20 元、13.14 元、520 元等）共发出 2.78 亿个，数值最大的 520 元红包共发出 800 多万个。[③]试问，在如日方升的数据之下，这一被创造出来的网络节日除了数字与寓意的表面相似性外，还有其他更为深重的意义可言吗？诚然，在网络空间作用下迭代的数字产品是节日文化再生产过程中的必要产物。只是，这类节日产物更多偏向了盈利导向，此等“以节为媒，经济搭台，文化唱戏”的个中要义侧重于经济而非文化，侧重于公域及私域流量而非心灵或思维能量。

与节日文化在流量经济下获得再生产动力相关联的是，其深度内涵并未得以展现。网络的短、平、快特性使得节日的精神意蕴浅表化、运行方式简易化。人们貌似在过节，却不理解节日本体的文脉源流，较为关心的似乎是放假与否，而非它所承载的浓厚的中华文明，以至于出现了许多误传。例如提起七夕佳节，世人皆公认其源于牛郎织女的传说。事实并非如此，至少在三国之前，这一传说与七夕节无甚关联。[④]作为有着悠久民俗历史的大国，中国这类彰显民族气脉的精神成果本应被人铭记，其在后来出现的种种流变却不为人知，更遑论建立在消费主义基础上的诸如购物与狂欢一类的网络节日，它们本质上属于商家营销的手段，其内在强调的是多快好省的速度而非若守于中的深度。互联网平台的确为节日提供了可见性，在这一技术赋权下，节日依旧是节日，只是许多节日在潜意识里开

① 付文波：《布迪厄的社会理论及对传播研究的启示》，《理论观察》2008 年第 6 期，第 108—110 页。

② [美]尼古拉斯·卡尔：《浅薄：互联网如何毒化了我们的大脑》，刘纯毅译，北京：中信出版社，2010 年，第 1 页。

③ 注：数据来源于《微信更新 520 表白红包数据截至 18 时共发出 2.78 亿个》，几何线系统官网，https://www.jihexian.com/detail/170.html，发布时间：2019 年 7 月 30 日。

④ 杨琳：《中国传统节日文化》，北京：宗教文化出版社，2000 年，第 287 页。

始希望成为网红节日，甚至于网络上专门出现了一个“530 网红节”。“网红”本是中性词，[①]但在这一“网红节”中出现的所谓网红基本都是以颜值高为标识的，这更是强化了社会上“颜值即正义”的流行偏见。凡此种种的网络节日现象已然经过了一段时间的沉淀，其势头却不减反增。

（二）象征性：网络空间与实在生活的割裂

仍以网络购物节日为例，如果说“与传统购物模式比较，网购本质上就是‘点击型消费’”[②]的话，那么与传统过节模式相比，网络空间所倡导的网络过节便是“象征性行为”。此处不免要面对一个疑问，节日中的许多仪式本就是象征性的，那换以另外一种象征性完成，又有何不可呢？对此，布迪厄早已给出关于象征性（Symbolic）的精湛解释，“象征之替代及再现某物之功能，使不在场的某物直接地成为‘在场’”。[③]无论线下过节如何流程化，它毕竟作用于人多重感官的身体传播，希冀以面对面的方式产生心连心的效应，而空洞的网络空间则大大抽离了节日文化的本质意涵。古人过元宵节时会在家门口点一盏灯，为的是与天上的明月形成呼应，今人在手机上点亮的只是一个图标，却不曾望一眼真正的明月，哪怕它就在窗外。倘若“众里寻他千百度”之“寻”不付诸身体实践，又如何使人“消得此良辰”呢？[④]

不妨以此再说开去。试想，网络空间促进了现实生活中人类交往的进步吗？这一诘问显然需要结合不同情境而言，如电子游戏广受诟病的原因无外乎是它使得青少年沉浸其中无法自持，而忽略了现实生活中与人往来的诸多乐趣。之于节日文化这一载体，网络空间与现实空间同样表现出割裂状态。例如植树节当天，网民可以在某个网络平台上毫不费力地贡献一份并不真切存在的绿，却很少为全球变暖中的世界种下一株幼苗；再如母亲节到来之时，孩子们纷纷在网上祝福母亲康健平安，却少有人会在生活中给母亲一个实际拥抱。其他节日的祝愿似乎更是可用一句复制粘贴的祝福语群发完成了。换作网络空间深入生活之前，人们一

---

① 喻国明：《“网红”是多元社群的“文化标签”》，《前线》2016 年第 10 期，第 88 页。

② 蒋建国：《网购成瘾：商品幻象与循环型自恋》，《探索与争鸣》2020 年第 3 期，第 93—99+195 页。

③ 高宣扬：《布迪厄的社会理论》，上海：同济大学出版社，2004 年，第 99 页。

④ 注：前句诗出自宋朝辛弃疾的《青玉案 元夕》，原句为“众里寻他千百度，蓦然回首，那人却在，灯火阑珊处”。诗中景象与古代习俗有关，彼时元宵节成了一年一度男女相会、全民欢庆的公共空间；后句诗出自明代唐寅的《元宵》，原句为“满街珠翠游村女，沸地笙歌赛社神。不展芳尊开口笑，如何消得此良辰”。作者以此呼吁人们要在元宵节这一天，走上街头尽兴游玩一番才好。参见：谢永芳《辛弃疾诗词全集》，武汉：崇文书局，2016 年，第 214—216 页；宋戈《论唐寅诗歌的艺术特色》，《辽宁大学学报》（哲学社会科学版）1985 年第 3 期，第 51—55 页。

定是更倾向于返家团聚。让人们足不出户地过节，看似是一种便利，其实折损了特定日子里与特定对象现实交往的机遇。足以见得，节日文化虽不如游戏一般可令人完全投身至别样世界而不自知，却同样在某种程度上被网络空间进一步抽象了，现实社会中的表达与实践由此被边缘化。因为人们总是倾向于认为，在网络上过了节就已经完成了程序。其结果是，过节的整体仪式感愈来愈弱，实用工具性愈来愈强，节日文化被一次次削足适履，其内在意义逐步从感应天意沦为了实用主义。

（三）场域：圈的分化与层的强化

如果说"生存心态"多在诠释的是人们过什么节，"象征性"表现出人们怎么过节，那么"场域"（field）则重点关注和谁一起过节的问题。"场域"概念所要表达的，主要是特定行动者在同一个社会空间中所建构的互相关系网，以及由此而引发的多种社会力量共同激荡的系统。[①] 如今类似于一人过节、假装过节、"只和爱的人一起过节"的文化现象愈发明显，对此，一个通俗的解释是后现代主义观念的到来与个体意识的觉醒，实则亦是因为网络空间给予了节日主体圈层化的基本环境。

当然，圈子和层级的内涵与外延不尽相同。先说圈，选择和谁一起过节的圈子既可能是组织化的活动运营，亦可能是以个人为中心的自我限定。假若人们以貌合神离的姿态在网上加入了某个节日社群，参与了一个无甚内涵的节庆活动，又或者为了躲开热闹，隐匿在家中不出门，选择一个人在网上打发时间，"那就不能算是过节，而只是度假"。[②] 究其原因，是网络建构出的网络空间为不愿过节的人们提供了栖身之所，也为某个节日圈子的形成孕育了更多可能。再说层，网络媒体决定了区隔化与分化的观众，[③] 在网络空间多个维度的社会关系网络中，节日文化亦呈现出明显的区分化倾向，显著标志是传统佳节的凝聚力大不如前，即便盛大如春节也很难凝聚成同样的集体记忆。经由网络空间的作用，节日文化中的分层趋势愈演愈烈，如代际阶层，青年人与上一代人过节的显著区分便是网络应用程度的深浅，许多青年人的过节实践在上一代人那里或许是闻所未闻的。文化再生产不等于文化复制性生产，其实质是生产基础结构的创造性变动。网络空间是节日网络化的基础，节日文化又以圈层间的异同反作用于网络空间，进行自我

① 高宣扬：《布迪厄的社会理论》，上海：同济大学出版社，2004 年，第 139 页。

② 王霄冰：《节日：一种特殊的公共文化空间》，《河南社会科学》2007 年第 4 期，第 5—8 页。

③ [美] 曼纽尔·卡斯特：《网络社会的崛起》，夏铸九，王志弘等译．北京：社会科学文献出版社，2003 年，第 420 页。

确认与自我循环。某一节日的生活方式中很难再出现全民共度，而是转以设圈和分层呈现。

四、网络空间下节日文化应向何处去

网络空间作为新兴技术与日常现实相互交融的新形态，既深刻反映着原有节日文化的基础力量，又以自身的特别方式影响着节日文化的未来走向。关注网络空间下的节日文化，除去把握其现阶段的生存状况而外，还要把控其未来的生存意志与思维导向，不任由扁平与浅薄的价值取向、虚无与浮躁的文化泡沫等消极成分在节日文化中肆意蔓延而无所作为。

（一）文化自觉：克服盲目，开展创造性转化

本质上来讲，当代年轻人之所以更乐于接受西方节庆，无外乎是其认同西方书写带给他们的生活方式。中国传统节日之所以受到年轻人冷落，或许也是因为其起始于农耕文明的系列习俗与当前工业化、产业化、商业化的整体社会发展状况不甚相符。网络节日一时兴起同样说明它暗合了互联网原住民的心理特点与行动惯习。上述三点无一例外地点明了节日现象所指涉的文化转型境遇。因而，对于节日文化的改良与创新绝不能仅关注节日本身，而得思考如何能够以节日为载体，唤醒国人心中的文化主体性存在。这就涉及了如今常被提及、却常提常新的“文化自觉”。“文化自觉”最早由费孝通先生系统论述，它意味着“生活在既定文化中的人对自己的文化有自知之明，明白它的来历、形成过程、所具有的特色和它发展的趋势，并对文化转型具有自主能力，以取得决定适应新环境、新时代文化选择的自主地位”。①

由此可见，若要在网络空间中重新体认节日文化自觉，其一是要知历史，了解节日文化进入到网络空间之前有着怎样的历史渊源与发展历程。无论是原始的多神信仰，还是丰沛的农耕文明，它们都成了中华民族约定节庆的精神基础和物质保障；无论是消费主义的推动，还是社群关系的联结，它们都深深地印刻在了网络节日的基因之中。其二是明是非，以现代眼光和本质思维来审视节日文化。在社会整体处于转型期的今天，起始于原有语境的部分节日或者某一节日中的部分活动不能完全适应于现代发展需要，如渐已消融入清明节的寒食节，再如有学者批判春节的相关祭拜活动事实上属于迷信，储备大批粮食又无节制吃喝的结果

① 常启云：《全球化背景下传统节日文化传播要把握好三个原则》，《传播与版权》2014 年第 6 期，第 102—103+106 页。

往往是浪费与增肥。[①]这就需要节日中的各个行动者暂且搁置今不如昔的感性喟叹，不单纯以感情用事，不因个人在某个节日上曾获取过美好回忆就一味肯定其存在的合理性。举例为证，逢年过节时不免有人怀念往年今日的鞭炮声声，它在往昔确实构筑起了一道热闹喜庆的声音景观，但实质上是以清新空气与长久福祉为代价交换来的。因此，人们需要保持清醒，需要转而用深沉的理性目光来重新审视哪类节日及其中的何种要素真正适合于当前的文化生态，哪类又反之。历经一番精心挑选后才有底气开展进一步的系统性转化工程。其三是创新意，尽力形成新的文化增长点。在网络空间作用于节日文化内涵与外延的当下，将节日中古往今来人性共通的特质与新时代的思想情怀相互勾连，从而打造出适应时代发展的文化内涵。譬如不仅将七夕节描绘成一个“仙女下嫁穷汉”的传说，而是重在凸显二人向爱而行的坚贞，诠释独立自主、相互欣赏、彼此成就的爱情观，以此与新时代年轻人的价值观同频共振。

（二）活态保护：运用科技，打造创新性发展

“活态保护”是民俗学者在论述非物质文化遗产的未来走向时常被引用的术语，它指的是让“民族民间文化在原生的环境中得到保存和发展”，[②]关键词之一在于“原生环境”。毋庸讳言，人们记住节日的最好方法是过节，即通过体验的方式深化个人对于节日的认知，而“原生环境”正是保证人们在网络空间内参与节日活动时仍然不失乐趣的核心要义，它甚至比现实环境中的身体力行更能满足人们对于节日的美好想象。借助科技的力量，网络空间在复刻与反映节日文化的原生环境方面大有可为，这正是网络空间作为硬币正面的存在。2021 年河南春晚的舞蹈综艺《唐宫夜宴》以巧妙的构思与别致的视听呈现了大唐盛世的文化气象，尤其是后期的虚拟成像为该节目增色不少。如此技术应用于某一节日的风土人情展现亦未为不可。此外，还可用 VR、AR、MR 等设备创制出人人皆可互动的叙事影像，从而在日常生活中再现传奇情境，便于今人能够以第一视角、深度体验来感受千年以前的古人习性，而非通过旁人苦口婆心的教化来增进了解。正是通过这样的历史回望，现代人会对彼时所生产的节日内涵由心底多出一份理解与敬意。

“活态保护”是相对于“静态保护”而言的，这意味着节日保护的心态与措施都要实现由静态到动态的转变。譬如，在中秋节这样一个富于诗意的节日，除去

① 高丙中：《作为一个过渡礼仪的两个庆典——对元旦与春节关系的表述》，《中国人民大学学报》2007 年第 1 期，第 49—55 页。

② 高梧：《非物质文化遗产保护中的“活态保护”》，《绵阳师范学院学报》2007 年第 7 期，第 127—130 页。

在现实生活中用花灯等装饰物营造静态氛围外，亦应在网络空间内开展流动的项目设计，以“线上诗会”“网络猜谜”等方式为传统文化复兴助力。再以科技眼光视之整体，则可适时建立“节日虚拟博物馆”，即以海量大数据为支撑的视听化信息库，分门别类地展示与推介中华民族千年来的节日流变与个性特征。再者，应当特别重视节日文化传承人的作用，用新兴科技如大数据等方式为其赋能，在各个平台媒体的算法推荐中对其予以扶持，使其得到更多亮相的可能；还可针对不同职业、民族、地域等要素分别进行节日文化的故事开发，如在中国医师节当天，让具备典型性格与先进事迹的医护人员代表走进网络聊天室，向网民讲述自己对于该节日的内涵理解与日常践行；在火把节之日，对白族、彝族、拉祜族、基诺族、纳西族等民族展开的活动进行相应的互联网直播，保持节日灵性的深度阐释；以南北节日文化差异为主题，创作一批益智答题、趣味游戏、视听节目等内容形式多样化的网络活动，让南北两方人民互相领略个中节日精髓。

（三）多方参与：共创共享，打造系统性工程

节日文化的创造性转化与创新性发展从不同方面发力，各有侧重。二者的统合则是“一个系统性工程，需要政府、企业、旅游、文创、民间社团的多方努力”。[①] 此外，教育界和学术界对于节日文化的传扬亦是题中应有之义。

其一，政府作为当代中国各类公共事务及活动的主导者，在制定和实施有关节日的决策时起到了独一无二的作用。具体说来，政府可以通过立法及配套扶持政策对法定节日予以保障，[②] 有意识、有目标、有计划地对节日文化进行传承和保护。以往政府对于假日多有明确规定，对于节日的重视可进一步提升。需要明示的是，节日与假日不完全等同，假日多与节日重合，但不少节日并不享受假期待遇。部分少数民族的传统佳节与不甚流行的网络节日尚未进入官方立法扶持与规范的视野之中。其二，企业在发展节日经济时，不能忘却自身的社会责任感，应以社会效益为先的原则开展节日文化的市场化运作。利用人们在节假日集中游玩与购物的时机，企业可探索开发旅游产业中的节日元素，挖掘各个名胜风景区中的节日成分。尝试打造网上网下旅游节日，探析网络空间与现实空间并行不悖的节日庆典活动。同时推出更多以节日为主题的文创产品，以节日传说中的各类文化元素为原型符号，设计兼具人文精神与实用价值、传统情怀与现代创意共在的

---

① 注：这一观点来自张兵娟教授关于“现代化冲击下传统节日的转化创新”的论述，参见：《疫情之下的春节——“节日传统、仪俗变迁与情感传播”座谈会顺利举行》，“郑大文化”微信公众平台，https://mp.weixin.qq.com/s/t80V-A6UNFXAhuYbqxa0Ig，2021年2月8日。

② 邢梓琳：《日本政府为节日文化保驾护航》，《学习时报》2015年2月9日，第9版。

物品，使其广泛流通于市场之中，进而实现节日文化与节日经济的双赢。其三，民间组织亦应积极参与到节日文化的仪式建构中来。无论线上，还是线下，均可举办相应节日的相应活动。例如，线上用音视频直播的方式讲解习俗，并与网友实时互动；线下在祠堂、公园等场所开展汉服展览、庙会游行等集观赏体验于一体的项目。其四，教育界同样是节日文化的再生产力量。家庭教育与社会教育需要再度提高对于节日的珍视，认识到其作为一种无言的教化有着维系国人精神的宝贵价值，需要教师与家长以言传身教的方式代代传承。与此同时，学术界也应针对各个节日的差异化特点与现实难题，精准研究对象，提炼问题意识，规范写作理路，将有关节日文化的论文真正写在中国的大地上。

（四）文明对话：沟通内外，构筑国际性传播

如果说前述重点在于政府、企业等各方行动主体结合自身特性可做出的实际探索，这里强调的则是它们之间相互对话、持续沟通的必要性。因为人在观察自我时会有看不见的盲区，此谓“视野剩余”，洞察“视野剩余”的最好方法是与能够看得见的他者对话，在互动中进行信息补充。[①] 网络空间在某种程度上再生产了节日文化，节日文化也可主动利用网络空间进行自我革新。在节日文化传播上，网络空间正天然地提供了一个对话的场域。

对于节日文化再生产来讲，文明的对话与传播应当包括：一是节日内部的对话，即不同节日间的对话。譬如传统节日与现代节日可在互联网场域中融会贯通，一方面能让许多久已远去的民俗经由网络被重新识别，另一方面也能让网络原生的节日庆典走出网络空间、走向现实空间，使得各美其美的不同节日因为对话而变得美美与共；二是节日外部政府和民间的对话。以往的先例有政府就某一节日的放假安排委托学术机构调查民意，这存在着倾听百姓呼声的积极意义，还应当进一步拓展包容度，建立允许公众充分讨论的网络机制并采纳其中的合理化建议。节日背后的权力运作往往伴随着假期福利、文化内涵等变得隐形、易于接受而被人忽略。事实是，即便民众在网络空间中下再大力气对于某一网络节日进行推广，实际上依旧不拥有将其合法化的权利，能够得到官方指认是一个节日升格的直接表现。因此在网络空间中建立起可持续的官民沟通体系便显得尤为重要；三是以节日为依托的国际性对话。当《纽约时报》在以中国传统节日为报道对象，用一种隐性的价值判断来表达中国人素质低下、文化观念淡、规则意识差等诸多暗示

---

① 单波：《跨文化传播的问题域》，北京：中国传媒大学出版社，2020年，第30页。

时，[①] 中国媒体不如反躬自省，在“西节东渐”的当下，自身又在中华民族节日文化的国际传播中做出了哪些可引以为傲的成果？仅就地方媒体面向本土的春节传统文化报道而言，尚且还存在着报道同质化、浅表化、重心偏移等若干不足之处，[②] 那在进行整体节日文化的全球传播时，是否又难于应对各个国家间的高低语境差异、风土人情区别等复杂状况？这自然又是一道有待攻克的难题。再者，网络空间一同存在于各国面前。他者出于利益考量等多方面原因，对我方包括节日在内的文化习俗进行异化传播是必然的。如果在此等状况下，我方不能见招拆招并屡出奇招，后果自是可想而知。只有主动、自发、智慧化地将本国具备感染力与特色性的节日灌注在可看、可听、可感知、可参与的国际媒体大舞台上，中国的节日文化才有可能摆脱他者成见、重塑良好新知。

结语

诚然，网络空间与节日文化之间并非单一的因果决定论，在二者的互相作用机制中必然还涉及宏观政策调控、市场环境变化等多种要素。但不置可否的是，网络空间作为一种活生生的动力漩涡，对于节日文化的影响实属不可小觑。研究节日文化再生产的落点往往不在于文化讲述的年代，而在于讲述文化的年代，因为后者才是再生产之“再”的关键；不在于节日讲述的是什么文化，而在于节日文化是如何被讲述的，网络空间已然在其中扮演起了讲述者的角色。通过上文，网络空间如何传播节日文化，节日文化又在被如何讲述等问题开始变得清晰起来，节日文化的未来行进路线也大致有了方向。作为个体，或许当世人开始彻底反思网络空间与节日文化的关系之日，便是节日文化重新回归现实空间之时。

① 刘欣：《重塑想象中的他者：〈纽约时报〉对中国传统节日的媒体呈现和话语表征研究》，硕士学位论文，山东大学新闻与传播，2019 年。

② 常启云，李冉：《中华春节传统文化的媒介呈现探究——以〈河南日报〉1978 年—2018 年春节报道为例》，《广西职业技术学院学报》2020 年第 6 期，第 42—46 页。

华夏舆论思想研究

《尚书》舆论思想研究

Research on the Public opinion thought of *Shang Shu*

韩运荣　刘一璇 *

HanYunrong　LiuYixuan

摘　要:《尚书》记载了虞夏商周时期君王和大臣的对话，是中国最古老的文献典籍之一。历来学者多从历史学、政治学的角度对《尚书》进行研究，本文聚焦于《尚书》的舆论思想研究。通过内容分析对《尚书》53篇文章的主题进行归类，结果发现《尚书》主题集中于治国之道和道德修养，表明《尚书》凸显出以民为本的治国理政方针和崇德尚礼的德政思想，两者构成儒家的民本主义舆论思想。同时对《尚书》的政治沟通进行梳理，结果发现《尚书》存在三类政治沟通，分别为君对臣、君对民和臣对君，表明在民本主义舆论思想下，《尚书》所记载的虞夏商周时期呈现出多元的政治沟通，在君王自上而下主导国家政治意志，实现王权统治的同时，官僚体系也通过舆论表达自下而上地实现了监督王权和规范君王的功用。

Abstract: *Shangshu* records the dialogue between kings and ministers during Yu Xia, Shang and Zhou dynasties. It is one of the oldest documents and classics in China. Scholars have always studied *Shangshu* from the perspective of history and politics. This paper focuses on the public opinion thought of *Shangshu*. Through content analysis, the theme of 53 articles in *Shangshu* is classified. The results show that the theme of *Shangshu* focuses on the way of governing the country and moral cultivation, which shows that *Shangshu* highlights the people-oriented policy of governing the country and the moral thought of advocating morality and propriety, which constitute the Confucian public opinion thought of people-oriented doctrine. At the same time, combing the political communication in

* 作者介绍：韩运荣，中国传媒大学新闻学院教授，博士生导师；刘一璇，中国传媒大学新闻学院硕士研究生。

Shangshu, it is found that there are three types of political communication in *Shangshu*, namely, monarch to minister, monarch to people and minister to monarch, indicating that under the public opinion thought of people-oriented, the Yu Xia, Shang and Zhou dynasties recorded in *Shangshu* showed multiple political communication. While the monarch dominated the country' s political will from top to bottom and realized the rule of kingship, The bureaucratic system also realizes the function of supervising kingship and standardizing kings from bottom to top through the expression of public opinion.

关键词：《尚书》；民本主义；舆论思想

Keywords: *Shangshu*；people-oriented doctrine；public opinion thought

《尚书》，被称为“上古之书”，记载了虞、夏、商、周四个朝代君王、大臣之间的对话，是中国最为古老的文献典籍之一，作为儒家经典之一流传至今。在中国文化研究、历史研究等各个方面都具有极高的研究价值。

自先秦诸子百家以来，诸多史学家、文学家对《尚书》进行研究和解释，近现代以来更是取得相当多的成果，涉及哲学、历史学、考古学、语言学等多个领域，主要体现在以下三个方面：在《尚书》的考古学研究方面，该类研究主要根据出土文物来辨析尚书内容的真伪、流传过程。例如不少学者认为出土的清华简没能证明孔子编撰百篇《尚书》之说；在《尚书》的语言学研究方面，该类研究主要集中于对《尚书》文本本身的研究。例如有学者认为通过《尚书》可以发现宾语前置是上古时期语法中一种普遍的现象；在《尚书》的思想价值研究方面，该类研究较为丰富，涉及天命观、德治、礼制等核心概念的解读，认为《尚书》呈现出先秦时期注重秩序、以民为本的思想特点。[①] 由此可见，通过《尚书》去探究先秦时期的社会、制度、思想和文化的研究已存在诸多成果，为我们了解先秦时期社会形态、运行机制等方面提供大量参考依据。

虽然《尚书》的相关研究较为丰富，但较少涉及“舆论思想”。而从本质上讲，舆论思想作为政治思想的一部分，正是《尚书》的核心内容。因此，本研究立足于舆论学视角，采用内容分析法，结合文本内容，从宏观层面呈现出《尚书》的主题内容，探析主题内容中所蕴含的舆论思想，并梳理描绘出《尚书》中虞夏商周时期的政治沟通状况，以探究《尚书》所蕴含的舆论思想对先秦时期政治环境的影响。

① 孙熙国，肖雁：《论〈尚书〉“德”范畴的形上义蕴——兼论中国哲学认识和把握世界的三个基本环节》，《哲学研究》2006 年第 12 期，第 44—49 页。

一、研究方法

（一）方法说明

内容分析法：针对《尚书》内容分析的类目建构为两部分，即《尚书》主题和《尚书》政治沟通。每一篇内容视为一个分析单位。

（二）样本选择

本文选择的《尚书》版本为王世舜版。① 分析样本为《尚书》全文内容，共 53 篇。该版本《尚书》分为今文《尚书》28 篇，古文《尚书》25 篇。在此基础之上，依据朝代进行了虞书、夏书、商书和周书的划分。

（三）类目建构

- 《尚书》主题
  - 治国之道
    - 爱护民众
    - 遵循旧制
    - 任人之道
    - 注重法制
  - 道德修养
    - 从谏如流
    - 向先贤学习
    - 不贪图享乐
    - 提高品德
  - 战争动员
  - 政治命令
  - 功绩记述

图 1《尚书》主题

《尚书》主题如图 1 所示：即治国之道、道德修养、战争动员、政治命令、功绩记述。治国之道子主题为爱护民众、遵循旧制、任人之道、注重法制；道德修养子主题为从谏如流、向先贤学习、不贪图享乐、提高品德。

治国之道是关于如何进行政治统治和国家治理的言论，如《尚书·尧典》中尧与诸位大臣商讨继承王位的国事。

---

① 王世舜，王翠叶：《尚书》，北京：中华书局，2012 年。该版本以《十三经注疏》为底本略有改动。该版本将今文二十八篇之前的《孔序》予以删除，将在古文二十五篇前列出《史记》相关记载予以参考。

道德修养是关于君臣修身养性的论述，如《尚书·酒诰》里周公要求康叔和诸侯不能经常饮酒。

战争动员是关于君王在战争前对战争的理由、目的和作战计划做出的阐释，如《尚书·甘誓》中君王启召集六位将领，对将领和士兵进行讲话。

政治命令是指统治者通过诰令等手段进行相关管理，巩固政治统治，如《尚书·盘庚》中君王盘庚为了说服民众迁都告诉民众上天要求我们住在新的居所。

功绩记述是指对君王或者臣子功绩的记载，如《尚书·禹贡》记载了大禹分天下九州，为九州的山河命名的事迹。

- 政治沟通
  - 贵族阶级内部
    - 君对臣
    - 臣对君
  - 贵族阶级与下层民众
    - 君对民

图 2《尚书》政治沟通

《尚书》政治沟通如图 2 所示：贵族阶级内部和贵族阶级与下层民众。具体为君对臣、臣对君和君对民。

君对臣指以君王为主体对大臣的言论，如《尧典》是尧对于下一任君王选拔要求的展现。

臣对君指以大臣为主体对君王的言论，如《西伯戡黎》主要讲述大臣祖伊对商纣王的指责，表达对商纣王的失望与不满。

君对民是指以君王为主体对民众的言论，如《盘庚》主要讲述盘庚对不满迁都的民众进行劝告和命令。

（四）信度检验

为了保证编码过程的可信度，本研究选取两名中国传媒大学新闻学专业硕士生，通过斯科特信度系数对两位编码员进行编码员信度检验。经过斯科特系数信度检验，两位编码员对《尚书》主题和政治沟通的编码信度达到 0.90 以上，符合编码者信度检验标准。

对于编码表，本研究采用克隆巴赫 α 系数来检验内部信度。通过 SPSS 对编码表进行检验，得到的结果分别为：《尚书》主题类目，$\alpha=0.93$；《尚书》政治沟通，$\alpha=0.95$，检验结果均高于 0.6，满足内部信度检验的标准。

二、研究发现

（一）《尚书》主题

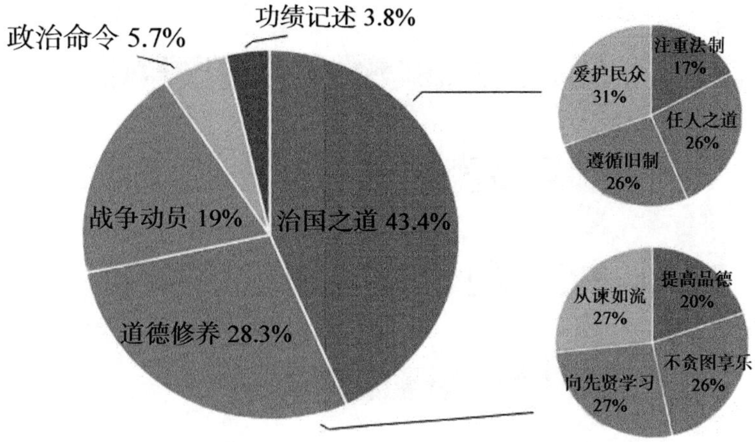

图 3《尚书》主题

从《尚书》主题来看，《尚书》所记载事件主题主要集中于治国之道、道德修养，其次是战争动员，极少涉及政治命令和功绩记述。其中，各主题占比如图 3 所示，依次为：治国之道占 43.4%（23 篇）；道德修养占 28.3%（15 篇）；战争动员占 18.9%（10 篇）；政治命令占 5.7%（3 篇）；功绩记述占 3.8%（2 篇）。

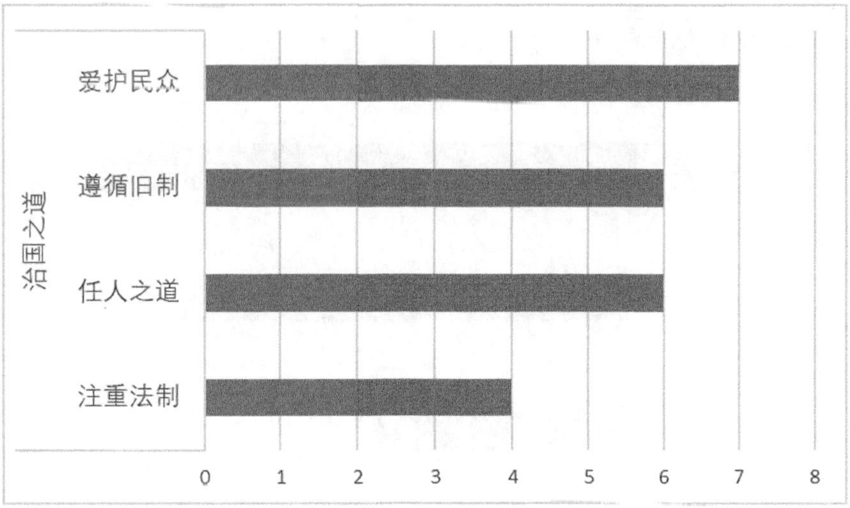

图 4 治国之道子主题

涉及治国之道的主题时，《尚书》主要集中于爱护民众的主题上，其次是遵循旧制和任人之道的讨论，而法制话题则是处于被讨论的边缘地位。具体占比如图 4 所示，子主题依次为：爱护民众占 30.4%（7 篇）；遵循旧制占 26.1%（6 篇）；任人之道占 26.1%（6 篇）；注重法制占 17.4%（4 篇）。

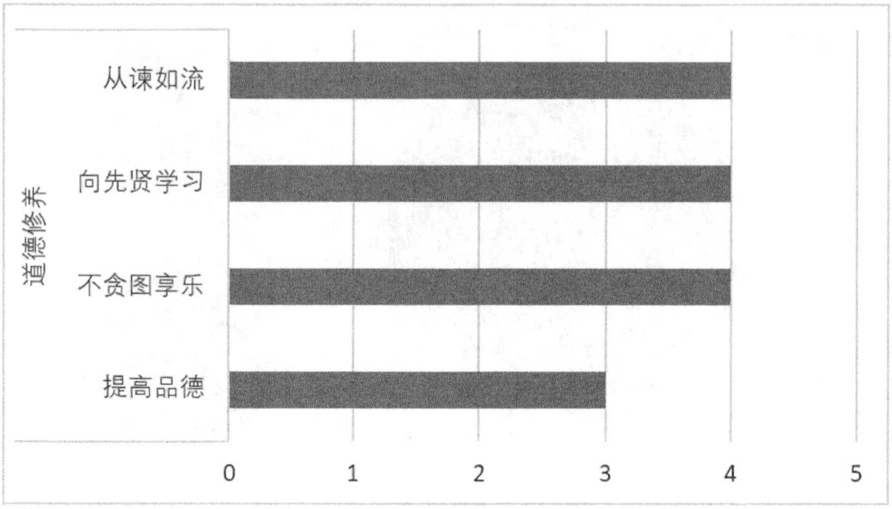

图 5 道德修养子主题

关于道德修养的言论，其子主题篇数趋于一致，关于自身道德修养讨论较为全面，各个方面均有涉及。各子主题占比如图 5 所示，依次为：从谏如流、向先贤学习、不贪图享乐均占 26.7%（各 4 篇）；提高品德占 20%（3 篇）。

（二）《尚书》政治沟通

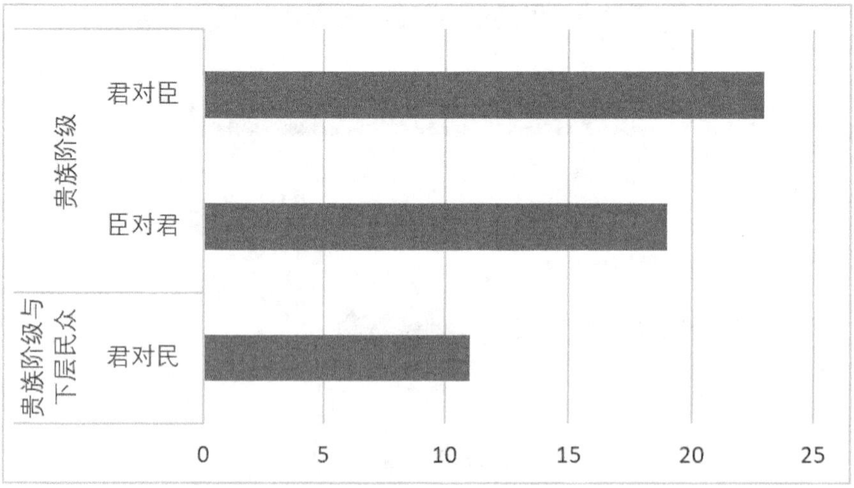

图 6《尚书》政治沟通

《尚书》政治沟通如图 6 所示，君对臣占 43.4%（23 篇）；臣对君占 35.9%（19 篇）；君对民占 20.7%（11 篇）。君、臣属于贵族阶级，共占 79.3%（42 篇）；君对民属于贵族阶级与下层民众，其占比 20.7%（11 篇）。《尚书》的政治沟通主要存在于代表贵族阶级的君王与大臣，较少篇幅表现了贵族阶级与下层民众的政治沟通。

三、研究结论

《尚书》的主题集中于治国之道和道德修养。前者强调爱护民众，凸显出《尚书》以民为本的治国理政方针；后者注重道德修养与国家治理的结合，显现出崇德尚礼的德政思想；两者构成了儒家民本主义舆论思想。舆论作为一种社会制约力量时刻体现在先秦的政治生活中。因此在《尚书》的民本主义舆论思想指导下，先秦时期呈现出多元化的政治沟通，君王对大臣和民众自上而下地政治沟通，以主导国家政治意志，对民众实现王权统治，同时官僚体系也自下而上地对君王进行政治沟通，实现了监督王权和规范君王的功用。

（一）《尚书》蕴含以民为本的儒家治国理念

《尚书》对治国之道的记载多达 43.4%，主题涉及爱护民众、遵循旧制、任人之道、注重法制四个方面，其中爱护民众占比最多，详细呈现君王应当如何治理国家，蕴含了孔子和儒家以民为本的治国理念。书中所呈现的以民为本的具有超越性的治国理政的理念与意识既是先秦前期的产物，也深刻影响了先秦后期及后世政治文化的发展。

1. 爱护民众思想逐渐成熟

“爱护民众”子主题的篇数占比 30.4%，各朝代篇目均有涉及，贯穿虞夏商周四个时期，其思想内核不断变化和发展。随着朝代的更迭，爱护民众的思想逐渐成熟。

早在虞夏时期，君王的政治思想中就已经含有“重民”思想。《尚书·五子之歌》中太康身居王位却不行君王之事，贪图享乐，老百姓都背叛了太康。太康的弟弟埋怨道“皇祖有训，民可近，不可下”认为祖先有明确的训诰，要求君王亲近百姓，绝不能疏远百姓。并提出为何不能疏远百姓的原因，既“民惟邦本，本固邦宁”，认为百姓是国家的根本，只有根本巩固了，国家才能安宁。夏朝时期贵族阶级将民众与国家稳定联系在一起，对民的作用已经有了一定程度的认识。

在殷商时期，爱护民众的思想进一步发展。《尚书·高宗肜日》中大臣祖己提出“王司敬民，罔非天胤”，认为民众都是上天的后代，君王需要爱护自己的民众。

这一观点在一定程度上承认了民众与君王本质上是相同的，都是上天的后代，因此在国家的治理当中，君王必须爱护民众，否则就会“天既孚命正厥德”，导致上天降下惩罚来纠正君王不好的德行。《尚书·太甲下》中大臣伊尹也提出君王“无轻民事，惟艰”，劝告君王不能够轻视民众的事务，要多思考民众事务的艰难。在夏朝认识到民众对国家稳定具有重要意义的基础上，伊尹又提出了具体爱护民众的手段，就是“怀于有仁”，通过仁德爱护民众，民众才能够爱戴这样的君王。

到“天命靡常”的西周时期，以周公为代表的贵族阶级对“重民”的内涵做出新解释。周公认为天命转移，而“民心”是判断天命转移的重要标准，因此提出了“敬天保民”的政治思想。《尚书·召诰》中提到“亦敢殄戮用乂民”，绝不能用屠戮的方式来治理百姓，而是应该“其丕能諴于小民”，去取悦民众，取得民众的认可；《尚书·梓材》中周公花费三年的时间镇压叛乱，认识到了天命不可信，民众才是决定国家稳定的重要角色，认为合格君王应该“引养引恬”，即长养百姓，长安百姓，将民置于较高的地位，这样民众才不会犯上作乱，保证国家的稳定发展。

2. 遵循旧制是稳定王权统治的前提

“遵循旧制”子主题的篇数占比 26.1%，各篇皆来源于周朝，内容主要以夏商为例，指出君王在进行国家治理过程中往往存在诸多问题，引起官员和民众的不满，因此听从古训、实行旧制是实现长远、稳定统治的前提，体现出了西周时期“殷鉴”思想。

西周初年，周公认为各国的叛乱妨碍周王朝发扬光大，危及国家的命运。在此背景之下，《尚书·君奭》中周公谈到“我不敢知曰厥基永孚于休”，认为虽然周朝承接的殷商的大命，但也不能保证周朝的基业能永久延续下去，可见周朝的政权仍不稳定。因此，周公提出了“在我后嗣子孙，大弗克恭上下，遏佚前人光在家”的担忧，认为子孙后代难以敬畏上天，爱护民众，不再遵守先人的光荣传统，因此提出“嗣前人，恭明德”，警告如果不继承先人的品德和政策，发扬先人的光荣传统，那么就会“乃其坠命”从而失去天命。并提到“予小子旦非克有正，迪惟前人光施于我冲子”，认为自身并没有过多的才能，只能够依靠先人的光荣传统才能够教导年龄幼小的君王。在周朝根基不稳的背景下，可以看到周公对先人的光荣传统非常重视，无论是对君王的教导还是国家的治理，遵循旧制都能发挥重要作用。

在平定殷商遗民反叛后，周公始终秉持遵循旧制的思想治理殷民。在周公去世后，君陈奉命接任周公的工作，去治理东郊殷商遗民。《尚书·君陈》中周王对君陈提出“尔惟弘周公丕训”，君王要求君陈严格遵守周公所制定的规定，并要努力宣扬周公的遗训，以治理好当地的民众，并认为只有严格遵守先前的制度才能够被世人所称道。《尚书·毕命》接《尚书·君陈》之后，康王命令毕公接替君陈治理殷民，讲述了治理殷民的历史，在反思殷商灭亡时提出“不由古训，于何其训”，认为如果连古人的训诫都不听从，那还能够听从什么，警告毕公导致殷商灭亡的正是贵族后代不听从古训。

3. 任人之道是推行君王政策的重要手段

“任人之道”子主题的篇数占比 26.1%，主要强调国家治理和发展依赖于用人标准的制定。在国家的治理过程中，政策的实行会依靠每位官员，因此选人的标准和官职的制定就极为重要。各篇对君王如何辨明可用之臣和不可用之人提供了参考依据。

殷商时期，君王高宗在梦中寻到了一位贤臣，派百官去寻找此人，并将其奉为丞相，此人正是傅说。在《尚书·说命中》傅说对君王提出“明王奉若天道，建邦设都，树后王君公”，即明智的君王会根据上天的安排设立诸侯国和各级各类的官吏，并制定出相关的法规。同时也明确提出了选择官员的重要性，因而提出了选择官员的标准。“惟治乱在庶官。官不及私昵，惟其能；爵罔及恶德，惟其贤”认为国家的安定或动乱取决于百官，官职不能授予亲近的人，而是要授予有能力的人，爵位不能授予德行卑劣的人，而是要授予贤人，为官员的任命提出了能力和德行的要求。

在周朝建立之后，国家政局已趋于稳定，如何用人和理政是君王统治国家过程中所最先面临的问题。《尚书·立政》中周公对成王提出“桀德，惟乃弗作往任，是惟暴德罔后”，夏桀登上王位后，不按照以往任用官员的方法，而是任命生性暴虐的人，最终夏朝灭亡；商朝纣王“其在受德，暋为羞刑暴德之人，同于厥邦”，将众多罪人和暴虐的人聚在朝堂之上，任命德行卑劣的人，共同治理国家，结果导致上天降下惩罚，因此提出“其勿以憸人，其惟吉士，用励相我国家”，认为绝不能任用奸佞小人，而是应该任用善良贤能之士，共同治理国家。成王在详细考察尧舜时代的官职设置之后，在《尚书·周官》中得出“明王立政，不惟其官，惟其人”的用人结论，提出了贤明君王设立官员不在于数量，而在于君王用人是否得当。

4. 注重法制能有效维系王权统治

“注重法制”子主题的篇数占比 17.4%，各篇都强调法制对于维系社会发展的重要意义。随着朝代的更迭，统治者在意识到法制重要性的同时，也极为关注滥用刑罚的问题，提出了将法制与德政结合，对法律执行的程度提出了要求。

在遵守法制的意义方面，《尚书·微子》中微子指出“我祖厎遂陈于上，我用沈酗于酒，用乱败厥德于下”殷商先祖制定了可依赖的法制，但纣王却沉迷酒色，败坏的道德无视法制，使得“卿士师师非度”，大臣官员也不遵守法制，最终导致“小民方兴，相为敌仇”，民众难以忍受纷纷反抗殷商，通过国家灭亡反映出了遵守法制的重要性。

在刑罚具体实施的标准和要求方面，《尚书·康诰》周公对康叔提出“克明德慎罚”，提出遵守法制，但绝不能滥用刑罚，并要求康叔将其作为重要原则加以遵守。同时周公还认为法制是维护政治统治的重要手段，在社会治理中必不可少，因此提到“有叙时，乃大明服，惟民其敕懋和”，认为在国家治理过程中既要严明刑罚，又不滥用，臣民就会顺服统治，并且勤劳的从事日常生产而不会去扰乱社会，犯上作乱。《尚书·吕刑》周穆王反思上古时期“蚩尤惟始作乱，延及于平民”，发现由于蚩尤作乱波及百姓造成社会秩序的混乱，因此建立完善的刑罚制度至关重要。但是却出现了滥用刑罚的现象“杀戮无辜，爰始淫为劓、刵、椓、黥”，过分地采用割鼻子、割耳朵等残酷的刑罚，甚至无辜之人遭受到了杀戮，以至于形成“民兴胥渐，泯泯棼棼”，社会混乱，民众之间相互欺骗的状况在。因此对刑罚的执行提出“惟齐非齐，有伦有要”认为君王和大臣要遵守不滥用刑罚、注重德教的标准，要严格依据刑罚的条款和纲要进行处理，不能够私自决定，对国家刑罚的具体执行提出了要求。

（二）《尚书》具有浓厚的德治色彩

在各类主题中道德修养占比 28.3%（15 篇），为君王在从谏如流、向先贤学习、不贪图享乐、提高品德四个方面提供了治理国家所需的道德标准，可见《尚书》在为封建王权治理天下提供理政方针的同时，极为注重君王修身养性的内在要求，表现出了《尚书》治国理政中带有浓厚的德治色彩。

1. 主张从谏如流，以提高君王道德修养

“从谏如流”子主题的篇数占比 26.7%，各篇通过君王和大臣对于谏言的态度，表明从谏如流能有效提高君王道德修养，对治国理政具有重要意义。

当君王在从谏如流方面存在问题时，会有大臣指出君王的不足，并对其进行教育。例如《尚书·太甲上》中“惟嗣王不惠于阿衡”，君王太甲并不听从大臣伊尹的安排，伊尹上书劝告“祗尔厥辟，辟不辟，忝厥祖”，提出君王必须时刻警戒自身的道德修养，否则就会侮辱自己的祖先。但太甲并未听劝，于是伊尹再次上书，太甲仍置之不理。大臣伊尹面对不听从谏言的太甲，伊尹提出“兹乃不义，习与性成”认为君王绝不能不听从谏言，这是不义的行为。因此，“予弗狎于弗顺，营于桐宫，密迩先王其训”将其放逐冷宫三年，不断反思先王的教诲，通过恶劣的环境培养出君王自身的道德修养。

同时也有诸多君王清楚认识自身问题，主动要求百官大臣对自己的言行举止进行监督和批评。例如《尚书·冏命》中周穆王认为自身能力不够，不能够继承先王留下的基业，提出“惟予一人无良，实赖左右前后有位之士”，既然我自身不具备良好的品德，那就依赖于身边具有才能的官吏，于是下令任命伯冏担任太仆正，要求“懋乃后德，交修不逮”，命令臣子监督君王的言行，以提高自身的道德修养。《尚书·说命上》中君王高宗在三年服丧期之中未说一句话，担任君王之后也不论政事，下诏书告诉百官是因为其认为自身道德修养不够，因此提出“朝夕纳诲，以辅台德”，要求臣子每天早晚两次进谏，从而帮助高宗提高道德修养。高宗的做法得到臣子的一致赞赏，提出“后从谏则圣”，一致认为君王按照谏言行事一定能够成为明君。

2. 提倡向先贤学习，以赋予君王人格魅力

“向先贤学习”子主题的篇数占比 26.7%，主要认为学习祖辈的道德传统和训诫才能够借助先人增添君王的个人魅力，从而更好地保证国家发展的稳定。

在西周推翻殷商的统治之后，周成王命令微子去治理遗留的殷商子民，周成王在《尚书·微子之命》中提出“惟稽古，崇德象贤”，认为自古以来就崇尚美德，有向先人学习的习惯和制度。因此要求君王“统承先王”，一定要不断学习先王身上优秀的品德，继承先王的传统，才能够实现“世世享德，万邦作式”，使子孙后代享受功德，使得君王成为诸侯大臣的行为榜样，从而服从君王的统治。《尚书·说命下》君王武丁向大臣请教道“台小子旧学于甘盘”，不知道为什么自己曾经学习过大臣甘盘的行为举止，但还是没有长进。大臣傅说向君王提出建议“事不师古，以克永世，匪说攸闻”，极不认同想要成就一番事业但却不效仿古人的做法，“人求多闻，时惟建事，学于古训乃有获”，认为君王需要不断增多知识，从古训的不断学习，才能够真的所有收获，建立事业。最终君王武丁满意地说道“四海之内，咸仰朕德”，天下的人都敬仰我的德行，成为天下人学习的榜样。

同时有大臣将向先贤学习的思想进一步发展，认为继承祖辈遗愿，才能够稳固现有的统治，从国家层面体现出来向先贤学习的重要性。例如《尚书·伊训》中伊尹在祖庙祭祀先王时向君王和百官提出“有夏先后，方懋厥德，罔有天灾”，认为古代夏朝的贤明君主都极为努力地提高自身的品德，因此没有天灾，为君王的日常行为提供了学习对象。并提出了“圣谟洋洋，嘉言孔彰”，认为圣人的谋虑是广大的，美好的言论是极为清楚的，对古人的言行进行了正向的价值认定。因此提出“从谏弗咈，先民时若”，认为君王必须听从谏言而不违反，顺应先贤说过的话，才能够保证国家不会覆灭。

3. 强调不贪图享乐，以规范君王行为

“不贪图享乐”子主题的篇数占比 26.7%，主要是对君王在执政期间的行为提出了规范性要求。各篇通常将君王个人的享乐行为与国家命运联系在一起，主要从两方面要求君王的行为举止，一是禁止酒色，二是勤劳执政，以保证君王稳定、有效进行国家治理。

在西周推翻殷商统治后，周公对殷商覆灭的原因进行了思考，在《尚书·酒诰》周公以沉迷于酒色的商纣王为反例提出“在今后嗣王，酣，身厥命，罔显于民祇”，正是因为商纣王好酒，才使得商纣王一味地认为自身享有天命，从而不去了解民众的痛苦，而且不知悔改。最终导致“故天降丧于殷”，上天对殷商降下灾祸。所以周公对君王和百官提出“刚制于酒”，要求绝对不能过度饮酒，一旦发现多次聚集饮酒者，将“乃事时同于杀”，毫不留情地以死刑处理。

在政治统治中，周公在禁止饮酒的基础上，进一步提出更高的要求。《尚书·无逸》中讲到“君子，所其无逸”的要求，认为君王绝不能贪图享乐，沉溺于酒色之中，必须“先知稼穑之艰难，乃逸则知小人之依”通过了解百姓生活的生活状态，才能够体会到百姓生活的艰苦。并以先王为例“自朝至于日中昃，不遑暇食，用咸和万民”，认为先王从早晨工作到下午，甚至没有时间吃饭，从而得到了民众的爱戴，实现“文王受命惟中身，厥享国五十年”，像周文王一样在位五十年，长期稳定执掌政权。最终对君王提出“继自今嗣王，则其无淫于观、于逸、于游、于田”，要求君王不能沉迷于观赏、安逸、嬉戏和田猎之中。《尚书·蔡仲之命》中蔡仲被赐予封地蔡国，成王警告蔡仲“尔尚盖前人之愆”，认为蔡仲需要通过自己的行为来弥补先人的罪过，而弥补罪过的方式就是“克勤无怠，以垂宪乃后”，只有勤劳不怠，才能够为后代树立起榜样，实现长治久安。

4. 倡导君王以德立政，以凝聚民心

“提高品德”的子主题篇数占比 20%，各篇主要认为君王提高自身的品德能够有效推行德政，从而恩惠百姓，稳定君王的统治，明确指出君王应该具有的品德，呈现了君王道德修养对治国理政的重要影响。

在虞朝时期，尧帝召集百官，探讨什么人才可以担任君王。在《尚书·尧典》中尧帝提出“明明扬侧陋”，认为如果道德高尚即使地位卑微也可以担任君王，因此选出来舜，并将女儿嫁与舜以考验舜的德行，舜通过“慎微五典，五典克从”认真通过父义、母慈、兄友、弟恭、子孝五种品德指导自身和众人的行为，以至于“纳于百揆，百揆时叙。宾于四门，四门穆穆”，大臣和民众都能够遵守这种教导而不违背，舜领导百官，百官都能够接受，在名堂四门迎接诸侯和百姓，能够使其和睦相处，得到一致认可。从而登上天子之位。在舜继承王位之后，依旧坚持提高道德修养，在《尚书·皋陶谟》中与皋陶探讨时提出检验人的行为有“宽而栗，柔而立，愿而恭，乱而敬，扰而毅，直而温，简而廉，刚而塞，强而义”九种德行，分别是宽宏而又坚栗，柔顺而又卓立，谨厚而又严恭，多才而又敬慎，驯服而又刚毅，正直而又温和，简易而又方正，刚正而又笃实，坚强而又合宜。而“日宣三德，夙夜浚明有家；日严祗敬六德，亮采有邦。翕受敷施，九德咸事，俊乂在官”，能保持三种的对于家庭就极有好处，能重视六种的就能够辅助君王从事政事，而坚持九种的就能够担任官职时表现出色，可见对不同身份的人，提出了不同的道德要求。

在殷商时期，大臣伊尹将政权交还给太甲，准备告老还乡，临走之前在《尚书·咸有一德》中提醒太甲“夏王弗克庸德，慢神虐民”以夏桀为反例，认为夏桀不能够提高道德修养，推行德政，因此遭受上天的惩罚。因此提出“惟民归于一德”，人民是会顺从有德之人，“常厥德，保厥位。厥德匪常，九有以亡”，认为君王必须修炼自己的德行，才能够俘获民心，稳定王位。

（三）《尚书》呈现出先秦时期多元的政治沟通

在政治沟通方面，君对臣占43.4%（23篇）；臣对君占35.9%（19篇）；君对民占20.75%（11篇）。君对臣和君对民属于自上而下的政治沟通，臣对君则属于自下而上。从各篇占比来看，贵族阶级内部存在双向的想法交流和意见表达的过程，同时存在贵族阶级与下层民众的政治沟通，整体呈现出了多元的政治沟通。多元的政治沟通不仅体现出了舆论作为社会制约力量的存在，也反映出了先秦时期贵族阶级与下层民众之间的价值关系。

1. 君对臣，以贯彻君王意志

君对臣的篇数最多，主要是君王对大臣下达关于治国理政方面的命令和指示，更多的是思想和行为层面对于大臣的标准，要求大臣国家治理过程中在思想和行为层面与君王保持一致。在君对臣的政治沟通中，大臣往往被动接受，体现出了以君王为主导的国家意志。

周朝建立初期，周成王平定管叔和蔡叔两人所引起的叛乱后，把原来商朝的土地和人民交由康叔进行管理，于是连续发布了《康诰》《酒诰》《梓材》三篇诰令，其目的是向康叔和属地的官员宣布成王对于该地管理的政策，使其明白君王意志，以实现稳定的政治统治。如《尚书·康诰》中提到“宏于天，若德”要求康叔以德服人，遵守遗训；“敬明乃罚”要求康叔在执行刑罚的同时以仁义为本，绝不能滥用刑罚；“封，敬哉！无作怨”告诉康叔在治理民众的时候千万不要有所怨言，要通过自身的德行使民众安定。并认为“乃服惟弘王应保殷民”，只有弘扬成王治理国家的方针，才能够“亦惟助王宅天命，作新民”，顺应天命，让民众振作起来。只有按着这种方法进行国家治理，才能够“裕乃身不废在王命！”不辜负成王对康叔的期望。《尚书·酒诰》中成王在对康叔下达不能饮酒的命令之后，说到“汝典听朕毖”，要求康叔经常听从自己的建议，才能够治理好民众。

作为知识分子的士大夫是先秦时期重要的舆论主体，反映着社会环境的变化。因此，在政治沟通中，君王首先对同为统治阶级的士大夫、贵族大臣进行舆论引导，从而更好地将君王意志传递给被统治阶级，实现舆论引导，完成社会管理。

2. 臣对君，以发挥谏诤功用

臣对君的篇目当中，主要是大臣对于君王治国理政和道德行为方面的建议或指责。在该类政治沟通中，君王的权威有所削弱，官僚体系对君王的行为起到一定的规范和监督作用。

商朝君王太甲继承王位后，不明事理，大臣伊尹就将其放逐至桐宫，花费三年时间让其思考君王之道，于是伊尹写下来《太甲》三篇来劝告君王，直到太甲醒悟之后，才迎回太甲，让其进行国家的统治。例如《太甲上》中伊尹看到太甲行为不端，说到“予弗狎于弗顺”，认为自己身为大臣不能够轻视不听从教导的君王，因此对太甲提出“先王顾諟天之明命，以承上下神祇”，告诫太甲先王认为上天的命令是正确的，因此供奉神灵，太甲也需要按照旧例遵守君道；《太甲中》伊尹又提出“修厥身，允德协于下，惟明后”，提高自身的道德修养，凭借道德与大臣和民众和谐相处，这才是明君所应该做的，对君王的道德标准提出了要求；《太甲下》中伊尹对太甲说“若升高，必自下，若陟遐，必自迩”，认为想去高处，一定先从下面开始，想要远行，必从近处开始，劝告君王一定要以民为重。经过伊尹三年的教导，太甲终于对自己的行为有所反思，最终伊尹将太甲接回亳都，君王太甲向百官表示极为感谢伊尹的教导，“既往背师保之训，弗克于厥初，尚赖匡救之德，图惟厥终”，认为从前自己没有听从老师的教导，没有在开始做好准备，多亏依靠伊尹的悉心教导，才能够有现在的好结果。

在臣对君的政治沟通中，在贵族大臣通过舆论表达进行监督的文官谏言制度下，君王需要听从多方意见，提高自身德行，从而更好地对国家进行治理，在一定程度上体现出舆论了对王权的限制。

3. 君对民，以推行王权统治

君对民的篇目当中，主要涉及战争、迁都等国家层面的大事，表现出了君王在进行政治统治时的想法和决策。在该类政治沟通中，其目的就是通过发布指令完成政治统治和国家治理，君王往往严格控制或打压舆论，具有不可挑战的权威，体现出了先秦时期以君王为核心的王权统治。

殷商时期，君王盘庚打算迁都于殷，为说服大臣和民众所发布了一系列谈话与命令。《尚书·盘庚》中提出“先王有服，恪谨天命”，认为先王要求后人遵守天命，天命要求我们迁都，我们自然需要按照上天的旨意行事。盘庚还提及“故有爽德，自上其罚汝，汝罔能迪”，“我先后绥乃祖乃父，乃祖乃父乃断弃汝，不救乃死”，认为不同意迁都的民众是在犯错，上天会严厉惩罚他们，没有人能够逃脱，不仅如此，“先王”还会告诉这些民众的祖先，民众的祖先一定会抛弃这些人，不会把这些人从死罪中拯救出来。借助“先王”和“上天”，通过威胁恐吓的方式来压制民众的意见。

殷商末年，周武王带领民众力图推翻殷商的王权统治。在《牧誓》中周武王条理清晰地列举出了纣王的四条罪状“惟妇言是用”“昏弃厥肆祀”“乃惟四方之多罪逋逃”“俾暴虐于百姓”，从个人沉迷女色、到宗族抛弃祭祀、再到国家任用四方有罪之人，最后落脚于纣王暴虐对待百姓。通过详细的战争动员来说服民众支持战争。在动员的最后，提出“尔所弗勖，其于尔躬有戮”，要求所有人都必须遵从安排拼命战斗，不然就会对其实行惩罚，将不努力作战的士兵统统杀掉。至高无上的王权权威不仅在《牧誓》有所体现，《甘誓》“弗用命，戮于社，予则孥戮汝”。《汤誓》“尔不从誓言，予则孥戮汝，罔有攸赦”。中都就提出如果不努力完成军令，就会把这些人变成奴隶以表示惩罚，绝对不会赦免。可见当面对战争、迁都等重大事件时，民众面对王权，只能单方面接受王权命令。

四、总结与反思

帝王将相以《书》安邦定国，工商士民以《书》修身待物。[①]《尚书》具有如此高的地位与其所关注的主题内容密不可分。在《尚书》内容方面，《尚书》主要呈现了治国理政的方法，同时蕴含了以民为本的治国理念。在强调治国理政的同时，对道德修养也极为关注，形成了具有人文关怀的德治。以民为本的治国理念和人文关怀的德治结合构成了民本主义舆论思想。

“民本”一词来源《尚书》，它承载着以孔子为代表的儒家核心治国理念。在封建专制统治下，君王通过将君权与神权的结合拥有至高无上的权利，封建君王的绝对统治不可避免。民本思想作为一种社会意识唤醒封建时期民众的自我意识，强调“民”对于政治统治的重要性。民本主义舆论思想在肯定封建王权的同时，向封建君王提出了合理要求，即“德”。《尚书》从个体层面的小“德”联系到更高层面上作为君王的大“德”，将君王道德和国家治理联系在一起。这表明《尚书》

① 钱宗武:《〈尚书〉述略》,《益阳师专学报》1989年第3期，第54—58页。

中的“德”不是局限于自身的道德修养，而是存在更广泛的外延。在封建专制统治的背景下，君王需要具有一定标准的道德认知，为实行德政提供思想和理论支撑，为民众提供关怀。道德结合治国理政，就逐渐形成了德治思想。通过对“德”的强调，使得以往贵族阶级和下层民众的关系变成了民众自觉向家长式君王的靠拢，[①]对冰冷的政治关系给出了温情脉脉的解释。[②]通过“德”稳固贵族阶级、下层民众、上天三者之间的关系。因此，一方面，《尚书》为君王提供治国指南和行为规范，另一方面，也为下层民众提供理想统治者的模板，用以监督封建王权。儒家将这一思想继续发展，将其与君王专制相结合，于君王而言，借助外在权威实现了由内圣到外王的转变，巩固了封建王权，与民众而言，借助儒家思想的温和对君王提出规范，有益于民众生活。[③]由于民本主义舆论思想的存在，在国家和社会的治理中，政治沟通出现多元的特点。政治沟通并非只有君王，还存在大臣对君王行为规范和舆论监督。多元的政治沟通既巩固了自上而下的封建王权，又实现了自下而上的意见表达，实现了舆论场的互动，为民本思想的发展打下了政治基础。

《尚书》之所以能够流传甚广，是因为在思想层面，《尚书》中民本主义舆论思想契合贵族阶级和下层民众双方的利益；在现实操作层面，《尚书》的确在任官、法制、历法等方面提供了行为规范和制度。无论是从思想层面还是实践操作层面，《尚书》都可称之为集大成者，对后世政治思想和传承发展产生深远的影响。

钱穆先生在《国史大纲》中写道“对待我们的传统文化，最重要的是怀抱温情和敬意”。[④]因此《尚书》中所承载的具有超越性的政治智慧对处于新时代的我们仍具有重要的启示作用，我们也应当以更加积极的态度去不断拥抱以《尚书》为代表的古代典籍，继续挖掘更为深刻的文化内涵。

---

① 李宪堂：《试论儒家民本思想的专制主义实质》，《历史教学》2003年第5期，第21—25页。

② 孙晓春：《儒家民本思想发微》，《吉林大学社会科学学报》1995年第5期，第1—7页。

③ 陈劲松：《试论民本思想与封建君主专制结合的必然性与冲突性》，《浙江师大学报》1998年第5期，第37—39页。

④ 钱穆：《国史人纲》，北京：商务印书馆，1994年，“引论”之前页“凡读本书请先具下列诸信念”。

舆论学视角下的戊戌司员士民上书探析

Analysis on the Policy of Allowing Officials and People to Directly Write to the Emperor in the Reform Movement of 1898 from the Perspective of Public Opinion Studies

姚　魁*

Yao Kui

摘　要：戊戌变法是中国近代史上的一个重要事件，对中国近代社会的变化产生了巨大的影响。允许司员士民不受限制直接向皇帝上书，是光绪皇帝在戊戌变法期间推出的一项重大改革措施，打破了清王朝建立以来一直坚守的常规。"言论宏开"的司员士民上书新措施，造成了关注变法、参与变法的舆论新气象。本文通过分析戊戌变法期间司员士民上书政策实施的舆论环境，概括司员士民上书舆情演变状况，进而对上书的社会舆论功能进行了阐释，并对发生在晚清时代对司员士民上书新政的舆论价值进行探析，给解读和评价戊戌变法提供了一个新视角。

Abstract: The Reform Movement of 1898 was an important event in modern history of China, which tremendously affected the change of modern Chinese society. Allowing officials and people to directly write to the emperor unrestrictedly to state their views was one of the major reform policies launched by Emperor Guangxu during the Movement, which broke the routine firmly adhered to since the founding of the Qing Dynasty. For "encouraging free airing of views" , the new policy allowed officials and people to directly write to the emperor to state their views, creating a new atmosphere in public opinion wherein everyone paid attention to and took part in the Movement. Through analysis of the public opinion atmosphere wherein the new policy was implemented during the Movement,

---

* 作者简介：姚魁，中国传媒大学舆论学博士研究生，中国营养学会副秘书长、副研究员，研究方向为舆论研究、健康传播。

the article summarizes developments of public opinion on the policy during the Movement, elaborates on the role the policy played in terms of public opinion, the value of the policy, one launched in the late Qing Dynasty, from the perspective of public opinion, and thus provides a fresh perspective for interpretation and evaluation of the Reform Movement of 1898.

关键词： 司员士民；上书；舆论

Keywords: officials and people; directly write to the emperor; public opinion

1898 年（光绪二十四年）的戊戌变法，是中国政治改革的一次重大实验，影响了中国的历史进程。变法期间，晚清朝廷推出一项重大举措，即允许司员士民直接向皇帝上书，这样的做法在清朝历史上尚属首次。对司员士民上书的研究并不多，最翔实的还是北京大学历史学教授茅海建先生《戊戌变法史事考》一书，为学界了解变法舆情，开展进一步研究提供了一条捷径。茅海建认为，“戊戌变法期间司员士民上书造成了当时的新气象，北京政治温度由此急剧上升”。[①] 从舆情的角度看司员士民上书的影响，茅海建并没有作专门研究。本人不揣冒昧，希望通过舆论学的视角探析戊戌变法时期的司员士民上书。

一、司员士民上书的舆论环境

司员即中央各衙门的中下级官员，主体是各部院主事、郎中、员外郎、翰林院编修、内阁中书等；士即取得各级功名的人，当时也包括候选候补官员；民即一般民众。茅海建先生在其著作《戊戌变法史事考初集》特别指出，“司员士民”是当时的称谓，语出于光绪二十四年六月十五日军机处奏折和光绪帝谕旨，然而并不准确，实际上可以上书的人为：京内各部院司员与小京官、笔贴式；在京的候选候补官员、士与民。后来又扩大到外省地方官、士与民。

戊戌变法期间，允许司员士民直接向皇帝上书，开创了大清王朝的先河，打破了清王朝建立以来一直坚守的常规。此前，四品以下，不许直接上书言事，一般中下级官吏如有上书，须有高级别官员转奏。如果是布衣的话，想上书只能通过都察院，而都察院有权视内容是否合适，决定是否转递。由于有很多关卡，实际上很少有下层官员和平头百姓的上书能上达“圣听”。

光绪皇帝之所以将司员士民上书作为变法的重要举措之一，原因无非来自朝廷内外的压力。

① 茅海建：《戊戌变法史事考初集》，北京：生活·读书·新知 三联书店，2012，第 340 页。

第一，下情不能上达的统治“内忧”。进入晚晴，特别是镇压太平天国运动以后，由于地方巡抚权力的膨胀，权力系统的适应性增强了，但下情不能上达，上下隔膜的宿疾却更加严重了，地方大员往往根据自己的喜好上奏，其对基层声音的“把控”和“过滤”，对皇权构成了一定威胁。开始“亲政”的光绪皇帝接手一部分日常事务时，由于他年轻，更由于他实际上没有大权，大臣对他的欺瞒和敷衍超过以往。政治学者张鸣在《再说戊戌变法》一书中提出，维新运动开展时，各种关于变法的建议中，光绪听了最有同感的有两类，一是关于废八股兴学校的；二是广开言路，鼓励臣民上书言事的。也正是这两条他最坚持，下功夫也最大。[①]

第二，是列强欺辱“外患”导致的维新动力。甲午中日海战失利后，清王朝与日本政府签订了丧权辱国的《马关条约》，引起社会的极大震动，割让台湾及辽东，赔偿白银两亿两的消息传至，在北京应试的举人群情激愤，发生了“公车上书”事件。“公车上书”被认为是维新派登上历史舞台的标志，也被认为是近代中国群众的政治运动的开端。1897 年（光绪帝二十三年）德国占领胶澳后，俄、英、法紧随行动，在此列强抢占租借地和分割势力范围的险境危局中，士大夫和朝廷再一次激荡起来，变法维新蔚成思潮，有志者创学会、办报刊、鼓吹变法，支持变法的舆论声势不断壮大。维新派依托近代媒体为变法“造势”，北京《中外纪闻》（创刊始名《万国公报》）、上海的《时务报》以及天津的《国闻报》纷纷创刊，在从南到北的整个帝国激起了维新思潮的涟漪。这种革新动力也影响了清朝皇帝，不愿做亡国之君的光绪皇帝开始主导一场奋发图强的变法。广开言路是光绪皇帝寻求救亡之策的必然之选，也是为自己的变法举措寻求舆论支持的有效手段，于是，一直缺少话语权的司员士民成了光绪皇帝问计的对象。面对朝廷的内忧外患，光绪皇帝痛下决心，允许司员士民直接向皇帝上书，开创了清王朝“广开言路”的变法新举措。司员士民通过向皇帝上书的方式来陈述变法主张，在客观上成为戊戌变法的舆论主体，为变法的推进营造了舆论环境。

二、司员士民上书的兴起和舆情演变

（一）上书规模

根据茅海建教授的研究成果，自光绪二十四年二月初八日（1898 年 2 月 28 日），至八月十一日（9 月 26 日）下令停止司员士民上书新规则，司员士民（包括中下级地方官）共有 257 人至少递交了 567 件上书，其中 226 件有朝廷的处置意

---

① 张鸣：《再说戊戌变法》，西安：陕西人民出版社，2013 年，第 248 页。

见，也有214件送慈禧太后，慈禧太后政变后直接处理5件。

（二）上书程序

上书程序经历了从“代奏”旧规矩到“将原封呈进，勿庸拆看”新规定的演变过程。

代奏是指有上奏权的机构和官员为无上奏权的中下层官员及民人出奏。其基本途径有两种：一是通过都察院。都察院本是“风宪”机构，凡是受冤狱的民人，陈述政见的士子，被革或候选候补京内外的官员，都可以到都察院陈情要求代奏。二是京内各衙门的中下层官员可以通过本衙门堂官要求代奏。在这两种情况中，都察院及各衙门堂官均有权决定是否为其代奏。代奏中的“把关”，必然会影响光绪期待的“言论宏开”。从光绪二十四年二月初八日至六月十五日，在五个多个月的时间，京内各衙门仅代奏了40余条条陈。

光绪皇帝为了打破代奏的旧规矩，多次对军机处、总理衙门施压，意欲允许司员士民自由上书言事，但为军机处、总理衙门以祖制为由横阻，仍坚持各京官、地方官由所属衙门代递，士民由都察院代递。由于不满司员士民上书受阻，光绪皇帝于1898年6月通过“罢免礼部六堂官”，让阻挠上书的堂官丢了乌纱帽，使代递条陈的官员彻底失去的原先可以自由审查原件的权力，更无权借故扣押不递，“稍有阻格，即以违旨惩处”。①

上书程序变化后，司员士民上书的积极性一下子被调动起来，上书的数量骤然增加。从光绪二十四年七月二十日到八月初五政变发生前，仅半月的时间，上书的件数达到373件。八月初六，政变发生，朝廷的一切均由慈溪太后来主持。从第二天起，司员士民上书的数量就开始陡降。八月十一日，即政变后的第五天，慈禧太后以光绪帝的名义发下一道全面“反攻倒算”的谕旨，取消了司员士民上书的新规定。此后，代奏条陈虽然没有中止，但又回到清朝旧制的老路上去了，数量很少，不再具有很大的影响。

（三）上书的主要事项及处置

司员士民上书涉及的事项包罗万象，涉及政治、经济、思想、社会、军事及外交等诸方面。戊戌变法期间司员士民的上书，在很大程度上是“命题作文”，上书者需要在“维新”范围内做文章。从现存的上书来看，绝大多数也是支持和拥护改革的。司员士民的上书中，有的反映了清王朝积弊已久的制度病，有的谈了

---

① 《清德宗实录》卷424，北京：中华书局，1987年影印本，第6册，第16页。

对开设议院的意见，有的道出了保护中学不受西学冲击的言论，有的提出了铸币的建议，有的对军事、外交、税收和财政献计献策，有的提出用西方的农学、农机、知识教育与传播方式来改造中国的农业，还有的提出对北京的道路、河道进行修建改造。这些建议林林总总，尽管五花八门，良莠不齐，有的保守，有的激进，还有的荒唐，但其中不乏务实的对策和建议。由于当时的政治结构，除了康有为等个别人上书中的一些建议形成了政治决策，其他人的上书不过是交给相关衙门“议复”，由于戊戌变法仅仅维持了百余日，而司员士民的上书又集中在变法后期，所以绝大多数的上书，即使是得到皇帝青睐的条陈，还未能形成实际的政治决策便搁浅。

（四）围绕“上书”形成的舆论声势

在变法诏书下发后，一开始司员士民上书需要经过“代奏”的程序，需要经过代奏者的把关和审核，上书积极性受到压制，司员士民上书在朝野上下形成的舆论声势也不温不火。“罢免礼部六堂官”事件后，上书程序一下子打破了旧规矩，“将原封呈进，勿庸拆看”新规定，使得司员士民看到了皇帝变法的坚定决心，激发了司员士民参与变法、为变法献计献策的热忱，造成了当时的新气象，变法的舆论声势陡然壮大。各地的官员和士人甚至稍通文墨的三教九流，都将上皇帝书递到了光绪手里。由于这些三教九流根本不懂奏折的格式和规矩，写成书信体的有之，写成状纸的也有之，还有人借上书发对变法，指责光绪不敬祖宗、变祖宗成法。[①] 对此，光绪帝都表现出超常的包容。哪怕有些内容看起来荒诞不经，光绪皇帝也每篇都仔细对待，同时将其中绝大多数都呈送慈禧太后。变法中的一些激进主张和随之而来的“帝后之争”的传闻和揣测，引起了以慈禧太后为首的保守势力的警惕和担忧，为其发动政变埋下了隐患。

三、司员士民上书的社会舆论功能

“意见”是舆论的本体，舆论研究所着眼的也是意见的流动问题。司员士民上书表达的就是“意见”，而这种意见在当时形成了为变法“造势”的舆论，其舆论价值不可小觑。尽管从意见的数量来看，总共有据可查的上书才有 567 件，看起来数量不大，但都是直达“天听”的奏折，但就司员士民上书的影响力而言，它作为一种象征，打破了固有的权力格局，这在当时迸发很大的能量，搅动了整个朝廷，影响了民心，是个不折不扣的舆论大事件，产生了深远的影响。

① 张鸣：《再说戊戌变法》，西安：陕西人民出版社，2013 年，第 248 页。

首先，司员士民上书起到了为变法造势的舆论“扩音器”作用。在光绪皇帝的主持之下，整个朝廷都在大谈变法，支持变法的不仅是维新派的新秀，洋务派重臣李鸿章、张之洞等都对变法表示支持，连不少保守派的大臣都不反对变法。更为重要的是，变法开始时得到了慈禧太后的首肯，是在她的眼皮子底下渐成气候的。光绪皇帝阅批的司员士民上书也绝大多数都呈送给了慈禧太后，是光绪皇帝动员慈禧太后支持变法的重要手段。统治集团内部争议的，只是应该由什么人来主导变法，变法的道路应该伸向何处。允许司员士民上书的诏令给变法添了一把柴，变法的温度骤然上升。光绪皇帝借由此举，也在朝廷内外营造出求强救亡的改革氛围。据当时《国闻报》载，“封奏每日多至数十件，外间传闻有所谓这种作行书者，有如写信式样者，有如州县署中所收状式者，有写皇上二字不知抬头者，有自署汉水渔人者，甚至有谓从师学道在洞中修炼多年，神通广大，今望气之太平之运将至，故奉师命下山立功，以继姜子牙、诸葛孔明而起者”。[①] 由此可见，允许司员士民上书扩大了变法的波及面，增加了变法的社会参与度，不仅仅社会精英，中下层文人和官员，甚至是不靠谱的术士也得以参与其中，使变法产生更广泛的社会影响，形成了强大的舆论声势。

其次，司员士民上书已经显现大众舆论直接影响政治决策的端倪。就清代的政治体制而言，原本上书的渠道极为狭窄，普通人上书更是难上加难，而上书的主要内容是诉冤，发表政治见解的可能性极少，且有多种限制。戊戌变法期间司员士民上书造就了当时的新气象，许多关心时政的中下层官员士民终于有了这么一个机会，也极为珍惜。他们的上书有长有短，而皆为精心结撰。正是有了他们的参与，使得戊戌变法有了更大的展开面，波及更多人的内心。这与以往历史上极少数人主张“变法”“新政”，有了很大的区别，言路由之大开，变法的局势因此而发生了很大变化。这些上书的司员士民表达的不仅仅是变法的主张，背后更是折射了中下层官员和文人的内心思想。司员士民踊跃上书使得当时的政治决策者可以掌握更多中下层人士的政治态度和主张。可以说，在等级森严的皇朝秩序下，司元士民的上书，影响了当时的政治决策，如果不是政变很快发生，司员士民上书中的不少意见极有可能直接演变为国家政策。

第三，司员士民上书形成的舆论背后，是“缓进派”与“激进派”的政治角力，为变法失败埋下了伏笔，也为革命高潮的到来拉开了舆论序曲。当时大多数司员士民上书的“温和”反衬康有为为代表的维新派上书的“激进”。据茅海建教

① 光绪二十四年八月七日《国闻报》。转引自中国史学会主编：《戊戌变法》（三），上海：神州国光社，1953年，第412页。

授考证，其查阅的275件上书中，绝大多数都主张变法，但与康有为及其党人不同，这些司员士民上书的改革建议相当具体而温和，可以被认为是“缓进派”。而维新派的代表人物康有为、梁启超在其上书中大力推崇西方，以俄国的彼得大帝的改革与日本的明治维新为楷模，变法的主张比较激进，以至于被保守人士斥之为“貌孔心夷”，为当时主流的文士集团所排斥。对于西学的态度，司员士民上书的主流声音与康有为为代表的维新派不同，在现存275件上书中，虽然也推崇俄国的彼得大帝的改革与日本的明治维新，但却从没有从思想学术上推崇西学的言论，恰恰相反，上书中更多的是如何在变革中保护中学不受西学冲击的言论。从上书的内容来看，尽管中国被列强瓜分的阴影笼罩着许多司员士民的心，从上到下都希望通过变法来达到求强救亡的目的，但维新派的主张并没有成为司员士民思想观念的主流，反而因为康有为在资历、品性、学术上被主流士大夫集团所质疑、排斥，不具备领导群伦的条件，而使得受其思想鼓动的光绪皇帝在推进变法的过程中进退失据，没有掌握好权力的平衡，没有争取到一切可以争取到的力量，没有形成变法统一战线，一些仓皇而出的举措，如大幅度裁撤官员使得人心浮动、谣言四起，引起守旧势力的不安和反扑，导致变法功亏一篑。曾担任晚清海关总税务司达半个世纪之久的英国政治家罗伯特·赫德认为，光绪皇帝的方向是正确的，但是他所依靠的康有为和其他人等都缺乏政治经验，他们简直是以好心肠扼杀了进步。由维新派发动舆论推动起来的变法最终也因为维新派的先天不足而流产，可谓成也萧何败也萧何。

结语

由于慈禧太后突然发动的政变，看起来轰轰烈烈的戊戌变法宣告流产。尽管这段历史已经过去一百二十余年，在历史学者们尤其是清史研究者眼中，依旧是热度不减的重要课题，还在不断研究，不断论证，不断提出新观点。用舆论学的视角去探察戊戌司员士民上书新政，是一个新的尝试。戊戌变法的发生，是维新派主导的救亡舆论催发的。维新派是光绪皇帝变法所重点依赖的对象，而对司员士民上书的重视，也是光绪皇帝希望给政治地位不高的维新派更多发言机会，冀望他们的智慧火花和救国热情能够给大清王朝带来希望，给变法图存带来良好的舆论环境，为新政的实施扫清障碍。来自司员士民的关于变法的上书，不论有多少条陈最终落到了实处，更为重要的是这种清朝历史上破天荒的广开言路的象征意义及其舆论价值。一时轰轰烈烈的司员士民上书随着慈禧太后一纸反攻倒算的诏书而偃旗息鼓，很多参与变法的人受到了镇压和清算，但变法图存的舆论闸门一经打开，再也无法关住。戊戌变法失败以后，随着国内外形势的演变，特别是丧权辱国的《辛丑条约》的签订，一场新的舆论角力很快登场。康有为、梁启超等维新派人士，坚持保皇，成为“保皇派”，以《新民丛报》等报刊作为喉舌，鼓吹君主立宪；而以孙中山为代表的革命派则以《民报》等为主要阵地，主张通过革命的方式推翻腐朽的清王朝的统治，此时舆论的焦点不再是清王朝要不要变法，而是什么样的政体能带领中国走向更光明的未来。

中国古代音乐的嬗变特点与舆论功能研究

Research on the transmutation characteristics and public opinion Function of Ancient Chinese music

高悉森*

Gao Ximiao

摘　要：在人类历史发展的过程中，音乐作为一种强大的交流工具，通常被用来记录重要信息和交流感情；同时，它的发展和传播也在很大程度上与特定历史时期的政治、经济、文化、宗教等因素相互影响和制约。在奴隶社会和封建社会中，音乐常被统治者用作传播意识形态、营造社会舆论以巩固统治的工具。本文通过讨论中国古代音乐嬗变的特点，探索音乐在中国古代社会中的几种舆论功能。

Abstract：In the course of human historical development, music, as a powerful tool of communication, was usually used to record important information and exchange feelings; at the same time, its development and dissemination also largely interacted with and constrained the political, economic, cultural and religious factors of a particular historical period.In slave and feudal societies, music was often used by rulers as a tool to spread ideology and create social opinion to consolidate their rule. This paper explores several public opinion functions of music in ancient Chinese society by discussing the characteristics of music transmutation in ancient China.

关键词：音乐；乐舞；礼乐制度；雅乐；民间音乐；舆论

Keywords: music; musical dance; rites and music system; ya music; folk music; public opinion

* 作者简介：高悉森，中国传媒大学传播研究院博士研究生，主要研究方向为舆论学、音乐传播等。

社会政治经济环境的变迁常常表现在社会意识形态和文化心理上。纵观整个中国古代音乐发展史，音乐的发展和变迁呈现出鲜明的特点，它在一定程度上和当时的社会环境相互制约，反映了一定的社会问题，也发挥着一定的社会功能。

目前与中国古代音乐相关的研究大都集中在文艺学方面，社会学和传播学方面的研究较少。其中，关于中国古代音乐和社会互动关系的研究主要集中在音乐美学思想、音乐的教化功能，以及音乐与政治的关系上。

关于美学思想的研究，有人提出，中国古代的音乐美学，其着眼点更多的不是音乐的本质、美的本质，而是音乐的功能。①一些研究着重探析了《乐记》等古代音乐文献中涉及的美学思想，例如，有学者认为“审乐以知政”体现了儒家的审美理想：通过音乐的社会功能，在乐与德、乐与政的关系上追求一种礼乐兼济、美善统一的人格理想境界，使社会伦理秩序转化为个体内在的自觉要求；②还有学者讨论了儒家教育思想中“乐教”的价值内涵，并探索如何将其中丰富的德育和美育资源运用于高校思想政治教育之中。③关于音乐教化功能，有学者着眼于与雅乐的生成和演变相关联的政治思想、文化精神因素，探索了其在音乐性和教化性维度上的发展轨迹。④

“乐与政通”是中国艺术史上一个古老的话题，基于此，不少研究都致力于探索中国古代音乐与政治的关系。有学者提出，中国古代音乐的文化张力使其在发展的过程中，不仅在形式上具有与政治同构的特点，同时在文化表征上也具有与政治近似的文化内涵。由此，音乐不仅必然为政治所利用，也使其很容易就成为政治的象征物。⑤有学者将我国古代音乐与政治的关系概括为“乐与政通”和“圣王作乐”。⑥还有学者聚焦于中国早期政治中的礼乐因素，探索其中的美学价值，分析其对传统政治的影响。⑦关于音乐舆论功能的研究对象都关注到了先秦歌谣，有人认为先秦“采诗观风”的制度具有舆论采集、舆论协商、舆论监督和舆论引导作用；⑧也有学者提出先秦“歌谣”具有政治表达与舆论监督功能，“舆情”调查

---

① 刘楚材：《中国古代音乐美学中的“乐教论”》，《中国音乐》1983年第2期。

② 蒋继华：《艺术的“政治”生产与儒家审美理想——〈乐记〉“审乐以知政”思想探析》，《华侨大学学报》(哲学社会科学版)2020年第5期。

③ 唐鹤轩：《〈乐记〉中“乐教”思想在高校思政教育中的应用》，《现代交际》2019年第17期。

④ 张孟蕊：《对中国古代雅乐音乐性和教化性演变的思考》，《音乐传播》2019年第1期。

⑤ 刘佳媛：《乐与政通：音乐与周代政治的治乱兴衰》，《艺术百家》2020年第36期。

⑥ 钟向阳：《由“帝王授时说”探索我国古代音乐与政治的关系》，《艺术科技》2017年第30期。

⑦ 林劲博：《由礼乐以至政治——对中国早期政治礼乐美学的分析》，《美与时代(下)》2019年第5期。

⑧ 何梦莹：《舆论学视角下先秦“采诗观风”制度研究》，硕士学位论文，广西大学社会学，2019年，第25页。

与政治沟通功能，政治宣传、教化与动员功能，政治博弈与舆论造势功能。[①]

综上，现有相关研究多聚焦于某一具体音乐美学思想，或仅关注某一时期某种音乐形式与社会的互动情况；在音乐舆论功能方面，研究对象也仅仅关注到了先秦歌谣。对于整个中国古代史上音乐与社会互动关系的研究还处于缺乏关注。基于此，本研究将探索中国古代音乐嬗变的过程，以及音乐如何在这个过程中与整个社会发生互动、发挥社会舆论功能。

一、中国古代音乐的形态

中国古代音乐的发展，大致经历了先秦乐舞、歌舞伎乐、民间俗乐三个时期。[②]

（一）乐舞

乐舞这一音乐形态几乎贯穿了整个先秦时期，其宗教和政治色彩浓厚，是奴隶主贵族维护统治的重要工具，它是一种歌、舞、乐三位一体的形式，[③]歌唱、舞蹈和音乐在很大程度上有着相互依赖的关系，演出时通常同时进行。

原始社会时期的乐舞均为氏族公社成员集体创作，主要用于祭祀和巫术活动。由于生产力发展水平有限，乐器都较为简单，以打击乐为主，例如鼓、磬等，所以节奏是音乐中的基本要素。音乐的曲式结构、歌词都较简单，主要是为了配合集体劳动和宗教仪式。乐舞的表现形式可从有限的传说里推知：人们手执牛尾，踏着脚步，且歌且舞；裸露着上半身，跳歌颂治水英雄的舞；用盾牌和羽毛跳勇武与和平的舞；有时还会在歌舞中间将自己化装成神怪、鸟类、兽类等[④]。夏商时期，专门负责占卜的“巫”开始出现，他们均为专业的音乐家和舞蹈家。同时，宫廷里还出现了早期的教育场所——瞽宗，以及进行演唱、演奏和音乐教育的乐师——瞽矇。[⑤]此时乐器开始有固定音高，一些谐和音程被突出强调出来，使歌舞音乐在旋律上的表现力有所提升，在风格上也更加的绚丽多姿，富有神秘的宗教色彩。

---

① 潘祥辉：《“歌以咏政”：作为舆论机制的先秦歌谣及其政治传播功能》，《新闻与传究》2017年第24期。

② 关于中国古代音乐的历史分期，黄翔鹏先生从中国古代音乐从形态上，将其分为乐舞形态、歌舞伎乐形态、民间俗乐形态、新音乐形态。其中，新音乐形态出现于20世纪之后中国封建社会趋于崩溃的时期，本部分对这一形态不做讨论，仅关注原始社会、奴隶社会及封建社会时期中国古代音乐的类型。

③ 刘再生：《论中国音乐的历史形态》，《音乐研究》2000年第2期。

④ 杨荫浏：《中国古代音乐史稿 上》，北京：人民音乐出版社，1981年，第10页。

⑤ 程敏：《中国音乐的历史发展与演变》，北京：中国书籍出版社，2019年，第17页。

周朝设立了官方的音乐机构“大司乐”，担负音乐创作表演、音乐教育以及执行礼乐的职责。[①]当时见于记载的乐器已多达70多种，弦乐开始出现，音乐的表达性能进一步提高，十二律和七声音阶也已出现。[②]由于西周制定礼乐制度，以雅乐来保障“礼”的运行，乐舞到这一时期发展为宫廷雅乐。它更加注重礼仪性和教育性而非艺术性，音乐风格较为严肃、呆板、冗长，节奏缓慢，主要演奏乐器为编钟和编磬，故这一时期的歌舞音乐又被称作钟磬乐。[③]这一时期为统治阶级所用的乐舞，绝大多数都是出自古代和当时人民的创造，具有代表性的有六代乐舞，即《云门大卷》《大咸》《大磬》《大夏》《大濩》《大舞》，内容为颂扬先秦各个不同时期创业帝王的文德武功。统治者用乐的场合一般有祭祀、求雨、驱疫、燕礼、射仪、王师大献等。

（二）歌舞伎乐

歌舞伎乐形态的最高代表形式是歌舞大曲，它经历了秦汉的相和大曲、魏晋的清商大曲、隋唐的燕乐大曲三个不同风格与特色的阶段。[④]歌舞伎乐也是一种将歌唱、舞蹈、器乐融于一体的音乐创作和表演形式，它与乐舞形态之显著不同，一是表演主体已是以女性为主，二是在段落结构中歌唱、舞蹈、器乐各自有着独立的存在，同时又综合成为一个有机的整体，充分发挥了三者独特的表现性能和表现能力。这一时期所讨论的歌舞大曲，主要供统治者宴享娱乐使用。

秦汉时期建立“乐府”，收集整理各地民间歌舞，以观民风风俗。其中，相和歌是北方各地民间流行的各种歌曲的概括，其音乐结构形式多样，有调式的区分，且确立了调名。后来随着曲式结构的不断复杂，逐渐发展为“相和大曲”。从歌词内容判断，其中包含了独唱、对唱、帮腔等多种形式，同时有伴舞和乐器伴奏。间奏和器乐伴奏的加入使声乐的表现力更加丰富，声乐、器乐、舞蹈三者的有机结合，使歌舞音乐这一形态在整体上得到了丰富和提高，声乐的表达更加细致，器乐的变化也更加多样。此外，音乐中开始出现转调，这极大地提高了音乐的表达性能。[⑤]这一时期，为了满足秦汉朝野好声色、喜女乐的时尚风俗，俗舞女乐倍增，[⑥]相和大曲的表演主体也开始女性为主。

魏晋南北朝时期代表性的歌舞大曲是“清商大曲”，它由民间的清商乐发展而

---

① 程敏：《中国音乐的历史发展与演变》，第25—26页。

② 杨荫浏：《中国古代音乐史稿 上》，第41—42页

③ 刘再生：《论中国音乐的历史形态》，《音乐研究》2000年第2期。

④ 刘再生：《论中国音乐的历史形态》，《音乐研究》2000年第2期。

⑤ 杨荫浏：《中国古代音乐史稿 上》，第116—122页。

⑥ 余甲方：《中国古代音乐史》，上海：上海人民出版社，2014年，第77页。

来，是相和歌的进一步发展和继承。清商乐与相和歌在音乐形态上并无大异，主要区别在于南北音乐风格上的差异，清商乐受南方音乐的影响，曲调更加婉转动听，且作品常常以爱情为题材，极少有触及社会矛盾的现实内容。其表演以汉族乐器为主；常使用引子和尾声。[①]

隋唐时期，歌舞大曲中融入了很多西域音乐的成分，发展为“燕乐大曲”。自唐代起，朝廷设立“大乐署”来监管燕乐的表演，并主管对音乐艺人的训练和考核。按照音乐来源，燕乐可分为隋代的七部乐、九部乐与唐代的九部乐、十部乐等；[②]按演奏形式可划分为“坐部伎”和“立部伎”。[③]在音乐上，燕乐吸纳了很多外族音乐用调的习惯和理论，对音乐的处理也借鉴了很多外族音乐的手法，曲式结构更加庞大而复杂，最庞大的可多至50段以上，其中还有节奏和速度上的复杂变化。[④]由于燕乐融合的民族音乐增多，乐队的乐器配备也较为复杂，其中加入了不少外族乐器。著名的《霓裳羽衣曲》就是燕乐大曲的重要代表作之一。

（三）民间俗乐

隋唐以后，政治经济的变革、社会结构的变化，使音乐开始从王公贵族的豪门深院走向庶民社会，一般民众取得了较多的享有音乐的权利，[⑤]音乐的发展进入到民间俗乐时期，各类音乐体裁百花齐放，有民间歌曲、歌舞音乐、说唱、戏曲、民族器乐等。

隋唐以前，文人就对中国近古民间俗乐的发展起着重要的推动作用。自魏晋南北朝起，音乐开始从贵族走向文人，走向民间，古琴器乐曲的创作与演奏在士族中极为兴盛。他们通常都有很高的音乐才华，多擅长于演奏古琴，有些还兼及音乐创作和理论著述。此时的琴乐注重民间音乐的吸收和对少数民族音乐的融合，在内容上有了对节奏方面新的探索，很好地保留了秦汉的音乐余韵。这些文人把音乐从政治依附的地位解放出来，把器乐从表演伴奏的形式中脱离出来，更好地

① 刘再生：《论中国音乐的历史形态》，《音乐研究》2000年第2期。

② 多部乐起初由隋炀帝设立，根据宫廷乐队演奏音乐的不同来源，如国内不同民族，国外不同国家，将其分为若干部。例如，七部乐就包括“国伎”“清商伎”“高丽伎”“天竺伎”“安国伎”“龟兹伎”“文康伎”。

③ 坐部伎就是在室内、厅堂上表演的坐奏形式，演出规模较小，舞者舞姿华丽，人数有3-12人不等，音乐娴雅抒情，乐人注重精巧细致的演奏技巧，内容多是歌颂帝王的武功圣绩。立部伎是在宫廷殿堂下站立演奏的形式，其演出规模庞大，伴以擂鼓，气势磅礴，场面壮观；演出人数众多，从64-180人不等；乐人技术水平不如坐部伎高，演出内容大都是歌颂帝王文德武功。

④ 乔建中，冯洁轩等：《中国音乐》，北京：文化艺术出版社，1999年，第30页。

⑤ 乔建中，冯洁轩等：《中国音乐》，第36页。

传承了音乐最本质的部分。[①]《酒狂》就是这一时期琴曲中的重要代表作。该乐曲采用三拍子的节奏，音乐主题是一个不断向上跳进而后渐次下行的乐句，旋律中大跳音程与旋律的巧妙结合，造成了乐曲节拍轻重颠倒的感觉，十分形象、传神地传达出了其“借酒佯狂”的主旨。[②]

自宋代起，开放自由的街市使大城市发展更为繁荣，城市中开始出现专门进行艺术表演的公共场所“勾栏”和“瓦舍”，这些场所逐渐成为民间音乐汇集和交流的中心，与此相应地产生了各种类型的音乐艺术。例如，“曲子”是由民间歌曲发展而来，其创作方法大多是依乐填词；“嘌唱”是将现成的令曲小词，经过变奏、变调处理进行演唱；说唱主要有“鼓子词”和“诸宫调”，均围绕一定故事内容展开；“杂剧”则包括歌舞、音乐、调笑、杂技，一般分为三段，各段内容互不连贯。文人们也加入艺术创作中来，为音乐作品填词成为当时的一种流行，“宋词”成为盛极一时的音乐文学，留下了不少名篇佳作。当时，民间艺人的社会与经济地位已相对独立，他们的音乐表演活动也走向了职业化，艺术表演开始具有商品性质。有些勾栏艺人终生固定表演于一个场所，把演出作为养家糊口的长期谋生手段。同时，艺人们还以专业之分，组织起了自己的社会团体，称之为“社会”，这也使艺人们的音乐创作与表演水准能在职业行为和群体交流中得到有效提高[③]。这些音乐创作的内容大都反映劳动人民的现实生活，成为老百姓丰富市井生活的重要组成部分。

宋代以后，民间俗乐开始成为中国古代音乐的主流形态，经历了元、明、清三代，直至封建社会结束。其最高代表形式是戏曲音乐，它是将具有故事情节的文学剧本之“戏”和歌唱之“曲”、语言台词、舞蹈化的动作等综合于一体一种艺术形式。[④]

元杂剧是元朝兴起于中国北方的一种新型戏曲，它把唱、念、科、舞等艺术结合起来表演故事，并用北曲[⑤]演唱。剧本通常是由四折组成，或外加一个楔子；角色有旦、末、净、杂四类，表演呈现出虚拟化和程式化的倾向；一本戏只能由主角独唱，其他角色只有说白，[⑥]音乐大都比较单纯朴实，以七声音阶为主，唱时

① 侯榕育潇：《魏晋文人音乐特点形成原因浅析》，硕士学位论文，兰州大学艺术学系，2013年，第13—14页。

② 陈艳：《中外音乐简史》，上海：东方出版中心，2018年，第34—35页。

③ 程敏：《中国音乐的历史发展与演变》，第123—125页。

④ 刘再生：《论中国音乐的历史形态》，《音乐研究》2000年第2期。

⑤ 北曲：宋元时期北方各种曲调的统称。北曲源于唐宋大曲、宋词和北方的民间曲牌，并且吸收了金元音乐。音乐上用七声音阶，声调上遒劲、朴实，大多用弦乐器伴奏。（摘自：钟呈祥，张晶：《艺术概览》，北京：中国传媒大学出版社，2012年12月）

⑥ 张新科：《中国古代文学 下》，西安：陕西师范大学出版总社有限公司，2018年，第4页。

常用衬字，富于口语化。其旋律高低起伏，基本上与北京话中四声字的高低起伏相一致。[①]它的活动场所以北京和杭州的瓦子勾栏为中心，众多文人都聚集于此投身创作，《窦娥冤》就是其著名的代表性作品。

明清时期，小曲、戏曲、曲艺等市民艺术大为兴盛，最具代表性的是戏曲的发展和定型。很多民间剧作家把七声音阶的北曲用到了五声音阶的南戏中，使两者呈现出合流趋势。戏曲由原来的杂剧、南戏，逐步突破原有的形式和结构，发展成了场次增多、有多个人物的“传奇”。当时流行的四大声腔有余姚腔、海盐腔、昆山腔和戈阳腔。其中，昆山腔吸收民歌小曲、说唱等民间音乐形式，发展为昆曲。此后杂剧衰落，地方剧种兴起，京剧开始形成与发展。民间专业音乐机构的发展越来越繁盛，且呈现出明显的地域特色，在音阶形式和唱法上都与方言密切关联。元杂剧、南戏、昆曲的伴奏乐器都十分简单，以笛为主，外加鼓和板。清代以后兴起的各种戏曲，大体上不再用笛做主奏乐器，而使用新出现的、在宋代奚琴基础上加以改造成的各种“胡琴”类弓弦乐器主奏。明清时期戏曲的演出场所主要集中在堂会、戏园、戏台等公共演出场所，这些场所均是从宋代的瓦舍勾栏演变而来。

二、中国古代音乐嬗变的特点

中国古代音乐在其发展和变迁的漫长历程中，呈现出一定的规律和特点，具体表现为：音乐形式上歌、舞、乐三者逐渐分离、雅乐逐渐衰微、主流音乐由贵族音乐转向民间音乐。

（一）音乐形式上歌、舞、乐逐渐分离

从原始社会的乐舞时代，到宋元之后的民间俗乐时期，随着音乐表达性能逐步提高、城市的兴起，音乐在表现形式上呈现出歌、舞、乐三者逐渐分离的趋势。我国古文献中，历来把诗歌、舞蹈、音乐视为一个结合体——乐。[②]原始乐舞均为歌、舞、乐三位一体。例如，在原始社会有一种叫作“舞雩”的乐舞常出现在祭祀活动中，人们通过它来求雨，到了夏商奴隶社会时期成为一种重要的典礼被统治阶级利用。其主要表现形式为：众人在“巫”的指挥下围成圆圈，边唱边跳，执着牛尾，并将其在若干舞者之间轮流传递。[③]这种歌、舞、乐三位一体的形式一直持续到周朝雅乐体系的建立。随着生产力的发展，乐器种类不断丰富，音乐理

① 杨荫浏：《中国古代音乐史稿 下》，北京：人民音乐出版社，2004 年，第 585 页。

② 程敏：《中国音乐的历史发展与演变》，第 3 页。

③ 杨荫浏：《中国古代音乐史稿 上》，第 19 页。

论不断完善，音乐的表达性能逐步提高，歌、舞、乐三者开始能够独立承担表演任务，逐渐呈现出分离的趋势。秦汉之后，各种歌舞大曲中的歌唱、舞蹈、器乐已经开始有独立演出的部分。例如在《霓裳羽衣曲》中，演出的开始为器乐单独演奏，而后歌舞逐步加入，高潮部分以舞蹈为主，基本没有了歌唱，器乐为伴奏。同时，民间各种民歌小曲的传唱、专业组织和艺人的涌现，以及器乐种类和性能的不断完善和发展，使歌、舞、乐三者开始独立承担一个完整的音乐表演，这在宋元以后市民音乐兴起的时代成为一种普遍现象：器乐演奏、歌唱、舞蹈、杂耍等等，都作为一种独立音乐艺术表演出现在城市中。在大型的戏剧演出中，依然会出现歌、舞、乐三者同时出现的情况，但在多数小型的市民音乐表演中，这三者已完全分离，独自承担着表演功能。

（二）雅乐逐渐衰微，“复古主义”间歇重提

从“礼崩乐坏”的春秋战国起，复兴雅乐的“复古主义”在中国历史上陆续被儒家士大夫重新提出。特别是在乱世时期，统治者认为民间俗乐是扰乱人心、导致社会动荡的根源，因此，出于维稳的考虑，他们试图通过强化雅乐来压制俗乐的流行与传播。

周朝制定礼乐制度后，雅乐被用来维护社会秩序、巩固统治，政治色彩浓厚。春秋战国时期，奴隶社会开始向封建社会转型，严肃的“雅乐”已经无法满足新兴地主阶级的审美，一些贵族开始到民间兴办私学，打破了学术文化被贵族垄断的局面，出现了“学术下移”。学术知识在平民间的扩散，为音乐文化的发展提供了重要动力。其中出自郑国和卫国的民歌“郑卫之音”在社会上形成了一股潮流，其内容反映现实生活，旋律流畅优美，抒情性强，比枯燥严肃的雅乐更符合广大人民的需求。但“郑卫之音”在内容和形式上都和“礼”背道而驰，其广泛流传使依附于“礼”的雅乐遭到了强烈冲击。孔子提出“克己复礼”，主张恢复礼制，提倡雅乐而反对新乐，认为民间音乐与贵族的统治相悖，排斥“郑卫之音”。而民间音乐的兴起和广泛流传都极大地冲击着这一传统思想。一时间，以“郑卫之音”为代表的“新乐”和以雅乐为代表的“古乐”开始进行较量与交替。在中国历史上，统治者们为了巩固统治，这种“复古主义”的思想陆续被提出。

先秦雅乐发展至汉代，掺杂进了民间音乐，已基本上失去了其本来的音乐面目，只是大体保留了“雅乐”的躯壳和形式。① 自秦汉起，宫廷雅乐由于其内容与形式都违反人民的意志，与人民群众的思想感情背道而驰，渐渐失去了生命力，

① 程敏：《中国音乐的历史发展与演变》，第62—63页。

呈现出僵化、衰落的倾向。宫廷音乐发展到唐朝，供统治者享乐的“燕乐”繁荣发展起来，雅乐逐渐衰微。经历“安史之乱”以后，一些儒家士大夫开始重新提出复古，认为民间的俗乐俗器多为哀怨之音，是扰乱人心的根源，因此反对民间音乐、少数民族音乐和外来音乐。北宋时期，辽、西夏等外族不断犯边，“复圣古，斥蛮夷”的思想得到了北宋统治阶级的普遍认同；城市中民间艺术的繁荣发展遭到了统治者的怨恨，大搞复古主义的礼乐来进行抵制。然而，由于雅乐从内容到形式都严重脱离人民群众，被时代抛弃是历史的必然，而这也导致了在中国古代宫廷中推行雅乐，有着难以克服的阶级矛盾。

历代统治阶级这种复兴雅乐的思路，从根源上就面临着重重问题。这也是导致雅乐逐渐衰微、走向僵化的重要原因之一。他们企图用雅乐来控制群众，但却无法使雅乐的这一社会作用丝毫超出统治者和极少数御用文人的狭小圈子。统治阶级对音乐是外行的，他们的音乐创作和表演能力非常有限。在中国古代，音乐的创作和表演力量，直接为广大劳动人民所掌握，宫廷乐工主要由劳动人民组成，雅乐必须通过乐工才能发挥作用。但事实上，劳动人民出身的乐工并不是雅乐的热心表演者，他们并不是统治阶级意图的忠实传达者。基于此，在雅乐的提倡者和传达者之间，存在着阶级矛盾。历史上曾有统治阶级试图克服这一矛盾，但对音乐专业知识理解的片面性（例如认为音高和音域就能决定一切）给这种尝试造成了很大的局限性。因此，宫廷在企图贯彻雅乐之时，就有着不可克服的阶级矛盾，导致雅乐必然走向僵化。①

（三）主流音乐由贵族音乐转向民间音乐

在整个中国古代音乐发展过程中，主流的音乐呈现出由贵族音乐向民间音乐转变的趋势，虽然这一过程并非完全呈线性发展，音乐在不同主体间的传播和发展始终经历着重叠和交替，但这种转变在总体上呈现出由贵族走向民间的“贵族—文人—平民”的变化趋势。

原始时期的乐舞作为一种集体性社会活动，并不具有阶级性，全体氏族成员皆可参与。进入阶级社会后，特别是周朝礼乐制度的制定，使统治阶级开始对“乐”进行垄断。周朝严格的等级制度使一般平民不具有用乐的权利（此处的“乐”特指“雅乐”），只有贵族才能根据自身等级使用不同规模的雅乐。当时的一些民间歌谣虽然还未成为社会的主流，但也引起了统治阶级的关注。周朝统治者建立了一种“采风”制度，派遣乐官到民间各地去采集诗歌，或在民间利用专人收集

① 杨荫浏：《中国古代音乐史稿 上》，第401—404页。

歌谣，再逐层汇集至朝廷，[1]其最重大的成果就是《诗经》中《十五国风》，它记录了当时十五个诸侯国的民间歌曲。秦汉时期，统治者设立“乐府”，除继承先秦雅乐之外，还广泛采集民间音乐并创作新音乐以供统治者享乐、祭祀之用。这些统治者虽然已开始不同程度地关注民间歌谣，但其根本目的是为了统治阶级服务，统治阶级使用的雅乐依然是社会的主流。此时，音乐仍是贵族间所流行的一种艺术活动，普通人并非人人都有机会了解和接触音乐。

魏晋南北朝时期，门阀士族的兴起使民间音乐在文人中开始具有一定的规模和影响力。文人们通过琴乐的创作和演奏抒发感情，为后世留下了不少名作。这些文人所形成的圈子，给文人音乐的发展提供了不可多得的氛围和动力，音乐已经不仅仅局限为贵族所垄断的一种活动，而是开始逐渐成为文人生活的重要组成部分。同时，兴起于周代的民间诗歌，后经历代文人、乐工的培育，逐渐发展成为民间曲调填写的歌词，并于唐代进入全盛时代。隋朝科举制的设立，使大批中下层庶族中的寒士有机会通过科举迈入仕途，以文人士大夫的身份登上社会政治思想舞台。这些博学多才的唐代文人们纷纷参与曲子创作，他们写作的曲子词，就是文人词，其中不乏出类拔萃之作，在当时都得到了社会认可并广泛流传。这种曲子词到宋代发展为宋词。和唐代的整齐句式不同，宋词的长短句形式给曲子带来了新的审美风格，使音乐节奏变化更丰富、情感表达更为自由，从民间到宫廷都在广泛传唱。这些通过科举迈入仕途的文人多出自社会中下层，有过在民间生活的经历，有着和广大人民群众共通的情感，因此由他们创作的诗词，一旦入乐，进入市井，便能很快受到欢迎并广泛传播。科举出身的文人和民间的这种关联，客观上推动了时代音乐的主流由贵族走向民间。

宋元时期，商品经济不断发展，市民阶层开始壮大，城市中勾栏和瓦舍的出现，使音乐表演有了固定的演出场所，开始出现流动的观众。这事实上形成了公共空间，给了市民们广泛参与、交流和互动的机会，在客观上促进了音乐艺术大规模走向平民，逐渐成为普通人日常生活中的一部分。至此，时代音乐的主流开始转向民间的普通老百姓。

三、乐的舆论功能

纵观整个中国古代，音乐从形式到内容上都与政治、意识形态，乃至整个社会文化心理有着密不可分的联系，发挥着很强的社会舆论功能。它曾被先民用来组织与协调社会成员的意志行为，也被贵族用来进行社会控制，或是由民间流出，

---

① 程敏：《中国音乐的历史发展与演变》，第 28—29 页。

反映着社会舆论。通过对中国古代音乐嬗变脉络的梳理，可将这些舆论功能大致归为三大类：社会凝聚，社会控制，社会沟通。

（一）社会凝聚

《礼记·乐记》中载："乐主和同，则远近皆合。""乐"的主要功能之一就是保持和谐。音乐的旋律和节奏能够激起人们相同的共鸣情绪——喜怒哀乐，产生同类感，仿佛"四海之内皆兄弟"，从而加强社会凝聚力。音乐对人的这种教化作用是春风化雨、潜移默化的。这种功能在原始社会和阶级社会中都有较明显的体现。

音乐作为人类的一种社会现象，伴随着人类的出现而产生。在原始社会时期，音乐的社会凝聚作用集中体现在组织与协调社会成员意志行为上。从音乐的起源来看，"劳动起源说"和"巫术说"都体现了音乐的此类功能。

"劳动起源说"① 认为音乐起源于集体劳动。原始社会人们集体劳动中的动作和呼声，演变成为音乐和舞蹈中的动作、节奏和旋律，其中最具代表性的就是劳动号子。《淮南子·道应训》中记载："今夫举大木者，前呼邪许，后亦应之。此举重劝力之歌也。"描写了先民在集体搬运木材的过程中，呼喊劳动号子的情景。此处的"劝力之歌"即指劳动号子，在"举重"这类需要相互协作的集体劳动中唱这种歌，可以起到协调动作、统一节奏、缓解疲劳情绪的作用。此类劳动还包括出海捕鱼、伐木、拉纤、摇橹、打夯等需要集体协作的活动，人们在这种劳动实践中会伴以不同类型的劳动号子。这种产生于原始时代集体劳动中的音乐一直延续了数千年，直到现代社会中先进的机器能够取代集体人力时才逐渐消失，它们在鼓舞和协调劳动大众与大自然搏斗、统一投入到劳动中起到了很大的调动作用，创造了一个又一个的奇迹。

"巫术说"认为，音乐起源于祭祀和巫术活动中。氏族公社时期，人们非常惧怕自然灾害，常通过音乐来表达想要征服自然、控制自然灾害的愿望和意志。例如先秦时期的祭歌《蜡辞》中就唱道："土反其宅，水归其壑。昆虫毋作，草木归其泽。"主要表达了人们希望不要出现地震、水灾、虫害、杂草野树丛生，以保证农业活动的顺利进行。对于一些无法战胜的自然力量，他们会以乐舞的方式求神问卜，在祭祀活动中求得神明的保佑，但实际上最终还是靠自己的力量战胜自然，音乐在其中只是营造一种舆论氛围，起到了组织氏族成员同心同德战胜自然灾害的鼓舞作用。后来各时期的农民起义、抵御外族战争等情境中，也经常使用音乐鼓舞士气。

① 西德经济学者布赫（著有《劳动与节奏》），1896 年将音乐的起源归纳为人类的集体劳动。

（二）社会控制

在中国历史上，统治阶级总是将音乐与政治和意识形态紧密相连，进行社会控制、维护社会秩序，以达到巩固统治的目的。

此处的"社会秩序"主要是指西周礼乐制度中所强调的"等级制度"，它是对宗法制度等级网的强调和固定。西周时期，周公制定了"礼乐制度"，"礼"规定各个等级在社会生活各方面的行为规范，而"乐"则是"礼"运行的形式和保障，通过音乐来宣扬等级制度的合法性，防止人民反抗，使整个社会的达到尊卑有序、远近和合。如前所述，此处的"乐"即为"雅乐"，是我国古代社会统治者用于祭祀及典礼等场合所表演的乐舞和演奏的音乐。"移风易俗，莫善于乐。"孔子认为音乐具有教化人心的作用，"想要改变社会风气和旧的习惯制度，没有比音乐更好的了"。自西周宫廷雅乐体系建立之后，统治者开始通过雅乐来进行政治活动和舆论引导，通过礼和乐的结合，使音乐的社会功能上升到前所未有的高度。除音乐外，中国历史上任何一种艺术都未曾出现过和政治如此紧密结合的情况。虽然雅乐呈现出逐渐衰微的趋势，但历朝历代的统治阶级大都对其十分重视。

雅乐的大部分作品内容都与歌功颂德相关。统治阶级借音乐来歌颂自己的功德，从精神上加强其神权统治，以威慑人民，营造出一种使人民对统治者充满敬仰和崇拜的舆论氛围。其中最具代表性的是于西周集大成的"六代乐舞"，包括了黄帝时期的《云门》、唐尧时期的《大咸》、虞舜时期的《韶》、夏禹时期的《大夏》、商汤时期的《大濩》以及周武王时期的《大武》，内容皆是颂扬各朝创业帝王的文德武功，作为雅乐被用在周代宫廷祭祀礼仪中。①《诗经》中的《颂》也是颂扬统治阶级功德的诗歌，《诗经·大序》中曾提道："颂者，美盛德之形容，以其成功告于神明者也。"意思是说"《颂》是令盛德传扬和美化的形式，将它所造就的功绩告于神明"。后来各时期统治者所使用的宫廷雅乐很多都是由《颂》发展而来，歌功颂德的音乐一直是宫廷雅乐的主要内容。②

雅乐"维护社会秩序"的功能不仅体现在内容上，更体现在其形式上。乐舞发展到西周时期开始呈现出阶级化和等级化的特点，其主要体现在两个方面："佾"和"乐悬制度"。"佾"指乐舞中舞队所用的人数和排列的方法。《左转》载："天子用八，诸侯用六，大夫四，士二。"即，天子为八佾（64 人），诸侯为六佾（36 人），卿大夫为四佾（16 人），士为二佾（4 人）。"乐悬"则为乐队的排列及所用乐器的数量和规模。《周礼·春官·大司乐》载："正乐悬之位：王宫悬（四面），

① 杨荫浏：《中国古代音乐史稿》，第 35—36 页。

② 杨荫浏：《中国古代音乐史稿》，第 51—52 页。

诸侯轩悬（东、西、北三面），卿大夫判悬（东、西两面），士特悬（东面或阶间）。”《礼记·曲礼》中载：“礼不下庶人，刑不上大夫。”“乐”由贵族阶级所独享，平民并不具有使用“乐”的权利。礼乐制度规定了这些严格的用乐制度，各等级在使用音乐时都须严格执行，不得僭越，否则被视为违法。周朝以后，历朝统治者在提倡雅乐时，也通常会和高级官吏讨论：用什么调性，用多少 / 什么乐器，乐队怎样排列，乐队的架子怎样装饰；用多少乐工，穿什么衣服；规定歌词体裁，写作符合于当时统治阶级要求的歌词；规定在祭祀和朝会、宴飨的时候，应使用什么乐曲；全套雅乐，应该用怎样一个好听的总名称①等诸多关于音乐形式上的问题。

西周时期，贵族享用的雅乐也被称为“金石之乐”，其中“金”是指用青铜制成的编钟，而“石”是指用特殊石头制成的编磬，由于这些材料在当时都极为稀有，故“金石之乐”成为贵族身份、权力和地位的象征。在音乐上，钟和磬以其特有的音色和宏大的音量，营造出一种庄严肃穆的音响效果；再加上鼓的配合，确实能给人在感官上造成很大的冲击，制造出奴隶主贵族“至高无上，尊贵威严”的舆论效果。中国历史上，“金石之乐”得到了长足发展，在很长的一段时期内，都被统治者所重视，长期用于宫廷雅乐中，强化社会等级制度。②

此外，在我国古代，雅乐与历法也颇有渊源。“历”是统治者的命脉，常被视为其“奉天承运”的标志，因此统治者对“历”的研究和计算都十分仔细和重视。春秋战国时期，统治者常把音律学和历学（天文学）结合在一起，因为音乐中的“律”和年月中的“历”数量都是十二个，二者常被等同看待。每当新朝建立，统治者的头等大事就是重颁历法，与此同时，音律也会受到同等的重视，进行重新制定和计算。因此，中国古代很多天文学家经常也是律学家。这些律学计算的成果最终被用在雅乐中，以神秘主义的思维向天下宣告天子“奉天承运”的身份，带有很强的封建迷信色彩。音律虽然是从音乐实践活动中产生的一门学问，但此时已经完全脱离了实践，被统治者用作加强思想控制、制造舆论、维护神权统治的工具。③

（三）社会沟通

在中国历史上，民间音乐始终承担着强大的社会沟通功能，在不同程度上展现着民生、社会风尚，以及一段时期内的社会情感。

---

① 杨荫浏：《中国古代音乐史稿》，第 247 页。

② 乔建中，冯洁轩等：《中国音乐》，北京：文化艺术出版社，1999 年，第 12 页。

③ 乔建中，冯洁轩等：《中国音乐》，第 57 页。

1. 表现民生

中国古代的民间音乐是展现民生的一面镜子。“古有采诗之官，王者所以观风俗，知得失，自考正也。”（《汉书·艺文志》）统治者们会通过采集民歌的方式来观察民风习俗，了解自己的得失，进行自我考察与修正。

先秦时期，就有诗歌在民间流传。《易经》和《尚书》中记载着奴隶社会时期的一些诗歌，它们从各方面反映了当时人民的生活，例如有对劳动生产、婚姻制度、战争情况、奴隶生活的描写。春秋战国时期，诞生了我国第一部诗歌总集《诗经》，其中的《十五国风》收录了当时北方十五个国家和地区的民歌作品，反映了当时社会的真实面貌，其涉及的内容非常广泛，包括亲人离别、狩猎场面、美好爱情、劳动生活、纪念伟人、赞美母爱等，生动再现了普通百姓的日常生活和习俗。

成书于北宋的《乐府诗集》收录了歌舞伎乐时期汉朝和魏晋南北朝各地的民歌精华，其中包括鼓吹、相和歌、清商曲、舞曲、琴乐、杂曲等音乐类型，内容主要反映了社会生活的方方面面，例如较为著名的《木兰辞》和《孔雀东南飞》都出自于此。乐府诗歌的内容不仅仅是对社会生活的简单描述，它所反映的社会问题通常都较为深刻，蕴含强烈的斗争精神。而同一时期南方的“吴歌”和“西曲”描绘的则是较为淳朴的市民阶层的生活，内容多为游子和思妇惜别、思慕的情绪，反映了当时各族混战、北方人民南迁、商旅生活增加的社会现实。

宋元以后，反映民生的音乐作品内容都更加丰富和深刻。宋代的劳动歌曲十分具有代表性，例如“田歌”“插歌”等，描述了人们劳动时的场景，表现了劳动人民被压迫和奴役、过着不得温饱的悲惨生活的现实。宋词也经常反映社会现实，例如南宋词人醴陵士人的《一剪梅·宰相巍巍坐庙堂》就揭露了“经量”制度的剥削实质；南宋蜀妓所做的《鹊桥仙》则反映出当时社会男女不平等的现实。

元杂剧作品都真实地反映了寻常百姓的喜怒哀乐，内容十分丰满，具有丰富的人民性。代表性作品《窦娥冤》通过塑造一个善良、坚强的光辉女性形象，揭露了当时残酷的社会现实，指出了经济剥削、流氓横行、管理昏庸等造成悲剧的社会原因。明清时期的民歌也广泛地反映着社会生活，内容主要涉及明末农民起义、农民的痛苦生活、婚姻爱情、受压迫工人的生活，还有童养媳、妓女、寡妇等人群的痛苦生活等。

2. 表现社会风尚

民间音乐还常常反映着一段时间内人们的思想状态以及社会风气，“魏晋风度”下所产生的琴乐就是极为典型的体现。动荡的魏晋南北朝是思想空前觉醒的一个时期，世人开始冲破儒家所提倡的礼法，重新思考传统的价值观念。在此背景下，以门阀士族为代表的地主阶级开始怀疑和否定旧有的伦理道德和经术迷信，注重探索与追求个人存在的价值和意义，形成了风流潇洒、飘逸不群的“魏晋风度”。这种风度体现在名士们社会生活的各个方面，他们用不同的行为方式为自己的时代阐释着自己心中的魏晋风度，音乐便是这种风度的重要内涵之一，其具体表现形式就是琴乐的发展。文人们通过古琴演奏和创作来抒发感情、交流思想、体现风度。古琴的音乐表达特别契合魏晋风度：名士们推崇老庄思想，追求清雅脱俗、飘逸不拘的审美内涵，这和清远雅健的古琴美学不谋而合。[①] 其中较为知名的古琴曲有《广陵散》《酒狂》《归去来辞》《梅花三弄》。这些出自门阀士族间的音乐作品，集中体现了他们真实的精神状态和对黑暗政治的不满，以及想要寻求谨慎避祸、洁身自保所体现出的彷徨。魏晋名士的这种将精神和情感表达寄托于古琴音乐的个人行为，表现了文人们的政治态度，在当时掀起了一股思想潮流，产生了“魏晋风度”这一极富特色的社会风尚。

3. 情感交流

“音乐来源于社会和社会中人的情感；音乐又作用于社会和社会中人的情感。”黑格尔在两百年前就对音乐的社会功能给予过这样的评价。[②] 社会成员的情感体验在很大程度上反映着社会舆论，在中国古代长期的社会实践中，人们常常通过音乐抒发自身情感或表达对某些社会现象的看法。

春秋战国时期的《诗经》中就有很多抒发个人情感的作品，例如《关雎》表达了对恋人的思念和对美好爱情的向往。秦汉时期，百姓常借民歌揭露统治阶级的残暴与黑暗。例如，东汉末年有一首诞生于黄巾起义的背景下的民谣：“小民发如韭，剪复生；头如鸡，割复鸣。吏不必可畏，小民从来不可轻。”表现了民众坚强的斗争意志。魏晋南北朝时期，由于北方人民大量南迁，商旅生活增多，游子和思妇开始借民歌表达惜别、思慕的情绪。西曲《那呵滩》就表现了女子向往和情郎团圆、怨恨离别的心情。隋唐时期，曲子成为人民手中强有力的斗争武器和教育工具，常常揭露统治阶级对劳动人民残暴的剥削和压迫，也因此遭到了统治者的控制和禁止。例如《挽舟者歌》的主要内容就是人民群众对隋炀帝暴政的控诉，表达了人们对美好幸福生活的向往和渴望。

自宋代起，戏曲艺术繁荣发展，其内容的现实性和战斗性都明显增强。宋金对峙期间，出现了大量反映民族矛盾和爱国主义的曲子。例如莎衣道人的《歌》：“胡孙死，闹啾啾，也须还我 百州。”表达了对金统治阶级内部斗争的轻蔑和嘲

---

① 宋展云：《古琴名曲与魏晋风度》，《文史知识》2016 年第 7 期。

② 罗群：《从控制论到互动论——谈流行音乐与社会观念结构的关系》，《浙江传媒学院学报》2005 年第 2 期。

讽，以及对收复失地必胜的决心和乐观主义精神。元代的杂剧作为一种虚构性的抒情音乐文学，其主要内容就是借历史故事来暗讽“世务”，反应民族矛盾和阶级矛盾的种种现实。《窦娥冤》就是一部极富情感张力的杂剧作品，作者通过对窦娥冤狱的描写，表现了对元朝腐败、黑暗统治的痛恨，同时也通过塑造窦娥这样一位坚强、勇敢的女性形象，表达了一种抗争精神。明清时期，人的思想进一步解放，音乐作品中的内容最突出的新特征就是开始冲破封建礼教、争取自由。民歌中出现了很多追求自由恋爱、反对封建婚姻制度的内容。汤显祖创作的传奇作品《牡丹亭》，通过描写伤情而死的杜丽娘化为魂魄寻找现实中的爱人，最终起死回生，有情人终成眷属的故事，折射出整个社会追求个性解放、求变的时代心声。

结语

音乐作为一种绵延了数千年的人类传播实践活动，见证和体现着人类文明的孕育、延续、传承、变化和发展。在中国古代从原始社会到封建社会的漫长历史中，音乐艺术在总体上经历了歌舞乐逐渐分离、宫廷雅乐逐渐衰微、民间音乐逐渐兴起、主流音乐由贵族音乐转向民间音乐的发展过程。在这一过程中，音乐与整个社会持续互动，始终发挥着重要的舆论功能。

音乐是时代的一面镜子。自远古时期，音乐就成为社会生活中的重要组成部分，在整个中国古代史上，不同形态、不同阶层的音乐作品作为一种信息符号，承载了大量的社会信息，使人们通过音乐实现了信息的交流共享。诸多流传后世的音乐作品也蕴含着宝贵的历史信息，使我们了解到不同历史时期各个阶层人们的思想状态以及社会的总体风貌。近现代社会中的音乐也是如此：上海租界“时代曲”的流行，抗日战争时期左翼音乐的传唱，“文革”期间“样板戏”的宣传，港台抒情歌曲在大陆的传播，“西北风”歌潮的诞生，唱片业的兴起……不同时期的音乐形态和内容都和当时的政治、经济、文化环境息息相关，它不仅是一种具有审美价值的艺术，更是一种具有社会价值的舆论工具，经常和意识形态紧密相连。

古代音乐的某些舆论功能对现今社会仍有启示意义，特别是社会凝聚功能，直到今天依旧发挥着巨大的作用。如今，在各种各样的音乐场景里，音乐凝聚人心的功能都在悄然发挥着作用。婚礼、接见外宾、颁奖典礼、阅兵等大型仪式上，必会伴有相应的音乐来烘托气氛，在场的参与者们在背景音乐的引导下，会在同一时刻产生一种共同的情感，这在无形中加强了环境的凝聚力，给整个仪式营造出更好的氛围效果。例如，当人们共同唱起国歌时，当听到《我和我的祖国》时，爱国情绪就会被激发。当今音乐这种社会凝聚功能，与中国古代祭祀、骑射、宴飨等场景中音乐的使用具有一定的传承关系。同时，场景的差异性也通过使用不同的音乐被营造了出来。

通过对中国古代音乐的嬗变及其与社会互动关系的探索，可以发现，自古以来，音乐作为一种艺术形态，始终与整个社会的意识形态和文化心理有着密不可分的联系，在一定程度上反映或引导着某一时期、某一场景下的社会舆论。不同形态、不同阶层的音乐，在整个中国历史发展进程中始终扮演着重要的角色，是史学、传播学、社会学等领域具有重大价值的研究对象。

华夏传播与美育研究

徐渭“畸”变的生命话语与“求真”的艺术精神

Xu Wei's “Eccentric” Life Discourse and “Truth-seeking” Artistic Spirit

臧新明 *

Zang Xinming

摘　要： 艺术以艺术话语为表征，以人性建构为鹄的，通过人格塑建以实现人之自由与独立。明代画家徐渭之艺术正是其生命——人格独立自觉的视觉呈现，指向“自我”之发现。明代画家徐渭以“畸人”自居，在人生与艺术之间以互文的方式构建起追求“真我”价值的生命理想。其正视自我与现实的矛盾，突破了儒道两家提供的既定生命话语关联，创造性地转换了传统生命话语模式，实现了指向自我独立精神的“在世—批世—自我”之生命话语“畸”变。在此基础上，其强调基于矛盾的在世性生命力量和自我人性尊严的感性真实，极力追求自我与世界抗争中“英雄性”生命价值的“真我”艺术精神，通过改造后的“情感”“生动”“媚”等“显露己意”的艺术话语呈现。

Abstract: Art involves a realization of human freedom and independence, characterized by artistic discourse, in the construction of human nature. The artistic works of Xu Wei, one of the famous painters in the Ming Dynasty of China is a best visual presentation of his life experience as well as his personal independent, pointing to the discovery of “self” . Xu Wei regarded himself as an “eccentric” , and constructed a life ideal of pursuing the value that is “true-to-oneself” between life and art in an intertextual manner. As he could face up to the contradiction between self and reality, broke through the established relationship of life discourse provided by both Confucianism and Taoism,

---

* 作者简介：臧新明，山西大学美术学院教授，博士生导师。研究方向：绘画美学、中日美术（美学）比较和中国古典画论。

creatively transformed the traditional life discourse model before successfully realizing the abnormal transformation from being existent to social criticism and further to self-centrism concerning life discourse that is pointing to the spirit of self-independence. On this basis, his works emphasize the perceptual reality based on the contradictory living force on one hand, and the individual human dignity on the other, in the everlasting pursuit of "true-to-oneself" artistic spirit that is characterized by the "heroic" life value in the struggle between oneself and the world. All these are presented through the use of "emotion" "Vividness", "Enchanting" that are transformed, and some other artistic discourses that "demonstrate the individual willpower".

关键词： 徐渭；生命话语；畸变；真我；遒媚

Keywords: Xu Wei; life discourse; eccentric transformation; true-to-oneself; enchanting charm

明代画家徐渭现常以大写意花鸟的始创者而见于中国美术史的视野之中，然而其在美术史中的地位却经历了从隐没到独立的曲折历程，[①]这种旧貌新颜式的翻转的与徐渭革命性的“畸”变格品息息相关。这种“畸”变不仅体现在其自我总结的“畸人”身份界定中，而且体现于面传统而求异、肯定自我的审美追求上。其以“畸与人而侔与天”的姿态，突破了传统审美中儒家“乐而不淫哀而不伤”的审美原则，也弃绝了道家倡导的物我合一、“无我之境”式溟化一切的“物化”状态，转而支持以“个体化情感”为核心本然呈现“生命力”的激荡与流溢，以此追求个体在世的生存价值和生命动力，进而确立自我的存在意义和对“无意义”的抗争精神。这以“求动”变“守静”、“本色”破“俗常”、“创新”改“复古”的变革意识和创造性不但体现了徐渭独特的精神世界和强烈的个体意识，更重要的是鲜明地彰显出了不同于传统的崭新意识——对个人自由与价值的肯定，同时丰富拓展了中国艺术中求真精神的历史意涵。徐渭求“个体生命之真”的艺术精神不仅仅是对明、清乃至20世纪“中国式现代主义”绘画的发展都起着不可忽略的影响。

一、徐渭“在世—批世—自我”的生命话语“畸”变

徐渭七十三岁自撰《畸谱》，以“场上观”的看客视角回顾命运多舛，忧愤交加的一生，并以畸人——“畸与人而侔与天”给自己做了最后的身份界定。这

① 李永强：《20世纪中国美术史著作中徐渭“画史”地位的变迁》，《美术研究》2020年第2期，第62—67页。

“畸”不仅表现在他“奇”的人生经历，更体现于其“自沉于浊、自立于世”的狂放人生姿态。徐渭虽出生于官宦世家，但为庶出，百天父亲便撒手人寰，十岁与生母分离，十四岁嫡长母亡故；自幼聪颖好学，天赋异常，诗文书画皆长，学剑学琴学骑射，精研兵谱，可谓文韬武略，但八次科举落榜，最后落得削除“生员籍”而永无入“仕”可能；心怀天下，系国爱民，得胡宗宪赏识尊以“国士”共谋抗倭大计，实现了“立功”的英雄梦，然严嵩倒台，李春芳刁难，一切都如“眼看他起高楼，眼看他宴宾客，眼看他楼塌了”，虚幻之余恐惧缠身，屡次自残皮囊，终致杀妻入狱，痛定思痛，回顾过往，原不过是陷于功名囹圄之俗人，在生命无望的尽头，全盘否定了过去。徐渭以拒绝友人搭救的方式弃绝了那个带给他一切的世间，抱着“炼狱必死”的心态残了一生，用“绝我”的方式获得生命解脱。然而，历史充满了戏剧性，明神宗朱翊钧即位，大赦天下，徐渭被放出狱。出狱后的徐渭更加任性放达，不为礼法所拘，耿介狂傲，“一涉义所否，干耻诟，介秽廉，虽断头不可夺”，从与恩人张元忭“一语稍不合，即大诟策骑归”便可窥见一斑，最后发展至狂饮醉酒、拒斥贵人、自沉于卑贱污秽的境地而完成了自我即世界的构建。“自我即世界”不是自我化入了世界而成为符号，而是将自我提升为世界成为完整自足的生命。在此，徐渭从“绝我”转向“绝世”，但不是转向“避世”之逍遥，而是转向“入世”之抗争。换而言之，徐渭突破了儒道所主张的中庸和守静原则，通过拒斥世俗世界建构起与之相对立的自我世界而强调生命的运动和迸发。袁宏道在《徐文长传》中就有言：“文长既已不得志于有司，遂乃放浪曲蘖……所见山奔海立，如寡妇之夜哭，羁人之寒起。当其放意，平畴千里；偶尔幽峭，鬼语秋坟。”[①] 基于此，其自称之“畸”实则是个体主体性意识“我”之独立存在的呈现，是以自我完整自足的生命世界对抗世俗世界以实现生命的在世价值——对徐渭而言，这生命价值便是藏于心底“英雄理想”的实现。立功立德立言的儒家价值观始终是徐渭挥之不去的生命底色，违背自己主张而向李如松“讨”十五根人参以刊印《畸谱》立言存后世便是明证。因此，徐渭弃绝庸常的现实世界之后，转向而行，融合了儒家的君子人格和道家的真人观念构建出“真我”的唯一存在，通过这种反向悲剧式的英雄感确证自己英雄般的存在。那么，徐渭究竟是如何建构了自己“畸”变的话语关联模式呢？

许慎在《说文解字》中阐释“畸”本义为“残田也”，残田即余田不整齐者也（段玉裁注），常被理解为零碎的、不整齐的、不正规的，后被引申为异形的、脱俗的、超群的而适用于语言的流转中。汉、魏晋南北朝时期广为流传的“圣人异

① 徐渭：《徐渭集》，北京：中华书局，1983 年，第 1343 页。

形”观念便是显例。圣人先贤以不同与众的“异形”而成为“受天”而生的“殊相”存在。王充在《论衡·骨相》中就说道：“传言黄帝龙颜，颛顼戴午，帝喾骈齿，尧眉八采，舜目重瞳，禹耳三漏，汤臂四肘，文王四乳，武王望阳，周公背偻，皋陶马口，孔子反羽。”[①]这种将“异形”与“圣人”进行语意关联源于人秉自然之气而生的观念，气有清浊，人有贤愚，圣贤自然拥有不同于常人的“精气”而显之于形貌。从某种层度而言，“异形”之“畸”与“圣贤”之“名”构成了视觉性象征符号，成为圣贤之在的“第一印象”。然而，古之圣贤并非因形貌特异而立身于世，而是以其秉承的“天德”而惠及万众。《大戴礼记》中鲁哀公问孔子圣贤何为的言论中便可见出。孔子说贤人乃是“好恶与民同情，取舍与民同统；行中矩绳，而不伤于本；言足法于天下，而不害于其身；躬为匹夫而愿富贵，为诸侯而无财”，圣人则是“知通乎大道，应变而不穷，能测万物之情性者也”。[②]由此可见圣贤的又一视觉符号便是摒弃个人、拯救苍生、因遁天道的德御之“苦行”，正如孟子所言：“天将降大任于斯人也，必先苦其心志，劳其筋骨，饿其体肤，空乏其身，行拂乱其所为，所以动心忍性，增益其所不能”。[③]尧、舜、禹、孔子等先贤的非凡之举均为常人、俗人所做不到，故也可称之为“异行”。圣人异形和圣人异行可以说是构成了历史上圣贤存在的二重符号，但是二者统一于“德”之本体，说明圣贤与常人更重要的区别在于“德行”——以德为本、以行为用，既能群于人又能区于人。

在“德”的统摄下，“异形”观念在庄子的思想中获得了重要发挥，建构成了“异形—真人—出世—自然—恬淡”的话语关联；“异行”观念则更主要的在儒家思想中获得了发展，建构成了“异行—君子—入世—人为—中庸”的话语关联。这两套话语模式一者“肯定”个体的存在意义，但个体生命意义的实现依托于通过虚静之心对天地之道的体悟，将“小我”置换成“道行之物”；一者否定个体存在的独立意义，主张在礼制的规范下实现孝悌、忠君、济世、安邦的社会价值，将“小我”置换成“关系之我”。二者实则均否定了个体生命存在的独特价值，但强烈的自我生命意识才是徐渭关注的核心议题，因此徐渭综合了两套话语模式，在“异行—真我—在世—自然—正心—抗争”中实现了“个人意识”的质性畸变。这样建构的话语关联模式在对阳明心学的核心论题“龙惕与自然”的争论中亦可见

① 王充：《论衡·卷三·骨相》，见黄晖著：《论衡校释》，北京：中华书局，1990年，第108—102页。

② 戴德：《大戴礼记·哀公问五义第四十》，见戴礼：《大戴礼记集注叙录》，乙卯年（1915）温州务本石印，第8页。

③ （战国）孟轲：《告子下》，叶朗编：《中国历代美学文库 先秦卷下》，北京：高等教育出版社，2004年，第83页。

出，徐渭认为：“惕之与自然，非有二也。自然惕也，惕亦自然也，然所要在惕而不在于自然也，犹指目而曰自然明可也，苟不言明而徒曰自然，则自然固虚位也，其流之弊，鲜不以盲与翳者冒之矣。”[①]总而言之，徐渭在对传统话语资源的转换中建构起新的话语关联模式，指向一种新的精神——自我生命的独立存在。这与儒道传统强调的“入世—济世—天下”与“出世—避世—自然”之“正”构成悖反，——形成了徐渭主张“在世—批世—自我”之“畸”。

方闻借用俞时英的观点说道：“在备受礼制束缚纷扰专制时代，个人主义的唯一表现可以说就是‘异’和‘奇’。”[②]徐渭正是以“畸”变之异在践行着鲜明的现代性意识——对个人独立价值的肯定。其如尼采一样，将世间看作舞台，自己看作舞者，人生看成悲剧，即便剧终人散，也要以英雄的姿态轰轰烈烈地演完这场戏，确证我之存在。

二、徐渭正视矛盾力量和自我独立的“真我”艺术精神

徐渭走向“自我”的质性畸变与英雄式求解的生命价值寻求方式直接影响着其艺术精神的走向。他既不会接受儒家中和雅正的艺术精神，也不会沿袭道家恬淡无为的艺术趣味，而是独创性地拈出“真我”作为其艺术要旨。徐渭的“真我”与彼时程朱理学在“存天理、灭人欲”观念下设定的君子人格相对，也与道家推崇“坠肢体、黜聪明、离形去知”的“真人”人格相悖，是将“我”从“礼”和“道”的思想束缚下解放出来获得独立存在，肯定情感的自由和自我的真实。其“真我”精神不是借助外来思想，是从道家的“真人”意旨转化而来。

“真我”概念是徐渭在第五次科考失败之后所作的《涉江赋》中提出的，但此时的“真我”亦是在道家“真人”观念下自觉反思而获得的自我体认与思想认同，其中明显地可以看到是对老庄万物齐一、天地不仁、虚静无为等思想的挪用和吸收，其说道：“爰有一物，无罣无碍，在小匪细，在大匪泥，来不知始，往不知驰，得之者成，失之者败，得亦无携，失亦不脱，在方寸间，周天地所。勿谓觉灵，是为真我……”[③]因此，此时的“真我”概念仅具有“反思性”，其结果是对老庄“真人”——“以天待人，不以人入天……常常自埋于民，自藏与畔，其声销，其志无穷”[④]——思想的理性认同，随后发出“勿谓觉灵，是为真我”的自我认知。但文章一开始引述潘岳三十二岁时和退休闲居的寂寞苦闷之情似乎预示了徐渭之

① 徐渭：《徐渭集》，第677—678页。
② 方闻：《中国艺术史九讲》，上海：上海书画出版社，2016年，第59页。
③ 徐渭：《徐渭集》，第46页。
④ 陈鼓应：《庄子今注今译》，北京：中华书局，1983年，第726页。

后的生命历程和情感转向。

“真我”观念脱离“真人”理想而转向对“我”之强调与其个人的生命理想与社会现实之间的不可调和的强烈冲突直接相关。八次科考落第的挫败感、胡宗宪倒台的恐惧感，杀妻入狱的幻灭感，生员籍被剥夺的绝望感，前途茫茫的虚无感，出狱之后的被抛感——与世俗世界的冲突在与张元忭的第二次“招募”达到顶峰，一言不合，策骑归山阴，自此回绍兴之后（除张元忭去世之外）再无出山——使得徐渭对“真我—真人”的自我认知崩然倒塌，神性般的真人理想不再能平复其心中的郁郁之气。此时，“自我”的意识突破“真人”的限制而成为唯一真实，也突出了一个残酷的现实：我与世界对立。徐渭自此与世俗世界划出分明的界限，自称为山人、老颠、野老、野褐苍箕中人、鄙劣等。此时“真我—真人—现实”的生命认知转变成了“真我—自我—艺术”的主体认知，“真我”获得了“自我”的人性肯定，而人的特点如黑格尔所说就是“不仅担负多方面的矛盾，而且还忍受多方面的矛盾，在这种矛盾里仍然保持自己的本色，忠实与自己”。①

在自我认知模式的转换下，徐渭将“自我”与“世界”关系转变成了疏离与斗争的关系——“我”以立法者的独立姿态和自由精神，从客观世界中退出，委身于艺术世界，在其中建构起自足的精神世界与现实世界对抗。从“古人之诗本乎情，非设以为之者也”“非特字也，世间诸有为事，凡临摹直寄兴耳，铢而较，寸而合，岂真我面目哉？”“今天下事鲜不伪者，而文为甚。夫真者，伪之反也。”等便可见出这种秉承着否定特质和抗争精神的自我主体意识。其在画面的题画诗中也直接对“我”进行突显和强化，如“老夫醉写”“老夫游戏”“老夫貌此”“山人写竹”“青藤道人不解事”“五十八年贫贱身”等等；在意象选择上也以具有明确自我指涉性的“马耕”“角巾”“褐衣”“雨竹”“哭竹”“明珠”“雪竹”等出之。这种突出“我”，强调自我基于矛盾的在世性生命力量之真实和对现实命运的抗争精神是徐渭艺术“真我”精神的核心。

徐渭艺术突破了中国艺术传统中以“无我之境”为上，以“淡”“清”“逸”为高，以体悟和认同“寂兮廖兮”“恍兮惚兮”“杳杳渺渺”的天地道行之真为旨归的“求真”精神意涵和超脱路径，改以强调我存在于世、抗争于世、苦乐于世、毁誉于世的自我生命真实和情感力量，以此建构起一个完满自足的自我世界，实现自我独立于世的人性尊严和英雄感的价值实现。徐渭“真我”的艺术精神具有逆传统而行的“否定性”特质，那么他是如何在其艺术实践中实现的呢？综上所述笔者认为：他是通过对彼时代盛行的艺术观念的批判完成的。

① ［德］黑格尔：《美学》（第一卷），北京：商务印书馆，1997年，第306页。

三、徐渭“显露己意”的艺术话语建构

在徐渭看来，艺术正视矛盾力量和自我独立的“真我”精神只能用“显露己意”的艺术话语来表现。其主张艺术表现自我生命的唯一和真实，一反俗常以“静”为基质底色的雅逸清淡之风，创新性地推崇以“动”为核心、情动自然的生动活泼之姿，并提出艺术追求“媚”的审美旨趣。具体而言表现在三个方面：

其一，徐渭主张在世性的身体性情感和基于矛盾的生命力量才是人之真实性情感。徐渭所处时代的画坛主要以董其昌倡导的清逸之气为尚，常以庄子的“真人”理想作为生命的向导，取消个体生命在世生存的情感挣扎之貌，进入静逸永恒的天地之境，将道德性的理性情感放置在了体认性的身体情感之上，在此呈现出以“知”代“感”或以“知”规“感”的面貌，呈现出认知高于/先于体感的思维程式。但是，在徐渭看来，在世性的身体性情感才是人之真实性情感，恰如其在《读龙惕书》中言道：“人心之惺然而觉，油然而生，而不能自已者，非有思虑而启之，非有作为以助之，则亦莫非自然也。”[①]这种真实的体认性情感表现为个人社会化过程中面对矛盾、忍受矛盾、克服矛盾的生命感受和情感力量，也正是这种基于“矛盾”的情感体认和冲突解决确立了我之“自我面貌”。徐渭改吴门画派淡墨疏烟、平淡清逸、内敛静谧的面貌，改以重墨繁密、动势淋漓、外放震撼之态，《黄甲图》中荷叶便是以浓墨、重墨、泼墨、泼墨的大写意手法，借墨汁淋漓、动势鲜明之象直写强烈的自我感受和情感运动。

其二，艺术品评强调“凉水浇背”样震撼人心力量的“生动”标准。徐渭在艺术世界中强调“动人”——震撼人心的生命力量，要求以“生动”作为绘画评价的标准，其在回应时人因谢时臣用重墨而予以否定评价时言道：“不知画病不病，不在墨重与轻，在生动不生动耳。”但是，这“生动”不是取消个体感受之自然自在或天人合一的怡然，而是在肯定个体感受的矛盾挣扎下强劲生命力的自然表现，“生动”之“动”的重点不在物象本身之自然，而在于冲突出呈现出的“动势”和抗争性的“生命力量”，因此“生动”着眼于情感的力量感和视觉的冲击性，从“昔人多画晴兰，然风花雨叶，益见生动”，“奇峰绝壁，大水悬流，怪石苍松，幽人羽客，大抵以墨汁淋漓，烟岚满纸，旷如无天，密如无地为上”[②]等说法中便可见出。徐渭的《墨葡萄图》就一改温日观等人写葡萄所持的“出尘之趣”，转而强调颗颗葡萄之“明珠”与肆意被抛的“弃物”之间的巨大冲突，似与不似之间的浓墨点点既似葡萄又像眼泪，像葡萄却已残形、变形，面目全非；像眼泪却不是

---

① 徐渭：《徐渭集·徐文长三集》卷21，北京：中华书局，1983年，第679页。

② 徐渭：《徐渭集·徐文长三集》卷16，北京：中华书局，1983年，第487页。

梨花带雨，而是扭曲变形留下了老泪斑斑，强烈的墨色对比和率性粗犷之笔更是强化了画面的“动势”感，直击心灵，引起震颤。恰如吴昌硕在一幅《葡萄》图中题曰：“青藤画，奇古放逸，不可一世，似其为人。想下笔时，天地为之低昂，虬龙失之夭矫。”①

其三，徐渭提出以力量感和运动感为内核的“求媚”的艺术趣味。在徐渭看来，“媚”非传统意义上的阴柔之美，而是指向与“中”抗争的“动人之姿”。其在《赵文敏墨迹洛神赋》中说道：“古人论真行与篆隶，辨圆方者微有不同。真行始于动，中于静，终以媚。媚者盖锋稍溢出，其名曰姿态。锋太藏则媚隐，太正则媚藏而不悦，故大苏宽之以侧笔取妍之说。”②“媚”非以“美”魅惑人而入安享静穆之态，而是以“奇”“丑”震撼人以体认生命之力和自我之独立。基于此，“媚”舍“柔”而以“力”取胜，书画以侧锋、散锋、破笔、点顿、重墨、狂扫、乱涂、泼墨等笔墨方式、强烈的黑白对比、逼仄挤压的空间布局呈现出抗争的遒劲之力和控诉之感。正如何平在《徐渭艺术风格研究》中所言，“媚向来是一种阴柔美，是对女性美的评价……徐渭艺术却极为突出鲜明地把‘媚’与阳刚、雄健结合在一起，形成一种具有冲突性的‘遒媚’风格”。③徐渭追求动势，强调情感直击人性的力量，肯定人生在世生存的矛盾与挣扎，因此其“媚”的旨趣就鲜明地落在引起情感运动的画面语言上，如其草书作品中不仅追求线条的流畅，更强调线条运行中的顿、挫；其绘画作品中不仅强调诗画的合理布局，更强调诗画之间形成的情感张力和视觉冲击力；书画作品的粗头乱服之貌和生命的率真奔放之姿更是给人以鲜活自然真实之感。

总的来说，无论是艺术的生命内涵，还是艺术的批评标准，或是艺术的审美趣味，徐渭都以“自家面貌”出之，强调以“矛盾”为基础的在世生命感，通过以“求动”变“守静”、“本色”破“俗常”、“创新”变“复古”的姿态来肯定自我抗争性的生命力量与独立存在的人性尊严。

结语

综而论之，徐渭突破了儒道两家提供的既定话语关联和生命价值实现方式，在综合吸收和创新性改造的努力下，实现了指向自我独立精神的“在世——批世——自我”之“畸”变，强调基于矛盾的在世性生命力量和自我人性尊严的感性真实，并追求自我与世界抗争中“英雄性”生命价值的实现方式。这直接影响

① 李德仁：《徐渭》，长春：吉林美术出版社，1996年，第434页。

② 徐渭：《徐渭集·徐文长三集》卷21，北京：中华书局，1983年，第579页。

③ 何平：《徐渭艺术风格研究》，北京：中国社会科学出版社，2014年，第191页。

了其艺术精神和话语的建构。与此同时，徐渭艺术对“真我”精神的强调和“显露己意”艺术话语的建构，与现代主义艺术的精神诉求如出一辙，均强调自我的独立和情感的真实，如野兽派画家马蒂斯认为现代艺术服务于表现艺术家的幻象；德国表现主义画家马尔克认为我们只能倾听自己的声音；立体主义代表人物毕加索声明我们只表现我们内心的东西……这种逆传统而行的艺术精神所具有的“否定性”特质，作为一种鲜活有力的准物质力量，为未来艺术的发展提供了新的可能，也昭示了一种新的精神。正如“青骑士”成员马尔克对他们及其作品给出的评价那样，“它们真正是一个新时代顽强的火把……通过他们的创作，替他们的时代制造象征，这些象征是隶属于未来精神信仰的祭坛上”。[①] 徐渭亦然，其强调“真我”的艺术精神和“显露己意”的艺术话语不仅影响了后世中国绘画的发展进程，建构起了与“不平则鸣”、动势淋漓的大写意风格，郑板桥、石涛、吴昌硕、齐白石、石鲁等人承其衣钵开绘画之另一风貌，而且启蒙了中国绘画的现代转型之路，暗合了现代主义的主体性精神，为中国传统绘画的现代转型和对接世界艺术前沿提供了话语资源。

① ［德］瓦尔特·赫斯宗白华译：《欧洲现代画派画论选》，北京：人民美术出版社，1980年，第121页。

“诗游巴蜀”项目与巴蜀诗歌文化资源运用策略研究 *

Research on the Strategies of Developing the Project of “Trip to Bashu through Poetry” and the Resource Utilization of Bashu Poetic Culture

肖砚凌　李玉金 **

Xiao Yanling　Li Yujin

摘　要：丰富的巴蜀诗歌文化资源，为“诗游巴蜀”项目建设提供了基础。本文在考察现有“诗游巴蜀”项目建设的基础上，从增加“诗游巴蜀”项目对巴蜀诗歌文化资源运用的丰富性，以及增强巴蜀诗歌文化在“诗游巴蜀”项目中的有效传播这两个方面为“诗游巴蜀”项目对巴蜀诗歌文化资源的运用提供参考，以期进一步推动“诗游巴蜀”项目建设。

Abstract: Rich Bushu poetic cultural resources lay a solid foundation for the project of “Trip to Bashu through poetry”. Based on current achievements in the project, this paper aims to provide some references for the project in the utilization of Bashu poetic culture resources from two aspects, which are enriching the project of “Trip to Bashu through poetry” in the application of Bashu poetic culture and promoting the effective propagation of Bashu poetic culture in the project, thus achieving the ultimate goal of further accelerating the development of the project of “Trip to Bashu through poetry”.

关键词：诗游巴蜀；巴蜀诗歌；巴蜀诗人故居；巴蜀诗人行迹

---

* 本文系四川省哲学社会科学规划研究项目“巴蜀诗歌文化与四川文化旅游产业开发研究”（SC14E091）阶段性成果。

** 作者简介：肖砚凌，四川德阳，四川师范大学文学院副教授，研究方向：古代文论，古典美学；李玉金，四川遂宁，四川师范大学文学院新文科创新班本科生。

Keywords: trip to Bashu by poetry; Bashu poetry; former residence of Bashu poet; track of Bashu poet

巴蜀大地孕育了丰厚的诗歌文化资源，如数量众多的巴蜀诗歌，分散各处的巴蜀诗人故居与行迹等。巴蜀诗歌类型多样，既有“初唐四杰”、李白等诗人游览山川留下的“山水游记诗”，元稹、刘禹锡等诗人笔下描绘巴蜀风土人情的“风物民俗诗”，亦有杜甫、白居易等诗人与亲友唱和的“酬唱游宴诗”，李商隐、杨慎等诗人凭吊古人的“咏史抒怀诗”。巴蜀诗人故里遍布成都市、都江堰市、崇州市、遂宁市、资阳市、南充市、绵阳市、德阳市、广汉市、眉山市、乐山市、达州市、自贡市、阆中市、重庆市等，可考的巴蜀诗人行迹有卢照邻、王勃、骆宾王、杨炯、杜甫、白居易、刘禹锡、李商隐、陆游、范成大等。面对如此宝贵的文化资源，不少学者提出建设“诗游巴蜀”项目。本文将基于“诗游巴蜀”项目建设情况的考察，尝试探讨“诗游巴蜀”项目建设对巴蜀诗歌文化资源的运用，为项目建设的进一步完善提供参考。

一、“诗游巴蜀”项目建设现状分析

关于“诗游巴蜀”的理论建构目前已较为完善，如刘和椿、刘岚《剑南山水尽清晖：巴蜀名胜与旅游》一书第十章“江山有幸留踪迹——巴蜀历史文化名人遗踪之旅”中，梳理了扬雄、陈子昂、李白、杜甫、房琯、黄庭坚等诗人与其蜀中遗迹；谭继和、唐永进《四川文化资源与文化强省建设》一书之“四川文化旅游精品体系与重点项目建设”中多次谈及“诗游巴蜀”建设，如策划专题文化旅游——“四川是自古出文宗的地方，宜依托司马相如、扬雄、陈子昂、李白、苏轼父子、杨升庵、张问陶、李调元、郭沫若、巴金等故居故里以及杜甫、陆游故居，策划诗游等”，[①] 建设特色文化旅游带——“诗文书画王国旅游带”建设。包括江油诗仙李白故里、成都杜甫草堂、眉山三苏故里、蓬安司马相如故里、射洪金华陈子昂故里、新都杨升庵故里、罗江李调元故里、乐山郭沫若故里、成都巴金故里、内江张大千故里等古今巴蜀诗词书画名人文化旅游资源，重点打造江油李白故里、成都杜甫草堂、眉山中国诗书城、乐山中国新诗城、内江张大千故里、成都巴金故里等项目”；[②] 平文艺《四川文化旅游发展理论与实证研究》一书之“四川文化旅游项目的开发和建设”提出建设“以陈子昂读书台、江油李白纪念馆、

① 谭继和，唐永进：《四川文化资源与文化强省建设》，成都：四川人民出版社，2008 年，第 140 页。

② 谭继和，唐永进：《四川文化资源与文化强省建设》，第 144 页。

杜甫草堂、三苏祠、陆游祠、望江楼为代表的中国诗仙诗圣文化展现体系”。[①] 以上设想是否落实？笔者相继走访成都杜甫草堂、眉山三苏故里、内江张大千故里、射洪金华陈子昂故里、江油李白碑林、罗江李调元故里、蓬安司马相如故里、新都杨升庵祠、崇州陆游祠、郫都扬雄故里，考察巴蜀诗歌文化与四川文化旅游产业开发的实践情况。总体来讲，“诗游巴蜀”项目建设已经基本完成，主要体现在以下几个方面：

第一，基础设施建设较为完善。经考察，“诗游巴蜀”项目开发与建设已基本完成，主要依托巴蜀诗人故居为基础进行旅游开发，形成巴蜀诗人故居纪念馆、博物馆等。在这些巴蜀诗人故居中，导游全景图、中英文简介、中英文指示牌、游客接待中心、导游讲解、景点停车场等基础设施建设较为完善。如眉山三苏祠位于眉山市中心城区纱縠行南街，在闹市区中为三苏祠专设地面停车场和地下停车场，以此解决自驾车旅游的停车问题。

第二，巴蜀诗人故居的格局设置、内容陈列具有四个特点：一是故居建筑特色与文化背景相融合。现有的巴蜀诗人故居仅有部分保留历史遗迹，而大多为重建，但这种重建均保有古代建筑风格，或根据诗人背景，重现诗人所处时间的建筑风格。如诗仙李白是唐代著名诗人，太白碑林中以太白楼为代表的建筑便具有浓烈的唐代风格。二是故居环境打造与古典园林风格相结合。巴蜀诗人故居不仅还原当时诗人的生活场景，具有祭祀、缅怀诗人的作用，还兼具园林景观的审美价值。如杨升庵祠体现出“川西园林轻快明朗的建筑风格”。[②] 三是内容陈列重视对于文化资源的挖掘和利用，这在杜甫草堂博物馆和太白碑林中体现得最为突出。两个项目在建设时均大量使用杜甫、李白的诗歌。四是将巴蜀诗人故居与周边景点联合打造。如陈子昂读书台位于射洪金华山后山，而后山坐落着享有四川道教“四大名观”美誉的金华观，人们游览金华山，既能欣赏山中美景，亦能感受蜀中的宗教文化和诗歌文化。

第三，部分项目在建设时注重利用新媒体的传播力。一方面，在故居博物馆建设中利用新媒体提升文化创意产业的实力，如三苏祠博物馆一楼利用多媒体、触摸屏等模拟钱塘江“惊涛拍岸”的意境，展现北宋疆域和三苏父子的行踪；用投射声控方式重现唤鱼联姻场景；用三维动漫帮助游客感受“丙辰中秋词意”。另一方面，利用新媒体的更新速度快、信息量大、内容涵盖丰富等传播特点和双向传播方式，增强大众对于巴蜀诗人故居保护和开发的参与度。比如，笔者在参观

① 平文艺：《四川文化旅游发展理论与实证研究》，成都：巴蜀书社，2007 年，第 84 页。

② 庄裕光：《中国国宝建筑：西南瑰宝》，南京：江苏科学技术出版社，2014 年，第 24 页。

三苏祠和太白碑林时，都采取微信购票方式，票价较于现场购买更为优惠，也让更多游客倾向于微信购票。而在微信购票过程中，需要关注博物馆公众号，此后公众号便可向游客推送相关信息，方便游客在碎片化时间中接收巴蜀诗人故居、博物馆的最新消息，扩大了传播范围，提升了传播效力。

第四，部分项目在建设时注重巴蜀诗人故居资源活化，提高游客的参与度，增强游客的体验性。资源活化主要体现于专门策划的活动中，比如杜甫草堂博物馆于每年春节期间举办的草堂"人日"系列活动，以2010年策划的活动为例，其中"电影《好雨时节》情系草堂系列文化活动"根据游客年龄段策划不同的活动，通过扩大受众面增加草堂的影响力，而"春节'草堂人日'祭拜诗圣系列活动"通过祭拜诗圣仪式，使大众亲身体验祭拜传统等；自2004年首届"陆游文化节"在罨画池举办，也已成为固定的文化盛宴，2010年则以仿南宋官祭先贤大典的形式公祭陆游，拉开了第二届"陆游文化节"的帷幕；2017年5月27日，三苏祠博物馆举行"中式生活美学"体验活动，传播苏轼的"生活艺术"。资源活化的同时，也让游客进一步感受到文化的魅力。

由此可见，"诗游巴蜀"项目的开发和建设已取得了相当不错的成果，但客观来说，其中仍然存在一些问题。首先，"诗游巴蜀"项目建设良莠不齐。大部分项目如杜甫草堂、太白碑林、三苏祠、杨升庵祠等无论在服务设施建设、园林设计打造方面，或是文化活动推广、新媒体运营等方面都发展较好，客流量也较大。但部分项目建设创新性不足，如陈子昂读书台作为第六批全国重点文物保护单位，其文化资源较具价值，在建设过程中也注重对其文化资源加以深度挖掘，如读书台前所立《故右拾遗陈公旌德碑》，大门门额上由清代射洪县令唐麟翔所书的"古读书台"四个大字，门旁由清射洪举人马天衢撰写的对联"亭古不落匡山后，杖策曾经工部来"；入门所见陈子昂《修竹篇序》彰显其文学观点；回廊两侧墙上图片展示读书台建设历程；感遇厅正中立青年陈子昂全身塑像，背后木刻《感遇诗》三十八首，周围墙壁所挂画卷细数陈子昂一生等等。但这些文化资源大多只是一种常规的、静态的展示，而在这种静态展示中又缺乏明显的指引性，让游客难以理解这些文化资源的价值，也就无法更好地实现旅游项目的文化传播功能。其次，"诗游巴蜀"部分项目在建设时与诗歌文化结合不够紧密。旅游效应分析一般基于三个层面：经济、社会文化与环境，每一层面都有详细的评价指标。"诗游巴蜀"项目建设从带动相关产业发展、增加目的地政府税收、扩大就业机会、改善旅游目的地的环境质量、改善基础设施建设等有较为显著的正面影响。如江油市青莲镇依靠李白诗歌文化，全面建设为充满诗情画意的国际诗歌小镇。在交通方面，不仅全镇贯通省级公路，且高铁设青莲站，方便成都、绵阳等地的游客前往李白故里；在整体建设方面，2015 年，青莲镇李白文化创意产业园核心区建设全面启动，“打造提升李白文化旅游产业带、乡村生态休闲旅游示范带、涪江六峡高山生态休闲观光带等五大复合型文化旅游产业带”；[①] 在经济发展方面，加快打造以 800 米古街为中心的青莲古镇，带动青莲镇居民创业致富；在文化活动策划方面，青莲镇多次承办各类活动，如李白故里文化旅游节、江油青莲国际诗歌小镇梦幻灯光节等等，吸引大量游客，大幅度增长旅游综合收入。但“诗游巴蜀”部分项目建设在社会文化方面的影响还是略有不足的，比如扬雄作为汉代蜀中杰出的思想家、文学家和语言学家，论著涉猎哲学、政治、文学等多个领域，与其相关的文化资源是相当丰富的，但位于郫都区友爱镇的扬雄墓，不仅管理保护不力，在开发建设方面也没有较好利用与扬雄相关的文化资源，因而其价值被周围乡村旅游文化的建设所掩盖。最后，“诗游巴蜀”部分项目并未呈现其特点。既然名为“诗游巴蜀”，意味着文化资源应主要为巴蜀诗歌文化，其目的是保护和传播巴蜀诗歌文化。“诗游巴蜀”项目建设主要依托巴蜀诗人故居，但这也应与其他类型名人故居打造有所差异，但据笔者走访，并未感受到“诗游巴蜀”项目的独特之处。

根据“诗游巴蜀”项目建设理论梳理和实践情况考察，下文将从两个方面讨论“诗游巴蜀”项目对巴蜀文化资源运用的相关问题。

二、增加“诗游巴蜀”项目对巴蜀诗歌文化资源运用的丰富性

“诗游巴蜀”项目建设目前主要依靠巴蜀诗人故居，所利用的诗歌文化资源主要有诗人生平、代表诗作、诗人在中国诗歌发展史上的作用和地位等。但在巴蜀诗歌文化中，能利用的资源并不止于此。比如上文所提到的巴蜀诗人行迹，在文化旅游开发中也是极为有利的资源。王兆鹏与搜韵合作推出的《唐宋文学编年地图》为“诗游巴蜀”项目建设提供了新的思路，《唐宋文学编年地图》“从时间、地理两个维度，重现唐宋作家的人生旅迹”。[②] 在这张地图上，唐宋诗人的一生不再是严密的学术考论，不再是留于典籍中的文字，而是更加鲜活地呈现在众人面前的图景。这些诗人途经哪些地方，在哪里停留，在不同的地点发生的事件，所见的风景，变成一首首传世的诗歌，在他们离去千年以后，后人靠这些诗歌了解诗人的一生，与诗人跨越时空进行交流，借此，诗人们也实现了他们立言的价值。《唐宋文学编年地图》内容分地图和诗人列表，若点击地图中所标识的地点，便会显示唐宋时期共有多少诗人停留此地，留诗多少首，若进一步点击“详情”，还会

① 吴晓铃：《李白纪念馆成为国家 4A 景区》，《四川日报》2013 年 5 月 10 日，第 14 版。

② 搜韵编辑部：《一张图告诉你，唐宋诗人一生的旅迹》，2017 年 3 月 23 日，https://mp.weixin.qq.com/s/JUOF-XCr1f4tt63toVKviw，2022 年 1 月 14 日。

罗列每一个诗人在此地创作诗歌的时间、背景和诗歌原文。若点击“诗人列表”中诗人名字，便会以文字形式显示诗人一生行迹，并在地图上显示出诗人行迹的轨迹图；若点击诗人行迹图上的地点，将会详细显示这位诗人在这个地点所创作诗歌的时间、背景等内容。《唐宋文学编年地图》对于“诗游巴蜀”项目建设的价值和意义体现在三个方面：第一，清晰呈现唐宋诗人行迹，为文化旅游产业开发提供资源。如点击“成都”，便可知唐宋时期有30位诗人停留此地，作诗494首，这种完整清晰的资料可直接为“诗游巴蜀”项目建设所用。第二，较易在“诗游巴蜀”项目中实现资源活化。以诗人故居为依托的“诗游巴蜀”项目建设，无论是诗人生活场景的还原，或是诗人作品的展览，都是一种静态的展示，游客与诗人之间有较远距离。若将巴蜀诗人行迹用于“诗游巴蜀”项目建设，一方面能拉近游客与诗人之间的距离，一方面能引发游客进一步了解诗人的兴趣。诗人行迹的应用方式有两种：一是依靠诗人行迹，开发旅游路线。以乐山市为例，据《唐宋文学编年地图》显示“720—1100年共有8位诗人曾于此地停留。有诗23首”，其中关于峨眉山的有李白诗《登峨眉山》、《峨眉山月歌》，郑谷诗《峨眉山》，岑参《峨眉东脚临江听猿怀二室旧庐》《江行夜宿龙吼滩临眺思峨眉隐者兼寄幕中诸公》；关于犍为县的有崔涂《秋日犍为道中》，苏轼诗《犍为王氏书楼》，岑参诗《初至犍为作》；关于乌尤山的有岑参《上嘉州青衣山中峰题惠净上人幽居寄兵部杨郎中并序》；[①] 关于凌云山的有苏轼诗《治易洞》，关于凌云寺的有岑参诗《登嘉州凌云寺作》。这些诗歌中所涉景点，既有历史名城，亦有自然山水，文化胜迹，可依此打造“跟着诗人去旅游”项目，重走诗人所走之路，重见诗人所见之景。二是在旅游景点展示诗人在此游览时留下的诗歌，让游客了解游览之地深厚的文化内涵。第三，能够帮助巴蜀诗歌文化与旅游开发更好结合。如游客身处峨眉山中，惊叹于此处美景，若能在此读到诗句“青冥倚天开，彩错疑画出”，[②] 遥想1300多年前诗人李白在此看到青苍的山峰展列于天际，色彩斑斓如同出自画中，这对于眼前所见之景、李白所作之诗的理解和感受都会更加深入。由以上例子可知，“诗游巴蜀”项目建设要注重对多种巴蜀诗歌文化资源的应用。

三、增强巴蜀诗歌文化在“诗游巴蜀”项目中的有效传播

在“诗游巴蜀”项目建设中，存在关于巴蜀诗歌文化传播有效性的问题。文化旅游是指“旅游者主要以消费文化旅游产品，体验与享受旅游活动中的文化内

---

① 凌云山、乌尤山、马鞍山三山并立青衣江畔，统称青衣山。凌云山位于右边，马鞍山位于左边，乌尤山位于中间，古时称青衣中峰。

② （清）王琦注：《李太白全集》，北京：中华书局，1977年，第968页。

涵，从而获得身心愉悦的一种旅游活动”。[①] 传播巴蜀诗歌文化既是“诗游巴蜀”项目的特点，亦是其价值及意义所在。但是，“诗游巴蜀”项目在传播巴蜀诗歌文化方面略显不足。究其原因，主要有两个方面：一方面，部分游客对古典诗歌理解不足，对古典诗歌文化缺乏了解，因此在参观诗人故居时，更容易被园林景观、自然风光、宗教文化等所吸引，而忽略了其中传播的诗歌文化。比如参观金华山道观的游客数量远多于相距不远的陈子昂读书台；大多数游客更愿意享受农科村乡村文化旅游的自然野趣，而忽略了去了解蜀中大儒——扬雄的生平和成就。古典诗歌文化可视为精英文化，接受者需要具有一定的知识储备和文化积累。在传统文化传播中，如何使精英文化大众化是亟待解决的问题。中国传统文化如此广博、深厚，但若缺乏传播渠道，缺乏接受者，将难以传承、延续。目前，这一问题逐渐得到解决，比如CCTV-9播放的纪录片《诗词中国》、河北卫视制作播出的《中华好诗词》、陕西卫视制作播出的《唐诗风云会》、中央电视台制作播出的《中国诗词大会》以更丰富的传播渠道以及全民参与的方式，有效传播中国诗歌文化，造成较大社会影响，获得广泛好评。由此可见，大众对于中国诗歌文化这种精英文化是具有接受的兴趣和能力的。“诗游巴蜀”项目建设可以借由这些电视节目所营造的“古典诗词热”，以旅游活动的方式传播中国诗歌文化，增加大众的诗歌知识，提高大众的文化素养。另一方面，部分“诗游巴蜀”项目在建设过程中对诗歌文化资源的利用不够充分，在宣传策略上还存在一些问题。“诗游巴蜀”项目中的核心资源应是巴蜀诗歌文化资源，目前对诗歌文化资源开发利用的较为充分的有杜甫草堂博物馆和太白碑林，杜甫草堂博物馆致力于中国诗歌文化资源的搜集、保护与传播，无论从诗人故居的保护与发展，相关文物的搜集与展览，学术研究的开展和推动，文化活动的策划和举办，公众号“杜甫草堂博物馆”的建设与运行及联合打造“中国诗歌文化中心”，都取得了较大的成果。成都杜甫草堂博物馆积极开展“杜甫千诗碑”项目建设，将杜甫一生流传下来的1455首诗作，以石刻形式全部呈现于杜甫草堂及浣花溪公园内。太白碑林则在“李白诗精品园”“清风明月园”“故园山水园”“磨针寻梦园”“诗仙醉酒园”五个园区内，碑刻历代名人、书法家书写的李白诗歌及颂扬李白的楹联诗文等作品近两千件，传播李白诗歌文化。碑刻诗文虽然是传播诗歌文化极好的方式，但内容大多只是呈现诗歌原文，仅有部分简介了诗歌创作的背景。由于载体的版面有限，不可能对诗歌内容加以详细解析，或是附上关于此诗在创作、传播中的故事，但若仅留诗歌原文，不少游客是无法理解诗歌的含义，对于诗歌内容仅是停留在表面的阅读，诗歌文化的

① 任冠文：《文化旅游相关概念辨析》，《旅游论坛》2009年第2期，第161页。

传播效果是极为有限的。

基于以上问题，本文尝试提出解决方案和相关策略：

第一，在项目建设中，应深入挖掘巴蜀诗歌文化资源，并以此为基础进行开发与建设。

巴蜀诗歌文化是一笔丰厚的文化旅游资源，对其整理和梳理将有利于四川文化旅游产业的开发。首先，巴蜀诗歌中整理、记录的名胜景观为文化资源的开发利用提供了材料。巴蜀自古以来自然环境优越，历史文化悠久，在巴蜀留下绝妙诗句的文人墨客更是多不胜数，除了已经被开发的诗歌外，很大一部分尚处于空白，都是有待开发的文化旅游资源。此外，对诗歌和诗人的整理和打造，能有效扩大地方旅游业的名气。说到浣花溪、草堂就想起杜甫，说到蜀道之难就会想起李白，说起成都琴台路就会想到司马相如与卓文君，说到武侯祠就会想起《蜀相》，可见充分利用巴蜀诗歌文化资源打造文化旅游的重要性。

其次，诗人行迹考为文化资源的发展提供了依据。一方面巴蜀籍诗人资源有很多还没有被完全打造开发，例如，南宋著名学者魏了翁，邛州蒲江（今四川蒲江）人，在蜀为官十七年，但四川对其所做的旅游资源的开发远不及苏州，魏了翁晚年因病到苏州就医，苏州现有魏了翁墓，并划入苏州市文物保护单位，成为苏州市较有名气的文化旅游景点。此外，具有文化价值的蜀籍诗人如戊戌变法六君子之一的绵竹人杨锐、北宋蜀籍大诗人张俞、南宋蜀籍词人李石、南宋绵竹诗人张栻、宋代蜀籍江西派诗人韩驹、清初蜀中二杰（吕潜、费密、唐甄）等等，都是有待开发的文化资源。另一方面，通过对巴蜀诗人行迹的考察，踏寻诗人的脚步，打造精品专线旅游，不仅能增强游客对诗歌的认知和理解，还能提高游客在旅游过程中的文化品位，具有较大的市场潜力。

最后，诗歌中的文化因子为旅游资源注入了新鲜血脉。应充分利用诗歌中的文化因素，如传统节日、宗教文化、民俗风情、民间工艺于文化旅游中。一是通过开发、演绎传统礼仪、民俗歌舞等具有特色的表演项目，让游客亲历其中，直观感受巴蜀民俗文化的魅力。二是将巴蜀传统的民间艺术如糖画艺术、川剧脸谱、巴蜀戏曲、传统茶艺打造成旅游副线，不仅有利于民间艺术的传承还能创造相应的经济效益。三是打造宗教文化旅游线路。随着国家对传统文化的重视，宗教文化在人们的旅游活动中占据越来越重要的地位，巴蜀诗歌中常提及鹤鸣山、昌利山、三学山、青城山、玄武山等道观名山，可以利用景点的距离优势打造成诸如道教文化一日游等旅游路线。

第二，项目中引用诗歌不仅要有原文，还应附相关材料帮助游客理解诗意，感受诗人之情感意志，体会诗歌之意境。

如诗本事在“诗游巴蜀”项目建设中便极具价值，所谓“本事是有关诗歌创作、品评、欣赏及诗歌流布的故事”。[①]这些故事一方面可以帮助游客理解诗意，体会诗人情感，如唐代诗人王维的《息夫人》：

莫以今时宠，
宁忘昔日恩。
看花满眼泪，
不共楚王言。

这首诗表面写息国国君的夫人息妫，息妫原是春秋时息国国君之妻，因貌美，楚文王灭息国，掠其回国，生二子，但息夫人却从不与楚王说话，楚王问她原因，她说：“我一个女子，一生侍奉两位夫君，不能守节而死也就算了，又怎能纵声欢笑呢。”因此本诗讲述息夫人不愿因楚王的恩宠，而忘记自己从前的丈夫。虽然现在锦衣玉食、荣华富贵，但心中依然凄苦无比，常常双眼含泪。抱着对昔日夫君的想念，对被强抢而来的屈辱，自然不愿意和楚王交谈。但实际上，王维作此诗并非是为了赞颂息夫人，批判楚王。在孟启《本事诗》中曾记载此诗的本事：

宁王曼贵盛，宠妓数十人，皆绝艺上色。宅左有卖饼者妻，纤白明媚，王一见注目，厚遗其夫取之，宠惜逾等。环岁，因问之：“汝复忆饼师否？”默然不对。王召饼师使见之，其妻注视，双泪垂颊，若不胜情。时王座客十余人，皆当时文士，无不凄异。王命赋诗。王右丞维诗先成：“莫以今时宠，宁忘昔日恩。看花满眼泪，不共楚王言。”[②]

由此可知，王维创作《息夫人》的背景是感于饼师夫妇之间的深情。这首诗借由楚王与息夫人之事暗讽宁王用强权和金钱也无法获得真心。由此例可知诗本事一方面能够帮助游客正确理解诗歌的含义，理解诗人创作意旨，另一方面还能帮助游客深刻体会诗人蕴藏于诗作中的情感。

另一方面，由于诗本事自身的故事性，更易引起游客的兴趣。根据“诗本事”的体例特点可分为传奇性诗本事、志怪性诗本事、杂录性诗本事三类，其中传奇性诗本事情节完整曲折，人物形象丰满生动，语言丰富华美，如唐代诗人崔护《题

① 佘才林：《唐诗本事研究》，上海：上海古籍出版社，2010 年，第 4 页。

② （唐）孟棨等撰，李学颖标点：《本事诗 续本事诗 本事词》，上海：上海古籍出版社，1991 年，第 8 页。

都城南庄》的诗本事：

博陵崔护，姿质甚美，而孤洁寡合。举进士下第。清明日，独游都城南，得居人庄，一亩之宫，而花木丛萃，寂若无人。扣门久之，有女子自门隙窥之，问曰：“谁耶？”以姓字对，曰：“寻春独行，酒渴求饮。”女入，以杯水至，开门设床命坐，独倚小桃斜柯伫立，而意属殊厚，妖姿媚态，绰有余妍，崔以言挑之，不对，目注者久之。崔辞去，送至门，如不胜情而入。崔亦眷盼而归，嗣后绝不复至。及来岁清明日，忽思之，情不可抑，径往寻之。门墙如故，而已锁扃之。因题诗于左扉曰：“去年今日此门中，人面桃花相映红。人面只今何处去，桃花依旧笑春风。”后数日，偶至都城南，复往寻之，闻其中有哭声，扣门问之，有老父出曰：“君非崔护耶？”曰：“是也。”又哭曰：“君杀吾女。”护惊起，莫知所答。老父曰：“吾女笄年知书，未适人，自去年以来，常恍惚若有所失。比日与之出，及归，见左扉有字，读之，入门而病，遂绝食数日而死。吾老矣，此女所以不嫁者，将求君子以托吾身，今不幸而殒，得非君杀之耶？”又特大哭。崔亦感恸，请入哭之。尚俨然在床。崔举其首，枕其股，哭而祝曰：“某在斯，某在斯。”须臾开目，半日复活矣。父大喜，遂以女归之。①

这一首描写“寻春遇艳”与“重寻不遇”的诗歌，辅以诗本事则更为怅惘感人。尽管部分传奇性诗本事内容真伪难以辨别，但这些故事中所包含的真挚情感，动人情节，更令人想要追寻。另外，这些诗本事更是为游客重回诗人创作之境搭建桥梁，让游客真切感受到这些著名的诗人亦是有血有肉，有悲有喜。

第三，巴蜀诗歌文化资源除可用于诗人故居保护和建设中，亦可用于四川境内其他旅游景点的建设中。如乐山凌云寺是千年名刹，始建于初唐高祖李渊武德年间，几经毁损，现存凌云寺重建于清康熙六年，后经多次修葺，得以保存其貌。凌云寺与乐山大佛相邻，名气却远不及大佛，作为唐代嘉州最具规模的佛寺，其不仅蕴藏深厚的佛教文化，也是时代变迁的承载者、见证者，具有极大的考古价值、文化价值。在诗歌史上，曾留下历代诗人游览时所作诗歌，如岑参《登嘉州凌云寺作》，诗前四句“寺出飞鸟外，青峰戴朱楼。搏壁跻半空，喜得登上头”②写唐代凌云寺之高峻壮丽，“始知宇宙阔，下看三江流。天晴见峨眉，如向波上浮。

① （唐）孟棨等撰，李学颖标点：《本事诗 续本事诗 本事词》，第13—14页。

② （唐）岑参著，陈铁民、侯忠义校注：《岑参集校注》，上海：上海古籍出版社，1981年，第358页。

迥旷烟景豁，阴森棕枅稠。愿割区中缘，永从尘外遊”[①]写诗人登上凌云寺，凭高远眺之时所见所感。登高望远，心境开阔，三江翻滚于山脚，远处峨眉山如在浩渺的江水中浮动，远处云雾缭绕，山景开阔，山中树木蓊郁阴森，满目苍翠。诗人感于眼前景致，亦愿脱离尘俗，终日与此景为伴。“迴风吹虎穴，片雨当龙湫。僧房云濛濛，夏月寒飕飕。回合俯近郭，寥落见远舟。”，[②]接着诗人收回远眺的目光，欣赏凌云寺之景，先观凌云山上的虎穴洞、龙湫潭，再观寺中僧房、夜景，最后观凌云寺下嘉州府城之景。“胜概无端倪，天宫可淹留。一官讵足道，欲去令人愁。”，[③]这无限的佳妙美景，让人愿长居与此，可惜诗人却陷入辞官不能的困境，面对美景也只落得满腹忧愁。今日登上凌云寺的游客，站在当时诗人所在之地，即可领略诗人所见之景，体会诗人所感之情，从而加深对诗人、诗作的理解，亦可借由诗作对眼前之景有了更深层次的感知和理解，同时还可通过不同时代诗人笔下的凌云寺，把握这座古寺在历史长河中的变化脉络。因此，不仅寺中所存摩崖诗文、古今楹联是重要的文化资源，诗人留下的诗作亦是重要的文化资源。

余论

文化与旅游之间有着紧密的联系：文化是旅游的灵魂，旅游是文化的重要载体。随着经济社会的发展及相关政策出台，文化旅游产业已逐渐发展成为四川省的重点支柱产业，而四川文化旅游产业发展的养分和光源则是巴蜀文化。丰富的巴蜀诗歌文化资源，为“诗游巴蜀”项目建设奠定基础；现有的“诗游巴蜀”建设成果，证明了该项目由理论探讨向实践转化的可能性。随着巴蜀诗歌文化资源的进一步挖掘，文化资源运用的进一步探索，作为四川文化旅游代表之一的“诗游巴蜀”项目，将会迎来更大的发展与突破。

---

① （唐）岑参著，陈铁民，侯忠义校注：《岑参集校注》，第357页。
② （唐）岑参著，陈铁民，侯忠义校注：《岑参集校注》，第358页。
③ （唐）岑参著，陈铁民，侯忠义校注：《岑参集校注》，第358页。

沉浸参与与交互仪式：数字文创的记忆传承启示及美育思考 *

Immersion Participation and Interactive Ritual: The Inspiration of Memory Inheritance of Digital Cultural Creative Products and its Thoughts on Aesthetic Education

高　月　丁佳佳 **

Gao Yue　Ding Jiajia

摘　要： 近年来，随着 VR、AR 等技术的兴起，数字化已成为一种新的文化生产与传播方式。纪念空间作为记忆赖以传承的基础，数字浪潮下也开始从物理空间向虚拟空间转型，给记忆的传承带来了新的命题。数字文创作为数字文化的产物，以其沉浸参与与交互仪式的特性，对纪念空间转型下的记忆进行弥合：一方面通过游戏互动映射着身体实践，另一方面依托不同的符号联动强化着交互仪式。通过日常化的文化熏陶，数字文创在“寓教于乐”和“审美自发性”中上升到美育范畴，同时借助数字文创的启示，纪念空间的互联为数字时代下的“生活美育”揭示了更多可能。

Abstract: In recent years, with the rise of VR, AR and other technologies, digitization has become a new way of cultural production and dissemination. As the basis of memory inheritance, memorial space also began to transform from physical space to virtual space in the digital tide,which bringing a new proposition to memory inheritance.As a product of digital culture, digital cultural creative products bridge the memory under the transition of

* 本文系安徽省高等学校人文社会科学研究重点项目“新媒体语境下红色文化的数字化传播研究（SK2020A0109）”阶段性成果。

** 作者简介：高月，安徽师范大学新闻与传播学院讲师，硕士，主要研究方向为网络与新媒体、文化社会学；丁佳佳，安徽省芜湖市传媒中心记者，硕士，主要研究方向为网络与新媒体。

memorial space with its characteristic of immersion, participation and interactive ceremony. n the one hand, through the game interaction mapping body practice, on the other hand depending on different symbols linkage to strengthen the interaction ceremony.Through the daily cultural edification, the digital cultural creative products have been promoted to the aesthetic education category in the “Edutainment” and “Aesthetic spontaneity”,At the same time, with the inspiration of digital cultural creative products,the interconnection of memorial space reveals more possibilities for “Life aesthetic education” in the digital age.

关键词： 数字文创；纪念空间；记忆传承；美育

Keywords: digital cultural creative products; memorial space; memory inheritance; aesthetic education

一、数字文创：纪念空间转型下的记忆弥合

空间是“记忆的介质”，记忆的承载有赖于一定的纪念空间。纪念空间兼具物质和非物质性，即包含进行各种纪念活动的物理场所，也包含文化承载的各类符号及“记忆之场”，是塑造文化景观、传承集体记忆、建构身份认同的重要来源，它借以环境的设计、符号的选择、气氛的营造等来彰显价值、传达意义，成为记忆共享及延续的容器和桥梁。① 近年来，5G 互联，大数据、云计算、人工智能技术高速发展，“信息的 DNA”已成为人类生活中的基本交换物，② 数字技术成为基础设施下，纪念空间也开始向数字化转型，网络纪念馆、VR 纪念堂、网络直播庆典等逐渐挤占了实体纪念空间，人们不再需要亲赴实体现场，利用移动设备就可实现一键触达，纪念空间的物理依赖性逐渐淡化。

纪念空间的转型给记忆的传承带来了新的命题，它抽离了时间和空间概念，解锁更多现实的不可能，严格的地域限制和物理时间限制被解构，虚拟空间被赋能成为记忆传承新的场域，但由于脱离物质性，缺乏实际意义的“面对面”，仅凭借一方屏幕的“数字中介”，主体内心情感及深层记忆无法被直接触动，神圣感和仪式感式微，各种实体性的操演也被降维，加之主体角色抽离，记忆实践也易演变为刺激感官的“打卡”。同时，传播媒介技术的发展可能导致一种实质性的社会变迁，原有传承记忆的物质媒介被破坏，新的生活方式、新的消费理念、新的价

---

① 高月，翟光勇：《纪念空间的转型对红色记忆的书写与传承影响》，《广西社会科学》，2020 年第 5 期。

② ［美］尼古拉·尼葛洛庞帝：《数字化生存》，胡泳等译，海口：海南出版社，1997 年，第 4 页。

值取向下集体记忆很难通过“新陈代谢”的方式来适应和成长[①]……但“数字生活”已是不可逆的趋势，物质媒介逐渐向符号媒介转移，记忆的传承就需要兼顾历史性和时代性，要在适应时代需求下，既坚守线下纪念空间的实体性，同时又利用线上纪念空间的便捷性，在“度”的把握下进行二者的融合，如此才能确保记忆和文化的有效传承。

当下兴起的为复兴传统文化、强化时代记忆的数字文创成为打通两类纪念空间的一次践行。中央曾多次强调，要顺应数字产业化和产业数字化发展趋势，要善于利用数字技术创新传统文化的传播方式，实现传统文化的全面复兴。于是，影像交互技术、3D 打印技术、融合转化等技术以及雷达、体感纷纷应用到文创产品上来，无论是单体触控类、体感交互设计类还是投影融合技术下的沉浸式体验类及装置艺术体验空间等，都使得文创产品呈现出以往所无法实现的“数字性”。不同于传统文创，本文所界定的数字文创作为一种新型的“记忆之场”，它不是两类纪念空间的简单相加，而是一种全新的文化生产与传播方式，是相互融合基础上的升华，它以深厚的传统文化底蕴为依托，综合运用时新的科技成果，将文化基因多维进行数字化开发、创作、生产、传播和服务，兼具线上线下属性的融合类产品。如今年上线的滕王阁景区数字文创，可以为每位顾客“量身定制”短视频，实现“千人千面”，游客只需要在固定区域进行拍照，机器就可以智能将人物画面和积累的滕王阁文化元素相结合，一键还原历史文化场景，在增强了游玩体验的同时更好展示了滕王阁文化；再如“teamLab”投资的无界美术馆，主体以“身体沉浸”的方式融合美术作品的元素，置于虚实结合的空间与艺术品互动，成为作品的一部分，每位主体的参观都是在实现该作品的“再创作”；此外还有故宫推出的《文物有灵》解谜手册，App 利用漫画冒险解谜的方式，让主体亲身参与故宫的日常生活，一边玩一边学习有趣的故宫文化，同时由读者来决定故事的剧情走向等。诸如此类的数字文创，得以让主体在生活中的各类场景中零距离接触中华文化，它的特性在于既有实物、又有技术，兼具了两类纪念空间的要素，既需要主体亲临现场，依赖于一定的实物元素，同时又借以数字技术，辅助并弥补现实的不足，将历史上的场景搬到主体面前，从而合力最大化地传承记忆，在“虚实相生”中强化主体对文化的理解，从而成为纪念空间转型下对集体记忆的一次弥合。

① 张庆园：《传播视野下的集体记忆建构：从传统社会到新媒体时代》，北京：中国社会科学出版社，2016 年，第 108 页。

二、沉浸参与与交互仪式：数字文创的记忆传承路径

莫里斯·哈布瓦赫曾指出，集体记忆不是一个既定的概念，而是一个社会建构的概念，它产生于社会交往中……人们正是在社会之中才获得他们的记忆，也正是在社会中，他们才能进行回忆、识别和对记忆加以定位，① 康纳顿在哈布瓦赫基础上将记忆从个人层面延伸到社会层面，并提出“社会记忆”的概念，指出社会记忆是通过身体实践和纪念仪式获得生命力。② 仪式是一些被形式化了的行为，每一种仪式都是一种纪念，纪念仪式的意义在于一个社群被提请注意其由支配性话语表现并在其中讲述的认同特征，③ 而身体实践下的体化实践（亲身在场参与）与刻写实践（利用人体之外的手段和媒介保存）更是体化记忆和刻写记忆生成的重要来源，纪念仪式和身体实践两种记忆传承的方式，为后来的记忆研究奠定了基础。历史积淀而来的传统文化便是中华民族共享的集体记忆，通过不断的发展和延承，在各种纪念空间中借助不同的文化符号被书写和延续。数字时代下，记忆的物质媒介转换为数字符号，承载了更加丰富立体的信息。数字文创不仅仅显现于物质上，更存在于屏幕里、光电里、虚拟空间里，它契合当下主体的文化诉求，在新的语境下通过游戏化强化身体实践及诉诸交互仪式的方式进一步书写新时代的集体记忆。

（一）沉浸参与：融入游戏元素的身体实践

席勒认为，游戏是人的天性和本能，只有当人在游戏时，他才是完整的人。④ 对于记忆的传承，主动参与更能够保证主体的“在场”，同时主体也更容易在娱乐性中接受文化的熏陶。游戏能够实时互动和情感共振，其成立的条件在于主体身体与精神的双重“在场”，因为“游戏是一种独特的、甚至是神圣的严肃……只有当游戏者全神贯注于游戏时，游戏活动才能实现她所具有的目的”。⑤ 数字文创借助数字技术进行沉浸式、参与式、全景式的场景设置，以游戏的形式营造一个文化丰厚、趣味十足的环境，在虚实相生中将实体纪念空间与虚拟纪念空间中的记忆传承最大化，这种不同于“平常生活”的场景使得主体能够全身心投入游戏实

---

① ［法］莫里斯·哈布瓦赫：《论集体记忆》，毕然、郭金华译，上海：上海世纪出版集团，2002年，第39—69页。

② ［美］保罗·康纳顿：《社会如何记忆》，纳日碧力戈译，上海：上海人民出版社，2000年，第3页。

③ ［美］保罗·康纳顿：《社会如何记忆》，第81页。

④ ［德］席勒：《审美教育书简》，张玉能译，北京：译林出版社，2012年，第48页。

⑤ ［德］伽达默尔：《真理与方法——哲学解释学的基本特征》，洪汉鼎译，北京：商务印书馆，2007年，第144页。

践，寓教于乐，在记忆的框架内建构过去及书写当下特征。如《文物有灵》，App的虚拟产品与解谜手册的实物产品相互配合，通过线上线下互动，用冒险解谜的方式最大化地将故宫文化加以呈现，主体参与文物之灵的日常生活，与之一起冒险经历，每一个环节和场景都能够激发主体探险热情，暗藏玄机的“镜子”、需要变换图案找出线索的花瓶、“倒上水”就会开花结果的植物、会变色的漫画片以及不同寻常的封面腰封设计等，[①]种种场景环环相扣，由浅至深，激发主体“游戏”的连贯性和持续性。此外还有沈阳故宫“摇一摇拼图”，通过移动定位，借以数据文化资源加以创意演化与用户进行互动，开发故宫人物表情包等游戏、利用VR技术打造“唐妞”主题手办，让“唐妞带你看历史”“唐妞带你看长安”等VR游戏以及“蒹葭系列”“诛仙系列”等。借助数字技术，数字文创将两类纪念空间都浓缩在微小的“记忆之场”中，“吸引游戏者进入它的领域，并且使游戏者充满它的精神”[②]，让主体在游戏体验中强化身体实践。

此外，身体作为一种媒介，在数字文创开发和再生产的过程中，本身便成了文创作品的一部分，这种沉浸参与的“再生产”是在游戏化的心理驱动下才得以实现。主体使用或体验数字文创最初源于一种娱乐的本能冲动，在“好玩”“惊叹”中被吸引，如AI电子竞技、潮玩、云游戏、行为表演。数字文创使主体与作品难以分离，进入由装置构建的场景内与之互动并融合，一言一行直接影响新的文创产品的再创造，同时，一些观赏性的数字文创其本质也融入了游戏的环节和元素，通过一些场景的呈现和体验，在光影技术、3D全息影像技术、AI技术等辅助下进行不同的艺术设计，使得不同主体产生不同的艺术效果和艺术体验，在“玩”中获取信息、在“玩”中强化记忆。如teamLab无界美术馆，主体只要置身于内，瀑布的水流会绕开前行，脚的周围会开始绽放花朵，而在快速走动或者触碰花朵以后，花瓣会一起掉落，触碰墙体上的文字也会浮动，其所承载的符号和意义才得以释放出来。同时，这种沉浸参与的游戏化的设定也不是孤立的，而是与外界相互融合的，主体的游戏实践将进一步激发其他主体的身体实践，刺激主体进行外化的实践，最终形成一种“共同娱乐”“共享文化盛宴”的景象，这正如伽达默尔所言：“游戏本身是由游戏者和观赏者所组成的整体，它既使游戏者自身得到表现，又使观赏者也参与了游戏……在观赏者那里，游戏好像被提升到了它的理想性。”[③]从这个意义上来说，蕴含传统文化的记忆才是数字文创的本质和其游戏元素

① 张恩杰：《边玩边学历史〈文物有灵〉解谜手册带您游故宫》，2021年3月22日，https://t.ynet.cn/baijia/30543876.html，2021年6月18日。

② [德]伽达默尔：《真理与方法——哲学解释学的基本特征》，第154页。

③ [德]伽达默尔：《真理与方法——哲学解释学的基本特征》，第155页。

的旨归。除了连接主体与主体间的互动，游戏化的身体实践还能穿越过去与现在、勾连虚拟与现实，在数字化背景下合力搭建出一个新型传统文化的场域，如重现古人的诗情雅致、曲水流觞，参与未来发展、精神传承，通过还原或建构传统文化的某些场景，数字文创以游戏元素将记忆进行深层次的刻写和传承。

（二）交互仪式：多种符号联动的场景生产

纪念仪式在集体记忆的形成和传承过程中具有不可替代的作用，它通过再现过去以突出信仰的表达和强化。仪式是为了传达意义，其功能在于“提供共同体验的瞬间”，[①]是“在某种程度上将一种意义内容长久地稳定化”，[②]通过仪式可以唤醒主体内心的崇高感与认同感，体现这一瞬间与日常有别的“特殊性”，从而将共有的文化和记忆连接，在同一时间和场景下进行集中的体现。数字时代下，纪念仪式已不仅停留于主体的各种纪念行为，更体现在多种符号联动所带来的神圣感、隆重感，在这样的场景中，主体获得了强烈的情感体验，进而对传统文化产生敬重和对体验进行深刻记忆。国务院在全面复兴传统文化的目标中明确提到要加大对礼仪的普及，在国家重大节庆活动中体现仪式感、庄重感、荣誉感，[③]这正是对纪念仪式的肯定和强调。仪式的建构依托的是符号系统，数字文创在开发和体验过程中，已将仪式元素已融入作品的全过程，借助数字技术，通过创造一系列实物符号、视听符号、行为符号、象征性符号等的多向联动，形成一场交互仪式的盛宴。

数字文创不是平面化而是多维度无限延展的，它集中调动视觉、听觉、触觉，甚至是味觉、嗅觉等多种感官功能于一体，无论是单体触控类文创产品、体感交互系统设计产品或者是沉浸式体验和装置艺术体验空间等，都是借助文字、色彩、灯光、音乐、实物道具以及舞台设计符号进行艺术化、视听化、综合化创作的结果，在“实物先行、科技加持”中实现动静结合、虚实相生。各种符号元素的发酵给人以强烈的冲击感，获得有别于日常生活中的审美震撼，同时从感官触动心理，仪式化的形式和的深厚的内容，强化主体的自豪感、神圣感和认同感，并进一步影响其日常实践活动。如数字文创产品滕王阁，因其与古风同步的仪式感而吸引游客进行打卡，技术存储了大量有关滕王阁的名人、诗篇、书画等素材，再

① ［法］爱弥尔·涂尔干：《宗教生活的基本形式》，渠东等译，上海：上海人民出版社2006年，第8页。

② ［德］阿斯特莉·埃尔：《文化记忆理论读本》，冉媛译，北京：北京大学出版社，2012年，第4页。

③ 搜狐网：《中共中央国务院重大国策：到2025年，全面复兴传统文化》，2021年2月22日https://www.sohu.com/a/452052429_100188365，2021年7月10日。

结合时间、角度等背景信息，将各类元素以AR嵌入、智能抠图、空镜等方式融合到短视频中，在这一产品中，实物符号（山河景象、楼阁、编钟、书籍等）、色彩符号（中国红、落霞红、天空蓝等）、音乐符号（古风配乐、号角、钟声等）、图像符号（孤鹜齐飞、海浪、落日、扶栏等）以及主体的行为符号（祈福、鸣钟、登高等）在虚实相生中合力形塑了仪式感，主体可以在“滕王高阁临江者”之巅进行“登高祈福”、在“佩玉鸣鸾罢歌舞”场景中再现“落霞孤鹜”、在“画栋朝飞南浦云”下体验“钟鸣鼎食”、在“珠帘暮卷席西山雨”语境下书写“渔舟唱晚”，同时主体本身也成为仪式感的一种元素；再如河南台春晚舞蹈《唐宫夜宴》、洛阳博物馆馆藏文物《唐三彩女坐俑》及全息活态的《清明上河图》等，在一定的舞蹈设计基础上，借助抠像、AR、5G等技术，运用融媒体的手段进行呈现，诉诸实物符号（画卷、文物）、色彩符号（红、黄、蓝、灰、灯光效果）、音乐符号（朝代配乐、鸣钟、画外音）、图像符号（巨型屏幕、服饰、妆发）、行为符号（舞蹈动作）等，在观众的瞠目结舌中的震撼中再现了朝代景象，传递了传统文化。此外，数字文创所建构的仪式是交互性的，对作品和主体来说都是不断被“再生产”的，主体在数字文创中体会到仪式感，并会为了强化这一仪式，在物质文化场所特意主动添加一些与之相关的象征性符号，在服饰、妆发、道具、行为等方面进行意义谋合，共同生产和强化仪式场景，如有意穿上特制汉服、梳上发髻、学习特有礼仪、邀三五好友吟诗饮酒、进行现场作画品藻等，主体因而成为新的仪式符号，激发新一轮的仪式建构。实物符号与非实物符号的融合，线上纪念空间与线下纪念空间的合力，数字文创以恢宏的气势在象征性系统里通过意涵的“能指”与“所指”发挥着其优势进行多种场景的生产，在沉浸参与和交互仪式中为记忆的传承提供了一个新的场域，也在“大美育”观下为更好地弘扬优秀传统文化提供了一定的启示。

三、纪念空间的互联：数字文创下的美育思考

任何一个事物的产生，都是时代的回音，数字文创在纪念空间的转型下对记忆进行了一定程度的弥合，是数字环境下对传统文化的创造性转化、创新性发展。借助于数字文创，传统文化进一步“飞入寻常百姓家”。数字文创的终极目标在于提高民众的文化素养、复兴弘扬中华文化，而美育的目的是为了使人更全面更具体地感受到现实生活的意义，是在“好生活”的基础上实现“美生活”，因而，数字文创便契合了美育诉求。一方面我们可以将数字文创纳入美育的范畴，在日常生活中以数字文创为载体把握中华文化，这在于数字文创的“游戏化实践”正是美育“寓教于乐”和审美愉悦性的映射，“交互仪式”也是美育所强调的审美社会

性与自发性的体现；另一方面，借助数字文创所开拓的形式范本，实现线上与线下纪念空间的互联，探索数字时代“生活美育”新的定义和可能。

（一）角色抽离：时空压缩下美育思考及转型

数字时代带来了全新的生活理念和生活方式，在美育的范围内，数字化改变了艺术的呈现方式、体验方式和传播方式，一定程度上扩大了美育的范围，但数字时代的美育所面临的问题也愈发明显：美育的对象是现代社会中的主体，美育要达到理想的效果离不开主体的配合，而现代社会，时空被压缩为“此刻此在”，时间的并行交错、空间的“脱域”，社会角色之间转换的成本大大缩短，以往互斥性的情景也演变为同时空的并存，人们很容易实现瞬时从一个角色到另一个角色的“转换”，在“前台”到“幕后”之间游走，这就是数字时代的“角色抽离”。如人们在线上进行一项严肃的纪念仪式时，家人突然推门而入便开始讨论午餐情况、人们在假意聆听课程时却偷偷打开了游戏界面……身体和精神的在场匹配不同步，给传统美育带来了一定的难题，一些看似“在场”的艺术教育却很可能是极低的到达率。主体的“逃逸”和“缺席”在不自觉中回避或拒收审美信息，审美活动和审美教育也就愈发流于形式、难以保证效果。因而数字时代下的美育亟须转型，一方面我们需要开拓更多线上的美育场域，在网络纪念空间中探索更多契合主体需求、激发主体兴趣的数字化形式，另一方面，无论数字技术如何发达，呈现方式如何多样，但都无法忽视和取代“线下先行”的重要性和实际的审美实践。如数字化只在艺术的形式上千变万化，而无法对艺术的“真善美”和生命力完全承载和复制，主体的情感被隐退，艺术的表现力及感染力大打折扣；再如沉浸化的体验得以将强烈、直观效果推到主体面前，省去了很多中间环节，但久而久之，主体的思考力、想象力也被数字技术所湮没。美感不是认识而是体验，美育需要的是对审美对象的直接的“体验”，体验可以消除主客体之间的屏障而能直接交流，并以各自的整体性直接相遇，体验可以从“有意味的形式”中直接达成亲密无间、相互融合的统一，同时也只有在体验中，主体才能感受到自我，审美客体的意义也在体验中被给予和被确定。数字时代的“体验”对象转向了虚拟“0”和“1”，角色抽离下，主体的不确定性造成了精神的“缺席”，美育也容易沦为形式。故无论是线上纪念空间还是线下纪念空间都无法“一家独大”，现代美育的转型需要融合线上线下两种因素，在开拓网络纪念空间的同时不断夯实线下纪念空间，从数字文创的启发中，只有融入日常生活，才能达到立普斯所谓的“我感到活动并不是对着对象而是就在对象里面，我感到欣赏，也不是对着我的活动，而是就在我的活动里面”。[①]

（二）回归日常生活：探索“生活美育”的更多可能

约翰·杜威曾言：“教育不是为生活做准备，教育就是生活。”[②]复兴传统文化，就需要从日常生活入手，培养大家对于传统文化的感知力。[③]生活是一切文化的总和，只有融入日常生活，建立美育的语境，从日常生活中随时随地欣赏美、体验美，培养日常生活中的审美“无意识”，才能达成培育主体终身艺术素养的长效链，正如汉宝德所言：“美，从茶杯开始。”[④]

众所周知，美育的特点是寓教于乐、潜移默化和以情感人。现代社会，技术已经改变了日常生活的定义，虚拟存在已成为常态，“审美的欣赏是一种愉快或欣喜的情感”，[⑤]美育要实现较好的效果，需要更加突出“寓教于乐”的特性，当今社会，人们似乎不愿意浪费时间去“亲力亲为”，主体缺乏一种能够慢下来品味或欣赏的心境，一些较为板正的艺术教育很容易造成主体的角色抽离。生活美育就是要让主体在“加速社会”中慢下来，细细体验、品悟日常生活中的美，进而升华到艺术的境界，同时要探索创新出主体喜闻乐见、契合主体需求的美育形式，提高主体的参与性，发挥主体的主动传播力。数字文创便是生活美育中的重要内容，抛弃了简单地纯艺术灌输，借助于科技，完美契合了美育中“寓教于乐”和“审美自发性”的诉求，通过游戏化的身体实践和交互仪式重新定义了文化之美，博物馆和文物藏品不再是静态的、冰冷和遥远的，而是真正“活”在人们的现实生活中，可以实时与之进行对话交流的有温度的艺术品，例如敦煌研究院联合腾讯推出的小程序，把莫高窟壁画等文化元素进行数字化呈现。用户可以根据自己喜好，任意选择、组合敦煌的八大主题元素和200多个壁画细节元素，通过调整角度和大小，在H5上亲自设计称心如意的专属敦煌丝巾，并支持在小程序上直接下单购买。同时，印有敦煌图案的文创产品帆布包、滑板、口红、手游、手机壳、QQ音乐、腾讯漫画，美甲图案等亦是随处可见，敦煌壁画的九色鹿也从壁画上中“活过来”，走进了影视、游戏和自拍软件，生活美育下的数字文创包揽了日常生

① 北京大学哲学系美学教研室：《西方美学家论美和美感》，北京：商务印书馆，1980年，第273页。

② 康桥：《杜威：教育即生活》，上海：上海辞书出版社，1919年，第5页（序）。

③ 搜狐网：《中共中央国务院重大国策：到2025年，全面复兴传统文化》，2021年2月22日 https://www.sohu.com/a/452052429_100188365，2021年7月10日。

④ 汉宝德：《美，从茶杯开始：汉宝德谈美》，桂林：广西师范大学出版社，2006年，第178—183页。

⑤ 伍蠡甫：《现代西方文论选》，台北：书林出版有限公司，1992年，第2页。

活的方方面面，全方位、立体地且随时随地向主体传达传统文化，每当主体使用这些“日常随处可见”的丝巾、口红、包包、手机时，这些文化元素就会被激活触发，跃于眼帘、印于内心，记忆就会被再一次深化。

需要强调的是，数字文创对生活美育的启示更在于注重两类纪念空间的互联，要在立足线下纪念空间的基础上，开拓更多线上纪念空间的疆域，通过仪式的强化和沉浸式参与加强了对中华传统文化的认识、理解与记忆。如“故宫IP”在研发各种折扇、口红、珠宝、服饰、读本等日常文创单品后，继续推出多种系列的数字文创产品，包含“千里江山”系列、“金榜题名”系列、“谜宫”系列等，其中，2019年研发的美育线上课程《你好呀！故宫》从场景化切入，利用“视频+音频+艺术创作”的方式，将故宫内实体的文物与线上课程一一对应，如借助手绘地图，分别回答“故宫为什么有308个水缸？”“故宫里最重要的宫殿是哪座？”等问题，主体通过线上课程的学习后得以在故宫中能够找到对应的实体物，从场景出发，将儿童融入角色，强化了其仪式感和参与感，以此进一步强化儿童对故宫文化的认识和记忆，此外，在“学”“看”“听”之后，还开设了艺术创作工作坊“做”的环节，包括建筑、瓷器、书法、服饰、青铜、绘画六个方面，线上与线下结合的数字文创，发挥了儿童的主体创造性，得以将生动有趣的中华文明底色注入儿童心中。数字文创对于传统文化纪念空间的探索，给生活美育带来了借鉴，在传播中华文化的同时，也提高了媒介素养，这既是数字时代他者的教育，也是一种自我审美的教育。

总之，新时代的要求下，数字文创能够在强化仪式、加强身体实践中延续着记忆，这契合了现代美育的宗旨，数字文创使得中华文化渗透进了生活的方方面面，实现了“见人见物见生活”，在日常生活中，以数字文创为内容和媒介，融通了两类纪念空间。未来，借助于数字文创的启示，生活美育将会探索出更多的经验和成果，从而推动美育内涵的发展与创新。

华夏传播学位论文选登

谣谚中的民间交往观念研究

——以《古谣谚》为基础文本

A study on folk communication concepts in folk proverbs

—on the basis of the book named the *ancient proverbs*

宋晓娜　吴予敏 *

Song Xiaona　Wu Yumin

摘　要：本文属于中国古代传播观念史研究的范畴，以谣谚为材料，研究民间交往观念及其特征。在方法论的选择上，倾向于斯金纳的“历史语境主义”，关照民间交往观念所形成的历史背景，通过援引历史故事等方式，体现观念对于民间交往行为的影响。

本文以《古谣谚》为基础文本，将中国古代民间交往观念总结为“中庸观”“正己观”“善隐观”“信义观”四个方面的内容。本文以四大观念为中心，重新组织材料，进行文本的阐释与解读。经过研究发现：

民间交往的“中庸观”指人们在社会交往中，要秉持中和与忠恕的原则，即节制、适中、中正、不偏不倚，对人忍让、宽容。这一观念在民间的发展中走向了不辨是非、不争短长的极端，体现出儒家中庸思想在民间的异化。

民间交往的“正己观”指人们在社会交往中，要时刻具备正己修身的意识与能力，对于他人的侮辱或诽谤，不必急于争论，要反身自省，提高自我的道德修养。

民间交往的“善隐观”指人们在与人交往中，要有所保留，主张隐财、隐才、隐巧、隐言，以“隐”的方式远离祸患，保全自身。

民间交往的“信义观”指人们在与人交往中，要秉持“信”与“义”的原则，

* 作者简介：宋晓娜：深圳大学传播学院传播学专业2020届硕士研究生，本文系作者在硕士期间所完成的毕业论文；吴予敏：深圳大学传媒与文化发展研究中心主任、教授。

以诚待人，诚实守信，不欺骗他人，不轻易怀疑他人，知恩图报，为人处世遵循正义、正确、适宜的标准。

民间交往的四大观念，共同显示出中国古代民间交往不重沟通、以“己”为主，以“忍”为主，以“隐”为主的内向性特征。此外，民间观念具有开放、包容的特点，容易受到主流思想与精英思想的影响。在研究中发现，民间观念与精英思想之间存在着相互融合与反抗，本文对于民间观念与精英思想之间的这种双向互动亦有所观照。

Abstract: This paper belongs to the category of research on the history of dissemination of ideas in ancient China.The paper takes folk proverbs as materials to study folk communication concepts and their characteristics.The paper tends to Skinner’s Historical Contextualism as methodology.The paper focuses on the background of the formation of folk ideas and the influence of ideas on the behavior of folk communication by quoting folk tales.

The paper collects proverbs from the book named ‘folk proverbs’. The paper sums up the concept of folk communication in ancient China into four aspects include the idea of golden mean,the idea of self-reflection,the idea of implicit and the idea of faith.The paper reorganizes the material on this basis and explain the meaning of the text.After the research,we found the following.

The ideas of golden mean refers to people should uphold the principles of moderation and loyalty in social interactions.This requires moderation and tolerance for people.This concept has gone to the other extreme in the development of the folk,for example ,people are not distinguish between right and wrong.This reflects the alienation of Confucian doctrine of the mean among the people.

The ideas of self-reflection refers to people should have the consciousness and ability of self-reflection in social.In the face of the slander of others, people should not be in a hurry to argue, but to reflect on themselves.The purpose of doing this is to improve ourselves’ cultivation.

The ideas of implicit refers to people should hide their money,talents and talk less or nosing to stay away from the evil in social.

The ideas of faith refers to people should treat people with sincerity, honest and trustworthy in social.People should not deceive others and doubt others when they communicate with oters.

Relying on the same historical background, the four concepts of folk communication complement and echo each other in content.The above shows the introversion characteristic of Chinese folk communication.This is embodied in the lack of communication and focus on themselves and privacy.In addition, the folk concept is open and inclusive,which is easily influenced by mainstream and elite thoughts.In the research,we found that there is a fusion and resistance between the folk concept and the elite thought.This paper also gives some consideration to this two-way interaction.

关键词： 中国传播观念；谣谚研究；民间交往观念；中庸观；正己观；善隐观；信义观

Keywords: Chinese communication concept;study of proverbs;concept of folk communication;the ideas of golden mean; the ideas of self-reflection;the ideas of implicit;the ideas of faith

绪论

（一）研究缘起

本文属于中国古代传播观念史的研究范畴，以民间交往视角，研究中国古代传播观念，力求弥补目前此类研究重点关注先秦诸子等精英论著中的传播思想，而忽视民间日常生活中的交往实践与交往观念的缺憾。本文以民间视角切入中国古代传播观念研究，受新史学“自下而上”看历史的方法论的启发，即史学研究由关注宏大叙事与精英人物转向立足于普通民众与社会生活来重新审视历史。在此背景下，谣谚作为产生并流传于民众之间的民间文化的形式与民间观念的载体，其史料价值与研究意义也被逐渐学界所重视。

1. 新史学研究的民间视角

19 世纪末 20 世纪初，新史学的发展经历了两个阶段。一是“眼光向下”的革命，即由旧史学关注精英人物与重大事件转向对普通民众生活与民间文化的体察。[①]在中国，梁启超、李大钊较早地感知到了史学观念的这一变革。梁启超在 1902 年发表的《新史学》中，批判四库之中所藏历史巨著“知有个人而不知有群体”，他认为，历史之贵在于“叙一群人相交涉相竞争相团结之道”，“述一群人所以休养生息同体进化之状”。[②]李大钊也批判中国旧史以国家、君主、统治者的意志和行

① 赵世瑜：《谣谚与新史学——张守常〈中国近世谣谚〉读后》，《历史研究》2002 年第 5 期。

② 梁启超：《新史学》，夏晓虹译，北京：商务印书馆，2014 年，转引自赵世瑜：《谣谚与新史学——张守常〈中国近世谣谚读后〉》，《历史研究》2002 年第 5 期。

为为中心、为内容，[①] 对于社会文化、对于大众群体，则不予记录。20 世纪初，北京大学歌谣运动、歌谣研究会的成立、《歌谣》周刊的出版等都是在这一观念变革的启发下进行的。《歌谣》发刊词明确提出，将歌谣作为民俗学的材料，以进行学术与文艺意义上的研究。

这一阶段的史学研究奉行“自上而下”看历史的方法论原则，研究者居上位向下审视大众文化生活，难以形成主体性，难以摆脱优越性，这可能导致研究中带有对过去未关注领域的“猎奇猎艳色彩”，以及缺少“对重大历史问题的反思和解释”。[②]

新史学发展的第二阶段，提出“自下而上”看历史，要求研究者真正站在人民大众的立场上重新审视历史。整合历史观的提出是这一历史视角的进一步发展，它要求研究者将社会视为有机联系的整体。[③]

新史学发展的这两种倾向，推动了研究者对于生动广阔社会生活与社会群体的关注。但需要注意的是，“自上而下”“自下而上”的历史视角，暗含着“上”与“下”的二元对立，[④] 易造成“上”“下”文化的分层。在研究中克服社会分层的偏见，改变过去将精英文化与民间文化对立、将代表上层主流价值观念的“大环境”“大传统”与民间“小环境”“小传统”割裂的做法，对于还原更为丰富、生动的社会生活，展现更为开放、有机的社会文化是有益的。

在新史学关注民间生活和社会大众的背景下，谣谚的史料价值也被进一步挖掘。谣谚根植于民间土壤，以人民群众为创作主体与传播主体，具有一定的开放性与共享性，具有口耳相传的传播特征，是历史生活与民间文化的一大载体，甚至被誉为观察社会变迁的“另一只眼”。[⑤]

2. 谣谚与民间传播观念

本文以谣谚为研究材料，从谣谚入手，研究中国古代传播观念。

谣谚，即歌谣与谚语。关于谣谚的产生与特点，刘毓崧在《古谣谚·序》中曾作出阐释，在他看来，“谣谚皆天籁自鸣，直抒已志，如风行水上，自然成文，言有尽而意无穷”，[⑥] 由此可得，谣谚皆自然而成，无过多矫饰，以口语传播为主，词

① 韩一德：《登历史之高楼——略论李大钊的史学观》，《河北月刊》1981 年第 10 期。

② 赵世瑜：《“自上而下”“自下而上”与整合的历史观》，2005 年 2 月 20 日，https://www.chinesefolklore.org.cn/web/index.php?NewsID=2184，2020 年 3 月 10 日。

③ 赵世瑜：《谣谚与新史学——张守常〈中国近世谣谚〉读后》，《历史研究》2002 年第 5 期。

④ 赵世瑜：《“自上而下”“自下而上”与整合的历史观》，2005 年 2 月 20 日，https://www.chinesefolklore.org.cn/web/index.php?NewsID=2184，2020 年 3 月 10 日。

⑤ 李纯明，李岸：《观察社会历史变迁的另一只眼——民谣的价值论略》，《佳木斯大学社会科学学报》2007 年第 5 期。

⑥ （清）杜文澜：《古谣谚》，周绍良点校，北京：中华书局，1958 年，第 1 页。

句简短但含义深厚。

《古谣谚》将谣与谚综合辑录，但谣、谚是有区别的。杜文澜在《古谣谚·凡例》中指出，谣训“徒歌”，主于“咏叹”，曲折而纡徐；谚训“传言”，更为“平易疾速”。[①]民俗学在研究中也将谣与谚分别归为民间口头文学与民间语言两个不同的类别。[②]

关于谣谚的界定，目前并未有得到广泛认可与使用的标准。纵观学者对于谣、谚的定义，可以发现，谣的特征是无配曲、无伴奏、供人吟诵，这也是谣与民歌最大区别所在，其内容多为针对某一历史事件发表意见或表达感情；而谚的主要内容为总结人民日常生活经验，具有指导实践的功能和行为导向。

由此可见，谣谚的区别在于：谚重在经验总结，范围涵盖生产劳动、待人接物、社会人生等各个方面，具有较强的历时性，与谣相比，较不易受时代变迁的影响。而谣重在表达态度与感情，一般依托某一具体的历史事件，具有明显的时代特征，其中，政治类歌谣具有较强的舆论功能，是古代社会民众表达政治态度的主要途径，也正因为此，历代统治者均会派遣专职官员访于民间，“采诗观风”；[③]此外，另一类歌谣重在反映民风民俗，包含自然风光、风土人情、人物褒贬、宗教祭祀、审美伦理等方方面面的内容，属于本文的研究重点。

同时，谣谚具有许多共同之处：一是谣谚均产生于文字诞生之前，口耳相传，起源甚古。这与谣谚所共有的通俗易懂、朗朗上口的特征是相辅相成的。这种口语传播的形式也导致了谣谚内容的难以固定，在传播中易发生流变，这种变动既包括传播过程中所产生的无意谬误，也包括传播者为提高谣谚的适用性而进行的有意改动。这无疑为谣谚的收集编纂与研究工作带来了难度，但同时也丰富了谣谚的内涵。二是谣谚均根植于民间土壤，以人民大众为主要的传播主体与创作主体，且均为民众生活经验或思想的反映，具有相同的民间性、大众性的本质特征，杜文澜称谣谚“对文则异，散文则通”。[④]

谣谚传播，是主要的民间传播形式与观念载体。民间交往的日常形态难以原汁原味地载于史册，而体现在民间谣谚之中。索绪尔曾说，“对汉人来说，表意文字和口说的词都是观念的符号”。[⑤]王凯旋、李阳在《中国谣谚民俗史》中称谣谚

① （清）杜文澜：《古谣谚》，第1页。

② 钟敬文：《民俗学概论》，上海：上海文艺出版社，1998年，第273—276+310—311页。

③ 潘祥辉：《“歌以咏政”：作为舆论机制的先秦歌谣及其政治传播功能》，《新闻与传播研究》2017年第6期。

④ （清）杜文澜：《古谣谚》，第1页。

⑤ [瑞士]索绪尔：《普通语言学教程》，1916年，转引自王凯旋，李阳：《中国谣谚民俗史》，北京：万卷出版公司，2012年，第87页。

是“民间观念在空间上传播最广、时间上传承最久的语言形式”。[①]

谣谚属于口传媒介，体现出口传文化的悠久历史，以日常生活的经验总结或民意的反映为主要内容，是文化传承的重要形式，是民间观念的载体，这是谣谚所独有的传播特点。谣谚各有侧重，谣反映情感和态度，依托一定的发生情境；谚反映社会经验，具有行为导向，两者相互补充。谣谚，可以称为中国民间传播观念的“活化石”。研究民间交往观念与传播观念，谣谚是重要的史料。

（二）研究目的与意义

新史学提出在学术研究中关注民间与民众的主张，这为传播学研究，包括传播观念研究提供了重要启示。中国古代传播观念研究同样应观照普通大众及其日常生活，摆脱目前研究重点关注诸子百家等精英论著与知识阶层传播思想的桎梏。

基于此，本文的研究目的在于：以民间及其交往的视角，探究中国古代民间传播观念，以弥补此类研究的空缺；通过对谣谚及其内涵的研究，梳理、抽离、概括具有明显特征的民间交往观念，探究古代民间交往观念形成的影响因素，以此剖析中国古代民间交往的基本特征。

观念影响行为，行为体现观念。本文研究民间交往观念，同时观照民间交往实践，通过搜集、整理、分析具有典型意义的历史故事，更生动形象地表现观念在民众社会交往的具体行为中的体现。

此外，本文暗含以古鉴今之意，以期通过对中国古代传播观念与交往观念的系统分析与深入解读，帮助人们更好地认识与理解目前中国人在社会交往中的行为，并为对在现代化进程中所产生的一些不良现象，如社会戾气、网络谣言的泛滥等，展开更深层次的研究与批判奠定基础，为相关研究提供启示。

一、谣谚研究综述

本文以谣谚为史料，以民间交往的视角研究中国古代传播观念。要进行这一研究，须在把握目前谣谚研究的成果及总体趋势的基础上，形成对谣谚中所蕴含的民间观念研究、谣谚的传播学研究等的系统认识与批判性理解，继承已有研究经验，规避目前研究所存在的问题，为本文研究寻找突破口与创新点。

（一）谣谚研究概况

中国古代历来重视谣谚的收集工作。自先秦时起，统治者便派遣专职官员到

---

① 王凯旋，李阳：《中国谣谚民俗史》，北京：万卷出版公司，2012 年，第 5 页。

民间采集谣谚，称为“采风”。但最初，谣谚散存于古籍之中，并未形成专门的辑录文本。

北宋郭茂倩的《乐府诗集》是第一次系统辑录歌谣的著作，南宋周守忠的《古今谚》是有记录的第一部系统辑录谚语的著作。明代杨慎所编《古今风谣》《古今谚》将明代嘉靖之前的部分谣、谚分别辑录。

清代杜文澜的《古谣谚》是一部具有权威性的谣谚著作。清儒刘毓崧在《古谣谚·序》中评价该书“包括宏富”，“集诸家之长，无诸家之失”。[①]钟敬文认为，谣谚辑录专著中，《古谣谚》最为著名。[②]《古谣谚》全书共一百卷，收录先秦至明代谣谚共3300余条，引用古籍800余种，是谣谚收集与整理的大成之作。目前，《古谣谚》相关研究主要集中在语言学领域，或对该书谣谚辑录的编排与体例进行评析，或对其所辑谣谚的功能、结构、类型等展开论述。

古代学者的关注焦点在于谣谚的搜集与整理。赵瑶丹评价古代的谣谚研究为“总体上处于不自觉的朦胧状态”，缺乏深度理论探讨。[③]

王凯旋、李阳认为，直到新文化运动时期，谣谚才被真正从学术意义上看待，具体表现为“1918年北京大学歌谣征集运动、1920年成立歌谣研究会、1922年《歌谣》周刊出版”。[④]但从20世纪初，直到20世纪80年代民间文学三套集成工作的开展，谣谚的普查与采编依然是重点。谣谚辑录与编纂的日益完善也为后来将谣谚作为史料开展各领域研究打下了基础。

赵瑶丹在《中国古代谣谚研究三十年（1978—2008）》中，从谣谚的综合性研究、童谣研究、谶谣研究、文史典籍中的谣谚研究、谣谚与社会历史研究、谣谚与其他文学形式的关系研究、国外研究几个方面对1978—2008年代表性的谣谚研究进行了较为全面的梳理。她肯定了三十年间谣谚研究在质量与数量上的进展，但也提出1978—2008年谣谚研究仍然存在零星、非系统、不自觉的问题。她认为，观点的缺失与学科的交叉导致研究深度存在局限。[⑤]

赵瑶丹尤其谈到新闻学、社会学、心理学、传播学等多学科视角的引入和各学科对话对谣谚研究的重要意义，肯定了以谣谚为切入点，研究民间文化与社会心理的前景。在谣谚的传播学研究中，她认为，此类研究可聚焦谣谚在民间社会的传播方式与传播途径，以及官方对于谣谚这种民间舆论的形式的引导与控制等

① （清）刘毓崧：《古谣谚序》，杜文澜：《古谣谚》，北京：中华书局，1958年，“序言”。

② 钟敬文：《民俗学概论》，上海：上海文艺出版社，1998年。

③ 赵瑶丹：《中国古代谣谚研究三十年（1978—2008）》，《社会科学评论》2009年第1期。

④ 王凯旋，李阳：《中国谣谚民俗史》，第26页。

⑤ 赵瑶丹：《中国古代谣谚研究三十年（1978—2008）》，《社会科学评论》2009年第1期。

方面的问题，推动传播学界形成对于基层社会生活形态与普通民众交往实践的关注。[①]这些都为本文以谣谚为史料，探究民间交往观念提供了重要启示。

赵瑶丹对于谣谚的研究前景与发展方向的展望与建议在后来的研究中得到了践行。2019年，马洋洋、赵瑶丹在文章《近十年来中国古代谣谚研究（2008—2018)》中分析了2008—2018年谣谚研究的新动态、新趋势。文章指出，在这十年的谣谚研究中，谣谚的研究方向、方法进一步明确，多学科交叉研究趋势明显。[②]

以上两篇文章对近四十年的古代谣谚研究进行了系统、全面的梳理，对于形成关于谣谚研究发展与现状的总体认识，寻找谣谚研究的相关素材与代表性成果具有重要的导引作用。

根据近几十年谣谚研究的进展，可以看出谣谚研究的特点及未来的发展趋势：一是谣谚收集、整理、编纂工作日益系统化、精细化，这为以谣谚为材料进行相关研究奠定了基础；二是谣谚的史料作用被进一步发掘，各学科对谣谚中所蕴含的信息进行了多方位、多领域的挖掘与研究；三是多学科交叉的趋势明显，传播学视角、理论、方法的引入开拓了谣谚研究领域，丰富了谣谚研究内容，如谣谚本身的传播研究、谣谚中所蕴含的传播观念研究等；四是研究的系统化不足，观点的缺失导致研究缺乏深度。这提示学者在谣谚研究中应注重专业学科视角的引入，把握核心问题，提炼核心观点，增强研究深度。

本文的谣谚研究，试图跳出原有的语言学框架，进一步丰富谣谚研究成果，拓展研究的维度，引入传播学视角与理念，以谣谚为材料，深度挖掘谣谚中所隐含的中国古代民间传播观念与交往观念。

（二）谣谚与社会历史研究

谣谚与社会历史研究是以谣谚为史料，研究谣谚中所反映的古代社会情态，从民间视角窥探社会变迁。李阳认为，谣谚的社会性与时代特征，对于反映生动、丰富的古代社会生活，挖掘社会文化的深层变动具有独特优势，[③]因此，谣谚也被称为观察社会变迁的“另一只眼”。[④]

谢贵安《中国谣谚文化——谣谚与古代社会》一书出版于1994年，是较早的

① 赵瑶丹：《中国古代谣谚研究三十年(1978—2008)》，《社会科学评论》2009年第1期。

② 马洋洋，赵瑶丹：《近十年来中国古代谣谚研究（2008—2018)》，《淮阴师范学院学报》（哲学社会科学版）2019年第1期。

③ 李阳：《中国谣谚文化的社会性与时代特征》，《辽宁省社会主义学院学报》2012年第4期。

④ 李纯明，李岸：《观察社会历史变迁的另一只眼—民谣的价值论略》，《佳木斯大学社会科学学报》2007年第5期。

进行谣谚与古代社会研究的系统性著作。该书立意宏观、内容全面，涉及谣谚与古代社会教育、艺术、饮食、生产、地理等方方面面的内容，在具体的论述过程中，该书援引大量的谣谚与史料，对于未来学者进行谣谚与社会历史研究起到了很好的示范作用。

谣谚与社会历史的断代研究主要透过谣谚窥探社会发展与变革。这类研究主要聚焦汉、两宋、明这三个历史时期。主要原因在于：

一是汉代文化繁荣，汉武帝推行“罢黜百家，独尊儒术”，儒学占据着独一无二的地位。这在谣谚中亦有所反映。谣谚中所反映出的汉代社会风情带有明显的儒学痕迹，如汉代社会注重中庸、谦和，注重自身修养等。①

二是宋代商业发达，勾栏瓦舍出现，市井生活呈现出新的面貌，社会生活趋向世俗化和功利化。王华艳在其硕士论文《从谣谚看宋代社会的近世化倾向》中，通过分析谣谚所反映的宋代社会政治、经济、文化的方方面面，阐释宋代社会的近世化特点。②

三是明代中后期，伴随商业化、城市化的发展，社会观念与社会风气发生变化，这主要体现在“钱”与“利”逐渐取代“义”与“情”成为影响为人处世、价值追求的重要因素。陈江在研究中便针对这一现象进行了分析。③

由此可见，断代研究的关键在于敏锐把握时代的核心特征，寻找核心问题和核心概念进行切入。

谣谚是民俗的载体，民俗依靠谣谚得以传承。王凯旋、李阳的著作《中国谣谚民俗史》就以谣谚与民俗关系为切入视角，对农谚、时政谣谚、教育谣谚、童谣、社会谣谚等不同类别的谣谚所反映的不同的社会民俗进行了分析。王凯旋同样认为在谣谚与民俗研究中应注意多学科的交叉，把握民俗的内涵随时代与地域的变化而变化的现象。④马洋洋、赵瑶丹评价此书为“力图构建谣谚民俗史的学术框架”，“蕴含将谣谚研究推向理论化的大胆探索”。⑤

从表面上看，谣谚与社会历史研究以谣谚中的古代社会为落脚点，但社会的运行离不开观念的支撑，社会的变革在一定程度上也是观念的变革。此类研究在关注社会情境的同时，对民众的文化心理和民间观念也有所涉及，为谣谚与民间观念的相关研究起到了一定的补充作用。

---

① 马新：《人生哲理谣谚与两汉世风》，《民俗研究》2001年第1期。

② 王华艳：《从谣谚看宋代社会的近世化倾向》，博士学位论文，暨南大学，2004年。

③ 陈江：《明代江南俗语所见之社会情态》，《史林》2003年第1期。

④ 王凯旋：《关于中国古代谣谚民俗研究的几个问题》，《文化学刊》2010年第5期。

⑤ 马洋洋，赵瑶丹：《近十年来中国古代谣谚研究（2008—2018）》，《淮阴师范学院学报》（哲学社会科学版）2019年第1期。

（三）谣谚与民间观念研究

史学领域摆脱单一关注精英人物和重大事件的桎梏，开展“眼光向下”“自下而上”看历史的革命，对于其他领域研究亦有所启发与影响。在此背景下，在观念与精神文化研究方面，研究者也不再满足于局限在对经典文本与精英思想的解读，开始深入民族精神的底层。[①] 谣谚作为民间文化与观念的载体，其史料价值也得到进一步发掘。

谣谚与民间观念研究主要包括两方面内容，或以宏观的视角，对谣谚中所反映的民间观念进行宽泛的探讨；或针对某一观念展开专题性研究。总体看来，目前研究中所涉及的谣谚中的民间观念主要有：

一是和谐观。这一观念体现在中国古代社会生活的方方面面，所谓“和气能生万里财”，建筑设计追求中心对称，为人处世倡导众人齐心，这些均体现出和谐观的重要影响。中国古代重农轻商，农业是家庭收入的主要来源，农业经济极易受外在因素如自然环境、政治制度等的影响，农业的脆弱性与不确定性对“天”“地”“人”三者之间的关系提出了较高的要求，寻求农业发展，人与自然的和谐、人与人的和谐缺一不可。和谐观是中国古代民间观念的重要组成，在民间观念中占据着基础性地位。和谐观对中国古代民间交往行为与传播观念的形成也产生着重要影响。这一点在本文中亦有所关涉。

团结观与和谐观紧密相连、一脉相承，所谓“众人一条心，黄土变成金”“众人拾柴火焰高”。贺宾认为，团结观与墨家“兼爱”、“尚同”的理念相契合。[②] 墨家代表平民与小生产者的利益，因不容于中央集权的专制统治，故遭到历代统治者的有意打压，逐渐从主流话语中销声匿迹。但因其贴近民众日常生活，符合民众的生活理想，故在民间影响力始终存在。[③]

三是中庸观。相比于儒家中庸所提倡的节制与中和，学者在研究中关注到民间对中庸的理解走向了是非不明、黑白不分的极端，一味提倡“吃亏是福”“忍一时风平浪静、退一步海阔天空”。多篇论文对民间中庸思想及其异化均有所提及。中庸及其异化在民间交往观念中亦有所体现。目前尚未有研究详细讨论民间异化后的中庸观与儒家中庸思想的具体分歧，以及出现这种异化的原因，这也成为本文着力解决的问题之一。

四是修身正己观。儒家向来提倡自我修养、自我反省，并形成了“修身—齐家—治国—平天下”的逻辑链条。在民间交往中，修身正己观体现在主张以诚待

① 贺宾：《由谣谚所见的民间伦理观念》，《南京师大学报》（社会科学版）2006 年第 5 期。
② 贺宾：《由谣谚所见的民间伦理观念》，《南京师大学报》（社会科学版）2006 年第 5 期。
③ 薛柏成：《论墨学复兴与近代民间世风伦理的转变》，《齐鲁学刊》1999 年第 6 期。

人，即“诚无垢，思无辱”，提倡以自我反省的方式平息非议，即“救寒莫如重裘，止谤莫如自修”。在儒学兴盛的社会，如两汉时期，更是将修身视为第一要务。[①]民间交往的修身正己观体现出中国古代民间交往以“己”为本，“严于律己，宽以待人”的倾向，具备延展研究的空间。

五是显隐观，即显隐取舍问题，提倡以隐保身，弃显取隐。贺宾认为，古代民众生活充满风险，易受脆弱的农业经济及专制高压统治的影响。在恶劣的生活环境中，如何求得生存与安稳，成为民众不得不考虑的重要问题。[②]“枪打出头鸟”“出头的椽子先烂”等警示类谚语提醒着人们显易引祸的道理。在生活实践中，民众逐渐总结出谨慎、低调的处世之法，“逢人只说三分话，未可全抛一片心”提示民众在与人交往中要有所保留，不可口无遮拦、倾心相授。善隐观的形成，又进一步导致了中国人做事以稳妥为先，缺乏冒险与创新精神。[③]一般研究认为，善隐观的形成与道家尤其是老子“柔”与“弱”的思想有一定的关联。详细论述民间交往的善隐观，探究此种观念对民间交往行为的影响，深挖其形成的历史原因及哲学渊源，是本文研究内容之一。

六是义利观。诸子思想中含有义利之辨的相关议题。由谣谚可见，在义与利的选择取舍上，民间亦体现出相互矛盾的方面。一方面，民众大加赞颂舍利取义之人，如“人有以声，卖药宋清”；但另一方面，“有钱能使鬼推磨”“人无横财不富，马无夜草不肥”等谚语又体现出民众对于钱与利的极度向往。以儒家为代表的主流思想是重视义而轻视利的，但此种主张与民众的日常生活及其正常的物质需求相违背。薛柏成认为，在义利问题上，墨家“交相利”的思想主张更能契合民众对于生活富裕的殷切希望。[④]研究认为，民间对于利的崇尚往往与时代发展和社会风气相关联，如王华艳便指出，宋代商业经济的发展强化了人们的功利意识，弱化了道德观念，导致社会风气向趋利的方向发展。[⑤]而如“君子爱财、取之有道”等谚语则在重利轻义与重义轻利之间，在主流价值观的引导与民间的实际生活需求之间，寻求到了一种兼顾与平衡，即义利兼备、以义取利。[⑥]通过前期研究可以发现，民众在社会交往中同样面临趋利或趋义的选择。在民间交往中，义利之间的矛盾与碰撞如何体现，义利取舍又对民间交往的形态产生了怎样的影响，这些问题均属于本文研究范畴。

---

① 马新：《人生哲理谣谚与两汉世风》，《民俗研究》2001 年第 1 期。

② 贺宾：《由谣谚所见的民间伦理观念》，《南京师大学报》(社会科学版)2006 年第 5 期。

③ 王凯旋，李阳：《中国谣谚民俗史》，第 26 页。

④ 薛柏成：《论墨学复兴与近代民间世风伦理的转变》，《齐鲁学刊》1999 年第 6 期。

⑤ 王华艳：《从谣谚看宋代社会的近世化倾向》，博士学位论文，暨南大学，2004 年。

⑥ 贺宾：《由谣谚所见的民间伦理观念》，《南京师大学报》(社会科学版)2006 年第 5 期。

学者在谣谚与民间观念的研究中，同时也注重挖掘其背后所隐藏的深刻的哲学根源，以及与主流思想之间的关联。赵世瑜在论文中提示，谣谚具有共享性与开放性，在谣谚研究中，不应因局限于社会分层的概念，而导致民众与知识精英的对立，或民间观念与主流思想的割裂。[①] 贺宾用“大传统”与“小传统”来区分社会主流价值观念与民间观念，他认为，大小传统之间既存在矛盾与对抗，也包含着渗透和融合。[②] 谢贵安也同意这一观点。在他看来，精英文化与民间文化之间是存在共容和互纳的基础的。[③]

罗永麟所著《先秦诸子与民间文化》系统介绍了儒、道、墨、法等精英思想与民间文化之间的关联，他认为，先秦诸子思想无不是在体验民间疾苦，把握民间生活的基础上形成的。罗永麟更是直言，“我国古之道术”，归根结底，“是原始初民的日常生活，衣食住行和思想感情的结晶”。[④] 而作为“小传统”的民间观念，被置于“大环境”下，更无法避免“大传统”的影响。孙董霞在研究中便以谣谚为材料，研究先秦两汉时期儒家文化的道德性评价，由此可见，儒家的道德观念或评价体系早已渗透在谣谚之中，在民众之间产生着潜移默化的影响。

根据以上研究，本文在进行谣谚与民间交往观念研究时，在关注社会历史情境的基础上，注意把握精英思想对民间观念的影响，以及两者的双向互动，深挖民间交往观念产生的哲学根源，增强研究深度。

此外，谣谚中所蕴含的传播观念也逐渐受到传播学界的关注。早在 1996 年，孙旭培就曾在《华夏传播论》一书中，肯定了谚语中传播思想研究的重要意义，[⑤] 但他并未就谚语中的传播思想、研究方法等展开详细论述。目前该类研究较少，比较有代表性的有周伟业《东方范式：华夏传播理论的内涵、特征与价值——以汉语成语、谚语、俗语为中心的思考》一文，该文章对谚语中所蕴含的行胜于言、一诺千金、“信言不美，美言不信”“防民之口甚于防川”等与传播有关的问题进行阐述，[⑥] 提纲挈领，具有较强的启发意义。

此外，还有部分文章以专题形式对谣谚中所反映的饮食观念、婚恋观念、女性传统观念、反贪理念等进行研究，但此类研究与本文主题相距较远，且大多存在一个共同问题，即全文以漫谈为主，以古代社会为整体背景，不关注谣谚的情

① 赵世瑜：《谣谚与新史学——张守常〈中国近世谣谚〉读后》，《历史研究》2002 年第 5 期。

② 贺宾：《由谣谚所见的民间伦理观念》，《南京师大学报》（社会科学版）2006 年第 5 期。

③ 谢贵安：《中国谣谚文化——谣谚与古代社会》，武汉：华中理工大学出版社，1994 年。

④ 罗永麟：《先秦诸子与民间文化》，哈尔滨：黑龙江人民出版社，2003 年，第 212 页。

⑤ 孙旭培：《华夏传播论》，北京：人民出版社，1997 年。

⑥ 周伟业：《东方范式：华夏传播理论的内涵、特征与价值——以汉语成语、谚语、俗语为中心的思考》，《南京政治学院学报》2010 年第 5 期。

境性与历史性，缺乏系统性，学术意义有限。

（四）谣谚的传播学研究

谣谚的传播学研究主要集中在三个方面：一是谣谚本身的传播，包括传播者、传播途径、受传者、传播中的变异等的分析；二是从舆论视角出发，观察民众如何利用谣谚这一主要发声途径进行政治参与，以及历代统治者如何应对这种社会舆论；三是谣谚与传播观念的研究，前文已有提及，此处不再赘述。

谣谚的创作与传播以民众为主体。谢贵安将民众这一集合概念进一步细分为农民、工商业者、市民、士兵，尤其提到古代知识分子在谣谚创作与传播中也占据着一席之地。① 这一观点得到了其他学者的赞成。赵瑶丹在一篇论文中就专门探讨宋代文人在谣谚的创作、传播、记录中所发挥的重要作用。②

谣谚产生于文字之前，口耳相传是其主要的传播形式与特点。谢贵安在此基础上，提出了谣谚口耳相传的传播链条，即“传播者—受传者（第二级传播者）—第二级受传者（第三级传播者）……”③ 这条传播链具有开放性的特点，在悠久的传播过程中，谣谚最初的创作者与传播者大都不可考，是否能继续延伸传播亦有认定难度。

口耳相传的传播形式与开放的传播特点使谣谚在传播过程中极易发生变异。谣谚在传播中几经辗转，传播者与受传者的个人理解能力、地域的语言习惯、时代的发展等都可能导致谣谚的变形与失真。孙立涛将谣谚的变异总结为字脱、字变、衍字、词变句变四种形式。④ 谢贵安对谣谚在流转中的变化持乐观态度，他认为，谣谚的定型性和通俗性的特征，使其大都能保持原形与原意。⑤

口耳相传的传播形式使谣谚始终不会脱离生动广阔的民间生活，赋予了谣谚鲜活的特征。但不可否认的是，这种开放式的传播模式以及传播过程中可能发生的变异，都为谣谚的采集、编纂、研究工作带来了一定的难度。在目前的研究中，有针对某一条谣谚所进行的相对详细分析的编纂史方面的尝试，如顾颉刚的《孟姜女故事的转变》和董作宾的《一首歌谣整理研究的尝试》，但并未出现对多条谣谚进行溯源的谣谚编纂史类的著作。

本文在搜集材料的过程中，通过查阅多方资料，尽量将谣谚在不同时代的不

① 谢贵安：《中国谣谚文化——谣谚与古代社会》，武汉：华中理工大学出版社，1994 年。
② 赵瑶丹：《宋代文人与民间文化——以谣谚的传播为中心》，《民俗研究》2014 年第 1 期。
③ 谢贵安：《中国谣谚文化——谣谚与古代社会》，第 206 页。
④ 孙立涛：《论汉代谣谚文化的传播特点》，《江南大学学报》（人文社会科学版）2014 年第 3 期。
⑤ 谢贵安：《中国谣谚文化——谣谚与古代社会》，第 206 页。

同文献中的引用进行整理与分析。但该工作难度大，难以避免缺漏，且因谣谚尤其是谚语短小精悍，以经验总结为主，鲜含时代信息，故难以考证其在漫长的历史过程中的传播或变形，这也是本文的不足之所在。

网络时代的到来，拓宽了谣谚的传播渠道，与传统谣谚相比，网络谣谚的传播特点、风格、传播效果也成为此类研究所关注的一大焦点。

谣谚与舆论研究关注谣谚作为舆论形式的传播特征与机制。宋晶欣的硕士论文对中国古代谣谚的舆论传播特征进行了宏观层面的分析，并建立了谣谚舆论传播特征研究的三个维度，即舆论心理特征、舆论功能特征、舆论活动特征。[①]王娟娟在论文《我国古代社会谣谚的舆论传播三种特征解析》中便沿用了这一框架。[②]

潘祥辉指出先秦歌谣是"歌以咏政"传统的开端，[③]这包括民间利用歌谣的舆论功能参与政治，以及官方对歌谣舆论的管控与引导两方面内容。谣谚与舆论研究大多围绕这两方面展开。可以说，民间的政治诉求在谣谚中的表达，与官方对于谣谚的收集与管控，两者是多元互动、相辅相成的。[④]

李传军的博士论文《歌谣俗语与两汉魏晋南北朝社会》为进行谣谚与舆论相关研究提供了借鉴框架。他详细分析了通过谣谚这种舆论形式所实现的官方与民间的上下互动，即民众通过谣谚表达对政治的意见，统治者派遣专门官员采集谣谚信息。两汉魏晋南北朝时期负责谣谚采集的风俗使者甚至具有根据舆论风议，罢黜地方官员的权力。[⑤]除两汉魏晋南北朝之外，宋代、明代等朝代也注重谣谚的收集，并建立了系统的引导防控措施。

谣谚的内容包括两方面，一是表达民众对政治事件或政治人物的态度与褒贬，具有舆论特征；二是民风民俗的记录与体现，具有非舆论的特点。由上可知，在谣谚的传播学研究中，潘祥辉、李传军等人关注谣谚尤其是歌谣的舆论特征与政治特征，在研究视角上比较单一，具有一定的局限性。而本文主要关注非舆论类谣谚中所反映出的民间传播观念与交往观念，不涉及谣谚作为民间舆论的特点及功能。

（五）小结

口耳相传的传播形式与开放性的特点，给谣谚的收集整理工作增加了难度。

---

① 宋晶欣：《中国古代社会谣谚的舆论传播特征》，博士毕业论文，吉林大学，2013 年。

② 王娟娟：《我国古代社会谣谚的舆论传播三种特征解析》，《兰台世界》2015 年第 21 期。

③ 潘祥辉：《"歌以咏政"：作为舆论机制的先秦歌谣及其政治传播功能》，《新闻与传播研究》2017 年第 6 期。

④ 展龙：《明代谣谚的舆论诉求与政府应对》，《河南大学学报》（社会科学版）2017 年第 5 期。

⑤ 李传军：《歌谣俗语与两汉魏晋南北朝社会》，博士毕业论文，北京师范大学，2005 年。

这同样也成为本文在前期资料准备阶段所面临的困难。本文最大的遗憾与不足也在于，无法形成对研究中所涉及的每条谣谚的来源与编纂过程的详细了解。

新史学提倡“眼光向下”“自下而上”看待历史，摆脱了过去研究重视精英思想和重要人物，忽视民间文化和社会大众的桎梏。其影响并不局限在史学领域，也唤起了各研究领域对于社会底层生活与文化的关注。在此背景下，作为民间文化的代表，谣谚的史料价值得到关注，对谣谚的研究也不再局限于释义、考源、结构等语言学方向，各学科交叉、新学科视角的引入为谣谚研究的发展注入了新的活力。

尤其是近十几年来，以谣谚为材料进行的各方面研究取得了一定的进展，包括谣谚与社会历史研究、谣谚与民间观念研究、谣谚的传播学研究等。前文已对相关研究成果进行了梳理。本文属于传播学研究范畴，以民间交往的视角探究中国古代传播观念，因此，谣谚与民间观念研究、谣谚的传播学研究与本文内容契合度高，具有较强的启发意义。

谣谚与民间观念研究在内容上已打破了将精英与民间割裂对立的社会分层偏见，对儒道墨等精英思想对民间观念的影响有所关涉，但大多泛泛而谈，仍存在深度不够、系统性不强，对主流思想与民间观念关系的论述不够详尽等问题，这也是本文努力的方向。

谣谚的传播学研究除关注谣谚本身的传播外，重点聚焦谣谚作为一种民间舆论，在民众的政治参与上所发挥的作用，以及官方对这种民间舆论的态度与管控措施，即从政治与民意的角度对谣谚展开研究，这在潘祥辉等人的相关研究中有所体现，这一研究视角单一，忽略了谣谚研究的其他可能性。本文力图打破从政治传播视角研究谣谚的单一框架，从民间交往观念与伦理的角度，更深层次地挖掘谣谚中所反映的民间传播思想与交往观念，扩展谣谚研究领域。

在前期研究阶段，通过文献资料的整理，根据所辑谣谚材料发现，民间交往观念主要体现在以“和”为贵、中庸及其异化、修身正己、舍显倡隐、提倡信义等方面。本文以此为基础建立研究框架，引入中国传播观念史的视角与方法，围绕谣谚中所体现的民间交往观念展开研究，尝试挖掘民间交往观念所形成的原因，关注其与精英思想之间的联系，力求增强研究深度，丰富研究内容。

二、研究设计

本文属于中国传播观念史研究范畴，采用观念史的研究方法，以《古谣谚》为基础文本，以《增广贤文》《菜根谭》为辅助文本，辑取谣谚材料，研究谣谚中所体现的中国古代民间交往观念。

（一）研究问题

谣谚深植于民间土壤，以人民群众为创作与传播的主体，是“人民群众经验知识的宝库和载体”，[①] 蕴含着丰富的民间观念，涉及为人处世、人情世故等方方面面。近年来，谣谚与民间观念以及谣谚与传播研究取得了一定的进展，但普遍存在深度与系统性缺乏等问题，且并未出现以民间交往视角对中国古代传播思想所进行的相关研究。本文力图弥补这一缺口。

本文属于中国古代传播观念史研究的范畴，以谣谚为研究对象，以谣谚中所体现的民间交往观念为核心，组织材料、界定概念、追根溯源、展开研究，力图解决一个核心问题，即：谣谚中反映出中国古代怎样的民间交往观念？

这一核心问题包含三个二级问题，即：谣谚中反映出的民间交往观念体现出怎样的特征？民间交往观念的形成受哪些方面的影响？民间观念与精英思想之间存在着怎样的关联？

（二）研究对象与研究材料

本文以古代谣谚为研究对象，以《古谣谚》为研究的基础文本。

《古谣谚》成书于清咸丰辛酉（公元1861年）年间。编者杜文澜，字小舫，浙江秀水人，生于清嘉庆二十年（公元1815年），卒于德宗光绪七年（公元1881年），享年六十七岁，官至江苏道员，署两淮盐运使。杜文澜学力过人，善于体察民情，刘毓崧评价其为“公于俚谚民谣，最能体察”，[②] 赞其有诗教之才。

《古谣谚》全书共一百卷，将谣与谚合于一集之中，编者秉持“纪古不纪今”的原则，收录先秦至明代谣谚共3300余条，引用古籍800余种，按经史子集顺序编排，体例严整，每条谣谚下均注明出处原文。清儒刘毓崧在《古谣谚·序》中评价该书，“包括宏富”，“集诸家之长，无诸家之失”；[③] 谢贵安称其为“谣谚资料的集大成之作”。[④]《古谣谚》的权威性是本文将该书作为谣谚资料收集的基础文本的原因之所在。

需要注意的是，《古谣谚》以“观民风”“行教化”为编纂宗旨，为政治服务是其根本目的。[⑤]《古谣谚》的编纂过程同时也是向上达民意、向下行诗教的过程。所谓诗教，即以文学作品、诗词歌赋等艺术形式对民众进行潜移默化的道德教化。

---

① 谢贵安：《中国谣谚文化——谣谚与古代社会》，第5页。

② （清）刘毓崧：《古谣谚序》，杜文澜：《古谣谚》，序言。

③ （清）刘毓崧：《古谣谚序》，杜文澜：《古谣谚》，序言。

④ 谢贵安：《中国谣谚文化——谣谚与古代社会》，第266页。

⑤ 尉程炜：《〈古谣谚〉研究》，博士学位论文，北京大学，2011年。

这也体现出，《古谣谚》本质上是统治阶层出于政治需要，对民众进行了解与开展教化的工具，这也决定了《古谣谚》中谣谚的筛选与辑录深受以儒学为代表的主流思想的影响，杜文澜在编纂中将不合于主流思想的谣谚归于附录之中。本文在收集谣谚材料的过程中，不含任何预设的价值取向，《古谣谚》全文（含附录）均为本文谣谚材料整理的重要文本。《古谣谚》的这一编纂宗旨导致此书中所辑录的政治类谣谚占主要地位，而为人处世、社会风尚人谣谚数量较少。

“曼陀罗华阁丛书”本《古谣谚》是流传于清代的最初版本。1958 年中华书局出版、周绍良点校的《古谣谚》是通行于今，且在大陆较为常见的版本，本文在研究中便使用这一版本。此外，1964 年台湾书局也曾出版台湾版《古谣谚》。

将《古谣谚》作为研究文本，存在清代谣谚与社会生活类谣谚缺乏的问题，为弥补这一缺失，本文选择《菜根谭》与《增广贤文》作为谣谚搜集与整理的辅助文本。

《菜根谭》为明代洪应明所编，融儒释道三方思想为一体，是以修身处世为主要内容的语录集，内容通俗易懂、易于传诵。所谓“咬得菜根，百事可做”，“菜根”即指人民在艰难的社会生活与实践中所总结出来的经验与智慧。杜云认为，《菜根谭》的诞生源于明代士人阶层对百姓之事、日用之学的关注。[①] 通过此书亦可以对民间交往观念有所洞察。

《增广贤文》由明代童蒙读物发展而来，经明清两代的修补逐渐成形，为格言、谚语的辑录，重点聚焦人际交往、读书处世等相关内容，作者早已无法考证。旧时有古语“读了《增广》会说话”，可见此书在中国古代社会的流行程度及重要影响。

本研究所用谣谚材料，大多选自《古谣谚》《菜根谭》《增广贤文》，文中不再就此类谣谚的出处做具体说明。

此外，本文在研究材料的选择上对家训的相关内容亦有所观照。王凯旋、李阳认为，部分家训在民间得以广泛传颂，这与谣谚的基本特性相符合，其中脍炙人口的句子甚至会在民间流传中逐渐发展为民间谣谚。[②]

本文认为，家训以知识分子为创作主体，受精英思想与民间文化的双重影响。家训中常引用民间谣谚谈事说理、告诫子孙，因此成为记录谣谚的另一载体。家训中的经典词句也会在民众的口口传诵中逐渐发展为谣谚。部分家训通俗易懂、流行性强，有“世范”的美誉，对于民间道德伦理观念的形成起着良好的引导作

① 杜云：《从〈菜根谭〉看道德生活化》，博士学位论文，湖南师范大学，2008 年。

② 王凯旋，李阳：《中国谣谚民俗史》，第 26 页。

用，其影响力早已超出一家一族。尤其是明代中后期，通俗家训的出现，更是“大大促进了家庭教育知识的普及和平民化”。[①]

（三）研究方法

本文属于中国古代传播观念史的研究范畴，采用观念史的研究方法。

观念史与思想史联系密切，两者甚至曾经被不加区分地混用。张旭鹏认为，观念史关注观念本身，注重理论与分析；而思想史更加强调“思想的产生与发展、起源与流变”，注重梳理“历史脉络”。[②]

自产生以来，观念史的研究出现了以诺夫乔伊为代表的“观念单元”和以昆廷·斯金纳为代表的“历史语境主义”两种范式的演进。

1936年，阿瑟·诺夫乔伊《存在之链》一书的出版，奠定了观念史研究理论与方法论的基础。诺夫乔伊主张“单元的观念”，即“西方思想传统中那些基本的和经久不变的观念”，[③]是思想观念复合体的基本单位。

斯金纳反对诺夫乔伊“观念单元”的观点，他将观念产生的特定环境、背景与条件统称为“语境”，[④]他认为，任何观念都无法脱离原有的社会环境而孤立存在，观念及其意义会随语境的变化而变化，不存在超脱于具体语境之上的恒久不变的基础观念。

在方法论的选择上，本文倾向于斯金纳的“历史语境主义”。谣谚尤其是歌谣本身带有明显的时代特征，且谣谚根植于民间土壤，“天籁自鸣”“直出肺肝”，与生动的社会生活密不可分。民间观念的形成更是与政治、文化、社会环境等息息相关。在研究中，本文关照谣谚与民间观念产生的语境，援引历史故事与历史事例，将谣谚置于生动的社会环境中展开研究。

观念史的发展为中国传播观念史研究提供了学术视野。在论述中国传播观念史研究的必要性时，吴予敏指出，“我们需要深入而系统的了解，传播观念对于历史上的传播制度、传播事件、传播组织与传播行为发生了什么影响”，“对今天的中国社会发生了什么影响”。[⑤]

---

① 王凯旋，李阳：《中国谣谚民俗史》，第164页。

② 张旭鹏：《观念史的过去与未来：价值与判断》，《武汉大学学报》（哲学社会科学版）2018年第2期。

③ Arthur Oncken. *Lovejoy, The Great Chain of Being:A Study of the History of an Idea.*Cambridge and London, Cambridge: Harvard University Press,2001。

④ Quentin Skinner, Rhetoric and Conceptual Change, *Finnish Yearbook of Political Thought*, no. 3(1999).

⑤ 吴予敏：《谈谈中国传播观念史的研究》，《新闻大学》2008年第2期。

在中国传播观念史研究中，吴予敏同样强调进入中国语境解读中国传播观念的重要性。他主张从史观、史实、史料、史述四个要素出发，以传播观念为研究焦点，既包含“核心观念的内涵意义”，也包括“社会历史上人们据此所展开的传播（交往）行为及建构的传播制度”。[①] 其中，史观即核心观念，史实即各种记载中的传播人物与媒介事件，史料即相对集中的观念史史料，史述即有机地整合与阐述。

本文即采用吴予敏所提出的中国传播观念史的研究框架，以提炼出的民间交往观念为核心，重新查找组织相关材料，并对材料文本进行深入的阐释与解读，以期对影响中国古代民间交往行为的交往观念形成系统的分析与认识。

三、民间交往的“中庸观”

“中庸观”为民间交往的重要观念。民间交往中所体现出的“中庸”之道，一方面深受儒家中庸思想的影响，体现出对于中和、中正、忠恕的要求，表现在与人交往中，即提倡对人保持不偏不倚的客观评价，与人维持亲疏有度的社会关系，以宽容与退让的态度解决争端；另一方面，中庸在民间异化后，走向不辨是非、不争短长的极端，即在人际交往中，主张一味忍让，不分辨、不争辩是非对错，体现出以“忍”处事的文化特点。

（一）民间交往“中庸观”的提出

本文在谣谚研究中发现，民间交往受儒家中庸思想的影响，体现出交往的“中庸观”的特点。

中庸被誉为“孔门心法”，是孔子及儒家思想的重要部分。中庸是孔子晚年所提出的重要观点。[②] 中庸的提出与当时的社会背景和孔子的思想联系密切：

春秋时期，周王室式微，各诸侯国逐渐摆脱了周天子的控制，分封制土崩瓦解，兼并战争不断，百姓苦于连年征战，民不聊生，上下僭越、礼崩乐坏的情况屡屡发生。在此背景下，孔子提出“仁”的主张，仁，即“爱人”，“己欲立而立人，己欲达而达人”（《论语·雍也》），而中庸是通向“仁”的必由之路。[③] 为改变社会失序的混乱局面，孔子继而提倡复“礼”，从周礼，而“礼”源于对等级的要求、对欲望的节制，即荀子所言“养人之欲，给人之求”（《荀子·礼论》），本身便带有中庸的意涵。

① 吴予敏：《中国传播观念史研究的进路与方法》，《新闻与传播研究》2008 年第 3 期。

② 刘俊坤：《中庸：中国人性格的秘密》，北京：当代中国出版社，2011 年。

③ 张荣荣：《孔子“中庸”之提出》，《新西部》（理论版）2013 第 13 期。

其实，中庸并非孔子原创，它有着深远的理论渊源。尧在让位于舜时，曾叮嘱其要“允执其中”（《论语·尧曰》）；《周易》主张“素其位”“备于中”，注重卦位中正、阴阳相合。刘俊坤以“中庸以《周易》为宗，《周易》以中庸为用”①来论述两者之间的关系。孔子便是在修习《周易》之时发掘了中庸之道。

中庸的核心概念是“中和”，“喜怒哀乐之未发谓之中，发而皆中节谓之和”（《中庸》），中和有节制之意；朱熹将其进一步解释为“不偏不倚，无过不及”（《中庸章句》）。由此可见，“中和”含适度与中正两方面的含义。

适度、节制要求人们知足、知止、留有余地，谚曰“知足常足，终身不辱；知止常止，终身不殆”，又曰“当行则行，当止则止”（《颜氏家训·名实》），为人或处事都不可过于求满，“居盈满者，如水之将溢未溢，切忌再加一滴”，过满则溢，“爽口之味”“快心之事”皆取五分为之，欣赏“花半开，酒微醉”的意趣。

《后汉书·黄琼传》曾记载，黄琼应征入京，行至半程，托病不前。李固引谚“峣峣者易折，皎皎者易污”对其加以劝告，意谓做人应避免养成极端个性，过于刚直或过于皎洁皆不可取，如伯夷般狭隘或如柳下惠般轻浮皆不可取，应追求“不夷不惠，可否之间”，折中取之。

良好的品德是与人交往的前提，品德修养亦讲究适中原则，所谓“清能有容，仁能善断，明不伤察，直不过矫”，“俭，美德也，过则为悭吝，为鄙啬，反伤雅道；让，懿行也，过则为足恭，为曲谨，多出机心”，过清、过仁、过明、过直、过俭、过让，在与人交往中皆不可取。《颜氏家训》同样主张应为个人名声或言行留有余地，否则，“至诚之言，人未能信，至洁之行，物或致疑”（《颜氏家训·名实》），反而影响交往效率，甚至带来灾难。

在维持人际关系时同样应追求亲疏有度，不可“太亵狎”（《袁氏世范·处己》），不可“过庄”（《孔子家语·好生》），即与人交际应把握狎与庄的限度，过于随意亲密会显出轻浮，过于庄重会显得客套拘谨，“狎足以交欢，庄足以成礼”（《孔子家语·好生》）才是关系的最佳状态。

中正即不偏不倚。孔子曾以欹器“虚则欹，满则覆，中而正”（《孔子家语·三恕》）来说明中正的重要性。体现在人际交往中，中正要求人们不因私情而有所偏倚，即儒家所言以贤举贤，举贤不避亲、不避仇怨。《袁氏世范》中亦有类似描述，主张待人应“以直报怨”（《袁氏世范·处己》），奉行中正之道，判断一人的是非贤愚，皆应当其实，不应受限于私交或私怨。

“忠恕”是中庸的又一概念。“己所不愿，勿施于人”（《中庸》）是谓忠恕。将

① 刘俊坤：《中庸：中国人性格的秘密》，第209页。

“忠”与“恕”单独释义，其具体内涵有所区别。《论语·公冶长篇》中记载，令尹子文不因袭位而喜悦，不因被罢黜而愤怒，对于自己的从政经验，从来都是据实已告，孔子赞其为“忠”。可见“忠”常指为人臣子对于君主应尽己忠心，与民间社会生活相隔较远。“恕”则强调推己及人，主张宽容退让，影响着民间交往行为与交往观念。本文所言“忠恕”，强调“恕”之意。

“忠恕”在谣谚与交往中主要体现为以下关键词：

一是“退”与“让”。谚曰“用心计较般般错，退步思量事事宽”，“争先的径路窄，退后一步，自宽平一步”，指与人发生争端，各退一步、各让一招是有效的解决办法。以退为进、利人利己也是中国人在社会生活中所秉持的重要原则，这在“让礼一寸，得礼一尺”，“处世让一步为高，退步即进步的张本；待人宽一分是福，利人实利己的根基”等谣谚中皆有所体现。

二是“容”与“饶”。“用人不宜刻，刻则思效者去”，“容”与“饶”强调对人不宜太过苛刻，“深山毕竟藏猛虎，大海终须纳溪流”，要像深山与大海一样有容纳万物的气度，对于别人的冒犯与错误，应“得饶人处且饶人”，不能因一言一事不合心意就疾言厉色，应学会从理智上排遣情绪，从感情上宽恕他人。[①]

由此可见，“退”与“让”、“容”与“饶”分别适用于与人争端、待人之错这两种不同的情境，但其本质均为提倡不与人过分计较、宽容大度的处事之法。

“宰相肚里好撑船”又言“宰相肚里能撑船”，或“将相顶头堪走马，公侯肚内好撑船”，在流传中其词句发生一些变化，但未离其本意。

关于此条谚语，自古以来典故颇多。一说与北宋宰相王安石有关。相传，王安石晚年迎娶才女姣娘为妾。起初两人情意相投。后因王安石公务繁忙，姣娘寂寞难耐，常与仆人倾诉衷肠，两人慢慢产生感情。王安石得知大怒，责问姣娘，姣娘以“大人莫见小人怪，宰相肚里好撑船”乞求原谅。王安石思忖再三，最终决定成全姣娘与仆人。

明代叶盛在《水东日记·杨大理诗谑》中记载了另一个故事。南京大理寺少卿杨公复的家仆常在玄武湖中采萍藻喂猪，都察院吴思庵派人阻止。杨公复写下诗句“数点浮萍容不得，如何肚里好撑船”，讽刺吴思庵斤斤计较，无容人之度。

“宰相肚里好撑船”的典故大多与宰相或官员有关，但在民间流传的过程中，“宰相”早已不特指具体的官职或人群，而只是劝人宽容、请人原谅的奉承之词。“宰相肚里好撑船”意指在与人交往中，应学会宽容大度，不可小肚鸡肠、斤斤计较。

① 见于《庞氏家训》：“非意相干，可以理遣。人有不及，可以情恕。”

“中和”与“忠恕”均为中庸的内涵，两者一脉相承、各有侧重。可以说，忠恕也是中和的一种表现形式。忠恕侧重于强调对待他人错误，应学会换位思考，抒发情绪亦应有所节制，“打人莫打膝，道人莫道实”，避免因情绪失控而对他人造成伤害。

此外，忠恕也应秉持有所限度有所节制的原则，对待他人做到宽严有度。

据《颜氏家训·治家篇》记载：梁朝一中书舍人，治家严苛，妻妾不堪其扰，遂买通刺客，等他喝醉后，合力将他杀害，这是待人过于苛刻的代价；齐朝吏部侍郎房文烈因连日暴雨家中粮食短缺，遂遣奴仆外出买米，奴仆趁机逃跑，三四天后方被抓回，房文烈竟未对其进行任何惩罚，只是温和地问他“家中缺粮，你去哪儿了”，若为人如此宽仁，以至于无原则、无是非的程度，终会导致“饮食饟馈，僮仆减损，施惠然诺，妻子节量，狎侮宾客，侵耗乡党”等一系列后果，危害无穷。

由此可见，在与人交往中，若过于苛责，不懂忠恕之道，无容人之量，易招致不满，引来报复；而施行忠恕若不坚守道德与底线，放弃是非的判断，无限度的纵容他人，最终会导致对方的得寸进尺、步步紧逼，形成病态的人际关系。

中庸，对中国人的性格和行为影响深刻，被称为“中国人性格的钥匙”，[①]对中国人的社会交往亦产生着重要影响。综上可见，民间交往的“中庸观”主要体现在：

一是要求人们秉持节制、适度的原则，反对极端个性，主张中和变通；具体到与人交往中，提倡如水般纯净高雅的人际关系，[②]主张应根据关系远近做到亲疏有度，避免因过于亲近而产生冒犯，避免因过于疏远而对亲密关系产生影响。

二是在对人进行评价时，应坚持中正客观、不偏不倚的原则，不因私人关系或个人好恶影响对他人品德才能的正确判断，要“一码归一码”。

三是奉行忠恕之道，如谚语所言“水至清则无鱼，人至察则无徒”，在与人交往中，过于明察会给他人带来无形的压力，影响交往的体验；保持宽容大度的胸怀与气度，有利于与人维持良好的人际关系。但忠恕要以坚守底线、明辨是非为前提，宽容不等于无条件无原则的退让。

（二）民间交往中的“中庸”异化

在谣谚研究中发现，民间交往“中庸观”的内涵，除上文所提与儒家中庸思

① 刘俊坤：《中庸：中国人性格的秘密》，第 209 页。

② 见于《庄子·山木》：“君子之交淡如水。”

想相契合之外，民间对中庸及其内涵的理解还呈现出简化与极端化的另一倾向，本文将这一现象称为“中庸”在民间交往观念中的异化。

子曰：“中庸之为德也，其至矣乎，民鲜久矣。”（《论语·雍也》）孔子提倡中庸，并劝导百姓奉行中庸之道。

但通过谣谚研究发现，民间对中庸的理解与倡导走向了另一极端，即不辨是非、不争短长、藏污纳垢、一味退让。这在谚语“不痴不聋，不成姑公”中有所体现。

该谚语在产生之初，重在强调为君为臣之道。慎子曾用“不聪不明，不能为王，不瞽不聋，不能为公”说明为人臣子不可事事明察。隋文帝时，大都督邴绍辱骂皇帝昏聩被举报，隋文帝大怒，欲杀之而后快，长孙平引谚“不痴不聋，未堪作大家翁”劝告人君应有宽阔的胸怀，对于诽谤和辱骂不必所言尽知，不必事事追究。

在不断流传中，该谚语逐渐发展成为处理家庭矛盾的智慧之法。据《资治通鉴》记载，唐代宗将其最宠爱的女儿升平公主嫁于郭子仪之子郭暖为妻。郭子仪为平定安史之乱的功勋将领。一次，升平公主与郭暖发生争吵，郭暖口出狂言，说“你家的江山都是我家打下来的”。郭子仪得知后，将郭暖捆绑至殿前认罪。唐代宗以“不痴不聋，不做家翁”化解了矛盾，并未怪罪郭暖。

唐代宗饶恕郭暖是出于宽容大度的胸怀，还是权力的考量，后人难以知晓。但“不痴不聋，不做家翁”却在民间进一步传播，其释义也不再局限于君臣之道，而演变成了在面对他人尤其是晚辈的错误时，应“睁一只眼闭一只眼”，不必过于计较，提倡难得糊涂，成为一条带有普遍指导性的人际关系处理准则。

通过对比与分析可以发现，关于中庸的理解，民间与儒家正统思想之间分歧的焦点在于：在与人交往中，如何看待是非，如何对待错误。

对于自己的错误，民间与儒家皆主张知过即改，对自己的品行具有高标准与高要求。孔子认为，能坦然接受他人的批评与监督，有过能改才是君子的典范。[①] 谚语中也强调以“责人之心责己”，以“恕己之心恕人”，“人之过宜恕，而在己则不可恕”，同样的错误在人则应宽容、饶恕，在己则不能轻易放过，应及时改正，即所谓“严于律己，宽以待人”。袁采在《袁氏世范》中也教育子孙，作为君子，要将别人的议论作为发现和改正自己错误的机会。[②]

---

① 见于《论语·宪问》：“况古之君子，过则改之；今之君子，过则顺之。古之君子，其过也，如日月之食，民皆见之；及其更也，民皆仰之。今之君子，岂徒顺之，又从为之辞。”

② 见于《袁氏世范·处己》：“君子惟恐有过，密访人之有言，求谢而思改。小人闻人之有言，则好为强辩，至绝往来，或起争讼者有矣。”

而在如何对待他人错误方面，民间与儒家主流思想有明显的不同。

儒家主张“隐恶扬善”（《中庸》），对于他人的错误，不可过于张扬。孔子曾说，“言人之恶，非所以美己；言人之枉，非所以正己”（《孔子家语·颜回》），东汉将领马援更是要求子孙要做到“闻人之过，如闻父母之名”（《诫兄子严敦书》），意谓听说别人的错误，应谨慎对待，不可大肆传播。但这都基于对他人错误和是非曲直具有清醒认识的前提下进行。

而民间则主张不必进行对错判断，提倡“己是而彼非，不当与非争；己非而彼是，不当与非平”的消极处世态度，谚语“闻事莫说，问事不知，闲事莫管，无事早归”更是体现出在人际交往中，民间放弃了对是非的追问和鉴别，表现出一种得过且过的态度。

儒家主张“以人治人，改而止”（《中庸》），即提倡因材施教，灵活采用不同的方法，帮助他人改正错误。孔子认为，朋友之间应相互监督、相互勉励，以达到“切切偲偲”（《论语·子路》）的理想状态。但助人改过不可随意为之，应遵循两个原则：一是要注意方式的含蓄、得体，不可不留情面；[①]二是要把握适度原则，“忠告而善道之，不可则止”（《论语·颜渊》），不能自取其辱。

而民间在面对他人错误时，则主张应采取忽视、容忍和无底线退让的态度，大而化之。“饶人不是痴，过后讨便宜”“欺人是祸，饶人是福”等谚语都明确指出，不必纠结于是非对错，饶恕与退让能够免除灾祸，甚至收到回报。这与“吃亏是福”有异曲同工之意。“捉贼不如放贼”将这一观点发展到顶峰，体现出即使面对有违道德底线的行为，民间依然坚持漠然处之的态度和作风。这进一步体现在民间交往中，表现出藏污纳垢、同流合污的倾向，如“持身不可太皎洁，一切污辱垢秽要茹纳得；与人不可太分明，一切善恶贤愚要包容得”；甚至面对家人至亲的失德行为，亦主张无可奈何的接受与容忍。[②]

中庸在民间交往观念中的异化违背了中和的原则，将忠恕发展至无原则、无底线的极端境地。这与中庸思想本身的复杂内涵有一定的关系。作为儒家重要的哲学思想，中庸涵盖中和、忠恕、慎独等多方面的内容。受理解能力和文化水平的限制，民众难以真正把握中庸的精髓与尺度。这在民间谣谚中对同一人物——东汉重臣胡广截然不同的评价中可见端倪。

对于胡广的评价历来褒贬不一。《后汉书·胡广传》称赞他性情温柔、处事严谨、为人谦逊、精通朝事，“虽无謇直之风，屡有补阙之益”，谚语“万事不理，

---

① 见于《孔子家语·儒行解》：“儒有……其过失可微辩而不可面数也。”

② 见于《袁氏世范·睦亲》：“身有疮痍疣赘，虽甚可恶，不可决去，惟当宽怀处之”、“虽其至亲，亦当处之无可奈何，不必譊譊，徒厚其怨”。

问伯始；天下中庸，有胡公”更是将其封为中庸的典范。

而顺帝末京都童谣“直如弦，死道边，曲如钩，反封侯”则将胡广列于奸臣之位。该条童谣所反映的是质帝死后的立帝斗争。质帝死后，时为大将军的梁冀因刘志年幼，易于掌控，遂欲立刘志为帝。太尉李固认为清河王刘庆聪明仁厚、通晓诗礼，又为长子，立刘庆更利于江山稳固。梁冀勾结太后，罢免梁固，将其幽禁致死，尸体随意抛在街边。而胡广因惧怕梁冀势力，与其同流合污，最终被封为安乐乡侯。

对于同一人物，谣谚中竟有截然不同的评价。胡广究竟是奉行中庸之道的君子，还是贪生怕死、心曲如钩的奸臣，这一问题尚且难以统一，足以见民间对于中庸的理解与把握存在困难，更何况要求民众在为人处世中时刻把握中庸的原则。

对于坚守中庸之道的困难，孔子及儒家亦有清醒的认识。孔子曾批评“人皆曰予知，择乎中庸而不能期月守也”（《中庸》）的现象，甚至在孔子看来，坚持中庸的原则，难于辞爵禄，难于蹈白刃，难于均天下。[①]他将坚定不移的追随中庸之道而无怨无悔的人称为圣人。[②]唯有圣人才能如此，又怎能对民众提出过于苛责的要求。

中庸的理解之难、实行之难导致其在民间走向了是非不分、黑白不明、一味退让的极端。相较于儒家中庸的复杂性，民间在社会交往中对于“吃亏是福”“难得糊涂”等的提倡，更通俗易懂、直接扼要、便于实行，更有利于解决社会生活中的实际问题，平息争端，免除矛盾与祸患。

（三）民间交往中的忍文化特征

民间交往的“中庸观”及其异化，体现出中国古代民间交往倡“忍”的特征与倾向。中国传统的“忍”字文化对中国古代民间交往行为及观念的形成产生了重要影响。

“忍”是中国传统文化的重要特征，对于中国人文化心理的塑造产生了重要影响。元朝吴亮所作《忍经》，以“忍”为主题，辑录元代以前与“忍”有关的名人轶事、格言警句、历史故事等，后又与许名奎合作著成《劝忍百箴》，是研究“忍”文化的重要素材。这也说明了“忍”字文化在中国文化中占据着重要地位。

“忍”字文化的形成与中国古代的社会现实密切相关：

一是农耕经济的脆弱性给民众生活带来挑战。中国古代重农轻商，农业是民

① 见于《中庸》：子曰：“天下国家可均也，爵禄可辞也，白刃可蹈也，中庸不可能也。”
② 见于《中庸》：子曰：“君子依乎中庸，遁世不见知而不悔，唯圣者能之。”

众的主要生活来源。农业生产条件艰苦，这在陶渊明的诗句“晨兴理荒秽，戴月荷锄归”中有生动的描述。农业发展讲究天时、地利、人和，自然环境、赋税制度等都会对农业收入造成影响。在此背景下，民众经济基础薄弱、生活条件艰苦，需要培养坚韧能忍的品格以应对恶劣的生存环境。

二是中国古代实行中央集权的专制统治，等级森严，注重下位对上位的绝对服从，忽视个人意志与精神自由。[①]这导致中国古代社会开放程度低，缺乏可供民众自由表达意见的制度安排。“忍”是民众在此种政治制度下维持生存的无奈之举。

且古代社会为礼法社会，要求人人依礼而行。礼，是君主考察群臣的重要标准，是人立于世的重要准则。而礼起源于对人的欲望的控制与调节，[②]要求人们为人处世皆不可随心所欲，要有所节制、有所忍耐。

三是中国古代家族制度发达。家族以血缘关系为基础、以宗法制为核心，聚族而居、累世同居，规模庞大、内部事务繁杂，家族的和谐有赖于家庭成员间的相互理解与退让，“忍”成为维护家族和谐的重要品德。

“忍”字文化有着深刻的思想渊源：

儒家“中庸观”中包含着“忍”的思想。中庸主张中和、忠恕、慎独。中和即节制、适度、中正，它要求人们抒发情感应有所克制，对人对物应把握恰当的尺度，不偏离正确的轨道；忠恕主张面对他人的冒犯或错误，应以仁厚的胸怀予以宽恕；慎独指应无时无刻注重行为修养，不可随心所欲。民间对中庸的异化更是强调不辨是非、不论黑白，一味地容忍与退让。

道家尤其是老子主张“上善若水”（《老子》），欣赏如水般的完美人格，即甘于柔弱卑下、任劳任怨、不争不抢、无私奉献、忍辱负重。道家对于“忍”的强调源于其崇尚自然、淡泊名利、清静无为的处世态度。陈萍在其硕士论文中指出道家思想与其“不争”的理念，“为每一个中国人提供了可以继续忍下去的心理空间，使他们有了一个可以保持内在平衡的心理桃花源”。[③]

禅宗“忍”文化在寒拾对话中有较为明显的体现。据史料记载，寒山曾问拾得：“世间有人谤我、欺我、辱我、笑我、轻我、贱我、恶我、骗我，如何处置乎？”拾得对曰：“只是忍他、让他、由他、避他、耐他、敬他、不要理他，再待几年，你且看他。”这其中包含着因果报应的思想。禅宗之“忍”带有明显的宗教

① 胡发贵：《论中国传统文化之“忍”》，《社会科学战线》2003年第4期。

② 见于《荀子·礼论》：礼起于何？曰：“人生而有欲，欲而不得，则不能无求，求而无度量分界，则不能不争。争则乱，乱则穷。先王恶其乱也，故制礼义以分之，以养人之欲，给人之求。使欲必不穷乎物，物必不屈于欲，两者相持而长，是礼之所起也。故礼者，养也。”

③ 陈萍：《中国人尚忍心态的心理学研究前言》，博士学位论文，南京师范大学，2006年。

意涵，“忍”是修道修佛的重要方式，其与禅宗的善恶有报、轮回涅槃等思想联系密切。

儒、道、释中虽均有关于“忍”的思想与论述，但三者对“忍”的理解有所区别。儒家重点强调中和与忠恕，“忍”是修养的体现，表现出对世俗生活的观照；道家之“忍”源于无视名利的“不争”思想，具有明显的出世意味；禅宗将“忍”视为修道成佛的必然途径，具有独特的宗教意涵。

本文认为，民间交往观念中所体现出的“忍”的文化特征，深受儒家中庸思想中“忍”的意涵的影响，并逐渐走向一味求忍的极端。

由民间谣谚研究可知，民间所言之“忍”的内涵主要包括三方面的内容：

一是“忍”以入仕，即忍得一时困辱，以获得官职为最终目的。据《晋书·杜有道妻严氏传》记载，严氏之子杜植被人污蔑免去官职，严氏引谚“忍辱至三公”劝其学会忍耐，才能到达高位。孔子曾说，“小不忍则乱大谋”（《论语·卫灵公》），在这个意义上，“忍”只是为获得一定的目的而采取的手段。

这与儒家入世思想有一定的关联。儒家提出“士不可不弘毅，任重而道远”（《论语·泰伯》）、“学而优则仕”（《论语·子张》）、“天下兴亡，匹夫有责”（《日知录·正始》）等主张，明确要求士人应树立远大的理想，以家国天下为己任。

李次春在研究中将此种“忍”称为“屈从之忍”，即受制于外部力量所选择的暂行性或策略性的忍耐，一旦环境或条件发生变化，具备向“不忍”与反抗转变的潜力。[①]

“忍”以入仕的思想与民间交往观念相距较远，非本文研究重点。

二是“忍”以避祸。宋代吕居仁引谚“忍事敌灾星”说明为官之人除了应保持清明谨慎之外，还应具备“忍”的品质，以避免树敌引来祸患。在人际交往中，“忍”具有同样的作用。谚曰，“忍得一时之气，免得百日之忧”“得忍且忍，得耐且耐，不忍不耐，小事成大”，与人发生矛盾时，一时的忍耐可以迅速化解争端，同时避免日后更多的纠缠或报复行为。

《袁氏世范》中指出，忍同样讲究道。如若将“忍”的情绪藏于心间，隐而不发，却无从消解，终有一天会如洪水决堤般喷涌而出，不可遏制。而善忍之人，能够将他人的冒犯或侮辱随时排解，“不置胸次”，达到“虽日犯我者十数，亦不至行于言而见于色”（《袁氏世范·睦亲》）的境界。

“忍”以避祸的主张与后文所提到的保身文化存在关联，但其与“隐”以保身的侧重点有所区别。“隐”强调对人对事不言不语不参与，从根源上杜绝卷入争端

① 李次春：《中国传统“忍”文化哲学辨析》，《文化学刊》2019年第2期。

的可能性，以免除祸患；“忍”则主张在面对矛盾或侮辱时，应采取容忍、退让等方式予以化解，避免报复与纠缠。

三是“忍”以求和，将“忍”视为维护和谐的重要手段。

儒家重“和”，和合是儒家的重要理念，具有多方面的内容：“天地合则万物生”（《荀子·礼论》）即阴阳相合、万物生长，三国时期向朗在戒子遗言中将其更为“天地和则万物生”，强调和谐的重要意义；中和提倡为人处世把握适度、中正的原则，力求达到恰到好处的境界；“和而不同”（《论语·子路》）、“和而不流”（《中庸》）等主张明确提出和谐不以消除差别为手段，与人交往要求同存异，寻求在差异中和谐共处的方法，不必盲从附和、随波逐流。民间尚忍的思想同样主张以宽容、忍让的态度对待他人的意见与行为。

中国人对家庭和谐的重视，是儒家和合思想在民间所产生的影响的最为明显的体现。这在“一家之计在于和”“家和贫也好”等谚语中有明显体现。而“忍”被视为是维护良好的家庭关系所必须具备的美德。

《温公家范》中记载了张公艺以“忍”治家的故事：

张公艺，郓城寿张人，其家族九世聚居，合家上下九百余人，却依然能和睦相处，传为佳话，多次受到朝廷嘉奖。唐高宗封禅泰山之时，经过寿张，驾临其宅，召见张公艺，询问他治家之法。张公艺在纸上写出《百忍歌》以对，意谓家族成员朝夕相处，分配不均匀、礼节不完备等都可能引发纷争，如若家族之中，父子、夫妻、婆媳、兄弟、妯娌、主仆等的相处均能遵循“忍”的原则，遇事以理解与忍让为先，方能家庭和睦。

张家以相互忍让来维持和谐的家庭关系的故事，恰好印证了前文所提及的，中国古代聚族而居的家族文化对“忍”文化的形成所产生的重要影响。

张公艺认为，“忍”能显出君子的气度，“忍”不仅适用于家庭内部的交往之中，邻里相处、朋友相交同样要遵循“忍”的原则，“忍”字可以助人“走天下”、“结邻近”，可以使“万祸皆灰烬”，[①] 正所谓“忍一句，息一怒；饶一着，退一步”。

由此可见，“忍”是民间交往的重要原则，或言，民间交往观念中隐含着“忍”的文化特征。民间交往之“忍”强调对人宽容大度，遇事忍让为先，注重维护和谐的社会关系；但“忍”的思想也导致了中国人在与人交往中带有谨慎与怀疑的心理，难以真正敞开心扉，不利于建立积极沟通、健康开放的人际关系。

中国“忍”文化内涵丰富，对中国人的性格和心理产生了正负双方面的影响。从积极意义上来说，“忍”字背后隐藏着中国人坚韧的品质和博大的胸怀，使其即

① 张公艺：《百忍歌》。

使面临困苦的环境、坎坷的命运、复杂的人情，依然能泰然处之，不轻言放弃，是中国人在现实生活中所总结出来的处世智慧；[①] 但同时，“忍”的思想也带来了消极的影响，导致了中国人逆来顺受、不敢抗争的懦弱心理的形成，和麻木、颓废的心态，有学者将“忍”视为中国人奴性的表现之一。[②] 在未来研究中，继续深入剖析“忍”文化的复杂内涵，分析其对国民性的深刻影响，具有一定的研究潜力与空间。

另一方面，现代社会，国人因一时之气、一事不顺而动辄发生争执，甚至演变成肢体冲突的现象时有发生，如常见于新闻报道中的“路怒症”们，中国传统民间交往观念中的“忍”的文化特征被“不忍”和戾气所取代。这是否与民众自由与民主意识觉醒后，对渗透于中国人性格中之“忍”的矫枉过正有所关联，还有待进一步研究。可见，剖析中国传统文化之“忍”在现代社会的表现与意义，及其与当下生活中所存在的“不忍”的现象与行为之间的关联，是未来研究有趣的课题与重要的方向。

四、民间交往的“正己观”

“正己观”是民间交往中的又一重要观念。民间交往的“正己观”要求民众在与人交往中，应“严于律己，宽以待人”，以良好的道德修养应对交往中存在的各种问题，避免形成先入为主或管中窥豹的偏见。正己修身是获得名声的重要途径，好的声名有助于民众在人际交往中树立良好的形象与风评。此外，民间注重环境于人的影响，强调良好的社会关系对人的发展具有推动作用，民间谣谚中有着对于民众择居、择友之道的记载与论述。

（一）民间交往“正己观”的提出

通过谣谚研究可以发现，民众在社会交往中关注自身的道德修养，具有对自己的高标准严要求，本文将此称为民间交往的“正己观”。

正己即修身，强调端正自己的品行，注重自我修养。谚语“救寒莫如重裘，止谤莫若自修”主张通过修身提高品行，以此平息外界对自己的非议。王昶在《诫子书》中引此谚教导子孙，如遇他人诽谤侮辱，应“退而求之于身”，进行自我反省，有则改之无则加勉，不可回击或报复他人。《朱子家训》中也有类似论述，强调与人发生争执，应反身思考自己存在的问题，不能一味怪罪于他人，即“因事相争，焉知非我之不是，须平心暗想”（《朱子家训》）。明朝吕坤更是直言“善恶

① 李次春：《中国传统“忍”文化哲学辨析》，《文化学刊》2019 年第 2 期。

② 柏杨：《丑陋的中国人》，苏州：古吴轩出版社，2005 年。

在己，毁誉由人”（《吕坤年谱》）。

所谓“根深不怕风摇动，树正何愁月影斜”，良好的修养是建立和谐人际关系、获得声誉的基础。民众在社会交往中，应具备反身自省的意识，从交往实践中进行自我观照，吸取经验或教训，修养自身如“治秽养苗，无使莠骄；铲荆剪棘，无使途塞”。

民间交往中对正己修身的提倡深受儒家思想的影响。春秋时期，礼崩乐坏，传统价值观崩塌，社会失序。在此背景下，儒家提出“修身为本”（《大学》）的主张，意在通过人们自觉地进行自我修养，重建社会秩序。

子曰：“见贤思齐焉，见不贤而内自省也”（《论语·里仁》）。儒家将自省作为修身的重要途径。孔子曾说，正己如同君子射箭，箭未射中靶心，不能怪罪于器具，而应“反求诸自身”（《中庸》）。儒家的正己修身观与其入世思想一脉相连，它将个人修养与政治志向联系在一起，建立了修身—齐家—治国—平天下的逻辑链条，即“古之欲明明德于天下者，先治其国；欲治其国者，先齐其家；欲齐其家者，先修其身”“身修而后家齐，家齐而后国治，国治而后天下平”（《大学》）。

修身正己要以“礼”为标准，孔子所言之“礼”为周礼。“礼”与“仁”关系密切。“仁”是孔子思想的核心，仁，即“爱人”，“克己复礼为仁”（《论语·颜渊》）。仁是礼的内在精神，礼是仁的外在形式，是达到仁这一最高道德境界的方式和手段。儒家将礼视为一切行为的规范与准则，“非礼勿视，非礼勿听，非礼勿言，非礼勿动”（《论语·颜渊》）明确提出人们的一言一行都要参照礼的标准，追求“礼仪卒度，笑语卒获”（《诗经》）的境界。依礼而行同样有利于高尚品德的培养与形成。[①] 因此，修身正己也要遵循礼的原则。孔子曾说，“不知礼，无以立”（《论语·季氏》），将礼视为人立身于世的重要准则；荀子言“礼者，所以正身也”（《荀子·修身》），认为如果“非礼”“无礼”，那么修身正己便无从谈起。

民间交往的“正己观”提醒民众在社会交往中，应时刻保持警惕，进行自我检视与自我反省，避免因自身存在的错误与问题而影响与他人良好关系的形成。

谚曰“台灯照人不照己”，在人际交往中，人们易出现过于苛责他人而极少进行自我反省的问题。曾子曰：“吾日三省吾身：为人谋而不忠乎？为朋友交而不信乎？传不习乎？”（《论语·学而》）修身之人善于进行自我反思，将对自我的要求放至首位，与人发生争端时，首先会反身自责，不会归罪于他人，具有“严以律己，宽以待人”的气度和风范。

① 见于《荀子·礼论》：“故厚者，礼之积也；大者，礼之广也；高者，礼之隆也；明者，礼之尽也。”

谚曰“人莫知其子之恶，莫知其苗之硕”，意谓受限于个人好恶与私人情感，人们难以对他人进行客观公正的认识与评价，这是人性的弱点所在。而正己修身，可以帮助人们克服在人际交往中的偏见，达到“好而知其恶，恶而知其美”（《大学》）的境界，形成对他人立体、全面的认识。

正所谓“反己者，触事皆成药石”，“日日知非”“日日改过”，方可日日进步[①]，修身正己、自我反省是民众改正错误、提高自身修养的重要途径，同样，这种习惯的养成也为长久、和谐的人际关系的建立与维持奠定了基础。

此外，正己是正人的前提。子曰，“其身正，不令而行；其身不正，虽令不从”（《论语·子路》），为人君者推行政令尚且需要以身作则，民众在与人交往中，更须遵循正人先正己的原则。《袁氏世范》对此有精到的表述，即“勉人为善，谏人之恶，先须自省”（《袁氏世范·处己》），意指为他人提供建议，须局限在自己擅长的领域或已成功的事情之上，否则会为人所耻笑。

儒家讲究身心一体，所谓“欲修其身者，先正其心”（《大学》），修身的根本在于修心。《菜根谭》中建议从静中、闲中、淡中寻求观心之法。[②]民间同样强调为人处世要以问心无愧为首要标准，所谓“再三须重事，第一莫欺心”“但求心无愧，不怕有后灾”“为人莫作亏心事，半夜敲门鬼不惊”等，这同样解释了，“扪心自问”何以成为自我反省的重要方法。同时，这也体现出中国人做人做事的重要标准，即对“己”负责、对“心”负责。

慎独，是正己修身的最高境界。子曰，“莫见乎隐，莫显乎微”（《中庸》），慎独要求人们始终保持高尚的品德与良好的修养，不因环境的显隐而改变自己的行为。所谓“相马以舆，相士以居”，人的真实品性隐藏在其日常的行为之中，“处隐微之事，心迹宜愈显”。慎独与修心一脉相承，人易欺，但心不可欺。儒家之慎独强调君子的自我修养，主张“诚于中，行于外”（《大学》），而民间慎独的要求常带有禅学意味，如“人间私语，天闻若雷；暗室亏心，神目如电”，“心以为可，心以为是，人虽不知，神已知之矣”，反之亦然，主张心神相通。

总的来说，民间交往的“正己观”主要包含以下方面的内容：

一是良好的道德修养是与人建立良好的人际关系的前提。修身正己要求民众要加强自我修养，一言一行均需遵照“礼”的标准，直至达到慎独的境界，即在任何的环境中，都能保持表里与言行的始终如一。

二是正己要求在与人交往中，应秉持“清者自清”的原则，面对侮辱或误解、

---

① 《了凡四训》引谚。

② 见于《菜根谭》：“静中念虑澄澈，见心之真体；闲中气象从容，识心之真机；淡中意趣冲夷，得心之真味。观心证道，无如此三者。”

争执或矛盾，不必做过多的解释，而是重点反思自己为人处世中可能存在的问题或疏漏，从而提高自身修养。这也体现出民间交往观念中从“己”出发，以“己”为中心的重要特征。

三是正人以正己为基础。所谓“贤者以其昭昭使人昭昭”（《孟子·尽心章句下》），在人际交往中，一个人自身的优秀品质会对他人产生潜移默化地积极影响。

四是正己修身可使人在人际交往中克服人性中的弱点，时刻反身自省，对待他人采取宽容的态度，消除偏见，不因关系的亲疏或私人的感情而影响对他人客观、全面的认识与判断。

（二）名声对民间交往的影响

谚曰，“雁过留声，人过留名”，中国人向来重视名声，名声的好坏影响着人们在社会交往中的地位与姿态。苟东锋认为，名声体现出外界对个人的认识与评价，“直接涉及自我的意义问题”。[①] 据《新五代史·王彦章传》记载，梁朝名将王彦章被后唐军队俘虏，唐庄宗劝其归降，王彦章引谚“豹死留皮，人死留名”来表达自己的志向，最终英勇就义，以生命为代价换取死后英名。

民间对名声的重视深受儒家思想的影响。孔子曾说，“君子疾没世而名不称焉”（《论语·卫灵公》）；孟子认为，名声的重要性甚至超过权力与富贵，即“令闻广誉施于身，所以不愿人之文绣也”（《孟子·告子上》）。这与道家轻名重命的思想截然相反。

中国古代社会是农业社会，以小农经济为主体，土地是最基本的生产资料，这也导致了中国传统社会具有不流动性的特点。古代中国人世代定居，生活在以“己”为中心，按照亲疏关系依次散开的“社会圈子”之中，费孝通在《乡土中国》中将这种关系模型称为“差序格局”。[②] 环境的相对固定强化了名声在民间生活中的重要作用。

在此背景下，民间对于名声的重要性与社会舆论的威力具有清醒的认识，谚语“众口铄金，积毁销骨”指众人的言论能够将金属熔化，正所谓流言可畏，这提醒民众在社会生活中，要注重树立良好的名声，如果为人处世随心所欲无所顾忌，就会受到舆论的批判，无形的冷眼与批评甚至可能导致诸如“千人所指，无病而死”一般的严重后果。

谚曰，“厚者不毁人以自益也，仁者不危人以要名”，民间重视名声，但同样

① 苟东锋：《儒家之“名”的三重内涵》，《哲学研究》2013 年第 8 期。
② 费孝通：《乡土中国》，北京：人民出版社，2008 年。

主张要以正当的方式获取名声，沽名钓誉、争名夺利、损人利己皆不可取，即荀子所言“贵名不可以比周争”（《荀子·儒效》）；且民间提倡要名实相副、名副其实，袁了凡在《了凡四训》中指出，如果人一味贪图盛名，而缺乏与之相符的实力，终会招致灾祸（《孟子·离娄章句下》）。儒家同样强调，君子以“声闻过情”为耻（《孟子·离娄章句下》）。

良好名声的建立有赖于高尚的道德修养，即荀子所言“荣辱之来，必象其德”（《荀子·劝学》）。《颜氏家训》中将名与实比喻为形与影的关系，影之美丑的根源在形，主张求名必先修身，若“不修身而求令名于世者，犹貌甚恶而责妍影于镜也”（《颜氏家训》）。由此可见，正己修身是获得名声的主要途径。

谚语“好事不出门，坏事传千里”是对好事、坏事传播规律的总结，指出与好事相比，有损个人声誉的坏事的传播范围更广、传播效率更高，周伟业认为，这是因为，坏事的反常性使其更具有新闻价值，更容易引人关注。[①]所谓“积善三年，知之不多；为恶一日，闻于天下”，[②]这提醒人们，要想保持好的名声，必须时刻小心谨慎，注重自己的行为规范，否则，“千里之堤，溃于蚁穴”，一件小事就足以让自己用心经营多年的好名声毁于一旦。

关于“好事不出门，坏事传千里”的典故，宋代孙光宪在其著作《北梦琐言》中曾记载了这样一个故事：

五代时晋国丞相和凝，年少时酷爱写曲子词，即现在所说的宋词。曲子词配乐而歌，常在勾栏瓦舍一类的市井场所演唱，向来为正统文人所不齿。和凝入相后，害怕曾经的经历会威胁他的名声，便专门派人将其所作之词全部整理烧毁。但即便如此，人们依然称他为“曲子相公”，并以此来讥笑他。对于他为官期间兢兢业业、清正廉明、厚重有德的高尚品德，却无人歌颂。

这再次说明了“一失足成千古恨”的道理，提醒人们要时刻保持修身正己的意识，注重自身高尚品德的培养与行为规范，“修其内”，“积德于身”（《荀子·儒效》），只有这样，才能避免留下污点，避免授人口实，拥有好的名声。

好名声的建立要求人们时刻保持正己修身的意识与能力，作为修身的最高境界，慎独有利于良好名声的维持。荀子曾举例说明为人处世“为善不积邪”，自然会获得好名声的道理：瓠巴鼓瑟，游动的鱼都驻足倾听；伯牙弹琴，连吃食的马都仰头欣赏；山中之玉默默滋润草木，深渊中的珍珠为断崖保持着生命的活力。正所谓“声无小而不闻，行无隐而不行”（《荀子·劝学》）。这与谚语“有麝自然

① 周伟业：《东方范式：华夏传播理论的内涵、特征与价值——以汉语成语、谚语、俗语为中心的思考》，《南京政治学院学报》2010年第5期。

② 《晋书》引谚。

香，何必当风立”所表达的道理是相通的。意谓人们只要具备了良好的道德修养，不必急于在人前夸耀或显示，自然会受到仰慕，获得声名，供人人传颂。

（三）交往环境于“已”的影响

民间交往的“正己观”强调民众应加强自我要求，以良好的修养与姿态投入到社会交往之中。但同时，人生活在复杂的关系网络和社会环境之中，不可避免地受到周边事物的影响。环境在人们习惯的养成、品德修养的形成、价值观的建立等方面产生着重要的影响。人们在修身正己的同时也无法避免环境于己的影响。此处所言之环境，包括客观环境与社会关系。

对客观环境的重要性，荀子曾有深刻的认识及阐述，据《荀子·劝学》记载：

南方有一只名叫蒙鸠的鸟，它用羽毛做巢，用发丝将巢编织、系结在芦苇的穗子上，苇穗易被风吹断，导致幼鸟被摔死，这是因为鸟巢所系的地方不够安全的缘故；西方有一棵名叫射干的树，茎仅四寸长，但由于它生长于高山之上，故可以俯瞰万丈深渊，这是因为生长地势的缘故。

所谓“蓬生麻中，不扶而直；白沙在涅，与之俱黑”，这句话出自《荀子》，后逐渐发展为广泛流传的谚语，被收录在《古谣谚》之中，用以说明环境的影响，即《诗经》中所说“必择所堪，必谨所堪”。①

与动植物一样，人在社会生活中同样会受到环境的影响，孟母三迁的故事就是一个典型的例证：

孟母即孟子之母。相传，孟子儿时曾居住于墓地之旁，熟悉葬坟、祭拜之事；为此，孟母带孟子搬家到集市之旁，集市整日熙熙攘攘、利来利往，买卖吆喝声不断，孟子在游戏时也学着商人的模样点头哈腰、迎来送往；孟母再次将家搬到学校的旁边，来往读书人言谈引经据典，举止温文尔雅，受此影响，孟子慢慢习得礼仪，养成了热爱读书的习惯。后人认为，孟子终成一代大儒与其儿时的生活环境有一定的关系。

清代思想家谢启昆曾言，“俗之熏人，如室中烧恶草，衣带皆臭，行人过之，皆掩鼻，而其人自己不知”②，这同样说明了环境与习俗会对人产生潜移默化的影响。

人在社会生活中与他人交往，形成各种各样的社会关系。除了客观环境之外，社会环境的影响同样包括社会关系中人们彼此之间的相互影响。谚语“近朱者赤，

① 此句出现在《墨子·所染》篇对《诗经》的引用之中，在现存《诗经》中已经丢失。
② 谢启昆：《树经堂文集》。

近墨者黑”从孔子的“丹之所藏者赤，乌之所藏者黑”（《孔子家语·六本》）发展而来，点明了这种人对人的影响。

常言道“远亲不如近邻”，民间向来重视邻里相处。所谓“居必择邻”，邻居的为人处世、道德修养在邻里关系的维护、生活琐事的处理等方面发挥着重要作用。

六尺巷的故事发生在安徽桐城，至今广为流传，被称为是处理邻里间争端的典范：

清朝康熙年间，大学士张英在桐城的府邸与吴姓人家毗邻，两家因起房造屋、争夺地皮发生冲突，始终僵持不下。张英之母张老夫人修书一封，派人送与张英手中，希望由他出面解决争端。张英在了解到事情的来龙去脉之后，便作诗回信一封，写道：“千里家书只为墙，让他三尺又何妨。万里长城今犹在，不见当年秦始皇。”张家听从了张英的建议，主动将院墙退让三尺。吴家见此情形，心生愧疚，便将自家院墙同样后移三尺。六尺巷由此而来。

谚曰“非宅是卜，唯邻是卜”，六尺巷的故事说明，邻居的处世之道同样会对自己产生影响，且邻里相处要始终以谦和宽容为原则，遇事相互包容、共同退让，以促成和谐邻里关系的建立。

孔子曾说，“不知其人视其友”（《孔子家语·六本》），这与“物以类聚，人以群分”含义相同，指朋友之间意趣相投，相互影响，以友为镜，可以形成对一个人较为准确全面的认识。

孔子以芝兰之香、鲍鱼之肆分别比喻良友、损友对人产生的影响，即“与善人居，如入芝兰之室，久而不闻其香，即与之化矣；与不善人居，如入鲍鱼之肆，久而不闻其臭，亦与之化矣”（《孔子家语·六本》），颜氏在家训中教导子孙时，采用了这一说法。

常言道“在家靠父母，出门靠朋友”，民间同样重视朋友的作用。谚语“君子重袭，小人无由入；正人十倍，邪辟无由来”，将教育与朋友对人的影响置于同等的地位，认为好的朋友与教育一样，可以帮助人培养高尚的品格，抵御不良的诱惑。

所谓“从善如登，从恶如崩”，[①] 良友之间可以相互勉励、攻坚克难，共同进步；而损友会消磨人的意志，将人迅速地引向颓废和堕落。所以，择良友而交显得至关重要。孔子明确提出良友的三个标准，即“友直、友谅、友多闻”，提倡要同正直、诚信、见闻广博的人交朋友，主张与谄媚奉承、虚伪狡诈、夸夸其谈的人拉

① 《国语》引谚。

开距离。[①]

五、民间交往的“善隐观”

民间交往的“善隐观”要求民众在社会交往中不可过于显露自己，不可完全交付真心，要以“隐”的方式远离祸患，保全自身，具体来讲，包括隐财、隐才、隐巧、隐言这四方面的内容。保身，为民间交往倡隐尚隐的最终目的。民间交往“善隐观”中的保身意涵，妨碍了开放、互动、良好的人际关系的建立。

（一）民间交往“善隐观”的提出

通过谣谚研究可以发现，民众在社会交往中表现出较为明显的尚隐倾向，即主张与人交往应低调本分，不宜张扬，本文将其称为民间交往的“善隐观”。

谚曰“枪打出头鸟”，体现出民间在显隐之中弃显善隐的主张，提醒人们在社会生活中要时刻保持警惕，“念念有如临敌日，心心常似过桥时”，不可追求特立独行，过于显露自己。所谓“祸不入慎家之门”，只有为人小心谨慎，远离名利争夺，才能免遭灾祸。谚语中类似的表述有“出头的椽子先烂”“出头的笋子先折断”“出头的鸽子先遭难”等等。

民间“善隐观”的形成受社会环境的影响，有着深刻的思想渊源：

首先，中国古代实行中央集权的专制统治，推行重农抑商的经济政策，农业是收入的主要来源。受高压的专制统治与自然经济的脆弱性的影响，民众的生活面临来自政治与经济的双重风险。“城门失火，殃及池鱼”“人在家中坐，祸从天上来”等谚语均体现出民间对于这些不可预知的危险的恐惧心理。善隐能够让人尽可能地免受牵连、远离灾祸，是民众在漫长的社会生活中所总结出来的生存之道。

其次，道家尤其是老子思想，是民间“善隐观”的哲学根源，它对这一观念的形成的影响主要表现在：

老子反对过度追求名利与财富，主张“致虚极，守静笃”，提倡顺应自然、不争不抢的人生态度和处世原则，即所谓“夫唯不争，则天下莫能与之争”（《老子》）。

老子主张“贵柔”“守雌”，所谓“兵强则不胜，木强则折”，认为至柔之物，可以“驰骋天下之至坚”。他推崇如水般的道德品质，即所谓“上善若水”（《老子》），提倡为人处世应如水一般，宽厚善良、甘于卑下、无私奉献、不求回报，柔弱之中却自有战胜刚强的力量。

---

① 见于《论语·季氏》：孔子曰：“益者三友，损者三友。友直，友谅，友多闻，益矣。友便辟，友善柔，友便佞，损矣。”

老子曾言，“曲则全，枉则直，洼则盈，敝则新，少则得，多则惑”（《老子》），以辩证的方式说明了为人处世不必自我夸耀、自我显露，委屈反而能求全的道理。正所谓“勇于敢则杀，勇于不敢则活”（《老子》），这警醒人们为人处世收敛锋芒、低调谦和才是保身之道。民众在现实生活中，在总结社会交往实践经验的基础上，吸收了老子思想的精髓，总结出民间交往的“善隐观”。

儒家思想中也有关于“隐”的相关论述，如孔子所言“敏于事而讷于言”（《论语·里仁》），提倡为人做事要少说多干、落实行动，不可纸上谈兵，不可自我夸耀。这一主张同样体现在民间谚语之中，如“桃李不言，下自成蹊”，说明道德高尚、才华横溢的人不必自我宣传，也能为人所知晓。这也体现出中国古代重行轻言的传统与倾向。值得注意的是，本文所言民间交往的“善隐观”具体指民众在社会交往中所总结出来的，以“隐”避祸的智慧与经验，而儒家之“隐”更多地出于道德修养层面的考虑，是对君子言行所提出的要求，故不在本文的研究范围之内。

通过谣谚整理可以发现，民间交往的“善隐观”主要体现在隐财、隐才、隐巧、隐言四大方面，本文将分别予以论述。

隐财指民众在社会生活中，切忌轻易显露财富。古人曾说，“富贵者，人之怨也”，财富会招致他人的嫉妒与怨恨，最终引来灾祸。谚语“匹夫无罪，怀璧其罪”便表达了这一道理。

据《春秋·左氏桓七年传》记载，虞叔有一块价值连城的美玉，虞公听说后想占为己有，被虞叔所拒。后来，虞叔受民谚“匹夫无罪，怀璧其罪”的启发，认为贪图美玉终会给自己招致罪责，遂将其献于虞公。谁知虞公不知满足，再次索要虞叔的宝剑。虞叔认为，虞公如此贪图财富，不知收敛，终会祸及自己，遂派兵攻打虞公，虞公狼狈出逃。这说明了财富会被人所觊觎，最终给自己带来麻烦。虞公的下场也提醒人们，求取财富若贪得无厌、不知休止，终会给自己带来灾难。

在不断的发展中，谚语“匹夫无罪，怀璧其罪”也被用来比喻因才获罪的现象。

隐才即主张才不外露，追求大智若愚的境界，这与庄子“无用之用”（《庄子·人间世》）的思想一脉相承。

《庄子·人间世》中所记载的“栎树无材方能长寿”的故事是对庄子“无用之用”思想的最好注解：

相传，齐国曲辕有一棵茂盛无比的栎树，被当做社树供人参观，其阴可以遮蔽几千头牛，树干有百尺之宽，树梢高临山巅，树枝可用来造船十余艘。一个木匠路过于此，却没有表现出对这难得一见的巨树过多的兴趣。弟子询问其缘故。

木匠回答："这棵树是无材之木，没有任何的用途，如果用它做材料，那么所造之船定会沉没，所制之棺容易腐烂，所作之器易被损坏，用作屋柱也容易被蛀虫腐蚀。"

夜里，木匠梦到栎树，栎树对他说："果树生果实，果实成熟后被人采摘，连同树枝被一同折断，由此可见，果树因其用而遭受伤害。假如我是有用之木，又怎能长寿呢。无用就是我追求的境界。"木匠听闻，终于悟出了栎树以无用而自保的道理。

受此启发，民间主张在与人交往中要有所保留，"十分伶俐使七分"，甚至提倡敛藏全部的才华，即"君子之才华，玉韫珠藏，不可使人易知"，以"庸德庸行"，换取自身太平。

谚语"知渊中之鱼者不祥"明确指出，与人交往，如果显露出自己的聪明，看穿他人隐秘的心事，可能会给自己招致祸患。

据《韩非子·说林》记载：隰斯弥与田成子站在高台俯瞰四周，东、西、北三面的视线皆畅通无阻，只有南面的风景被隰家的树所遮挡。田成子未发一言。隰斯弥回家后，派人将此树砍伐，随即又将人制止。管家不解，问其缘故。隰斯弥回答说："田成子有成大事的意图，却隐而不发，如果我显示出对他的野心有所察觉，就将自己置于了危险的境地。"谚语"察见渊鱼者不祥，智料隐匿者遭殃"也表达了与之同样的道理。

隐巧与隐才关系密切，从一定意义上来说，隐巧内含在隐才之中，但更强调隐藏技巧与机谋，"宁拙毋巧""藏巧于拙"。

隐言即指与人交流，言谈应小心谨慎，不可口无遮拦，所谓"病从口入，祸从口出"，要谨防在人际交往中因言语不当而伤害他人，从而给自己引来灾祸。

民间对于言语的危害有清醒的认识，如"是非只为多开口，烦恼皆因强出头"这一谚语明确指出，言语易将人引入是非之中；"人生丧家亡身，言语占了八分"更是说明，言语是导致家破人亡的主要因素。所谓"过头饭好吃，过头话难说"，人们在人际交往中，如果不注意言语的尺度与分寸，终究会使自己付出代价。

因此，隐言主张人们在与人交往中，切忌谈天说地，无所顾忌地议论他人，即"人前莫说人长短，始信人中更有人"；提倡慎言，"戒多言"（《朱子家训》），甚至不言。谚语"欲人无闻，莫若不言""闻事莫说，问事不知""使口如鼻，至老不失"等均表达了这一主张。

值得一提的是，隐言同样是古代社会妇教的内容之一，明朝孝文皇后在《内训·慎言》中明确指出，"妇教有四，言居其一"，并引谚"訚訚謇謇，匪石可转；訿訿譞譞，烈火燎原"，教导妇人言多必失，应谨言慎言的道理。

究其原因，民间对于“隐言”的强调深受古代中国政治制度的影响：

一是连坐告奸制度。一般认为，连坐制度正式形成的标志是商鞅变法后在秦国所实行的什伍连坐法。[①] 所谓什伍连坐，是将民众按一定的单位编为一个什伍，以“罪同罚”的方式，鼓励什伍之中相互告发，“不告奸者腰斩，告奸者与斩敌首者同赏，匿奸者与降敌同罚”（《史记·商鞅列传》）。这直接导致民众在与人交往中带有较强的防备心态，即谚语所说“逢人只说三分话，未可全抛一片心”。韩非子颇为推崇商鞅的连坐告奸之法，并在此基础上，将其进一步发展为“以天下人为耳目”“使天下必为己视听”（《韩非子·奸劫弑臣》）的为君治国之道。连坐制度自商鞅时起，一直延续到清朝末年，前后共两千多年，影响深远。

二是历代严格控制言论，因言获罪、因文获罪的事件时有发生，如宋代“乌台诗案”、清代的文字狱等。吴飞认为，秦始皇焚书坑儒、汉武帝罢黜百家，均是对古代中国思想自由与表达自由的伤害，而汉代之后的中国社会，实行韩非子所言“太上禁其心，其次禁其言，其次禁其行”的统治哲学。[②] 谚曰“墙有缝，壁有耳”，言多必失，易落人口实，“隐言”是民间在此背景下所总结出的自保之道。

清代彭遵泗所作《蜀碧》中曾记载：

明末农民起义军将领张献忠杀人如麻，有好事的孩童夜行于街巷之中，记录他人谈论的内容，告于张献忠，致使多人因言被杀。一次，一小孩将人谈论时所引用的俗语“张家长，李家短”告于张献忠，张献忠听后大喜，认为此话是他将战胜李自成的征兆，并未降罪，谈论之人遂逃过一劫。这个故事以戏谑的方式警醒人们，在与人交往中，不要“张家长，李家短”的讨论与己无关的闲话；同时也反映出官方对言论的管制对民间交往中“隐言”观念的形成的重要影响。

民间交往的“善隐观”包含隐财、隐才、隐巧、隐言四个方面的内容，本质上为提倡民众在社会交往中要小心谨慎，“战战兢兢，如临深渊，如履薄冰”（《诗经》），以“隐”自保，是民众受社会环境与政治制度的综合影响，在生活实践中所总结出的生存之道。所谓“画虎画皮难画骨，知人知面不知心”，这一观念表现出民间对社会交往的戒备心理和消极态度，体现出中国传统文化中保身立命的内涵与特点。

（二）民间交往中的保身文化特征

中国人常说“人多嘴杂”“人多眼杂”，在社会交往中，面对各种各样的社会

① 李伟：《唐代连坐制度初探》，博士学位论文，山西大学，2006年。

② 吴飞：《中国古代的禁言与抗争》，《炎黄春秋》2015年第3期。

关系与各色人物，如何保证自身的行为与言行滴水不漏，不至于招致祸患，是民众维系生存的必修之道，也是民间交往观念中保身意涵所产生的原因所在。

所谓保身，即保护生命、保全自身。中国的保身文化是指中国人在恶劣的生活环境和高压的专制统治之下，所总结出来的生存之道，影响着为人、处世、交往、入仕等社会生活的方方面面。

中国的保身文化之中内含积极保身与消极保身两个不同的取向，此处的“积极”与“消极”是从保身的心态、方法、意图等方面所做的区分，不含褒贬义。

积极保身观以儒家思想为代表。儒家主张“危邦不入，乱邦不居。天下有道则见，无道则隐”（《论语·泰伯》），提倡明哲保身，即“国有道，用言足以兴；国无道，其默足以容。诗曰：既明且哲，以保其身”（《中庸》）。民间同样主张明智之人应有高瞻远瞩的智慧，“进步处便思退步”“着手时先图放手”，时刻为自己保留退路。

儒家保身思想重在强调保存实力，不做无谓的牺牲，是乱世避祸的权宜之计，“无道则隐”是保身的手段，“有道则见”才是目的，其本质与儒家入世思想相联系。谚语“循智保身，审时致位”[①] 显然受这一思想的影响。

因此，儒家之保身主张爱惜生命，但同时强调在必要之际可以奉献生命，即“夫生不可不惜，不可苟惜”（《颜氏家训·养生》），《颜氏家训》中指出，为保家卫国、为履行仁义、为伸张正义之事均可献出生命。

墨子批评儒家保身的主张，认为以儒家所言保身之法为人处世，如钟一般“击之则鸣，弗击不鸣”，则“为人臣不忠，为子不孝，事兄不弟，交遇人不贞良”（《墨子·非儒下》），对人难以交付真心，体现出儒者见利使舵的虚伪面目。

消极保身观以道家思想为代表。道家秉承“生命高于一切”的原则，认为与生命相比，荣誉、得失皆不值一提，主张知足知止，[②] 以“不敢为天下先”（《老子》）的方法保全自身。

之所以将道家视为消极保身观的代表，是因其与儒家之保身相比，体现出一种保身全生、无所欲求的人生态度，即庄子所言，“吾生也有涯，而知也无涯。以有涯随无涯，殆已；已而为之者，殆而已矣”（《庄子·养生主》）。

《庄子·人间世》中所记载的支离疏的故事是道家保身思想的生动体现：

支离疏天生畸形，脸颊藏于肚脐之下，双肩高过头顶，双腿与胸肋并在一起，常年有疾，替人缝衣洗衣以维持生计。因其形体不全，支离疏被免去兵役与劳役，

---

① 明代李梦阳：《广信狱后记》引谚。

② 见于《老子》：“名与身孰亲？身与货孰多？得与亡孰病？甚爱必大费，多藏必厚亡。故知足不辱，知止不殆，可以长久。祸莫大于不知足，咎莫大于欲得。故知足之足，常足矣。”

同时接受政府救济，一生远离灾祸、尽享天年。

庄子以支离疏为例，意在强调人生以保命为先，恃才傲物、“临人以德”（《庄子·人间世》）都会给自己招致灾祸。谚语“生子痴，了官事”表达了相同的道理。

道家的保身思想与其关于养生的观点一脉相承。老庄主张养生应在认识万物之源的基础上，遵循自然规律，依道而行，反对纵欲，推崇“庖丁解牛”（《庄子·养生主》）之法。

民间远离朝堂，民众大多无入仕为官的条件或远志，更易受消极保身观的影响，即以保身为最终目的，而忽略儒家所谓“明哲”的具体意含。如谚语“近来学得乌龟法，得缩头时且缩头”便以戏谑的口吻，表达了为人处世不争不抢，以“隐”避祸保身的道理；“好死不如赖活着”更是直接将生命置于高于一切的位置。

中国人的保身思想使其在处事中追求稳定与安全，缺乏冒险精神与创新意识，如谚语所言“宁绕十里远，不走一步险”，在社会交往中，体现为常带有戒备与怀疑的心理，不轻易相信他人，难以交付真心，在自我保护的同时也阻碍了开放、良好的人际关系的建立。民间交往的“善隐观”本质在于以“隐”保身，是中国保身文化在社会交往领域的具体体现。

六、民间交往的“信义观”

民间交往的“信义观”要求民众在社会交往中，遵循信与义的准则，具体应做到：信任他人，保持诚实守信的良好品质，取信于人，把握做人做事的底线，知恩图报。此外，本章节从义利之辨的视角出发展开对“义”的探讨，考察民间谣谚中所体现出的，民众在社会交往中对义与利取舍的不同倾向，这也体现出民间观念的开放性与包容性。

（一）民间交往“信义观”的提出

信与义是民众在社会交往中所需遵循的两种重要准则，民间对于信与义的重视与提倡在谣谚中有所体现，本文将二者合称为民间交往的“信义观”展开研究。

儒家重信重义，且儒家思想中的“信”与“义”并非孤立存在，两者具有一定的关联。儒家主张“信近于义，言可复也”（《论语·学而》），强调“言不必信，行不必果，惟义所在”（《孟子·离娄章句下》），可见，儒家将“义”视为高于“信”的存在，主张“信”应合于“义”的要求，将“义”作为“信”的重要标准。

“信”即信任、守信，有“信人”与“信于人”两方面的含义。

“信人”强调在与人交往中要善于相信他人，即“疑人勿使，使人勿疑”。所谓“信人者，人未必尽诚，己则独诚矣；疑人者，人未必皆诈，己则先诈矣”，这提醒人们，以怀疑的心态参与到人际交往中，会导致与他人之间的隔膜与嫌隙，信任才是与人真诚沟通、建立良好关系的前提。

“信于人”主张要取信于他人，这要求人们在为人处世中要遵守诺言，“不可乘喜而轻诺”，不欺骗他人，即《袁氏世范》中所说，“有所许诺，纤毫必偿；有所期约，时刻不易”（《袁氏世范·处己》），谚语“一言既出，驷马难追”表达了与之同样的道理。

民间的这一主张与儒家思想相符合，儒家向来提倡与人交往，要“言而有信”（《论语·学而》），孔子曾说，“人而无信，不知其可也”（《论语·为政》），直言无信之人难以处身立世，此言在民间广泛流传，成为一句谚语，被收录在《增广贤文》之中。

《韩非子·说林》中曾记载了这样一个故事：

春秋战国时期，齐国讨伐鲁国，向鲁国索要宝鼎。鲁国将赝品送与齐国。双方就其是否是赝品争执不下，齐国提出请乐正子春前来辨明真伪。鲁君将事情的来龙去脉告于乐正子春，并请他为自己隐瞒真相。乐正子春问鲁君：“您为什么不把真品送给齐国呢？”鲁君回答：“因为我喜欢这座宝鼎。”乐正子春说：“我亦爱惜我的信誉。”遂拒绝了鲁君的请求。

乐正子春因爱惜自己的信誉而获得他人的信任，季布同样因其诚实守信的品质而受人尊敬，民间以“得黄金百斤，不如得季布一诺”高度赞扬季布的高尚情操，成语“一诺千金”便由此发展而来。

谚曰，“死者复生，生者不愧”，意谓在他人生前许下的诺言，在其死后依然要坚持履行，体现出“信”具有超越生死的力量。

据西汉刘向所作《新序·节士篇》记载：

吴国季札出使晋国，途径徐国，面见徐君。季札看出徐君特别属意他的宝剑，便在心里暗自决定，从晋国返回时便将宝剑送与徐君。但等他再次返回徐国时，徐君已经去世。季札欲将宝剑送与徐国新君，面对旁人的劝告，他说：“我先前已在心里许诺，要将宝剑赠予徐君，如果我因为他的去世而违背诺言，便是欺骗了自己的内心。”徐国新君执意不接受宝剑，季札将宝剑置于徐君墓前方才离去。徐人以歌“延陵季子兮不忘故，脱千金之剑兮带丘墓”来称赞他。

所谓“许人一物，千金不移”，延陵季子的故事告诉人们，“信”的关键在于“不欺心”，即要遵从自己的内心，在任何情况下都不能轻易违背自己的诺言。

现在人们常用“诚信”一词来体现一个人诚实守信的高贵品质。在传统语境下，“诚”与“信”既有相通之处，又各有侧重。

洪跃雄认为，“诚”与“信”均含有真诚不欺之义。但两者的内涵有所区别，一般认为，“诚”更强调内在的自我修养，而“信”是人与人交往的行为规范，“诚”是“信”的基础，“信”是“诚”的外在表现。[①]

儒家向来重诚轻巧，即重视人的本质与内心，轻视形式与技巧，将“诚”视为自然的规律、做人的准则，即“诚者，天之道也”，“人之道也”（《中庸》），批判“巧言令色”（《论语·学而》），提倡以诚动人，即孟子所说，“至诚而不动者，未之有也；不诚，未有能动者也”（《孟子·离娄章句上》），这与民间常说的“精诚相加，金石为开”[②]有异曲同工之意。《颜氏家训》中也指出，“人之虚伪真诚在乎心”（《颜氏家训·名实》），真实的心迹能通过行为显现出来，是技巧所无法掩饰的。

“巧诈不如拙诚”原出自《韩非子·说林》，后发展为一句谚语，意谓任何精巧的伪诈都比不上朴素与真诚。正所谓“诚无垢，思侮辱”，提醒人们人际交往中，要真诚待人、思虑周全，方能免遭侮辱。

通过谣谚研究可以发现，民间在交往中所提之“义”包含两方面的含义：

一是指情义，如谚语“忘恩负义，禽兽之徒”，意在提醒人们要铭记他人对自己的深厚情谊，并在力所能及的范围内予以回报。

二是“义”指正确、正义、适宜，如谚语“有义有礼，房家兄弟”“大家礼义教兄弟”，教导民众为人处世要依“义”而行。“义”的这一内涵深受儒家思想的影响。儒家所言之“义”与其中庸思想一脉相承，“义者，宜也”（《中庸》），“义”指适宜、适中、恰到好处，可以进一步引申为合情、合理、合法。子曰，“见义不为，无勇也”（《论语·为政》），鼓励人们路见不平之事，要勇于挺身而出，后发展为成语“见义勇为”。

一般情况下，人们对“义”的探讨会在义利关系的视域下所展开，本文将在下文对此进行详细论述。

民间交往的“信义观”要求民众在社会交往中要秉持“信”与“义”的原则，做到：相信他人，诚实守信，遵从内心，不轻易违背诺言；知恩图报，做事要合乎情理，以达到恰到好处的境界。

值得一提的是，“信”与“义”同样属于传统女德的内容之一，这在《温公家范》所记载的两个故事中有所体现：

梁寡妇年少守寡，梁王看其容貌姣好，欲纳其为妃，遂派使者接其入宫。梁寡妇认为，如若再嫁梁王，便是“慕贵忘贱、弃义从利”，与自己从一而终的志向

① 洪跃雄：《诚、信辨析》，福建省炎黄文化研究会、福建省诚信促进会：《诚信文化建设与中华民族伟大复兴》，厦门：鹭江出版社，2013年，第136—141页。

② 《后汉书·列传·光武十王列传》引谚。

相违背。她向来使拒绝了梁王的要求，并自行割鼻谢罪。此处的“义”即指妇女的贞信。

汉陈孝妇，十六岁出嫁，未与丈夫生儿育女。丈夫远行戍边，临行前嘱咐她要好好照顾自己的老母亲。后来，丈夫战死沙场，汉陈孝妇一直遵守诺言，服侍着老母亲，一生拒不改嫁。

中国古代男尊女卑，崇尚“三从四德”，女性处于男性的从属地位。传统女德以“从”为原则，[①]要求妇女遵从贞洁、孝顺、勤俭的行为规范。“信”与“义”成为服务于女德教化的道德工具，其本质依然在于要求妇女按女德的标准处身立世，严格要求自己。

（二）民间交往的“义利之辨”

义利之辨，指各家各派围绕义与利的关系问题所展开的争论。尹莎莎认为，孔子最先提炼出义利问题，孔子的义利观是义利之辨的起点。[②]

本文研究民间交往的“义利观”，重点关注义与利在社会交往中的地位与取舍问题。

义利关系问题是义利之辨的根本问题。本文研究义利关系，聚焦“义与利是否存在必然冲突”“是否存在义利兼得的可能”的问题，这主要包含两个方面的内容：

一是义与利之间并不存在必然的矛盾，二者可以并行不悖，主张合理追利、以义取利。谚曰“人不婚宦，情欲失半；人不衣食，君道消息”，认为追求名利、向往美好生活是人之常情。正所谓“君子爱财，取之有道”“酒中不语真君子，账上分明大丈夫”，提倡追求利益要采取正当的手段，不必遮遮掩掩，不可损人利己，财产归属要分明。

儒家与墨家均有关于义利关系问题的探讨，且同样主张要合理追利，但两者义利观存在明显区别：

儒家重义轻利，在肯定利益正当性的同时，强调以义取利，即所谓“富与贵，是人之所欲也，不以其道得之，不处也”（《论语·里仁》）。儒家之“义”与中庸思想相联系，取适宜、适中之意。[③]所谓“君子义以为质”（《论语·卫灵公》），

---

① 黄明理，张超：《试论中华传统女德及其现代意义》，《华东师范大学学报》（哲学社会科学版）1999年第5期。

② 尹莎莎：《先秦儒墨义利观研究》，博士学位论文，贵州大学，2017年。

③ 见于《中庸》：“义者，宜也，尊贤为大。”

“义”源于君子内在道德修养的要求，是实现“仁”的必要手段。[①]

墨家重利，所谓“义，利也”（《墨子·经说上》），此处之“利”为公利，墨家将利作为考察义的标准，提倡利人利己，这与其“交相利”的思想一脉相承。且墨家将义视为天意的表现，认为义的根源在于天，义是“天外在强加给人的是非善恶标准与行为准则”，[②]“天下有义则治，无义则乱”（《墨子·天志下》），主张人们应依天而行，奉行义的行为准则。

靳浩辉认为，儒家的义利观本质上割裂了义与利之间的联系，而墨家则实现了义与的利统一。[③]

二是义利对立，只能二者相权取其一。所谓“慈不掌兵，义不理财”意指仗义疏财之人难以积累财富，点明了义与利之间的矛盾问题。谚语“欲富乎？忍耻矣，倾绝矣，绝故旧矣，与义分背矣”，意指人们如果过度追求财富，就必然承担遭受侮辱、绝交故友、与义相背离的代价，它将追利与维持故有的社会关系置于对立双方，其本质在于教导人们要始终将义放在首位，不能被利益所左右。

在义利对立的关系视域下，可进一步引申出义利取舍问题。所谓义利取舍问题，即指当义与利发生冲突时，民众如何在两者之间进行选择的问题。它包含两个截然不同的价值取向：

一是重义轻利。“利令智昏”提醒民众应警惕利益背后所潜藏的未知的危害。所谓“千里送鹅毛，礼轻情意重”“钱财如粪土，仁义值千金”，这些谚语均告诫民众应重视人与人之间的交流与情谊，不可以利的标准衡量关系与人情。《颜氏家训》与《温公家范》中都记载了裴子野的故事：

相传，梁中书侍郎裴子野家境贫困，常饥寒交迫，但他仍然坚持接济那些没有经济来源的亲戚朋友，有时恰逢洪水或旱涝灾害，家里的收入来源减半，他只能用二石米做一锅薄粥，供自家人和亲戚朋友们食用，脸上从未显露出一丝厌烦之色。

民间赞赏如裴子野一般散财取义的行为，如“推财不疑，张长思”“人有义声，卖药宋清”等都是对重义轻利之人的高度赞扬。

《温公家范》中强调，教育子女，同样要坚持义高于利的原则。相传，有一位士大夫视财如命、吝啬之极，掌握着家中全部的财产。其子孙耳濡目染，亦格外看重钱财与利益。在士大夫生命垂危之时，他的子孙都只顾着争抢财产，甚至将

---

① 见于《孟子》：“仁，人心也；义，人路也。”

② 毕明良：《墨子“义”概念探析——从儒墨义利之辨角度审视》，《江淮论坛》2016年第1期。

③ 靳浩辉：《略析先秦时期儒墨两家对“义”的不同应用》，《山西大同大学学报》（社会科学版）2015年第4期。

家产争夺闹到了公堂之上，被乡人所耻笑。这便是“惟知有利，而不知其义”（《温公家范》）的危害。

谚曰“以势交者，势尽则疏；以利合者，利尽则散”，意在告诉人们，因势力和利益所结交的朋友难以长久的维系。交友之道在于以德交友，无所挟靠，无所企图。《孟子·万章章句下》中便记载了，孟献子与朋友们因志同道合自然结交，而不倚仗百乘的家世的故事。正所谓“正其谊而不谋其利，明其道而不计其功”（《汉书·董仲舒传》），与人交往要秉持道义的原则，不能掺杂任何的目的与企图。

民间重义轻利的观点与儒家思想相符合。子曰，“君子喻于义，小人喻于利”（《论语·里仁》），孔子一向主张将义作为一切行为的准则，提倡安贫乐道，不可拘泥于蝇头小利。在与人交往中，儒家同样主张坚持义的原则。所谓“豢之而俞瘠”（《荀子·荣辱》）、“放于利而行，多怨”（《论语·里仁》），提示人们不能以利益结交朋友，不可自私自利，否则会招致他人怨恨，有碍于良好人际关系的形成。

二是重利轻义。谚语“何知仁义，已餍其利者为有德”便透露出民间对人情世故的失望与消极情绪，以及部分民众舍义取利的重要选择。

民间交往中以利取人的倾向与主张，与民间对于钱与财的极度推崇有所关联，如“钱无耳，可使鬼”，这一谚语后来发展为“有钱能使鬼推磨”。在此背景下，民间重利轻义、舍义取利的心态也逐渐显露出来，这在“人为财死，鸟为食亡”“人无横财不富，马无夜草不肥”等谚语中有所体现。

这种思想同样体现在社会交往中。“饥则附，饱则飏；燠则趋，寒则弃”描述了重利之人与人交往的图景，即穷困时投靠他人，富足时销声匿迹；对权贵极尽谄媚，而厌弃贫寒之人。“有茶有酒多兄弟，急难何曾见一人”“无钱休入众，遭难莫寻亲”等谚语都体现了如此这般的炎凉世态。

谚曰，“贫居闹市无人问，富在深山有远亲”，财富与权势决定着人们在社会交往中的位置与处境，“有钱道真语，无钱语不真”“不信但看筵中酒，杯杯先敬有钱人”“马行无力皆因瘦，人不风流只为贫”等谚语生动的描绘了以利取人的社会现实，即有钱之人处于社会关系中的中心地位，受人追捧，门庭若市；而无钱之人却难以掌握话语权，受尽冷落。人情冷暖都在这种以利交友的社会交往中展现出来。

儒家向来主张“正义而为”（《荀子·正名》），将弃义取利之人称为“至贼”（《荀子·修身》）。民间交往中重利轻义的主张与主流思想相违背，体现出民间对于精英思想与官方教化的反抗。

所谓“当家才知柴米贵”，民众不具备如儒者般“穷则独善其身，富则兼济天下”（《孟子·尽心章句上》）的气度和胸怀，且民众的日常生活又离不开钱财的支撑。民间重利思想的形成，除因民众在社会生活中对钱与利的实际需要外，还深受趋炎附势、攀龙附凤的社会风气的影响。而同时，民众的趋利心理又再次助长了此种社会风气。

所谓“天下熙熙，皆为利来；天下攘攘，皆为利往”，社会趋利风气的形成与商业的发展不无关联。商业的发展打破了农耕社会背景下以农业为主要经济来源的格局，激发了人们对物质享受的渴望与兴趣，趋利避害成为人们在社会交往中秉持的重要原则。学者们在研究中发现，宋代、明代、近代等市井生活繁荣、工商业发达的朝代，往往更易形成社会拜金之风和以利交友的人际利害关系，这进一步证明了这一观点。

此外，民间重利心理的形成受墨家思想的影响。春秋时期，墨学与儒学并成为显学，后因墨家思想不合于中央集权的专制统治，遂不为官方正统思想所容。但因其代表着平民和手工业者的利益，故在民间的影响始终存在。民间重利轻义的主张深受墨家“交相利”思想的影响。

由此可见，义利之辨的问题在民间观念中同样存在，这体现在谣谚中，既有“君子安贫，达人知命”等劝人安贫乐道的主张，又有“人物气势精神减，囊无金钱应付难”[①]这一面对社会现实的无奈感叹；既有“义动君子，利动小人”[②]的对重义轻利的提倡，又有“人为财死，鸟为食亡”中所透露出的民间对利益的极度渴求。这些相互矛盾的观点，共同反映在民间生活中，并进一步延伸至社会交往领域，反映出人们在不同的社会背景下和具体情境下所做出的不同选择。

谣谚中所反映的民众在社会交往中对于义与利的不同取舍与选择，体现出民间话语与民间观念的复杂性与多样性。与主流思想和精英话语相比，民间观念的形成来源于民众在复杂多变的社会生活中所进行的智慧与经验的总结，它缺乏统一的体系和指导思想，不可避免地存在相互矛盾，甚至截然对立的内容。这种复杂性，恰恰也是民间思想的特点与魅力之所在。

七、结论与讨论

本文属于中国古代传播观念史研究范畴，按照观念史的研究方法，以观念为中心，重新组织材料，进行系统分析与深入探讨。通过对民间谣谚的整理与研究，本文总结出中国古代民间交往的四大观念，即中庸观、正己观、善隐观、信义观，是从民间与交往视角，对中国古代传播思想进行研究的有力尝试。

中国古代民间交往的四大观念依托共同的时代背景，均为民众在社会生活中

① 《警世通言》引谚。

② 《论衡》引谚。

智慧与经验的结晶，均不可避免地受到主流思想与精英思想的影响，体现出民间观念的开放性与包容性。且四大观念的内涵有所交叉与呼应，具有千丝万缕的关联，体现出中国古代民间交往以“己”为中心，以“忍”为主，以“隐”保身，不重沟通的内向性特征。

（一）谣谚中所体现的民间交往观念

本文将谣谚中所反映的民间交往观念分为中庸观、正己观、善隐观、信义观四类。

民间交往的“中庸观”要求民众在社会交往中秉持中和与忠恕的原则，即与人交往，应根据关系的远近而决定彼此之间的距离与行为的亲昵程度，在亲密与拘谨之间寻求恰到好处的平衡；保持对他人的公正评价，不因私人好恶而影响对人的客观判断；始终秉持宽容退让的原则，与人意见相左之时，要倾听并尊重他人的意愿，以宽大的气度与胸襟对待他人的错误与冒犯，不可斤斤计较。

此外，儒家中庸思想中对于忠恕的提倡，在民间逐渐显示出不辨是非、不争短长的极端倾向，即主张在任何条件下对人一味地宽容与无限的退让，而不必进行是非、对错的判断。这种一味求“忍”的心态，是民众在民间生活中所总结出来的维持和谐的人际关系，远离祸患的经验。

民间交往的“正己观”指出民众在社会交往中要注重自我修养与自我反省，苛责自己，宽待他人，这是与人建立健康的人际关系，获得良好声誉的前提。正己修身，足以助人抵抗他人的误解或诽谤，抵御外界的流言，亦可以助人克服人际交往所产生的偏见，形成对他人客观公正的判断，自身的优秀品质同样会在与人交往中，对他人产生潜移默化的积极影响。

但正己的同时亦不能忽视环境的影响，所谓“良禽择木而栖”，民众在社会交往中，也应遵循“近善远恶”的交友之道，择良友而交，免受环境的拖累，与朋友共同进步。

民间交往的“善隐观”提醒民众在与人交往中应始终保持内心的谨慎与防备，不可轻易托付真心，是人们在恶劣的生存环境中所总结出的保身之道。这主要包括，不轻易炫耀个人财富，不轻易显露自己的才华与技巧，慎言，甚至不言，以免授人以柄，招致祸患。

民间交往的“信义观”主张民众与人交往应秉持“信”与“义”的原则，以诚待人，诚实守信，不欺骗他人，同时善于信任他人，正直正义，保持为人处世的底线与原则，重情重义，知恩图报。

但同时，民间谣谚中也不乏以利取人、以势相交的观点与论述，体现出民间观念的复杂性与包容性的特点。

民间交往的中庸观、正己观、善隐观、信义观这四大观念深刻影响着中国古代民间的社会交往与实践，它们的形成均受古代中国社会环境的影响，依托同样的社会背景，这主要包括，政治上受中央集权的君主专制政体的影响，经济上表现为自给自足的自然经济对中国人交往心理的形成所产生的影响。

而在研究中发现，民间交往观念的形成不可避免地受到儒家、道家、墨家等精英思想的影响，体现出民间观念的开放性与包容性的特征。儒家思想，自汉代董仲舒"罢黜百家，独尊儒术"以来，便长期占据着主流思想的位置。尤其是宋代以后，儒家精英思想更加强调对民间社会与日常生活的渗透。民间交往的"中庸观""正己观""信义观"便深受儒家思想的影响，强调民众在社会交往中应时刻保持良好的道德修养，形成反身自省的意识与习惯，寻求中庸之法，恪守信与义的准则，对民众在社会交往中的品格与行为提出了较高的要求。

同时，民间交往的四大观念的内涵之间也存在千丝万缕的关联，存在着交叉与相互呼应。

中正为民间交往的"中庸观"的核心概念之一，要求民众在社会交往中要秉持不偏不倚的原则，不能因个人的私交或私怨而影响对人的才能与品德的客观判断。民间交往的"正己观"同样强调，通过修身正己的方式提高自身修养，以规避在人际交往中常存在的问题，其中便包括克服对他人的偏见。两者彼此呼应，从一定意义上说，正己是实现中正的有效途径。

民间交往的"中庸观"包含忠恕的相关意涵，主张民众在与人交往中，应学会宽容与忍让，不可步步紧逼、"得理不饶人"。在民间的发展中，忠恕的这一思想逐渐走向了不争是非、不辨短长、一味退让的极端，体现出民间交往中的"忍"文化的特征。民间希望以"忍"的方式维持和谐，化解争端，免除无端的祸患。这与民间交往的"善隐观"中所体现的以"隐"保身的观念与方法，虽侧重点有所差别，但皆是以保身远祸为最终目的，两者有异曲同工之妙。

民间交往的"正己观"对人们的自身修养提出了较高的要求，中国古代历来重名，且强调名副其实，正己修身是获得好的声名的重要途径。中庸与信义均为高修养之人须拥有的品德与恪守的原则。

此外，传统社会对女性在人际交往中的要求，同样秉持中庸、正己、善隐、信义的观念与原则，即要求女性始终保持忍耐，及时修补自身缺点，谨言慎行，恪守对夫与夫家的承诺与孝义，这些皆成为女德教化的道德内容。

民间交往的"中庸观""正己观""善隐观""信义观"共同体现出中国古代民间交往的内向性特征。这一问题将在下一节展开论述。

（二）民间交往的内向性特征

内向，相对于外向而言，常用于对人的性格描述，指感情深沉、不易表露。民间交往中的内向性特征是指民众在社会交往中所体现出的不重沟通，以“己”为中心，以“忍”为主，以“隐”为主的重要特征。

民间交往的内向性特征的形成受中国传统社会环境的影响：

一是古代中国幅员辽阔，以平原为中心，东临太平洋，西南为青藏高原，西部与北部为广袤的草原与沙漠，地理环境相对封闭，是典型的大陆性国家。

二是中国古代重农轻商，以小农经济为主体，自给自足，生产规模小，生产效率低，以土地为主要的生产资料，不易流动；且中国实行中央集权的专制统治，民众生活易受自然环境与政治制度的双重影响。

三是古代中国社会为熟人社会，“礼俗社会”，[①] 社会关系的建立以血缘和地缘为基础，社会结构相对稳定，民众世代定居，易受习俗与礼仪的约束与影响。

以“己”为中心是中国传统社会关系的核心特征。对此，费孝通在其著作《乡土中国》中有详细的论述。他认为，中国传统的社会关系是从“己”出发，以人伦为原则，按照亲疏关系的远近所形成的“差序格局”。在这种以“己”为中心、众星捧月般的社会圈子中，中国人显示出明显的“自我主义”的特征，即“己”处于价值判断与选择的中心位置。[②] 此处之“己”，指处于伦理关系中的自身，或自己，并非纯粹的肉身与个体。

这与儒家思想一脉相承。儒家思想中本身便含有“己”与“他”的差别观念，所谓“亲亲之杀，尊贤之等”（《中庸》）。儒家对于道德的提倡同样主张以“己”为中心，推己及人，如“己欲立而立人，己欲达而达人”（《论语·雍也》）是谓“仁”，“己所不欲，勿施于人”（《中庸》）是谓“忠恕”。儒家这种思想与墨家所提倡的无差别的“兼爱”恰好相反。

这种以“己”为中心的特征反映在民间交往中，体现为：

一是重视修身正己，在人际交往中，对自己提出了严格的道德要求，其中包括节制与中正，即与人交往要恰到好处，客观公正地评价他人；反身自省，即注重自我修养，反对与人争辩；以诚待人，诚实守信，信任他人等。而对待他人的错误，则主张采取宽容、退让的态度。

二是在与人交往中，表现出一定的自私性和排他性，难以融入新的社会关系，这在“各家自扫门前雪，莫管他人瓦上霜”等谚语中有所体现。

① 费孝通：《乡土中国》，北京：北京出版社，2005 年，第 7 页。

② 费孝通：《乡土中国》。

“忍”与“隐”是在以“己”为中心的社会关系的基础上所延伸出来的社会交往的行为规范：

“忍”是人们进行自我约束的要求，主张在社会交往中，要有广阔的胸怀和容人的气度，遇事不可斤斤计较，面对争端与矛盾，要以“忍”为主，以“让”为主。这与中国古代社会属于农业社会，生产资料相对固定，社会流动性差，人们聚族而居、相忍为安具有一定的关联。在此背景下，民众在家庭或社会关系的维持中秉持“忍”的原则，有利于迅速化解争端，解决矛盾，但同时也断绝了与人之间积极沟通的渠道，体现出对于交流与交往的消极态度。

“隐”源于人们自我保护的需要，提倡在与人交往时，要有所保留，所谓“知人知面不知心”，体现出人们在社会交往中的怀疑与戒备的心理。

由此可见，民间交往的内向性特征主要体现在：在社会交往中，人们表现出对自我的严格要求和强烈的自我保护意识，对于交流与沟通始终保持消极的心态与怀疑的态度。这有利于维护人际关系的表面和谐，免除争端与纠缠，进行有效的自我保护，但有碍于健康、长久、开放的人际关系的形成。

（三）民间交往观念与精英思想的双向互动

谣谚产生于社会生活与实践，“语意直出肺肝，不加雕刻”，① 以人民群众为创作与传播的主体，是民众智慧与经验的结晶，带有明显的民间性与大众性特征。民间观念蕴含于民间谣谚之中，根植于复杂多变的社会环境，具有多元性和复合性的特点，体现出一定的开放性与包容性。

本文通过对民间交往观念及其形成原因的研究发现，民间交往观念与精英思想之间存在着相互的作用与互动。此处所指的精英思想，为精英阶层与知识阶层所提出的，与封建正统教化相符合的思想与主张，以儒家思想为典型代表。

余英时在《中国文化的大传统与小传统》中，用“大传统”与“小传统”的标准，对精英文化与通俗文化进行区分，② 这种划分同样适用于精英思想与民间思想。一般认为，精英思想与民间观念之间并非泾渭分明，两者在进行矛盾与对抗的同时，也存在着相互吸收与渗透的现象。③ 本文认可这种观点。

在本文研究中发现，民间交往观念与精英思想两者之间的双向互动同样体现在融合与对抗两个方面：

---

① 见于明代文学家李开先的《市井艳词序》。

② 余英时：《中国文化的大传统与小传统》，2009 年 1 月 2 日，https://www.douban.com/group/topic/5038840/，2020 年 3 月 15 日。

③ 贺宾：《由谣谚所见的民间伦理观念》，《南京师大学报》(社会科学版)2006 年第 5 期。

首先是民家交往观念中精英思想的渗透。精英思想是受官方倡导的主流思想，有着统一的体系与明确的价值取向，民间观念作为“小传统”很难摆脱大环境的影响。民间交往观念中对中庸、修身、信义的强调均深受儒家思想的影响。

此外，部分精英话语因通俗易懂，朗朗上口，贴近社会现实，得以在民间广泛流传，甚至直接转化为谚语。前文所提到的“隐恶扬善，执其两端”原便出自中庸，后成为一句谚语，被收录于《增广贤文》之中。

但同时，需注意，民间在接受精英思想的过程中，受制于理解能力的限制，易产生偏差，导致精英思想在民间的异化。如民间交往中对“忍”与“让”的一味强调，甚至走向了是非不分、黑白不明的极端境地，与儒家中庸思想中对于适度“忠恕”的提倡相去甚远，但经民间异化与简化后的“忠恕”原则，更有利于迅速化解人与人之间的矛盾与冲突，解决社会交往中存在的问题。

其次是精英思想对民间生活的观照及对民间文化的吸收。罗永麟便在研究中指出，诸子百家的思想是在对民间生活进行细致考察与深刻体悟的基础上所形成的，甚至可以说是“原始初民的日常生活、衣食住行和思想感情的结晶”。[①]

家训，是精英阶层与知识分子进行家庭教化与家风传承的重要手段。家训中也常援引民间谣谚的相关内容，以告诫子孙与人交往之道，如“病从口入，祸从口出”（《庞氏家训》），“人生丧家亡身，言语占了八分”（《高子遗书》）等。

最后，民间交往观念中也包含着对于精英思想的反抗内容，这在民间谣谚中关于以利交友的相关内容中有明显的体现，在前文已有提及。王凯旋、李阳在《中国谣谚民俗史》一书中指出，儒家对于“义”的重视与强调及其对于“利”的忽略，严重背离了民众在社会生活中的实际需要与正常诉求，重义轻利的价值选择是民众在接受正统教化的表面下所隐藏的“生存潜规则”。[②]这部分解释了民间对于精英思想进行抗争的原因。

但同时，民间交往中重利轻义的思想主张与官方所提倡的价值观念相悖，为正统教化所不容，民间观念中对义利兼得的向往，与对以义取利的强调，是为在民间趋利的心理与精英思想对“义”的倡导这两者之间寻求平衡，而找寻的折中之道。

本文所提及的民间观念与精英思想的双向互动，均是在民间交往观念研究中所体现出来的。民间观念与精英思想之间的互动，在宋代以后尤为明显，这与儒者对于民间社会与普通民众生活的观照有密切关联。而本文所采用的材料，深受

① 罗永麟：《先秦诸子与民间文化》，哈尔滨：黑龙江人民出版社，2003年，第212页。

② 王凯旋，李阳：《中国谣谚民俗史》，北京：万卷出版公司，2012年。

明清儒学影响，这也是民间观念与精英思想的互动表现得较为明显的原因所在。

（四）研究反思：价值与不足

本文属于中国古代传播观念史研究的范畴，以古代谣谚为材料，研究民间交往观念与交往实践，也可以说，是研究中国传播观念在民间日常交往活动中的积淀，是从民间视角出发，对中国古代传播思想进行系统梳理与全面阐释的有力尝试。

本文以观念为中心，组织材料，对观念的具体内涵、观念所形成的原因与影响因素等均进行了较为细致的梳理，深挖观念所产生的社会根源与哲学渊源，试图把握民间交往观念背后所隐含的中国人日常交往的行为与特点。

民间交往观念是人们在漫长的社会生活与交往实践中总结出来的，又反过来对人们的交往行为产生限制与影响。本文通过谣谚研究，将中国古代民间交往观念分为中庸观、正己观、善隐观、信义观四方面的内容。谣谚产生于真实的社会生活之中，交往行为的进行更是无法脱离生动的社会情境与社会实践，本文通过援引具有代表性的民间故事，以更好地展示民间观念在民间交往中的应用与实践。

本文发现，民间交往的四大观念，共同反映出中国古代民间交往的内向性原则与倾向。从影响上来看，民间交往观念有利有弊，既对中国传统的社会关系的维护发挥了积极作用，但同时也阻碍了人际交往，影响了交往效率。具体地说，它提倡与人交往要懂得谦虚忍让，严格要求自己，同时宽待他人，这有利于建立和谐人际关系，减少争端。但从消极方面来看，它要求人们为人处世以保身为先，主张一味地退让，实则隔绝了与他人良好沟通的渠道，不利于开放、互动的人际关系的形成。

在现代社会，对于中国古代民间交往观念，人们应辩证看待，取其精华，弃其糟粕，吸取其中的积极意涵，而摒弃一味求忍、不重沟通的消极因素，在与人交往中，秉持“中庸”原则，进退有度，始终保持自身的良好修养，恪守信义之道。

但在现代社会发展中，人们在对待传统交往观念之时，存在着全盘否定与矫枉过正的问题，致使民间交往观念中所蕴含的有利于个人性格修养与社会交往的积极因素未得以保存。如有些人极易因鸡毛蒜皮的小事而与他人发生冲突，表现出戾气与易怒的性格特点，再如网络环境下谣言的泛滥等。可以说，这些现象的产生是民间伦理的一种倒退。探究这种现象所产生的原因，以及在现代化背景下，中国人的交往习惯与交往心理的转变，是未来研究的重要方向。

本文在民间交往观念研究中，立足于中国古代社会，对观念本身不做价值上的取舍或评析。但本文认为，在现代社会，对待中国古代民间交往观念，应有所继承有所淘汰，发扬其中有利于人际交往与社会和谐的内涵，使其适应于现代化社会的土壤，实现对中国民间交往优良传统的传承。

由于谣谚材料收集难度大、现有研究缺乏等问题，本文属于对中国古代民间交往研究所做的一次初步的尝试，尚存在很大的不足。

本文最大的不足在于时代线索不够清晰。正如斯金纳所言，观念难以孤立存在，任何观念的形成都受到“语境”的影响。谣谚产生于生动的社会生活，民间交往观念是民众在社会实践中总结而来，且直接用于指导实践。谣谚中民间交往观念的形成更依托于具体的社会情境。但目前并未存在对谣谚编纂过程进行详细记录的文本，本文亦无法形成对所涉及的谣谚材料的流传与变异过程的详细了解，致使在研究中难以追踪谣谚在历朝历代的具体变化，故只能将民间交往观念研究置于中国历史的大背景下展开。为弥补这一不足，本文通过援引具有典型性的谣谚的使用情境与相关的历史史实，以期能够部分展示民间交往观念的适用情境。

此外，本文从中庸观、正己观、善隐观、信义观这四个角度阐述中国古代民间交往观念，虽尝试分析观念的内涵、原因、影响，但大多浅尝辄止，每一个观念之中都仍然保留着巨大的研究空间。且本文对传播观念史研究方法的运用存在不足，致使研究大多围绕文本阐释而展开，在一定程度上影响了研究的力度与深度。

在未来的研究中，研究者可以对一条或几条具有典型性的谣谚的进行详细追踪，通过谣谚的编纂与变异，探究具体历史时期民间交往观念的形成与转变，或从某一观念出发，进行更深层次的挖掘。民间交往观念研究是极具潜力的研究领域。

华夏传播学人志

华夏传播研究的开矿人

——郑学檬华夏传播研究评述

葛泽宇*
Ge Zeyu

泱泱华夏，拥有上下五千年的悠久历史，丰饶的传播史料资源堪称华夏传播研究的一大富矿。

作为一位历史学者，郑学檬在华夏传播研究的起步阶段，运用历史学的专业背景以及广博的文史哲知识，从丰富的史料中汲取素材，研究中国的历史与传统，对深潜在中国文化中的传的艺术作发掘和整理。郑学檬教授开辟了历史史料选辑与分析的华夏传播研究路径——通过选辑微观层面的中国传统社会的史料，向生长在现代中国的读者，指出古人的传世文字中所包含的中国人的传播智慧，介绍结晶其中的传播的经验和原则。①

笔者对郑学檬教授的学术研究历程进行梳理，重点关注郑学檬教授在华夏传播研究方面的学术成果，试图阐明郑学檬教授在华夏传播研究领域的成果及贡献。

一、个人经历与学术历程

（一）个人经历

“郑学檬，教授，博士生导师，1960 年毕业于厦门大学历史学系，留校任教。1984 年任厦大历史系主任兼历史研究所所长。1985 年 9 月任厦门大学教务长，翌年 7 月任副校长至 1998 年 7 月离任。曾于 1992 年至 1998 年任中国唐史学会会长，

---

* 作者简介：葛泽宇（1999 年— ），河北邢台人，厦门大学新闻传播学院学士。

① 见余也鲁为郑学檬编著《传在史中：中国传统社会传播史料选辑》（北京：文化艺术出版社，2001 年）所作的序，第 3—4 页。

现任中国经济史学会副会长等学术领导职务。”[①]2020 年，郑学檬教授获得了厦门大学的最高荣誉奖项——南强杰出贡献奖，用以表彰郑教授在学术研究及教育领域的突出成就。

华夏传播研究方面，1993 年，郑学檬教授参与在厦门大学举行的“海峡两岸中国传统文化中传的探索座谈会”，与余也鲁先生合作主编《从零开始》会议论文集，1994 年由厦门大学出版社印行，其中收录郑学檬教授写作的论文《中国传统的传播观念初探》。2001 年，郑学檬教授主编《华夏传播研究丛书》（文化艺术出版社，2001），丛书中收录了郑学檬教授的相关著作《传在史中——中国传统社会传播史料选辑》。2018 年，郑学檬教授担纲华夏传播研究会的首席顾问专家。

（二）学术历程

在知网上检索作者为“郑学檬”的文献，共得到 71 条结果。按照文献发表年度进行分组浏览，可以清晰地看出郑学檬教授的学术研究历程。1962—1963 年的两年时间里，郑学檬教授在厦门大学学报（社会科学版）共发表三篇文章，均属于古代社会生产关系的研究领域。1978 年，郑教授开始发表关于生产力史的研究成果。1980 年之后，论文成果集中于晚唐五代史及宋史研究。郑学檬教授发表的文献主题仍以生产关系研究居多，但也不乏生产力史的相关研究，显露出郑学檬教授对创新的坚持与探索。1991 年，郑教授开始发表经济重心南移的相关成果，当年有两篇相关文献被知网收录。1996 年开始发表对外开放史的研究成果。1999 年开始发表市场史的研究成果。自 2016 年开始，郑学檬教授陆续发表了几篇关于海上丝绸之路的研究成果。

总体来看，郑学檬教授主要从事经济史研究，主要领域包括晚唐五代史、生产力史、技术史和区域经济史（以经济重心南移为突破口）以及市场史。[②]拥有数十年的执教经历，郑学檬教授不仅在史学研究领域建树颇丰，在史学研究方法与高校教育方面也有独到且极富建设性的思考。

71 篇文献中，历史方面的研究成果有 61 篇，其中关于经济史的成果就有 44 篇。12 篇文献的主题检索包含了“福建”这一关键词，体现了郑学檬教授关注地域史的研究特色。除了历史方面的研究成果，余下的 10 篇文献中，有 5 篇阐发郑教授的高校教育思想。

在全国图书馆参考咨询联盟的官网，检索作者为“郑学檬”的书目，得到 28

---

① 郑学檬，徐东升：《郑学檬教授访谈录》，《历史教学问题》2001 年第 3 期。

② 郑学檬，徐东升：《郑学檬教授访谈录》，《历史教学问题》2001 年第 3 期。

条结果。搜索结果显示，郑学檬教授著有或编著的中文图书共计 28 部。其中，包括历史教学和历史人物评传在内的历史学相关专著有 24 部。

华夏传播领域中，郑学檬教授的研究成果主要有 3 项。直接相关的包括余也鲁先生和郑学檬教授主编的《从零开始：首届海峡两岸中国传统文化中传的探索座谈会论文集》与郑学檬教授编著的《传在史中：中国传统社会传播史料选辑》两部中文图书。此外，还有两本郑学檬教授指导的学位论文，其一是《孔子对"言"的论述及实践：对中国古代一个传播事例的分析》（刘艳杰著），研究中国古代孔子的传播观念与实践；其二是《三国时期的谣谚与消息传播》（毛章清著）。根据黄星民先生对华夏传播的定义[①]，也属华夏传播的范畴。

二、华夏传播研究成果及贡献

郑学檬教授直接参与编撰的两本华夏传播研究著作，集中体现了郑学檬教授的华夏传播研究思想。按照成果发表的时间逻辑，分述如下：

（一）《从零开始：首届海峡两岸中国传统文化中传的探索座谈会论文集》

1. 写作背景

1993 年，厦门大学举办了"首届海峡两岸中国传统中传的探索座谈会"。1994 年，厦门大学出版社印行会议论文集。

1992 年，郑学檬教授于厦大敬贤寓所完成《中国传统的传播观念初探》这篇论文，后收入《论文集》。题含"初探"二字，其时，中国大陆对于华夏传播的探索还是一个相对崭新的领域。1993 年的座谈会，是"国内首次跨学科研讨中国传统中'传'的理论与实践问题"[②]。

2. 主要内容及分析

论文主要论述中国传统的传播观念。分三点论述如下：

第一点是认知观念。郑教授以儒家认知观念为立论基础，明确认知过程中的传受者身份，提出"中国传学观念首先在教育领域中开始形成"，并指出"师是公认的传者"。[③] 挖掘中国传统社会主导思想（儒家思想）的认知观念，具有代表性，最能体现社会主流的认知体系。

第二点是社会等级下的唯上观念。郑学檬教授认为，"唯上"是受众关于"信

---

① 黄星民：《华夏传播研究刍议》，《新闻与传播研究》2002 年第 4 期。

② 谢清果：《华夏传播学引论》，厦门：厦门大学出版社，2017 年，第 22 页。

③ 郑学檬：《中国传统的传播观念初探》，余也鲁、郑学檬编：《从零开始：首届海峡两岸中国传统文化中传的探索座谈会论文集》，厦门：厦门大学出版社，1994 年，第 16—24 页。

息价值”的等级观念，这种等级观念“影响着传者与受者的心理”。进而指出，在这种等级观念之下，“生产知识、航海知识、商业知识出之于工、农、商、渔者之口”，而这些人却“人微言轻”，结果导致“泱泱大国，至今留下的工业著作、农业著作、商业著作非常少，以致社会上传的信息多属空洞说教，而罕见实在知识。中国传统社会之所以不易向现代工业社会过渡，与传的内容的这种倾斜不无关系”。[①] 郑教授从中国传统社会传播观念的特点推导出其社会影响，直指近代中国的疲弱现象，思路新颖，逻辑严密，见解独到。

第三点是民间传播。郑学檬教授列举了民间传播的种类，包括政治结社、人情观念、虚实兼容观念、辨正观念。其中的“人情观念”非常具有启发性，开拓了华夏传播研究的思路，后续的研究者继续深入挖掘“人情”这一非常具有中国特色的传播现象。

3. 研究思想

作为一位历史学者，郑学檬教授运用历史学科的方法，在《初探》这篇论文中探讨了传播领域的议题。这是一次成功的跨学科探索，鲜明地体现了郑学檬教授的跨学科研究思想，开辟了华夏传播跨学科的研究路径。郑学檬教授在论文中陈述了跨学科的必要性：中国古代社会有着悠久历史，所以对传播观念的研究是一个“相当长的”“多学科合作探索的过程”。

跨学科的研究正契合余也鲁先生关于中国传的研究的设想，余也鲁认为，首届海峡两岸中国传统文化中传的探索座谈会应该是“现代中国首次跨学科的，比较有系统的有关传学的讨论”。[②]

（二）《传在史中：中国传统社会传播史料选辑》

1. 写作背景

《华夏传播研究丛书》自 1993 年在厦门大学举行的“海峡两岸中国传统文化中传的探索座谈会”会上初议，于 1995 年正式形成“中国传播研究资助项目”方案。2001 年，丛书收录的《传在史中》出版。

这一历时相对长久的研究项目紧扣学术与时代热点。学术方面，项目“主要目的是为了帮助中国学者进一步从中国传统文化中探索并整理出已有的传播思想，建立中国传播理论，促进‘传播研究中国化’”，从而“丰富人们对传的行为的认

---

① 郑学檬：《中国传统的传播观念初探》，余也鲁、郑学檬编：《从零开始：首届海峡两岸中国传统文化中传的探索座谈会论文集》，厦门：厦门大学出版社，1994 年，第 16—24 页。

② 余也鲁：《从零开始——首届海峡两岸中国传统中传的探索座谈会总结》，余也鲁、郑学檬编：《从零开始：首届海峡两岸中国传统文化中传的探索座谈会论文集》，第 289 页。

识，为社会科学的研究提供更准确的分析和解决问题的思考方法。"时代意义则在于，通过研究"信息传播社会属性的传播学"，抓住"中华民族传统文化"与"信息时代"（传播技术）这两个时代热点。[①]

2. 主要内容及分析

《传在史中》分为七个章节，每章选择与章节主题契合的中国传统社会的文史哲资料，在章节下细分板块，每块史料加上一则传播角度的分析，介绍具有中国特色的传播现象与传播智慧。分章节论述如下：

第一章传播的开始，基于"中国古代传播的真正开始是从文字的产生后开始的"[②]这一观点，主要论述了中国传统社会传播内容的载体。

第二章传播的观念，论述了血缘观念、知行一致、天人感应、立德扬名以文传世等具有中国古代特色、并影响当世中国人传播活动的传播观念。其中以风靡草比喻民从教化的思想，认为教化包括舆论，舆论的主导归于最高统治者，其倡导方向左右着社会舆论的方向。[③]这则史料选自《说苑》卷一，或可与"风草论"呼应。"风草论"最早由厦门大学黄星民教授在一次学术会议上提出，是一种中国社会与政治传播的"上行下效"的基本理念。其理念出自《论语·颜渊》中的"君子之德风；小人之德草。草上之风必偃"。[④]

第三章传播的原则，总结了15条中国传统社会传播及接收信息的原则。

第四章传播的过程，从传者、受者、传播媒介等方面介绍中国特有的传播现象及智慧。

第五章传播的环境，分别介绍政治环境及人文社会环境（当时社会上公认的传播原理）两方面。

第六章传播的技巧，介绍了一些辩说、谈说、说服的技巧策略。

第七章传播的形式，分以下六个分点论述：语言传播、邮驿传播、移民传播、宗教与传播、民间传播、若干特色传播（包括一些特色媒介与符号）。

3. 研究思想

《传在史中》这部书，是郑学檬教授华夏传播研究领域的主要著作。集中体现了郑学檬教授的华夏传播研究思想，包括跨学科研究、现实指向及史学视角三个方面。

---

① 郑学檬：《传在史中：中国传统社会传播史料选辑》，北京：文化艺术出版社，2001年，《华夏传播研究丛书》总序。

② 郑学檬：《传在史中：中国传统社会传播史料选辑》，第3页。

③ 郑学檬：《传在史中：中国传统社会传播史料选辑》，第20页。

④ 谢清果，陈昱成：《"风草论"：建构中国本土化传播理论的尝试》，《现代传播》（中国传媒大学学报）2015年第9期。

第一，跨学科研究。

郑学檬教授运用历史学术背景，选辑史料，进行《传在史中》的写作，本身即是跨历史学与传播学的探索。

在史料的具体选辑过程中，选择范围也不仅仅限于历史学著作，而是广罗文史哲资料。文章附录给出的书目索引，共计 114 条，可以清晰地看出，史料选辑包括了诗经、戏剧等文学史料，以及史书和儒道思想等哲学史料。书题“传在‘史’中”，该书语境下的“史”，或许更切合的解释是中国传统社会文史哲各学科、全方位、多角度的历史资料，而非学术意义上单纯的历史学。这也更符合华夏传播的题旨——华夏传播研究的特质即在于文史哲学科与传播学的交叉融合。[①]

第二，现实取向。

郑学檬教授通过研究中国传统文化中的传播现象及原则，脚踏实地，论从史出，最终指向现实社会。这种通过研究历史指向现实的学术取向，在《传在史中》一书中并不鲜见。例如“归纳出一二政治传播原则，在现今的社会中求证。”[②] 又如在第六章中讲到“辨善”，着眼现代社会人际传播时要注意对方价值观。[③]

虽是研究中国传统的传播经验，但许多历史风俗习惯的留存使得研究成果可以应用于当代中国实践，并且体现了在西方范式之外探讨中国范式的努力，提供了一种建构适用于中国的理论的可能性（如人情观念等）。这样的研究路径，正属于刘海龙提出的传播研究本土化的历史研究范畴，这种行动路径在当前的语境下是有价值的。[④] 余也鲁先生也指出：“我深信研究中国的传播理论从历史着手是一个十分有用的途径，因为历史家的一个责任，在‘究天人之际，通古今之变’，所记录的正是‘关系’与‘演变’，刚好是传学研究所关注的题旨。”[⑤]

值得指出，以史为鉴，观照现实，其实是郑学檬教授一以贯之的学术取向。前事不忘，后事之师，历史是最好的教科书。以郑教授近年的学术路径为例，2016 年，一带一路上升为国家战略。同年，郑教授开始陆续发表丝路研究的相关成果，学术重心始终紧紧把握着时代的脉络。

第三，从史学视角切入华夏传播研究。

郑学檬教授将史料做分类，“从所接触的文史资料中，一再发现古人对自然、

---

① 谢清果：《传播学“中华学派”建构路径的前瞻性思考》，《新疆师范大学学报》（哲学社会科学版）2017 年第 6 期。

② 郑学檬：《传在史中：中国传统社会传播史料选辑》，第 81 页。

③ 郑学檬：《传在史中：中国传统社会传播史料选辑》，第 84 页。

④ 刘海龙：《传播研究本土化的两个维度》，《现代传播》(中国传媒大学学报)2011 年第 9 期。

⑤ 余也鲁：《论探索（代序）》，余也鲁、郑学檬编《从零开始：首届海峡两岸中国传统文化中传的探索座谈会论文集》，第 9 页。

人文、文化环境影像传播过程的深刻认识”，又找出各种“独具中国特色的传的方式”，认为这些“无不可以作为研究中国传播的入口”。选择历史视角作切口，不仅是基于郑学檬教授本身的学术背景，更是观照到从历史视角切入的天然优势——从历史角度切入华夏传播研究的一个前提和必要性在于，中国人“以文传世”“崇尚立言”的优秀传统，使得传播史料非常丰富。①

纵观全书，内容涉及传播学的诸多微观层面，虽然尚未梳理出一个统摄全书的传播学逻辑，涉及的传播理论也相对浅显，甚至偶有“用古代材料为今人的概念加注解”之嫌。由此观之，该书的华夏传播逻辑并不明晰。②但是，跨学科的创作要旨在于思路与视野的开拓，该书恰是提供了一种华夏传播研究的历史视角与分析史料选辑的研究路径。一种领域、一个学科从无到有的构建过程中，这种开创性的贡献弥足珍贵。

其时，“传播”学科在大陆尚是一个舶来的新兴领域，传播学科本身的建构都还待完善，因而不必过分苛求。《传在史中》的定位应在于具有启发性的通俗类读物，而不是一个强专业性、强科研性的著作。

虽然郑学檬教授不是传播学家，但“其实此书本身就是一次有效的传通”。“微观的中国传统社会史料的选辑，向生长在现代中国文化里的读者，介绍结晶在中国古籍中传的经验和原则，应该具有启发作用，对开拓进一步的研究工作大有益处”。③

正如余也鲁先生所说：“科学的基本目的是解释现象，先建立一些功能性的理论，然后努力形成大体系理论。用这些理论来统合现有知识，解释人的和物的各种现象，并预测和控制未来。而好的理论更能指导新的研究课题。（不过，我们决不能看低没有理论依据或不依循已有理论指导来做的研究，仍可承先启后，创立特出的理论。）”④

三、治学风格

充盈丰沛的知识储备，是郑教授开展学术研究的基础。在此前提下，用包容的态度看待所谓“专业”“学科”，博采众长，郑教授始终怀揣着开拓创新的勇气与思路，坚持推陈出新。

---

① 见余也鲁为郑学檬编著《传在史中：中国传统社会传播史料选辑》（北京：文化艺术出版社，2001 年）所作的序，第 2 页。

② 吴予敏：《中国传播观念史研究的进路与方法》，《新闻与传播研究》2008 年第 3 期。

③ 见余也鲁为郑学檬编著《传在史中：中国传统社会传播史料选辑》所作的序，第 4 页。

④ 余也鲁：《从零开始——首届海峡两岸中国传统中传的探索座谈会总结》，余也鲁，郑学檬编：《从零开始：首届海峡两岸中国传统文化中传的探索座谈会论文集》，第 289 页。

（一）横经荷笈，博览群书

郑学檬教授认为，读书“是一种做研究前的必不可少的酝酿过程”。“书读多了，才有‘史识’、明‘史德’、长‘史才’，言不孤发，独步同侪也。”阅读是郑学檬教授坚持的学术传统，即“所谓文脉也”。[①]

（二）兼容并蓄，交叉融合

郑学檬教授反对“强调‘专业’，读文学的自以为与历史无关，读历史的自以为与哲学无关，读哲学的以为与经济学无关等等，知识面褊狭”的学术理念，认为这种“状况堪忧”。郑学檬教授广泛涉猎文史哲等社会科学领域，进行跨学科研究。

余也鲁评价郑学檬教授“他知识的广博遍及文史与哲学”，“博闻强记、饱览古籍，是我认识的历史学者中最敢推陈出新的一位”。[②]

（三）抗辩求真，批判创新

郑学檬教授的专著《传在史中》，既有基于基本传播学理论演绎发掘的史料（如鸿门宴中的非语言传播[③]），也有基于史料归纳出的探索性结论（如慎言慎行原则[④]、兼听则明原则[⑤]等）。在第五章，郑学檬教授指出，进奏院状与开源杂报是“公文文书”不是“报纸”，但“有报史专家以为是报纸”。[⑥]这其实触及了中国新闻史研究的一个议题，即“古有报纸”这一说法的正谬辨析。

直至今日，84岁的郑学檬教授仍然新作频出，笔耕不辍，坚持开展学术研究。单是今年已有两部著作付梓，《浙江学者丝路敦煌学术书系 敦煌吐鲁番经济文书和海上丝路研究》延续了郑学檬教授近年来的学术重心——丝绸之路，《印象 中国历史 隋唐卷 国家的统一与治理》则是一部郑教授一直以来持续深耕的隋唐史领域的专著。

事实上，郑教授作为著作等身的历史研究者、桃李满天下的教育从业者，是本篇未曾过多着墨的地方。正如前文成果总述部分所指出的，郑学檬教授不仅在学术领域有着丰硕的成果，在教育方面也有不菲的成就。本篇评述只是囊括了郑

---

① 郑学檬：《勇于有为，善于自省——关于历史学学科研究生培养的点滴体会》，《历史教学》（下半月刊）2017年第4期。

② 见余也鲁为郑学檬编著《传在史中：中国传统社会传播史料选辑》所作的序，第4页。

③ 郑学檬：《传在史中：中国传统社会传播史料选辑》，第56页。

④ 郑学檬：《传在史中：中国传统社会传播史料选辑》，第30页。

⑤ 郑学檬：《传在史中：中国传统社会传播史料选辑》，第32页。

⑥ 郑学檬：《传在史中：中国传统社会传播史料选辑》，第62页。

教授学术历程中对于华夏传播研究者而言十分重要的部分，聚焦于郑学檬教授作为华夏传播研究的先行者、领路人这一身份，撷取郑教授学术成果的片段。

扎根中国历史的深厚土壤，作为最早一批开展华夏传播研究的学者，郑学檬先生以勤勉踏实的治学品格、开放包容的治学态度、勇于创新的开拓精神，运用跨学科的思维路径，为华夏传播研究奠定了坚实的根基，开创了新的天地。郑学檬教授为传播学本土化的研究意识与历史定位设定了锚点，拓宽了传播学本土化的研究思路，是中华传统史料富矿的开矿人、华夏传播研究的奠基者，也是推动华夏传播研究创新发展的领路人。

总而观之，郑学檬教授关于华夏传播的研究，与他一直以来所坚持的发扬传统史学精华、构建中国特色的历史学科、学术及话语体系的思想秉承了一脉相传的治学精神，即根植于中华传统，深入到中国历史的丰富史料底蕴当中，挖掘历史富矿、发出中国声音，做开放包容的自主研究，这也是华夏传播研究者传承的应有之义。

附：访谈录

郑老师，您好！在大陆的华夏传播研究起步阶段，您曾经进行了华夏传播与历史学的跨学科探讨，为华夏传播研究提供了一种跨学科的研究路径。非常荣幸能够了解您对华夏传播研究的一些思考。

首先，希望能向您请教几个关于《传在史中》这部著作的问题。

葛：在这本书中，涉及许多传播学的知识，包括传播的过程、非言语传播、政治传播等等，您最初是如何得知关于传播学的知识，从而进入华夏传播研究领域的呢？

郑：我没读过《传播学》课程，但和余也鲁等先生接触，了解他们的设想和愿景后，意识到，历史学也与传播学有关。我的最重要感觉就是“传在史中”！《诗经》、《尚书》、《春秋》、《左传》、《国语》、《史记》、《汉书》及二十二史，不就是传播史籍吗？汉字、学校不就是传播载体吗？腹诽、巷议、“一闻千悟”、“百闻不如一见”不就是传播之语吗？等等。所以，我有学点传播理念的想法，关注余先生的传播中国化之倡议。

葛：您是怎么想到要进行跨学科的研究呢？

郑：我谈不上做跨学科研究，只是从传播学角度，把与传播有关的史料加以初步整理，道可道之事，言及义之言。

葛：余也鲁先生在书序中提到，1991 年余先生和您初晤于港岛，听您讲中国古史中传的艺术的小故事，认为您是一位可以求教“探索中国传学”的学人。想来您是在和余先生会面之前就对传播学有所了解，并已经在有意识地搜集整理相关史料了。最初您为什么会对传播学产生兴趣呢？

郑： 这一点在第1题中已回答了。补充一点：我于2001年冬自台北中国文化大学讲课返厦，过香港，余先生留我住几天。在他的海天书楼办公室畅谈许久，每晚我们都一起进餐，谈东说西。还有一件事是，他作为虔诚的基督教信徒，主持了《圣经》注释的组织、出版工作，并送我一本注释本，其注释内容非常丰富，是研究基督教传播史的重要文献。我读过部分章节，发现其功夫不凡。这本《圣经》启发我注意佛教为什么不西传而千辛万苦向东传入中国问题？后来我写了《印度佛教向东传而非向西传播的原因》一文（《文史哲》2014年，第6期）至今我还在思考基督教的七天一周，根据是什么？是否佛教的七宝之习惯的影响？或古印度北斗七星崇拜的影响？

四天交谈中，我们都围绕传播中国化这个主题，体现了他的爱国情感和传播中国文明的矢志不移责任感。

葛： 中国历史上下几千年，史料丰富，而传播现象无处不在，可以选择的范围十分广泛，您是如何进行筛选的呢？

郑： 那本史料汇辑本编选时，大致上按传统分类方法。是很粗的。传播理念的提炼，需要深度研究。如果试着做过，那就是《〈窑头坯歌〉：内源性传播和外源性传播的互动效应》这篇文章（《华夏传播研究》第2辑）。

这本书内容框架设计为一则或几则史料配上几句短评，通俗易懂，可读性强，这样设计的初衷是什么呢？目的便于阅读。

葛： 您在构思这本书的逻辑框架时，遵循了什么样的思路呢？

郑： 没想那么多。

葛：《从零开始》的后记中提到，作为会议的成果，尚有郑学檬教授和余也鲁教授主编的《中国历史上传播理论与实践资料选辑》有待编纂。该书为厦门大学传播研究所丛书之二，原定于1995年付梓，后来因为什么没能成书发表呢？

郑： 因作者多是非专业人士，一忙就放弃了。可见必须有一个专业堆伍。

葛： 距离您出版此书已有20年，此后并没有再发表直接属于华夏传播领域的成果，您后续有再继续关注华夏传播这个领域吗？

郑： 我年事已高，寄希望于你们。

葛：（如果有继续关注）您如何看待华夏传播研究领域的发展现状呢？

郑： 继续传播中国化主题，提炼有中国特色的传播学理论。

接下来是一些关于华夏传播研究的其他问题。

葛：《华夏传播研究丛书》最初定下的目标是五史六论，最后只完成三本，五史六论计划悄然停歇，主要原因是什么呢？

郑：时过境迁，希望你们来完成。

葛：华夏传播研究关注传播学的中国化，当代中国的社会科学有很多舶来品，甚至包括您主要研究的历史科学领域的一些研究方法，关于“中国化”，您有什么见解？在您看来，什么样的“中国化”才算是成功的，换言之，我们中国化的目标和方向在哪里？

郑：传播中国化，意思是以中国历史经验为根据提炼出传播理论。如“情见乎辞”，“一闻千悟”等等。

葛：涉猎传播学领域的知识对您的历史学研究有没有什么启发或帮助？

郑：传在史中，以传明史。

葛：关于华夏传播研究领域，乃至本土化的科学研究这一更为宏大的领域的前景，您有何展望？

郑：有的意见已前述。

葛：对于学科交叉融合的未来，您如何看待？

郑：有的意见已前述。

说明：郑老虽已逾八十，但还是认真地审阅了笔者的评述，以及书面回复了作者提出的一些问题，感谢郑老对后学的提携与帮助。谨此致谢，并祝郑老健康长寿。

共生交往，心传天下

——谢清果华夏传播理念发展进路及思想探究

Symbiotic Interaction,Spreading to the world: An Exploration of the Development Path and Ideas of Qingguo Xie's Hua Xia Communication Philosophy

孙于晴 *

SUN Yuqing

谢清果教授是厦门大学新闻传播学院教授、副院长，华夏传播研究会会长，《中华文化与传播研究》和《华夏传播研究》集刊的主编。从 2006 年起，持续深耕华夏传播领域，致力于推动中华文化经典与传播学的对话与融合工程，至今为止，在华夏传播学领域发表论文 200 余篇，出版著作 27 部。

他以“儒释道 + 传播学”为主轴的华夏传播学研究成果，不断为华夏传播学研究的推进添砖加瓦，从道家的“见独”、儒家的“慎独”到华夏公共传播与舆论传播的概念形态与特征探析，再到中华新文明主义的共生交往特质，在貌似庞杂的诸多研究视域之中，一条以一贯之的研究思路明晰可见：中华文化立场，全球传播视野。

一、小切口铺展，华夏传播学研究初探

2006 年至 2014 年是谢清果教授华夏传播研究进程的第一阶段，即初探阶段，在这一阶段他发挥哲学专业的基础优势，以道家语言传播为研究起点，积极探索中国哲学与传播学研究的融合路径。

---

* 作者简介：孙于晴，厦门大学新闻传播学院硕士研究生。

（一）学科融合，开拓老子传播学新领域

1. 以道家语言传播为起点

谢清果教授从道家语言符号切入，展开华夏传播学研究，深入分析道家语言讲求“不言”的传播方式，提出道家提倡“得意忘言”，“忘”既是悟道的途径，忘我、忘言生成悟性之境，并提出道家的语言传播思想具有真善美向度。[①]

在此基础上，他首次从传播学视角系统研究老子的语言传播智慧，开拓“老子传播学”的崭新研究领域，从传播动机、传播策略以及传播效果三个方面剖析了老子传播思想的总纲，即“以正治国，以奇用兵，以无事取天下”，他提出老子语言传播主体的求真意向体现为正言、贵言和信言，其传播效果的臻美取向为“道可道，非常道”，[②]而该效果取向易形成媒介拟态环境，引发受众的迷失，基于此，谢清果教授提出老子给出拟态环境的救治之道，即传播者“传无传”和受众“玄鉴以观”。[③]

他进一步将老子的“不言不辩”传播观与雅典的“尚辩”传统进行比较，指出两者皆是不同经济、政治及文化制度下的产物，没有绝对的孰优孰劣，要在“言”与“不言”中找到平衡点。[④]

2. 剖释老子多元传播之道

在第一阶段，谢清果教授剖析了老子在健康传播、组织传播和内向传播三个面向的传播智慧。

为顺应传播学本土化和学科交叉融合化的风潮，谢清果教授首次运用健康传播学的理论审视老子的养生思想，多维度探索老子的健康传播理念，提炼出老子以“尊道贵德”为养生之本，以“道法自然”为养生之法，以“见素抱朴”为精神养生的要诀等健康传播范式。[⑤]在此基础上，谢清果教授展开对道教养生哲学中的传播概念和传播方式进行立体式扫描，将形而上的养生理论与形而下的生活传播紧密结合，从自然、生命、社会三个维度考察了道教生活传播的三个向度。[⑥]

同时，谢清果教授在组织传播学的框架下探索老子管理思想的基本特点，提

---

① 谢清果：《道家语言传播效果的求美旨趣》，《哲学动态》2008年第3期，第25—29页。

② 谢清果：《和老子学传播——老子的沟通智慧》，北京：宗教文化出版社，2010年，“序言”，第1页。

③ 谢清果，于宁：《老子思想中的媒介拟态环境批判意识及其治理之道》，《现代传播》(中国传媒大学学报)2011年第9期，第61—65页。

④ 谢清果，王小贝：《老子不言不辩思想与春秋时期传播环境研究——与雅典“尚辨”传统的比较视角》，《十堰职业技术学院学报》2013年第3期，第1—75页。

⑤ 谢清果：《和老子学养生——老子的健康传播智慧》，北京：宗教文化出版社，2010年，“序言”，第1页。

⑥ 谢清果：《道教养生哲学与生活传播》，香港：世界道联出版社，2014年，“序言”，第1页。

出老子追求“正善治”的组织传播目标，以“以正治国，以奇用兵，以无事取天下”为基本纲领，“啬”这一原则贯穿组织治理全过程，[①]之后，他进一步从自我管理、国家管理、家庭管理、企业管理等角度细致钩沉老子的管理思想精华。[②]

2011 年谢清果教授以老子的自我观探析为起点，开启了他至今为止长达 10 年的华夏内向传播理论求索，他将老子的自我观与西方内向传播理论进行比较，提出老子的内向传播智慧更倾向于消融社会性对自我超越的干扰，确立“惟道是从”的主体意识，进而通过领悟“道”这一媒介符号的象征意义，来推动自我省思，实现自我升华[③]。

（二）多维考察，延展华夏传播学着力点

谢清果教授着眼于具体历史现象，尝试从中国古代的公共事件与文学作品中逐步提炼并累积独特的华夏传播规律，例如他从公共传播的视角分析“魏晋清谈”，提炼其中蕴含的传播技术规律，即统一传播主体，以独立话语为基础，以阶层关系为纽带，以公共话题为介质，整合传播空间。[④]

在文学作品方面，他选取具有“当世效果性”与“诗人主动性”的唐诗作为分析对象，提出文学作品具有系统性的“树状”传播模式，其中“移栽”的环节对传播效果起到至关重要的作用。[⑤]

对这些微观历史事件的传播学探索，逐步延展华夏传播学研究的面向，也为后来学者的宏观整体性研究提供了可借鉴的宝贵资料。

（三）搭建平台，增强华夏传播学显示度

2013 年谢清果教授开始搭建华夏传播学术交流平台，创办集齐众多传播学思想于一体的期刊《中华文化与传播研究》，以该期刊为核心巩固华夏传播学术共同体，增强华夏传播学研究的集中性和显示度。该期刊第一年以中国传统文化的传播为核心展开组织架构，以“缅怀余也鲁先生”为主题，邀请郑学檬、孙旭培等华夏传播学前辈学者介绍他们对余也鲁先生的回忆。

---

① 谢清果：《老子的组织传播思想纲领初探》，《今传媒》2011 年第 3 期，第 35—37 页。

② 谢清果：《和老子学管理——老子的组织传播智慧》，北京：宗教文化出版社，2011 年，“序言”，第 1 页。

③ 谢清果：《内向传播的视阈下老子的自我观探析》，《国际新闻界》，2011 年第 6 期，第 58—63+89 页。

④ 谢清果，王昀：《公共传播视域下的“魏晋清谈”及其当代遗思》，《广西师范学院学报》(哲学社会科学版)2013 年第 2 期，第 142—147 页。

⑤ 谢清果，上官仪：《树状传播模式下唐诗风行的三大技巧》，《唐山师范学院学报》2014 年第 3 期，第 1—7 页。

同时，该期刊把传统文化细分为具体文化板块，以中西融通、传播国学、国学新知、学术动态和新书评论为叙事框架探讨华夏传播研究的学术成果[①]，把传播学理论框架与中国传统文化有机的融合，为传播学及传统文化研究者提供新的研究路向与方法。

二、主体性回归，本土化理论体系初建

2015 年至 2018 年是谢清果教授华夏传播研究进程的第二阶段，在这一阶段他的华夏传播学研究由“我注六经”进入到“六经注我”的理论建构阶段，致力于在中西传播学理论对话中，确立华夏传播学研究的主体性。

（一）关照西方话语，建构宏观框架

1. 阐明中华学派建构路径

谢清果教授从发展背景、思维方法、研究重点、价值取向等方面对比中西传播理论的异同，指出西方传播理论注重科学实证探索规律，而华夏传播理论重视人文关怀，具有“心传天下”的特质。在此基础上，他开始尝试阐发并构建中国特色的传播理论，结合中国传统社会的文化背景，进一步解释黄星民教授提出的“风草论”，他提出“风草论”是“渐变效果论”，强调传播过程的风化风行，关注受众主体性的草堰草起，形成风吹草堰上行下效的传播效果。[②]

同时，他归纳华夏传播研究 40 年来的历史变迁和近年来的相关研究，在西方话语关照下进行华夏传播研究的自我审思，从核心概念辨析、华夏传播学的想象力培育、华夏传播理论体系构建等维度，全方位、前瞻性地展示出传播学“中华学派”建构的基本态势与发展路径，[③]提出当前研究具有从内向传播方面寻求理论突破，关注民族文化的传播学研究等七大态势，未来研究可以朝建构华夏传播理论、研究中国问题、推动“民俗传播学”研究等方向发展。[④]

2. 探析公共舆论传播模式

谢清果教授从宏观角度剖析华夏公共舆论传播的概念与历史，并进一步建构华夏公共舆论传播的独特模式。他跳脱出现代公共领域所谓的“公共性”概念，

---

① 谢清果：《中华文化与传播研究》，厦门：厦门大学传播研究所，2013 年，“序言”，第 1 页。

② 谢清果，陈昱成：《“风草论”：建构中国本土化传播理论的尝试》，《现代传播》（中国传媒大学学报）2015 年第 9 期，第 59—64 页。

③ 谢清果：《传播学“中华学派”建构路径的前瞻性思考》，《新疆师范大学学报》（哲学社会科学版）2017 年第 6 期，第 63—76 页。

④ 谢清果：《2011—2016：华夏传播研究的使命、进展及其展望》，《国际新闻界》2017 年第 1 期，第 101—117 页。

在在中国古代社会的制度设计、文化现象和政治经济互动中考察华夏公共传播的历史流变，提出华夏公共传播的“三大特征”，即“辩言之外”的公共情怀、“礼法一体”的传者结盟与“至公无私”的诉求困境。①

同时，他回溯华夏舆论传播，提出集权政治的制度运作中多以上层建筑“舆论监督”为主导的舆论传播模式，②并与钟海连教授合作编撰了国内首部从学理上探讨华夏文明积淀的舆论思想及其运作模式的著作《华夏文明与舆论学中国化研究》，总结“八大华夏舆论传播特质”，即水舟论是中国古代政治传播场域中的舆论建构，圣人论是中国古代的舆论管控主体，民谣是中国古代民间舆论的表达方式③等。

另外，谢清果教授也关注华夏媒介批评的概念、思想流变及其价值取向，尝试从概念界定、批评思想、价值取向三个维度构建华夏媒介批评研究的理论框架。④

3. 提出“华夏文明传播”的概念

谢清果教授于2016年首次提出“华夏文明传播”的观念，他认为华夏文明传播是着力挖掘华夏文明中的传播智慧，用中庸、天下、和谐、礼乐等观念来阐述华夏传播理论，让世界理解华夏文明奉行“和而不同”的交流观念。⑤

在此基础上，他进一步探究华夏文明传播的范式及其功能展演，提出礼乐协同是华夏文明传播的独特形态，体现中国传统哲学对人的主体性的重视，并以情感为传播媒介引导人的行为，丰富华夏文明的内涵，推进华夏文明广泛深入的传播。⑥

（二）扎根先哲学说，觉察儒释道的思想悟力

1. 传统心性之学再审思

谢清果教授借鉴内向传播理论，重建传统心性之学，提出“见独”是道家的

① 谢清果，王昀：《华夏公共传播的概念、历史及其模式考索》，《华侨大学学报》（哲学社会科学版）2016年第1期，第5—15页。

② 谢清果，王昀：《华夏舆论传播的概念、历史、形态及特征探析》，《现代传播》（中国传媒大学学报）2016年第3期，第32—40页。

③ 谢清果，钟海连：《华夏文明与舆论学中国化研究》，北京：九州出版社，2018年，“序言”，第2页。

④ 谢清果，曹艳辉：《华夏媒介批评的概念、思想流变及其价值取向》，《南昌大学学报》（人文社会科学版）2016年第2期。

⑤ 谢清果：《华夏文明与传播学本土化研究》，北京：九州出版社，2016年，“序言”，第2页。

⑥ 谢清果，林凯：《礼乐协同：华夏文明传播的范式及其功能展演》，《新闻与传播评论》2018年第6期。

内向传播活动，其运作机制是“道我”对“俗我”的召唤，“俗我”以“道我”为镜鉴，通过内观、心静如镜的等内向操作过程，促成“俗我”向“道我”转化。①“慎独”是儒家的内向传播机制，强调以坚定的毅力，促进内在心灵革命，“俗我”向“圣我”转变。②

同时，谢清果教授以弗洛伊德的人格结构理论为切入点分析佛教的心性论，提出佛教心性论本质上是人格结构中本我、自我和超我三者之间不断的沟通与协调。③

2. 老子传播学新拓展

在这一阶段，谢清果教授挖掘老子在人际传播、身体传播与大众传播方面的智慧，从解析《道德经》入手，提出老子倡导“宠辱若惊”的待人处事之道，“知雄守雌”的人生进退智慧以及“以无事取天下”的相处原则等八十一条人际沟通范式，④并将老子与彼得斯对于交流的观点进行比较。在身体交往观的视域下，他提出从“涤除玄览”“含德赤子”“爱民治国”“祭祀不辍”“持大象，天下往”到“知子守母”象征着老子对于身体意象的一种递进式思考。⑤

另外，谢清果教授在传播仪式观、“5W”模型、符号学、舆论学等视域下探讨老子的大众传播效果影响因素、老子思想的符号学、修辞学、说服学、危机管理与政治传播价值以及老子有无相生的传播技巧。⑥

3. 中庸传播思想新阐悟

谢清果教授从传播思想的角度，基于内向传播、跨文化传播、政治传播等维度系统探讨《中庸》中蕴含的传播智慧，提出《中庸》的文化传播精神高扬“精诚”“中和”的传承与创新原则，追求“无过无不及”的中庸之美，其政治传播思想反映在以“反身以诚”来落实“为政在人”的民本取向，其人际传播思想贯彻在“敦厚崇礼”行为规范之中，其跨文化传播思想遵循“合内外之道”的要旨，以他者为镜鉴，进而在调适中，实现“美美与共”的佳境。⑦

---

① 谢清果：《新子学之“新”：重建传统心性之学——以道家“见独”观念为例》，《人文杂志》2017 年第 5 期，第 14—24 页。

② 谢清果：《内向传播视域下的先秦儒家“慎独”观》，《杭州师范大学学报》(社会科学版)2017 年第 5 期，第 101—113 页。

③ 谢清果，季程：《内向传播视域中的佛教心性论》，《扬州大学学报》(人文社会科学版)2016 年第 4 期，第 16—22 页。

④ 谢清果：《生活中的老子——道德经与人际沟通》，北京：九州出版社，2017 年，“序言”，第 1 页。

⑤ 谢清果，赵晟：《身体交往观视域下的老子思想新探》，《文化研究》2018 年第 2 期。

⑥ 谢清果：《大道上的老子——道德经与大众传播学》，北京：九州出版社，2016 年，“序言”，第 1 页。

⑦ 谢清果：《中庸的传播思想》，北京：九州出版社，2018 年，“序言”，第 1 页。

（三）开启华夏传播学术史新面向

在这一阶段，谢清果教授开启他华夏传播学术史面向的前两个层次，第一个层次是汇聚核心作品。他带领研究团队编撰汇编性资料《华夏传播研究核心论著编目》，并在此基础上，主持编写《华夏传播学的想象力》这本汇聚华夏传播研究领域核心著作提要的集成性作品，归纳“华夏传播学”这一领域前沿热点研究的显著特征，进而探讨“华夏传播研究”的合法性。①

第二层次将华夏传播学研究放在“传播学中国化”的视野中，进一步整合探讨传播学本土化研究的各个阶段。对传播学主要研究领域进行专题评述，分析传播学中国化的问题意识，学术争论和未来发展，将从20世纪90年代以厦门大学为基地开展华夏传播研究开始到当下二十年的研究成果，按年代进行综述，力图呈现华夏传播研究在不同阶段的重要成果。②

（四）扩建学术交流互鉴新平台

谢清果教授继续推动《中华文化与传播研究》的编辑与发表，该期刊于2017年由年刊转型为半年刊。在这一阶段该期刊分别以华夏文明传播研究、民族文化心理研究、乡村传播与文化空间、中国古代政治传播和中国礼文化传播研究为主题，邀请白文刚、侯月娟、王仙子、杨玉英等学者主持不同专题的研究。

2018年谢清果教授推出海内外第一本以推动传播学中国化研究、打造传播学“中华学派”为目标的《华夏传播研究》，内容涵盖新闻传播学界各类媒介发展状况、传播技术的最新发展等方面，聚焦国内外新闻行业动态，追踪各领域理论研究前沿，进一步团结一批有志于传播中华文化的同行切磋琢磨，共同促进中华文化传播与创新。③

三、为时而著，融通国家战略真关切

2019年至今是谢清果教授华夏传播研究进程的第三阶段，在这一阶段他重点关注国家重大战略需求，为国家核心政策提供理论支撑，并致力于在世界交往中阐扬具有中国特色的传播观念。

① 谢清果：《华夏传播学的想象力》，北京：九州出版社，2018年，“序言”，第1页。

② 谢清果等：《光荣与梦想 传播学中国化研究四十年 1978—2018》，北京：九州出版社，2018年，“序言”，第1页。

③ 谢清果：《华夏传播研究》第1辑，北京：中国传媒大学出版社，2018年。

（一）打造文明传播的中国方案

谢清果教授从华夏文明传播的学理基础、实践体系和媒介思考三个角度完善华夏文明传播体系建构，提出“天人合一：华夏文明传播的行动模式”、“尊道贵德：华夏文明传播的本体功夫”“天下一家：华夏文明传播的全球视野”等。[①]同时，他发现华夏文明传播具有时间偏向，即儒家偏重社会时间，道家偏重生命时间，佛家偏重境界时间，儒释道呈现出交融互补的状态，共同熔铸华夏文明的时间系统。[②]

在此基础上，谢清果教授指出“中国”本身就是华夏文明的元传播符号，是中国人的精神信仰，内含沟通、合适、中和等传播观念，具有“共生交往”的内涵，具体表现为华夏文明传播的多样性“并行不悖”、华夏文明传播的和平性“以和为贵”以及华夏文明传播的世界性“心怀天下”等。[③]同时，他基于文明传播视角，提出“中华新文明主义”的概念，即中华文明在理论和实践上都彰显出区别于西方“文明冲突”的崇高旨趣，具有对话、中和、共生的交往理念，[④]为构建“人类命运共同体”的大国外交与“一带一路”倡议的稳健发展提供思想资源。

另外，谢清果教授基于“中华新文明主义”的视角，为习近平总书记在十九大报告中提出的“一个尊重，三个超越”提供理论支撑，提出该表述继承了中国传统文化“天下一家”的理念，[⑤]深刻把握人类文明传播与发展的规律，创造性地运用“文明共生论”回应西方的“文明冲突论”，使得中国能够站在引领国际民心所向的制高点，树立推动人类文明交流互鉴的大国形象。[⑥]

（二）回应国家重大战略建设

谢清果教授还积极回应国家精准扶贫和乡村振兴的战略需要，以习近平总书记系列讲话为理论指引，整合华夏传播学思想，提出当代扶贫传播应坚持“有恒产者有恒心”“有恒产者有恒心”“义利相生”“斧斤以时入山林”“去芜存菁”等

---

① 谢清果：《华夏文明研究的传播学视角》，厦门：厦门大学出版社，2019 年，第 12 页。

② 谢清果，王婕：《与时偕行：华夏文明传播的时间偏向》，《现代传播》（中国传媒大学学报）2021 年第 3 期。

③ 谢清果等：《共生交往观：文明传播的“中国方案”》，北京：九州出版社，2019 年，“序言”，第 1 页。

④ 谢清果：《中华新文明主义的共生交往特质》，《今传媒》2019 年第 1 期。

⑤ 谢清果：《天下一家：新时代人类文明交往观的中国气派》，《广州大学学报》（社会科学版）2019 年第 3 期。

⑥ 谢清果：《文明共生论：世界文明交往范式的“中国方案”——习近平关于人类文明交流互鉴重要论述的思想体系》，《新疆师范大学学报》(哲学社会科学版)2019 年第 6 期，第 72—83 页。

观念，[①] 要在扶贫工作中，讲好党的扶贫故事，凝聚民心，提升中国国家形象。[②]

同时，他基于“21 世纪海上丝绸之路”与“两岸和平统一”的战略构想，积极探索妈祖女神符号传播在其中发挥的作用，提出妈祖形象在一定程度上促进丝路沿线国家形成文化认同，增强海外华人的中华民族认同感，对协调两岸关系、促进祖国统一、加强丝路起点城市之间的合作意义重大。[③]

（三）洞察生活媒介的多模态功能

在这一阶段，谢清果教授另辟蹊径，开始关注牌坊、道路、祠堂、瓷器、墓葬石刻、桥梁、书信等生活媒介，探索生活媒介的传播功能、符号意义、媒介场建构，着重剖析这些媒介在中华五千年文明的流变中如何勾连起人们的社会关系，维系着人们的社会交往，试图展现华夏生活媒介的独特样貌。[④]

另外，谢清果教授认为“门”是一种独特的媒介，是人们社会交往的隐喻，是社会关系的生产装置，基于此他创新性地在媒介哲学视域下分析老子对于“门”的阐述，认为《道德经》提出“门道”隐喻，阐释“众妙之门”“玄牝之门”是作为万物本源的道，又进一步提出人类复归生活的操作方式为“塞其兑，闭其门”，即既要管束自己的身体感官之门，也要约束自己的心灵欲望之门。只有深刻把握“门”的媒介内涵，才能更好地处理与人、道与万物的关系，畅快地游走于门内门外。[⑤]

（四）深化儒释道传播体系构建

谢清果教授在第三阶段尝试跳脱西方框架，基于儒释道传统思想构建中国特色的传播体系。整合中国传统文化中的自我传播智慧，出版《华夏自我传播的理论建构》一书，系统阐释华夏自我传播的理论体系，提出老子内向传播的独特操作范式“有无相生”，庄子之梦的内向传播解析“自我与超我的蝶变”，儒家内向传播的理论表征“道心与人心的博弈”，儒家内向传播理论的核心范式“内圣外

---

① 谢清果，王真：《扶贫传播：“中国之治”的当代实践》，《广西职业技术学院报》2020 年第 4 期。

② 谢清果，王婕：《民心传播：中国式扶贫实践的文明底蕴》，《广西职业技术学院学报》2020 年第 5 期。

③ 田素美，谢清果：《论妈祖女神符号传播对“21 世纪海上丝绸之路”构建的积极作用》，《中华文化与传播研究》2019 年第 1 期，第 390—401 页。

④ 谢清果：《华夏传播研究媒介学的视角》，北京：社会科学文献出版社，2019 年，第 12 页。

⑤ 谢清果：《媒介哲学视角下的老子之“门”新论》，《山西大学学报》(哲学社会科学版)2020 年第 2 期，第 83—91 页。

王”，内向传播视域中的佛教心性论“明心见性”等。[①]

他带领研究团队出版海内外第一部专门探讨庄子传播思想的著作《庄子的传播思想》，从内向传播、身体传播、情感传播、组织传播等多维角度系统论述庄子的传播思想，提出庄子对组织传播困境的破解思路“通天下一气耳”，其劝谏实践呈现“无心之谏”与“无我之谏”的特征等观点；同时，将庄子与彼得斯就“交流失败”的原因与解决方法等观点进行比较，提出对于失败原因，彼得斯着眼于“人为”，而庄子依托于“自然”，对于解决之法，庄子区别于彼得斯的独特之处在于内向而求。[②]

同时，谢清果教授组织出版了海内外第一部探讨《论语》传播思想的著作《〈论语〉的传播思想》，从人际传播、政治传播、口语传播、情感传播等角度系统探究孔子对社会传播现象的思考，揭示《论语》中蕴含的“内求诸己”的传播取向、“以仁释礼”的传播规范、“以和为贵”的传播价值追求等传播观念，[③]为建构中国本土传播学提供经典依据，也进一步丰富中国传播思想史的研究。

另外，他也关注到“贤”作为中华文化的重要观念，并着手研究“贤”的产生发展与演变，尝试界定以贤观念为核心，涵盖贤才、贤治、贤名等诸多观念的概念群，构建中国特色的贤文化理论体系。[④]

（五）推进华夏传播学术史面向的纵深发展

在这一阶段，谢清果教授继续整合探讨传播学本土化的研究阶段，出版华夏传播领域的首部年鉴，从年度研究综述、2018 年有代表性的论文全文展，以及年度会议等方面的详细信息这三方面展示 2018 年度的学术动态。[⑤]之后又继续出版 2019 年的华夏传播学年鉴，从年度综述、年度佳作、年度会议该要和年度博硕士论文概要四个部分进行研究综述，[⑥]系统把握 2019 年该领域的学术动态。

同时，谢清果教授也逐渐将学术史面向的研究推进到第三层次，即在相对全面地掌握华夏传播域主要论著的基础上，系统关注这些论著作者的学术历程，包括研究的心路历程和可资借鉴的经验，例如他从理论建构、概念阐述、实践分析与未来方向四个方面，综述华夏传播研究代表学者陈国明教授的学术成果；从华

① 谢清果：《华夏自我传播的理论建构》，厦门：厦门大学出版社，2019 年，第 12 页。

② 谢清果：《庄子的传播思想》，北京：九州出版社，2019 年，“序言”，第 1 页。

③ 谢清果：《〈论语〉的传播思想》，北京：九州出版社，2020 年，“序言”，第 1 页。

④ 钟海连，谢清果编，管国兴：《圣贤文化传承与华夏文明创新研究丛书——贤文化理论体系建构与当代实践研究》，北京：九州出版社，2020 年，“序言”，第 1 页。

⑤ 谢清果：《华夏传播学年鉴 2020》，北京：九州出版社，2020 年，“序言”，第 1 页。

⑥ 谢清果：《华夏传播学年鉴 2020》，第 1 页。

夏传播学的多维考察、当代阐扬和老学新研三个方面综述谢清果教授及其研究团队十多年从事华夏传播研究的成果，不断推进其华夏传播学术史研究朝纵深方向发展。

结语

十六年来，谢清果教授在华夏传播研究领域不仅形成了自己独特的华夏传播学科的研究范式和理论体系，也为华夏传播研究提供了新思路和新视野。他的研究进程围绕“儒释道”传播思想纵向从内向传播、人际传播、组织传播、非言语传播等一般传播框架逐一推进，横向则逐渐拓展到中国古代诗歌、礼乐以及特殊朝代的特殊传播现象的分析，整体兼顾大传统与小传统，即兼顾先贤思想与民间实践。

再者，谢清果教授在华夏传播研究过程中既着力挖掘华夏文明中的传播智慧，积极回应国家关切，提倡建立“中华学派”，也关注国际传播变局、国际学术潮流，放眼世界，以他者为镜鉴，将西方经典传播理论“以我为主，为我所用”地运用到华夏传播研究中，尝试用中庸、天下、和谐、礼乐等观念来解释中国当代社会交往与国际传播背后的理念，从而为中华民族的伟大复兴建构起自己的传播话语体系。

他的学术研究推进是一群志同道合的知识分子共同进行的智力竞赛、思想凝聚和人文工程，他团结华夏传播学研究的人才资源，建立沟通共享的平台与桥梁，通过思想的碰撞与传递促进学术研究的发展与拓展，不仅丰富了华夏传播学科的理论，同时促进华夏传播学学脉、学统和学质一脉相承。

以历史的视角挖掘华夏传播的无穷智慧

——孙顺华学术研究成果及研究思想综述

叶凌超*
Ye Lingchao

作为华夏传播学的第二代研究学者之一，孙顺华教授以其独到的女性视角，在其二十余年的研究历程中取得了相当丰富的研究成果。她的研究思想理论成果对于华夏传播学研究的贡献主要是丰富了华夏政治传播方面的理论成果，并且不仅如此，孙顺华的研究也在中国历史文化研究、中国广告学研究、青岛历史文化研究方面有着非常大的贡献。本文中笔者将对孙顺华教授的理论研究方向进行梳理，分析其学术研究特色，重点关注其在中国文化及华夏传播研究方面的贡献，并以个人视角对其学术研究成果及研究思想进行评述。

一、孙顺华个人及学术成就简介

孙顺华，北京大学历史学硕士，青岛大学文学院教授，于青岛大学任教至今。其研究方向主要为中国历史、中国传播史、文化传播、中国广告史及青岛历史文化。其主持或参与多项青岛市社科规划项目、青岛大学研究项目，如2016年度青岛市社科规划项目《青岛流亭胡氏宗族文化研究》，并于2019年凭借《公益组织的新乡村文化传播研究》这一研究课题获批国家社科基金一般项目。主编普通高等教育“十一五”国家级规划教材《中国广告史》《中外广告史》等教材，并出版了《中华文化与传播》《基督教传播与近代青岛社会文化研究》《中国出版家——陈翰伯》等多部著作，并在《文史哲》《孔子研究》《东方论坛》《齐鲁学刊》等核心期刊发表论文20余篇，其中论文《近十年我国广告对“新女性”形象的建构》入选了中国妇女研究会和中国婚姻家庭研究会联合举办的“家庭和谐、社会进步

* 作者介绍：叶凌超（1999年—），福建福州，厦门大学新闻传播学院学士。

与性别平等”研讨会。多项研究成果被《新华文摘》、人大复印资料等转载或被SCD源期刊引用。目前在青岛大学校内孙顺华教授主要讲授中华文化与传播、中国文化史、中外广告史等课程。

孙顺华教授在学术研究及教育岗位中有着突出贡献并获得众多荣誉，她于2001年凭借《唐朝妇女观之嬗变与社会政治》获山东省高校优秀成果论文二等奖；2003年，凭借《中华文化与传播》获青岛市社科优秀成果著作二等奖；2007年，凭借《西汉“独尊儒术”政策下齐鲁的人才资源优势》获青岛市社科优秀成果论文二等奖；①2014年，凭借《论信息传播是中国古代监察活动的重要特征》获山东高校科研优秀成果奖；2018年，凭借《中日广告文化比较研究》获青岛市第三十一次社会科学优秀成果奖三等奖。并于2014年获评青岛大学年度校级教学名师。

二、孙顺华教授华夏传播学研究的“两条道路”

由于孙顺华教授在其华夏传播学研究过程中的分时段研究的特征表现得不明显，因此在这里笔者主要是通过分析孙顺华的学术成果后，以个人视角将其研究的方向及思想脉络划分为“两条道路”，但必须要说明的是，这“两条道路”并不是完全割裂开来的，它们是有紧密关系的，或相互交叉，或相互补充，或相互促进，并最终共同组成了孙顺华教授华夏传播学研究的版图。

首先我们必须明确华夏传播学研究，不仅仅是传播学的研究，其内在更是深深扎根于华夏的历史文化当中，因此要想达成华夏传播学的使命——整理中国传统的传播理念、传播理论、传播制度，②以史鉴今，前提就必须积累足够的历史文化知识，并充分理解其中所蕴含的深刻意义。孙顺华毕业于北京大学，1987年获北京大学史学硕士学位，可以说在研究生涯初期就具备了充足的历史文化知识积累，而其之后基于中国历史文化的研究大致可以分为两部分，一方面侧重对中国广告历史进行整理研究，另一方面是对中国传统文化现象、制度进行研究，因此这也就形成了其研究的两条道路——中国广告之路和华夏传播之路。

（一）中国广告之路

孙顺华对于中国广告的研究最有直观的贡献是，其以系统化的视角对于中国广告的历史进行了汇编，并于2007年出版了《中国广告史》一书，本书可以说是其研究中国广告历史的集大成之作。本书的内容放在商品经济的大背景下，以经

① 谢剑南：《在学生的收获中找到工作的价值》，《青岛大学报》2015年7月9日，第02版。

② 谢清果：《2011—2016：华夏传播研究的使命、进展及其展望》，《国际新闻界》2017年第1期。

济环境为主线，对广告在中国的发展过程及特点等问题进行了全面探讨和阐述。[①] 读史可以明鉴，知古可以鉴今，孙顺华对于中国广告史的充分了解不仅帮助其充分了解了中国古今广告传播的情况，也为其今后的研究开拓了思路并进行了史料案例的积累。

在编写《中国广告史》《中外广告史》这样系统化整理的著作后，孙顺华还在近些年有着不少研究类别零散但也极具意义的成果，如2014年，其在《符号消费与我国传统文化资源的发掘应用》一文中洞察了符号消费的特点并指出中国广告界“以创新精神大胆、深入地挖掘运用传统文化的符号资源将任重而道远”。[②]2018年，其在《雕版印刷的民间商业应用——对北宋“济南刘家功夫针铺”铜版的解读》一文中研究了中国古代印刷广告的历史及特点。

在其编著的《中外广告史》一书中提到“本书认为广告在某种意义上就是信息传播活动，因此其活动的轨迹不能不与传播技术、传播媒介的发展联系在一起。回顾历史，人类信息传播的工具经历了几次重大转变，广告媒介同样也经历了不同的历史发展阶段”。[③] 孙顺华教授的态度从中可见一斑：广告与传播是密切联系的。而从学术层面上来说，广告也属于传播学的研究范畴中。因此孙顺华对于中国广告的研究，也有不少内容是直接或间接与华夏传播研究相关的。如2005年，其在《跨文化传播中的“文化误读”及其背后的国家权力——耐克“恐惧斗室”广告引发的思考》一文中，就以跨文化传播的视角对耐克广告中对于中国老者形象、敦煌壁画中的“飞天”造型、中国龙形象的误用进行了分析，并指出其背后我国国家权力下的文化策略对我国的传播观念和传播体制有着直接影响。[④]

而2016年，于合著《中日广告文化比较研究》一书中，孙顺华从传统文化价值建构的角度对广告文化价值进行了梳理，将传统的忠孝观、义利观、节俭观、女性伦理观等融入广告文化的价值分析当中，并基于面子心理、中庸之道、人伦情感等中华民族文化心理的特征，将已有的广告故事进行分类整理，[⑤] 这本书“把对广告文化的研究深入到传统文化价值观的内蕴解析上”，[⑥] 虽然书中并没有明确表

① 孙顺华主编：《中国广告史》，济南：山东大学出版社，2007年，“前言”。

② 孙顺华，陈谦：《符号消费与我国传统文化资源的发掘应用》，《东方论坛》2014年第6期。

③ 孙顺华主编：《中国广告史》，济南：山东大学出版社，2007年，“前言”。

④ 孙顺华：《跨文化传播中的“文化误读”及其背后的国家权力——耐克“恐惧斗室”广告引发的思考》，《新闻界》2005年第6期。

⑤ 查灿长：《评〈中日广告文化比较研究〉：用广告文化讲好中国故事》，2017年3月21日，http://news.eastday.com/eastday/13news/auto/news/society/20170321/u7ai6616532.html，2019年11月10日。

⑥ 张树庭：《广告精神价值观的比较探索评〈中日广告文化的比较研究〉》，《声屏世界·广告人》2017年第4期，第136页。

述其内容有关华夏传播，但其对众多传统观念的分析都与华夏传播所研究的内容有很大的相似性和关联性，因此这本书也代表了孙顺华在研究中国广告的历程中对于华夏传播的研究也做出了不少的贡献。

（二）华夏传播之路

华夏政治传播研究是从政治传播视角来分析中国传统社会中的政治沟通、政治信息传递、政治传播制度及其政治传播思想的研究。[①] 孙顺华在华夏传播研究方面的贡献就突出表现其在对于华夏政治传播的研究上，主要有两方面的成果：

一方面是对于中国古代政治传播控制的研究。孙顺华于2001年写下《中国古代专制政体下的传播控制特点》一文，指出控制传播是中国古代专制政府权力运行的主要方式之一，在文中比较了儒法两家在政治传播控制方面的不同，具体呈现方式是将儒法两家关于政治传播控制的思想理论以及实际的传播控制手段进行对比，通过不同时期的历史材料明确展现出来，并进而指出“专制主义政体下的传播控制导致社会信息流动的不均衡”。[②]

孙老师对儒家思想的传播有比较多的思考。可参见她所著的《中华文化与传播》一书的第二章“中华文化形态的奠定”，以及论文《“独尊儒术”与儒学传播形态的转变》,《西汉“独尊儒术”政策下齐鲁的人才资源优势》。近几年的本地研究，深入乡村调研，其实主要是为了研究儒家思想的民间传播、活态存在，如《〈竹庐家聒〉的家训特点及当代价值》《平民之家宗族文化的构成及转型——青岛流亭胡氏个案探究》。

孙顺华除却对于上述两方面华夏政治传播的研究外，对于其他华夏传播涉及的问题也有一些有益的探索。比如其对儒学传播形态变化的探索，孙顺华在《“独尊儒术”与儒学传播形态的转变》一文中，认为汉武帝时期“独尊儒术”政策从根本上改变了中国儒学传播形态，并从儒家思想从自由化向权力化转变、儒家文本从知识化向经学化转变、儒家创始人从常人向圣人转变[③]三个方面对此进行论证。孙顺华通过论证“独尊儒术”这一政策对儒家传播形态造成了改变，解释了造成中国历史上这一时期众多改变的原因之一，即思想传播形式的巨变。

总而言之，孙顺华教授对于华夏传播学研究的贡献虽然可能不及黄星民、邵

① 谢清果：《2011—2016：华夏传播研究的使命、进展及其展望》，《国际新闻界》2017年第1期。

② 孙顺华：《中国古代专制政体下的传播控制特点》，《聊城师范学院学报》（哲学社会科学版）2001年第3期，第58—61页。

③ 孙顺华：《“独尊儒术”与儒学传播形态的转变》，《东方论坛》（青岛大学学报）2002年第2期，第68—73页。

培仁等前辈学者，但其对于华夏传播学尤其是华夏政治传播领域仍有着不小的贡献。

三、孙顺华的学术研究特点

基于对孙顺华的著作及论文的分析来看，其对于华夏传播学研究和其他领域的研究在选题、行文等方面集中表现出了三个特点：

（一）史学视角

这一点表现为孙顺华对于历史事件和现象的关注，如《韦贤、魏相、丙吉任相预言考》《中国文字载体的演变及其规律》《齐威王改革的经济政策》等文主要是对历史的考证与梳理；《中国文字载体的演变及其规律》《论唐宪宗元和朝的平藩策略》等文则是侧重对历史情况的分析。

这一特点的原因笔者认为是根源于孙顺华学生时代学习历史学的缘故，因此其对于历史事件具有更高的敏感性以及更高的兴趣，因此不仅仅是上述几遍针对历史学的研究，在其对华夏传播学的研究中也都表现出了极高的历史学水准，对于史料的分析及应用十分独到。

（二）关注女性价值

这一点更多表现在文章选题上，孙顺华撰写过多篇有关女性的论文，包括2000年，探讨唐朝妇女观与社会政治变化之间关系的文章《唐朝妇女观之嬗变与社会政治》；2001年，探讨女性个人价值追求与社会要求存在矛盾的文章《〈女论语〉及其作者价值取向的矛盾》；2005年，分析古代女性规范教育的文章《唐宋以后女教读物的普及化及原因探析》。

从这些文章我们可以看出，孙顺华对于古代女性文化价值层面所受到的要求及女性的自我价值是十分关注的。作为一名女性学者，孙顺华以女性视角对于古代女性价值的探讨也丰富了学界的研究，而且我们可以看到上述三篇文章的写作时间都距今有一段时间了，但放到近些年女权上扬的情境下，这些文章也能给予我们许多思考。

（三）本地化研究

孙顺华毕业后赴家乡的青岛大学任教，因此其文章很多研究内容也都放在家乡青岛。例如研究宗族价值传播的《〈竹庐家聒〉的家训特点及当代价值》《平民之家宗族文化的构成及转型——青岛流亭胡氏个案探究》；分析“独尊儒术”政策后齐鲁人才状况的《独尊儒术与齐鲁人才的兴起》和《西汉“独尊儒术”政策下齐鲁的人才资源优势》；研究宗教传播的《秘密宗教与青岛早期基督教传播》和著作《基督教传播与近代青岛社会文化研究》。

这些书籍和论文的共同点就是，青岛及齐鲁地区当地的文化是其研究的根源。孙顺华并没有一味地追求宏大的研究，而是从本地出发，立足青岛，以小见大，以青岛及齐鲁地区的研究为基础，再一步步扩大研究范围。

四、总体评述

孙顺华是一名优秀的华夏传播学女性学者，她对于华夏政治传播方面的研究有着独到的见解，也取得了丰硕的成果，并且其也在历史研究、广告研究、青岛研究、女性文化研究等方面有不小的建树。不仅如此，她也在教书育人方面努力做到最好，“在孙顺华看来，教学和科研是相辅相成的，她深入研究在教学中遇到的问题，并将研究的成果运用到教学中”。[①] 至今，孙顺华教授仍笔耕不辍，在近年来也陆续出版了众多作品。

历史学的严谨、传播学的深刻、女性视角的独特，孙顺华教授身上这些特质都值得我们不断反思不断学习，更激励我们要更努力地做好华夏传播研究。

附：访谈实录

叶凌超：孙老师您好！您在华夏传播学领域取得了不小的成果，目前学界对于华夏传播研究范畴并没有一个统一的界定，在您看来，我们应该如何界定华夏传播研究的范畴呢?

孙顺华：要界定华夏传播的研究范畴，我觉得首先要搞清什么是“华夏”，这就要借鉴历史学的研究成果。“华夏”是一个古老的概念，又是一个动态的不断更新内容的概念，其中两方面的含义不能忽视：一是民族的含义，二是文化的含义。

从民族含义看，“华夏”是汉族先民的古称，历史研究证明，原始社会后期，在今天中国的版图中至少有中原华夏、东方东夷、南方苗蛮三大部族集团，三大族团通过迁徙、通婚、战争等手段，以人自身为传播媒介，完成了族团融合，东夷、苗蛮都融入华夏。秦汉以后，“华夏”的民族成分越来越多，逐渐形成以华夏族为主体，融合四周各地边民的汉族。秦汉后除汉族外，匈奴、鲜卑、羯、氐、羌、契丹、女真、蒙古、满族都曾建立过统治中原地区的政权，其中蒙古族和满族还统治过整个中国，很多曾经的“夷”族融入汉族，历代正史中的《蛮夷传》、

① 谢剑南：《在学生的收获中找到工作的价值》，《青岛大学报》2015 年 7 月 9 日，第 02 版。

《四夷传》中有少数民族参与创造华夏文化的丰富记载。华夏——汉族经过近现代国家意义上的整合和强化，最终形成以汉族为主体、由56个民族组成的中华民族。严格地说，华夏——汉族是在历史经历中自然形成的，是具有独特语言文字、文化习俗、社会认同的民族；而由56个民族组成的中华民族被一些学者称为“国族”，有一定的共同生活、历史经验，也有逐渐增强的文化认同。无论古老的华夏族还是现代的中华民族，其传播活动、传播现象都可纳入华夏传播研究的范畴。

从文化的含义看，广义的文化包罗万象，梁漱溟先生在比较中国文化、西方文化、印度文化时，认为文化不是什么玄乎的东西，不过是一个民族生活的样法，我理解就是一个民族普遍性的生活方式，涉及精神、制度、物质等各个层面所包含的繁杂内容。我认为有关“华夏”“中华”的一切文化内容、文化现象及内部各民族间的文化互动、外部与其他文化的互动，都可纳入华夏传播研究的范畴。

华夏传播研究的特点应是历史纵深性和现实广泛性的结合，要求研究者有良好的历史学、社会学、传播学等跨学科素养，中青年学者沉潜下来，深入到历史中，深入到基层社会中，借鉴历史学、社会学等学科的相关研究成果、研究方法，将会逐步推进华夏传播研究体系的建立。

叶凑超： 您觉得做好关于某个问题的华夏传播学研究需要做好哪些事呢？

孙顺华： 做研究和做好研究是两回事，要做好某个问题的研究，我觉得有一个重要的前提，就是你对此问题有没有相关经历？相关体验？相关困惑？如果没有，有没有深厚的间接知识积累？我有一个大学同学研究中古华北地区的饮食文化，取得不错的研究成果，为什么选这样的题目？他觉得跟他的成长经历有关，跟幼年时的饥饿体验、饥饿记忆有关。我对此深有同感，的确，独特深刻的记忆、体验包括困惑，确实会提高研究者的研究动力，使研究者的资料解读和阐释具有独特视角，增加研究成果的扎实度、诚实度、厚度、深度。在研究过程中查资料、想问题，有自己的生活、经历、体验作比照，对研究者来说是有趣的，研究的过程也是解决自己困惑的过程，字里行间会有自己的生活、经历、体验、情感等等，可做到忠实于自己，进而得出诚实、靠谱的结论，不至于胡说八道、不知所云或人云亦云。也许有人会质疑这样的研究会不会过于主观，我觉得个人的经历、体验，辅以严格扎实的学术训练、学术积累和严谨求实的研究态度，可以避免由研究者个人经验导致的推论主观、肤浅和表面。

当然认知事物、获取知识不可能都是亲身经历和体验，也可以通过读书学习间接推知，这样的研究更需要沉潜下来，下功夫搜集资料，深入分析和解读资料，功夫要下足，还要以同情之心设身处地站在当事人所处的时代思考问题，搞清事物的来龙去脉、前因后果，如陈寅恪先生说的“同情之理解”和“理解之同情”。

华夏传播的内容丰富，各种社会现实和历史纠缠在一起十分复杂，华夏传播研究的意义在于深入到中国的历史和现实的各种传播活动、传播现象中，格物致知。华夏传播有许多特点、规律，不是生吞活剥一种或几种现成的西方传播学理论和术语就能解释的，西方理论研究的精髓是想象的自由开阔、论证的严谨精致，如果不学其精髓，只把一些概念、结论套用到华夏某个传播活动、传播现象上，将无益于推进华夏传播研究。

叶凌超：您硕士是历史学专业的，想请问您觉得这段对于历史学的学习对您之后的研究生涯有哪些帮助呢？

孙顺华：我 1980 年进入北京大学历史系学习，从本科开始师从王永兴先生学习唐史，接着读研究生。回想起来，先生是手把手地教，从练习句读开始训练基本功，学习古代史要求大量阅读历史文献，必须有古文功底，王先生拿出了自己的线装《新唐书》《旧唐书》让学生练习句读，我记得练习了好几本，遇到不认识的字要查《康熙字典》，每练完一本就交给先生当面检查、答疑。除了要求读《新唐书》《旧唐书》《资治通鉴》等历史文献，必读书目中最重要的是陈寅恪先生的《唐代政治史述论稿》《隋唐制度渊源略论稿》，这两本著作都薄薄的，10 万字出头，但分量很重，我觉得与其说是阅读，不如说是研读，尤其是《唐代政治史述论稿》，我反复读了许多遍，写了详细的读书笔记和心得。如果说对唐史有一点通识的话，我觉得就得益于研读这两本书，以后再读其他相关论著就觉得比较轻松，也大致能看出其学术功力如何。史学研究有字字句句皆有来处的传统，这是个好传统，读陈寅恪先生的《唐代政治史述论稿》，体会就特别深，10 万多字，依据史实，层层论证，于自然而然中揭示唐代政治史的奥秘，让人叹服。一次谈话中，王先生对我说：陈寅恪先生是天才，我们都是中等之才。我对这句话记忆很深刻，随着阅历的增长，感触越来越深，这既是一个学者对真正大家的由衷敬仰，也是对学术的敬畏之心和自知之明。以此为训，每每想到自己有完成任务的功利应付之作就感到羞愧，所以尽量老老实实做心有所思、力所能及的研究，“去子之骄气与多欲、态色与淫志，是皆无益于子之身”。

叶凌超：您对于历史学、广告学、华夏传播学等多领域都有涉及，您觉得他们之间有内在的关联性吗？

孙顺华：其实我转来转去也没离开历史学，这是研究基础，不过吸收了一些传播学、社会学、广告学的理论知识和视角。历史研究是人类最古老的学问，也是一切社会科学的基础，试想一下，哪一个学科领域没有既往事实和问题？哪一个学科领域不需要对既往事实、问题的思考和研究？所以相关学者不可避免地要在历史和现实间往返穿越，华夏传播研究者肯定包含在内。有些中青年研究者擅长技术方法，如果能把这一优势和历史学、社会学、传播学等学科素养结合起来，和基于人生体验的心灵感悟结合起来，将会在华夏传播研究方面有不俗的成就。

叶凌超：作为一名女性学者，您觉得华夏传播研究中有哪些关于女性的研究是很有趣的或亟待未来去探索的？

孙顺华：我觉得女性直觉好，我感兴趣的研究往往从自己的直觉出发，女性方面的研究就源于自己的性别意识和体验。学生时代性别困扰不大，不管男生女生，大家都是学生，都一样读书学习。工作以后，结婚生子，承担大部分家务，角色矛盾一下子突出出来，就觉得疲惫，产生很多困惑。从自己的感受出发，特别注意观察身边同类的工作生活状态，也注意与同类交流，发现统一群体有相同的境遇和感觉。常识告诉我们：社会、文化环境塑造了我们每一个人，大家都这样过。大多数人的认知可能到此为止，但对于一个学者来说，就会认识到这是一个社会现象，然后穷追不舍地去追问为什么会这样？它是怎么形成的？它是合理的吗？它存在的合理性条件是什么？什么条件下会被突破？寻找答案时就有了历史的纵深感和对未来理想生活的预期，这时候资料积累、学术训练就派上了用场，概念抽象、理论阐释都包含在追问的过程中，研究的过程也是给自己解惑的过程。

随着年龄的增长，女性角色已不是困扰我的问题，或者说我已在工作和生活中找到了平衡，因此自己便失去了深究的冲动和热情，相关研究也就画上了句号。时间飞逝，社会快速发展，我们这一代知识女性曾经面对的价值冲突、角色困扰，到了 80 后、90 后一代可能已不那么突出了，社会越来越开放，女性价值越来越多元化。不过新一代女性可能又面临新的问题，学者可以根据自己的经历、感受去选择有趣的课题进行研究，比如各种媒体、各种宣传中的“女性身体叙事”问题，性别与组织运行的关系问题，性别印象固化问题，女性价值多元化问题都挺有意思。

叶凌超：您的文章中有多篇涉及了女性价值观念与社会对其期待的问题，请问您为什么会特意去研究与古代女性价值观念相关的这类问题呢？

孙顺华：前面说过源于自己的体验和感受。

叶凌超：您为什么会持续关注青岛及齐鲁地区的文化现象呢？这一地区的文

化有哪些特点呢？

孙顺华：几方面原因吧，一是山东青岛是我的家乡，我有多方面了解的需要和兴趣；二是学校强调为地方服务，地方规划项目也倾向于资助区域研究，这两方面的原因促成我完成了几个地方研究项目。我现在常到青岛一些乡村观察调研，主要是为了研究乡村文化，对儒家思想的民间传播感兴趣。

应该说，我对儒家思想的传播研究是从文献资料开始的。儒家在中国历史文化中具有特殊地位，而独尊儒术政策的出台是重要的时间节点，不仅影响社会政治，也影响学术研究。历史、哲学领域对儒家思想的研究很深入，不乏大家，相关研究成果数不胜数，大部分研究关注的是社会上层精英文化，我十几年前的两篇论文走的也是这种路线，不过加上了传播学的视角。最近几年我在做地方研究项目的时候，借鉴社会学的方法做田野调查，对民间宗祠、族谱、家训、族约有直接接触，我认为它们是儒家思想在民间传播的产物，至今对乡民的为人处世还有影响，我小时候在农村长大，我感觉对我影响很大，不是谁有意为之，而是耳濡目染，这是华夏文化的活态表现，值得研究。孔庙成化碑上有一句碑文："孔子之道之在天下，如布帛粟菽，民生日用不可暂缺。"这句话不是随便说的，儒家本来就关心日常生活世界，华夏传播研究可关注这个问题。

叶凌超：您现在仍在任教，并曾被评为校级名师，想请问您觉得教学与学术研究之间的关系应该是什么样的？

孙顺华：我的体会是，教学主要是输出，是传道授业解惑；研究是给自己输血、加油，是逻辑思维、独立思考的练习，是精神境界的提升。学术研究用到本科生课堂上，辅以好的教学方法，带给学生的主要应该是求真求实的学者气质和人格的影响，还有潜移默化的理性滋养、逻辑滋养；用到研究生指导上，可以直接是研究成果的讲授和研究方法的训练，老师如果没有研究经历无法培养研究生。做好教学和研究都需要时间，时间有限，人的精力也有限，所以应尽量合理安排，保证输入、输出的平衡和质量。我一直和一个美国历史学者保持联系，她有两本著作被译成中文，其中《为历史而生》2019 年由北京师范大学出版社出版，她听说我每学期都上课，就很吃惊，他们会把课程集中到一个学期上，另一个学期专心研究，这种做法也许可以借鉴。

叶凌超：您近些年仍笔耕不辍，撰写了多篇论文，所以想请教您应该如何写出更好的华夏传播研究的文章并保持学术热情的？

孙顺华：由职业特性决定，高校教师读书、上课、思考、研究是自然而然的生活方式。但我自知能力和水平有限，所以尽量减少压力，时常随性随意看喜欢看的东西，只求一种平静的心境，接近自然，享受生活。

海外华夏传播研究

虚而灵、空而妙

——召唤以间性为取向的城市观

Toward an Interality-Oriented Urbanism

张先广 *

Peter Zhang

范泽行　张先广 译

Translated by Addison Fan & Peter Zhang

摘　要：本文是间性研究与城市研究的首次明确碰撞。它既是一项理论探索，也不失为一例文化干预。城市的具体性使得间性概念相对可以触摸，间性概念的启发性则有助于揭示城市作为一种时空格局、作为在其外部环境或关系场域里变异和生成的建构性背景之审美冲击力和伦理效价。在这个意义上，本文以暗示的方式把城市想象为包含在更大的廓落中的一个廓落（字面意思为子宫、容器）。西安这个例子使讨论得以接地，同时也推进了该讨论。文章提出了综合间性指数的观念，却也告诫将之实体化。本文是对近二三十年国内城市过度发展和大规模改头换面引致的集体焦虑的回应。暗含的用意是将理论话语诗意化。

Abstract: This article is the first explicit encounter between interality studies and urban studies. It is meant as a theoretical exploration and a cultural intervention. The concreteness of the city renders the concept of interality relatively tangible, whereas the potency of the concept as a heuristic helps reveal the aesthetic thrust and ethical valence of the city as a spatiotemporal configuration and a constitutive ground mutating and becoming

---

* 作者简介：张先广，美国格兰谷州立大学传播学院教授，*China Media Research* 联合主编，*New Explorations: Studies in Culture and Communication* 副主编、编委，研究兴趣涉及德勒兹、弗卢瑟、塞尔、维利里奥、三玄、禅宗、媒介理论、间性研究等。本文英文版刊发于 *China Media Research* 13.4 (2017): 38-47。

in a milieu or a relational field beyond itself. In this sense, the article implicitly imagines the city as a khora (literally, uterus, receptacle) enveloped within a larger khora. The example of Xi' an at once grounds and furthers the discussion. The article puts forward the notion of a comprehensive interality index but cautions against its hypostatization. The project has been called forth by the collective angst toward the overdevelopment and wholesale makeover of urban China during the past two or three decades. The tacit agenda is to poeticize theoretical discourse.

关键词： 间性；宜居性；可持续性；闲暇；远方；异托邦；间托邦

Keywords: Interality; livability; sustainability; leisure; beyondness; heterotopia; intertopia

"柏拉图相信城市的真正目的在于它的公园与花园：它们是寻求智慧的场所，应该从那里来治理城市。"①

"有朝一日，或许不久，我们需要看出我们的大城市里最缺什么：用于反思的静谧、宽敞、舒展的地方。"——尼采

"在将来，城市的积极作用在于把区域、文化及人格的多样性和个性发展到极致。这些目的之间具有互补性。另一种前景就是眼下这种对风景和人格的机械式的折磨。"②

"对过满的东西我觉得恶心。"③

"真正的城市给予市民的是对自由的热爱，而不是对赏赐的希冀，甚或财产的安全。'因美德而获得赏赐的是奴隶，而不是自由人。'"④

"对间距的污染是灰色生态。人必须保持自己的距离。"⑤

---

① Flusser, V. Phantom city. Available at http://flusserbrasil.com/arte125.pdf.

② Mumford, L., *The city in history: Its origins, its transformations and its prospects*, New York: Harcourt, Brace and World,1961, pp. 570.

③ Flusser, V., *Philosophy of language*, Minneapolis: Univocal,2016, pp. 61.

④ Deleuze, G.,*Spinoza: Practical philosophy*. San Francisco,CA: City Lights Books, 1988, pp. 26.

⑤ Virilio, P., *Grey ecology*, New York: Atropos Press, 2009, pp. 71.

“对比概念从而获知哪个最好，这是不够的。我们必须对比概念所回应的问题域，从而发现是什么力量使问题发生改变并要求新概念的形成。”①

“词源学像是哲学特有的一门体育运动。”②间性一词来自汉语的会意字“间”。③它可以指居间的空间、闲置的空间、分隔、间歇、间隔、虚无、反形式(antiform)、裂缝、间隙、时间间隔、中间区域、界面、互动、关系性、互惠、相互、之间、远方、刺探（通过缝隙窥视关在门内的东西；秘密观察）和疏远等等。其语义场包含日语的“間”（留间隔、负空间、缺席等等）这个对日式情怀而言很核心的概念。“间”字原本写作“閒”。“閒”字的演化因循了两条路径：閒、間、间；閒、閑、闲。“闲”表示闲暇、悠闲、空闲时间。“间”和“闲”虽然是两个不同的字，但词源相同，词义也密切相关。欲对间性进行彻底的研究，需将这两个字都考虑进去。

词能存储人的经验。汉字能提供有关中式感知和思维风格的线索。“閒”这个繁体会意字呈现的图景是传统的中式双扇门，两扇门之间有间隙，故而月光可以照进来。所以这个字表示间隙，并且暗含着“通”的意思。它的意思来自两个组成元素之间的关系或互动。但这并非全部。该图景暗示着门内有观察者在场，否则这个场景就不会被注意到。“閒”字在天界和人界之间建立了关系，象征性地使两者之间产生交流与贯通，而位于两者之间的、有开口的门起了过滤与景框的作用。

此外，通过门的缝隙望月的人悠闲故而睿智。闲暇“是生活的目标，智慧的栖所”。④人过忙则无智（忙/𢗰字意味着丧心、无明）。庄子有云：“大知闲闲，小知间间。”前者闲逸，后者琐屑，甚或吹毛求疵。

间性暗示着一种伦理学和一种美学，它们跟庄子的逍遥游哲学是一体的。照此哲学生活的人懂得“无用之用”（如闲置的空间之妙用），以及寓于悖论之中的智慧。逍遥游既预设了间（未占用的空间、畅通无阻的道），又预设了闲（未占用的时间）。中国古代有修为的人通过游于四艺（琴棋书画）来进行自我修养。说到

① Deleuze, G., *Two regimes of madness*, New York: Semiotext(e), 2007, pp. 355.

② Deleuze, G., & Guattari, F., *What is philosophy*? New York: Columbia University Press, 1994, pp. 8.

③ Fred Thompson 和 Barbro Thompson 指出：“汉字是表意文字，亦即观念的图示，因而不是抽象的东西或者我们在西方语言学里所认识的名词之图景，而是行动，而是自然过程及活动的速记式意象……”间性的英文对应词是 interality，系商戈令所造。

④ Flusser, V., *Into the universe of technical images*. Minneapolis, MN: University of Minnesota Press, 2011, pp. 149.

底，人们从四艺中得来的是一种间性教养或间性论情怀。就其精神而言，这种教养无异于我们今天所说的通识教育。

就琴而言，琴声起于无声、顿于无声、止于无声。琴曲诉出琴手的志向，也召唤出与之同气相求的听者，并给听者留下印象、注入灵气（一种模式的心气交流于主体间），最终使两者气息同步、一同呼吸。音乐中介着两个身心之间的关系，使之一同震颤。敏感的琴手不仅能影响而且还能直觉到并回应听者的心态。学琴之至善在于体悟缘起性空。无需琴却能把握琴之精神的人是真正的觉悟者。禅林有句话：

但识琴中趣，何劳弦上声。①

围棋对弈的宗旨在于利用间性（棋子之间的关系性）使间性（气）最大化。新落的子只能相对于已落的子来命名，但棋子和位置事先都没有编码。终局间性（气）多的一方（往往以微弱的优势）胜出。高明的棋手能抓住“机”，辨识起枢纽作用的“位”，以最少的步数将己方的“势”最大化，在动态的互动中做出“气”。间性是所有四个方面的本质。棋子的存活依赖于它们对气的集体保护，棋局的输赢取决于所占空间总量上的相对优势。在某种意义上，围棋之于国际象棋犹如仪式战争之于全面战争，或者无限的游戏之于有限的游戏。围棋是个去中心化的、游牧的游戏；国际象棋则是个中心化的、皇家的游戏。围棋的棋子占据平滑空间，而国际象棋的棋子则在条纹空间中作战。围棋的棋子形成游牧部落；而国际象棋的棋子则形成等级体系，它们的效价、战力和机动性因编码而异。间性在两种游戏中都起作用，但起作用的方式不同。两种游戏里的间性有质的差别。②

书法实践无非是于当下以无端之“色”来取代空。它是对此性（haecceity）的演练，因为结果既不可逆料，也不可重复。笔墨纸砚与书者形成一个组合，独异性是其意志之所向。墨痕之可辨识性与审美价值依赖于留白。所谓知其白，守其黑。书法作品留白过少便缺乏精气神。东亚绘画的精神品质同样依赖于留白。山水画是对间性哲学的绝佳例释。弗朗索瓦·朱利安的颇具间性论意识的《大象无

① Hori, V. S., *Zen sand: The book of capping phrases for kōan practice*, Honolulu: University of Hawai ‘i Press, 2003.

② 德勒兹和瓜塔里对国际象棋和围棋进行了精彩的比较，并把它们分别跟条纹空间和平滑空间相联系。Deleuze, G., & Guattari, F., *A thousand plateaus. Minneapolis*, MN: University of Minnesota Press, 1987, pp. 352-353.

形》一书可以说是对以上论点的展开。[①] 书名很能说明问题：东亚绘画侧重间性而不是客体。朱利安的这本著作应归于正在形成的间性论文献之列，它对所谓的以客体为导向的哲学构成了及时的抗衡。以客体为导向的哲学要么是方向有误（尽管作为对人类中心主义的一种干预，其价值不容否认，该话语却有意无意地产生了为以机器人为中心的世界铺路的后果），要么是命名有误（其侧重点是客体间性和场有还是客体本身，有待商榷），或许两者皆有误。

山水画与城市规划是相通的。对于受四艺熏陶、具备间性意识的人而言，间性给城市赋予了气（精神、气息、能量、生命力）。没有间性，城市就会压抑、缺乏精神和生机。在物质局限容许的前提下，城市风光是展现山水画所展现的美学价值的又一艺术媒介。杭州（昔为南宋首都，今为浙江省首府）被誉为人间天堂，不无道理。跟济南一样，杭州可谓“一城山水半城湖”。得益于钱塘江和西湖的存在，在杭州所能领略的以闲置空间的形式出现的间性可谓硕大无朋。对一个从内心深处欣赏间性的人而言，生活在杭州会有一种深度的满足。并不是说这座城市未曾掠夺或侵蚀自然，或者一直幸免于横扫全国的大规模房地产开发。而是杭州禀赋中广阔的间性对此类掠夺和侵蚀总体上有一定的免疫能力。自然似乎偏爱杭州，在杭州起了重要的文化和建构作用。苏轼有关西湖和钱塘江的著名诗篇即为佐证。

另一个人间天堂是以古典园林与寺院著称的苏州。间性在苏州别具风格：其格局虽小于杭州，但却微妙多变。幽雅的园林使苏州酷似一位古典的美女。该印象来自它养眼的粉墙黛瓦（白墙如若敷了粉，黛瓦好似描了眉）。粉墙为纸，花木为绘，不是图画，胜似图画。在园子中由室内向外眺望，窗户犹画框。在窗间徘徊，如画的景致层出不穷；如逢春日，其清新之气尤能醉人。园林之设计最大限度地运用了间性，颇有化近为远、化小为大之效。步移景异，使人不由频频驻足环顾，以免错失什么。只要有池塘，必然有小桥分之为大小两半，小桥或拱或折，引人驻足。空间的排布使人徜徉流连，忘却光阴的流逝。这种体验既是审美的，又是通感的。不光是视觉，而是所有的感官皆被调动。正如耦园的一副楹联所言：

卧石听涛满衫松色，
开门看雨一片蕉声。

---

① Jullien, F., *The great image has no form, or on the nonobject through painting*, Chicago, IL: The University of Chicago Press, 2009.

苏州园林构成了该城市之生活中有意义的间性。在园子中，世俗的空间被抛诸脑后，时间的线性流动或多或少被悬置。商业与政治让位于审美，闲游取代了奔波。即便该城市无法严格依照园林来设计，这些园子依然构成了城市美学布局中不可或缺的一个元素，并对城市的灵气起到了关键的作用。如果说市内的街道与马路促进了物质的流动，那么园林则确保了精神的流动（与之相对应的是物理意义上的缓慢）。园子丰富了城市的节奏。京都的枯山水庭园在此值得小书一笔。园子由一组布局美观、大小不一、形状各异、材质不同的大块石组成，所依托的背景是精心耙为悦目的破浪图案的砾石之海。园子体现了日式的“间”的概念，并展示了一种禅宗精神灌注其中的日式美学。枯山水庭园揭示了一点：间性是美的必要条件，也是充分条件。枯山水庭院对于城市设计者和居民都有启发价值，原因恰在于适当的间性能够增进城市的美学品质和精神生活。

从概念上讲，间性与虚在（而不是实在）相伴。维莱姆·弗卢瑟指出：“第三世界蕴藏着尚未实现的虚拟性：它贫于实在化却富于虚在。第一世界实现了很大一部分虚拟性：它富于实效却贫于虚在。”[①] 这一逻辑也适用于城市。意思是说，城市的青春体现在虚拟性与间性的充盈，两者的耗竭则标志着城市的衰老（通常是未老先衰）。过度发展会使城市变得不宜居住，因为它会挤光其间性、耗尽其虚拟性。发展意味着衰老。在这个意义上，崭新的一块城区如果开发过度，在人们搬入之前便已老迈。好的城市规划专家对间性和优雅的建筑物同等珍视。其实建筑物的优雅恰恰在于它们跟周围的闲置空间的关系。

如果有“综合间性指数”一说的话，速度将是其中的一个重要因素。一个校园如果不大，但学生不跑动，它感觉上会大一些。速度一快，城市所拥有的间性在心理上就会收缩。言下之意，原本充裕的闲置空间和间性空间就不够了，给人以幽闭恐惧感。速度增进的是“输送、传递”这一偏狭和技术意义上的传播，牺牲的却是对人来说很重要的“共享”这个意义上的传播。速度会削弱关系性，并使临近或多或少失去意义。如果说爱情是盲目的，那么速度则有青光眼的意味（高速驾驶会迫使人目不旁视）。汽车不仅会污染距离（间接提一下保罗·维利里奥的“灰色生态”之观念），还会占据空间。当一个城市的机动车数量达到一个临界点时，速度会翻转为缓慢，流动会翻转为堵塞。言下之意，缺少间性会使流动窒息。可以想象自行车作为一种“酷”的便利的复兴。相对于自行车，城市感觉上会大一些、贴近一些、不那么容易穷尽、更有意思、更富于间性。

汽车会从根本上改变城市的风景，因为它们暗示着它们自己的间性，而且必

① Flusser, V., Post-history, *Minneapolis: Univocal*, 2013, pp.161.

然带来整整一个服务环境。一个城市汽车越多，就越得围绕着汽车来组织。引入城市的每个技术物件都会占据其中的一些空间，并从人们的生活中攫取一大块时间。在一个极度物质主义的文化里，人们可能更难意识到真正的幸福不在于增添与获得，而在于减少或清除凌乱，包括心头的凌乱。换言之，幸福的居所是间性(疏密有致、闲暇与心头无事萦绕)。故而有“注意间隙”(“Mind the gap”)这个标语。圣人不会让自己的心为智识上的获取所累。君子役物，小人役于物(“物在鞍上骑我们”这句话很好地表述了后者)。苏格拉底指出，“欲求之物至少者，离众神最近。”如果他是对的，那么天堂或许纯粹是以间性组成的。总之，间性是一个城市宜居性的核心。

照亨利·列菲弗尔(Henri Lefebvre)的方式进行城市节奏分析者最终会意识到节奏来自间性，而不是来自什么东西。[①] 每一道城市风景都有自己的静态或空间节奏，这纯粹是个有与无、实与虚的交替问题。过了几个街区的楼房之后，突然出现一个广场、一个水系、一块草坪或一个公园，人就会感到一种审美愉悦。只有在城市里以这样或那样的方式行进的人才会注意到这种节奏。人的心理节奏是城市空间节奏的尺度(普罗泰戈拉曾言:“人是万物的尺度”)，量出的感觉可以是平淡无奇的、诗意的、稳定的、断奏式的、前现代的、现代的、后现代的，或者同时产生所有这些感觉。所注意到的其实是心理和空间之间的关系，也就是说，它本身是个间性。步行者的天堂，驾车者的地狱，因为心理节奏部分地取决于人们惯于以什么方式行进。

当我们说起一个城市节奏快或慢时，我们心里想的是它的动态节奏。这跟速度有很大的关系，但不能简化为速度。节奏意味着在作与息、疾与徐、流动与堵塞、紧张与放松、工作与休闲、结构与反结构、等级与大同、条纹时间与平滑的、产生心流体验的时间之间有所切换。周复一周的刻板性因假日、狂欢节、欢庆、罢工、停电事故、偶然的暴风雪(真正的大雪暴如同魔术，能把条纹空间变为平滑空间，给时间赋予质的差别)等等而得以打破和不时中断。中断会给持续性赋能，持续性止于中断。社会经济活动会引起自然现象(如烟雾)，自然现象会冲击社会经济活动。两者之间有互动。

一个城市的个性既离不开它所承载的活动与人际关系，也离不开它对居民和游客集体性格的熏陶。后者可称为城市的第二面具。举例来说，旧金山或许适合郁郁寡欢者，芝加哥却不然。维加斯适合赌博与寻欢作乐，却不适合哲学思考以及对社群的营造。它会妨碍人们进行特定类型的交谈。有悖论意义的是，尽管该

---

① Lefebvre, H., *Rhythmanalysis: Space, time and everyday life*, New York: Continuum, 2004.

城市致力于闲暇，它却完全颠覆了闲暇作为智慧之栖所的哲学（本义为“爱智慧”）功能。在文化上和心理上，其作用更像个“不在现场的证明”：既然维加斯是个罪恶之城，美国的其他地方一定是没有罪恶的。在这个意义上，整个维加斯构成了一种特殊类型的间性空间。福科会称之为异托邦（heterotopia）。[①]

富于间性的城市能滋养宽宏的心态，缓和人际摩擦，促成负熵性接触的产生和创造性能量的迸发。物理意义上的间性之缺乏会促使人们通过烦琐的礼仪进行弥补。这也许可以解释日本人对间（ma）的敏感、对礼仪的投入以及对小巧的物什之偏爱。礼仪更多地与城市居民相关联，恰是因为城市生活使得对社会间性的润滑和形式化成为必要。文雅首先意味着谙晓礼仪这门艺术。上海曾以逼仄的里弄著称，物理意义上的间性之匮乏成了塑造上海人特有的集体面具的物质背景。近几十年来，一度不可胜数的里弄已走出城市的风景，进入了博物馆和回忆录，取而代之的是以理性的网格进行排布的千篇一律的楼房。尽管外滩这样的历史性区域、东方明珠这样的地标性建筑、奔流不息的黄浦江使得上海大体上依然可以辨识，在一定程度上，这个城市却已丢失自己的身份和个性。在某种意义上，上海已克服居民区空间意义上间性的缺乏，结果却引入了均质化和中产阶级化。如下文所述，产生的另一个问题是竖直性（指的是高层建筑）的普及。这些都是当今国内许多城市（包括北京）所共有的问题。

北京近郊的人们以往住着四合院。三代同堂不足为奇。院子是大家庭内部业余共享的私密空间，这一空间滋养了独异的人际间性和代际间性。由于房间都是平房，人一直都跟地气相接。近 20 年，这些房屋大多数已被铲平，让位于高楼。由于楼房之间距离较近，许多住房只能照到很少的阳光，甚至完全照不到。居民区或多或少像是混凝土丛林。竖直性的问题在于它阻断了社会间性或关系性，预阻了社群的产生。人们不光跟地气疏远，彼此之间也产生了疏远。都柏林作为一国之都压根儿没有高层建筑，它会使中式想象感到愕然。

在总结高层建筑带来的四重转变时，马歇尔·麦克卢汉在很大程度上预见了这一时下已遍及国内的现象。如他所言，高层建筑会“增强”私密性、孤独感、拥挤，“淘汰”社群——每个人都无名无姓，“再现”墓穴——单元房不是家，推向极致则“翻转”为贫民窟：危机中的社群。[②]或者，如远程预警线扑克牌（由麦克卢汉于 1969 年设计）里的一张牌所说：“高楼与超短裙，末端在望；换言之，即

---

① Foucault, M., Of other spaces, *Diacritics*,vol.16, no.1(1986), pp.22-27.

② McLuhan, M., & Powers, B. R., *The global village: Transformations in world life and media in the 21st century*, New York: Oxford University Press, 1989, pp. 172. McLuhan, M., & McLuhan, E., Laws of media: The new science, Toronto: University of Toronto Press, 1988, pp. 138.

刻的贫民窟。”这句话里暗含了双关和轭式修饰法（zeugma），有一箭双雕之功，间在其中矣。从艺于上海的当代艺术家杨泳梁创作了一系列传统风格的绘画来揭示并悲叹时下肆虐国内的高楼综合征。初看起来，这些画作与其他国画并无二致。不过仔细一看，画作就开始显现成簇在建的高楼，粗心的受众很容易把它们误作山峦。这些画作的特点在于风格和内容之间有着明显的不调和。风格上，坚实的形体之间点缀着留白或间性，给画作赋予了一种朦胧感，其所指很可能是烟雾。内容上，坚实的形体由密密实实、相互之间几乎没有空隙或间性的高楼和塔吊组成。如果杨泳梁的画作是前景的话，那么整个社会对过度发展的焦虑则是建构性的、赋形的、产生创作动机的背景。

在人们渴望繁荣的过去，城市环境里的间性被引以为常。在这个过度发展的时代，越来越多的人开始觉得间性在收紧，并意识到它的弥足珍贵。换言之，间性被商品化的台子已然搭好。的确，在一个间性得到欣赏的时代，其交换价值自然会升值。西安的曲江新区是一个经典案例。那里的房产价值之所以高是因为有曲江池。在一个快速发展的城市里，它是一个令人向往的间性空间。房地产开发商抓住了这个机会，在新区建了更多的住宅楼，意在以间性牟利，从而减损了那里的间性。结果是花高价在那里购房的人并不能享用他们当初为之解囊的间性。另一方面，许多套住房只有业主却没有住户。人们把交换价值置于使用价值之前。为投资而购房激励了房地产开发，使得房地产市场火爆。开发一旦过度就翻转为破坏。时下，这句话在国内格外有真实性。是否继续开发姑且不谈，至少该考虑适度的问题了。

借用麦克卢汉的“热”和“酷”的隐喻来说，如果一个城市具有包容性并富含间性，它就是一个“酷”的城市。但投资会导致中产化、排他性与间性的收缩，使城市变得“热”而满。这往往是一种恶性循环。商用和住宅地产的开发并不是城市过满的唯一原因。机动车以及随之而来的停车场是另一个主要的促成因素。从人们开车的风格（这纯粹是社会选择的结果）上可以看出一个城市是否已拥有过多的车辆。在国内一般城市熟练地开车需要有良好的时空感以及车际体距学方面的长期磨炼。在那些车道分割线和交通灯仅供参考的城市里，值班交警的干预和疏导之必要性由来已久。街道和马路是城市间性的一个重要部分。马路拥堵是一个间性问题。城市过满会导致感官的疲劳与心头的麻木。城市的间性越多，其居民就越不需要诉诸高强度的刺激来产生感觉。

目前，宜居性与可持续性已成为国内许多城市的一个切实问题。其解决方案必然涉及对间性的保护、恢复与重新创造。鉴于城市扩建的势头并不会在短期内消退，间性在城市设计与规划中必须作为头等大事来对待，并在旧城区翻新与新城区开发时使之成为一个强制性的内置特征。能让城市“酷”起来的间性空间与异托邦包括历史遗迹、寺庙、博物馆、大学校园、广场、步行街、操场、城中村、早市、夜市、公墓、公园、动物园、植物园、喷泉、草地、山丘、树林、池塘、湖泊与河流等等。间性空间与异托邦越多，城市就越有意思、越宜居。

如果说大学四年是个阈限时间的话，那么大学校园则是个阈限空间。它既不在社会之内也不在社会之外而是在内外之间。阈限性（liminality）是一种特殊的间性。一所尽到本分的大学应该是个闲暇与纯游戏的空间，虽然这一点听上去似乎有些自相矛盾。近几十年来，国内大多数城市都经历了大规模的翻新。相对而言，某些大学的老校区（位于天津的南开大学是一个很好的例子）抵挡住了时间的侵蚀，保留了原有的氛围，大体上还认得出来。它们跟另外一些比较“酷”的场所一道见证并增加了城市的历史深度。迈入年深日久的大学校园（如位于开封的河南大学）有种穿越时空的感觉。大学校园的存在是对城市节奏的打断与背离。城市的节奏由此变得丰富、多元。生活在节奏单一的城市会乏味无趣。加州的圣巴巴拉这样的城市由于缺乏明显的季节变化有一种别样的乏味。跟许多其他城市相比，北京、上海和西安这样的高校林立的城市明显感觉“酷”、有文化气氛。

为现代城市生活的熙来攘往所裹挟的人们通常会忘却以下几类时间：纯粹的游戏时间、惊奇的时间（多少孩子的童年让应试教育机器给窃去了）、无为无作的时间、静心空心的时间、为行而行或者为坐而坐的时间、欢庆的时间、留给亲情的时间等等。一个城市的居民平均可支配的闲暇时间对应着跟该城市的个性密不可分的、多少可以感知到的一种心理节拍。例如，成都的个性跟它闻名于世的悠闲的生活节奏不可或分。闲暇是智慧的栖所。心闲是精神贵族的标志（无事是贵人）。接下来我们考察一下西安这一实例，并借此拓展间性的意涵。

以西安为例

西安古称长安，曾是西周、秦、西汉、隋、唐等多个朝代的首都，现为陕西省省会。关于西安，强梵畅居士曾言：地下灵气超过地上人气。这个说法站得住脚与否，无关宏旨。重要的是在西安，人们处处会面对历史与当下之间的界面。勾起历史的不光是兵马俑、碑林、大小雁塔、明城墙等物质遗产和有形的建筑物，而且还有可以追溯到盛唐时期甚至更早的地名。时代之间的界面跟这座城市的性格及其居民的集体心态密不可分。任何一天，沉淀在西安这一物质—符号复合体之中的丰厚历史都会在潜意识层面作为背景参与普通西安人的行动与激情。每个地方都会有一个由意义构成的虚拟氛围笼罩在它的实际存在之上。两者之间的阈限空间是普通居民的生活从中展开的背景。并不是说其他城市不具备实在与虚在之间的间性，而是说在西安，这一间性有着独特的历史深度。在这一点上，其他绝大多数城市无法望其项背。西安人究竟应该把这一间性视为一种财富还是一种陷阱则是另外一个问题。

对真正的间性论者而言，一个城市的本质不仅在于其美学布局和内部的相互关系，还在于它跟星丛般的其他城市及乡下之间的外部关系。例如，唐代长安的身份跟它与丝绸之路沿途其他城市的相对位置不可或分。如果“间文本”和“文本间性”这两个概念有其必要性，那么“城际”与“城市间性（interurbanity）”亦然。后两个概念的有用性与意义尚有待阐明。但凡一个城市，都暗示着它的影响范围以及维系它却又位于它之外的诸多资源。所以最好将它的存在想象为场有（field being）和互在（interbeing）。在如今全球化与块茎式互联的时代，这一场域可以遍及全球。无法想象一个城市孤立于其他城市而存在。一个城市做什么会影响到下一个城市，反之亦然。城市间不只是相互竞争。它们存在于彼此的关系场域之中。协同增效、功能互补以及城际共生是常态而不是例外。荷裔美籍社会学家沙森（Saskia Sassen）等人曾触及城际关系性这个话题。[①] 这里按下不表，以免本文范围过大。另一个原因是，较之经济学和商业，本文对伦理学和精神性更感兴趣。

想要彻底盘点一个城市的间性，就要顾及其逃逸线与远方（beyondness）。跟城市的内部相比，这两点更能界定该城市。在某种意义上，一个城市的优劣尽在其远方或建构性外部。就西安而言，市区南面的秦岭非常值得一提。秦岭山脉既是一道把关中和陕南分开的天然屏障，又是真人饱吸深长的、精神性的气息的地方。这种气息并非深山的隐士才能吸到。秦岭是西安间性空间不可或缺的一部分，恰是因为它是网络新语戏称为“驴友”（“旅友”的打趣性谐音词）的周末徒步旅行者切实可行的去处。只要心态正确，一个人完全可以通过行脚成为真人。在普通的徒步旅行者和真人之间，不存在不可弥合的鸿沟。

在跑步机上行走与在秦岭山中行脚有天壤之别。简而言之，一个是肌肉性的，另一个则是精神性的。秦岭被视为神山，部分原因在于山里草药丰富。山间的空气不光清新湿润，而且还有疗愈之德。爬山时，人自然会深呼吸，做的恰恰是常年修道的人所做的事情（“真人之息以踵”），而且无意无心。无心胜似有心。在老练的驴友看来，行脚南山对于身心、情绪是一种洗涤和增氧，能让人积极地享受拼搏而又深度放松、休闲的生存状态。山之妙用恰在其貌似无用。离开城市而与山水融为一体意味着进入阈限时空、将世俗时间悬置、像神仙一样活着。在某种

① Sassen, S., *Global networks*, linked cities, New York: Routledge, 2002.

意义上，西安的灵魂并不在市区本身而在秦岭。秦岭这一广袤的间性空间起着用之不竭的精神能量源泉的作用，支撑着西安市。西安的远方不在浩渺的水系（如钱塘江之于杭州、黄海之于青岛、密歇根湖之于芝加哥）而在南山，这一点并非无足轻重。其意义在于西安的逃逸线是道、佛性质的，这跟古长安在西汉和唐代所处的首都地位是相符的。

当笔者问起秦岭对于西安意味着什么时，山中常客兼故友王运乐给了一个类似的回答，但他强调的不是精神能量而是南山之水："可以说没有南山即没有西安。南山之水滋养了西安的存在和繁荣。古来南山既是西安的安全保障，同时也阻碍了南方湿热空气的浸淫。"南山之水从天而来，奔城而去。自从西安建城以来，南山就在天和城之间扮演着中介的角色。作为一个人工环境，城市并没有置身于自然过程之外。自然过程支撑着城市。城市如果越过了分寸，自然过程就会遭到滋扰。城市的繁荣完全依赖于其建构性外部的恢复力。如果我们文明得记不住这一点，略看一眼《易经》的八卦（理解为相互之间处于动态平衡的八个自然过程）应足以让我们返回到根本的东西上。

我们更习惯以市区为立足点来评判秦岭，而不是相反。后者恰是我们需要做的。从山顶望去，某些日子里市区上空的大气像是由三层组成，从上到下分别为蓝、灰、黑三种颜色。这足以说明市区的熙来攘往已越过了可持续性的阈限，使得南山这一间性空间越发必不可少。如果西安居民（特别是那些已退休的）想在南山脚下搞个第二居所，这不足为怪。不过搞到以后，他们可能很快就会觉得自己只不过是搬到了另一个城市而已。这年月，城市化的步调很容易超过人们的"逃逸速度"。

在北京，城北比城南走俏；西安恰恰相反。西安的扩建在阈下层面为南向的集体心理驱动力所左右。这并不意味着其他方向的扩建因此而失速。20 年前，陕西广播电视塔多少标志着西安的南端。迄今，市区已向南扩展了半个小时的车程，甚至更久（取决于交通）。以前是"八水绕长安"。由于城市的扩展，不久就会"八水进长安"。城市的规模远远超出人的尺度，意思是说，靠步行去什么地方根本不切实际。在这个意义上，该城市不适于步行，尽管人们仍可以在那里行走。任何一天当多数车主需要开车去哪儿时，堵车的空间和时间长度意味着该城市也不适于开车。有朝一日如果西安一直扩展到了南山，那么南山作为远方或假日休闲处的意义就会丧失，因为两者之间的间性或距离已被消除或耗尽。所有地方都城市化意味着城市的过时和癌变。这一倾向是困扰当今国内物质环境的一个综合征的症状。该综合征的本质是间性的耗竭。上文提到，杨泳梁的仿国画不过是由此产生的广泛焦虑之表现。大体上说，西安不过是整个中国的一个缩影。

盘点一个城市的间性时，如不考虑能促成其文化多元性的生产性界面，这样的盘点是不完整的。在西安，有三个界面较为突出。在人口上，有一个汉族与穆斯林之间的界面。在饮食上，存在一个陕西面食、以牛羊肉为主导的清真菜肴和以辣著称的川菜之间的界面。在语言上，存在一个本地的关中方言（西安话是它的都市化变体）、流散异乡的、有质感的河南方言和假模假式但听上去较为职业的普通话之间的界面。即便普通人并不主动地讲英语，它却已渗入知识人的语言意识之中。近三十年，河南方言似乎渐已失去它作为唬人的资源的价值。每种方言的背后都有一种不同的情怀或心态。书面语相同而口语多元并存，这样可以产生一种游戏感和一定程度的愉悦、增进当地文化氛围的风味、增强居民的接受性和机智。然而，如果把方言视为给同一种书面语赋予生命的不同方式，那就犯了置书面语于口语之先的错误。另一方面，如果方言之间的差异在于风格，那么风格便是个有分量的差异。

城市生活中间性的微型化与媒介化

在时间的维度上，由于电脑和智能手机的渗透以及生活节拍的加快，人们的行动与不行动所应有的间性或绵延在微型化、碎片化。微型碰面在扩散。普通人醒着的时间日益被切分为微细绵延——这无疑是繁忙与精神散乱的标志。由于大多数人都受客体和他人驱动，“意识流”这个说法的切实性就变得越来越明显了。大多数人的意识的确由不断流动的、未消化或无法消化的比特以及转瞬即逝的准印象组成。在典型的城市居民的生活中，被打断是常态而不是例外。引发注意力和注意力之缺失的最新技术使人们经常性地由分心状态再次被分心。智人（homo sapiens）已变异为分心的人。微信是个可怕的促成因素，近些年在国内的城市居民中尤其如此。

随着人们大规模地迁徙至赛博空间去过自己的社交生活，社会间性日益不光为屏幕而且为幕后看不见的机器人和算法所中介。人们以幽灵或自身之隐喻的方式出现在彼此的面前。如果人们具身面对彼此时戴着面具，他们在屏幕上的幽灵则是元面具（即面具的面具）。如果面对面交互是个面具间性（或者说互面具性）的问题，以屏幕为中介的交互则是个元面具间性的问题。元面具性受制于乔治•奥维尔意义上的老大哥作风及赛博控制。言下之意，对社会间性的数字式中介为自动化的监视铺平了道路。人们将自觉不自觉地跟机器人或人工智能进行远程交互，这个现象的到来会早于我们的预期。算法操控的跟诸多他者（不管他们是人类、后人类还是非人类）进行的元面具式接触将成为家常便饭。人们将因机（亦即因他们在赛博空间的虚拟接触）流畅地佩戴临时的元面具。虚拟的“我”将被同样虚拟的他者召唤出来，反之亦然。对“缘起”“性空”之观念的接受将再自然不过。在一个社会间性大抵虚拟化的时代，间性论思维将最终压倒本体论思维。那些在技术化互联的时代发端之前很早就直觉到存在即互在的人一定极为睿智。社会间性的虚拟化会冲淡物理上的远近之分的意义。原因在于赛博空间遨游者彼此之间是等距的。对脱离肉身的灵魂而言，城市已然过时。① 我们从前所知的政治也已过时。在某种程度上，作为中心的城市与作为周边的乡下之分在让位于在线与离线之分。我们切记，赛博空间不是一个城市，也不会让人文雅。出现在没有地平线的地平线上的是礼貌的丧失。

结语

在国内和世界上许多其他地方，通识教育（博雅教育）已从一种令人向往的教育实践发展为一个自成一体的调查方向。在某种意义上，使通识教育成其为通识教育的恰是有如下多重意涵的间性：纯粹的游戏、互动、生产性界面、对话、创造性能量的自发性迸发，以及用于惊奇、沉思、参虚无（虚无是间性的一个特殊意思）、从事真空行为（进入游戏境界）、真正进入临界状态（抵达随时都可能越过阈限的那个独异点）的时间。间性暗示着通，随之而来的是对分隔的克服和学科界限的消解。这恰是通识教育在英语和汉语里的意思。在游戏中，人会得到自由感。在劳作和游戏之间，后者服务于更高的目的，即对自由精神的仪式性、典礼性的演示和庆祝。劳作止于游戏；游戏是劳作的目的。真正的幸福在于把劳作转变或升华为游戏。游戏会占据时间和空间，也会赋予时间和空间质的差别。在间性论中，哲学、伦理学、美学以及一种自由的、以悠闲为导向的存在模式会融为一体。间性论之法为不二之法。

说到底，间性教育不仅应作为不可或缺的一个要素包含在通识教育之中，更应把它当作通识教育的核心和本质。间性暗示着一个反环境，一个有别于乌托邦或非域之境（就目前的生活而言，赛博空间是个典型的非域之境）的异托邦或间托邦（intertopia，阈限空间）。间性不足的城市是愚蠢的、不伦理的城市，因为间性是智慧之所居、伦理之所在。倘若，如瓜塔里所言，“城市的主要功能……是生产主体性”，那我们就应该认识到城市所生产的主体性或互主体性之优劣取决于它的间性，后者既有量的一面，也有质的一面。② 在这个间性被利用、被耗竭的时代，对间性的保护、恢复与再造应被视为默许的优先事项。城市规划者应在综合间性

① 可幸的是，多数人不把自己视为脱离肉身的灵魂。例如，许多年轻的技术行业从业人员更喜欢生活在城市（如旧金山或西雅图）里，而不是乡下。具身的社会性对他们依然重要。

② Guattari, F., Response to questionnaire on the city. *Zone* 1/2, 1985, pp. 460.

指数的指导下重新审视城市的宜居性和可持续性，该指数是个“着眼于最优状况的定性算法”，不可将其实体化。[①] 言下之意，应该把它视为一种启发手段或者指针，而不是一个东西，或者说真正的东西。

---

① Deleuze, G., & Guattari, F., *A thousand plateaus. Minneapolis*, MN: University of Minnesota Press, 1987, pp. 364-365.

华夏传播研究书评

致和合以达天下：华夏文明传播的逻辑与理论探索

——评《共生交往观：文明传播的“中国方案”》*

Pursue Harmony to Practice All-Under-Heaven: The Logical and Theoretical Exploration of Huaxia Civilization Communication

—Comment on *Symbiotic Communication Concept: The “Chinese Plan” for Civilization Communication*

李　阳**

Li Yang

摘　要：当代互联网传播媒介的迭代更新为全球化的加速推进提供了技术与物质支持，随之而来的是人类社会传播形态的深刻改变，同时世界对“人类命运共同体”的认知和体悟程度也日渐加深。不同人类文明之间如何和谐相处成为国际社会关心和探讨的重要议题。作为中国文化主流的华夏文明历经历史变迁，不断融入多元文化内涵，形成了包容共生的文化基因与文明特质。其中蕴含了丰富的传播观念和价值内涵，对维护当今世界文明的多样性、探索文明相处之道具有重要意义。《共生交往观：文明传播的“中国方案”》一书具有关照本土文明的研究视野、聚焦华夏文明基因的理论总结、兼涉儒释道三家文化的规律探索、深入华夏文明发展史的历

* 基金项目：郑州大学新闻传播学学科建设专项课题“跨文化传播视域下中西‘礼仪之争’与中国形象建构研究”（项目编号：21XKJS008）阶段性研究成果。

** 作者简介：李阳（1994 年—），男，河南安阳人，郑州大学新闻与传播学院博士生，研究方向：华夏传播。

史溯源，以及立足当代中国实践的现实关切五方面特点，是对华夏传播理论建构与传播学本土化的一次有益的探索。

Abstract: The iterative updating of contemporary Internet communication media has provided technical and material support for the acceleration of globalization, followed by profound changes in the form of communication in human society, and the world's understanding of the "Community with a shared future for mankind" is also deepening day by day. How different human civilizations coexist harmoniously has become an important topic of concern and discussion in the international community. As the mainstream of Chinese culture, Huaxia civilization has gone through historical changes, constantly integrating into the connotation of diverse cultures, and forming the cultural gene and cultural characteristics of inclusiveness and coexistence. It contains rich communication concepts and values, and is of great significance to maintaining the diversity of world civilizations and exploring ways for civilizations to get along with each other. *Symbiotic Communication Concept: The "Chinese Plan" for Civilization Communication*, a book with five characteristics which are favouring domestic civilization research vision, focus on the theory and summary of Huaxia civilization gene, and involved the rule of Confucianism, Buddhism, Taoism three cultural exploration, deep into the history of the development history of theory summary, and based on the real concerns of contemporary Chinese practice, is a beneficial exploration of the Huaxia civilization communication theory construction and Communication localization study.

关键词：共生交往观；华夏文明传播；中华传统文化传播；文明互鉴；传播学本土化

Keywords: Symbiotic communication concept; Huaxia civilization communication; Traditional Chinese culture communication; Mutual learning among civilizations; Communication localization

在全球化程度不断加深、跨文化传播日益复杂化的当代，世界各主要文明早已突破地理时空的定义与局限，呈现出彼此交融的发展趋势。然而不同文化与文明的交融并不意味着取代与兼并，同时也不应该走向趋同，相反“越是民族的越是世界的”，和而不同的人类文明应当寻求共生与共鉴，美美与共，才能促进人类命运共同体的积极构建与良性发展。

中国作为构建人类命运共同体的最早提出者与积极推动者，面向世界不同的人类文明形态，一方面有责任提出一套积极有效的关于文明传播的“中国方案”，以应对所谓的“文明冲突论”，另一方面也有义务充分挖掘华夏文明“和合共生”的独特气质，并将其展现给世界，树立起当代文明发展与交往观念的典范。与此同时，当代社会主义文化建设与精神文明建设应当立足于具有中国特色、中国风格、中国气派的本土传统文化，而历经数千年历史文化积淀所形成的华夏文明正是一座蕴藏丰富精神资源的宝库，能够为探索中华文明与世界文明和平共处的发展之道提供历史依据与文化根基。

基于这样一种亟待探讨与解决的现实问题，厦门大学新闻传播学院谢清果教授等人所著《共生交往观：文明传播的“中国方案”》（九州出版社，2019年版，以下简称《共生交往观》）一书的回应颇有见地。该书作为华夏传播学文丛之一，再度延续了作者“中华文化立场，全球传播视野”的学术情怀。全书分为上、中、下三篇，各有侧重。上篇从人类文明的整体视角反观华夏文明的独特性，中篇从具体的内在层面凝练概括出华夏文明的主要特征，下篇从传播学视角关注华夏文明中的个案现象，通过这三个层次的分析与探讨，《共生交往观》为读者立体描绘了一个温和友善的华夏文明形象。

一、回溯本来：从本土文明视野观照华夏传播研究

文明传播关注一种文明形态自身发生与发展乃至衰落转型的流变，以及如何在与其他文明的互动实现自身文明变迁的过程及其规律。[①] 面向世界的华夏文明或中华文明的产生首先是一个历史地理问题。制于周成王时期追述周武王功绩的何尊青铜铭文首次提出“宅兹中国”，[②] 即以“中”（旒旂的象形）为核心建立起的国邑。《周礼·大司徒》记载“以土圭之法测土深，正日景，以求地中”，只有寻定地“中”，才能“百物阜安，乃建王国”。[③] 取设于“中”的城建营造原则反映着华夏先民的集体性与向心性意识，定乎于中，居长于斯，故曰“中国”。因此，就历史的延续与传承而言，华夏传播本体的溯源应当聚焦华夏文明的本土起源。

在词源语义上，孔颖达注《左传·定公十年》疏曰：“夏，大也。中国有礼仪之大，故称夏；有服章之美，故曰华，华夏一也。”[④] 可见“华夏”一词以文化定义政治与族群范围，礼仪昌明之处即为华夏文明之所在。因此华夏文明的塑造又是一个文化价值认同问题。兼具历史性与地域性的华夏文明是古老的，但当代华夏

① 谢清果等：《共生交往观》，北京：九州出版社，2019年，第88页。
② 胡晓明，傅杰主编：《释中国（第3卷）》，上海：上海文艺出版社，1998年，第1515页。
③ 吕友仁，李正辉注译：《周礼》，郑州：中州古籍出版社，2015年，第103页。
④ 李学勤主编：《十三经注疏·春秋左传正义》，北京：北京大学出版社，2000年，第1827页。

文明的传播不应当走向复古主义的极端。历史是流动的，华夏文明中的那些流淌在中国人文化血统中根深蒂固的观念应当随着时代的发展而有所扬弃。

解决人类共同问题的“中国方案”不是凭空产生的，必然源自数千年中华文明的历史实践。华夏文明的一大特色在于历史文脉的延续性，华夏民族的历代社会实践经验以经书典籍的形式保存下来，这是我们得以探讨解决现实问题的“中国方案”的思想源头。传统的华夏文明的“天下中国观”具有“天下之中”“天命正统”的优越感，对此作者认为，传统的“中国”观念仍有必要传播与阐扬，“中国”本身就可以视为一种元传播观念符号，但应注重强调“人类命运共同体”的世界关怀语境下的新“天下”观念，淡化天下操纵者的意涵和倾向，重新定位“中国”，使其成为建立在历史根基之上却又历久弥新的新型“文明型中国”。[①] 这样一种思考既是对割裂传统以及全盘西化观点的有力批判，更是对“我们何以为中国”的内在深刻反思。

既有传播学研究业已充分表明，中华文化是一个内涵丰富的符号系统，这些象征着当代中国元素、中国形象的符号化运作的最终目的都指向“丰满地说明‘中国’这个元传播符号”。[②] 化用美国历史学家柯文“在中国发现历史”的表述，也可说华夏传播学研究即是“在中国历史中发现传播”。中国的传播学不仅可以是当代具有宽广维度的横向分析，也可以是对中国过往厚重历史的深刻纵向分析，乃至可以实现二者的有机统一。“中国”这一核心传播符号即是代表。华夏文明对“中”的理解近乎精神信仰，凡是讲求符合“中庸之道”，避免走向极端的文化心理导向了交往观念的“执中”原则，集中表现为共生的交往观。

《共生交往观》旗帜鲜明地提出“再造中华文明”的口号，主张通过对“中国”元传播符号的阐释，塑造这一对外传播的强符号。“再造中华文明”，首先应当明确中华文明的特质。谢清果教授将内含“通”“适”“和”“势”等观念的共生交往视为“中国”传播观念的一种独特气质，认为“中国”的观念始终在关系中思考问题，遵循和谐的关系处理原则，以寻求与他者在时空中永续“共生”。[③] 共生意味着多元并存与和谐发展，共生交往观之下人与人的关系、民族与民族的关系并非是二元对立，文明与文明的关系也并非冲突与对抗，包容并蓄的文明基因使得中华民族在处理内外各种关系中呈现出和谐与共的外显性特质。“再造中华文明”，其次应当关注现实，使华夏传播研究从本土的历史土壤中破土而出。在构建人类命运共同体的时代语境下，“天下”不再是某个帝王或民族所属，而应放眼全人类，

① 谢清果等：《共生交往观》，北京：九州出版社，2019 年，第 5 页。
② 谢清果等：《共生交往观》，第 27 页。
③ 谢清果等：《共生交往观》，第 23 页。

淡化民族中心主义，在交流互鉴中求同存异，以期成为整个人类群体的和谐共生的共同精神家园，这是华夏文明共生传播观在当代的现实诠释与应用。

二、自我审视：从传播交往立论总结华夏文明基因

探寻华夏文明的基因应当本着一种自我剖析、自我审视的意识，《共生交往观》从传播交往立论，总结出融通性、共生性、内向性、世界性、和合性和人文性的基因特性。笔者认为这六种特性可以归结为华夏文明传播交往的文化心理和群体关怀两个层面，能够比较全面地归纳和概括出华夏文明传播的基本特点。

（一）融通、共生与和合的华夏传播交往心理

华夏文明的特点可以及中能够凝练为“和合”二字，“和合”意味着和谐、共和、联合、合一的共生状态，是与战争、独裁、霸权、分裂相对立的一种极具人文性的平和状态。华夏文明的和合性与人文性互为表里，和合性是人文性的外在表征，人文性是和合性的内在核心。华夏民族对“和合”的文化心理诉求，产生于农耕文明依靠自然开展农业生产的不确定性环境之中。在变化无常不可认知的强大自然规律面前，人的力量是渺小脆弱的，固守于一方土地辛勤耕耘无法逃离开来。于是先民自然而然地导向对自然崇拜，试图寻求人与自然的和谐共处，追求“天人合一”的境界，因此“和合性”本身也就意味着“融通性”和“共生性”。

重视历史的合法性论证是华夏文明的一个重要特点，深厚绵延的历史传统直接影响到华夏民族文化心理的塑造。以史为鉴，秉持对史论监督的敬畏，阐发昨日之历史、书写今日之事实，让华夏文明具有了深沉的中正追求。正是“由于深刻体认到人类当下生存的有限性，因而华夏民族高度尊崇以往时代经反复实践、检验而凝聚成的文明遗产”。[①] 于是在这样一种充满历史敬畏的文化认知下，任何极端的交往行为都有必要在中庸的天平上进行一番审视，以期避免产生损人利己或损人不利己的后果，求同存异是华夏文明处理交往问题的不二法则。

从华夏文明的纵向历史发展过程来看，文字的发明和使用是华夏文明传播的重要转折点与文化新起点，为中国跨民族、跨语言、跨地域的传播互动提供了技术支持。汉字历经甲骨、青铜、竹简、丝帛、纸张和数字化媒介等媒介形式的演变，在历代的使用中不断丰富完善，以至成为世界上至今仍在使用的古老文字之一。可以说，自秦始皇统一文字以来，一部汉字推广、使用和发展演变史就是华夏文明交融共生的见证史。

① 毛峰：《大一统文明：中国梦的文化诠释》，北京：知识产权出版社，2014 年，第 122 页。

从华夏文明的文化流派演变历程来看，学术观点的百家争鸣使得采用不同视角理解自然世界和人类社会的各派学说，能够吸收彼此的长处、弥补自身不足，在道义上得到广泛的认同。在这样一种大浪淘沙的学术碰撞中，最终形成了儒释道三家对后世乃至当今社会影响深远的流派。《共生交往观》对儒释道的文化共性作了概括论述："无论是道家文化以道为本原，还是儒家文化以仁配天作为本体，抑或佛学文化借心生万物解释大千世界，它们其实都呈现出共通之处，都具备'一以贯之'的道体观……道体观旨在探究世界本原的这种特性，决定了各派华夏文化都必须寻找唯一、不变的本原、本体，所以华夏文明各家的基本共性是，都非常关注'一以贯之'的'一'。"[①] 因此华夏文明的内在结构是求同存异、多元一体的，具有内在逻辑的融通性和文化生态的共生性。

华夏文明的共生交往观念是简单精辟的，"共生"意味着"多元"主体的存在，而交往主体的多元性又是复杂的、捉摸不定的，因此华夏文明在起源之初就对复杂多变的世界进行了概括提炼，以寻求一种可以把握确定性的关于"道"的规律。传统经典认为世界万物的关系可以理解为阴阳两仪的符号化关系，所谓"一阴一阳谓之道，继之者善也，成之者性也"。[②] 孤阳不生，独阴不长，只有阴阳互动达到一种动态平衡，万物才具有生机。

基于阴阳互动理论，《共生交往观》提出"阴阳相生是传播原动力、人类传播活动的基本表征系统"之说，进而将阴阳的相交、平衡与互动引向人际传播、组织传播和大众传播。结合传播学的传受关系，阳性在传播过程中代表着传播者，处于高处上方的位置，是传播活动的主动率先发起者，表现为刚性主动的性质；阴性则代表着受传者，出于地处下方的位置，是传播活动的被动接受者，表现为柔弱被动性质。[③] 笔者认为这一理解是具有启发意义的，传播活动的发起、接受和话语的表达过程并非简单的机械互动，传播形成的场域中广泛存在着潜在权力关系。值得注意的是，尽管一些影响传受双方阴阳属性的因素是强大的、难以改变的，但是这不意味着具有阴阳属性的双方关系是固定的。信息在从此端走向彼端，再从彼端反馈到此端本身也是一种阴阳位置的转换，在阴阳动态传播中完成传播主体之间信息的有效传递，这恰恰体现了华夏文明传播的交融性与共生性。

（二）内向、普世与人文的华夏传播交往关怀

华夏文明的内向性与世界性是一组相对的概念，儒家在"仁者爱人""克己复

---

① 谢清果等：《共生交往观》，第 117 页。

② 李学勤主编：《十三经注疏·周易正义》，北京：北京大学出版社，1999 年，第 268-269 页。

③ 谢清果等：《共生交往观》，第 130 页。

礼”的人文观念指导下，讲求“修身、齐家、治国、平天下”的处世情怀。吴予敏将这种传播模式总结为一种自内向外的同心圆结构，即“生命（生活）—传播结构”，最内圈是个体的“身”的层次，其次是个体诞生、训育起点和人生归宿的“家”的层次，再次是体现生命意义、践行社会责任的“国”的层面，最后是寄托生命永恒意义的“天下”层面。[①] 四层结构具有自内部向外部层层扩展的张力，是一个具有社会属性的个体不断实现自身价值的进阶路径，反过来最外层“平天下”的最高理想对内有一种向心力，基于集体理想的自我追问。内向性与外向性是内在统一的，在历史实践中内向性表现为自我修养的提升，外向性表现为天下（世界）情怀的追求。

作为华夏文明主流学派的儒家讲求“内省”的内向审视，秉持“慎独”的理念要求自我。《共生交往观》认为“慎独”作为内向传播活动包含三个层次：基于对儒家道德本体的认知和记忆前提，在为己中求己、内观改造自己、对标圣贤以求超凡入圣。[②] 这是一种与外在他律相对互补的内在道德自律。在内省传播过程上，儒家的内省慎独观与美国社会心理学家乔治·H. 米德的自我理论具有一定的相似性。米德提出，个人的自我形成并统一于“主我”与“客我”的不断互动过程中——“客我”源自外在，是个体自身采取的来自外界有组织的态度集合，是他人或社会情境对个体社会角色的评价或期待；与“客我”相对的“主我”则是个体对他人态度所做出的反应，是对个体经验之中的一个社会情境所做出的响应。[③] 个体从属于一个家庭、一个国家乃至共同的天下，并在其中找到自己的价值定位，“崇圣成贤”“立德、立功、立言三不朽”是儒家为世人提供的实现自身价值的社会化路径。“主我”对“客我”的认知，一方面来自对既有历史中的圣贤事迹以及道德准则的“超我”认知，另一方面来自对现实社会中“主我”行为实践所引发他者反馈的认知，个体的自我传播就是在这样一种“主我”与“客我”的不断对标实践中实现内向性的自我反思。

此外，《共生交往观》还对比了许多与儒家“慎独”内向性传播相类似的观点。如马克斯·韦伯在《新教伦理与资本主义精神》中认为基督教新教徒的“天职观”，无论是否明确自己具有“进入天堂的资格”都应力求做到“命定”的道德水准；佛学经典《大乘起信论》中也有“一心开二门”的说法，“一心”即“众生一心”，“二门”即“心真入门”之法体和心性、“心生灭门”之“用”，“‘主我’与

① 吴予敏：《无形的网络——从传播学角度看中国传统文化》，北京：国际文化出版公司，1988年，第210页。

② 谢清果等：《共生交往观》，第145页。

③ [美]乔治·H. 米德：《心灵、自我与社会》，上海：上海译文出版社，1992年，第155页。

‘宾我’传播关系能够通过‘一心开二门’的解读予以澄清，并形成华夏文明传播内向性在认识论方面的独具特征”；[①]道家《道德经》有“万物并作，吾以观复”[②]和“孔德之容，惟道是从”[③]的说法，认为道德主体的“自我”应当遵循先验存在之“道”，《庄子》亦有“非彼无我，非我无所取……物无非彼，彼无非是。自彼则不见，自知则知之”，[④]认为“主我”的认知有赖于他者作为“宾我”认知的条件，反映了个体认知与外在他者不可分割的统一性。可见不同文化学派在讲求心物结合、主客统一的认识和把握世界的方法和原则上具有广泛的相通性，这为当代华夏文明传播探索普世价值之道、拓展对外传播空间提供了思想基础。

华夏文明传播的世界性是对华夏文明包容共生特质的延展与深化，《共生交往观》从对外交往的角度对华夏文传播观念做了全面提炼：“天文、地文、人文”的秩序观、“仁义礼智信”的人生观、“天地君亲师”的价值观和“一视同仁、天下大同”的世界观，这些共同形成了华夏文明在认知理念、行为态度、哲学层面、现实发展等维度独特的思维方式。[⑤]其中，最具特色的是“天下观”。“天下”首先是一种共同体，其当代性应当超越阶级、超越意识形态、超越民族和地域的狭隘和历史局限，将目光拓展到全人类以及全世界。换言之，“天下”不再是君王个人的天下，而是具有人类终极关怀的共有世界。基于这样一种历史超越，赵汀阳指出“中国的‘天下’理论是唯一考虑到了世界制度的合法性的理论，因为只有中国的世界观拥有‘天下’这个级别上高于 / 大于‘国家’的分析角度”。[⑥]从海上和路上丝绸之路到郑和下西洋，华夏文明对外传播史反复证明了中国“天下”观念的和平性、非霸权性和非扩张性，这也是当代“中国方案”可行性的历史依据。

三、理论创新：兼论儒释道文化探索华夏传播规律

中华传统文化虽以儒家文化为主流，但也不可忽视道家学说与佛家学说对华夏民族性格的影响。《共生交往观》不限于仅对儒家文献材料的旁征博引，充分利用儒家和佛家两派文化论证三家文化的共通性，例如援引《中庸》中“致中和，天地位焉，万物育焉”，《道德经》中“万物莫不尊道而贵德”和《金刚经》中“色不异空，空不异色”说明共生交往追求中的“中”的精神。又如在探讨华夏文明追求的共同体终极价值构想时，既有儒家在《礼记·礼运》中所提出的“天下大

① 谢清果等：《共生交往观》，第 148 页。
② （魏）王弼注，楼宇烈校释：《老子道德经注校释》，北京：中华书局，2008 年，第 35 页。
③ （魏）王弼注，楼宇烈校释：《老子道德经注校释》，第 52 页。
④ 郭象注，成玄英疏：《庄子注疏》，北京：中华书局，2015 年，第 29—35 页。
⑤ 谢清果等：《共生交往观》，第 156 页。
⑥ 赵汀阳：《天下体系：世界制度哲学导论》，南京：江苏教育出版社，2005 年，第 4 页。

同”的豪迈理想，也有佛家在《金刚经·一合分相分》中指出的“若世界实有，即是一合相”的超然顿悟，更有儒道两家共同主张的“天人合一”世界观与宇宙观。借助作者的论述，一片百家争鸣的文化生态铺陈显露开来，探究“如何实现我者群体与世界（包括他者与自然在内）共处”是其核心议题。中国的传统文化是分流多样的，却又殊途同归，“和合”是理解华夏文化、把握华夏传播规律的一把金钥匙。

儒释道三家文化又各有侧重，《共生交往观》按照经典传播学对其进行了类型划分。儒家强调“中”之“礼”，以礼为交往符号和度量尺度，偏向人际传播层面；道家强调“中”之道，注重个体内在的“知常”“守中”，偏向内向传播层面；佛家强调“观中”，适用于大众传播现象的解读——传播主体符合万事万物相互联系的“因缘起”法则，意义以“假名”的形式实现传播过程的建立，与两级传播理论以及后来拓展为的多级传播理论有着某种相似性，避免主观偏向“中道”原则对跨文化传播背景中的大众传播立场具有启示意义。

值得注意的是，道家文化尤其是老子学说的研究，是谢清果教授长期以来学术深耕的领域，在《共生交往观》中专门开辟两章（第九章、第十章）对老学的探究。作者认为新老学强调《老子》的跨文化语境，在一定意义上是对老子文本的比较重读（Comparative Re-interpreting），目标文本不仅限于老子，而还可以包含异质语言解读、文化释译，“其核心要旨是探讨如何将尊道贵德、道法自然、清静无为、爱民爱国等老学精神在当代回答华夏文明的延续及其与世界其他文明的共生问题而形成的一系列见解与主张”，其研究价值超越老子写作本意的深究，转向在多大程度上能够展现这些文化自身的样貌。[①] 基于这样一种学术理想，新老学的探索必定是典雅又不失当代活力的。

“共生交往观”首先应当回答“何为生”，作者认为这同儒家与道家的“生生”的基本含义是一致的。追溯中华元典，《周易》总结大自然生生不息的变化规律曰，“日新谓之德，生生谓之易”，[②]“天地之大德曰生”[③]；《老子》关注人的生死观和人类社会规律，告诫人们不要“以其生生”，因“贵生”而过分“养生”，所谓“出生入死。生之徒十有三，死之徒十有三。人之生动之死地，亦十有三。夫何故？以其生生之厚”，[④] 旨在从反面启发世人。道家之“生生”不同于自然行健对世人发奋进取的启迪，而是以清虚自守的守中精神避免走向“贵生”不得法的极端。《共

① 谢清果等：《共生交往观》，第 86 页。

② 李学勤主编：《十三经注疏·周易正义》，北京：北京大学出版社，1999 年，第 271 页。

③ 李学勤主编：《十三经注疏·周易正义》，第 297 页。

④ （魏）王弼注，楼宇烈校释：《老子道德经注校释》，第 134 页。

生交往观》从关联性思维出发，将“生生”理解为“共生”，既包含儒家对个体积极融入世界的正向追求，也融入了道家客观看待社会规律的辩证思考。只有追求“共生”将治身与治世结合起来，强调间性传播，保持公与私之间的一种必要张力，才能有助于推进全球共同治理的实现。[①] 总体而言，依托经典文本，又不限于“本本主义”或“原教旨主义”，是实现传统文化创造性转化与创新性发展的一个重要路径。

四、他石攻玉：在中西对话中发挥传播学的想象力

美国社会学家赖特·米尔斯曾提出不同类型的人都应当具备一定的“社会学的想象力”，即一种可以帮助身处社会中的人们尤其是记者、学者、艺术家、科学家等群体，利用信息增进理性、看清世事的关于心智的品质，[②] 这主张对于传播学研究是具有启发性的。传播学作为舶来品，学科产生于大众传播的经验研究，但这种学科视角所应用的领域是广泛的。就传播学的本土化而言，谢清果教授曾提出中国传播学者应当从“注重回归在地传播经验研究”和“建构能够回应中国社会传播问题的理论体系”两方面去培育“华夏传播学的想象力”。[③] 笔者认为这种想象力本身是一种立足于中华传统文化对古今中外传播现象的探索与总结，同时发挥华夏传播研究的想象力也就意味着赋予传播学者以探索文明张力的潜力以及美好学术愿景。《共生交往观》下篇采用舆论传播、二次编码、公共领域、框架理论、媒介批评等西方传播学视角、概念和理论对华夏文明中的传播现象展开大胆的分析和尝试。

针对中国古代是否具有“公共领域”“公共传播”的问题，《共生交往观》认为可以在把握核心概念共识的前提下减少冗余限制，将当代理论框架应用于中国古代传播现象的分析。以稷下学宫为例，它本身是战国时期齐国都城的一座官办高等学府，历史上曾是士大夫阶层展开学术探讨、政治游说、参政议政的重要场所，这在一定程度上具备了公共领域的特征：传播活动的形式是以多元主体间的交往、议题是关乎公共群体的，同时参与者敢于直言相谏，对公共权威领域具有一定的批判性。作者据此结合哈贝马斯的交往行为理论的适用性分析，指出稷下学者并非具有通过交往行为去理解他人思想的初衷，但聚众探讨必然达成了交流融合后的某些理解和共识。这与哈贝马斯所提出的公共领域应当具备的“理想的言谈情境”、交往参与者应当具有可理解性、真实性、真诚性、正确性假设前提相

---

① 谢清果等：《共生交往观》，第 100 页。

② [美] 赖特·米尔斯：《社会学的想象力》，北京：三联书店，2001 年，第 3 页。

③ 谢清果编著：《华夏传播学的想象力》，北京：九州出版社，2018 年，第 15-16 页。

符合。[①] 笔者认为，这一探索分析是十分有益的，任何一种社会理论的提出都有其时代局限。哈贝马斯的公共领域理论产生于现代社会环境中，但不意味着所归纳的这一概念对象在以往时代不存在。相反社会历史是延续的，不同时代的社会具有一定程度的共性。因此对当代理论限制“取精舍冗”，以此来探讨中国古代的传播现象，是大胆而谨慎的。

以现代传播学理论观照中国古代传播现象的案例，再如从舆论主体视角对宋代官方与民间舆论的分析。如众所知，宋代是中国古代新闻传播史上的关键历史时期之一，印刷术的改良和小报的产生打破了官方邸报传递信息的局面，社会舆论互动形式发生了重要变革。根据新华社前总编辑南振中先生所提出的“两个舆论场”论述，即社会舆论环境中存在着主流媒体营造的“媒体舆论场”和人民群众议论形成的“口头舆论场”。[②] 两个舆论场对应的是官方和民间两类舆论场域，即便是在没有现今意义上的大众传播媒体，民间舆论也是与官方舆论相伴而生的。《共生交往观》认为，宋代相对柔和的舆论政策，一方面与统治阶级“以文治国”的理念、作为舆论领袖的士大夫阶层的壮大、民众文化水平和自我意识的提高密切相关，另一方面也是因为允许登闻鼓、邀车驾、吏民上书等渠道也为官民两个舆论场的沟通提供了可能。社会舆论的形成是复杂的，古代舆论场的形成因素除该书论述之外还有很多。笔者认为，固然把握古代的舆论传播模式和现象并不能做到现代互联网社会的大数据“舆情监控”那般全面精准，但是史料碎片的拼接与传播理论的建构不也是华夏传播学的想象力之所在吗？

在《共生交往观》一书中，类似的案例分析十分丰富。例如，《晋商：华夏泛组织传播的一个缩影》一章将传统的晋商团体经营活动视为一种泛组织传播，认为它以地域认同为组织建立基础、仁义诚信为组织传播准则、人本关怀为组织传播观念，建立起一个具有广泛流动性的组织团体。如果说从传播学视角研究晋商组织是一个相对“主流”的研究，那么《秘密社会组织的传播符号系统及其功能探究》一章则略显“非主流”，论题新颖，让读者眼前一亮。始于清初的“天地会”是中国古代地下秘密组织的典型代表，作者运用符号互动理论对天地会中的称谓符号、神话符号、礼仪规约符号、联络符号四类符号系统进行了分析，从符号建构的角度反向为读者解构了秘密传播组织的神秘性，十分具有新意。此外，从对中国符号探源出发，《“麒麟”入华：二次编码理论下的跨文化传播事件》一章分析了经书记载的“麒麟”与“长颈鹿”等同的这段历史插曲的符号编码过程。长

---

① 谢清果等：《共生交往观》，第 237—239 页。

② 南振中：《把密切联系群众作为改进新闻报道的着力点》，《中国记者》2003 年第 3 期，第 6—10 页。

颈鹿在索马里读作“giri”，与汉语“qilin”发音，这种相似性构成了二次编码的前提。在此基础上政治权力借由海外“贡品”“稀兽”的符号标签，将只存在于古籍想象中的“麒麟”神兽与之等同起来，实现借吉兆巩固统治、顺利迁都的目的，历史中的这一则跨文化传播故事亦颇具可读性。

五、天下情怀：立足于当代中国实践阐发文化依据

华夏文明向来具有心怀天下的理想抱负，先秦典籍《六韬·文韬》记载姜太公之言论：“天下非一人之天下，乃天下人之天下也。同天下之利者则得天下；擅天下之利者失天下”。[①]“天下”的历史语境虽然发生了转变，但是这种从群体利益探讨社会关系的视角至今仍不失为义正词严且不乏时代意义的世界宣言。

华夏文明的当代传播与传承，并非固守传统、不加修改地完全保持。文化与文明的生命力在于与时俱进。当代的天下情怀应当摒弃“普天之下莫非王土”的地理政治的狭隘，将视角转向人类群体。新的“天下”观念意味着它首先是整个人类群体的共有空间，而非专属于某个人或某个群体；其次“天下”的秩序应当是和谐共生的，延续传统天下观念下交往观。许纪霖教授指出，新天下主义来自传统的天下主义，对其“去中心、去等级化，以平等的共享为核心”，在普世文明的基础上建立一个“分享的普遍性”作为民族国家同一性思维的补充，营造一个多元并存共赢的新型国际秩序。[②]《共生交往论》的核心主张与此基本一致：人类文明交往的路径不应是亨廷顿所言的“文明冲突论”，而应秉持中国政府提出的“一个尊重，三个超越”，即“尊重文明多样性”“文明交流超越文明隔阂、文明互鉴超越文明冲突、文明共存超越文明优越”，这一整体观念的精神“实质是‘共生交往’，即人类文明交往应当以‘共生’为最高原则和目标，从而为文明和谐指明了方向”。[③]

中华优秀传统文化的创造性转化和创新性发展，需要融入当代中国的社会实践中去。笔者曾与谢清果教授展开过一次围绕当代礼文化传播与认同的访谈，谢教授提到一个观点与本书的总体论断相一致，他认为面对全球化与逆全球化矛盾斗争不断加剧的当前世界局势，作为华夏文明的继承者应当有责任去思考“究竟是西方的文明冲突论能够解释这个世界的问题，能够为世界的和平发展提供方案，还是中国的文明共生论能够为人类文明交往提供中国方案”，而“东西互补共进，

---

① （明）刘寅直解：《武经七书直解》，岳麓书社，1992年，第393页。

② 许纪霖：《新天下主义与中国的内外秩序》，许纪霖、刘擎主编：《新天下主义》，上海：上海人民出版社，2014年，第24—25页。

③ 谢清果等：《共生交往观》，第60页。

是人类文明的大势所趋”，而礼文化中“礼之用，和为贵”的有礼有利有节的精神，对于中国以文明的姿态走近世界舞台中央是积极的也是十分必要的。[①]

在与国际“他者”的交往中，自我认同问题是融入全球化进程一个不可回避需要直面的问题。笔者曾发文指出，“当我们谈论有着深厚的历史文化根基的新时代的中国主张时，以及思考如何增强中国文化自信时，即是在探讨中国站在什么样的历史根基上去着眼现在、布局未来”。[②]一方面，西方发达国家主导的国际传播秩序面临诸多问题，西方中心主义与文化帝国主义仍是难以祛除的痼疾，以多元主体共同主导的国际传播新秩序有待建立和完善；另一方面，基于“和合共生”和“以和为贵”的华夏传播交往理念能够最大限度地“求同存异”，找到人类共同利益的“最大公约数”。构建“人类命运共同体”“一带一路”倡议正是基于这样一种国际形势，以及华夏文明创造性转化和创新性发展的国内外大背景提出的。

当前，中国参与国际事务的能力与水平不断提升，来自华夏文明积淀中的中国主张、中国立场与中国方案也越发明晰，越来越多地得到国际社会的认可。正如习近平总书记在亚洲文明对话大会中发言所指出的，“亲仁善邻、协和万邦是中华文明一贯的处世之道，惠民利民、安民富民是中华文明鲜明的价值导向，革故鼎新、与时俱进是中华文明永恒的精神气质，道法自然、天人合一是中华文明内在的生存理念”[③]，这一总结与论断是精辟的、极具概括性的，意在表明解决世界问题的“中国方案”不是空中楼阁，而是具有内在可行性与深刻历史实践依据的。

小结

华夏文明从历史中走来，其核心内核历久弥新。整体而言，《共生交往观》具有本土文明的视野关照、华夏文明基因的理论总结、兼涉儒释道三家文化的规律探索、华夏文明发展史的历史溯源，以及立足当代中国实践的现实关切五大方面的特点。该书对华夏文明传播研究的探索，既包括对中国历史文化的重新梳理与探讨，也包括对当下社会现实尤其是人类文明交往中的传播问题给予关切与回应，做到了将传统文化的“创造性发展”和“创新性发展”运用于“中国方案”的阐释与解读，是对华夏传播理论建构与传播学本土化的一次有益的探索。

---

① 李阳：《在古今中外的视域中审思中国礼文化传播问题——访厦门大学新闻传播学院谢清果教授》，《中华文化与传播研究（第六辑）》，北京：九州出版社，2019 年，第 81 页。

② 张兵娟，李阳：《传播学视角下“中英礼仪之争”再审视》，《新闻与传播评论》2020 年第 5 期，第 113 页。

③ 《习近平出席亚洲文明对话大会开幕式并发表主旨演讲》，《人民日报》2019 年 5 月 16 日，第 01 版。

文学传播学研究的新垦拓

——评《中国新诗的视觉传播研究》

付烁华 *
Fu Shuohua

在视觉文化转向的时代语境下，视觉媒介在塑造当代文艺生态过程中发挥重要作用，视觉传播成为当代文艺研究的新维度。对于文学艺术来说，这是机遇与挑战并存的全新格局。深刻调整的“语—图”关系，一方面给文学艺术带来极大危机：“在所谓‘文学危机’的背后，还有整个人类所面临的‘符号危机’，那就是20世纪下半叶电视文化普及以来，传统的语言表意开始经受图像表意的挑战。这是更深刻、更严峻的危机。……在图像符号的强力诱惑下，人类的思考习惯正在逐步改变，人类的语言能力正在萎缩。”① 另一方面，视觉媒介与文学艺术的融合互动，又创造了极具创意的艺术形态，并为文学传播带来新契机。在视觉文化大行其道的当下，处于社会文化空间边缘的中国新诗如何“从边缘出发”，通往新诗艺术与视觉传播媒介良性互动的双赢之路？这无疑是当代诗界无法回避的重要课题。王强的论著《中国新诗的视觉传播研究》就聚焦于此，从传播媒介、表现对象以及创作主体等维度展开综合研究，将新诗视觉传播的全部要素整体纳入研究视域，深描中国诗歌视觉传播的古今演变轨迹和发展态势，阐述当今中国新诗视觉传播的源流和机制，呈现新诗跨媒介与跨界艺术实践的生动图景，搭建起一个关于诗歌视觉传播的研究框架，拓展了文学传播研究的版图。

---

* 作者简介：付烁华，闽南师范大学新闻传播学院2020级硕士研究生，主要研究方向为文艺传播与文化创意产业。

① 赵宪章：《中国文学图像关系史》，南京：江苏凤凰教育出版社，2020年，第1页。

一、传播的反思：新诗艺术品格的坚守

伴随着媒介技术的发展，文艺传播形态不断刷新，媒介因素在文学生态演变中的作用日益凸显。《中国新诗的视觉传播研究》论述的起点就是大众传媒语境下的文学传播问题。与“视觉转向”潮流并行的是影视文化的崛起以及文学的边缘化，而与小说等文体相比，新诗的处境显得更加艰难。面对诗界的焦虑，作者关注到了诗学界提出的一种应对策略，即刷新诗歌传播方式，以此求得新诗的再度复兴。不过，作者认为大众传播容易给新诗带来负面的影响，实在是一个“令人纠结的诗学命题”。在回溯中国新诗史上“大众传播”与“小众传播”两种路径的不同表现后，作者指出：“新诗的大众传播通常是外力介入的结果，而急功近利地推进新诗的大众传播既不切实际，又无助于新诗的健康发展。这就对新诗传播的研究提出警讯：为新诗的大众传播寻找出路可能只是热情的空想。新诗的传播要建基于新诗自身艺术品质与大众文化素养的双重提升之上。”[①] 由此，作者始终注意避免那种为新诗扩大传播寻找出路的功利心态，而是注重对新诗视觉传播的实践进行客观冷静地分析，在此基础上厘清中国新诗生态演变的脉络，绘制新诗与视觉传播媒介融合互动的图景，深入把握新诗的媒介特征，丰富对新诗艺术特质的认知，为中国现代诗学研究开辟新的阐释维度。

新诗的视觉传播处于艺术探索的锋面，这也使得相关研究具备一定程度的前瞻性。论著《中国新诗的视觉传播研究》的初稿是作者在2009　2012年间完成的博士学位论文，彼时“一些实验和探索往往表征出晦暗不明的发展动向”，而近年来新诗视觉传播的创意实践如雨后春笋般涌现，为相关研究提供了源源不断的案例，成为论著修订出版过程中增补的主要材料。正如作者在后记中指出的：“这些补充的新例证充分展现了这一话题的当代性。”作者始终密切关注当代诗坛风云变幻，并透过视觉传播的理论视域加以观照，赋予本研究以鲜明的在场感和开放性。当下，中国新诗的视觉传播活动大有“乱花渐欲迷人眼”之势，各种新鲜的传播现象层出不穷，对于这些新生的艺术实践，作者并未一味地予以苛责和批判，而是将其置于诗歌传播史以及当代文化空间中加以打量，以期辨明新诗视觉传播的演进态势。

在作者看来，“作为高雅艺术的新诗，谋求与视觉媒介的合作，其实更像一场充满悖论的试验。”[②] 显然，对于新诗艺术的发展来说，视觉传播更像是一把双刃剑。在视觉文化时代，“语—图”关系发生了历史性翻转，强势的视觉媒介容易使试图

① 王强：《中国新诗的视觉传播研究》，北京：中国社会科学出版社，2020年，第7页。

② 王强：《中国新诗的视觉传播研究》，第300页。

与之融合共生的语言文本迷失自我，进而沦为图像的附庸。当代诗歌在大众文化场域的“泛化扩散”现象就值得关注和反思。基于对这种倾向的担忧，作者在整体论述过程中始终强调保持新诗自身艺术品质的重要性：“本书聚焦新诗的视觉传播，立足点在于坚持诗歌艺术的本体地位。如果说视觉传播的新诗是图文双重编码的多媒介文本，那么其‘定调媒介’就应当是诗歌文本。”[①] 在大众文化场域翻转“语—图”关系的格局固然不易，但如果为了求得大众传播而降低文学艺术的品质，则是得不偿失的。

不过，视觉传播毕竟为当代文艺实现社会功能、担当时代使命开辟了更广阔的空间，诗人在跨界艺术实践中也做出了诸多有益的尝试。作者将新诗视为一种重要的公共艺术，其论述的基点在于让中国新诗成为提升大众文化品格的重要资源，因此，媚俗就成为市场经济环境下新诗视觉传播过程中值得警惕的一种倾向。在论著结尾，作者希冀中国新诗能够“从边缘出发”，在视觉文化时代持续提升能见度，为大众文化注入诗性的力量，成为“日常生活审美化”潮流中的“异质性”文本：“新诗的复兴要始终坚守‘诗意’的底线，并以诗歌艺术品质的提升为旨归，由此新诗才可能成为干预‘过度审美化’的异质性的‘公共艺术’”。[②] 只有这样，新诗艺术才不会在视觉文化时代迷失自我，沦为速朽的大众文化消费品。

二、传统的发明：诗歌视觉传播历史线索的探寻

论著《中国新诗的视觉传播研究》立足的文化语境虽然是当下这个视觉转向的时代，但是作者却将理论视域扩展至整个中国诗画艺术传统，创新性地将新诗的视觉传播视为一种“被发明的传统”（invented tradition），从而将历史与现实打通，贯穿“史”的意识，将本课题置于中国文化的宏大叙事体系当中：“历史与现实相互激荡，在诗画传统面临断裂危机的时候，中国新诗的视觉传播中却潜藏着这一传统变异性传承的隐蔽线索。对于现代诗人来说，传统诗画艺术是可资借镜的样式，诗画传统的复活和承续是现代诗人推进新诗视觉传播的主动选择。”[③] 宽泛地讲，“诗画传统”就是诗歌艺术与视觉艺术互动的历史。当然，在古典诗画意境已经终结的现代社会，诗人注定难以原样重现传统的诗画艺术，诗画融合方式的变革在所难免。回溯和检视古典诗画传统，可以从诗画艺术的历史传承中探寻中国文化的基因，并为现代诗歌视觉传播的未来走向提供有益启示。

伴随着文化范式的更迭，诗歌和绘画都通过植入现代性刷新自身风貌，由此

① 王强：《中国新诗的视觉传播研究》，第 10 页。

② 王强：《中国新诗的视觉传播研究》，第 310 页。

③ 王强：《中国新诗的视觉传播研究》，第 11 页。

展现现代人特有的“情感结构”，这为现代诗歌与绘画的精神契合提供了可能。不过，传统文人淡出历史舞台之后，诗书画一体的艺术创作变得难以为继，现代诗画在形式上的直接融合已经难得一见，形式上的分离成为大势所趋。基于这样的缘由，作者认为，诗歌与绘画的合作关系由显明变得潜隐。在现代，诗人和画家合力“发明”诗画传统，往往是通过诗画并置的形式完成的。作者进而将摄影、电影和电视等新型视觉媒介与新诗融合的文本，都纳入诗画传统变异性传承的轨道加以考察，由此串联起诗画艺术从传统到现代的历史演变脉络，为观照新诗的视觉传播提供了一个全新的历史视角，由此使得整个研究具备了历史的纵深感和深厚的文化内涵。

在梳理诗画传统的变革过程中，作者将“诗意图式”的嬗变作为关键。而在现代诗画艺术、摄影诗歌和诗歌电视等文本中分辨出来的传统图式的印记，或许可以视为“传统的发明”的注脚。作者选取了“毛泽东诗意山水画”和丰子恺“抒情漫画”这两个现代画家“图解新诗”的代表性个案进行分析，其中“云山烟水”的文人画素材与“萧疏淡远”的诗意图式，体现了古典诗画艺术的深刻影响以及现代诗画艺术所具备的传统路径依赖的特质。而在诗歌与摄影的关系研究中，作者同样分辨出诗画传统变异性传承的潜隐线索，比如中国诗意摄影最早接续了山水画的传统，以及现代诗人摄影实践中“行旅诗学”的建构等。

需要指出的是，作者引入“传统的发明”这一视角观照新诗的视觉传播实践，一方面彰显中国诗画艺术传统的持久影响，另一方面更加看重现代诗画艺术的变异性表现。植入现代性的新质，才是确证现代诗画艺术独特文化身份的关键。“毛泽东诗意山水画”和丰子恺“抒情漫画”虽然保留着古典的“胎记”，但其值得肯定的地方在于借助传统题材和图式表达了新鲜的现代诗情，因此与古典诗画的面目判然有别，并未陷入拟古和守旧的泥淖。在论述“诗性地理”影像书写的问题时，作者也对“诗歌电视”和写意性纪录片等文本存在的“模拟古意和寄情山水”的倾向提出批判。由此可见，作者论述的落脚点仍然在于坚守新诗艺术的本位。

三、隐性的传播：新诗视觉传播的全要素考察

新诗艺术与视觉媒介的融合与互动，生成了多媒介的文本，为文学增添了新的存在形态，创造了全新的文学活动空间。诗歌传播活动并不局限于文学世界内部，对于它的研究必然要纳入更多元的构成要素。作者在论著开篇引述艾布拉姆斯（M.H.Abrams）关于“文学四要素”（作品、艺术家、世界、欣赏者）的概括，就为文学传播研究提供了一个适宜的框架。基于这样的认识，作者进一步将视野投向了诗歌文本的外部，探究了与新诗视觉传播密切相关的重要维度：“诗性地理”

与“诗意景观”的建构，以及诗人形象的塑造，实现了对新诗视觉传播活动的全要素分析和全景式考察，拓展了文学传播研究的领地。

地理景观既是诗人抒情的意象，又是视觉媒介聚焦的空间，“诗性地理”与“诗意景观”构成诗歌与视觉媒介的重要交集。从地理景观的诗性建构和视觉呈现出发，作者重构了维柯的“诗性地理”概念，着重阐发地理想象、书写以及呈现的诗性特质。通过梳理地理景观在摄影、电影、电视等媒介中的呈现方式，探究视觉媒介表现和处理抒情题材的修辞方式以及现实困境，为新诗的视觉传播提供了有益启示。在此基础上，作者还发明了“诗意景观”这一核心概念，借此深入考察中国诗歌与景观的密切互动关系，论述诗意景观的建构和重塑机制。“诗意在景观之上不断累积和增殖，并产生竞争和交锋，使得景观成为名副其实的‘历史重写本’。在观光产业蓬勃发展的时代背景下，诗意景观在诗歌视觉传播中的作用将日益凸显出来。因此，对景观的诗意建构和重塑其实构成了中国新诗视觉传播的一个隐性渠道。”① 诗意景观与诗歌艺术互文共生，提升了诗歌的能见度，并有助于诗人的形象传播。伴随着经典性的生成和知名度的提升，中国新诗对众多景观进行诗意建构和颠覆性重塑，使之成为“浪漫凝视”的对象，这样的“诗意景观”在新诗视觉传播中具有独特的价值和作用。

诗人形象的塑造和想象，直接关系诗歌生态的建设和诗歌受众的培养，是推进新诗视觉传播的又一重要潜在资源。在新诗生态的整体构成中，作为“元文本”的诗人形象往往成为新闻媒体关注的对象，并未受到学界的重视。事实上，在视觉文化时代，诗人形象的曝光度大大提升，其对于诗歌传播的意义正在日益凸显出来。《中国新诗的视觉传播研究》将诗人形象纳入研究框架，参照中国新诗从中心到边缘的历史进程，对诗人形象进行文化社会学的考察，揭示了诗界内外关于诗人想象的不同图景，论述了诗坛内外建构诗人形象的不同策略，并梳理了诗人形象在大众传媒中变迁与定型的历史，在视觉传播的框架下考察了“诗人的阐释学”问题。在此基础上，基于现代诗人形象已经成为“被污染的塑像”的现状，作者提出了诗人形象重建的时代命题。

文学活动处在现实世界中，文学文本或诗性意象与商业消费、政治话语等因素交织在一起，构成了复杂的文化消费场域。当下，市场经济和大众文化对于诗意景观以及诗人形象的征用，往往并无意于促进文学传播。如果透过符号学理论的视角观察，那么本应当作为诗歌“伴随文本”存在的地理景观和诗人形象，反而侵占了诗歌文本的主体位置。对于文学消费者来说，这何尝不是一种“伴随文

① 王强：《中国新诗的视觉传播研究》，北京：中国社会科学出版社，2020 年，第 14 页。

本执着”的表征呢？对此，作者有着清醒的认知。在他看来，在文学传播研究的理论视域中，地理景观与诗人形象的塑造主要作为新诗视觉传播的隐性渠道而存在，其目的在于推动新诗的传播与接受。因此，诗意景观的过度商业开发以及诗人形象的负面炒作和娱乐化解构现象，都成为作者批判的对象。当然，伴随文本的存在是必然的：“我们忍受不了某一种伴随文本过分明显地控制解释，我们也摆脱不了伴随文本的普遍控制。”① 在推动文学传播的实践中，应当注意处理好文学作品与伴随文本之间的关系，避免喧宾夺主或者文学意义的消解。在此方面，作者依然不忘初心，始终坚守新诗艺术的本位，为文学传播研究做了很好的示范。

通过上述议题的提出和讨论，作者揭示了诗歌传播活动的复杂性和丰富性，为现代诗学研究提供了诸多值得深入研讨的新话题。现代诗学界后续的一些相关研究，如梁笑梅的《当代诗歌有效传播范式中地域文化元素的优势效应》（《暨南学报（哲学社会科学版）》2015 年第 3 期）、巫洪亮的《论当代诗歌（1949—1966）传播中的诗画互文现象》[《内蒙古社会科学（汉文版）》2017 年第 1 期]、明淇的《现代报刊中的诗人视觉形象探析（1917—1937）》（武汉大学硕士学位论文，2019 年）、杨碧薇的《华语电影中的两种诗人形象》（《汉诗》2019 年第 3 期）、李想的《从呈现到重构：中国诗词影像化的多重表达》（南京航空航天大学硕士学位论文，2020 年）等，都对本论著阐发的诗学命题进行了进一步的拓展和生发，显示了《中国新诗的视觉传播研究》对于现代诗学理论建构的重要价值。毫无疑问，本研究与中国新诗的发展保持着相关性。中国新诗视觉传播的实验和探索还在持续开展中，本论著提出的理论观点也将在相关的研究中引发持久回响。

① 赵毅衡：《符号学》，成都：四川大学出版社，2012 年，第 158 页。

华夏传播会议综述

“铸牢中华民族共同体意识背景下华夏‘丝路符号’传播论坛”会议综述

第五淳　张　兢*

DiWu chun　Zhang Jing

由中国新闻史学会、中华多民族文化凝聚与全球传播省部共建协同创新中心——“丝绸之路”与中华民族共同体研究分中心、中国新闻史学会符号传播学研究委员会、华夏传播研究会主办，西北民族大学新闻传播学院承办的“铸牢中华民族共同体意识背景下华夏‘丝路符号’传播论坛”于2021年11月6日隆重举行。虽然受承办方所在地新冠疫情的影响，此次以“丝路符号”之名召集起来的盛会无法让一众学人聚拢在物理空间意义上的金城兰州。但是，“铸牢中华民族共同体意识”的学术自觉、“丝路符号”问题的重大价值，以及由此引发的研究热忱，依然可以通过现代传播技术所开辟的“云路”，突破山河阻隔，汇集于文化地理意义上的丝绸之路重镇。出席这次线上论坛的正式代表共有50余人，其中既有享誉学界的著名专家，又有崭露头角的年轻学者，也不乏勤奋聪颖的在校学生。可以说，几代学人不约而同地关注“丝路符号”，本身就是一个传播学中国化使命薪火相传，和本土符号传播学研究赓续奋进的符号表征。正如华夏传播研究会会长、厦门大学谢清果教授在总结致辞当中所认为的那样，本次论坛有力呈现了一个“传、帮、带”的传播符号学研究共同体。就内容而言，论坛征集的11篇主题演讲和24篇学术论文，沿着“符号学一般理论对华夏与丝路文化元素的阐释——中华民族共同体意识建构与中国话语传播”的线索展开了广泛而深入的交流。

现代符号学的源头之一，瑞士语言学家索绪尔在其结构主义语言学的认识基础上，推想一般的符号应该由两个部分组成——可感知的形式部分，即符号的“能指”（signifier）；感知引起心理概念的内容部分，即符号的“所指”（signified）。

* 作者介绍：第五淳，西北民族大学新闻传播学院讲师、四川大学符号学在读博士；张兢，西北民族大学新闻传播学院副教授、副院长。

索绪尔并没有详细展开能指与所指之间的指涉关系，而是以“任意性”这个语言性质的“第一原则”将一般符号中能指与所指的意指逻辑悬搁。而所谓任意性，主要是指“能指和所指之间的联系是任意性的，既然我们所说的符号是通过能指和所指的联系所产生的整体，我们可以更简单地说：语言符号是任意性的”。①

虽然能指/所指这对术语及其所包含的“任意性”和“差异性”意指逻辑，在当下的符号学研究中仍然被大量提及，但是，一旦超出语言这个人类最为庞大的符号系统，进入“非语言”符号和文本的分析时，这种由结构主义语言学建构的符号学范式就显得缺乏解释力。譬如，图像与其所再现的对象之间如何联系？艺术形象，尤其是“非写实”的艺术形象又是如何在生产者和解释者之间唤起一定的意义？对于这些问题的处理，显然不能仅凭借语言符号一样的“任意性”原则一笔带过。因为，广义符号学的主要任务就是发现人文世界之中，各种符号能指与所指之间的理据性，即寻找艺术或文化文本中共同的语法和规律。②不夸张地说，在我们今天面对的，或者说“发现”的丝路符号和华夏文化符号当中，以视觉艺术，或者图像为代表的非语言符号无论在数量上，还是在阐释的价值以及可能性上，都占据着一个超过语言符号的地位。

四川大学赵毅衡教授立足于艺术观念史上经典的“模仿论”，即艺术的本质是对自然的模仿或再现，以皮尔斯符号学理论中符号与对象之间的三种理据性，即“像似、指示、规约”为分析工具，认为艺术符号文本的主导再现理据是像似性。近年来，艺术理论中的所谓“再现危机”之所以发生，原因主要在于两个方面。一是来自艺术本质论争的另一个端点，即“表现论”的持续冲击；一是“模仿论”自身对于模仿复杂性的认识和研究并不充分。赵毅衡教授进一步指出，艺术的像似性问题极其复杂，其中不可避免地混合了指示性与规约性。艺术的形象与其再现的对象之间，往往不是直接像似，而是拓扑像似，即弹性变形的像似。艺术符号的拓扑像似大体上可分为四种类型：变形拓扑、心理拓扑、拓扑连接、拓扑集群。实际上，这也就是拓扑像似在艺术文本内部和文本之间发挥作用的四种方式。从符号美学角度考察，由拓扑像似构成的复合理据性才是艺术再现的基础。赵毅衡教授举出大量案例佐证其观点，最后落脚在敦煌壁画中的“飞天”形象，这个极具代表性的丝路艺术符号。

当然，丝绸之路的艺术何止壁画和“飞天”。国家社科基金重大招标项目“丝绸之路中外艺术交流图志”首席专家、兰州大学程金城教授采取由具体到抽象，

① ［瑞士］费尔迪南·德·索绪尔：《普通语言学教程：1910—1911索绪尔第三度讲授》，张绍杰译，长沙：湖南教育出版社，2001年，第66页。

② 江飞：《“第四种符号”：雅各布森审美文化符号学理论探析》，《符号与传媒》2014年第2期。

从表层结构到深层结构的理论路径，通过对大量存在于绘画、建筑、雕塑、器物、印章纺织染缬和服饰、音乐、舞蹈、戏剧、民间工艺、写本、书法等艺术领域的符号实例的归纳分析，揭示出一条贯通古今、融汇多种艺术现象的“丝绸之路艺术链”，进而在人类艺术的整体格局中，从“文明传播和交融互鉴”的高度，阐释了丝绸之路艺术链的生成机制、重大作用与深刻意涵。程金城教授认为，丝绸之路艺术链，在其表层，是艺术形象序列的生成及形象之间的关联性、互融性和变易性；在其深层，是艺术与人之关系的纵横延伸和艺术原型的置换变形，是人类的相通性和共同性使然。在由形象外延与情感内涵交织的文明网络中，丝绸之路的本质是一个在时空中“延异”的整体现象，而丝绸之路艺术链的背后是人类文明的意义链。

中国古代长安是狭义“丝绸之路”的起点。从源头来说，秦腔这个流行于西北尤其是陕西的地方戏曲剧种正是发生在长安及其周边地区。西北大学杨立川教授认为，在符号学意义上，秦腔艺术立足起点影响着丝路文化的整体性表征，同时也具有陕西乃至西北地区地域文化符号性质。作为符号的秦腔所承载的价值取向包括了“朴实、粗犷、豪放”“刚阳”“高亢激昂”“饱满酣畅”“兴至时酣畅淋漓，情深处委婉缠绵”等审美意蕴；而流传甚广的“秦腔不唱吼起来”一语更彰显了人们对于清正廉明、刚直不阿的忠义品格的推崇。

如果说艺术领域的符号能指，不需要明确指向对象（object），而是可以直接引向解释项[①]，即是说艺术符号摆脱与物的联系，形成独立价值，进而形成一个“模仿”于物，却又外在于物的自足系统是可能的。那么，在物本位的符号理论框架中，名与物的关系又当呈现出怎样的面向？与以上三位学者不尽相同，在这个问题上，中国海洋大学的孟华教授持有其一贯的“解构主义”立场，认为物与名都是类似德里达所谓的“织品”：一个名物关系交织之物。名不是单纯的概念，而是物的显像方式；物不是一物，而是冻结的叙事文本。织品没有固定的叙事者，有的只是一个在名物之间不断滑动的“非主体性”叙事功能。在对比了词汇模式、田野模式、综合模式之后，孟华提出了一种在“物的叙事”主导下进行文化调研的符号学模式。这样的符号学批评视角，对于我们考察名物共建的丝路“文脉”而言，大有裨益。

相对于索绪尔的语言符号学，现代符号学的另一个源头，美国哲学家C.S.皮尔斯是重视理据性的，并据此提出“无限衍义”的概念。但他的“无限衍义”偏向讨论符号（再现体、对象、解释项）的联结逻辑，以及解释理据的未来向度。

① 参见赵毅衡：《符号学：原理与推演》，南京：南京大学出版社，2011年，第92页。

与其说建立于皮尔斯理论的广义符号学范式，在理据性问题上注重“当下”系统，而轻视“历时理据”的路数是一种研究倾向，毋宁说这是一种理论困境。四川大学胡易容教授敏锐地发现了这种困境，并指出其中一个必然产生，而又不易察觉的悖论：一种存在于当下的文化，作为特定族群的生活方式，必然内在地包含了其符号历史理据（自然理据与使用理据）。这就意味着，一门文化传播符号学可以，而且需要以“理据”为线索，朝着与皮尔斯“无限衍义”相反的向度上，拓展出一种符号考古与媒介考古的历史性研究。以便从新的时空观中重新看待某种意义上已经无解的“死符号”，譬如“巴蜀符号”。同时，这种关照方式或对整个丝路文化符号的探索有着普遍适用性。

在笔者看来，本次论坛对“丝路符号”的讨论，可以在罗兰·巴尔特的意义上划分成“丝路”的涵指符号学和“丝路”的元语言符号学两种类型[①]。上述学者观照的是以丝路为条件的符号实践，以及这些符号在语境变换中介入其他意义（系统）表达的方式。用巴尔特的术语来说，就是具体的丝路符号作为“表达平面”如何涵指丝路文化，乃至更高层次的文化现象，譬如华夏文化的“内容平面”。质言之，他们论及的重点，实际上是“丝路之中的符号”，因此可以置于第一类研究，即“丝路”的涵指符号学之列。上海交通大学资深教授叶舒宪先生发表的题为《丝路话语的符号学反思》的演讲，则代表着后一种类型。

叶舒宪教授开宗明义地指出这样一个事实：丝路也好，河西走廊也好，都是西学东渐以来的现代地理学名称，按照华夏本土话语惯例，在这一条联通中原与西域的必经之路的诸多地名中，玉石之“玉”反复出现，而“丝绸”二字却未曾有过。由此，问题从“丝路之中的符号”引向“作为符号的丝路”。在后者的视阈下，丝路不是一个承载符号的容器或界面，而是一个被各种话语动态建构的“文化文本”。话语的背后，是福柯式的权力，也蕴含着在暗中发挥支配或调控作用的文化价值观。因此，认知丝路文化文本的意义之网与符号逻辑，需要认真辨析特定文化传统的宇宙观和价值观谱系，并找出由特定神话观念所奠定的该文化系统的元叙事模型。问题的关键在于，第一，哪种文化主体是更为恰切的丝路文本的元叙事模型，或者说话语模式？第二，这种话语模式又是如何对丝路自然地理区域加以文化编码和观念建构？在叶舒宪教授看来，丝路文本当然应该要架构于中国话语模式，然而“丝路”这个现代称谓本身却形成于西方话语对中国本土话语的遮蔽，从物质交换、地理名称、文本写照等角度来看，在中国话语的叙事之中，

① 参见［法］罗兰·巴尔特：《符号学原理》，李幼蒸译，北京：中国人民大学出版社，2007年，第68—69页。

这条路应该称之为“玉路”。最后，叶舒宪将对丝路话语的反思延伸至总体学术领域，并发出中国学人应当建构本土学术话语，树立中国文化自觉的呼吁。

众所周知，在中国，传播学是改革开放过程中从西方引入的新学科。那么，中国的传播学研究是否存在“学术话语的失语症”？广东省高校重点研究基地传媒与文化发展研究中心主任吴予敏教授从学术话语的层次和发展规律出发，认为这个问题应当一分为二地看待。一方面，四十多年的发展，显示着中国传播学并非学术殖民化的结果，而是与西方传播学之间维持着一定的“对话”关系。另一方面，不得不承认，国内传播学界很长一段时间里基本上还是以西方的传播学理论为框架，以具体的中国经验案例为填充物。当下，我们所要解决的是“中国传播研究的学术话语建设问题”，归根结底，就是要在与西方传播学的对话当中，完成从理论“本土化”到学术话语创新的转变。学术话语创新首先要建立文化自信，这就需要深入挖掘本土文化符号，并予以充分的现代性阐释，进而开辟一条以此为基础的中国式传播学路径，与世界其他文明地区的传播观念进行比较、对话，促进相通相融。

当今世界正经历百年未有之大变局，虽然和平与发展仍是时代主题，但同时国际环境日趋复杂，不稳定性不确定性明显增强。从全球传播的角度来看，一些西方中心主义论者重复着“中国威胁”“政府操控媒体”“中国另类”等陈词滥调，来解读已经进入高质量发展阶段的中国。因此，对于中国而言，国际传播就不仅是一种与认识和理解有关的功能性手段，而更是关乎党和国家做好国内和国际工作的战略问题。如何加强中国话语在全球传播中的传播力？杭州师范大学施旭教授认为应当从“文化话语”着手。他从“包容创新”的运动法则；“整体全面”的视阈认知；“辩证统一”的思维模式；“平衡和谐”的交往原则；“言不尽意”的构建策略等五个方面勾勒出中国文化话语的独特品质，进而指出中国应该借鉴和发挥这些优秀的文化特质，建立和实践一套中国全球传播战略。

中国话语的全球传播根本上是政治传播实践，但是在全球经济一体化的格局中，消费符号也应当被看作是中国话语的一个有益组成部分。中国人民大学林升栋教授从这个角度出发，分析了“一带一路”背景下“中国元素”广告的说服路径。他指出，中国企业走出国门，在国际市场讲述品牌故事，文化基因决定其会使用“中国元素”。中国元素激活美学反应，引导消费者深入了解产品，进而提升品牌态度，最终引发购买。当地元素激活民族主义情绪，唤起产品印象，直接导致购买，而后强化品牌态度。

广义上说，中国话语的传播方向不只有外向型，也有内向型。中国话语的传播内容，也不只有中国故事，还包括中国视角对“异国”事件的解读。西北大学韩隽教授结合文学和传播学两种方法，对延安时期的纪实性叙事文本做了历时与共时的分析。韩隽教授认为，延安时期通过群众性文艺运动将纪实性叙事与中国革命、中华民族紧密衔接在一起。而这种以“人民性”、“民族性”、“革命性”三个鲜明的射角对全国民众进行了广泛的生产动员、思想动员、政治动员的“延安叙事模式”，或对中华民族共同体意识的建构具有深刻的思想和理论启示意义。韩隽教授阐发了一种内向型中国话语对于铸牢中华民族共同体意识的重要作用，西北民族大学朱杰教授则以印度疫情相关漫画为语料，从多模态隐喻模式、认知差异和影响因素三个方面对国内外的漫画做了对比分析。在发现和归纳国内外漫画的叙事特征，梳理漫画中的叙事逻辑的同时，强调了中国话语在认知和处理“异国”形象中的独特风格。

本届论坛，除上述 11 篇主题演讲之外，还有 24 位学人在分论坛分享了自己的研究成果，内容具有时代性和经典性并重的特点，举凡“陶瓷”“民间故事”“黄河”“仪式”“短视频”“维吾尔”“研学旅行”“孔庙”“吐谷浑翼马”“河西宝卷”“黄大仙”“云音乐”“西夏”“英雄机器人”“治未病”“B 站”“红色势能”“看镜头”“听觉符号”“乡土教育”“党史”等与铸牢中华民族共同体意识和“华夏‘丝路符号’传播有关的话题均被纳入到广泛的讨论中，为我们勾勒出一幅百花齐放的华夏传播研究图景，颇有可观。

《华夏传播研究》征稿函

中国拥有五千年的文明，拥有丰富的传播实践、传播思想，拥有巨大的学术研究空间。前辈学者余也鲁、徐佳士、郑学檬、孙旭培等首倡“华夏传播”，随后黄星民教授在《华夏传播研究刍议》一文中将“华夏传播研究”界定为“是对中国传统社会中的传播活动和传播观念的发掘、整理、研究和扬弃”。华夏传播研究的终极指向是构建系统化的华夏传播学理论。该理论立足于中国历史与现实，能够阐释中华文明传播现象，解决中国社会传播问题，运用中华术语建构起来的具有中国风格、中国气派的理论体系。其使命在于整理中国传统的传播理念、传播理论、传播制度，这不仅是理解当下中国诸社会现象的重要依据，也是反思中国传统、构建未来和谐社会所需要的传播资源，还是丰富世界传播理论的必由之路。总之，华夏传播学作为华夏传播研究领域的理论成就，为促进作为传播学“中华学派”理论表征的“中华传播学”的最终形成奠定了基础。

华夏传播研究具有推动与深化中国传播学研究，回应传播学基本问题的理论特质，未来必将成为研究热点。当前，在中国注重国家形象传播，追求提升自身文化话语权与软实力的大好形势下，传播学主体性凸显的学术界在华夏传播研究方面的热情正在不断被激发，一批青年学者涌现，一批有分量的成果出现，使这一领域大有兴起新高潮之势。21世纪的第二个十年以来，华夏传播研究获得迅猛发展。

传承与发展中华优秀传统文化是时代的使命，也是学者的责任。为不断发扬光大华夏传播研究事业，我们在广大热爱中华文化、关注中华文化研究与传播的众多学者和社会贤达的大力支持下，将以“厦门大学传播研究所”这一校级机构为组织者，以两岸关系和平发展协同创新中心为联合主办单位，以新闻传播学院为依托，以广大中华文化研究学者和新闻传播学研究学者为强大的后盾，搭建文史哲与新闻传播对话交流的平台，以嘉惠学林。为此，厦门大学传播研究所在学院领导、前辈学者和众多同仁的关心与支持下，决定再创办一本具有鲜明领域特色和专业性、严肃性的学术辑刊——《华夏传播研究》。我们希望以此刊为平台，继续集聚海内外有志于传播华夏文明、展现中华博大精深的沟通智慧的各方人士，分享研究成果，提供学术动态，推进中华文化的社会传播与国际传播，同时兼及新闻学与传播学各领域的新成果，以便更深入地发掘中华文化中的传播智慧，提炼中华传播观念，锻造中华传播理论，推动传播学“中华学派”的早日形成。

稿件方向：

(1)基础理论，研究中华文化的传播思想、传播制度与传播方法等；

(2)历史发展，研究中华文明不同时代的传播观念与传播技术等方面的变迁，探索中华传统文化对于弥合大陆和台湾民众心灵距离、增强文化共有空间的重要意义；

(3)民俗传播，探讨中华大地上民间社会生活中依然鲜活传承的民俗传播形态及其文化传承方式，也包括大陆和台湾民俗交融研究，特别是妈祖文化、闽南文化、客家文化、族谱文化的交流与传承等；

(4)传播观照，包括从健康传播、公共传播、政治传播、科技传播、跨文化传播、情感传播、新媒体传播等各领域来探讨中华文化的传播问题；

(5)古今融通，注重中外传播智慧的比较研究和中国传播观念的古今传承；

(6)经典发微，注重挖掘中华文化经典作品中的传播智慧；

(7)传播实践，着重推介那些致力于国学当代运用的新观点和新做法，积极探讨中华文化海外传播的路径，传扬中华文化传承与发展的实践经验，当然也包括大陆和台湾如何协作共同传承好、发展好中华优秀传统文化的问题；

(8)学术动态，通过译介、摘编、撰写著作提要等方式来介绍海内外学者华夏传播研究的新成果，同时也刊发相关的学术会议综述和重要研究著作的书评。

来稿规范：

论文题目、内容提要、英文摘要、关键词、作者简介、通讯地址(含邮箱和手机号码)、参考文献等内容均应书写清楚，论文字数以控制在 20000—30000 字以内为宜，优秀稿件可以不受此限制。引文务必核对原书。格式为自动生成的脚注，以①②为标记，每页重新编号。若有“参考文献”，可放于文末，以[1][2]为序号，格式同引文。引文中已有的，不再罗列。具体注解格式请参照《中国社会科学》。

截稿时间：

本刊为半年刊，上半年截稿时间为当年 5 月 1 日；下半年截稿时间为当年 10 月 1 日。欢迎各位同仁提前联系，探讨相关选题，以保证推出高质量的学术论文，进而推进传播学中国化的进程，以无愧于这个中华传统文化勃兴的时代。

稿件一经刊用，酌付稿酬，并赠送样刊两本。

赐稿方式：

来稿请通过电子邮件发送 word 文稿。

本刊编辑部联系地址：福建省厦门市思明区思明南路 422 号厦门大学传播研究所(新闻传播学院内)；

邮政编码：361005；

联系人：若水先生；

赐稿邮箱：hxcs2018a@163.com。

厦门大学传播研究所

《华夏传播研究》编辑部

2022 年 5 月 1 日